U0684847

中華古籍保護計劃

ZHONG HUA GU JI BAO HU JI HUA CHENG GUO

·成果·

民國時期文獻
保護計劃

成果

嘉善縣圖書館等八家收藏單位民國時期傳統裝幀書籍普查登記目録

浙江省民國時期傳統裝幀書籍普查登記目録·嘉興

國家圖書館出版社
National Library of China Publishing House

圖書在版編目(CIP)數據

嘉善縣圖書館等八家收藏單位民國時期傳統裝幀書籍普查登記目録/《嘉善縣圖書館等八家收藏單位民國時期傳統裝幀書籍普查登記目録》編委會編. --北京:國家圖書館出版社,2018.12

(浙江省民國時期傳統裝幀書籍普查登記目録)

ISBN 978-7-5013-6460-2

Ⅰ.①嘉… Ⅱ.①嘉… Ⅲ.①公共圖書館—圖書館目録—嘉善縣—民國 Ⅳ.①Z822.1

中國版本圖書館 CIP 數據核字(2018)第 129211 號

書　　名　嘉善縣圖書館等八家收藏單位民國時期傳統裝幀書籍普查登記目録
著　　者　《嘉善縣圖書館等八家收藏單位民國時期傳統裝幀書籍普查登記目録》編委會　編
責任編輯　张珂卿

出　　版　國家圖書館出版社(100034　北京市西城區文津街 7 號)
(原書目文獻出版社　北京圖書館出版社)
發　　行　010-66114536　66126153　66151313　66175620
66121706(傳真)　66126156(門市部)
E-mail　nlcpress@nlc.cn(郵購)
Website　www.nlcpress.com→投稿中心
經　　銷　新華書店
印　　裝　河北三河弘翰印務有限公司
版　　次　2018 年 12 月第 1 版　2018 年 12 月第 1 次印刷

開　　本　787×1092(毫米)　1/16
印　　張　33.5
字　　數　700 千字

書　　號　ISBN 978-7-5013-6460-2
定　　價　300.00 圓

《浙江省民國時期傳統裝幀書籍普查登記目録》

指導委員會

主　任： 褚子育

副主任： 葉　菁

委　員（按姓氏筆畫排序）：

吕振興　李儉英　金琴龍　倪　巍　徐兼明

徐　潔　陸深海　陳泉標　陳　浩　孫雍容

張純芳　張愛琴　褚樹青　樓　婷　鍾世杰

應　雄

#《浙江省民國時期傳統裝幀書籍普查登記目録》

工作委員會

主　任：褚樹青

委　員（按姓氏筆畫排序）：

王以儉　毛　旭　占　劍　沈紅梅　季彤曦

胡海榮　莊立臻　徐益波　孫旭霞　孫國茂

劉　偉　應　暉

《浙江省民國時期傳統裝幀書籍普查登記目録》

編纂委員會

主　編： 徐曉軍

副主編： 曹海花　童聖江

統校和編纂工作小組組長： 曹海花（浙江圖書館）

統校和編纂工作小組成員（按姓氏筆畫排序）：

干亦鈴（寧波市圖書館）

吕　芳（浙江圖書館）

沈秋燕（嘉興市圖書館）

秦華英（浙江圖書館）

唐　微（紹興圖書館）

陳瑾淵（温州市圖書館）

《浙江省民國時期傳統裝幀書籍普查登記目録》

序　言

近代中國社會由封建王朝向民主政體蛹變的轉型時期,傳統思維與新思潮强烈衝突,書籍也隨之進入了重大變革時期,以綫裝書爲代表的傳統裝幀書籍日漸式微,傳統裝幀與現代裝幀進入了一個并存期。社會革命的發生并不意味着文化馬上就發生根本性的變化,文化的發展是有連續性的,它不會因朝代的突然更替而發生斷層式的變化。1912 年辛亥革命勝利後,中國傳統文化的發展依然繁榮,産生了一大批高質量的傳統裝幀書籍,這部分書籍也是中國傳統文化的重要組成部分。百年來,公共圖書館等公藏單位將這部分書籍跟古籍采取一樣的存放、管理、保護方式。浙江是文化大省,文化底藴深厚,書籍刻印歷史悠久,前賢留下的著述浩如烟海,藏書雅閣及私人藏書爲數衆多,民國期間也刻印了大量典籍,民國時期傳統裝幀書籍在各藏書單位(尤其是基層單位)所藏歷史文獻中占據了相當大的比重。這些文獻形成了浙江文獻典藏的重要特色,是浙江傳統文化的重要組成部分。爲更加全面地掌握全省歷史文獻文化遺産現狀,揭示全省各地區文化脉絡,浙江省自古籍普查伊始就將民國時期傳統裝幀書籍納入古籍普查範圍。

按照《全國古籍普查登記手册》要求,登記每部古籍的基本項目,必登項目有索書號、題名卷數、著者、版本、册數、存(缺)卷數,選登項目有分類、批校題跋、版式、裝幀形式、叢書子目、書影、破損狀况等内容。“秉持浙江精神,幹在實處、走在前列、勇立潮頭”,浙江省的古籍普查工作一直高標準、嚴要求,自始至終堅持全國古籍普查登記平臺(以下簡稱古籍普查平臺)項目全著録,堅持文字信息和書影信息雙著録,登記每部書的索書號、分類、題名卷數、著者、卷數統計、版本、版式、裝幀、裝具、序跋、刻工、批校題跋、鈐印、叢書子目、定級及書影、定損及書影等 16 大項 74 小項的信息。普查統計顯示,截至 2017 年 4 月 30 日,全省 95 家單位共藏有中國傳統裝幀書籍 337405 部 2506633 册,其中民國時期傳統裝幀書籍 117543 部 751690 册,占全部傳統裝幀書籍的三分之一。

普查登記著録工作結束後,省古籍保護中心組織普查業務骨幹統校、編纂全省的普查登記目録。全省的普查登記目録是將古籍和民國數據分開的,由省古籍保護中心統一規劃,分别出版《浙江省古籍普查登記目録》和《浙江省民國時期傳統裝幀書籍普查登記目録》。古籍數據統校完成後,於 2017 年 3 月成立由浙江圖書館、寧波市圖書館、温州市圖書館、嘉興市圖書館、紹興圖書館 5 家單位的 7 名普查業務骨幹組成的《浙江省民國時期傳統裝幀書籍普查登記目録》統校和編纂工作小組，開展民國時期傳統裝幀書籍普查數據的統校和登記目録的編纂工作。

民國時期傳統裝幀書籍普查數據統校要求和登記目録編纂工作程序與古籍相同，省古籍保護中心制定的《浙江省古籍普查登記目録編纂工作方案》《浙江省古籍普查數據統校細則》，也適用於指導全省民國時期傳統裝幀書籍普查數據的統校和登記目録的編纂。統校和編纂工作程序如下：導出古籍普查平臺上的數據，切分出民國數據，按照設定的普查編號、索書號、分類、題名卷數、著者、版本、批校題跋、册數、存（缺）卷這幾項登記目録的出版款目對表格進行整理，整理後按照題名進行排列分給各統校員進行統校，統校結束後的數據按行政區域進行彙總，交由分區負責人進行覆核，覆核結束後由省古籍保護中心一一寄給各館進行修改確認，經各館確認後由分區負責人進行最後審定。

全省參與普查的共 95 家單位，其中 94 家有民國時期傳統裝幀書籍，進入本登記目録的有 93 家單位，總數達 11 萬餘部。根據分區域出版和達到一定條數可以單獨成書的原則，全省的民國時期傳統裝幀書籍普查登記目録大致分爲以下 15 種：浙江圖書館，浙江省博物館，中國美術學院圖書館等四家收藏單位，杭州圖書館等十一家收藏單位，寧波市天一閣博物館，寧波市圖書館等八家收藏單位，温州市圖書館，瑞安市博物館（玉海樓）等九家收藏單位、湖州市圖書館等七家收藏單位，嘉興市圖書館，嘉善縣圖書館等八家收藏單位，紹興圖書館，紹興市上虞區圖書館等九家收藏單位，金華市博物館等九家收藏單位，衢州市博物館等四家收藏單位、舟山市圖書館等二家收藏單位、麗水市圖書館等八家收藏單位，臨海市圖書館等八家收藏單位。爲保障普查編號的唯一性、終身有效性，各館數據以原普查編號從低到高的順序進行排列。由於浙江省古籍普查範圍包括古籍、民國傳統裝幀書籍、域外漢文古籍，著録時幾種文獻交替進行，而出版時是分開的，加之古籍普查平臺系統出現的跳號情況，所以會出現普查編號不連貫的現象，特此説明。

浙江省古籍普查工作得到了各方的關心和支持。感謝各兄弟省份古籍同行的熱情幫助，感謝李致忠、張志清、吴格、陳先行、陳紅彦、陳荔京、羅琳、王清原、唱春蓮、李德生、石洪運、賈秀麗、范邦瑾等專家學者的悉心指導。

條數多，分布廣，又出於衆手，儘管工作中我們一直争取做到最好，但無論是已經著録的古籍普查平臺數據還是即將付梓的登記目録，都難免存在紕漏，希望業界同仁不吝賜教，俾臻完善。

浙江省古籍保護中心
2018 年 3 月

《浙江省民國時期傳統裝幀書籍普查登記目録》

編纂凡例

一、收録範圍爲浙江省圖書館、博物館等公共收藏機構所藏，産生於 1912 年到 1949 年 9 月，有關傳統學術并以綫裝爲主的具有傳統裝幀形式的漢文書籍。

二、以各收藏機構爲分册依據，篇幅較小者，適當合并出版。

三、一部書籍一條款目，複本亦單獨著録。

四、著録款目包括普查登記編號、索書號、分類、題名卷數、著者、版本、批校題跋、册數、存（缺）卷等。普查登記編號的組成方式是：省級行政區劃代碼—單位代碼—古籍普查登記順序號。

五、以普查登記編號順序排序。

六、編製各館藏目録書名筆畫索引附於書後，以便檢索。

目録

海寧市圖書館
民國時期傳統裝幀書籍普查登記目録

浙江省民國時期傳統裝幀書籍普查登記目録 · 嘉興

國家圖書館出版社
National Library of China Publishing House

《海寧市圖書館民國時期傳統裝幀書籍普查登記目録》

編委會

主　編: 王麗霞

副主編: 沈　蘭　呂佳蘭

編纂人員: 朱　鴻　周芸燕　王建江　陸　琴

《海寧市圖書館民國時期傳統裝幀書籍普查登記目録》

前　言

海寧市圖書館歷史悠久,清光緒三十年(1904)本邑士紳祝鼎、周承德、朱宗萊等八人聯名呈請,以鹽官海神廟水仙閣爲館址,籌建了海寧州圖書館,這是我國最早以“圖書館”命名的縣級公共圖書館。館内所收藏的古籍主要有三大來源:一是贈予。原浙江圖書館館長張宗祥、原浙江大學教授王敬五、詩人徐志摩的堂兄弟徐瑞良均贈予古籍數千册。硤石鎮、鹽官鎮、斜橋鎮和富順昌襪廠等單位共贈古籍近萬册。時任圖書館館長朱宇蒼及本館老館員黄長林、老讀者朱明堯等近百人陸續贈書數千册。二是移交。縣公安局、糧食局、文化館、惠力寺等數十個單位移交古籍共數千册。三是購買。通過各地古舊書店或廢品收購站購入古籍數千册。館藏古籍曾經多次整理,每種古籍配有書根卡及登記號,并按登記號依次編目,記録館藏古籍情況。此次古籍普查工作,2011 年底啓動,逐步對書庫進行整理摸底。2013 年,館領導專程徵求省館專家意見,制訂館藏古籍普查方案,并組織人員參加省古籍保護中心舉辦的古籍普查培訓班,提高普查人員的業務技能。2013 年 9 月本館正式在全國古籍普查登記平臺著録,一審數據開始上傳。2014 年通過二審數據 800 條。2015 年 6 月古籍綫裝書著録完成,11 月底金石拓本著録完成,歷時 5 年的館藏古籍普查工作結束。

此次普查,著録漢文古籍數據 4045 條,共計 26467 册。其中民國時期傳統裝幀書籍 1547 條 8400 册。館藏民國時期傳統裝幀書籍較多涉及地方史料,體現海寧特色:有王國維、杭辛齋、查人偉等地方人士著作;有《海寧州志稿》《海昌勝迹志》《海昌藝文志》等地方史料專著;有《吴氏宗譜》《硤石蔣氏支譜》《朱馬氏家乘》等地方家譜。部分書籍鈐有收藏印,曾經海寧藏書家張宗祥、徐光濟、管元耀等人收藏,足見藏本珍貴。

通過普查,我們基本摸清了館藏古籍的數量、種類、版本、定級、定損等内容,全面實現館藏古籍目録數字化,建立館藏特色資源庫,爲地方經濟文化建設服務。

《海寧市圖書館民國時期傳統裝幀書籍普查登記目録》是古籍普查工作的階段性成果,凝聚了古籍編目人員的心血,他們克服館藏古籍數量多、普查難度大等困難,努力工作,圓滿完成了這次普查任務,在此表示衷心感謝。

本書編輯過程中,得到了省古籍保護中心諸位老師的大力指導與幫助,對他們付出的辛勤勞動表示真誠謝意。由於編者水平有限,多有訛誤脱漏之處,懇請學者和專家指正。

本書編委會
2017 年 11 月

330000－1711－0000014　普 000002　經部/春秋左傳類/傳説之屬

左繡三十卷首一卷　（清）馮李驊　（清）陸浩評輯　民國十年(1921)江陰寶文堂刻本　十七册　缺六卷(十二至十七)

330000－1711－0000017　普 000144　類叢部/叢書類/彙編之屬

適園叢書七十四種　張鈞衡編　民國二年至六年(1913－1917)烏程張氏刻本　四十四册　存二十一種

330000－1711－0000022　普 000009　經部/小學類/音韻之屬/韻書

韻目表一卷　錢恂撰　民國元年(1912)歸安錢氏杭州刻本　一册

330000－1711－0000023　普 000010　經部/小學類/文字之屬/字書/字典

康熙字典十二集十二卷總目一卷檢字一卷辨似一卷等韻一卷補遺一卷備考一卷　（清）張玉書等纂修　民國十七年(1928)上海錦章圖書局石印本　六册

330000－1711－0000026　普 000013　史部/紀傳類/正史之屬

史記集解一百三十卷　（漢）司馬遷撰　（南朝宋）裴駰集解　民國八年(1919)吳興劉氏嘉業堂影刻宋蜀大字本　三十二册

330000－1711－0000029　普 000016　類叢部/叢書類/彙編之屬

求恕齋叢書三十一種　劉承幹編　民國吳興劉氏嘉業堂刻本　四册　存一種

330000－1711－0000049　普 000032　史部/目録類/版本之屬/書影

吳興劉氏嘉業堂善本書影五卷　劉承幹輯　民國十八年(1929)吳興劉氏嘉業堂影印本　六册

330000－1711－0000050　普 000033　史部/傳記類/日記之屬

越縵堂日記不分卷(清同治二年四月朔至光緒十五年七月初十)　（清）李慈銘撰　民國影印本　四册　存受禮廬日記、祥琴室日記、息荼庵日記

330000－1711－0000054　普 000035　史部/目録類/書志之屬/提要

適園藏書志十六卷　張鈞衡撰　民國五年(1916)南林張氏家塾刻本　六册

330000－1711－0000096　普 000070　集部/楚辭類

楚辭十七卷　（漢）劉向集　（漢）王逸章句　（宋）洪興祖補注　民國大一統圖書局影印本　四册

330000－1711－0000102　普 000073　集部/總集類/彙編之屬

汲古閣景鈔南宋六十家小集　（宋）陳起輯　民國十年(1921)上海古書流通處據明汲古閣景鈔宋本影印本(安晚堂詩集卷一至五、十三至六十原缺)　五十册

330000－1711－0000130　普 000078　集部/別集類/唐五代別集

山曉閣選唐大家柳柳州全集四卷　（唐）柳宗元撰　（清）孫琮評　民國上海廣益書局石印本　四册

330000－1711－0000131　普 000081　集部/別集類/唐五代別集

李太白文集三十卷　（唐）李白撰　民國元年(1912)鄂官書處刻本　四册

330000－1711－0000136　普 000952　子部/醫家類/本草之屬/歷代綜合本草

增補本草備要八卷重校舊本湯頭歌訣一卷　（清）汪昂著輯　民國三年(1914)上海共和書局石印本　一册

330000－1711－0000148　普 000095　類叢部/叢書類/自著之屬

寫禮廎遺箸四種　（清）王頌蔚撰　民國四年(1915)鮮溪王氏刻本　四册

330000－1711－0000152　普 000097　類叢部/叢書類/彙編之屬

求恕齋叢書三十一種　劉承幹編　民國吳興

劉氏嘉業堂刻本　一册　存一種

330000－1711－0000153　普 000098　類叢部/叢書類/自著之屬
詳註曾文正公八種　(清)曾國藩撰　章琢其編註　民國十五年(1926)上海會文堂書局石印本　二十册

330000－1711－0000154　普 000099　集部/別集類/唐五代別集
玉溪生詩意八卷　(唐)李商隱撰　(清)朱鶴齡注　(清)屈復意　民國六年(1917)上海會文堂書局石印本　六册

330000－1711－0000155　普 000949　子部/醫家類/溫病之屬
溫病條辨六卷首一卷　(清)吳瑭撰　民國六年(1917)上海鍊石書局石印本　三册　缺一卷(三)

330000－1711－0000158　普 000102　集部/別集類
漱石山莊詩稿不分卷　王雲臺撰　民國三十七年(1948)王氏鉛印本　一册

330000－1711－0000160　普 000106　集部/別集類
漱石山莊詩稿不分卷　王雲臺撰　民國三十七年(1948)王氏鉛印本　一册

330000－1711－0000161　普 000103　集部/別集類
漱石山莊詩稿不分卷　王雲臺撰　民國三十七年(1948)王氏鉛印本　一册

330000－1711－0000162　普 000104　集部/別集類
漱石山莊詩稿不分卷　王雲臺撰　民國三十七年(1948)王氏鉛印本　一册

330000－1711－0000163　普 000105　集部/別集類
漱石山莊詩稿不分卷　王雲臺撰　民國三十七年(1948)王氏鉛印本　一册

330000－1711－0000164　普 000107　集部/別集類
漱石山莊詩稿不分卷　王雲臺撰　民國三十七年(1948)王氏鉛印本　一册

330000－1711－0000165　普 000108　集部/別集類
漱石山莊詩稿不分卷　王雲臺撰　民國三十七年(1948)王氏鉛印本　一册

330000－1711－0000166　普 000109　集部/別集類
漱石山莊詩稿不分卷　王雲臺撰　民國三十七年(1948)王氏鉛印本　一册

330000－1711－0000167　普 000110　集部/別集類
漱石山莊詩稿不分卷　王雲臺撰　民國三十七年(1948)王氏鉛印本　一册

330000－1711－0000170　普 000114　集部/小說類/長篇之屬
吳三桂演義四卷四十回　民國上洋海左書局石印本　高平朗題簽並記　四册

330000－1711－0000174　普 000118　類叢部/叢書類/彙編之屬
嘉業堂叢書五十七種　劉承幹輯　民國吳興劉氏嘉業堂刻本　八册　存一種

330000－1711－0000177　普 000121　類叢部/叢書類/郡邑之屬
敬鄉樓叢書三十八種　黃羣編　民國十七年至二十四年(1928－1935)永嘉黃氏鉛印本　二十册　存第三輯十種

330000－1711－0000179　普 000123　類叢部/叢書類/郡邑之屬
南林叢刊正集五種次集七種　周延年編　民國二十五年(1936)、二十八年(1939)南林周氏鉛印本　五册

330000－1711－0000181　普 000125　類叢部/叢書類/自著之屬
徐氏雜著四種　(清)徐大椿撰　民國二年(1913)上海中華圖書館鉛印本　一册

330000－1711－0000186　普 000131　類叢部/叢書類/彙編之屬

嘉業堂叢書五十七種　劉承幹輯　民國吳興劉氏嘉業堂刻本　二十三冊　存九種

330000－1711－0000189　普 000133　類叢部/叢書類/郡邑之屬

吳興叢書六十六種　劉承幹編　民國吳興劉氏嘉業堂刻本　二十六冊　存八種

330000－1711－0000191　普 000134　類叢部/叢書類/彙編之屬

嘉業堂叢書五十九種　劉承幹編　民國吳興劉氏嘉業堂刻本　六冊　存二種

330000－1711－0000194　普 000138　類叢部/叢書類/彙編之屬

子書百家續編　(清)崇文書局輯　民國元年(1912)鄂官書局刻本　八十冊　存三十二種

330000－1711－0000195　普 000139　類叢部/叢書類/彙編之屬

守山閣叢書一百十二種　(清)錢熙祚輯　民國十一年(1922)上海博古齋影印清金山錢氏重編增刻墨海金壺本　三十二冊　存三十三種

330000－1711－0000197　普 000141　類叢部/叢書類/彙編之屬

奇晉齋叢書十六種　(清)陸烜編　民國元年(1912)冰雪山房據清陸氏刻本影印本　八冊

330000－1711－0000198　普 000140　集部/總集類/彙編之屬

詩詞雜俎十二種　(明)毛晉輯　民國上海醫學書局據明毛氏汲古閣刻本影印本　八冊

330000－1711－0000203　普 000004　類叢部/叢書類/彙編之屬

適園叢書七十四種　張鈞衡編　民國二年至六年(1913－1917)烏程張氏刻本　四冊　存一種

330000－1711－0000212　普 000150　類叢部/叢書類/彙編之屬

四部叢刊　張元濟等編　民國上海商務印書館影印本　一千六冊　存一百五十二種

330000－1711－0000215　普 000151　類叢部/叢書類/彙編之屬

四部叢刊　張元濟等編　民國上海商務印書館影印本　四百三十二冊　存九十種

330000－1711－0000216　普 000152　類叢部/叢書類/彙編之屬

四部叢刊三編　張元濟等編　民國二十四年至二十五年(1935－1936)上海商務印書館影印本　一百七冊　存三種

330000－1711－0000217　普 000161　經部/易類/傳說之屬

周易本義四卷　(宋)朱熹撰　民國七年(1918)鴻文書局石印本　二冊

330000－1711－0000219　普 000153　類叢部/叢書類/彙編之屬

四部叢刊　張元濟等編　民國上海商務印書館影印本　三十五冊　存五種

330000－1711－0000233　普 000154　集部/總集類/彙編之屬

唐六名家集　(明)毛晉輯　民國十五年(1926)商務印書館據明毛氏汲古閣刻本影印本　六冊

330000－1711－0000239　普 000178　類叢部/叢書類/彙編之屬

四部叢刊續編　張元濟等編　民國二十三年(1934)上海商務印書館影印本　三十四冊　存一種

330000－1711－0000246　普 000185　經部/書類/傳說之屬

書經集傳六卷　(宋)蔡沈撰　民國十年(1921)上海鑄記書局石印本　四冊

330000－1711－0000286　普 000225　類叢部/叢書類/彙編之屬

咫進齋叢書三十五種　(清)姚覲元編　民國上海鴻文書局石印本　一冊　存一種

330000－1711－0000291　普 000230　經部/

書類/分篇之屬
禹貢便讀一卷　(清)□□撰　民國抄本　一册

330000－1711－0000298　普 000238　經部/孝經類/傳説之屬
孝經一卷附二十四孝圖説一卷　(唐)玄宗李隆基注　王震繪　民國二十四年(1935)據宋刻本影印本　一册

330000－1711－0000301　普 000240　類叢部/叢書類/彙編之屬
四部叢刊　張元濟等編　民國上海商務印書館影印本　一册　存一種

330000－1711－0000302　普 000241　經部/孝經類/傳説之屬
孝經新讀本一卷　唐文治撰　民國六年(1917)鉛印本　一册

330000－1711－0000304　普 000243　經部/四書類/中庸之屬/傳説
中庸直指一卷　(明)釋德清述　民國天津文嵐簃古宋印書局鉛印本　一册

330000－1711－0000314　普 000253　子部/儒家類/儒學之屬/性理
子問二卷又問一卷　(清)劉沅撰　民國九年(1920)浙江同善分社鉛印本　一册

330000－1711－0000323　普 000263　子部/藝術類/書畫之屬/法帖
四書手讀不分卷　(清)鄭燮書　民國四年(1915)奉天作新印刷局石印本　六册

330000－1711－0000326　普 000266　經部/小學類/文字之屬/説文/專著
新定説文古籀考三卷　周名煇撰　民國三十七年(1948)開明書店石印本　一册

330000－1711－0000330　普 000269　經部/小學類/文字之屬/字書/字典
康熙字典十二集三十六卷總目一卷檢字一卷辨似一卷等韻一卷備考一卷補遺一卷　(清)張玉書等纂修　民國六年(1917)上海鴻寶齋書局石印本　六册

330000－1711－0000332　普 000270　經部/小學類/文字之屬/字書/字典
康熙字典十二集三十六卷總目一卷檢字一卷辨似一卷等韻一卷補遺一卷備考一卷　(清)張玉書等纂修　民國九年(1920)上海書局石印本　六册

330000－1711－0000333　普 000271　經部/小學類/文字之屬/字書/字典
康熙字典十二集三十六卷總目一卷檢字一卷辨似一卷等韻一卷備考一卷補遺一卷　(清)張玉書等纂修　民國九年(1920)上海昌文書局石印本　二册

330000－1711－0000335　普 000272　經部/小學類/文字之屬/字書/字典
康熙字典十二集三十六卷總目一卷檢字一卷辨似一卷等韻一卷備考一卷補遺一卷　(清)張玉書等纂修　民國九年(1920)上海昌文書局石印本　六册

330000－1711－0000336　普 000273　經部/小學類/文字之屬/字書/字典
字典十二集三十六卷總目一卷檢字一卷辨似一卷等韻一卷備考一卷補遺一卷　(清)張玉書等撰　民國三年(1914)上海天寶書局石印本　六册

330000－1711－0000339　普 000293　經部/春秋左傳類/傳説之屬
評點春秋綱目左傳句解彙雋六卷　(清)韓菼重訂　民國九年(1920)上海天寶書局石印本　一册

330000－1711－0000340　普 000278　類叢部/叢書類/自著之屬
柯劭忞先生遺著三種　柯劭忞撰　民國十六年(1927)國立北京大學研究院文史部鉛印本　四册　存一種

330000－1711－0000350　普 000294　經部/春秋左傳類/傳説之屬
春秋左傳五十卷　(晉)杜預　(宋)林堯叟註釋　(唐)陸德明音義　民國上海廣益書局石印本　十册　存四十二卷(九至五十)

330000－1711－0000351　普 000295　經部/四書類
四書白文　民國商務印書館鉛印本　二册　存一種

330000－1711－0000352　普 000296　類叢部/叢書類/彙編之屬
四部備要　中華書局編　民國二十五年(1936)上海中華書局鉛印本　二册　存一種

330000－1711－0000353　普 000297　經部/四書類/總義之屬/傳說
四書集註十九卷　(宋)朱熹撰　民國上海錦章圖書局石印本　二册　存二種

330000－1711－0000354　普 000285　經部/春秋左傳類/傳說之屬
左傳菁華錄二十四卷　吴曾祺評注　民國五年(1916)商務印書館鉛印本　六册

330000－1711－0000355　普 000286　經部/春秋左傳類/傳說之屬
言文對照左傳評註讀本二卷　秦同培選輯　民國十三年(1924)上海世界書局石印本　二册

330000－1711－0000356　普 000287　經部/春秋左傳類/傳說之屬
左繡三十卷首一卷　(清)馮李驊　(清)陸浩評輯　民國上海廣益書局石印本　八册　缺十一卷(首,一至五、二十一至二十五)

330000－1711－0000359　普 000299　經部/四書類/總義之屬/專著
四書味根錄三十九卷　(清)金澂撰　民國十六年(1927)鴻寶齋書局石印本　六册

330000－1711－0000361　普 000298　經部/四書類/孟子之屬/傳說
空山堂孟子論文七卷　(清)牛運震撰　民國十五年(1926)上海尋源學校鉛印本　二册

330000－1711－0000362　普 000301　經部/四書類/論語之屬/傳說
論語大義二十卷　唐文治撰　陸修祜校　民國刻本　三册

330000－1711－0000363　普 000302　經部/叢編
十三經讀本　唐文治輯　民國十三年(1924)吴江施肇曾醒園刻本　七册　存一種

330000－1711－0000368　普 000308　經部/四書類/總義之屬/傳說
新訂四書補註備旨十卷　(明)鄧林撰　(清)鄧煜編　(清)杜定基增訂　民國六年(1917)上海錦章圖書局石印本　七册　缺二卷(論語一至二)

330000－1711－0000369　普 000309　經部/四書類/總義之屬/傳說
新訂四書補註備旨十卷　(明)鄧林撰　(清)鄧煜編　(清)杜定基增訂　民國六年(1917)上海錦章圖書局石印本　七册　缺二卷(論語一至二)

330000－1711－0000371　普 000310　經部/四書類/總義之屬/傳說
四書集註十九卷　(宋)朱熹撰　民國三年(1914)中華書局鉛印本　二册　存十卷(論語一至十)

330000－1711－0000373　普 000311　子部/藝術類/書畫之屬/法帖
吴篆論語二卷　(清)吴大澂篆書　民國三年(1914)蘇州振新書社影印本　三册

330000－1711－0000374　普 000314　經部/四書類/總義之屬/傳說
四書集註十九卷　(宋)朱熹撰　民國商務印書館鉛印本　四册　存八卷(論語一至八)

330000－1711－0000375　普 000315　經部/四書類/孟子之屬/傳說
孟子集註七卷　(宋)朱熹撰　民國鉛印本　四册　存四卷(一、三至五)

330000－1711－0000376　普 000316　經部/四書類/總義之屬/傳說
言文對照廣註四書讀本　世界書局編輯所編輯　民國十四年(1925)上海世界書局石印本　三册　存一種

330000－1711－0000377　普000317　類叢部/叢書類/彙編之屬

四部備要　中華書局編　民國二十五年(1936)上海中華書局鉛印本　六冊　存一種

330000－1711－0000382　普000321　經部/小學類/音韻之屬/韻書

新式詩韻全璧八卷　世界書局編輯所編輯　民國十七年(1928)上海世界書局石印本　十冊

330000－1711－0000394　普000336　子部/雜著類/雜考之屬

古書校讀法一卷　胡韞玉編　民國安吳胡氏鉛印本　一冊

330000－1711－0000398　普000334　經部/小學類/文字之屬/字書/字典

康熙字典十二集三十六卷總目一卷檢字一卷辨似一卷等韻一卷備考一卷補遺一卷　(清)張玉書等纂修　民國三年(1914)上海共和書局石印本　六冊

330000－1711－0000399　普000335　經部/小學類/文字之屬/字書/字典

康熙字典十二集三十六卷總目一卷檢字一卷辨似一卷等韻一卷補遺一卷備考一卷　(清)張玉書等纂修　民國十八年(1929)上海共和書局石印本　六冊

330000－1711－0000400　普000342　經部/小學類/文字之屬/字書/古文

鐘鼎字源五卷附錄一卷　(清)汪立名撰　民國十四年(1925)上海掃葉山房石印本　三冊

330000－1711－0000403　普000340　經部/小學類/文字之屬/字書/字典

康熙字典十二集三十六卷總目一卷檢字一卷辨似一卷等韻一卷補遺一卷備考一卷　(清)張玉書等撰　民國元年(1912)天寶書局石印本　六冊

330000－1711－0000404　普000341　經部/小學類/文字之屬/字書/字體

真行草大字典十二卷　書學會編　民國上海有正書局石印本　六冊

330000－1711－0000406　普000345　史部/金石類/甲骨之屬/圖像

鐵雲藏龜拾遺一卷　(清)劉鶚藏　**鐵雲藏龜拾遺攷釋一卷**　葉玉森撰　民國十四年(1925)丹徒葉氏五鳳硯齋影印本　一冊

330000－1711－0000407　普000348　經部/小學類/文字之屬/字書/字典

新字典十二卷拾遺一卷檢字一卷附錄一卷勘誤一卷補編一卷　陸爾奎等編纂　民國元年(1912)上海商務印書館鉛印本　五冊　缺三卷(七至九)

330000－1711－0000408　普000346　史部/金石類/甲骨之屬/通考

甲骨叕存一卷釋文一卷　曾毅公撰　民國二十九年(1940)齊魯大學國學研究所影印暨鉛印本　一冊

330000－1711－0000409　普000349　史部/金石類/陶之屬/文字

古匋文孴錄十四卷附編一卷　顧廷龍集　民國二十五年(1936)國立北平研究院總辦事處出版課石印本　一冊

330000－1711－0000411　普000347　經部/小學類/文字之屬/字書/字體

行草大字典十二集　民國上海有正書局石印本　四冊　存八卷(一至二、五至六、九至十二)

330000－1711－0000414　普000353　史部/金石類/甲骨之屬/通考

殷契卜辭一卷　容庚編　**殷契卜辭釋文一卷**　容庚　瞿潤緡釋文　**殷契卜辭文編一卷**　瞿潤緡撰　民國二十二年(1933)北平哈佛燕京學社石印本　三冊

330000－1711－0000415　普000354　史部/金石類/甲骨之屬/文字

柏根氏舊藏甲骨文字一卷考釋一卷　(加拿大)明義士編　民國二十四年(1935)齊魯大學國學研究所鉛印本暨石印本　一冊

330000－1711－0000416　普 000355　史部/金石類/甲骨之屬/圖像

庫方二氏藏甲骨卜辭不分卷　(英國)庫全英藏　(美國)方法斂藏並摹　民國二十四年(1935)上海商務印書館影印本　一冊

330000－1711－0000417　普 000356　史部/金石類/甲骨之屬/圖像

戰後平津新獲甲骨集(甲骨學商史論叢四集)不分卷　胡厚宣著　民國三十五年(1946)成都齊魯大學國學研究所石印本　一冊

330000－1711－0000418　普 000357　經部/小學類/文字之屬/字書/字體

六書通十卷首一卷附百體福壽全圖　(清)閔齊伋撰　(清)畢弘述篆訂　民國十三年(1924)上海掃葉山房石印本　五冊

330000－1711－0000419　普 000358　經部/小學類/文字之屬/說文/專著

許氏說文解字部首不分卷　童斐撰　民國十八年(1929)光華大學石印本　一冊

330000－1711－0000429　普 000370　子部/藝術類/書畫之屬/法帖

草字彙十二卷附補　(清)石梁輯　民國上海中原書局石印本　四冊　存八卷(寅至酉)

330000－1711－0000430　普 000368　史部/金石類/金之屬/文字

歷代鐘鼎彝器欵識二十卷　(宋)薛尚功撰　民國二十三年(1934)上海文瑞樓書局等石印本　五冊

330000－1711－0000431　普 000371　經部/小學類/音韻之屬/韻書

自修適用詩韻合璧大全五卷　(清)湯文潞編　**虛字韻藪一卷**　(清)潘維城輯　民國十二年(1923)上海廣益書局石印本　四冊　存五卷(二至五、虛字韻藪)

330000－1711－0000432　普 000369　經部/小學類/文字之屬/說文/傳說

說文解字注十五卷附六書音均表五卷　(清)段玉裁撰　**說文通檢十四卷首一卷末一卷**　(清)黎永椿編　**說文解字注匡謬八卷**　(清)徐承慶撰　民國三年(1914)上海錦章圖書局石印本　七冊　缺六卷(匡謬三至八)

330000－1711－0000433　普 000372　經部/小學類/音韻之屬/韻書

增廣詩韻全璧五卷　初學檢韻袖珍一卷　(清)姚文登輯　**虛字韻數一卷**　(清)潘維城輯　民國十一年(1922)上海鴻寶齋書局石印本　六冊

330000－1711－0000436　普 000376　經部/小學類/文字之屬/字書/字典

康熙字典十二集三十六卷總目一卷檢字一卷辨似一卷等韻一卷補遺一卷備考一卷　(清)張玉書等纂修　民國石印本　六冊

330000－1711－0000437　普 000377　類叢部/叢書類/自著之屬

章氏叢書十三種　章炳麟撰　民國六年至八年(1917－1919)浙江圖書館刻本　一冊　存一種

330000－1711－0000438　普 000378　經部/小學類/文字之屬/字書/字典

新字典十二卷拾遺一卷檢字一卷附錄一卷勘誤一卷補編一卷　陸爾奎等編纂　民國六年(1917)上海商務印書館鉛印本　六冊

330000－1711－0000440　普 000379　經部/小學類/文字之屬/說文/專著

說文解字研究法不分卷　馬敘倫撰　民國十八年(1929)上海商務印書館石印本　一冊

330000－1711－0000442　普 000381　經部/小學類/文字之屬

蒼石山房整理故籍文字學□□種　石廣權撰　民國二十二年(1933)上海商務印書館石印本　一冊　存一種

330000－1711－0000443　普 000385　史部/金石類/金之屬/通考

鐘鼎款識一卷　(宋)王厚之輯　民國影印本　一冊

330000－1711－0000446　普 000386　集部/

詩文評類/文評之屬

高等小學論說文範四卷 邵伯棠撰 民國九年(1920)上海會文堂書局石印本 四冊

330000－1711－0000447 普000384 經部/小學類/文字之屬/字書/字體

行草大字典十二集 民國上海有正書局石印本 六冊

330000－1711－0000448 普000387 集部/詩文評類/文評之屬

中等新論說文範四卷 蔡郕撰 民國七年(1918)上海會文堂書局石印本 四冊

330000－1711－0000449 普000388 集部/詩文評類/文評之屬

初學論說文範四卷 邵伯棠撰 民國六年(1917)上海會文堂書局石印本 四冊

330000－1711－0000453 普000392 經部/小學類/文字之屬/字書/古文

古文聲系二卷檢字一卷 孫海波撰 民國二十四年(1935)北平來薰閣書店影印本 四冊

330000－1711－0000464 普000403 史部/金石類/甲骨之屬/文字

甲骨文編十四卷合文一卷附錄一卷檢字一卷備查一卷 孫海波撰 民國二十三年(1934)北平哈佛燕京社石印本暨鉛印本 五冊

330000－1711－0000468 普000407 史部/金石類/金之屬/文字

積古齋鐘鼎彝器款識十卷 (清)阮元撰 民國上海中華圖書館影印本 三冊 存五卷(一至三、七至八)

330000－1711－0000469 普000408 史部/金石類/金之屬/文字

積古齋鐘鼎彝器款識十卷 (清)阮元撰 民國十三年(1924)上海掃葉山房石印本 五冊

330000－1711－0000473 普000415 經部/小學類/文字之屬/說文/專著

說文部首均語一卷 章炳麟撰 民國石印本 一冊

330000－1711－0000474 普000416 經部/小學類/文字之屬/說文/專著

說文部首均語一卷 章炳麟撰 民國石印本 一冊

330000－1711－0000476 普000411 經部/小學類/文字之屬/說文/傳說

說文解字十五卷標目一卷 (漢)許慎撰 (宋)徐鉉等校定 民國上海鑄記書局石印本 四冊

330000－1711－0000477 普000418 經部/群經總義類/文字音義之屬

唐寫本經典釋文殘卷校語補正一卷 馬敘倫撰 民國七年(1918)鉛印本 一冊

330000－1711－0000478 普000412 經部/小學類/文字之屬/說文

說文解字十五卷標目一卷 (漢)許慎撰 (宋)徐鉉等校定 民國十八年(1929)上海商務印書館據藤花榭刻本影印本 四冊

330000－1711－0000479 普000419 經部/小學類

小學金石論叢五卷補遺一卷 楊樹達撰 民國二十六年(1937)上海商務印書館鉛印本 二冊

330000－1711－0000481 普000413 經部/小學類/文字之屬/說文

說文解字十五卷標目一卷 (漢)許慎撰 (宋)徐鉉等校定 民國上海商務印書館據藤花榭刻本影印本 一冊

330000－1711－0000484 普000424 經部/小學類/文字之屬/字書/字體

六書通十卷首一卷附百體福壽全圖 (清)閔齊伋撰 (清)畢弘述篆訂 民國三年(1914)上海掃葉山房石印本 五冊

330000－1711－0000486 普000425 經部/小學類/文字之屬/字書/字體

六書通十卷首一卷 (清)閔齊伋撰 (清)畢弘述篆訂 民國石印本 四冊 存八卷(三至十)

330000－1711－0000487　普000430　子部/藝術類/篆刻之屬/印論
篆法入門三卷　周鍾麟撰　民國二十一年(1932)上海求古齋書帖局影印本　二冊

330000－1711－0000492　普000433　史部/金石類/璽印之屬/文字
選集漢印分韻二卷　(清)袁日省輯　(清)謝雲生臨摹　**續集漢印分韻二卷**　(清)謝景卿輯並臨摹　民國上海文瑞樓石印本　四冊

330000－1711－0000493　普000434　經部/小學類/訓詁之屬/爾雅
爾雅三卷　(晉)郭璞注　(唐)陸德明音釋　民國十一年(1922)上海掃葉山房石印本　三冊

330000－1711－0000501　普000439　經部/小學類/文字之屬/說文
說文解字十五卷標目一卷　(漢)許慎撰　(宋)徐鉉等校定　民國十二年(1923)上海馬啟新書局石印本　四冊

330000－1711－0000502　普000440　經部/小學類/文字之屬/字書/字典
康熙字典十二集三十六卷總目一卷檢字一卷辨似一卷等韻一卷備考一卷補遺一卷　(清)張玉書等纂修　民國上海商務印書館石印本　七冊

330000－1711－0000512　普000450　史部/地理類/總志之屬
大清一統志五百六十卷目錄二卷附索引不分卷　(清)穆彰阿等纂　民國藝文印書館影印本　二百十冊

330000－1711－0000515　普000454　史部/紀傳類/正史之屬
史記一百三十卷　(漢)司馬遷撰　(南朝宋)裴駰集解　(唐)司馬貞索隱　(唐)張守節正義　**補史記一卷**　(唐)司馬貞撰并注　民國中華圖書館影印本　十七冊　缺二十八卷(三至六、四十七至五十八、七十至八十一)

330000－1711－0000523　普000461　類叢部/叢書類/彙編之屬
四部備要　中華書局編　民國二十五年(1936)上海中華書局鉛印本　七十八冊　存三種

330000－1711－0000528　普000465　史部/編年類/通代之屬
綱鑑易知錄九十二卷明鑑易知錄十五卷　(清)吳乘權等輯　民國五年(1916)上海商務印書館鉛印本　十六冊

330000－1711－0000532　普000470　史部/編年類/通代之屬
尺木堂綱鑑易知錄九十二卷　(清)吳乘權等輯　民國五年(1916)上海錦章圖書局石印本　五冊

330000－1711－0000533　普000471　史部/編年類/通代之屬
尺木堂綱鑑易知錄二十卷　(清)吳乘權等輯　民國十二年(1923)鑄記書局石印本　八冊　存十一卷(一至十一)

330000－1711－0000546　普000493　史部/編年類/通代之屬
尺木堂綱鑑易知錄九十二卷明鑑易知錄十五卷　(清)吳乘權等輯　民國五年(1916)上海錦章圖書局石印本(綱鑑易知錄卷五十至五十四補配民國上海商務印書館鉛印本)　二十四冊

330000－1711－0000554　普000494　史部/編年類/通代之屬
御批歷代通鑑輯覽一百二十卷　(清)傅恒等撰　民國上海商務印書館鉛印本　四十冊

330000－1711－0000575　普000514　史部/傳記類/總傳之屬/家乘
孔氏南宗考略二卷　徐鏡泉纂輯　民國三十六年(1947)油印本　一冊

330000－1711－0000584　普000524　史部/傳記類/日記之屬
越縵堂日記補不分卷(清咸豐四年三月十四日至同治二年三月三十日)　(清)李慈銘撰

民國二十五年(1936)上海商務印書館影印本　十三冊

330000－1711－0000590　普000530　子部/藝術類/書畫之屬/畫譜

任阜長先生歷代百將圖二卷　(清)任薰繪　民國八年(1919)上海震東美術社影印本　二冊

330000－1711－0000593　普000533　史部/傳記類/總傳之屬/郡邑

於越有明一代三不朽圖贊一卷　(明)張岱撰　民國七年(1918)紹興印刷局鉛印本　一冊

330000－1711－0000594　普000534　史部/傳記類/總傳之屬/郡邑

於越有明一代三不朽圖贊一卷　(明)張岱撰　民國七年(1918)紹興印刷局鉛印本　一冊

330000－1711－0000602　普000542　類叢部/類書類/專類之屬

年華錄四卷　(清)全祖望撰　民國十八年(1929)上海商務印書館鉛印本　二冊

330000－1711－0000603　普000543　史部/傳記類/別傳之屬/事狀

孫烈士竹丹[元]遺事一卷　柳棄疾等輯　民國六年(1917)鉛印本　一冊

330000－1711－0000604　普000544　史部/傳記類/別傳之屬/事狀

孫烈士竹丹[元]遺事一卷　柳棄疾等輯　民國六年(1917)鉛印本　一冊

330000－1711－0000605　普000545　史部/傳記類/總傳之屬/姓名

重訂南社姓氏錄二卷　南社編　民國五年(1916)鉛印本　一冊

330000－1711－0000606　普000546　史部/傳記類/總傳之屬/姓名

重訂南社姓氏錄二卷　南社編　民國五年(1916)鉛印本　一冊

330000－1711－0000613　普000553　史部/傳記類/日記之屬

翁文恭公日記不分卷(清咸豐八年至光緒三十年)　(清)翁同龢撰　民國十四年(1925)上海商務印書館影印本　三十六冊　存三十六冊(二至二十、二十四至四十)

330000－1711－0000614　普000554　史部/政書類/律令之屬/刑制

中華民國現行新刑律詳解二卷附編一卷　民國八年(1919)上海法政學社石印本　一冊

330000－1711－0000624　普000564　史部/史評類/史論之屬

讀通鑑論十六卷附宋論十五卷　(清)王夫之撰　民國上海商務印書館鉛印本　十冊

330000－1711－0000631　普000571　史部/史評類/考訂之屬

校史偶得不分卷　陳寶煐撰　民國八年(1919)鉛印本　二冊

330000－1711－0000633　普000573　類叢部/叢書類/彙編之屬

四部備要　中華書局編　民國二十五年(1936)上海中華書局鉛印本　二冊　存一種

330000－1711－0000634　普000576　史部/雜史類/斷代之屬

醴陵兵燹紀畧一卷附錄一卷　民國鉛印本　一冊

330000－1711－0000636　普000574　史部/紀傳類/正史之屬

史記探源八卷　崔適撰　民國二十三年(1934)國立北京大學出版組鉛印本　二冊

330000－1711－0000637　普000578　史部/雜史類/斷代之屬

清初三大疑案考實三卷　孟森撰　民國國立北京大學出版組鉛印本　一冊

330000－1711－0000639　普000579　類叢部/叢書類/彙編之屬

燕京大學圖書館叢書□□種　燕京大學圖書館編　民國北平燕京大學圖書館鉛印本暨影印本　一冊　存一種

330000－1711－0000644　普 000583　史部/雜史類/斷代之屬

滿清稗史十六種附二種　陸保璿輯　民國二年(1913)新中國圖書局鉛印本　一冊　存一種

330000－1711－0000647　普 000595　類叢部/叢書類/彙編之屬

四部備要　中華書局編　民國二十五年(1936)上海中華書局鉛印本　五冊　存一種

330000－1711－0000649　普 000594　史部/雜史類/斷代之屬

戰國策補註三十三卷　吳曾祺撰　民國上海商務印書館鉛印本　一冊　存七卷(一至七)

330000－1711－0000652　普 000589　史部/雜史類/斷代之屬

戰國策詳註三十三卷　郭希汾輯註　民國十八年(1929)上海文明書局鉛印本　六冊

330000－1711－0000654　普 000590　史部/雜史類/斷代之屬

痛史二十一種附九種　樂天居士輯　民國六年(1917)上海商務印書館鉛印本　十九冊　存十二種

330000－1711－0000656　普 000591　史部/雜史類/斷代之屬

南明野史三卷首一卷附錄一卷　(清)南沙三餘氏撰　民國二十二年(1933)上海商務印書館鉛印本　三冊

330000－1711－0000657　普 000592　史部/雜史類/斷代之屬

明季實錄二卷　(清)顧炎武輯　民國元年(1912)石印本　二冊

330000－1711－0000659　普 000599　史部/雜史類/斷代之屬

戊戌政變記九卷　梁啟超撰　民國鉛印本　二冊　存五卷(一至五)

330000－1711－0000663　普 000603　史部/雜史類/斷代之屬

戰國策補註三十三卷　吳曾祺撰　民國元年(1912)上海商務印書館鉛印本　四冊

330000－1711－0000664　普 000604　史部/雜史類/斷代之屬

戰國策詳註三十三卷　郭希汾輯註　民國十九年(1930)上海文明書局鉛印本　六冊

330000－1711－0000665　普 000611　史部/雜史類/通代之屬

歷朝野史九卷　(明)查應光輯　**歷朝野史續編二卷**　周鍾游輯　民國六年(1917)上海有正書局鉛印本　四冊

330000－1711－0000668　普 000607　類叢部/叢書類/彙編之屬

適園叢書七十四種　張鈞衡編　民國二年至六年(1913－1917)烏程張氏刻本　二冊　存一種

330000－1711－0000680　普 000618　史部/目録類/書志之屬/題跋

藏園羣書題記八卷　傅增湘撰　民國三十二年(1943)企驎軒鉛印本　四冊

330000－1711－0000681　普 000619　史部/目録類/書志之屬/題跋

藏園羣書題記續集六卷　傅增湘撰　民國二十七年(1938)江安傅增湘藏園鉛印本　三冊

330000－1711－0000683　普 000620　史部/目録類/總録之屬/地方

台州經籍志四十卷　項士元編　民國四年(1915)鉛印本　十六冊

330000－1711－0000684　普 000621　史部/目録類/總録之屬/彙刻

擒藻堂四庫全書薈要目錄一卷　(清)于敏中　(清)王際華等編　民國二十二年(1933)故宮博物院圖書館鉛印本　一冊

330000－1711－0000685　普 000625　類叢部/叢書類/彙編之屬

金陵大學中國文化研究所叢刊□□種　金陵大學中國文化研究所編　民國金陵大學中國文化研究所刻本、鉛印本暨影印本　一冊　存一種

330000－1711－0000686　普 000622　史部/目録類/總録之屬/官修

故宫普通書目六卷　故宫博物院圖書館編　民國二十三年(1934)北平故宫博物院圖書館鉛印本　三册

330000－1711－0000688　普 000627　史部/目録類/總録之屬/私撰

鄞范氏天一閣書目内編十卷　馮貞羣編　民國二十六年至二十九年(1937－1940)寧波重修天一閣委員會鉛印本　四册

330000－1711－0000699　普 000632　史部/目録類/總録之屬/官修

欽定四庫全書簡明目錄二十卷　(清)紀昀等撰　**四庫未收書目提要五卷**　(清)阮元撰　民國十四年(1925)上海掃葉山房石印本　八册

330000－1711－0000705　普 000637　子部/藝術類/書畫之屬/書法書品

碑帖紀證一卷　(明)范大澈撰　民國十二年(1923)蟫隱廬鉛印本　一册

330000－1711－0000706　普 000638　史部/目録類/總録之屬/官修

四庫未收書目提要五卷　(清)阮元撰　民國二十年(1931)雙流黄氏濟忠堂成都刻本　三册

330000－1711－0000708　普 000640　史部/目録類/書志之屬/提要

國學書目舉要一卷　陳伯英撰　民國十八年(1929)油印本　一册

330000－1711－0000710　普 000641　史部/目録類/專録之屬

國立中央研究院歷史語言研究所圖書室方志目不分卷　張政烺撰集　民國二十六年(1937)國立中央研究院歷史語言研究所鉛印本　一册

330000－1711－0000711　普 000642　史部/目録類/總録之屬/私撰

書目舉要一卷　周貞亮　李之鼎編　民國九年(1920)南城李之鼎宜秋館刻本　一册

330000－1711－0000712　普 000643　史部/目録類/總録之屬/官修

浙江圖書館保存類書目四卷末一卷　浙江圖書館編　民國四年(1915)浙江圖書館鉛印本　一册

330000－1711－0000714　普 000644　史部/目録類/總録之屬/官修

浙江圖書館保存類書目四卷末一卷　浙江圖書館編　民國四年(1915)浙江圖書館鉛印本　一册

330000－1711－0000724　普 000649　史部/目録類/通論之屬/掌故瑣記

書舶庸譚四卷　董康撰　民國十九年(1930)上海大東書局影印本　二册　存二卷(三至四)

330000－1711－0000725　普 000650　史部/目録類/通論之屬/掌故瑣記

書林清話十卷　葉德輝撰　民國九年(1920)葉德輝觀古堂刻本　四册

330000－1711－0000726　普 000651　史部/目録類/通論之屬/掌故瑣記

書林清話十卷　葉德輝撰　民國九年(1920)葉德輝觀古堂刻本　四册

330000－1711－0000727　普 000652　史部/金石類/金之屬/圖像

鐘鼎款識原器拓片第一一卷　民國有正書局石印本　一册

330000－1711－0000728　普 000653　史部/金石類/金之屬/圖像

放大毛公鼎一卷附釋文一卷　(清)吴大澂釋文　民國七年(1918)上海震亞圖書局石印本　一册

330000－1711－0000731　普 000659　類叢部/叢書類/彙編之屬

四部備要　中華書局編　民國二十五年(1936)上海中華書局鉛印本　二十册　存一種

330000－1711－0000740　普 000668　史部/紀傳類/正史之屬

史記一百三十卷　(漢)司馬遷撰　(南朝宋)裴駰集解　(唐)司馬貞索隱　(唐)張守節正義　**補史記一卷**　(唐)司馬貞撰并注　民國中華圖書館影印本　二十四冊

330000－1711－0000741　普 000669　史部/紀傳類/正史之屬

史記一百三十卷　(漢)司馬遷撰　(南朝宋)裴駰集解　(唐)司馬貞索隱　(唐)張守節正義　民國十六年(1927)上海錦章圖書局據清武英殿二十一史本影印本　二十冊

330000－1711－0000744　普 000672　史部/紀傳類/正史之屬

明史本紀二十四卷　(清)張廷玉等修　**明史本紀原本補本異同錄二十四卷**　段瓊林撰　民國二十一年(1932)故宮博物院影印本暨鉛印本　五冊

330000－1711－0000746　普 000673　史部/史抄類

史記菁華錄六卷　(清)姚祖恩輯評　民國二十八年(1939)上海商務印書館鉛印本　三冊

330000－1711－0000747　普 000674　史部/史抄類

史記菁華錄六卷　(清)姚祖恩輯評　民國鉛印本　四冊

330000－1711－0000748　普 000675　史部/紀傳類/正史之屬

史記一百三十卷　(漢)司馬遷撰　(明)歸有光等評點　**方望溪平點史記四卷**　(清)方苞撰　民國五年(1916)據武昌張氏刻本影印本　十六冊

330000－1711－0000752　普 000681　史部/傳記類/總傳之屬/儒林

宋元學案一百卷首一卷　(清)黄宗羲撰　(清)全祖望修定　(清)王梓材　(清)馮雲濠校並考　民國上海文瑞樓石印本　三十一冊　缺三卷(九十八至一百)

330000－1711－0000761　普 000691　子部/道家類

老子考證一卷　湯仰暉撰　民國湯應煌刻本　一冊

330000－1711－0000771　普 000699　史部/史抄類

史記菁華錄六卷　(清)姚祖恩輯評　民國上海鴻寶齋書局石印本　六冊

330000－1711－0000773　普 000700　史部/史抄類

史記菁華錄六卷　(清)姚祖恩輯評　民國上海鴻寶齋書局石印本　六冊

330000－1711－0000774　普 000701　史部/史抄類

史記菁華錄六卷　(清)姚祖恩輯評　民國上海鴻寶齋書局石印本　五冊　存五卷(二至六)

330000－1711－0000775　普 000702　史部/史抄類

史記菁華錄六卷　(清)姚祖恩輯評　民國十九年(1930)上海商務印書館鉛印本　三冊

330000－1711－0000785　普 000710　史部/史評類/史論之屬

讀通鑑論十六卷附宋論十五卷　(清)王夫之撰　民國上海商務印書館鉛印本　五冊

330000－1711－0000791　普 000717　史部/目録類/專録之屬

參加倫敦中國藝術國際展覽會出品目錄四卷　倫敦中國藝術國際展覽會籌備委員會編　民國二十四年(1935)鉛印本　一冊

330000－1711－0000793　普 000719　類叢部/叢書類/彙編之屬

四部叢刊續編　張元濟等編　民國二十三年(1934)上海商務印書館影印本　四冊　存一種

330000－1711－0000797　普 000715　史部/史評類/史論之屬

訂續讀史論略二卷　(清)唐邦治撰　民國十

九年(1930)上海大東書局鉛印本　一冊

330000－1711－0000807　普 000734　史部/傳記類/總傳之屬/忠孝
浙江杭州府錢塘縣紳民忠義錄傳不分卷　程良馭編　民國十二年(1923)油印本　一冊

330000－1711－0000836　普 000745　史部/地理類/專志之屬/園林
竹垞小志五卷　(清)阮元訂　(清)楊蟠等輯　民國十三年(1924)鉛印本　一冊

330000－1711－0000837　普 000756　史部/地理類/遊記之屬
古今遊記叢鈔十六卷　涵青主人輯　民國三年(1914)石印本　一冊

330000－1711－0000849　普 0089　類叢部/叢書類/彙編之屬
江氏聚珍版叢書四集二十八種　江杏溪輯　民國十三年(1924)蘇州文學山房木活字印本　三冊　存一種

330000－1711－0000860　普 000772　新學/政治法律
戰時國際公法□□卷　陳宗勗述　民國鉛印本　一冊　存二卷(一至二)

330000－1711－0000868　普 000779　史部/政書類/邦計之屬
建國後策一卷附建國策一卷中華民國憲法私案一卷　(日本)今井嘉幸撰　民國鉛印本　一冊

330000－1711－0000869　普 000780　史部/政書類/邦計之屬
建國後策一卷附建國策一卷中華民國憲法私案一卷　(日本)今井嘉幸撰　民國鉛印本　一冊

330000－1711－0000875　普 000783　史部/政書類/律令之屬/判牘
樊山判牘四卷　樊增祥撰　民國法政學社石印本　二冊　存二卷(二、四)

330000－1711－0000876　普 000784　史部/政書類/律令之屬/判牘
樊山判牘續編四卷　樊增祥撰　民國石印本　三冊　存三卷(一至三)

330000－1711－0000877　普 000785　史部/政書類/律令之屬
新編評註刀筆菁華四種　平襟亞纂　秋痕樓主評　民國十二年(1923)鉛印本　四冊

330000－1711－0000884　普 000796　史部/傳記類/總傳之屬/忠孝
男女百孝圖全傳四卷　(清)俞葆真編輯　(清)何雲梯繪　民國九年(1920)上海碧梧山莊石印本　四冊　存三卷(二至四)

330000－1711－0000885　普 000797　類叢部/叢書類/彙編之屬
四部備要　中華書局編　民國二十五年(1936)上海中華書局鉛印本　一冊　存一種

330000－1711－0000888　普 000800　史部/政書類/律令之屬/律例
中華法規大全不分卷　民國二年(1913)上海廣益書局石印本　十五冊　存第七至十七類

330000－1711－0000892　普 000803　史部/雜史類/通代之屬
明清史料不分卷　國立中央研究院歷史語言研究所編　民國鉛印本　二冊　存二冊(三、十)

330000－1711－0000893　普 000804　史部/詔令奏議類/奏議之屬
二二五五疏二卷　錢恂撰　民國八年(1919)上海聚珍仿宋印書局鉛印本　二冊

330000－1711－0000906　普 000815　子部/叢編
評註諸子菁華錄十八種十八卷　張之純編纂　民國上海商務印書館鉛印本　二十一冊

330000－1711－0000909　普 000820　子部/儒家類/儒家之屬
荀子二十卷　(唐)楊倞注　**荀子校勘補遺一卷**　(清)謝墉撰　民國十二年(1923)上海掃葉山房石印本　四冊

330000－1711－0000910　普 000821　類叢部/叢書類/彙編之屬

四部叢刊　張元濟等編　民國上海商務印書館影印本　四冊　存一種

330000－1711－0000922　普 000827　子部/儒家類/儒學之屬/性理

楊園菁華錄四卷　(清)張履祥撰　(清)沈志本纂　民國二十四年(1935)楊園學社鉛印本　一冊

330000－1711－0000926　普 000828　子部/儒家類/儒學之屬/性理

楊園菁華錄四卷　(清)張履祥撰　(清)沈志本纂　民國二十四年(1935)楊園學社鉛印本　一冊

330000－1711－0000927　普 000829　子部/儒家類/儒學之屬/性理

楊園菁華錄四卷　(清)張履祥撰　(清)沈志本纂　民國二十四年(1935)楊園學社鉛印本　一冊

330000－1711－0000928　普 000830　子部/儒家類/儒學之屬/性理

楊園菁華錄四卷　(清)張履祥撰　(清)沈志本纂　民國二十四年(1935)楊園學社鉛印本　一冊

330000－1711－0000930　普 000831　子部/儒家類/儒學之屬/性理

楊園菁華錄四卷　(清)張履祥撰　(清)沈志本纂　民國二十四年(1935)楊園學社鉛印本　一冊

330000－1711－0000937　普 000839　子部/儒家類/儒學之屬/經濟

新語二卷　(漢)陸賈撰　民國石印本　一冊

330000－1711－0000942　普 000853　子部/儒家類/儒學之屬/禮教/家訓

暄廬家訓不分卷　張載陽撰　民國十九年(1930)新昌張九如堂鉛印本　一冊

330000－1711－0000945　普 000845　類叢部/叢書類/彙編之屬

四部備要　中華書局編　民國二十五年(1936)上海中華書局鉛印本　二冊　存一種

330000－1711－0000946　普 000846　子部/儒家類/儒學之屬/禮教/女範

女範捷錄一卷　(清)王相訂註　民國上海大眾書局鉛印本　一冊

330000－1711－0000959　普 000856　子部/儒家類/儒家之屬

荀子二十卷首一卷　(唐)楊倞注　王先謙集解　民國商務印書館影印本　四冊　缺九卷(四至七、十三至十七)

330000－1711－0000962　普 000859　子部/儒家類/儒學之屬/勸學

近思錄十四卷　(宋)朱熹撰　(宋)呂祖謙輯　民國上海中華書局鉛印本　二冊

330000－1711－0000981　普 000875　子部/儒家類/儒學之屬/性理

性理學大義五種　唐文治輯　民國十四年(1925)無錫國學專修館鉛印本　二冊　存一種

330000－1711－0000982　普 000876　子部/儒家類/儒學之屬/性理

王陽明先生傳習錄集評四卷　(清)孫奇逢等參評　(清)陶潯霍　梁啓超續評　孫鏘輯校　民國三年(1914)上海新學會社鉛印本　二冊

330000－1711－0000984　普 000878　類叢部/叢書類/彙編之屬

四部叢刊　張元濟等編　民國上海商務印書館影印本　三冊　存二種

330000－1711－0000985　普 000879　類叢部/叢書類/彙編之屬

四部備要　中華書局編　民國二十五年(1936)上海中華書局鉛印本　四冊　存一種

330000－1711－0000994　普 000891　子部/雜著類/雜說之屬

菜根譚前篇一卷後集一卷　(明)洪應明撰　民國八年(1919)志古堂刻本　一冊

330000－1711－0000995　普 000892　類叢部/叢書類/彙編之屬
志古堂叢書五種　民國刻本　一冊　存一種

330000－1711－0000998　普 000887　類叢部/叢書類/彙編之屬
四部備要　中華書局編　民國二十五年(1936)上海中華書局鉛印本　一冊　存一種

330000－1711－0000999　普 000888　類叢部/叢書類/彙編之屬
四部備要　中華書局編　民國二十五年(1936)上海中華書局鉛印本　一冊　存一種

330000－1711－0001008　普 000899　史部/政書類/律令之屬/判牘
樊山判牘續編不分卷　樊增祥撰　民國二十三年(1934)上海新文化書社鉛印本　一冊

330000－1711－0001012　普 000901　子部/法家類
韓非子考證十三卷附錄一卷　容肇祖撰　民國二十五年(1936)上海商務印書館鉛印本　一冊

330000－1711－0001016　普 000905　子部/兵家類/武術技巧之屬
太極拳刀劍桿散手合編十卷附錄一卷　陳炎林撰　民國三十二年(1943)上海國光書局鉛印本　一冊　存五卷(一至五)

330000－1711－0001018　普 000907　子部/兵家類/兵法之屬
評註七子兵略七卷　(清)陳玖撰　民國益新書局石印本　四冊

330000－1711－0001021　普 000911　子部/兵家類/武術技巧之屬
國術四書　(明)程宗猷撰　民國十八年(1929)上海錦文堂石印本　二冊　存二種

330000－1711－0001022　普 000912　子部/兵家類/武術技巧之屬
拳經四卷　大聲圖書局輯　民國十八年(1929)上海大聲圖書局石印本　一冊　存二卷(三至四)

330000－1711－0001024　普 000914　子部/農家農學類/總論之屬
重訂致富全書四卷　民國七年(1918)鉛印本　二冊

330000－1711－0001030　普 000917　子部/農家農學類/蠶桑之屬
浙江原蠶種製造場五年計畫書一卷　浙江原蠶種製造場編　民國七年(1918)浙江原蠶種製造場石印本　一冊

330000－1711－0001032　普 000908　子部/兵家類/兵法之屬
讀史兵略綴言一卷　蔣廷黻撰　民國鉛印本　一冊

330000－1711－0001033　普 000909　子部/兵家類/兵法之屬
讀史兵略綴言一卷　蔣廷黻撰　民國鉛印本　一冊

330000－1711－0001034　普 000919　子部/農家農學類/蠶桑之屬
中華民國五年度浙江原蠶種製造場第一年蠶種製造實錄不分卷　浙江原蠶種製造場編　民國六年(1917)鉛印本　一冊

330000－1711－0001035　普 000920　子部/農家農學類/蠶桑之屬
中華民國六年度浙江原蠶種製造場第二年實錄不分卷　浙江原蠶種製造場編　民國七年(1918)浙江原蠶種製造場鉛印本　一冊

330000－1711－0001044　普 000926　子部/醫家類/方書之屬/單方驗方
丹溪心法附餘二十四卷首一卷　(明)方廣輯　民國上海文瑞樓石印本　十二冊

330000－1711－0001046　普 000924　子部/醫家類/綜合之屬/通論
御纂醫宗金鑑九十卷首一卷　(清)吳謙等撰　民國八年(1919)上海鴻寶齋石印本　二十冊

330000－1711－0001048　普 000935　子部/醫家類/溫病之屬

加評溫病條辨六卷首一卷　(清)吳瑭撰　陸士諤評　民國十一年(1922)上海世界書局石印本　二冊

330000－1711－0001049　普000936　子部/醫家類/方書之屬/單方驗方

重校舊本湯頭歌訣一卷　(清)汪昂編輯　民國三年(1914)上海共和書局石印本　一冊

330000－1711－0001050　普000928　子部/醫家類/方書之屬/單方驗方

梅氏驗方新編七卷　(清)梅啓照編　天虛我生重編　民國二十三年(1934)家庭工業社鉛印本　四冊　缺三卷(二、六至七)

330000－1711－0001052　普000937　子部/醫家類/方書之屬/單方驗方

重訂驗方新編十八卷　(清)鮑相璈等輯　民國三年(1914)章福記書局石印本　二冊

330000－1711－0001054　普000938　子部/醫家類/類編之屬

影印古本醫學叢書十種　錢季寅輯　民國十九年至二十年(1930－1931)上海中醫書局影印本　三冊　存二種

330000－1711－0001060　普000940　子部/醫家類/針灸之屬/通論

實用鍼灸學五章　陳光昌撰　民國二十一年(1932)東方針灸學社鉛印本　一冊

330000－1711－0001064　普000944　子部/醫家類/醫案之屬

當代全國名醫驗案類編十四卷　何廉臣評選　民國二十五年(1936)上海大東書局鉛印本　七冊　存十三卷(二至十四)

330000－1711－0001065　普000945　子部/醫家類/醫案之屬

當代全國名醫驗案類編續編二十六卷　郭奇遠評選　民國二十五年(1936)上海大東書局鉛印本　六冊

330000－1711－0001071　普000954　子部/醫家類/兒科之屬/通論

鼎鍥幼幼集成六卷　(清)陳復正輯　民國元年(1912)上海會文堂石印本　五冊　存五卷(一至三、五至六)

330000－1711－0001072　普000966　子部/醫家類/本草之屬/歷代綜合本草

本草從新十八卷　(清)吳儀洛輯　民國上海蔣春記書莊石印本　一冊

330000－1711－0001073　普000967　子部/醫家類/本草之屬/歷代綜合本草

本草從新十八卷　(清)吳儀洛輯　民國石印本　一冊

330000－1711－0001075　普000958　子部/醫家類/類編之屬

南雅堂醫書全集(陳修園醫書)七十二種　(清)陳念祖等撰　民國上海錦章書局石印本　二十四冊　存五十一種

330000－1711－0001076　普000968　子部/醫家類/針灸之屬/通論

增補繪圖鍼灸大成十二卷　(明)楊繼洲撰　(清)章廷珪重修　民國十九年(1930)上海昌文書局石印本　一冊

330000－1711－0001077　普000969　子部/醫家類/類編之屬

世補齋醫書六種　(清)陸懋修撰　民國二十年(1931)、二十三年(1934)上海中醫書局鉛印本　五冊

330000－1711－0001079　普000960　子部/醫家類/醫話醫論之屬

醫學南針不分卷　陸士諤編輯　民國十九年(1930)上海世界書局石印本　一冊

330000－1711－0001084　普000971　子部/醫家類/本草之屬/歷代綜合本草

本草從新十八卷　(清)吳儀洛輯　民國二年(1913)上海廣益書局石印本　四冊

330000－1711－0001085　普000972　子部/醫家類/綜合之屬/通論

御纂醫宗金鑑九十卷首一卷　(清)吳謙等撰　民國育文書局石印本　一冊　存十五卷(編輯外科心法要訣一至十五)

330000－1711－0001091　普000974　子部/醫家類/方書之屬/成方藥目

葉種德堂丸散膏丹全錄一卷　葉鴻年編　民國三年(1914)葉種德堂鉛印本　一册

330000－1711－0001092　普000975　子部/醫家類/方書之屬/成方藥目

樂仁堂虔修諸門應症丸散膏丹一卷　民國十九年(1930)京都樂仁堂刻本　一册

330000－1711－0001094　普000977　子部/醫家類/推拿按摩外治之屬

推拿廣意三卷　(清)熊應雄輯　**福幼編一卷**　(清)莊一夔撰　民國上海進步書局石印本　一册

330000－1711－0001095　普000978　子部/醫家類/方書之屬/成方藥目

錢存濟堂丸散膏丹四卷續集一卷補遺一卷　丁甘仁等纂　民國刻本　一册　存一卷(一)

330000－1711－0001104　普000992　子部/醫家類/本草之屬/歷代綜合本草

本草從新十八卷　(清)吳儀洛輯　民國上海姚文海書局石印本　一册

330000－1711－0001105　普000993　子部/醫家類/綜合之屬/通論

古吳童氏重校醫宗必讀十卷　(明)李中梓撰　民國三年(1914)上海錦章圖書局石印本　一册

330000－1711－0001106　普000994　子部/醫家類/綜合之屬/通論

古吳童氏重校醫宗必讀十卷　(明)李中梓撰　民國二年(1913)上海書局石印本　五册

330000－1711－0001111　普000996　子部/醫家類/眼科之屬

銀海精微二卷　(唐)孫思邈原輯　(明)龔雲林編定　民國三年(1914)上海會文堂石印本　二册

330000－1711－0001113　普001001　子部/醫家類/外科之屬/癰疽、疔瘡

重刊刺疔捷法一卷　(清)張鏡撰　民國十五年(1926)上海廣益書局石印本　一册

330000－1711－0001114　普001002　子部/醫家類/兒科之屬

幼科三種十卷　民國石印本　四册　存七卷(幼科鐵鏡一至二,增補秘傳痘疹玉髓金鏡錄真本首、一至二,推拿廣意一至二)

330000－1711－0001117　普001004　子部/醫家類/兒科之屬

幼科三種　民國石印本　一册　存一種

330000－1711－0001122　普001007　新學/醫學/内科

蘇元泰醫學論文不分卷　蘇元泰撰　民國油印本　朱宇蒼題記　一册

330000－1711－0001129　普001021　子部/醫家類/方書之屬/單方驗方

丹溪心法附餘二十四卷首一卷　(明)方廣輯　民國十三年(1924)上洋海左書局石印本　十二册

330000－1711－0001135　普001018　子部/醫家類/方書之屬/單方驗方

重校舊本湯頭歌訣一卷附經絡歌訣一卷增補本草備要八卷　(清)汪昂編輯　民國元年(1912)上海同文書局石印本　一册

330000－1711－0001137　普001023　子部/醫家類/綜合之屬/通論

古吳童氏重校醫宗必讀十卷　(明)李中梓撰　民國石印本　一册

330000－1711－0001138　普001024　子部/醫家類/方書之屬/單方驗方

重校舊本湯頭歌訣一卷　(清)汪昂編輯　民國三年(1914)上海共和書局石印本　一册

330000－1711－0001155　普001042　子部/醫家類/類編之屬

徐靈胎先生醫書十六種　(清)徐大椿撰　民國十一年(1922)上海錦文堂書局石印本　十六册

330000－1711－0001166　普001051　子部/

醫家類/綜合之屬/通論

醫宗說約六卷　(清)蔣示吉撰　民國四年(1915)上海萃英書局石印本　三冊　存五卷(一至五)

330000－1711－0001168　普001052　子部/醫家類/綜合之屬/雜著

筆花醫鏡四卷　(清)江涵暾撰　民國七年(1918)上海鑄記書局石印本　二冊

330000－1711－0001170　普001074　子部/醫家類/醫經之屬/難經

校正圖註八十一難經四卷　(明)張世賢註　**校正圖註脈訣四卷**　(晉)王叔和撰　(明)張世賢註　**校正瀕湖脈學一卷奇經八脈考一卷**　(明)李時珍撰輯　民國上海鴻寶齋書局石印本　一冊

330000－1711－0001173　普001061　子部/術數類/相宅相墓之屬

重刊人子須知資孝地理心學統宗八卷首一卷　(明)徐善繼　(明)徐善述著　民國元年(1912)上海江左書林石印本　三冊　存四卷(首,一、三、八)

330000－1711－0001177　普001062　子部/術數類/相宅相墓之屬

地理大成五種　(清)葉泰輯　民國上海埽葉山房石印本　三冊　存二種

330000－1711－0001179　普001064　子部/醫家類/外科之屬/癰疽、疔瘡

重刊刺疔捷法一卷　(清)張鏡撰　民國十五年(1926)上海廣益書局石印本　一冊

330000－1711－0001180　普001065　子部/醫家類/外科之屬/癰疽、疔瘡

重刊刺疔捷法一卷　(清)張鏡撰　民國十五年(1926)上海廣益書局石印本　一冊

330000－1711－0001181　普001066　子部/醫家類/外科之屬/癰疽、疔瘡

重刊刺疔捷法一卷　(清)張鏡撰　民國十五年(1926)上海廣益書局石印本　一冊

330000－1711－0001183　普001067　子部/醫家類/醫案之屬

淮陰吳鞠通先生醫案五卷　(清)吳瑭撰　民國杭州有益山房鉛印本　二冊　存三卷(一至二、四)

330000－1711－0001185　普001069　子部/醫家類/綜合之屬/通論

惲鐵樵演講錄一卷　惲樹珏撰　民國二十四年(1935)上海鐵樵醫藥事務所鉛印本　一冊

330000－1711－0001193　普001079　類叢部/叢書類/彙編之屬

四部備要　中華書局編　民國二十五年(1936)上海中華書局鉛印本　五冊　存一種

330000－1711－0001194　普001080　子部/術數類/相宅相墓之屬

秘傳水龍經五卷　(清)蔣平階輯訂　民國三年(1914)上海江左書林石印本　一冊

330000－1711－0001195　普001081　子部/術數類/相宅相墓之屬

羅經解定四卷附羅經問答一卷　(清)胡國楨撰　民國十年(1921)鑄記書局石印本　一冊

330000－1711－0001196　普001082　子部/術數類/相宅相墓之屬

撼龍經批注校補六卷疑龍經批注校補三卷　(唐)楊益撰　(清)寇宗集注　(清)高其倬批點　民國十年(1921)上海錦章圖書局石印本　一冊

330000－1711－0001197　普001083　子部/術數類/相宅相墓之屬

新刻東海王先生纂輯陽宅十書四卷　(明)王君榮纂輯　民國上海江東書局石印本　一冊

330000－1711－0001198　普001084　子部/術數類/陰陽五行之屬

新鐫曆法便覽象吉備要通書大全二十九卷　(清)魏鑑撰　民國上海錬石書局石印本　十二冊

330000－1711－0001207　普001092　子部/術數類/相宅相墓之屬

談氏三元地理大玄空實驗五卷　談養吾撰

民國十三年(1924)聰聽堂鉛印本　二册

330000－1711－0001214　普 001100　子部/天文曆算類/曆法之屬

新制萬年曆一卷　馮伯揆編輯　民國十年(1921)上海世界書局石印本　一册

330000－1711－0001219　普 001103　新學/醫學/内科

肺癆病之天然療法一卷　丁福保譯述　民國上海醫學書局鉛印本　一册

330000－1711－0001222　普 001108　子部/醫家類/喉科口齒之屬/喉痧

增訂喉痧證治要畧附白喉不分卷　曹炳章撰述　民國紹城和濟藥局鉛印本　一册

330000－1711－0001232　普 001122　史部/目録類/專録之屬

參加倫敦中國藝術國際展覽會出品目錄四卷　倫敦中國藝術國際展覽會籌備委員會編　民國二十四年(1935)鉛印本　一册

330000－1711－0001239　普 001136　子部/農家農學類/園藝之屬/花卉

蘭蕙小史三卷附一卷　吳恩元編輯　唐駝校訂　民國十二年(1923)吳恩元、唐駝鉛印本　三册

330000－1711－0001246　普 001127　史部/傳記類/總傳之屬/仕宦

百歲敘譜六卷　(清)丁文策等輯　民國二十年(1931)上海中華書局鉛印本　六册

330000－1711－0001247　普 001128　子部/農家農學類/園藝之屬/總志

佩文齋廣羣芳譜一百卷目錄二卷　(清)汪灝等撰　民國十六年(1927)上海錦章圖書局石印本　二十四册

330000－1711－0001248　普 001141　子部/藝術類/書畫之屬/畫法畫品

小蓬萊閣畫鑑七卷獵古集一卷　(清)李修易撰　(清)李厥猷編訂　民國二十三年(1934)上海商務印書館鉛印本　一册

330000－1711－0001249　普 001137　子部/藝術類/書畫之屬/總論

寒松閣談藝瑣錄六卷　(清)張鳴珂撰　民國十二年(1923)上海文明書局鉛印本　一册

330000－1711－0001253　普 001139　史部/傳記類/總傳之屬/技藝

清朝書畫錄四卷　竇鎮輯　民國九年(1920)上海進化書局石印本　四册

330000－1711－0001256　普 001142　子部/藝術類/書畫之屬/法帖

御刻三希堂石渠寶笈法帖不分卷　(清)梁詩正等輯　民國影印本　三十二册

330000－1711－0001257　普 001143　子部/藝術類/書畫之屬/法帖

三希堂續刻法帖四卷　(清)蔣溥等編　民國中華圖書館影印本　四册

330000－1711－0001260　普 001146　子部/藝術類/書畫之屬/法帖

御刻三希堂石渠寶笈法帖不分卷　(清)梁詩正等輯　民國上海中華圖書館影印本　三十二册

330000－1711－0001261　普 001147　子部/藝術類/書畫之屬/法帖

三希堂續刻法帖四卷　(清)蔣溥等編　民國影印本　四册

330000－1711－0001263　普 001150　子部/藝術類/書畫之屬/法帖

金冬心隸書一卷　(清)金農書　民國二十四年(1935)上海商務印書館影印本　一册

330000－1711－0001265　普 001151　子部/工藝類/日用器物之屬/雕刻

竹人錄二卷　(清)金元鈺撰　民國二十七年(1938)鄞縣秦彦沖睿識閣鉛印本　一册

330000－1711－0001267　普 001153　子部/藝術類/書畫之屬/法帖

清道人節臨六朝碑四種帖四卷　李瑞清書　民國上海震亞圖書局影印本　二册　存二卷(一至二)

330000－1711－0001268　普 001154　子部/藝術類/書畫之屬/法帖

清道人選臨法帖不分卷　李瑞清書　民國上海震亞書局石印本　一冊

330000－1711－0001269　普 001155　子部/藝術類/書畫之屬/法帖

何道州書論坐帖一卷　(清)何紹基書　民國二十四年(1935)太原第一土貨商場影印本　一冊

330000－1711－0001270　普 001156　子部/藝術類/書畫之屬/法帖

蘇文忠天際烏雲帖真蹟一卷　(宋)蘇軾書　民國二十一年(1932)上海商務印書館影印本　一冊

330000－1711－0001271　普 001158　子部/藝術類/遊藝之屬/棋弈

殘局類選二卷　(清)錢長澤選　民國上海文瑞樓石印本　一冊　存一卷(一)

330000－1711－0001274　普 001161　子部/藝術類/書畫之屬/法帖

石門銘不分卷　(北魏)王遠書　秦文錦藏　民國八年(1919)上海藝苑真賞社影印本　一冊

330000－1711－0001275　普 001162　子部/藝術類/書畫之屬/法帖

宋拓顔書清遠道士詩一卷　(唐)顔真卿書　黃鄰谷藏　民國三十六年(1947)上海商務印書館影印本　一冊

330000－1711－0001276　普 001157　子部/藝術類/書畫之屬/法帖

吳清卿篆書夏小正一卷　(清)吳大徵書　民國十四年(1925)石印本　一冊

330000－1711－0001277　普 001163　子部/藝術類/書畫之屬/法帖

法華寺碑不分卷　(唐)李邕撰并書　(清)何紹基手鉤　**李北海法華寺碑不分卷**　(唐)李邕撰并書　民國上海有正書局影印本　二冊

330000－1711－0001278　普 001164　子部/藝術類/書畫之屬/法帖

廟堂碑唐本不分卷　(唐)虞世南撰並書　民國影印本　一冊

330000－1711－0001279　普 001165　子部/藝術類/書畫之屬/法帖

宋拓漢博陵太守孔彪碑不分卷　民國有正書局石印本　一冊

330000－1711－0001280　普 001166　子部/藝術類/書畫之屬/法帖

懷素草書四十二章經真蹟一卷　(唐)釋懷素書　民國十五年(1926)上海中華書局影印本　一冊

330000－1711－0001281　普 001167　子部/藝術類/書畫之屬/法帖

宋搨爭坐位帖一卷　(唐)顔真卿書　民國十三年(1924)上海文明書局影印本　一冊

330000－1711－0001282　普 001168　子部/藝術類/書畫之屬/法帖

宋拓石鼓文不分卷　民國十三年(1924)上海藝苑真賞社影印本　一冊

330000－1711－0001283　普 001169　子部/藝術類/書畫之屬/法帖

韓宗石墨一卷　韓澄輯　民國八年(1919)影印本　一冊

330000－1711－0001284　普 001176　子部/藝術類/書畫之屬/書法書品

書法指南二卷　(清)王鼎撰　民國九年(1920)莫釐涵青山房石印本　一冊

330000－1711－0001286　普 001177　子部/藝術類/書畫之屬/書法書品

漢溪書法通解八卷　(清)戈守智撰　民國八年(1919)上海朝記書莊石印本　四冊

330000－1711－0001288　普 001179　子部/藝術類/書畫之屬/法帖

顔魯公叢帖續集不分卷　(唐)顔真卿書　民國二十三年(1934)碧梧山莊影印本　五冊

330000－1711－0001291　普 001172　子部/

藝術類/書畫之屬/法帖

元鮮于伯機書石鼓歌真跡一卷　(元)鮮于樞書　民國十二年(1923)無錫理工製版所影印本　一册

330000－1711－0001294　普 001175　子部/藝術類/書畫之屬/法帖

宋拓聖教序一卷　(唐)太宗李世民撰　(唐)釋懷仁集　(晉)王羲之書　民國十六年(1927)上海商務印書館影印本　一册

330000－1711－0001296　普 001181　子部/藝術類/書畫之屬/法帖

趙松雪行書心經墨寶一卷　(元)趙孟頫書　民國十四年(1925)上海有正書局影印本　一册

330000－1711－0001298　普 001183　子部/藝術類/篆刻之屬/印譜

玉蘭仙館印譜不分卷　(清)董熊篆　民國三年(1914)梦坡室影印本　一册　存一册(一)

330000－1711－0001299　普 001184　子部/藝術類/篆刻之屬/印論

篆法指南二卷　(清)楊沂孫書　民國上海求古齋書局影印本　二册

330000－1711－0001300　普 001185　子部/藝術類/書畫之屬/法帖

包慎伯臨爭座位帖一卷　(清)包世臣書　民國十年(1921)上海商務印書館影印本　一册

330000－1711－0001301　普 001186　子部/藝術類/書畫之屬/法帖

石琴館臨長垣本華山碑一卷　伊立勳臨　民國四年(1915)上海掃葉山房影印本　一册

330000－1711－0001302　普 001187　子部/藝術類/書畫之屬/法帖

石琴館臨北宋本石鼓文一卷　伊立勳臨　民國四年(1915)上海掃葉山房影印本　一册

330000－1711－0001305　普 001191　子部/藝術類/書畫之屬/法帖

初出土拓王基斷碑一卷　民國十年(1921)上海有正書局石印本　一册

330000－1711－0001306　普 001190　子部/藝術類/書畫之屬/法帖

高書小楷一卷　高雲塍書　民國三十年(1941)中華書局石印本　一册

330000－1711－0001307　普 001192　子部/藝術類/書畫之屬/法帖

何子貞臨黃庭經一卷　(清)何紹基書　民國十六年(1927)上海商務印書館影印本　一册

330000－1711－0001308　普 001193　子部/藝術類/書畫之屬/法帖

星录書詞一卷　童式規書　民國二十一年(1932)石印本　一册

330000－1711－0001309　普 001194　史部/金石類/金之屬/圖像

精拓毛公鼎放大本一卷附釋文一卷　民國十一年(1922)上海有正書局石印本　一册

330000－1711－0001310　普 001225　子部/藝術類/書畫之屬/法帖

王夢樓行書壽屏十二軸合册一卷　(清)王文治撰並書　民國九年(1920)上海有正書局石印本　一册

330000－1711－0001311　普 001226　子部/藝術類/書畫之屬/法帖

趙之謙楷書習字帖一卷　(清)趙之謙書　民國上海聯益書局石印本　一册

330000－1711－0001312　普 001227　子部/藝術類/書畫之屬/法帖

史閣部艸書杜詩真蹟一卷　(明)史可法書　民國十一年(1922)上海中華書局石印本　一册

330000－1711－0001315　普 001228　子部/藝術類/書畫之屬/法帖

寒泉章艸一卷　朱士林書　民國五年(1916)朵雲軒石印本　一册

330000－1711－0001316　普 001197　子部/藝術類/書畫之屬/法帖

白鶴道人一卷　(清)楊見山書　民國上海求古齋書帖局石印本　一册

330000－1711－0001317　普 001198　子部/藝術類/書畫之屬/法帖

白鶴道人一卷　(清)楊見山書　民國上海求古齋書帖局石印本　一册

330000－1711－0001318　普 001199　子部/藝術類/書畫之屬/法帖

擁翠山莊記一卷　(清)楊見山書　民國上海求古齋書帖局石印本　一册

330000－1711－0001319　普 001200　子部/藝術類/書畫之屬/法帖

譚延闓書燕京舊聞册一卷　譚延闓書　簡叔乾藏　民國三十六年(1947)上海中華書局石印本　一册

330000－1711－0001320　普 001201　子部/藝術類/書畫之屬/法帖

汪退谷御製説經詩墨蹟一卷　(清)汪士鋐書　民國七年(1918)有正書局石印本　一册

330000－1711－0001322　普 001203　子部/藝術類/書畫之屬/法帖

初拓鄭道昭登雲峯山詩不分卷　(北魏)鄭道昭書　民國七年(1918)上海有正書局石印本　一册

330000－1711－0001323　普 001204　子部/藝術類/書畫之屬/法帖

舊拓爨寶子碑一卷　民國七年(1918)上海有正書局石印本　一册

330000－1711－0001324　普 001205　子部/藝術類/書畫之屬/法帖

初拓禮器碑及碑陰不分卷　民國十五年(1926)上海有正書局石印本　二册

330000－1711－0001325　普 001206　子部/藝術類/書畫之屬/法帖

中岳嵩高靈廟碑不分卷　民國上海有正書局影印本　一册

330000－1711－0001326　普 001207　子部/藝術類/書畫之屬/法帖

宋拓魯峻碑及碑陰二卷　民國十三年(1924)上海有正書局石印本　一册

330000－1711－0001330　普 001211　子部/藝術類/書畫之屬/法帖

趙松雪道教碑不分卷　(元)趙孟頫書　民國十五年(1926)上海商務印書館影印本　一册

330000－1711－0001331　普 001212　子部/藝術類/書畫之屬/法帖

董香光手扎一卷　(明)董其昌撰並書　民國四年(1915)有正書局石印本　一册

330000－1711－0001332　普 001216　史部/金石類/石之屬

水前拓瘞鶴銘不分卷　(南朝梁)华陽真逸撰　(南朝梁)上皇山樵書　民國七年(1918)有正書局石印本　一册

330000－1711－0001334　普 001214　子部/藝術類/書畫之屬/法帖

吴攘之臨帖精品一卷　(清)吴熙載臨　民國十四年(1925)上海有正書局石印本　一册

330000－1711－0001335　普 001215　子部/藝術類/書畫之屬/法帖

譚延闓臨麻姑仙壇記一卷　譚延闓書　民國二十七年(1938)中華書局石印本　一册

330000－1711－0001336　普 001217　子部/藝術類/書畫之屬/法帖

唐室陳夫人家傳一卷　民國石印本　一册

330000－1711－0001337　普 001218　子部/藝術類/書畫之屬

春艷寫影一卷　吴虞公著　但杜宇畫　民國九年(1920)上海世界書局影印本　一册

330000－1711－0001338　普 001220　子部/藝術類/書畫之屬/法帖

舊拓顏魯公多寶塔碑一卷　(唐)岑勛撰　(唐)顏真卿書　民國三十七年(1948)上海商務印書館影印本　一册

330000－1711－0001339　普 001219　子部/藝術類/書畫之屬/法帖

莫友芝篆書三種一卷　(清)莫友芝書　民國八年(1919)上海文明書局石印本　一册

330000－1711－0001340　普 001224　子部/藝術類/書畫之屬/法帖

名人真蹟□□種　民國中華書局影印本　三冊　存三種

330000－1711－0001342　普 001222　史部/傳記類/別傳之屬/墓誌

史君晉生生壙誌一卷　虞輝祖撰　曾熙書　民國上海震亞圖書局影印本　一冊

330000－1711－0001344　普 001229　子部/藝術類/書畫之屬/法帖

王存子臨艸書各種一卷　王存子書　民國影印本　一冊

330000－1711－0001345　普 001230　子部/藝術類/書畫之屬/畫譜

近代名人畫譜四集　(清)吳嘉猷等繪　民國上海世界書局影印本　三冊　存三集(一至三)

330000－1711－0001346　普 001231　子部/藝術類/書畫之屬/畫譜

錢吉生人物畫譜一卷　(清)錢慧安繪　民國十八年(1929)上海大東書局影印本　一冊

330000－1711－0001347　普 001232　子部/藝術類/書畫之屬/畫譜

錢吉生人物畫譜一卷　(清)錢慧安繪　民國十八年(1929)上海大東書局影印本　一冊

330000－1711－0001349　普 001234　子部/藝術類/書畫之屬

十竹齋書畫譜八卷　(明)胡正言摹　民國上海江東書局彩色套印石印本　八冊

330000－1711－0001350　普 001244　經部/孝經類/正文之屬

孝經一卷　(清)張穆書　民國二十三年(1934)商務印書館影印本　一冊

330000－1711－0001351　普 001245　子部/藝術類/書畫之屬/法帖

舊拓好大王碑一卷　民國十年(1921)上海有正書局影印本　一冊

330000－1711－0001352　普 001246　子部/藝術類/書畫之屬/法帖

書譜釋文一卷　(唐)孫過庭撰　民國有正書局影印本　一冊

330000－1711－0001353　普 001248　子部/藝術類/書畫之屬/法帖

李仲璇修孔廟碑不分卷　民國九年(1920)上海寶霞印社影印本　一冊

330000－1711－0001356　普 001236　子部/藝術類/書畫之屬/法帖

岳武穆草書後出師表帖一卷　(宋)岳飛書　民國進步書局石印本　一冊

330000－1711－0001357　普 001237　子部/藝術類/書畫之屬/法帖

岳武穆草書前出師表帖一卷　(宋)岳飛書　民國進步書局石印本　一冊

330000－1711－0001358　普 001238　子部/藝術類/書畫之屬/法帖

岳忠武書出師表真蹟一卷　(宋)岳飛書　民國六年(1917)紹興馬傳薰石印本　一冊

330000－1711－0001359　普 001240　子部/藝術類/書畫之屬/法帖

唐拓柳書金剛經一卷　(唐)柳公權書　民國七年(1918)上海有正書局石印本　四冊

330000－1711－0001360　普 001239　子部/藝術類/書畫之屬

書畫大觀第二集不分卷　俞丹林等編　民國十二年(1923)上海文明書局影印本　四冊

330000－1711－0001361　普 001241　史部/金石類/金之屬/文字

秦漢金篆八種放大本不分卷　民國十一年(1922)上海有正書局石印本　一冊

330000－1711－0001362　普 001242　子部/藝術類/書畫之屬/法帖

幽蘭賦帖一卷　(宋)黃庭堅書　民國進步書局石印本　一冊

330000－1711－0001363　普 001243　子部/

藝術類/書畫之屬/法帖

舊揚張黑女墓誌不分卷 民國十八年(1929)上海文明書局影印本 一冊

330000－1711－0001364 普001249 子部/藝術類/書畫之屬/法帖

米元章草書孔聖手植檜贊帖一卷 (宋)米元章書 民國進步書局石印本 一冊

330000－1711－0001366 普001251 子部/藝術類/篆刻之屬/印譜

太上感應篇印譜四卷 葉鴻翰篆 民國十二年(1923)永嘉葉鴻翰懷古齋刻鈐印本 四冊

330000－1711－0001367 普001253 子部/藝術類/書畫之屬/法帖

宋揚多寶塔碑銘不分卷 (唐)岑勛撰 (唐)顔真卿書 民國十八年(1929)文明書局石印本 一冊

330000－1711－0001368 普001252 子部/藝術類/遊藝之屬/棋弈

精校弈譜一卷 民國四年(1915)石印本 一冊

330000－1711－0001370 普001255 子部/藝術類/書畫之屬/法帖

清道人書許君墓誌銘不分卷 李瑞清書 民國十年(1921)上海震亞圖書局石印本 一冊

330000－1711－0001372 普001262 子部/藝術類/書畫之屬/法帖

北宋拓聖教序一卷 (晉)王羲之書 (唐)釋懷仁集 民國上海有正書局影印本 一冊

330000－1711－0001373 普001263 子部/藝術類/書畫之屬/法帖

嬰寧居士烏程蔣君墓志一卷 張謇撰並書
蔣太夫人劉氏墓志一卷 湯壽潛撰 鄭孝胥書 民國石印本 一冊

330000－1711－0001375 普001264 子部/儒家類/儒學之屬/禮教/家訓

朱柏廬先生治家格言一卷 丁訓康書 民國二十八年(1939)丁氏石印本 一冊

330000－1711－0001376 普001257 子部/藝術類/書畫之屬/法帖

鄧石如篆書十五種不分卷 (清)鄧石如書 民國八年(1919)上海文明書局石印本 六冊

330000－1711－0001377 普001258 子部/藝術類/書畫之屬/法帖

曾農髯臨煙王堂本瘞鶴銘一卷 (清)曾農髯書 民國安徽朱崇芳挹芬石印本 一冊

330000－1711－0001379 普001266 子部/藝術類/書畫之屬/法帖

黃小松藏漢碑五種 (清)黃易藏 民國上海有正書局影印本 五冊

330000－1711－0001380 普001260 子部/藝術類/書畫之屬/法帖

大鶴山人手寫詩稾小冊一卷 鄭文焯書 民國六年(1917)震亞圖書局石印本 一冊

330000－1711－0001385 普001268 子部/藝術類/書畫之屬/畫譜

芥子園畫傳四集四卷 (清)闞十原繪圖 民國十三年(1924)上海天寶書局石印本 一冊

330000－1711－0001387 普001272 子部/藝術類/書畫之屬/法帖

吳憙齋臨石鼓文一卷 (清)阮元摹刻 (清)吳大澂臨 民國十七年(1928)上海掃葉山房影印本 一冊

330000－1711－0001388 普001273 子部/藝術類/書畫之屬/法帖

三頌精拓本放大合冊三卷 有正書局輯 民國十一年(1922)上海有正書局影印本 一冊

330000－1711－0001391 普001275 子部/藝術類/書畫之屬/法帖

楷帖四十種不分卷 民國十四年(1925)上海文明書局影印本 五冊

330000－1711－0001392 普001276 子部/藝術類/書畫之屬/法帖

李梅庵選臨汉魏六朝唐宋元明中學習字帖不分卷 李瑞清書 民國四年(1915)上海震亞圖書局發行所石印本 二冊

330000－1711－0001393　普 001277　子部/藝術類/書畫之屬/法帖

晉唐楷法大觀不分卷　民國二十一年(1932)上海求古齋書帖局影印本　八冊

330000－1711－0001394　普 001285　子部/藝術類/書畫之屬/法帖

趙撝叔大字書法潘公墓誌合刊不分卷　(清)趙之謙書　民國求古齋石印本　一冊

330000－1711－0001395　普 001286　子部/藝術類/書畫之屬/法帖

初拓鄭文公碑不分卷　(北魏)鄭道昭書　民國八年(1919)上海有正書局石印本　一冊

330000－1711－0001396　普 001287　子部/藝術類/書畫之屬/法帖

初拓司馬景和妻誌不分卷　民國二十三年(1934)上海中華書局石印本　一冊

330000－1711－0001397　普 001288　子部/藝術類/書畫之屬/法帖

舊拓石門銘一卷　(北魏)王遠書　民國上海有正書局影印本　一冊

330000－1711－0001401　普 001296　子部/藝術類/書畫之屬/法帖

開皇本蘭亭序一卷　(晉)王羲之撰並書　民國六年(1917)上海有正書局影印本　一冊

330000－1711－0001403　普 001297　子部/藝術類/書畫之屬/法帖

唐李懷琳書絕交書一卷　(唐)李懷琳書　民國上海有正書局影印本　一冊

330000－1711－0001405　普 001298　子部/藝術類/書畫之屬/法帖

宋拓蘇長公雪堂帖二卷　(宋)蘇軾撰並書　民國八年(1919)上海有正書局影印本　一冊

330000－1711－0001408　普 001299　子部/藝術類/書畫之屬/法帖

舊拓好大王碑一卷　民國六年(1917)上海有正書局影印本　一冊

330000－1711－0001409　普 001289　子部/藝術類/書畫之屬/法帖

王良常書正草千字文一卷　(清)王澍書　民國十一年(1922)上海文明書局石印本　一冊

330000－1711－0001410　普 001300　子部/藝術類/書畫之屬/法帖

董其昌草書法帖一卷　(明)董其昌書　民國四年(1915)上海進步書局影印本　一冊

330000－1711－0001412　普 001301　子部/藝術類/書畫之屬/法帖

禪靜寺剎前銘敬史君之碑不分卷　民國杭州西泠印社影印本　一冊

330000－1711－0001413　普 001291　子部/藝術類/書畫之屬/法帖

趙文敏書急就篇一卷　(元)趙孟頫書　民國四年(1915)上海商務印書館影印本　一冊

330000－1711－0001414　普 001292　子部/藝術類/書畫之屬/法帖

褚河南大楷習字範本一卷　(唐)褚遂良書　民國上海有正書局石印本　一冊

330000－1711－0001415　普 001302　子部/藝術類/書畫之屬/法帖

宋拓薛紹彭書譜不分卷　(唐)孫過庭撰　(宋)薛紹彭書　民國十二年(1923)上海有正書局影印本　一冊

330000－1711－0001416　普 001303　子部/藝術類/書畫之屬/法帖

王右軍正草十七帖一卷　(晉)王羲之書　民國二十三年(1934)上海世界書局影印本　一冊

330000－1711－0001417　普 001293　子部/藝術類/書畫之屬/法帖

宋拓泰山秦篆魯孝王石刻合刻不分卷　民國七年(1918)上海有正書局石印本　一冊

330000－1711－0001420　普 001304　子部/藝術類/書畫之屬/畫譜

馬駘百將畫譜二卷　馬駘繪　民國十五年(1926)上海世界書局石印本　二冊

330000－1711－0001422　普001306　子部/藝術類/書畫之屬/畫譜

存古齋叢畫全集八卷　民國十四年(1925)上海集雲書屋石印本　五冊　存五卷(初集利、貞,二集金、石、竹)

330000－1711－0001423　普001307　子部/藝術類/書畫之屬/畫譜

王小梅百美畫譜二卷　(清)王素繪　民國十五年(1926)上海世界書局石印本　二冊

330000－1711－0001424　普001308　子部/藝術類/書畫之屬/畫譜

費曉樓百美畫譜二卷　(清)費丹旭繪　民國十五年(1926)上海世界書局石印本　二冊

330000－1711－0001425　普001309　子部/藝術類/書畫之屬/畫譜

費曉樓百美畫譜二卷　(清)費丹旭繪　民國十五年(1926)上海世界書局石印本　二冊

330000－1711－0001426　普001310　子部/藝術類/書畫之屬/法帖

初拓董美人墓誌銘不分卷　(清)龐芝閣藏　民國八年(1919)上海有正書局影印本　一冊

330000－1711－0001427　普001311　子部/藝術類/書畫之屬/法帖

真草隸篆四體千字文一卷　王昇治書　民國石印本　一冊

330000－1711－0001428　普001312　子部/藝術類/書畫之屬/法帖

魏故懷令李君墓誌銘一卷　民國影印本　一冊

330000－1711－0001429　普001313　子部/藝術類/書畫之屬/法帖

御刻三希堂石渠寶笈法帖不分卷　(清)梁詩正等輯　民國影印本　二十冊　存二十冊(一、三至四、六至十二、十四、十六、十九、二十一至二十三、二十七、二十九、三十一至三十二)

330000－1711－0001430　普001314　子部/藝術類/書畫之屬/法帖

三希堂續刻法帖四卷　(清)蔣溥等編　民國影印本　三冊　存三卷(二至四)

330000－1711－0001431　普001315　史部/金石類/石之屬/圖像

吴天發神懺碑一卷　民國五年(1916)上海有正書局石印本　一冊

330000－1711－0001432　普001316　子部/藝術類/書畫之屬/法帖

初拓爨龍顔碑不分卷　(南朝宋)爨道慶撰文　民國十一年(1922)商務印書館影印本　一冊

330000－1711－0001433　普001317　子部/藝術類/書畫之屬/法帖

初拓爨龍顔碑不分卷　(南朝宋)爨道慶撰文　民國六年(1917)商務印書館影印本　顧言行跋　一冊

330000－1711－0001434　普001318　子部/藝術類/書畫之屬/法帖

初拓張猛龍碑不分卷　民國十年(1921)上海有正書局石印本　一冊

330000－1711－0001436　普001320　子部/藝術類/書畫之屬/法帖

宋拓魏黃初修孔子廟碑不分卷　(三國魏)梁鵠書　民國十一年(1922)上海有正書局石印本　一冊

330000－1711－0001437　普001321　子部/藝術類/書畫之屬/法帖

魏墓誌三種合冊不分卷　民國九年(1920)上海有正書局石印本　一冊

330000－1711－0001438　普001333　子部/藝術類/遊藝之屬/棋弈

全圖百局象棋譜八卷　民國石印本　一冊

330000－1711－0001439　普001332　子部/藝術類/遊藝之屬/棋弈

新桃花泉三卷　民國上海有正書局石印本　一冊　存一卷(二)

330000－1711－0001440　普001334　子部/

藝術類/遊藝之屬/棋弈

摘星譜一卷 （清）胡鴻澤編 民國七年(1918)上海掃葉山房石印本 一册

330000－1711－0001441 普001335 子部/藝術類/遊藝之屬/棋弈

餐菊齋棋評一卷 （清）周鼎撰 民國十七年(1928)上海掃葉山房石印本 一册

330000－1711－0001442 普001336 子部/藝術類/遊藝之屬/棋弈

歷代弈事輯畧一卷前代弈譜目錄一卷國朝弈譜目錄一卷國朝弈家姓名錄一卷 鄧元鏸撰 民國上海文瑞樓書局石印本 一册

330000－1711－0001443 普001337 子部/藝術類/遊藝之屬/棋弈

尊天爵齋弈譜一卷 （清）傅延燾撰 民國上海文瑞樓石印本 一册

330000－1711－0001445 普001323 子部/藝術類/書畫之屬/法帖

褚河南大楷習字範本一卷 （唐）褚遂良書 民國上海有正書局石印本 一册

330000－1711－0001447 普001325 子部/藝術類/書畫之屬/法帖

鍾可大靈飛經一卷 （唐）鍾紹京書 民國二十年(1931)大東書局石印本 一册

330000－1711－0001448 普001326 子部/藝術類/書畫之屬/法帖

原石拓唐王居士磚塔銘不分卷 （唐）上官靈芝撰 （唐）敬客書 民國二十六年(1937)中華書局影印本 一册

330000－1711－0001449 普001327 子部/藝術類/書畫之屬/法帖

明孫仲牆藏宋拓夏承碑一卷 （清）沈翰摹 民國八年(1919)上海商務印書館影印本 一册

330000－1711－0001450 普001338 子部/藝術類/遊藝之屬/棋弈

弈括一卷 （清）黄龍士撰 民國元年(1912)上海文瑞樓石印本 一册

330000－1711－0001451 普001339 子部/藝術類/遊藝之屬/棋弈

弈括一卷 （清）黄龍士撰 民國元年(1912)上海文瑞樓石印本 一册

330000－1711－0001452 普001340 子部/藝術類/遊藝之屬/棋弈

殘局類選二卷 （清）錢長澤選 民國上海文瑞樓石印本 一册 存一卷(二)

330000－1711－0001453 普001328 子部/藝術類/書畫之屬/法帖

臨標準草書千字文一卷 于右任書 民國三十六年(1947)正中書局石印本 一册

330000－1711－0001454 普001341 子部/藝術類/遊藝之屬/棋弈

日本國手丈和弈譜四卷 （日本）丈和撰 民國十七年(1928)上海文瑞樓石印本 四册

330000－1711－0001455 普001329 子部/藝術類/書畫之屬/法帖

草字彙十二卷附補 （清）石梁集 民國十三年(1924)上海掃葉山房石印本 六册

330000－1711－0001456 普001331 子部/藝術類/書畫之屬/法帖

舊拓鄭文公碑一卷 （北魏）鄭道昭書 民國二十五年(1936)文明書局影印本 二册

330000－1711－0001457 普001330 子部/藝術類/書畫之屬/法帖

禮器碑全文不分卷 （清）楊見山臨寫 民國上海求古齋石印本 二册

330000－1711－0001458 普001342 子部/藝術類/遊藝之屬/棋弈

兼山堂弈譜不分卷 （清）徐星友評 民國二年(1913)上海文瑞樓石印本 一册

330000－1711－0001462 普001347 子部/藝術類/書畫之屬/畫譜

錢竹初山水畫册不分卷 （清）錢維喬繪 民國十二年(1923)上海商務印書館影印本 一册

330000－1711－0001464　普 001349　子部/藝術類/書畫之屬/畫譜

禊堪藏扇初集不分卷　顧鼎梅藏　民國十六年(1927)金佳石好樓影印本　一冊

330000－1711－0001465　普 001360　史部/傳記類/總傳之屬/技藝

歷代畫史彙傳七十二卷首一卷附錄二卷(清)彭蘊璨編　民國石印本　十一冊

330000－1711－0001466　普 001361　子部/藝術類/書畫之屬/畫譜

寉巢人物畫稿三千法二集六卷　王寉繪　民國十八年(1929)上海求古齋石印本　五冊　缺二卷(下集一至二)

330000－1711－0001467　普 001350　子部/藝術類/書畫之屬/法帖

明搨禮器碑不分卷　民國十四年(1925)上海文明書局影印本　一冊

330000－1711－0001472　普 001355　類叢部/叢書類/彙編之屬

江氏聚珍版叢書(文學山房叢書)二十九種　江杏溪編　民國十三年(1924)蘇州文學山房木活字印本　二冊　存一種

330000－1711－0001473　普 001356　子部/藝術類/書畫之屬/法帖

明賢墨蹟不分卷　(明)沈度等書　民國二十年(1931)上海商務印書館影印本　二冊

330000－1711－0001474　普 001357　子部/藝術類/書畫之屬/畫譜

吳漁山山水冊不分卷　(清)吳歷繪　民國十二年(1923)中華書局影印本　一冊

330000－1711－0001475　普 001358　子部/藝術類/書畫之屬/法帖

唐拓漢玄儒婁先生碑不分卷　民國十八年(1929)上海有正書局影印本　一冊

330000－1711－0001478　普 001359　子部/藝術類/書畫之屬/法帖

默盦集錦不分卷　(清)伊秉綬書　民國二十二年(1933)上海商務印書館影印本　二冊

330000－1711－0001479　普 001364　子部/藝術類/書畫之屬/法帖

碑聯集搨□□種　秦文錦編　民國上海藝苑真賞社影印本　二冊　存二種

330000－1711－0001481　普 001369　子部/藝術類/書畫之屬/題跋

訴鷗軒畫跋二卷　陳方鏞撰　民國二十一年(1932)鉛印本　一冊

330000－1711－0001482　普 001370　子部/藝術類/書畫之屬/題跋

訴鷗軒畫跋二卷　陳方鏞撰　民國二十一年(1932)鉛印本　一冊

330000－1711－0001483　普 001371　子部/藝術類/書畫之屬/題跋

訴鷗軒畫跋二卷　陳方鏞撰　民國二十一年(1932)鉛印本　一冊

330000－1711－0001484　普 001366　子部/藝術類/遊藝之屬/棋弈

圍棋布局研究一卷　吳定嵩譯　民國二十二年(1933)上海共和書局石印本　二冊

330000－1711－0001485　普 001372　史部/傳記類/總傳之屬/技藝

清畫傳輯佚三種附引得不分卷　洪業輯校　民國二十三年(1934)哈佛燕京學社鉛印本　一冊

330000－1711－0001486　普 001373　子部/藝術類/書畫之屬/畫法畫品

蝶野論畫二種　陳蘧撰　民國漢文書局鉛印本　一冊

330000－1711－0001488　普 001367　子部/藝術類/書畫之屬/法帖

褚遂良馮承素書蘭亭序二卷　(唐)褚遂良　(唐)馮承素書　民國三年(1914)上海商務印書館石印本　一冊

330000－1711－0001489　普 001368　子部/藝術類/書畫之屬/法帖

褚遂良馮承素書蘭亭序二卷　(唐)褚遂良　(唐)馮承素書　民國四年(1915)上海商務印

書館石印本　一冊

330000－1711－0001492　普 001381　史部/傳記類/總傳之屬/技藝

清朝書畫家筆錄四卷　竇鎮輯　民國十二年(1923)朝記書莊鉛印本　四冊

330000－1711－0001494　普 001380　史部/傳記類/總傳之屬/技藝

清朝書畫錄四卷　竇鎮輯　民國九年(1920)上海進化書局石印本　三冊　存三卷(一至三)

330000－1711－0001495　普 001376　子部/藝術類/書畫之屬/畫譜

華豐印刷鑄字所花邊樣本一卷　上海華豐印刷鑄字所編　民國十六年(1927)上海華豐印刷鑄字所鉛印本　一冊

330000－1711－0001496　普 001382　子部/藝術類/書畫之屬/法帖

顏魯公書顏勤禮碑不分卷　(唐)顏真卿書　民國二十五年(1936)上海文明書局影印本　二冊

330000－1711－0001497　普 001383　子部/藝術類/書畫之屬/法帖

初拓鄭文公碑不分卷　(北魏)鄭道昭書　民國求古齋石印本　一冊

330000－1711－0001498　普 001384　史部/金石類/石之屬/圖像

六朝墓誌菁華四集不分卷　上海有正書局輯　民國九年(1920)上海有正書局影印本　四冊　存四冊(北魏三冊、東魏一冊)

330000－1711－0001499　普 001377　子部/藝術類/遊藝之屬/雜藝

繪圖遊戲全書十六卷　廣文書局編輯所編　民國十二年(1923)上海世界書局石印本　一冊

330000－1711－0001501　普 001391　子部/藝術類/篆刻之屬/印譜

太上感應篇印譜一卷　蘇潤寬篆　民國十二年(1923)滬上朱墨套色石印本　一冊

330000－1711－0001503　普 001386　子部/藝術類/書畫之屬/畫譜

近世一百名家畫集四卷　錢病鶴編　民國十七年(1928)上海大東書局石印本　一冊　存三卷(二至四)

330000－1711－0001504　普 001387　子部/藝術類/書畫之屬/畫譜

鶴琴先生清搽軒山水畫冊不分卷　(清)趙鶴琴繪　民國影印本　一冊

330000－1711－0001505　普 001388　子部/藝術類/書畫之屬/畫譜

梅花喜神譜二卷　(宋)宋伯仁編　梅王閣藏　民國十七年(1928)上海中華書局影印本　一冊　存一卷(二)

330000－1711－0001506　普 001389　子部/藝術類/書畫之屬/畫譜

王念慈先生山水畫譜二集不分卷　王屺繪　民國十二年(1923)上海香雪樓石印本　一冊

330000－1711－0001509　普 001392　子部/藝術類/篆刻之屬/印論

篆刻入門一卷　孔雲白撰　民國二十五年(1936)上海商務印書館影印本　一冊

330000－1711－0001514　普 001403　子部/藝術類/遊藝之屬/雜藝

鶩幻餘編十卷　(清)唐再豐撰　民國二年(1913)上海章福記書局石印本　一冊

330000－1711－0001515　普 001400　子部/藝術類/書畫之屬/法帖

宋拓褚河南雁塔聖教序不分卷　(唐)褚遂良書　民國有正書局石印本　一冊

330000－1711－0001516　普 001401　子部/藝術類/書畫之屬/法帖

宋拓道因法師碑一卷　(唐)李儼撰　(唐)歐陽通書　民國上海有正書局石印本　一冊

330000－1711－0001517　普 001402　子部/藝術類/書畫之屬/法帖

翁松禪墨蹟十集　(清)翁同龢書　民國上海商務印書館影印本　二冊　存二集(二至三)

330000－1711－0001518　普 001404　子部/藝術類/遊藝之屬/雜藝

七巧八分圖十六卷補遺一卷　(清)錢芸吉撰　(清)王念慈編繪　民國上海商務印書館石印本　一冊　存四卷(二至五)

330000－1711－0001520　普 001407　子部/藝術類/書畫之屬/法帖

蘇黃米蔡墨寶不分卷　(宋)蘇軾等書　民國六年(1917)上海有正書局影印本　二冊

330000－1711－0001521　普 001408　子部/藝術類/書畫之屬/法帖

柳公權玄秘塔不分卷　(唐)柳公權書　民國十四年(1925)上海文明書局影印本　一冊

330000－1711－0001522　普 001409　子部/藝術類/書畫之屬/法帖

柳公權玄秘塔不分卷　(唐)柳公權書　民國十七年(1928)上海文明書局影印本　一冊

330000－1711－0001523　普 001410　子部/藝術類/書畫之屬/法帖

宋拓柳公權玄秘塔不分卷　(唐)裴休撰　(唐)柳公權書　民國十三年(1924)上海有正書局石印本　一冊

330000－1711－0001524　普 001406　子部/藝術類/書畫之屬/法帖

翁松禪臨書譜墨蹟一卷　(清)翁同龢書　民國七年(1918)上海有正書局石印本　一冊

330000－1711－0001525　普 001411　史部/金石類/石之屬/文字

張黑女誌一卷　民國九年(1920)上海有正書局影印本　一冊

330000－1711－0001526　普 001412　子部/藝術類/書畫之屬/法帖

張季直書狼山觀音造象記一卷　張謇書　民國上海有正書局石印本　一冊

330000－1711－0001527　普 001413　子部/藝術類/書畫之屬/法帖

海內第一本漢劉熊碑不分卷　民國十五年(1926)上海有正書局影印本　一冊

330000－1711－0001528　普 001414　子部/藝術類/書畫之屬/法帖

漢石經殘字不分卷　民國有正書局石印本　一冊

330000－1711－0001529　普 001415　子部/藝術類/書畫之屬/法帖

何子貞臨張遷碑一卷　(清)何紹基書　民國十四年(1925)上海文明書局影印本　一冊

330000－1711－0001533　普 001416　子部/藝術類/書畫之屬/法帖

宋搨蘇東坡小楷二種不分卷　(宋)蘇軾書　民國十三年(1924)上海文明書局、中華書局影印本　一冊

330000－1711－0001536　普 001448　新學/學校

新教育的原動力一卷　(德國)衛中講演　白煥采等筆記　楊維漢編輯　民國十年(1921)山西外國文言學校鉛印本　一冊

330000－1711－0001537　普 001418　史部/傳記類/別傳之屬/墓誌

瑞安姚君墓志銘一卷瑞安姚氏家廟記一卷　章炳麟撰並書　**先嚴言行述畧一卷**　姚琮撰並書　民國影印本　一冊

330000－1711－0001538　普 001419　子部/藝術類/書畫之屬/法帖

宋搨雲麾李思訓碑不分卷　(唐)李邕書　民國十三年(1924)上海文明書局影印本　一冊

330000－1711－0001540　普 001420　子部/藝術類/書畫之屬/法帖

趙文敏書嵇叔夜絕交書不分卷　(元)趙孟頫書　民國二十六年(1937)上海商務印書館影印本　一冊

330000－1711－0001544　普 001425　子部/藝術類/書畫之屬/法帖

祝枝山書詩稿墨蹟一卷　(明)祝允明書　民國十一年(1922)上海有正書局石印本　一冊

330000－1711－0001546　普 001426　子部/藝術類/書畫之屬/法帖

何蝯叟行書墨蹟一卷　(清)何紹基書　民國九年(1920)上海有正書局影印本　一册

330000－1711－0001548　普001428　子部/藝術類/書畫之屬/書法書品

傅青主先生小楷佩觿集三卷　(清)傅山書　民國二十五年(1936)山西書局影印本　一册

330000－1711－0001549　普001429　子部/藝術類/書畫之屬/書法書品

傅青主先生小楷魯子問一卷　(清)傅山書　民國二十五年(1936)山西書局影印本　一册

330000－1711－0001551　普001430　子部/藝術類/書畫之屬/法帖

文徵明懷歸詩墨蹟一卷　(明)文徵明書　民國五年(1916)上海有正書局影印本　一册

330000－1711－0001552　普001431　子部/儒家類/儒學之屬/禮教/鑑戒

名賢戒殺詩一卷　余霖錄　民國石印本　一册

330000－1711－0001553　普001432　子部/藝術類/書畫之屬/書法書品

説文部首許敘篆文墨蹟一卷　(清)楊沂孫書　民國十一年(1922)上海天一書局石印本　一册

330000－1711－0001554　普001433　子部/藝術類/書畫之屬/法帖

楊太夫人百歲歌詩序一卷　章炳麟撰　黄葆戉書　民國影印本　一册

330000－1711－0001557　普001434　子部/藝術類/書畫之屬/法帖

隸書格言三十二種不分卷　季守正書　民國十二年(1923)商務印書館石印本　一册

330000－1711－0001559　普001452　子部/墨家類

墨子閒詁十五卷目錄一卷附錄一卷後語二卷　(清)孫詒讓撰　民國上海商務印書館影印本　八册

330000－1711－0001561　普001435　子部/藝術類/書畫之屬/書法書品

漢碑範八卷　張祖翼選臨　民國四年(1915)上海文明書局石印本　二册

330000－1711－0001562　普001436　子部/藝術類/書畫之屬/書法書品

漢碑範八卷　張祖翼選臨　民國四年(1915)上海文明書局石印本　一册　存四卷(一至四)

330000－1711－0001565　普001438　子部/藝術類/書畫之屬/法帖

澹靜廬壽言不分卷　鄭孝胥　趙世駿　曾熙書　民國有正書局石印本　一册

330000－1711－0001567　普001444　子部/墨家類

墨子閒詁十五卷目錄一卷附錄一卷後語二卷　(清)孫詒讓撰　民國上海商務印書館影印本　八册

330000－1711－0001570　普001463　子部/雜著類/雜説之屬

仁學二卷　(清)譚嗣同撰　民國鉛印本　一册

330000－1711－0001573　普001457　類叢部/叢書類/彙編之屬

四部備要　中華書局編　民國二十五年(1936)上海中華書局鉛印本　八册　存二種

330000－1711－0001574　普001455　子部/叢編

雙劍誃諸子新證十種　于省吾撰　民國二十九年(1940)鉛印本　四册

330000－1711－0001577　普001458　子部/雜著類/雜纂之屬

清國總論不分卷　民國石印本　一册

330000－1711－0001578　普001459　子部/雜著類/雜纂之屬

清國總論不分卷　民國石印本　一册

330000－1711－0001593　普001479　子部/儒家類/儒學之屬/蒙學

國文經緯貫通大義八卷　唐文治講授　民國十四年(1925)無錫西溪唐公館、無錫國學專修館鉛印本　二冊　存四卷(五至八)

330000－1711－0001598　普001487　集部/別集類/清別集

春在堂隨筆十卷小浮梅閒話一卷　(清)俞樾撰　民國十一年(1922)文明書局石印本　一冊

330000－1711－0001601　普001483　子部/儒家類/儒學之屬/蒙學

新增繪圖幼學故事瓊林四卷首一卷　(清)程登吉撰　(清)鄒聖脈增補　民國上海鴻寶齋石印本　五冊

330000－1711－0001610　普001499　類叢部/叢書類/自著之屬

章氏叢書十三種　章炳麟撰　民國石印本　三冊　存一種

330000－1711－0001612　普001511　類叢部/叢書類/自著之屬

康居筆記彙函十三種十四卷　徐珂撰　民國二十二年(1933)徐新六鉛印本　二冊

330000－1711－0001617　普001503　子部/雜著類/雜說之屬

池北偶談二十六卷　(清)王士禎撰　民國鉛印本　六冊

330000－1711－0001623　普001514　子部/雜著類/雜說之屬

隨園隨筆二十八卷　(清)袁枚撰　民國十年(1921)上海著易堂鉛印本　三冊　缺六卷(十五至二十)

330000－1711－0001625　普001520　類叢部/叢書類/彙編之屬

國立中央研究院歷史語言研究所專刊□□種　民國上海商務印書館石印本　四冊　存一種

330000－1711－0001629　普001517　子部/小說家類/諧謔之屬

遣愁集十四卷　(清)張貴勝纂輯　民國十六年(1927)上海商務印書館鉛印本　八冊

330000－1711－0001633　普001524　子部/道家類

老子古義三卷漢代老學者考一卷　楊樹達撰　民國十七年(1928)上海中華書局鉛印本　三冊

330000－1711－0001635　普001508　子部/雜著類/雜纂之屬

天放早課不分卷　馮司直撰　民國二十三年(1934)石印本　一冊

330000－1711－0001636　普001525　類叢部/叢書類/自著之屬

章氏叢書十三種　章炳麟撰　民國六年至八年(1917－1919)浙江圖書館刻本　一冊　存一種

330000－1711－0001637　普001509　子部/雜著類/雜纂之屬

天放早課第二冊不分卷　馮司直撰　民國二十四年(1935)石印本　一冊

330000－1711－0001638　普001518　類叢部/叢書類/彙編之屬

文學叢書□□種　上海醫學書局編　民國上海醫學書局鉛印本　一冊　存一種

330000－1711－0001642　普001519　子部/宗教類/道教之屬/戒律

陰隲果報圖注不分卷　民國十八年(1929)天寶書局石印本　一冊

330000－1711－0001643　普001528　子部/小說家類/異聞之屬

洞冥記十卷三十八回　(清)呂惟一輯　民國十八年(1929)鉛印本　五冊

330000－1711－0001645　普001530　子部/雜著類/雜說之屬

師尊壽辰特別講演一卷附録一卷　段正元講　民國二十五年(1936)闡揚孔子大同真義祈禱世界和平大會鉛印本　一冊

330000－1711－0001649　普001532　史部/

目録類/版本之屬/通論

版本通義四卷　錢基博纂　民國油印本　一冊

330000－1711－0001650　普001533　子部/雜著類/雜考之屬

後東塾讀書記二十一卷首一卷　錢基博稿　民國油印本　一冊　缺七卷(十三至十四、十六至二十)

330000－1711－0001651　普001534　子部/雜著類/雜考之屬

校讀記四卷附一卷　錢基博稿　民國油印本　一冊

330000－1711－0001653　普001551　子部/宗教類/佛教之屬/經

彌陀經疏鈔擷六卷　(後秦)釋鳩摩羅什譯　(明)釋袾宏疏鈔　(清)徐槐廷擷　民國十二年(1923)海鹽徐氏刻本　一冊

330000－1711－0001656　普001552　子部/宗教類/佛教之屬/經

佛說金剛般若波羅密經一卷　(後秦)釋鳩摩羅什譯　民國九年(1920)上海雪竇寺分院刻本　一冊

330000－1711－0001660　普001553　子部/宗教類/佛教之屬/經

金剛般若波羅蜜經一卷　(後秦)釋鳩摩羅什譯　諸廣成註釋　民國二十三年(1934)退思草堂鉛印本　一冊

330000－1711－0001661　普001537　子部/雜著類/雜說之屬

玉曆至寶鈔勸世一卷附經驗神效良方一卷　王子達重編　民國上海宏大善書局石印本　一冊

330000－1711－0001662　普001541　子部/宗教類/佛教之屬

學佛淺說一卷　王博謙輯　民國十六年(1927)鉛印本　一冊

330000－1711－0001663　普001542　子部/宗教類/佛教之屬

戒殺放生文一卷　(明)釋袾宏撰　民國石印本　一冊

330000－1711－0001666　普001544　子部/宗教類/佛教之屬

金剛般若波羅蜜經一卷般若波羅蜜多心經一卷　(後秦)釋鳩摩羅什譯　(明)成祖朱棣集註　民國二十四年(1935)上海道德書局鉛印本　一冊

330000－1711－0001670　普001547　子部/宗教類/佛教之屬/經

妙法蓮華經觀世音菩薩普門品一卷附觀世音菩薩尋聲救苦普門示現圖一卷　(後秦)釋鳩摩羅什譯　民國十八年(1929)石印本　一冊

330000－1711－0001671　普001557　子部/道家類

莊子十卷　(晉)郭象注　(唐)陸德明音義　民國六年(1917)掃葉山房石印本　四冊

330000－1711－0001672　普001568　集部/曲類/寶卷之屬

新刻洛陽寶卷二卷　民國十八年(1929)杭州瑪瑙經房刻本　一冊

330000－1711－0001673　普001558　子部/道家類

列子八卷　(晉)張湛注　(唐)殷敬順釋文　民國三年(1914)上海掃葉山房石印本　二冊

330000－1711－0001674　普001569　集部/曲類/寶卷之屬

雪山寶卷全集一卷　民國八年(1919)浙江瑪瑙明臺經房刻本　一冊

330000－1711－0001677　普001556　子部/宗教類/佛教之屬

修行集要不分卷　周澄輯　民國二年(1913)上海競新書局石印本　一冊

330000－1711－0001681　普001578　子部/宗教類/道教之屬

呂祖全書三十二卷續編一卷　(清)劉體恕彙輯　民國六年(1917)上海天寶書局石印本　八冊

330000－1711－0001682　普 001562　子部/宗教類/道教之屬/經文

玉樞經籥二十四卷首一卷末一卷　(清)姚燮撰　民國八年(1919)洞梵閣石印本　六冊

330000－1711－0001683　普 001585　類叢部/叢書類/彙編之屬

四部備要　中華書局編　民國二十五年(1936)上海中華書局鉛印本　一冊　存一種

330000－1711－0001684　普 001579　子部/道家類

老子道德經二卷　(三國魏)王弼注　**音義一卷**　(唐)陸德明撰　民國十八年(1929)上海掃葉山房石印本　一冊

330000－1711－0001686　普 001563　子部/宗教類/道教之屬

雲笈七籤一百二十二卷　(宋)張君房集進　民國上海涵芬樓影印本　三十二冊

330000－1711－0001687　普 001581　子部/道家類

莊子十卷　(晉)郭象注　(唐)陸德明音義　民國上海文瑞樓石印本　四冊

330000－1711－0001688　普 001564　子部/宗教類/道教之屬/經文

敬竈寶經不分卷　民國明善書局石印本　一冊

330000－1711－0001689　普 001565　子部/宗教類/道教之屬/經文

天仙金丹心法二卷　民國十一年(1922)鉛印本　一冊

330000－1711－0001690　普 001582　子部/道家類

莊子集釋八卷　(清)郭慶藩輯　民國十二年(1923)埽葉山房石印本　五冊

330000－1711－0001692　普 001567　子部/宗教類/道教之屬

華陽金仙證論不分卷　(清)柳華陽撰　民國十四年(1925)寧波天齊昌號鉛印本　一冊

330000－1711－0001696　普 001593　子部/雜著類/雜編之屬

修身叢書□□種　民國二十五年(1936)重慶明善分局鉛印本　一冊　存一種

330000－1711－0001700　普 001591　子部/宗教類/佛教之屬/諸宗

六祖大師法寶壇經一卷　(唐)釋慧能撰　(唐)釋法海等輯　民國十三年(1924)北京天華館鉛印本　一冊

330000－1711－0001708　普 001577　子部/宗教類/道教之屬

玉定金科例誅輯要十卷首一卷末一卷特宥輯要十卷首一卷末一卷例賞輯要十卷首一卷末一卷　南天都劫司　桂宮武昌侯輯　民國十三年(1924)北京金科流通處鉛印本　十五冊

330000－1711－0001709　普 001589　子部/道家類

莊子集解八卷　王先謙撰　民國上海涵芬樓影印本　三冊

330000－1711－0001713　普 001598　子部/宗教類/道教之屬

頂批大道真傳五卷　(明)孫汝忠撰　(明)張崇烈註　(明)李堪疏　民國九年(1920)合川會善堂慈善會刻本　一冊

330000－1711－0001719　普 001611　子部/宗教類/道教之屬/道藏

道藏精華錄一百種　守一子輯　民國無錫丁氏鉛印本　六冊　存六十四種

330000－1711－0001723　普 001607　子部/宗教類/道教之屬

梓潼帝君陰隲文註證新編四卷　(清)馮勸撰　民國九年(1920)馮振怡鉛印本　二冊

330000－1711－0001724　普 001608　子部/宗教類/道教之屬

梓潼帝君陰隲文註證新編四卷　(清)馮勸撰　民國九年(1920)馮振怡鉛印本　一冊　存二卷(一至二)

330000－1711－0001725　普 001612　子部/

宗教類/道教之屬/道藏

道藏精華錄一百種 守一子輯 民國無錫丁氏鉛印本 四冊 存三十種

330000－1711－0001727 普 001610 子部/宗教類/道教之屬

雙修漸法述記不分卷 平常居士撰 民國鉛印本 一冊

330000－1711－0001732 普 001615 集部/曲類/寶卷之屬

真修寶卷一卷 民國十二年(1923)鉛印本 一冊

330000－1711－0001736 普 001618 子部/宗教類/佛教之屬/諸宗

印光法師文鈔四卷附錄一卷 釋聖量撰 民國十七年(1928)鉛印本 四冊

330000－1711－0001740 普 001620 子部/宗教類/佛教之屬/總録

竹窗隨筆一卷二筆一卷三筆一卷 (明)釋袾宏撰 民國上海商務印書館影印本 二冊 缺一卷(三筆)

330000－1711－0001742 普 001622 子部/宗教類/佛教之屬/經

金光明經八卷 (隋)釋寶貴撰 民國二十八年(1939)上海道德書局石印本 二冊

330000－1711－0001743 普 001623 子部/宗教類/佛教之屬/經

觀世音經一卷 (唐)釋玄奘譯 **觀音靈感録一卷** 民國二十五年(1936)上海佛學書局鉛印本 一冊

330000－1711－0001744 普 001628 子部/宗教類/佛教之屬/諸宗

印光法師文鈔二卷附錄一卷 釋聖量撰 民國九年(1920)上海商務印書館鉛印本 二冊

330000－1711－0001745 普 001624 子部/宗教類/佛教之屬

佛學叢書□□種 丁福保輯 民國上海醫學書局鉛印本暨影印本 一冊 存一種

330000－1711－0001746 普 001629 子部/藝術類/書畫之屬/法帖

崔卓吾書心經金剛經合冊不分卷 崔斯哲書 民國二十年(1931)上海文明書局石印本 一冊

330000－1711－0001747 普 001630 子部/雜著類/雜編之屬

安士全書四種 (清)周夢顏撰 民國十七年(1928)上海佛學推行社鉛印本 四冊

330000－1711－0001749 普 001625 子部/宗教類/佛教之屬

康藏佛教與西康諾那呼圖克圖應化事略不分卷 韓大載注 民國二十六年(1937)鉛印本 一冊

330000－1711－0001751 普 001627 子部/宗教類/佛教之屬/經疏

阿彌陀經白話解釋二卷修行方法一卷 黄智海演述 **蓮池大師西方發願文簡註一卷** 李圓淨編述 民國二十年(1931)上海國光印書局鉛印本 一冊

330000－1711－0001760 普 001732 子部/宗教類/佛教之屬/諸宗

淨土五經六卷 釋聖量輯 **大方廣佛華嚴經淨行品一卷** (唐)釋實叉難陀譯 **大佛頂首楞嚴經卷第六四種決定清淨明誨一卷** 民國二十五年(1936)蘇州弘化社鉛印本 一冊

330000－1711－0001761 普 001733 子部/宗教類/佛教之屬

佛學叢書□□種 丁福保輯 民國上海醫學書局鉛印本暨影印本 四冊 存四種

330000－1711－0001767 普 001734 子部/宗教類/佛教之屬

佛學叢書□□種 丁福保輯 民國上海醫學書局鉛印本暨影印本 二冊 存二種

330000－1711－0001771 普 001735 子部/宗教類/佛教之屬/經

金剛般若波羅密經分段貫釋一卷 (後秦)釋鳩摩羅什譯 王驤陸釋 **般若波羅密多心經**

分段貫釋一卷　(唐)釋玄奘譯　王驤陸釋　民國二十七年(1938)天津印心精舍鉛印本　一冊

330000－1711－0001773　普 001736　子部/宗教類/佛教之屬/諸宗

正法三十三祖東土六祖大鑑禪師法寶壇經述旨一卷　(唐)釋法海錄　王驤陸述旨　民國印心精舍鉛印本　一冊

330000－1711－0001777　普 001737　子部/儒家類/儒學之屬/禮教/家訓

精本了凡四訓一卷附錄一卷　(明)袁黃撰　歇浦學人集注　民國十一年(1922)上海中華書局鉛印本　一冊

330000－1711－0001778　普 001738　子部/宗教類/佛教之屬/經

妙法蓮華經觀世音菩薩普門品一卷　(後秦)釋鳩摩羅什譯　民國上海佛學書局影印本　一冊

330000－1711－0001780　普 001740　子部/宗教類/佛教之屬

回鄉語錄一卷　心菴頭陀撰　民國二十一年(1932)上海明善書局鉛印本　一冊

330000－1711－0001796　普 001667　類叢部/類書類/通類之屬

增補萬寶全書二十卷新增繪圖萬寶全書續編六卷　民國元年(1912)上海天機書局石印本　二冊

330000－1711－0001803　普 001682　子部/雜著類/雜考之屬

三才畧一卷　(清)蔣德鈞輯　民國元年(1912)上海文瑞樓石印本　一冊

330000－1711－0001832　普 001702　子部/天文曆算類/曆法之屬

日用寶鑑二卷　上海共和編譯局編輯部編　民國四年(1915)上海共和編譯局石印本　一冊　存一卷(上)

330000－1711－0001835　普 001742　子部/宗教類/佛教之屬/經

金剛經傳燈真解一卷　(印度)無量度世古佛撰　**佛祖般若心印經一卷**　觀自在菩薩親著　**心經傳燈真解一卷**　民國上海明善書局鉛印本　一冊

330000－1711－0001836　普 001741　子部/宗教類/佛教之屬/經

金剛經傳燈真解一卷　(印度)無量度世古佛撰　**佛祖般若心印經一卷**　**觀自在菩薩親著**　**心經傳燈真解一卷**　**文昌帝君戒淫寶訓一卷**　民國十二年(1923)上海宏大善書局石印本　一冊

330000－1711－0001840　普 001743　集部/曲類/寶卷之屬

真修寶卷一卷　民國十三年(1924)海寧費有成刻本　一冊

330000－1711－0001846　普 001745　子部/宗教類/佛教之屬/經

妙法蓮華經七卷　(後秦)釋鳩摩羅什譯　民國上海大眾書局鉛印本　一冊

330000－1711－0001847　普 001746　子部/宗教類/佛教之屬/經

大佛頂如來密因修證了義諸菩薩萬行首楞嚴經十卷　(唐)釋般刺密帝譯　(唐)釋彌伽釋迦譯語　民國上海大眾書局鉛印本　一冊

330000－1711－0001849　普 001747　子部/宗教類/佛教之屬/經

楞伽阿跋多羅寶經四卷　(南朝宋)釋求那跋陀羅譯　民國上海大眾書局鉛印本　一冊

330000－1711－0001851　普 001748　子部/小說家類/異聞之屬

勸戒錄類編三十二章　(清)梁恭辰撰　丁福保編　民國上海中華書局鉛印本　三冊

330000－1711－0001852　普 001749　子部/小說家類/異聞之屬

勸戒錄類編三十二章　(清)梁恭辰撰　丁福保編　民國上海中華書局鉛印本　一冊

330000－1711－0001854　普 001716　子部/儒家類/儒學之屬/蒙學

新增繪圖幼學故事瓊林四卷首一卷 （清）程登吉撰 （清）鄒聖脈增補 民國五年(1916)上海鴻文書局石印本 一冊

330000-1711-0001859 普 001721 子部/儒家類/儒學之屬/蒙學
校正幼學須知句解四卷 （清）程允升撰 民國上海鑄記書局石印本 一冊

330000-1711-0001861 普 001722 子部/儒家類/儒學之屬/蒙學
新增繪圖幼學故事瓊林四卷首一卷 （清）程登吉撰 （清）鄒聖脈增補 民國上海錦章圖書局石印本 一冊

330000-1711-0001864 普 001726 子部/雜著類/雜纂之屬
羣書治要五十卷 （唐）魏徵等撰 民國十八年(1929)上海商務印書館影印本(卷四、十三、二十原缺) 十六冊

330000-1711-0001866 普 001751 集部/別集類/清別集
小種字林柱銘偶存不分卷 吳受福撰 民國二十二年(1933)檇李郭氏刻本 一冊

330000-1711-0001868 普 001753 集部/總集類/選集之屬/通代
古文筆法八卷首一卷 （清）李扶九編集 民國蘇州振新書社石印本 一冊

330000-1711-0001873 普 001755 經部/小學類/音韻之屬/韻書
新式詩韻全璧八卷 世界書局編輯所編輯 民國十七年(1928)上海世界書局石印本 十冊

330000-1711-0001881 普 001766 類叢部/叢書類/彙編之屬
春暉叢書二種 張天錫輯 民國鉛印本 二冊 存一種

330000-1711-0001883 普 001767 集部/總集類/酬唱之屬
甌江驪唱集三卷 汪瑩編 民國十年(1921)鉛印本 一冊

330000-1711-0001888 普 001772 集部/詩文評類/文法之屬/函牘格式
最新分類尺牘大觀不分卷 文明書局編 民國十一年(1922)上海文明書局石印本 十二冊

330000-1711-0001889 普 001780 子部/藝術類/遊藝之屬/聯語
分類楹聯大全十四編 廣文書局編輯所編輯 民國十二年(1923)上海世界書局石印本 一冊

330000-1711-0001890 普 001773 集部/總集類/尺牘之屬
交際大全八章 廣文書局編輯所編 民國十二年(1923)上海世界書局石印本 一冊

330000-1711-0001891 普 001774 集部/總集類/選集之屬/通代
古文辭類纂七十五卷 （清）姚鼐纂輯 **續古文辭類纂三十四卷** 王先謙輯 民國七年(1918)上海會文堂書局石印本 十二冊 存七十五卷(一至七十五)

330000-1711-0001892 普 001781 子部/藝術類/遊藝之屬/聯語
分類楹聯大全六編續集八編 世界書局編輯所編輯 民國十八年(1929)上海世界書局石印本 二冊

330000-1711-0001893 普 001775 類叢部/叢書類/自著之屬
船山遺書六十六種附一種 （清）王夫之撰 民國二十二年(1933)上海太平洋書店鉛印本 二冊 存一種

330000-1711-0001894 普 001782 子部/儒家類/儒學之屬/禮教/鑑戒
古今格言四卷 江畲經編纂 民國上海商務印書館鉛印本 三冊 存三卷(一至三)

330000-1711-0001895 普 001783 子部/藝術類/遊藝之屬/聯語
巧對續錄二卷 （清）梁恭辰輯 民國十年(1921)上海商務印書館鉛印本 二冊

330000－1711－0001896　普 001784　集部/總集類/彙編之屬

南社叢刻□□種　南社編輯　民國鉛印本　一册　存一種

330000－1711－0001897　普 001776　集部/總集類/選集之屬/通代

評校音注古文辭類纂七十四卷　(清)姚鼐輯　王文濡校注　民國十七年(1928)上海文明書局鉛印本　十四册　缺十一卷(四十三至五十三)

330000－1711－0001898　普 001785　集部/總集類/選集之屬/斷代

註釋唐詩三百首六卷　(清)孫洙編　民國商務印書館鉛印本　二册

330000－1711－0001899　普 001786　集部/總集類/選集之屬/斷代

註釋唐詩三百首六卷　(清)孫洙編　民國中華書局鉛印本　一册

330000－1711－0001900　普 001777　集部/總集類/選集之屬/通代

評校音註續古文辭類纂三十四卷　王先謙輯　王文濡校注　民國十七年(1928)上海文明書局鉛印本　八册

330000－1711－0001901　普 001787　集部/總集類/尺牘之屬

眉公才子尺牘四卷　(明)陳繼儒輯　(清)沈錫侯增訂　**聖嘆才子尺牘四卷**　(清)金人瑞鑒定　(清)金雍撰　民國七年(1918)上海碧梧山莊石印本　四册

330000－1711－0001908　普 001846　集部/總集類/選集之屬/斷代

清文評註讀本不分卷　王文濡編　民國上海文明書局鉛印本　四册　存一種

330000－1711－0001912　普 001807　集部/總集類/選集之屬/通代

唐宋八家文讀本三十卷　(唐)韓愈等撰　民國上海著易堂書局鉛印本　六册

330000－1711－0001918　普 001802　集部/總集類/郡邑之屬

濮川詩鈔三十四種四十四卷　(清)陳光裕　(清)沈堯咨輯　民國二十一年(1932)石印本　十二册

330000－1711－0001920　普 001799　集部/總集類/選集之屬/通代

十八家詩鈔二十八卷首一卷　(清)曾國藩輯　民國九年(1920)上海商務印書館鉛印本　十四册　存二十四卷(一至四、七至十四、十七至二十八)

330000－1711－0001922　普 001801　類叢部/叢書類/彙編之屬

四部備要　中華書局編　民國二十五年(1936)上海中華書局鉛印本　十四册　存一種

330000－1711－0001928　普 001812　集部/總集類/氏族之屬

三蘇文集四十四卷　(清)邵希雍輯　民國元年(1912)上海會文堂書局石印本　八册

330000－1711－0001929　普 001813　集部/總集類/選集之屬/通代

續古文辭類纂三十四卷　王先謙輯　民國十八年(1929)上海鴻章書局石印本　十二册

330000－1711－0001930　普 001814　集部/總集類/選集之屬/通代

續古文辭類纂三十四卷　王先謙輯　民國七年(1918)上海會文堂書局石印本　八册

330000－1711－0001939　普 001828　集部/總集類/選集之屬/通代

詳訂古文評註全集十卷　(清)過珙　(清)黄越評選　民國十二年(1923)上海掃葉山房石印本(卷二補配民國商務印書館鉛印本)　十册

330000－1711－0001942　普 001821　集部/總集類/選集之屬/斷代

唐詩評註讀本六卷　王文濡評選　汪處廬金熙註釋　民國五年(1916)上海文明書局鉛印本　二册

330000－1711－0001945　普 001829　集部/總集類/彙編之屬

歷代詩文評註讀本□□種　王文濡編　民國上海文明書局鉛印本　四冊　存一種

330000－1711－0001951　普 001840　集部/總集類/選集之屬/斷代

八家四六文註八卷　（清）孫星衍等撰　（清）許貞幹註　**八家四六文補註一卷**　（清）陳衍撰　民國上海文瑞樓鉛印本　八冊

330000－1711－0001952　普 001831　集部/總集類/彙編之屬

袁蔣趙三家詩選三卷　王文濡輯　民國十二年（1923）上海文明書局鉛印本　二冊

330000－1711－0001957　普 001842　集部/詞類/詞話之屬

填詞圖譜二卷　（日本）竹田主人編　民國二十三年（1934）掃葉山房石印本　二冊

330000－1711－0001966　普 001849　集部/總集類/選集之屬/斷代

太平天國文鈔一卷詩鈔一卷聯語鈔一卷附錄三卷　羅邕　沈祖基輯　民國二十三年（1934）上海商務印書館鉛印本　一冊　存一卷（文鈔）

330000－1711－0001971　普 001857　集部/總集類/彙編之屬

文學大觀五種　民國十三年（1924）上海世界書局石印本　十冊

330000－1711－0001983　普 001875　集部/總集類/郡邑之屬

鹿山吟社第三集一卷　商寶慈編　民國二十年（1931）鉛印本　一冊

330000－1711－0001984　普 001876　集部/總集類/酬唱之屬

蠅塵酬唱集八卷補遺一卷　孫雄編　民國十三年（1924）鉛印本　二冊

330000－1711－0001985　普 001877　集部/總集類/酬唱之屬

漫社二集二卷補遺一卷　孫雄編　民國十一年至十二年（1922－1923）鉛印本　二冊

330000－1711－0001986　普 001878　集部/總集類/酬唱之屬

漫社三集二卷補遺一卷　孫雄編　民國十二年（1923）鉛印本　二冊

330000－1711－0001987　普 001879　集部/總集類/題詠之屬

名賢生日詩十卷附名人生日表一卷　孫雄輯　民國十年（1921）鉛印本　六冊

330000－1711－0001994　普 001883　集部/總集類/選集之屬/通代

評校音注古文辭類纂七十四卷　（清）姚鼐輯　王文濡校注　民國十四年（1925）上海文明書局鉛印本　十六冊

330000－1711－0001996　普 001884　集部/總集類/選集之屬/通代

增批古文觀止十二卷　（清）吳乘權　（清）吳大職評註　民國元年（1912）紹興墨潤堂石印本　六冊

330000－1711－0001998　普 001888　集部/總集類/酬唱之屬

耐園雅集不分卷　高廷梅編　民國七年（1918）鉛印本　一冊

330000－1711－0002002　普 001889　集部/總集類/選集之屬/通代

古文觀止十二卷　（清）吳乘權　（清）吳大職輯　民國二十四年（1935）上海掃葉山房石印本　六冊

330000－1711－0002005　普 001896　集部/詩文評類/文法之屬/文法

作文必用成語擷珍詳解四卷　陸保璿撰　民國上海廣益書局石印本　一冊　存三卷（一至三）

330000－1711－0002006　普 001898　集部/總集類/彙編之屬

南社叢刻□□種　南社編輯　民國鉛印本　二冊　存二種

330000－1711－0002007　普 001897　集部/總集類/彙編之屬

南社叢刻□□種　南社編輯　民國鉛印本　一冊　存一種

330000－1711－0002008　普 001890　集部/總集類/選集之屬/斷代

宋人如話詩選六卷　熊念劬輯　民國十年(1921)念劬廬鉛印本　六冊

330000－1711－0002012　普 001892　集部/總集類/選集之屬/通代

如話詩鈔不分卷　(清)朱駿聲輯　民國十年(1921)上海廣益書局鉛印本　二冊

330000－1711－0002013　普 001901　集部/總集類/選集之屬/斷代

策論選要十二卷　(宋)蘇洵　(宋)蘇軾　(宋)蘇轍文　(清)王景禧選輯　民國十二年(1923)上海廣雅啟新書局石印本　七冊　存十卷(一至二、五至十二)

330000－1711－0002014　普 001893　類叢部/叢書類/彙編之屬

四部叢刊　張元濟等編　民國上海商務印書館影印本　一冊　存一種

330000－1711－0002016　普 001902　集部/總集類/選集之屬/通代

御選唐宋詩醇四十七卷目錄二卷　(清)高宗弘曆輯　民國四年(1915)中華圖書館石印本　十冊

330000－1711－0002017　普 001903　集部/總集類/選集之屬/通代

御選唐宋詩醇四十七卷目錄二卷　(清)高宗弘曆輯　民國石印本　一冊　存四卷(三十二至三十五)

330000－1711－0002024　普 001908　集部/總集類/尺牘之屬

明清十大家尺牘　文明書局輯　民國十年(1921)上海文明書局石印本　十二冊

330000－1711－0002026　普 001915　集部/總集類/選集之屬/斷代

感舊集十六卷　(清)王士禛選　(清)盧見曾補傳　民國鉛印本　八冊

330000－1711－0002027　普 001909　集部/總集類/選集之屬/通代

御選唐宋詩醇四十七卷目錄二卷　(清)高宗弘曆輯　民國十年(1921)中華圖書館石印本　八冊

330000－1711－0002029　普 001910　集部/總集類/選集之屬/斷代

隨園女弟子詩選六卷　(清)袁枚輯　民國上海錦章圖書局石印本　二冊

330000－1711－0002030　普 001907　集部/總集類/選集之屬/斷代

晚唐詩選八卷　王文濡編輯　民國二十二年(1933)中華書局鉛印本　四冊

330000－1711－0002031　普 001917　類叢部/叢書類/郡邑之屬

吳興叢書六十六種　劉承幹編　民國吳興劉氏嘉業堂刻本　四冊　存一種

330000－1711－0002032　普 001925　類叢部/叢書類/彙編之屬

文獻叢書□□種　國立北平故宮博物院輯　民國國立北平故宮博物院鉛印本　一冊　存一種

330000－1711－0002036　普 001928　集部/總集類/尺牘之屬

十大名家家書十卷　平襟亞編　秋痕廔主評　民國十五年(1926)上海共和書局鉛印本　十冊

330000－1711－0002037　普 001919　集部/總集類/選集之屬/斷代

中華民國名人詩鈔十卷　吳芹編　民國三年(1914)上海廣益書局石印本　四冊

330000－1711－0002040　普 001922　集部/總集類/選集之屬/通代

評註昭明文選十五卷首一卷葉星衛附註一卷　(清)于光華輯　民國十三年(1924)上海掃葉山房石印本　十六冊

330000－1711－0002043　普 001929　集部/總集類/尺牘之屬

歷代名人家書不分卷　四願齋主編輯　民國二十八年(1939)長沙商務印書館鉛印本　一冊

330000－1711－0002044　普 001930　集部/總集類/尺牘之屬

評註古今女才子尺牘四卷　民國十九年(1930)上海掃葉山房石印本　四冊

330000－1711－0002047　普 001935　集部/總集類/選集之屬/斷代

宋詩鈔初集一百十種　(清)呂留良等輯　民國三年(1914)上海商務印書館據清康熙吳氏刻本影印本　四十一冊

330000－1711－0002048　普 001933　集部/總集類/選集之屬/斷代

唐文評註讀本二卷　王文濡評選　張廷華等註釋　民國五年(1916)上海文明書局鉛印本　二冊

330000－1711－0002050　普 001936　集部/總集類/郡邑之屬

姚江同聲詩社三編　松坡居士輯　民國十三年(1924)鉛印本　一冊　存三編

330000－1711－0002051　普 001937　集部/總集類/酬唱之屬

西泠酬唱集二卷附東甌唱酬集一卷南湖唱酬集一卷北平唱酬集一卷　阮中立編　民國石印本　一冊

330000－1711－0002052　普 001938　集部/總集類/選集之屬/斷代

百老吟後編一卷　錢溯耆輯　民國元年(1912)聽幽館刻本　一冊

330000－1711－0002063　普 001956　集部/楚辭類

楚辭十七卷　(漢)劉向集　(漢)王逸章句　(宋)洪興祖補注　(清)俞樾輯評　民國六年(1917)上海中華圖書館石印本　五冊

330000－1711－0002078　普 001964　集部/別集類/唐五代別集

香山詩選六卷　(唐)白居易撰　(清)曹文埴選　民國十年(1921)上海掃葉山房石印本　一冊

330000－1711－0002079　普 001965　類叢部/叢書類/彙編之屬

四部備要　中華書局編　民國二十五年(1936)上海中華書局鉛印本　一冊　存一種

330000－1711－0002080　普 001966　類叢部/叢書類/彙編之屬

四部備要　中華書局編　民國二十五年(1936)上海中華書局鉛印本　一冊　存一種

330000－1711－0002081　普 001967　集部/別集類/唐五代別集

樊川詩集四卷補遺一卷外集一卷別集一卷　(唐)杜牧撰　(清)馮集梧注　民國掃葉山房石印本　四冊

330000－1711－0002083　普 001972　集部/別集類/唐五代別集

杜詩詳註二十五卷首一卷附錄二卷　(清)仇兆鰲輯註　民國十七年(1928)上海掃葉山房石印本　二十八冊

330000－1711－0002084　普 001976　類叢部/叢書類/彙編之屬

四部備要　中華書局編　民國二十五年(1936)上海中華書局鉛印本　八冊　存二種

330000－1711－0002085　普 001973　集部/別集類/唐五代別集

杜詩精華不分卷　中華書局編　民國七年(1918)上海中華書局鉛印本　一冊

330000－1711－0002086　普 001974　集部/別集類/唐五代別集

玉谿生詩詳註六卷首一卷　(唐)李商隱撰　(清)馮浩注　民國三年(1914)中華圖書館石印本　七冊　存六卷(首、二至六)

330000－1711－0002094　普 001991　類叢部/叢書類/自著之屬

樊諫議集七家注六種　(唐)樊宗師撰　(清)

樊鎮輯　民國紹興樊氏緜絳書屋刻本　二冊　存五種

330000－1711－0002095　普 001992　集部/別集類/唐五代別集

樊紹述集二卷　（唐）樊宗師撰　（清）孫之騄輯　民國五年（1916）樊鎮刻本　二冊

330000－1711－0002096　普 001993　集部/別集類/唐五代別集

唐樊紹述遺文一卷附錄一卷　（唐）樊宗師撰　（清）張庚輯注　民國十四年（1925）山陰樊氏緜絳書屋刻本　一冊

330000－1711－0002097　普 001980　集部/別集類/唐五代別集

昌黎先生集四十卷外集十卷遺文一卷　（唐）韓愈撰　（唐）李漢編　**朱子校昌黎先生集傳一卷**　（宋）朱熹撰　**韓集點勘四卷**　（清）陳景雲撰　民國九年（1920）石印本　十冊

330000－1711－0002099　普 001982　集部/別集類/宋別集

南湖集十卷附錄三卷　（宋）張鎡撰　民國十四年（1925）杭州廣壽慧雲禪寺刻藍印本　四冊

330000－1711－0002102　普 001985　集部/別集類/明別集

註釋疑雲集四卷　（明）王彥泓著　（清）雷瑨註釋　民國十八年（1929）上海葉山房石印本　四冊

330000－1711－0002103　普 001994　集部/別集類/唐五代別集

李後主詞一卷　（五代）李煜撰　民國十七年（1928）上海商務印書館鉛印本　一冊

330000－1711－0002110　普 001988　經部/春秋左傳類/傳說之屬

東萊博議四卷　（宋）呂祖謙撰　**補虛字註釋一卷**　民國四年（1915）上海共和書局石印本　一冊

330000－1711－0002122　普 002005　集部/別集類/明別集

王文成公全書三十八卷　（明）王守仁撰　民國二年（1913）上海中華圖書館影印本　十二冊

330000－1711－0002123　普 002006　集部/別集類/宋別集

放翁逸稿二卷　（宋）陸游撰　民國十四年（1925）上海會文堂書局據明汲古閣本影印本　二冊

330000－1711－0002124　普 002007　集部/別集類/宋別集

劍南詩鈔六卷　（宋）陸游撰　（清）楊大鶴選　民國六年（1917）上海掃葉山房石印本　六冊

330000－1711－0002127　普 002010　類叢部/叢書類/自著之屬

六如居士全集四種　（明）唐寅撰　民國四年（1915）上海廣益書局石印本　六冊

330000－1711－0002128　普 002015　經部/春秋左傳類/傳說之屬

新體廣註東萊博議四卷　（宋）呂祖謙撰　世界書局編輯所編輯　民國十七年（1928）上海世界書局石印本　二冊

330000－1711－0002130　普 002016　經部/春秋左傳類/傳說之屬

新體廣註東萊博議四卷　（宋）呂祖謙撰　世界書局編輯所編輯　民國十八年（1929）上海世界書局石印本　二冊

330000－1711－0002131　普 002017　集部/別集類/宋別集

岳忠武王文集八卷首一卷末一卷　（宋）岳飛撰　（清）黃邦寧纂修　民國元年（1912）上海江左書林石印本　四冊

330000－1711－0002132　普 002019　類叢部/叢書類/彙編之屬

四部備要　中華書局編　民國二十五年（1936）上海中華書局鉛印本　二十六冊　存二種

330000－1711－0002133　普 002018　類叢

部/叢書類/彙編之屬

四部備要 中華書局編 民國二十五年(1936)上海中華書局鉛印本 十冊 存一種

330000－1711－0002139 普 002033 類叢部/叢書類/郡邑之屬

四明叢書一百六十七種 張壽鏞編 民國四明張氏約園刻本(安晚堂詩集卷一至五原缺) 二冊 存一種

330000－1711－0002143 普 002027 類叢部/叢書類/郡邑之屬

貴池先哲遺書二十三種 劉世珩輯 民國九年(1920)貴池劉氏唐石簃刻本 十冊 存一種

330000－1711－0002144 普 002028 類叢部/叢書類/自著之屬

舜水遺書四種附錄一卷 (明)朱之瑜撰 民國二年(1913)山陰湯壽潛鉛印本 十二冊

330000－1711－0002146 普 002036 集部/別集類/明別集

楊忠愍公全集四卷 (明)楊繼盛撰 民國十年(1921)古越積善堂石印本 一冊

330000－1711－0002154 普 002032 集部/別集類/明別集

疑雲集四卷 (明)王彥泓撰 民國十五年(1926)上海大東書局石印本 二冊

330000－1711－0002155 普 002040 集部/別集類/明別集

瓶花齋集十卷 (明)袁宏道撰 民國二十三年(1934)九思齋石印本 四冊

330000－1711－0002159 普 002046 集部/別集類/清別集

亭林詩集五卷文集六卷餘集一卷 (清)顧炎武撰 民國十七年(1928)上海掃葉山房石印本 四冊

330000－1711－0002161 普 002048 子部/雜著類/雜說之屬

常識文範四卷 梁啓超撰 民國五年(1916)上海中華書局鉛印本 四冊

330000－1711－0002165 普 002044 集部/別集類/清別集

古紅梅閣集八卷 (清)劉履芬撰 民國十五年(1926)鉛印本 一冊

330000－1711－0002174 普 002070 集部/總集類/氏族之屬

海鹽張氏涉園叢刻續編六種 張元濟輯 民國十七年(1928)海鹽張氏鉛印本 一冊 存一種

330000－1711－0002175 普 002071 集部/別集類

濯絳宧文鈔一卷 劉毓盤撰 民國七年(1918)鉛印本 一冊

330000－1711－0002177 普 002073 集部/別集類

長勿勿齋詩集五卷 王葆楨撰 民國五年(1916)杭垣鉛印本 二冊

330000－1711－0002179 普 002074 集部/別集類

長勿勿齋詩集五卷 王葆楨撰 民國五年(1916)杭垣鉛印本 二冊

330000－1711－0002200 普 002088 集部/別集類

翰風吟稿一卷 鮑元輝撰 民國二十五年(1936)鉛印本 一冊

330000－1711－0002201 普 002089 集部/別集類

汲修齋詩存二卷 鮑元輝撰 民國十九年(1930)鉛印本 一冊

330000－1711－0002202 普 002090 集部/別集類

質野簃叢稿一卷 鮑元輝撰 民國鉛印本 一冊

330000－1711－0002203 普 002079 集部/別集類

三借廬集五卷 鄒弢撰 民國二十一年(1932)常熟開文社印刷所鉛印本 二冊

330000－1711－0002204　普 002091　集部/別集類/清別集

音註小倉山房尺牘八卷　(清)袁枚撰　(清)胡光斗箋釋　民國上海文益書局石印本　一冊

330000－1711－0002205　普 002080　集部/別集類

龐檗子遺集二卷　龐樹柏撰　民國六年(1917)王蘊章等鉛印本　一冊

330000－1711－0002207　普 002081　集部/別集類

北溟詩藁二卷首一卷末一卷　江起鯤撰　民國二十二年(1933)寧波鈞和公司鉛印本　一冊

330000－1711－0002208　普 002082　集部/別集類

白屋吳生詩稿不分卷　吳芳吉撰　民國十八年(1929)聚奎學校鉛印本　二冊

330000－1711－0002215　普 002096　類叢部/叢書類/彙編之屬

百尺樓叢書五種　陳去病編　民國鉛印本　二冊　存二種

330000－1711－0002218　普 002098　集部/別集類

甲子集一卷　張朝墉撰　民國鉛印本　一冊

330000－1711－0002223　普 002099　集部/別集類

癸亥集一卷　張朝墉撰　民國十三年(1924)鉛印本　一冊

330000－1711－0002235　普 002121　子部/雜著類/雜說之屬

林屋山民惜字說不分卷　秦幼卿撰　民國石印本　一冊

330000－1711－0002237　普 002107　集部/別集類

白石山房詩鈔三卷補遺一卷　張宗江撰　民國八年(1919)鉛印本　一冊

330000－1711－0002238　普 002109　集部/別集類

白石山房詩鈔三卷補遺一卷　張宗江撰　民國八年(1919)鉛印本　一冊

330000－1711－0002242　普 002111　集部/別集類

常蕚樓詩草一卷　張駿撰　民國三十四年(1945)鉛印本　一冊

330000－1711－0002254　普 002124　集部/別集類/清別集

張廉卿手札二卷　(清)張裕釗撰　民國二十三年(1934)北平瑞文書局石印本　二冊

330000－1711－0002259　普 002129　史部/地理類/雜志之屬

蘆川竹枝詞一卷　柯志頤　柯培鼎撰　民國六年(1917)鉛印本　一冊

330000－1711－0002264　普 002134　類叢部/叢書類/自著之屬

曾文正公全集十六種　(清)曾國藩撰　民國十三年(1924)上海中華圖書館鉛印本　四十冊　存十三種

330000－1711－0002265　普 002145　集部/別集類/清別集

風月廬詩稿一卷　(清)徐煥謨撰　民國二年(1913)桐鄉徐氏愛日館刻本　一冊

330000－1711－0002266　普 002146　集部/別集類

山青雲白軒詩草二卷　傅宛撰　民國十一年(1922)鉛印本　二冊

330000－1711－0002270　普 002137　集部/別集類

樊山集外八卷　樊增祥撰　民國三年(1914)上海廣益書局石印本　六冊

330000－1711－0002271　普 002138　集部/詩文評類/文法之屬

工商業尺牘偶存不分卷補遺一卷公司注冊文件一卷　陳壽嵩撰　民國十七年(1928)家庭工業社鉛印本　一冊　存一冊(丙寅)

330000－1711－0002273　普 002148　集部/別集類/清別集

欠泉庵文集二卷　(清)周煥樞撰　民國刻本　二冊

330000－1711－0002278　普 002149　類叢部/叢書類/彙編之屬

忍園叢書五種　宗惟恭編　民國三十七年(1948)合衆圖書館彙印本　二冊

330000－1711－0002282　普 002152　集部/別集類

頌芬堂文稿三編不分卷　錢文選撰　民國二十五年(1936)鉛印本　二冊

330000－1711－0002289　普 002157　集部/別集類/清別集

梅村詩集箋注十八卷　(清)吳偉業撰　(清)吳翌鳳箋注　民國中華圖書館石印本　八冊

330000－1711－0002294　普 002170　集部/別集類/清別集

蒼雪大師南來堂詩集四卷補編四卷附錄四卷　(清)釋讀徹撰　(清)王培孫校輯　民國二十九年(1940)上海鉛印本　三冊

330000－1711－0002295　普 002171　集部/別集類/清別集

蒼雪大師南來堂詩集四卷補編四卷附錄四卷　(清)釋讀徹撰　(清)王培孫校輯　民國二十九年(1940)上海鉛印本　二冊　存九卷(詩集一至三上、補編三至四、附錄一至四)

330000－1711－0002297　普 002164　集部/別集類

味靜齋文存二卷文存續選二卷詩存十六卷　徐嘉撰　民國二十年至二十一年(1931－1932)上海中華書局鉛印本　三冊　存八卷(一至二,詩存三至五、十四至十六)

330000－1711－0002303　普 002168　集部/別集類/清別集

小倉山房文集三十五卷　(清)袁枚撰　民國上海文明書局石印本　七冊　缺五卷(二十三至二十七)

330000－1711－0002305　普 002175　子部/藝術類/書畫之屬/法帖

松禪相國尺牘不分卷　(清)翁同龢撰　民國影印本　四冊

330000－1711－0002308　普 002178　集部/別集類/清別集

新體廣註小倉山房尺牘八卷　(清)袁枚撰　(清)胡光斗箋釋　(清)徐楨增註　民國十二年(1923)上海廣文書局石印本　三冊　缺二卷(五至六)

330000－1711－0002309　普 002179　集部/別集類/清別集

新體廣註小倉山房尺牘八卷　(清)袁枚撰　(清)胡光斗箋釋　(清)徐楨增註　民國十二年(1923)上海廣文書局石印本　三冊　缺二卷(五至六)

330000－1711－0002312　普 002193　集部/別集類

章太炎文鈔五卷　章炳麟撰　民國三年(1914)上海中華圖書館石印本　五冊

330000－1711－0002313　普 002181　集部/別集類/清別集

後湖漁人詩集一卷文集一卷　(清)林福源撰　民國十五年(1926)上海鴻寶齋書局石印本　二冊

330000－1711－0002315　普 002183　集部/別集類/清別集

船山詩草二十卷　(清)張問陶撰　民國十四年(1925)上海掃葉山房石印本　五冊　缺三卷(十一至十三)

330000－1711－0002317　普 002185　集部/別集類/清別集

玉麈山房詩集四卷　(清)蔡燮昌撰　民國鉛印本　一冊

330000－1711－0002324　普 002194　集部/別集類/清別集

壯悔堂文集十卷遺稿一卷四憶堂詩集六卷遺稿一卷　(清)侯方域撰　(清)賈開宗等評點

民國上海埽葉山房石印本　六冊

330000－1711－0002326　普002196　集部/別集類

遐庵彙稿第一輯三卷　葉恭綽撰　民國十九年(1930)鉛印本　四冊

330000－1711－0002329　普002198　類叢部/叢書類/自著之屬

貞松老人遺稿甲集八種乙集四種丙集二種　羅振玉撰　民國三十年至三十六年(1941－1947)上虞羅氏鉛印本　六冊　存四種

330000－1711－0002331　普002199　子部/工藝類/日用器物之屬

傳世古尺錄一卷附錄一卷　羅福頤撰　民國三十年(1941)鉛印本　一冊

330000－1711－0002332　普002200　史部/紀傳類/正史之屬

魏書宗室傳注校補一卷　羅振玉撰　民國三十二年(1943)鉛印本　一冊

330000－1711－0002334　普002201　集部/別集類

求我山人雜著六卷首一卷　莊景仲撰　**附錄一卷**　民國十八年(1929)鉛印本　二冊

330000－1711－0002338　普002204　集部/別集類/清別集

留春草堂詩鈔七卷　(清)伊秉綬撰　民國十九年(1930)鉛印本　二冊

330000－1711－0002342　普002212　類叢部/叢書類/彙編之屬

四部叢刊　張元濟等編　民國上海商務印書館影印本　三冊　存一種

330000－1711－0002347　普002225　集部/別集類/清別集

曾文正公家書十卷家訓二卷　(清)曾國藩撰　**曾文正公大事記三卷榮哀錄一卷**　(清)王定安編　民國上海錦章圖書局石印本　六冊

330000－1711－0002348　普002216　集部/別集類

陳仲權先生遺著一卷　陳以義撰　**附倚雲樓唱和集一卷**　程雲修撰　**陳仲權烈士紀念集一卷**　陳乃和等輯　民國二十五年(1936)鉛印本　一冊

330000－1711－0002354　普002221　集部/別集類/清別集

午亭山人第二集三卷　(清)陳廷敬撰　民國二十四年(1935)太原山西書局鉛印本　三冊

330000－1711－0002357　普002227　集部/別集類

飲冰室全集四十八卷　梁啓超撰　民國五年(1916)上海中華書局鉛印本　三十八冊

330000－1711－0002360　普002241　集部/總集類/彙編之屬

章譚合鈔二種　章炳麟　(清)譚嗣同撰　民國上海中華圖書館石印本　五冊　存一種

330000－1711－0002361　普002242　集部/別集類/清別集

有正味齋尺牘二卷　(清)吳錫麒撰　民國九年(1920)上海掃葉山房石印本　二冊

330000－1711－0002366　普002234　集部/詩文評類/文法之屬/函牘格式

最新詳註分類尺牘全書不分卷　袁韜壺編　民國八年(1919)上海羣學書社石印本　十二冊

330000－1711－0002370　普002237　集部/別集類/清別集

鄭板橋全集六卷　(清)鄭燮撰　民國六年(1917)上海掃葉山房石印本　三冊　缺一卷(板橋家書)

330000－1711－0002376　普002248　集部/別集類

乙丑重編飲冰室文集五集八十卷　梁啟超撰　民國十五年(1926)中華書局鉛印本　八十冊

330000－1711－0002378　普002249　集部/別集類

濯絳宧文鈔一卷　劉毓盤撰　民國七年

(1918)鉛印本　一冊

330000－1711－0002383　普002254　集部/別集類/清別集

微尚齋續集一卷　(清)馮志沂撰　民國二十五年(1936)影印本　一冊

330000－1711－0002384　普002260　集部/別集類

飲冰室全集四十八卷　梁啓超撰　民國五年(1916)上海中華書局鉛印本　四十八冊

330000－1711－0002387　普002255　集部/別集類/清別集

愛薇堂遺集四卷　(清)劉奮熙撰　民國刻本　一冊

330000－1711－0002393　普002262　集部/別集類/清別集

鴻雪樓詩選初集四卷外集一卷名媛詩話八卷　(清)沈善寶撰　民國十三年(1924)沈敏元鉛印本　四冊

330000－1711－0002396　普002281　集部/別集類/宋別集

蘇詩精華一卷　(宋)蘇軾撰　中華書局編　民國四年(1915)上海中華書局鉛印本　一冊

330000－1711－0002397　普002282　集部/別集類

白屋遺詩七卷　劉大白撰　民國二十四年(1935)開明書店鉛印本　一冊

330000－1711－0002400　普002283　集部/別集類

盧冀野少作四卷　盧前撰　民國鉛印本　一冊

330000－1711－0002401　普002269　集部/別集類

悼紅詞一卷劍盦吟艸一卷　吳仁撰　**紅霞雜俎一卷紅霞樓吟艸一卷**　朱珠撰　吳仁選　民國鉛印本　二冊

330000－1711－0002402　普002270　集部/別集類

綠天簃詩集一卷詞集一卷　張汝釗撰　民國十四年(1925)鉛印本　一冊

330000－1711－0002403　普002271　集部/別集類

韋壽恒大令遺藁一卷　韋榮齡撰　民國十九年(1930)鉛印本　一冊

330000－1711－0002404　普002272　集部/別集類

老鶴吟草一卷　許兆祿撰　民國二十四年(1935)庸齋鉛印本　一冊

330000－1711－0002413　普002284　集部/別集類

吟珠一卷　少華撰　民國十九年(1930)鉛印本　一冊

330000－1711－0002416　普002287　集部/別集類

瑟園詩錄四卷詞錄一卷　劉富槐撰　劉方煒編　民國十五年(1926)刻本　二冊

330000－1711－0002422　普002309　集部/別集類

無題詩一卷　魏在田撰　民國鉛印本　一冊

330000－1711－0002423　普002310　集部/別集類/清別集

煙霞萬古樓詩集二卷　(清)王曇撰　**仲瞿詩錄一卷**　(清)徐渭仁輯　民國二年(1913)上海掃葉山房石印本　三冊

330000－1711－0002428　普002294　集部/別集類

退郛詩鈔二卷　馬為瓏撰　民國五年(1916)石印本　二冊

330000－1711－0002434　普002301　集部/詞類/別集之屬

吳梅村詞一卷　(清)吳偉業撰　民國十五年(1926)上海掃葉山房石印本　一冊

330000－1711－0002438　普002304　集部/詞類/總集之屬

宋詞鈔十二卷附錄一卷　王官壽輯　民國十

一年(1922)鉛印本　六冊　缺一卷(附錄)

330000－1711－0002441　普 002305　集部/詩文評類/文評之屬

文心雕龍十卷　(南朝梁)劉勰撰　(清)黄叔琳注　(清)紀昀評　民國四年(1915)掃葉山房石印本　四冊

330000－1711－0002444　普 002329　史部/史評類/詠史之屬

清宫詞一卷　吳士鑑撰　民國二十六年(1937)吳秉澂鉛印本　一冊

330000－1711－0002447　普 002317　集部/詩文評類/文評之屬

文心雕龍十卷　(南朝梁)劉勰撰　(清)黄叔琳注　(清)紀昀評　民國上海文瑞樓石印本　四冊

330000－1711－0002448　普 002316　類叢部/叢書類/彙編之屬

四部備要　中華書局編　民國二十五年(1936)上海中華書局鉛印本　一冊　存二種

330000－1711－0002449　普 002331　集部/詞類/别集之屬

半櫻詞二卷　林鵾翔撰　民國十六年(1927)鉛印本　一冊

330000－1711－0002457　普 002335　集部/詩文評類/詩評之屬

詩法菁華二卷　章士超撰　民國十四年(1925)上海遠東圖書館石印本　二冊

330000－1711－0002458　普 002336　集部/詩文評類/詩評之屬

聲調三譜四卷　(清)王祖源輯　民國石印本　一冊　存三卷(二至四)

330000－1711－0002459　普 002322　集部/詩文評類/詩評之屬

合肥詩話三卷　李家孚撰　民國十八年(1929)蘇州鉛印本　一冊

330000－1711－0002460　普 002323　集部/詩文評類/詩評之屬

批本隨園詩話十六卷補遺十卷附録一卷　冒廣生撰　民國十六年(1927)中國圖書公司和記鉛印本　二冊

330000－1711－0002461　普 002324　集部/詩文評類/詩評之屬

隨園詩話十六卷補遺十卷　(清)袁枚撰　民國三年(1914)上海鴻寶齋書局石印本　四冊　缺六卷(補遺五至十)

330000－1711－0002463　普 002325　集部/總集類/選集之屬/通代

宋元明文評註讀本不分卷　王文濡編　金熙汪勁扶註　民國十七年(1928)上海文明書局鉛印本　二冊

330000－1711－0002470　普 002353　集部/詩文評類/詩評之屬

隨園詩法叢話八卷　(清)袁枚輯　民國上海碧梧山莊石印本　四冊

330000－1711－0002474　普 002355　集部/詩文評類/詩評之屬

學詩入門一卷　達文社編　民國十八年(1929)上海達文社鉛印本　一冊

330000－1711－0002476　普 002356　新學/學校

小學作文入門二集四卷　胡君復評選　民國六年(1917)上海商務印書館鉛印本　一冊

330000－1711－0002477　普 002357　新學/學校

國文講義文學史不分卷　來福詒撰　民國石印本　一冊

330000－1711－0002478　普 002344　集部/詩文評類/詩評之屬

雪橋詩話十二卷　楊鍾羲撰　民國二年(1913)南林劉氏求恕齋刻本　十二冊

330000－1711－0002483　普 002359　類叢部/叢書類/彙編之屬

四部叢刊　張元濟等編　民國上海商務印書館影印本　一冊　存一種

330000－1711－0002484　普 002348　集部/曲類/曲選之屬

繪圖綴白裘十二集四十八卷　（清）玩花主人輯　（清）錢德蒼增辑　民國三年（1914）石印本　十二冊

330000－1711－0002488　普 002352　集部/戲劇類

京調大觀初集不分卷　許志豪編　民國十七年（1928）上海世界書局石印本　一冊

330000－1711－0002489　普 002360　集部/詩文評類/文評之屬

文心雕龍十卷　（南朝梁）劉勰撰　（清）黃叔琳注　（清）紀昀評　民國十三年（1924）上海啓新書局石印本　四冊

330000－1711－0002490　普 002361　集部/詩文評類/詩評之屬

學詩指南二卷　顧亭鑑纂輯　民國五年（1916）詩學齋石印本　一冊

330000－1711－0002491　普 002362　集部/詩文評類/詩評之屬

隨園詩話十六卷補遺十卷　（清）袁枚撰　民國三年（1914）上海章福記書局石印本　四冊　缺四卷（補遺七至十）

330000－1711－0002492　普 002387　集部/詩文評類/制藝之屬

無師自通填詞百法二卷　顧憲融編纂　民國十四年（1925）上海崇新書局鉛印本　一冊

330000－1711－0002497　普 002372　集部/詩文評類/詩評之屬

學詩初步三卷　張廷華　吴玉編　民國七年（1918）上海文明書局鉛印本　一冊

330000－1711－0002500　普 002373　集部/詩文評類/詩評之屬

學詩初步三卷　張廷華　吴玉編　民國上海文明書局鉛印本　一冊

330000－1711－0002502　普 002374　集部/詩文評類/詩評之屬

學詩初步三卷　張廷華　吴玉編　民國二十年（1931）上海文明書局鉛印本　一冊

330000－1711－0002504　普 002367　集部/曲類/散曲之屬

楊升庵夫婦散曲八卷　任訥編校　民國十八年（1929）上海商務印書館鉛印本　一冊

330000－1711－0002514　普 002381　集部/戲劇類/傳奇之屬

繡像第七才子琵琶記六卷　（元）高明撰　民國九年（1920）上海書局石印本　二冊

330000－1711－0002516　普 002383　集部/小說類/長篇之屬

繡像全圖荆襄快談錄十二卷　民國二十年（1931）上海書局石印本　二冊

330000－1711－0002521　普 002400　集部/曲類/曲韻曲譜曲律之屬

集成曲譜金集八卷聲集八卷玉集八卷振集八卷　王季烈　劉富樑輯　民國二十年（1931）上海商務印書館石印本　十六冊　存十六卷（金集一、三至四、七，聲集二、八，玉集一至三、五至七，振集一、三、六至七）

330000－1711－0002522　普 002407　集部/戲劇類/傳奇之屬

繡像繪圖長生殿傳奇四卷　（清）洪昇填詞　（清）吳人論文　民國上海進步書局石印本　一冊

330000－1711－0002524　普 002408　集部/戲劇類/傳奇之屬

繡像繪圖牡丹亭傳奇二卷　（明）湯顯祖編　民國上海進步書局石印本　一冊

330000－1711－0002525　普 002393　集部/曲類/曲評曲話曲目之屬

螾廬曲談四卷　王季烈撰　民國二十三年（1934）上海商務印書館石印本　二冊

330000－1711－0002526　普 002394　集部/曲類/曲韻曲譜曲律之屬

遏雲閣曲譜初集不分卷　（清）王錫純輯　（清）李秀雲拍正　民國上海著易堂書局鉛印本　六冊

330000－1711－0002527　普 002409　集部/戲劇類/傳奇之屬

桃花扇傳奇二卷四十齣　(清)孔尚任撰　民國上海錦章圖書局石印本　二冊

330000－1711－0002528　普 002410　集部/戲劇類/傳奇之屬

繡像繪圖牡丹亭傳奇二卷　(明)湯顯祖編　民國上海進步書局石印本　二冊

330000－1711－0002532　普 002402　集部/戲劇類/傳奇之屬

紅羅鏡一卷　(清)傅山撰　(清)傅履巽輯　**齊人乞食一卷　八仙慶壽一卷**　民國鉛印本　一冊

330000－1711－0002533　普 002411　集部/詞類/詞譜之屬

攷正白香詞譜三卷附錄一卷　陳小蝶編　**增訂晚翠軒詞韻一卷**　陳祖耀校正　民國七年(1918)春草軒鉛印本暨石印本　四冊

330000－1711－0002542　普 002406　集部/曲類/寶卷之屬

三世修道黃氏寶卷二卷　民國二年(1913)上海文益書局石印本　一冊

330000－1711－0002543　普 002414　集部/戲劇類/傳奇之屬

繪圖燕子箋記四卷四十二齣　(明)阮大鋮撰　(清)雪韻堂批點　民國石印本　二冊

330000－1711－0002546　普 002416　集部/小說類/長篇之屬

琴樓夢小說一卷　樊增祥撰　民國上海震亞圖書局石印本　一冊

330000－1711－0002556　普 002420　集部/小說類/長篇之屬

評注圖像水滸傳十二卷七十回首一卷　(元)施耐庵撰　(清)金人瑞評　民國十三年(1924)上海元昌書局石印本　十二冊

330000－1711－0002560　普 002431　集部/小說類/長篇之屬

評注圖像水滸傳十二卷七十回首一卷　(元)施耐庵撰　(清)金人瑞評　民國上海會共和書局石印本　五冊　缺二卷(九至十)

330000－1711－0002562　普 002433　集部/小說類/長篇之屬

繪像結水滸全傳八卷一百四十回　(清)俞萬春撰　民國上海天寶書局石印本　八冊　存八卷(一至八)

330000－1711－0002563　普 002434　集部/小說類/長篇之屬

新式水滸演義四卷　(清)江陰香編　民國十三年(1924)上海世界書局石印本　四冊

330000－1711－0002576　普 002447　集部/小說類/長篇之屬

繪圖三國志演義第一才子書六十卷一百二十回　(明)羅本撰　(清)毛宗崗評　民國掃葉山房石印本　八冊　存四十四卷(十二至三十二、三十八至六十)

330000－1711－0002582　普 002461　子部/小說家類/諧謔之屬

改良繪圖解人頤廣集二卷　(清)胡澹庵撰　(清)錢德蒼增訂　民國三年(1914)上洋海左書局石印本　二冊

330000－1711－0002583　普 002462　集部/小說類/長篇之屬

全圖增評金玉緣十六卷一百二十回首一卷　(清)曹霑　(清)高鶚撰　民國石印本　一冊　存一卷(首)

330000－1711－0002585　普 002463　集部/小說類/長篇之屬

增評加批金玉緣圖說十六卷首一卷一百二十回　(清)曹霑　(清)高鶚撰　(清)蝶薌仙史評訂　民國上海進步書局石印本　十四冊　存十四卷(首、四至十六)

330000－1711－0002589　普 002465　子部/小說家類

古今說部精華甲集十二種　(清)陳琰編輯　民國上海六藝書局石印本　八冊

330000－1711－0002591　普 002456　集部/

小說類/短篇之屬

繪圖小小說庫第三集八種　世界書局編輯部輯　民國十四年(1925)上海世界書局石印本　三冊　存一種

330000－1711－0002595　普002457　集部/小說類/長篇之屬

社會小說二十年目睹之怪現狀八卷一百八回　(清)吴趼人撰　李伯元評點　民國五年(1916)新小說書社石印本　五冊　存五卷(二至三、六至八)

330000－1711－0002596　普002458　集部/小說類/長篇之屬

續二十年目覩之怪現狀四卷三十六回　吳虞公撰　民國十二年(1923)上海世界書局石印本　四冊

330000－1711－0002597　普002484　集部/小說類/長篇之屬

增像全圖東周列國志二十七卷首一卷一百八回　(清)蔡奡評點　民國二年(1913)商務印書館石印本　六冊　存十卷(首,一至二、二十一至二十七)

330000－1711－0002600　普002469　集部/小說類/長篇之屬

紅樓夢一百二十回　(清)曹霑　(清)高鶚撰　(清)王希廉　(清)姚燮加評　民國鉛印本　二十五冊　存九十二回(一至八、十七至二十、二十五至五十六、七十三至一百二十)

330000－1711－0002604　普002486　集部/小說類/長篇之屬

評註圖像水滸傳三十五卷七十回首一卷　(元)施耐庵撰　(清)金人瑞評　民國六年(1917)鉛印本　十二冊

330000－1711－0002605　普002471　子部/小說家類/異聞之屬

閱微草堂筆記二十四卷　(清)紀昀撰　民國上海中華圖書館石印本　五冊　缺六卷(灤陽消夏錄一至六)

330000－1711－0002607　普002473　集部/小說類/長篇之屬

第一才子書六十卷一百二十回首一卷　(明)羅貫中撰　(清)毛宗崗　(清)金人瑞評　民國十五年(1926)上海錦章書局石印本　十冊

330000－1711－0002611　普002490　集部/小說類/長篇之屬

第一才子書六十卷一百二十回　(明)羅貫中撰　(清)毛宗崗　(清)金人瑞評　民國石印本　八冊　存四十一卷(二十至六十)

330000－1711－0002612　普002491　集部/小說類/長篇之屬

增像全圖東漢演義四卷六十四回　(明)謝詔撰　民國上海文新書局石印本　二冊

330000－1711－0002616　普002493　集部/小說類/長篇之屬

圖像鏡花緣全傳六卷一百回　(清)李汝珍撰　民國上海昌文書局石印本　二冊

330000－1711－0002617　普002494　集部/小說類/長篇之屬

圖像鏡花緣全傳六卷一百回　(清)李汝珍撰　民國上海天寶書局石印本　一冊

330000－1711－0002619　普002495　集部/小說類/短篇之屬

全圖今古奇觀八卷四十回　(明)抱甕老人編　民國十八年(1929)上海掃葉山房石印本　六冊　存六卷(一、三至七)

330000－1711－0002621　普002478　集部/小說類/長篇之屬

增像繪圖青樓夢六卷六十四回　(清)慕真山人撰　(清)瀟湘館侍者評　民國十六年(1927)上海大成書局石印本　四冊　缺二卷(二、五)

330000－1711－0002622　普002479　集部/小說類/長篇之屬

醒世小說九尾龜十二卷一百九十二回　張春帆撰　民國六年(1917)上海書局石印本　九冊　缺三卷(五、七、十二)

330000－1711－0002623　普002480　集部/

小說類/長篇之屬

增補齋省堂儒林外史六十回　(清)吳敬梓撰　民國六年(1917)上海育文書局石印本　八冊

330000－1711－0002624　普002496　集部/小說類/長篇之屬

繡像西漢演義四卷一百回　(明)甄偉撰　民國二年(1913)上海錦章書局石印本　四冊

330000－1711－0002627　普002498　集部/小說類/長篇之屬

繪圖民國新漢演義四卷四十回　自由生撰　民國石印本　三冊　存三卷(二至四)

330000－1711－0002629　普002500　子部/小說家類/異聞之屬

螢窗異草初編四卷二編四卷三編四卷四編四卷　(清)長白浩歌子撰　(清)隨園老人續評　(清)柳橋居士重訂　民國上海錦章圖書局石印本　七冊　缺二卷(四編一至二)

330000－1711－0002630　普002501　集部/小說類/短篇之屬

西湖佳話古今遺蹟十六卷　(清)墨浪子撰　民國四年(1915)上海千頃堂書局石印本　四冊

330000－1711－0002633　普002502　集部/小說類/短篇之屬

可驚可愕集四卷　(清)杜鄉漁隱撰　民國十三年(1924)上海千頃堂書局石印本　四冊

330000－1711－0002636　普002509　集部/小說類/長篇之屬

增像繪圖青樓夢六卷六十四回　(清)慕真山人撰　(清)瀟湘館侍者評　民國上海錦章圖書局石印本　五冊　存五卷(一、三至六)

330000－1711－0002638　普002505　集部/小說類/長篇之屬

繡像紅樓圓夢四卷三十一回　臨鶴山人作　民國十七年(1928)石印本　一冊

330000－1711－0002646　普002513　類叢部/叢書類/彙編之屬

四部備要　中華書局編　民國二十五年(1936)上海中華書局鉛印本　一冊　存一種

330000－1711－0002647　普002514　類叢部/叢書類/彙編之屬

四部備要　中華書局編　民國二十五年(1936)上海中華書局鉛印本　一冊　存一種

330000－1711－0002648　普002523　集部/小說類/長篇之屬

全圖貍貓換太子演義八卷八十回　民國十二年(1923)上海大同書局石印本　八冊

330000－1711－0002649　普002515　子部/小說家類/異聞之屬

山海經十八卷　(晉)郭璞撰　民國育文書局石印本　一冊

330000－1711－0002655　普002525　類叢部/叢書類/輯佚之屬

輯佚叢刊十一種十九卷　陶棟輯　民國三十七年(1948)上海中華書局鉛印本　一冊

330000－1711－0002658　普002528　集部/別集類

小竹里館吟草七卷樂靜詞一卷　俞陛雲撰　民國十七年(1928)刻本　二冊

330000－1711－0002661　普002531　史部/地理類/遊記之屬/紀勝

九山遊草一卷　(清)李確撰　民國六年(1917)滬江刻本　一冊

330000－1711－0002662　普002532　史部/地理類/遊記之屬/紀勝

九山遊草一卷　(清)李確撰　民國六年(1917)滬江刻本　一冊

330000－1711－0002663　普002533　經部/春秋左傳類/專著之屬

春暉樓讀左日記一卷春暉樓春秋列國戰守形勢一卷　(清)張鼎撰　民國二十五年(1936)鉛印本　一冊

330000－1711－0002664　普002534　類叢部/叢書類/自著之屬

春暉樓叢書上集四種 （清）張鼎撰　民國三十七年(1948)周昌國、丁方鎮鉛印本　二册

330000－1711－0002670　普 002542　經部/讖緯類/春秋緯之屬

春秋緯史集傳四十卷 （清）陳省欽撰　民國十三年(1924)鉛印本　四册

330000－1711－0002671　普 002543　經部/春秋左傳類/傳說之屬

春秋左傳二卷 （晉）杜預註釋　民國鉛印本　二册

330000－1711－0002672　普 002544　經部/春秋左傳類/傳說之屬

春秋左傳二卷 （晉）杜預註釋　民國鉛印本　二册

330000－1711－0002673　普 002539　類叢部/叢書類/彙編之屬

漢魏叢書三十八種 （明）程榮輯　民國十四年(1925)上海商務印書館據明萬曆程氏刻本影印本　四十册

330000－1711－0002678　普 002547　集部/别集類

陳鐘凡先生學術演講錄不分卷 陳鐘凡撰　高君仁輯　民國油印本　一册

330000－1711－0002681　普 002550　集部/别集類

睎庢遺稿一卷 謝睎庢撰　民國二十二年(1933)鉛印本　一册

330000－1711－0002682　普 002551　集部/别集類

蠖齋詩三卷詩話三卷 陳寶熯撰　民國鉛印本　一册

330000－1711－0002683　普 002552　集部/别集類/清别集

香屑集十八卷首一卷末一卷 （清）黄之雋撰　（清）陳邦直注　民國二年(1913)上海掃葉山房石印本　四册

330000－1711－0002685　普 002554　集部/别集類

陳烈士勒生遺集五卷 陳子範撰　民國六年(1917)南社鉛印本　一册

330000－1711－0002686　普 002555　集部/别集類

陳烈士勒生遺集五卷 陳子範撰　民國六年(1917)南社鉛印本　一册

330000－1711－0002688　普 002557　集部/詩文評類/詩評之屬

批本隨園詩話十六卷補遺十卷附錄一卷 冒廣生撰　民國六年(1917)中國圖書公司和記鉛印本　一册　存十六卷(詩話一至十六)

330000－1711－0002694　普 002561　集部/小說類/長篇之屬

增訂繪圖精忠說岳全傳八卷八十回 （清）錢彩編　（清）金豐增訂　民國上海共和書局石印本　二册

330000－1711－0002695　普 002562　子部/藝術類/書畫之屬/畫譜

任氏三大名家畫譜二卷 民國十五年(1926)上海世界書局影印本　二册

330000－1711－0002701　普 002567　集部/總集類/選集之屬/通代

涵芬樓古今文鈔一百卷 吴曾祺輯　民國上海商務印書館鉛印本　三十二册　存三十二卷(三十四至四十二、四十四至六十六)

330000－1711－0002711　普 002573　子部/藝術類/書畫之屬/畫法畫品

畫學心印八卷桐陰論畫初編二卷二編二卷三編二卷畫訣二卷附錄一卷 （清）秦祖永評輯　民國十四年(1925)上海掃葉山房石印本　八册

330000－1711－0002713　普 002579　類叢部/叢書類/彙編之屬

四部備要 中華書局編　民國二十五年(1936)上海中華書局鉛印本　四册　存一種

330000－1711－0002720　普 002582　經部/小學類/文字之屬/字書/字典

新字典十二卷拾遺一卷檢字一卷附錄一卷勘誤一卷補編一卷　陸爾奎等編纂　民國元年(1912)上海商務印書館鉛印本　六冊

330000－1711－0002723　普 002584　史部/政書類/律令之屬

新編評註刀筆菁華四種　平襟亞纂　秋痕樓主評　民國十四年(1925)上海共和書局鉛印本　四冊

330000－1711－0002727　普 002586　史部/地理類/專志之屬/古跡

海昌勝蹟志八卷補綴一卷　管元耀輯　民國二十一年(1932)海寧管氏靜得樓刻本　四冊

330000－1711－0002728　普 002587　子部/宗教類/道教之屬

太上感應篇直講一卷首一卷附錄一卷　釋印光鑒定　民國十七年(1928)鉛印本　一冊

330000－1711－0002729　普 002588　子部/藝術類/書畫之屬/法帖

真草隸篆四體千字文一卷　民國上海福祿壽書局石印本　一冊

330000－1711－0002731　普 002590　子部/藝術類/遊藝之屬/棋弈

陳方七局一卷　(清)陳子仙　(清)方秋客撰　民國上海文瑞樓石印本　一冊

330000－1711－0002734　普 002591　集部/總集類/選集之屬/通代

古詩評註讀本三卷附教授法一卷　王文濡評選　民國六年(1917)上海文明書局鉛印本　二冊

330000－1711－0002735　普 002592　集部/總集類/選集之屬/通代

古詩源十四卷　(清)沈德潛輯　民國上海商務印書館鉛印本　四冊

330000－1711－0002736　普 002593　類叢部/叢書類/自著之屬

戴菊農遺稿□□種　朱壽潛輯　民國二十三年(1934)硤石報鉛印本　三冊　存一種

330000－1711－0002742　普 002596　類叢部/叢書類/彙編之屬

四部叢刊　張元濟等編　民國上海商務印書館影印本　五冊　存一種

330000－1711－0002743　普 002597　類叢部/叢書類/自著之屬

清都散客二種　(明)趙南星撰　盧前校訂　民國二十五年(1936)上海中華書局鉛印本　一冊

330000－1711－0002745　普 002598　類叢部/叢書類/彙編之屬

四部備要　中華書局編　民國二十五年(1936)上海中華書局鉛印本　一冊　存二種

330000－1711－0002750　普 002603　子部/藝術類/書畫之屬/法帖

平湖秋月不分卷　(清)郭世隆等摹　民國三友實業社石印本　一冊

330000－1711－0002754　普 002605　子部/宗教類/道教之屬

性命雙修萬神圭旨四卷　民國三年(1914)上海錦章書局石印本　一冊

330000－1711－0002756　普 002607　子部/醫家類/綜合之屬/通論

訂補明醫指掌十卷　(明)皇甫中撰註　(明)王肯堂訂補　民國石印本　一冊　存五卷(六至十)

330000－1711－0002758　普 002608　子部/藝術類/書畫之屬/法帖

潘齡皋字帖不分卷　潘齡皋書　民國影印本　一冊

330000－1711－0002759　普 002609　子部/藝術類/書畫之屬/法帖

歐陽詢大楷習字範本一卷　(唐)歐陽詢書　民國上海有正書局影印本　一冊

330000－1711－0002766　普 002613　史部/傳記類/總傳之屬/家乘

[浙江海寧]吳氏宗譜七卷　(清)吳昌年　(清)吳昌祺纂修　民國二十年(1931)硤石雙

山社鉛印本　一册　存二卷(六至七)

330000－1711－0002767　普002620　史部/政書類/律令之屬

二級別科憲法講義不分卷　姚煥氏　林敔氏編　民國油印本　一册

330000－1711－0002771　普002622　史部/政書類/邦計之屬

浙江省最近財政説明書二卷　民國四年(1915)武昌鉛印本　二册

330000－1711－0002775　普002618　子部/小説家類/瑣語之屬

夜雨秋燈録初集四卷續集四卷三集四卷　(清)宣鼎撰　民國十二年(1923)上海文明書局石印本　四册

330000－1711－0002783　普002628　集部/别集類

滄海一波集五卷首一卷　康逸泉撰　民國二十二年(1933)士奇祺記印刷社鉛印本　二册

330000－1711－0002784　普002627　集部/戲劇類/總集之屬/雜劇

元曲選一百種一百卷　(明)臧懋循編　民國影印本　二十二册　存四十九種

330000－1711－0002786　普002629　子部/小説家類/雜事之屬

庸閒齋筆記十二卷　(清)陳其元撰　民國十二年(1923)上海文明書局石印本　三册　存九卷(四至十二)

330000－1711－0002790　普002632　子部/藝術類/書畫之屬/法帖

九成宫醴泉銘一卷　(唐)歐陽詢書　民國十一年(1922)進步書局影印本　一册

330000－1711－0002792　普002633　子部/藝術類/書畫之屬/法帖

米南宫法書一卷　(宋)米芾書　民國上海尚古山房石印本　一册

330000－1711－0002793　普002634　子部/藝術類/書畫之屬/書法書品

行書備要一卷　童式規書　民國十九年(1930)嘉定童式規石印本　一册

330000－1711－0002794　普002635　子部/藝術類/書畫之屬/法帖

蘇東坡書大字法帖一卷　(宋)蘇軾書　民國二十年(1931)上海大東書局石印本　二册

330000－1711－0002795　普002669　子部/藝術類/書畫之屬/畫譜

馬駘畫問不分卷　馬駘繪　民國二十二年(1933)上海校經山房成記書局石印本　一册

330000－1711－0002797　普002636　子部/藝術類/書畫之屬/法帖

吴讓之趙撝叔胡荄甫篆書墨蹟合册不分卷　(清)吴廷揚等書　民國七年(1918)有正書局影印本　一册

330000－1711－0002798　普002637　子部/藝術類/書畫之屬/書法書品

畫梅辯難初編四卷二編四卷三編四卷　傅崇黻撰　傅煥等記述　民國三年(1914)興業印書局、四年(1915)武林印書館、八年(1919)武林印書館鉛印本　三册

330000－1711－0002799　普002670　史部/傳記類/總傳之屬/技藝

清朝畫徵録三卷明人附録一卷續録二卷浦山論畫一卷　(清)張庚撰　**清朝畫徵三録一卷**　(清)張寅撰　民國上海朝記書莊鉛印本　一册

330000－1711－0002802　普002638　子部/藝術類/書畫之屬/畫譜

清王安節山水畫册不分卷　民國上海藝苑真賞分社影印本　一册

330000－1711－0002803　普002639　子部/藝術類/書畫之屬/畫譜

黄癭瓢人物花卉山水册一卷　(清)黄慎繪　民國影印本　一册

330000－1711－0002804　普002640　子部/藝術類/書畫之屬/畫譜

清二十家畫梅集册不分卷　丁輔之鑒定　民

國影印本　一冊

330000－1711－0002805　普002673　子部/醫家類/方書之屬/單方驗方

無醫自治百病治療丹方四卷　梁鳳樓編　民國十四年(1925)上海海左書局石印本　四冊

330000－1711－0002806　普002641　子部/藝術類/書畫之屬/畫譜

養素園十景圖不分卷　(清)華秋岳繪　民國影印本　一冊

330000－1711－0002808　普002642　子部/藝術類/書畫之屬

悲盦賸墨第八集一卷　(清)趙之謙繪　丁仁　吳隱輯　民國二十三年(1934)西泠印社影印本　一冊

330000－1711－0002809　普002674　子部/藝術類/書畫之屬/法帖

三希堂蘇長公法書帖三卷　(宋)蘇軾書　民國七年(1918)上海有正書局影印本　三冊

330000－1711－0002810　普002643　子部/藝術類/書畫之屬/畫譜

馬江香女士花鳥畫冊不分卷　(清)馬荃繪　民國影印本　一冊

330000－1711－0002811　普002644　子部/藝術類/書畫之屬/畫譜

王小梅寫景山水不分卷　(清)王素繪　民國影印本　一冊

330000－1711－0002812　普002645　子部/藝術類/書畫之屬/畫譜

華新羅花鳥冊不分卷　(清)華嵒繪　民國影印本　一冊

330000－1711－0002814　普002646　子部/藝術類/書畫之屬/畫譜

華新羅寫景山水不分卷　(清)華嵒繪　民國影印本　一冊

330000－1711－0002815　普002647　子部/藝術類/書畫之屬/畫譜

董文敏秋興八景不分卷　(明)董其昌繪　民國影印本　一冊

330000－1711－0002816　普002648　子部/藝術類/書畫之屬

明清扇萃不分卷　民國影印本　一冊

330000－1711－0002817　普002649　子部/藝術類/書畫之屬/畫譜

百梅集不分卷　陳叔通輯　民國二十四年(1935)上海商務印書館影印本　一冊

330000－1711－0002818　普002650　子部/藝術類/書畫之屬/畫譜

李似山墨竹譜不分卷　(清)李景黃繪　民國十二年(1923)上海中華書局石印本　一冊

330000－1711－0002820　普002652　子部/藝術類/書畫之屬/法帖

平泉書屋藏真不分卷　民國影印本　一冊

330000－1711－0002823　普002654　子部/藝術類/書畫之屬/法帖

鉏彝齋藏周毛公鼎銘集聯拓本不分卷　秦文錦藏　民國上海藝苑真賞社影印本　一冊

330000－1711－0002824　普002655　子部/藝術類/書畫之屬/法帖

宋拓麓山寺碑一卷　(唐)李邕撰並書　民國影印本　一冊

330000－1711－0002825　普002656　子部/藝術類/書畫之屬/法帖

蘇文忠天際烏雲帖真蹟一卷　(宋)蘇軾書　民國十四年(1925)上海商務印書館影印本　一冊

330000－1711－0002826　普002657　子部/藝術類/書畫之屬/法帖

褚河南臨蘭亭絹本真跡不分卷　(唐)褚遂良書　民國十二年(1923)上海商務印書館影印本　一冊

330000－1711－0002828　普002658　子部/藝術類/書畫之屬/法帖

漢石門頌不分卷　民國上海藝苑真賞社影印本　一冊

330000－1711－0002829　普 002659　子部/藝術類/書畫之屬/法帖

北宋拓本東坡書醉翁亭記不分卷　（宋）蘇軾書　民國十年（1921）上海有正書局影印本　一册

330000－1711－0002830　普 002660　子部/藝術類/書畫之屬/法帖

舊拓石門銘一卷　（北魏）王遠書　民國上海有正書局影印本　二册

330000－1711－0002831　普 002661　子部/藝術類/書畫之屬/法帖

真宋本淳化閣帖四卷　民國影印本　二册

330000－1711－0002833　普 002662　子部/藝術類/書畫之屬/法帖

上海求古齋書籍碑帖局十大預約樣本不分卷　民國上海求古齋影印本　一册

330000－1711－0002834　普 002663　子部/藝術類/書畫之屬/法帖

顏魯公多寶塔碑不分卷　（唐）岑勛撰　（唐）顏真卿書　民國八年（1919）上海有正書局影印本　一册

330000－1711－0002839　普 002664　子部/藝術類/書畫之屬/法帖

舊拓龍門二十品二卷　民國上海有正書局影印本　一册

330000－1711－0002840　普 002665　史部/傳記類/别傳之屬/墓誌

清故遠安縣知縣金君墓碣銘不分卷　朱孔彰撰　鄭孝胥書　民國影印本　一册

330000－1711－0002842　普 002666　史部/傳記類/别傳之屬/墓誌

鄭浣書錢母戴太夫人墓志不分卷　吴士鑑撰　鄭浣書　民國上海大眾書局影印本　一册

330000－1711－0002843　普 002675　史部/傳記類/總傳之屬/技藝

清朝畫徵錄三卷明人附錄一卷續錄二卷浦山論畫一卷　（清）張庚撰　**清朝畫徵三錄一卷**　（清）張寅撰　民國上海朝記書莊鉛印本　二册

330000－1711－0002849　普 002679　類叢部/叢書類/彙編之屬

影印四庫全書四種　中央圖書館籌備處選　民國上海商務印書館據清文淵閣四庫全書本影印本　二册　存一種

330000－1711－0002851　普 002680　史部/金石類/總志之屬

清儀閣所藏古器物文十卷　（清）張廷濟輯　民國十四年（1925）上海商務印書館影印本　一册　存一卷（五）

330000－1711－0002852　普 002681　集部/詞類/詞話之屬

詞苑叢談十二卷　（清）徐釚輯　民國上海有正書局鉛印本　四册

330000－1711－0002854　普 002682　集部/總集類/選集之屬/斷代

清代閨秀詩鈔八卷　紅梅閣主人輯　清暉樓主人續輯　民國十一年（1922）上海中華新教育社石印本　二册

330000－1711－0002859　普 004045　集部/别集類/清别集

芷湘老人題畫詩不分卷　（清）管庭芬撰　管偉之輯錄　民國管偉之抄本　一册

330000－1711－0002865　普 002691　子部/藝術類/書畫之屬/法帖

欽定重刻淳化閣帖十卷　民國影印本　一册　存一卷（六）

330000－1711－0002866　普 002692　子部/藝術類/書畫之屬/畫譜

近世一百名家畫集四卷　錢病鶴編　民國十三年（1924）上海大東書局石印本　二册

330000－1711－0002870　普 002694　子部/藝術類/書畫之屬/畫譜

海上二大名家畫譜三卷　（清）錢慧安繪　曹華繪　民國石印本　一册　存一卷（二）

330000－1711－0002871　普 002695　子部/

藝術類/書畫之屬/法帖

顏魯公書顏勤禮碑不分卷 (唐)顏真卿書 民國十九年(1930)上海文明書局影印本 一冊

330000－1711－0002872 普002696 子部/藝術類/書畫之屬/法帖

柳公權玄秘塔不分卷 (唐)柳公權書 民國影印本 一冊

330000－1711－0002873 普002697 子部/藝術類/書畫之屬/法帖

九成宮醴泉銘一卷 (唐)歐陽詢書 民國影印本 一冊

330000－1711－0002875 普002698 子部/藝術類/書畫之屬/法帖

蘇東坡愛酒歌真蹟不分卷 (宋)蘇軾書 民國影印本 一冊

330000－1711－0002876 普002699 子部/藝術類/書畫之屬/法帖

張猛龍碑不分卷 民國七年(1918)上海商務印書館影印本 一冊

330000－1711－0002878 普002701 子部/藝術類/書畫之屬

故宮明清書畫集不分卷 民國影印本 一冊

330000－1711－0002879 普002702 子部/藝術類/書畫之屬

故宮宋元書畫集不分卷 民國影印本 一冊

330000－1711－0002880 普002726 史部/傳記類/總傳之屬/仕宦

歷代名臣言行錄二十四卷 (清)朱桓輯 民國八年(1919)上海鑄記書局石印本(冊八補配民國石印本) 八冊

330000－1711－0002881 普002727 集部/别集類

靈璞閣詩二卷附孫言草一卷 張惠衣撰 民國三十三年(1944)鉛印本 一冊

330000－1711－0002882 普002728 子部/醫家類/綜合之屬/通論

中國歷代醫學史略不分卷 張贊臣編纂 民國二十五年(1936)上海中國醫藥書局鉛印本 一冊

330000－1711－0002884 普002729 史部/金石類/石之屬/通考

周漢兩神祠考不分卷 (清)俞樾纂 民國石印本 一冊

330000－1711－0002886 普002730 類叢部/叢書類/彙編之屬

四部備要 中華書局編 民國二十五年(1936)上海中華書局鉛印本 一冊 存一種

330000－1711－0002887 普002703 子部/藝術類/書畫之屬

眾芳競秀不分卷 民國二十九年(1940)吳縣鄒登鏊影印本 一冊

330000－1711－0002888 普002704 子部/藝術類/書畫之屬

故宮扇集不分卷 民國影印本 一冊

330000－1711－0002890 普002705 子部/藝術類/書畫之屬

故宮清代書畫集不分卷 民國影印本 一冊

330000－1711－0002891 普002706 子部/藝術類/書畫之屬/畫譜

一百家畫梅集不分卷 民國十九年(1930)上海西泠印社影印本 二冊

330000－1711－0002893 普002707 子部/藝術類/書畫之屬/法帖

楊重子書撰尹處士墓志銘不分卷 楊鈞撰並書 民國影印本 一冊

330000－1711－0002895 普002708 子部/藝術類/書畫之屬/畫譜

王麓臺仿古山水冊二不分卷 (清)王原祁繪 民國十五年(1926)上海文明書局影印本 一冊

330000－1711－0002896 普002709 子部/藝術類/書畫之屬/畫譜

奚鐵生山水集冊一卷 (清)奚岡繪 丁鶴廬

集　民國二十二年(1933)上海中華書局影印本　一册

330000－1711－0002898　普 002734　集部/詞類/詞話之屬

詞話彙刊六種附一種　嵇錦楓輯　民國十六年(1927)蘇州中報館鉛印本　二册　存一種

330000－1711－0002899　普 002710　子部/藝術類/書畫之屬/畫譜

惲南田花卉册不分卷　(清)惲格繪　民國二十四年(1935)上海文明書局影印本　一册

330000－1711－0002901　普 002711　子部/藝術類/書畫之屬/畫譜

惲南田寫生册十二葉不分卷　(清)惲格繪　民國二十五年(1936)上海中華書局影印本　一册

330000－1711－0002902　普 002712　子部/藝術類/書畫之屬/畫譜

王石谷仿古山水册不分卷　(清)王翬繪　民國二十三年(1934)上海文明書局影印本　一册

330000－1711－0002904　普 002713　子部/藝術類/書畫之屬

黄鶴山樵惟揚送別圖不分卷　(元)王蒙繪　民國二十年(1931)無錫理工社製版所影印本　一册

330000－1711－0002906　普 002714　子部/藝術類/書畫之屬/畫譜

董香光山水册十葉不分卷　(明)董其昌繪　民國十五年(1926)上海中華書局影印本　一册

330000－1711－0002907　普 002715　子部/藝術類/書畫之屬/畫譜

石谷諸人畫虞山游宴圖不分卷　(清)王翬等繪　民國十八年(1929)上海中華書局影印本　一册

330000－1711－0002909　普 002716　子部/藝術類/書畫之屬/畫譜

黄尊古仿古山水册一卷　(清)黄鼎繪　民國十九年(1930)上海文明書局影印本　一册

330000－1711－0002910　普 002717　子部/藝術類/書畫之屬/畫譜

王麓臺仿古山水册一不分卷　(清)王原祁繪　民國十九年(1930)上海文明書局影印本　一册

330000－1711－0002912　普 002718　子部/藝術類/書畫之屬

戴文節銷寒小景册不分卷　(清)戴熙繪　民國十年(1921)上海文明書局影印本　一册

330000－1711－0002913　普 002719　子部/藝術類/書畫之屬/畫譜

黄尊古名山寫景山水册一卷　(清)黄鼎繪　民國十一年(1922)上海文明書局影印本　一册

330000－1711－0002914　普 002720　子部/藝術類/書畫之屬/畫譜

王石谷仿古山水册不分卷　(清)王翬繪　民國影印本　一册

330000－1711－0002916　普 002721　子部/藝術類/書畫之屬/畫譜

吴秋農人物山水精品不分卷　(清)吴穀祥繪　民國二十一年(1932)上海中華書局影印本　一册

330000－1711－0002918　普 002722　子部/藝術類/書畫之屬/畫譜

徐熙百花圖長卷不分卷　(五代)徐熙繪　民國二十年(1931)上海文明書局、中華書局影印本　一册

330000－1711－0002920　普 002723　子部/藝術類/書畫之屬/畫譜

吴墨井山水册不分卷　(清)吴歷繪　民國十二年(1923)上海中華書局影印本　一册

330000－1711－0002921　普 002724　子部/藝術類/書畫之屬

戴文節山水册一卷　(清)戴熙繪　民國影印本　一册

330000－1711－0002922　普 002725　子部/藝術類/書畫之屬/畫譜
百梅集不分卷　陳叔通輯　民國二十四年(1935)上海商務印書館影印本　一冊

330000－1711－0002923　普 002736　子部/藝術類/書畫之屬/畫譜
青蘿龕真賞集不分卷　倬章藏　民國十二年(1923)影印本　一冊

330000－1711－0002925　普 002735　子部/藝術類/書畫之屬/畫譜
王圓照仿古山水冊二不分卷　(清)王鑑繪　民國十九年(1930)上海文明書局影印本　一冊

330000－1711－0002926　普 002737　子部/藝術類/書畫之屬/畫譜
六瑩堂藏畫第一集不分卷　六瑩堂藏　民國二十九年(1940)影印本　一冊

330000－1711－0002927　普 002738　子部/藝術類/書畫之屬/畫譜
張穆山水花卉合冊不分卷　張穆繪　民國二十年(1931)神州國光社影印本　一冊

330000－1711－0002928　普 002739　子部/藝術類/書畫之屬/畫譜
吴穀祥山水不分卷　(清)吴穀祥繪　民國蘇州振新書社影印本　一冊

330000－1711－0002932　普 002764　集部/别集類/清别集
浮雲集十二卷　(清)陳之遴撰　民國二十二年(1933)南林張乃熊鉛印本　二冊

330000－1711－0002935　普 002740　子部/藝術類/書畫之屬/法帖
柳公權玄秘塔不分卷　(唐)柳公權書　民國影印本　一冊

330000－1711－0002937　普 002741　子部/藝術類/書畫之屬/畫譜
錢竹初山水畫冊不分卷　(清)錢維喬繪　民國十二年(1923)上海商務印書館影印本　一冊

330000－1711－0002938　普 002742　子部/藝術類/書畫之屬/畫譜
林畏廬遺蹟二卷　林紓繪　民國十五年(1926)上海商務印書館影印本　一冊　存一卷(第一集)

330000－1711－0002940　普 002743　子部/藝術類/書畫之屬/畫譜
青蘿龕臧畫第弍集不分卷　倬章藏　民國影印本　一冊

330000－1711－0002942　普 002744　子部/藝術類/書畫之屬/畫譜
青蘿龕臧畫第弍集不分卷　倬章藏　民國影印本　一冊

330000－1711－0002943　普 002745　子部/藝術類/書畫之屬/畫譜
青蘿龕臧畫第弍集不分卷　倬章藏　民國影印本　一冊

330000－1711－0002944　普 002769　類叢部/叢書類/自著之屬
晨風廬叢刊十八種　周慶雲撰　民國吴興周氏夢坡室刻本　八冊　存一種

330000－1711－0002945　普 002746　子部/藝術類/書畫之屬/畫譜
青蘿龕臧畫第弍集不分卷　倬章藏　民國影印本　一冊

330000－1711－0002946　普 002747　子部/藝術類/書畫之屬/畫譜
青蘿龕臧畫第弍集不分卷　倬章藏　民國影印本　一冊

330000－1711－0002947　普 002748　子部/藝術類/書畫之屬/畫譜
青蘿龕臧畫第弍集不分卷　倬章藏　民國影印本　一冊

330000－1711－0002948　普 002749　子部/藝術類/書畫之屬/畫譜
青蘿龕臧畫第弍集不分卷　倬章藏　民國影印本　一冊

330000－1711－0002949　普 002750　子部/藝術類/書畫之屬/畫譜

青蘋盦臧畫第弍集不分卷　倬章藏　民國影印本　一冊

330000－1711－0002950　普 002770　子部/藝術類/書畫之屬/畫譜

石濤和尚蘭竹冊不分卷　(清)釋道濟繪　民國上海泰山殘石樓影印本　一冊

330000－1711－0002953　普 002752　子部/藝術類/書畫之屬/畫譜

馬扶羲梅花冊不分卷　(清)馬元馭繪　杭州橫香室藏　高野侯鑒定　民國十一年(1922)上海中華書局影印本　一冊

330000－1711－0002954　普 002771　子部/藝術類/書畫之屬/畫譜

馬萬里畫冊不分卷　馬萬里繪　民國十八年(1929)無錫理工製版所影印本　一冊

330000－1711－0002955　普 002753　子部/藝術類/書畫之屬/畫譜

青蘋盦臧畫第三集不分卷　倬章藏　民國影印本　一冊　存一種

330000－1711－0002956　普 002772　子部/藝術類/書畫之屬/畫譜

心漢閣扇集四集　民國十六年至十九年(1927－1930)慎修書社影印本　一冊　存一集(四)

330000－1711－0002957　普 002754　子部/藝術類/書畫之屬/畫譜

青蘋盦臧畫第三集不分卷　倬章藏　民國影印本　一冊　存一種

330000－1711－0002958　普 002755　子部/藝術類/書畫之屬/畫譜

青蘋盦臧畫第三集不分卷　倬章藏　民國影印本　一冊　存一種

330000－1711－0002959　普 002756　子部/藝術類/書畫之屬/畫譜

青蘋盦臧畫第三集不分卷　倬章藏　民國影印本　一冊　存一種

330000－1711－0002960　普 002757　子部/藝術類/書畫之屬/畫譜

青蘋盦臧畫第三集不分卷　倬章藏　民國影印本　一冊

330000－1711－0002961　普 002758　子部/藝術類/書畫之屬/畫譜

青蘋盦臧畫第三集不分卷　倬章藏　民國影印本　一冊　存一種

330000－1711－0002962　普 002759　子部/藝術類/書畫之屬/畫譜

青蘋盦臧畫第三集不分卷　倬章藏　民國影印本　一冊　存一種

330000－1711－0002963　普 002773　子部/藝術類/書畫之屬/畫譜

陸廉夫仿古山水冊不分卷　陸恢繪　依幻廬藏　民國二十一年(1932)影印本　一冊

330000－1711－0002965　普 002774　子部/藝術類/書畫之屬/畫譜

古鑑閣校碑圖三集　秦淦繪　民國上海藝苑真賞社影印本　一冊　存一集(三)

330000－1711－0002966　普 002775　子部/藝術類/書畫之屬/法帖

石琴館臨北宋本石鼓文一卷　伊立勳臨　民國四年(1915)上海掃葉山房影印本　一冊

330000－1711－0002967　普 002776　子部/藝術類/書畫之屬/畫譜

王石谷山水冊不分卷　(清)王翬繪　民國二十一年(1932)上海中華書局影印本　一冊

330000－1711－0002971　普 002777　子部/藝術類/書畫之屬/畫譜

高旅雲山水不分卷　(清)高簡繪　民國影印本　一冊

330000－1711－0002976　普 004069　史部/傳記類/總傳之屬/技藝

武原畫識不分卷　馬文蔚編輯　稿本　一冊

330000－1711－0002977　普 002779　子部/藝術類/書畫之屬/畫譜

香艷花影一卷　錢病鶴繪　劉景蘇輯並書　民國十年（1921）上海美育珍賞社影印本　一冊

330000－1711－0002995　普 002787　集部/別集類

湘綺樓詩集十四卷文集八卷書牘八卷　王闓運撰　民國上海廣益書局鉛印本　十二冊

330000－1711－0002997　普 002788　子部/醫家類/方書之屬/單方驗方

驗方新編十八卷　（清）鮑相璈編輯　民國十三年（1924）上海啟新書局石印本　六冊　存十卷（一至十）

330000－1711－0003002　普 002791　經部/小學類/文字之屬/說文/傳說

六書綜三十二卷首一卷　史蟄夫輯　民國二十九年（1940）上海商務印書館石印本　二十九冊　存三十卷（首，一至五、七至十三、十五至十六、十八至三十二）

330000－1711－0003007　普 002800　經部/小學類/訓詁之屬/爾雅

爾雅諍郭二卷　（清）朱學堋編　民國二十五年（1936）鉛印本　一冊

330000－1711－0003008　普 002801　史部/政書類/邦計之屬/賦稅

浙江省續訂整頓牙帖章程一卷　民國鉛印本　一冊

330000－1711－0003010　普 002802　史部/政書類/邦計之屬/地政

嘉興求減浮糧書不分卷　金蓉鏡編　民國三年（1914）鉛印本　一冊

330000－1711－0003012　普 002803　史部/政書類/邦計之屬/賦稅

嘉興請減賦稅文牘一卷附財政廳通飭四件　張元濟等撰　民國四年（1915）嘉興振新社鉛印本　一冊

330000－1711－0003013　普 002804　史部/政書類/邦計之屬/賦稅

嘉興請減賦稅文牘一卷附財政廳通飭四件　張元濟等撰　民國四年（1915）嘉興振新社鉛印本　一冊

330000－1711－0003014　普 002793　子部/儒家類/儒學之屬/蒙學

課子隨筆六卷　（清）張師載輯　**續編一卷**　（清）徐桐撰　民國上海文瑞樓石印本　四冊　存二卷（三至四）

330000－1711－0003015　普 002794　子部/小說家類/雜事之屬

茶餘客話十二卷　（清）阮葵生撰　民國十三年（1924）上海掃葉山房石印本　四冊

330000－1711－0003025　普 002809　類叢部/叢書類/彙編之屬

四部叢刊　張元濟等編　民國上海商務印書館影印本　四百九十冊　存五十八種

330000－1711－0003028　普 002810　新學/理學/文學

伊索寓言不分卷　（希臘）伊索撰　林紓等譯　民國十六年（1927）上海商務印書館鉛印本　一冊

330000－1711－0003034　普 004090　集部/別集類

虛舟集不分卷　查猛濟撰　丁汝鈞編　稿本　丁汝鈞跋　二冊

330000－1711－0003047　普 002823　經部/小學類/音韻之屬/韻書

廣韻五卷　（宋）陳彭年等修　**宋本廣韻校札一卷**　（清）黎庶昌撰　民國上海涵芬樓影印本　五冊

330000－1711－0003049　普 002828　集部/別集類/清別集

無罪艸不分卷　（清）吳莊撰　民國油印本　一冊

330000－1711－0003050　普 002829　經部/春秋左傳類/傳說之屬

春秋左傳五十卷　（晉）杜預　（宋）林堯叟註釋　（唐）陸德明音義　民國二十二年（1933）上海商務印書館鉛印本　十二冊

330000－1711－0003052　普 002830　經部/春秋左傳類/傳說之屬

春秋左傳五十卷　(晉)杜預　(宋)林堯叟註釋　(唐)陸德明音義　民國商務印書館鉛印本　十二冊

330000－1711－0003054　普 002831　經部/春秋左傳類/傳說之屬

春秋左傳五十卷　(晉)杜預　(宋)林堯叟註釋　(唐)陸德明音義　民國商務印書館鉛印本　十一冊　存四十五卷(一至四十一、四十七至五十)

330000－1711－0003056　普 002832　經部/春秋左傳類/傳說之屬

春秋左傳句解六卷　(清)韓菼重訂　民國三年(1914)上海商務印書館鉛印本　六冊

330000－1711－0003059　普 002834　集部/總集類/氏族之屬

海鹽張氏涉園叢刻續編六種　張元濟輯　民國十七年(1928)海鹽張氏鉛印本　一冊　存一種

330000－1711－0003061　普 002835　子部/雜著類/雜說之屬

東坡筆記二卷　(明)毛鳳苞輯　民國上海有正書局鉛印本　一冊

330000－1711－0003062　普 002836　史部/目録類/版本之屬/書影

重印聚珍倣宋版五開大本四部備要樣本不分卷　中華書局編　民國中華書局鉛印本　一冊

330000－1711－0003066　普 002839　史部/地理類/遊記之屬/紀勝

天目山游記一卷詩一卷和詩一卷金華北山游記一卷　錢文選撰　民國二十四年(1935)浙江正楷印書局鉛印本　一冊

330000－1711－0003067　普 002846　史部/地理類/雜志之屬

蘆川竹枝詞一卷　柯志頤　柯培鼎撰　民國六年(1917)鉛印本　一冊

330000－1711－0003070　普 002840　集部/別集類/清別集

榆巢雜識二卷　(清)趙慎畛撰　民國鉛印本　一冊

330000－1711－0003076　普 002850　集部/別集類

素行書屋拾遺一卷　陳敬如撰　民國十年(1921)鉛印本　一冊

330000－1711－0003078　普 002851　集部/別集類/清別集

堇廬遺稿不分卷　(清)王賓基撰　民國鉛印本　一冊

330000－1711－0003082　普 002853　子部/小說家類/瑣語之屬

夜雨秋燈錄初集四卷續集四卷三集四卷　(清)宣鼎撰　民國二十一年(1932)上海大一統書局石印本　六冊

330000－1711－0003092　普 002861　集部/總集類/氏族之屬

問松里鄭氏詩存一卷　鄭之章輯　民國十二年(1923)鉛印本　一冊

330000－1711－0003093　普 002862　集部/總集類/氏族之屬

問松里鄭氏詩存一卷　鄭之章輯　民國十二年(1923)鉛印本　一冊

330000－1711－0003101　普 002855　經部/四書類/論語之屬

論語新讀本二十卷　唐文治撰　民國八年(1919)上海徐家匯工業專門學校鉛印本　三冊　存十五卷(一至五、十一至二十)

330000－1711－0003103　普 002856　經部/四書類/孟子之屬/傳說

孟子新讀本七卷　唐文治撰　民國六年(1917)上海徐家匯工業專門學校鉛印本　二冊

330000－1711－0003104　普 002857　集部/戲劇類/總集之屬/雜劇

元曲選一百種一百卷　(明)臧懋循編　**論曲**

一卷　(元)陶宗儀等撰　**元曲論一卷**　民國七年(1918)上海商務印書館據明博古堂刻本影印本　二十二册　缺五十七種

330000－1711－0003117　普 002871　類叢部/叢書類/彙編之屬
說庫一百七十種　王文濡編　民國四年(1915)上海文明書局石印本(浮生六記卷五至六原缺)　六册　存十一種

330000－1711－0003118　普 004118　子部/宗教類/佛教之屬/經
大方廣佛華嚴經梵行品一卷淨行品一卷　玄根居士書　民國石印本　朱宇蒼跋　一册

330000－1711－0003119　普 002872　子部/藝術類/書畫之屬/書法書品
書學源流論不分卷　張宗祥撰　民國十年(1921)上海聚珍倣宋印書局鉛印本　一册

330000－1711－0003120　普 002873　子部/藝術類/書畫之屬/書法書品
書學源流論不分卷　張宗祥撰　民國十年(1921)上海聚珍倣宋印書局鉛印本　一册

330000－1711－0003129　普 002878　集部/別集類/清別集
小倉山房詩集三十七卷補遺二卷文集三十五卷外集八卷　(清)袁枚撰　民國十年(1921)上海中華圖書館鉛印本　二十册

330000－1711－0003130　普 002879　集部/別集類/清別集
小倉山房詩集三十七卷補遺二卷　(清)袁枚撰　民國上海文明書局石印本　十册

330000－1711－0003137　普 002887　子部/雜著類/雜說之屬
避暑錄話二卷　(宋)葉夢得撰　民國上海中華圖書館石印本　二册

330000－1711－0003139　普 002888　子部/叢編
清代筆記叢刊四十一種　文明書局編　民國上海文明書局石印本　十册　存二種

330000－1711－0003148　普 002891　集部/別集類/清別集
夢樓詩集二十四卷　(清)王文治撰　民國五年(1916)同文圖書館石印本　六册

330000－1711－0003154　普 004133　子部/雜著類/雜說之屬
夢庵尋夢錄一卷　談文灯撰　稿本　一册

330000－1711－0003155　普 002893　子部/雜著類/雜說之屬
梵天廬叢録三十七卷　柴萼撰　民國十五年(1926)上海中華書局石印本　十七册　存三十五卷(一至二十四、二十七至三十七)

330000－1711－0003157　普 002894　史部/傳記類/別傳之屬/年譜
宋岳鄂王[飛]年譜六卷首一卷末一卷　錢汝雯編　**宋岳鄂王文集三卷**　(宋)岳飛撰　錢汝雯編　民國十三年(1924)鉛印本　六册

330000－1711－0003162　普 004137　集部/詞類/別集
曝書亭集詩餘目次一卷倚晴樓詩餘目錄一卷　民國抄本　一册

330000－1711－0003164　普 002904　集部/詩文評類/詩評之屬
元詩紀事四十五卷　陳衍輯　民國十四年(1925)上海商務印書館鉛印本　十二册

330000－1711－0003165　普 002898　新學/學校
教育學不分卷　張純一撰　民國溫州師範學校油印本　一册

330000－1711－0003167　普 002899　新學/學校
教育學不分卷　民國三十四年(1945)溫州師範學校油印本　一册

330000－1711－0003179　普 002908　經部/孝經類/傳說之屬
孝經白話解說一卷　朱領中撰　民國二十一年(1932)上海明善書局石印本　一册

330000－1711－0003180　普 002910　子部/藝術類/書畫之屬/法帖

宋拓顏平原東方畫贊不分卷　(唐)顏真卿書　民國上海有正書局影印本　二冊

330000－1711－0003181　普 002909　子部/藝術類/書畫之屬/法帖

舊拓龍門二十品二卷　民國上海有正書局影印本　二冊

330000－1711－0003183　普 002911　集部/別集類/漢魏六朝別集

陶淵明文集十卷　(晉)陶潛撰　民國二年(1913)上海著易堂書局石印本　四冊

330000－1711－0003184　普 002912　集部/楚辭類

百大家評點王注楚辭十七卷　(漢)王逸章句　(宋)洪興祖補注　(清)俞樾輯評　民國六年(1917)上海中華圖書館石印本　五冊

330000－1711－0003185　普 002916　集部/總集類/選集之屬/通代

古詩源十四卷　(清)沈德潛輯　民國上海商務印書館鉛印本　四冊

330000－1711－0003186　普 002913　子部/藝術類/書畫之屬/法帖

唐拓柳書金剛經一卷　(唐)柳公權書　民國七年(1918)上海有正書局石印本　四冊

330000－1711－0003187　普 002914　子部/藝術類/書畫之屬/法帖

三希堂蘇長公法書帖三卷　(宋)蘇軾書　民國十年(1921)上海有正書局影印本　二冊　存二卷(一、三)

330000－1711－0003188　普 002917　集部/總集類/選集之屬/通代

新體廣註古文觀止十二卷　(清)吳乘權　(清)吳大職輯　黃築巖　劉再蘇註釋　民國十一年(1922)上海世界書局石印本　六冊

330000－1711－0003189　普 002918　子部/醫家類/方書之屬/單方驗方

增評醫方集解二十三卷增補本草備要八卷重校舊本湯頭歌訣一卷　(清)汪昂著輯　民國三年(1914)上海共和書局石印本　五冊　存三十一卷(增評醫方集解一至二十三、增補本草備要一至八)

330000－1711－0003191　普 002919　集部/小說類/長篇之屬

花月痕全書十六卷五十二回　(清)魏秀仁撰　(清)棲霞居士評　民國十八年(1929)上海沈鶴記書局石印本　三冊　存三卷(一至三)

330000－1711－0003193　普 002920　子部/醫家類/綜合之屬/通論

訂補明醫指掌十卷　(明)皇甫中撰註　(明)王肯堂訂補　民國四年(1915)上海鍊石齋書局石印本　一冊　存五卷(一至五)

330000－1711－0003198　普 002922　集部/別集類

鐵山文稿一卷詩稿一卷　佘重耀撰　民國鉛印本　一冊

330000－1711－0003202　普 002925　集部/詞類/別集之屬

清真集二卷補遺一卷　(宋)周邦彥撰　民國十七年(1928)上海商務印書館鉛印本　一冊

330000－1711－0003205　普 002927　集部/詞類/詞話之屬

詞話叢鈔十種　況周頤輯　王文濡校閱　民國十三年(1924)上海大東書局石印本　四冊

330000－1711－0003207　普 004147　集部/詩文評類

中國文學略一卷　劉毓盤撰　民國抄本　一冊

330000－1711－0003208　普 002928　集部/詞類/總集之屬

絕妙近詞二卷　(清)顧貞觀　(清)成德選　民國十二年(1923)上海大東書局石印本　二冊

330000－1711－0003210　普 002934　集部/總集類/郡邑之屬

瀏陽二傑文二卷　(清)譚嗣同　(清)唐才常

撰　民國鉛印本　二册

330000－1711－0003215　普004148　集部/別集類

薀舟詩存一卷　馬文蔚撰　民國二十七年(1938)馬文蔚稿本　一册

330000－1711－0003217　普004149　集部/別集類

薀舟詩存一卷　馬文蔚撰　民國二十七年(1938)馬文蔚稿本　一册

330000－1711－0003220　普004150　集部/別集類

薀舟未定草一卷　馬文蔚撰　民國馬文蔚稿本　一册

330000－1711－0003221　普002941　集部/總集類/選集之屬/通代

古詩評註讀本三卷附教授法一卷　王文濡評選　民國十六年(1927)上海文明書局鉛印本　二册

330000－1711－0003222　普002947　史部/金石類/石之屬/圖像

魏墓誌三種合册不分卷　民國九年(1920)上海有正書局石印本　一册

330000－1711－0003223　普002942　集部/總集類/選集之屬/通代

宋元明文評註讀本不分卷　王文濡編　金熙汪勁扶註　民國十一年(1922)上海文明書局鉛印本　二册

330000－1711－0003224　普002943　集部/詞類/總集之屬

絕妙好詞箋七卷　(宋)周密輯　(清)查為仁　(清)厲鶚箋　**續鈔二卷**　(清)余集輯　(清)徐楙補錄　民國掃葉山房石印本　四册

330000－1711－0003228　普002949　子部/藝術類/書畫之屬/法帖

舊拓爨寶子碑一卷　民國十一年(1922)上海有正書局石印本　一册

330000－1711－0003229　普002950　史部/金石類/石之屬

水前拓瘞鶴銘不分卷　(南朝梁)华陽真逸撰　(南朝梁)上皇山樵書　民國有正書局石印本　一册

330000－1711－0003231　普002951　子部/藝術類/書畫之屬/法帖

宋拓大麻姑仙壇記不分卷　(唐)顏真卿撰並書　民國七年(1918)上海有正書局石印本　一册

330000－1711－0003232　普002953　子部/宗教類/佛教之屬/經

佛説無量壽經二卷　(三國魏)釋康僧鎧譯　民國八年(1919)瑪瑙經房刻本　一册

330000－1711－0003233　普002952　子部/藝術類/書畫之屬/法帖

宋拓顏魯公大麻姑仙壇記不分卷　(唐)顏真卿撰並書　民國上海有正書局石印本　一册

330000－1711－0003234　普002954　史部/傳記類/別傳之屬/事狀

吳興周夢坡先生[慶雲]計告一卷年譜一卷墓表一卷墓誌銘一卷畫史一卷　周延礽輯　民國二十三年(1934)影印本暨鉛印本　三册　存四卷(年譜、墓表、墓誌銘、畫史)

330000－1711－0003236　普004151　經部/小學類/訓詁之屬/群雅

小爾雅一卷　(漢)孔鮒撰　民國朱宇蒼抄本　朱宇蒼跋　一册

330000－1711－0003238　普004152　經部/小學類/訓詁之屬/方言

輶軒使者絶代語釋別國方言十三卷　(漢)揚雄撰　民國朱宇蒼抄本　朱宇蒼跋　一册

330000－1711－0003239　普002957　集部/詩文評類/詩評之屬

初白菴詩評三卷詞綜偶評一卷　(清)查慎行撰　(清)張載華輯　民國上海六藝書局石印本　六册

330000－1711－0003240　普002962　子部/儒家類/儒學之屬/蒙學

忠經一卷　(漢)鄭玄集註　**孝經一卷**　(明)陳選集註　民國石印本　一册

330000－1711－0003241　普002963　子部/醫家類/醫經之屬/内經
内經知要講義四卷　錢榮光撰　民國上海大成書局石印本　四册

330000－1711－0003243　普004153　經部/小學類/音韻之屬
古韻二十三卷　朱燕憙撰　民國元年(1912)稿本　四册

330000－1711－0003245　普002960　史部/目録類/書志之屬/提要
四部寓眼録二卷　(清)周廣業撰　民國二十二年(1933)上虞羅振常蟫隱廬鉛印本　二册

330000－1711－0003246　普002964　史部/政書類/律令之屬/刑制
中華民國更正新刑律二卷　司法部修正　民國二年(1913)上海書局石印本　二册

330000－1711－0003247　普002965　集部/小説類/長篇之屬
第一才子書六十卷一百二十回　(明)羅貫中撰　(清)毛宗崗　(清)金人瑞評　民國同文書局鉛印本　三册　存十二卷(五至八、二十一至二十四、四十一至四十四)

330000－1711－0003248　普002966　集部/小説類/長篇之屬
增像全圖三國演義十六卷一百二十回　(明)羅本撰　(清)毛宗崗評　民國上海鴻文書局石印本　二册

330000－1711－0003249　普002967　集部/小説類/長篇之屬
第一才子書六十卷一百二十回首一卷　(明)羅貫中撰　(清)毛宗崗　(清)金人瑞評　民國二十年(1931)上海錦章圖書局石印本　二册　存五卷(首、一至四)

330000－1711－0003250　普002968　集部/小説類/長篇之屬
增像全圖三國志演義第一才子書十六卷一百二十回　(明)羅本撰　(清)毛宗崗訂　民國石印本　一册　存二卷(五至六)

330000－1711－0003252　普002969　集部/小説類/長篇之屬
增像全圖三國演義十六卷一百二十回　(明)羅本撰　(清)毛宗崗評　民國上海天寶書局石印本　一册　存二卷(三至四)

330000－1711－0003254　普002970　經部/小學類/音韻之屬/韻書
詩韻集成五卷　(清)余照輯　民國四年(1915)育文書局石印本　四册

330000－1711－0003255　普002971　子部/醫家類/醫話醫論之屬
醫學南針不分卷　陸士諤編輯　民國十年(1921)上海世界書局石印本　一册

330000－1711－0003264　普004156　史部/紀傳類/正史之屬
晉書摘句不分卷　民國抄本　許云彬題簽　二册

330000－1711－0003268　普004157　集部/別集類
夢石草稿一卷　談文灴撰　稿本　一册

330000－1711－0003271　普002983　集部/小説類/長篇之屬
第一才子書十六卷一百二十回　(明)羅貫中撰　(清)毛宗崗　(清)金人瑞評　民國上海會文堂鉛印本　一册　存一卷(六)

330000－1711－0003272　普002984　集部/小説類/長篇之屬
第一才子書十六卷一百二十回　(明)羅貫中撰　(清)毛宗崗　(清)金人瑞評　民國上海中新書局鉛印本　七册　存七卷(五、九、十一、十三至十六)

330000－1711－0003277　普003002　史部/政書類/公牘檔册之屬
海寧盧灣鎮接嬰所徵信録不分卷　民國十四年(1925)鉛印本　一册

330000－1711－0003278　普 003003　史部/政書類/公牘檔冊之屬

浙江省議會議員通訊處報告不分卷　浙江省議會編　民國鉛印本　一冊

330000－1711－0003279　普 003004　史部/地理類/方志之屬/通志

重修浙江通志初稿田賦三卷　浙江省通志館修　余紹宋　孫延釗等纂　民國三十七年(1948)鉛印本　二冊　存二卷(上中)

330000－1711－0003281　普 002988　史部/政書類/公牘檔冊之屬

浙江省議會第二屆常年會文牘四卷附編一卷　浙江省議會編　民國五年(1916)鉛印本　一冊

330000－1711－0003283　普 002989　史部/政書類/公牘檔冊之屬

浙江省議會第二屆常年會議決案不分卷　浙江省議會編　民國五年(1916)鉛印本　一冊

330000－1711－0003284　普 002990　史部/政書類/公牘檔冊之屬

浙江省議會第二屆常年會議事錄不分卷　浙江省議會編　民國五年(1916)鉛印本　二冊

330000－1711－0003286　普 002991　史部/政書類/公牘檔冊之屬

浙江省議會第二屆常年會文牘四卷附編一卷　浙江省議會編　民國五年(1916)鉛印本　一冊

330000－1711－0003287　普 004162　史部/目録類/總録之屬/地方

海昌文徵采錄文目不分卷　管元耀輯　稿本　一冊

330000－1711－0003289　普 002992　史部/政書類/公牘檔冊之屬

浙江省議會第二屆常年會質問書不分卷　浙江省議會編　民國五年(1916)鉛印本　一冊

330000－1711－0003296　普 002996　集部/別集類

萍鷗小舫詩鈔四卷　鍾熊祥撰　民國十六年(1927)鉛印本　四冊

330000－1711－0003298　普 003008　史部/地理類/水利之屬

橫橋堰水利記一卷泖河案牘一卷　(清)徐用福輯　民國元年(1912)鉛印本　一冊

330000－1711－0003303　普 003010　史部/地理類/水利之屬

湘湖不分卷　浙江水利委員會編　民國浙江水利委員會鉛印本　一冊

330000－1711－0003306　普 003012　子部/藝術類/書畫之屬/法帖

舊拓龍門二十品二卷　民國七年(1918)上海有正書局影印本　一冊

330000－1711－0003308　普 003013　子部/藝術類/書畫之屬/法帖

舊搨張黑女墓誌不分卷　民國二十五年(1936)上海文明書局影印本　一冊

330000－1711－0003309　普 004166　集部/別集類/清別集

蕃錦集一卷　(清)朱彝尊撰　民國二十八年(1939)管元耀抄本　一冊

330000－1711－0003310　普 004167　集部/詩文評類

古今名家論括二卷　(明)周珽編次　民國二十七年(1938)管元耀抄本　管元耀跋並識　一冊

330000－1711－0003313　普 003014　子部/工藝類/日用器物之屬/陶瓷

陽羨名陶錄二卷　(清)吳騫編　民國石印本　一冊

330000－1711－0003318　普 004171　集部/別集類

北灣漁人填詞之廬遺稿四卷　吳賡華撰　吳福鸞輯　民國二十七年(1938)稿本　一冊

330000－1711－0003321　普 003023　子部/醫家類/養生之屬

五養秘訣一卷　(清)吳淑度撰　民國十九年

(1930)上海宏大善書局鉛印本　一冊

330000－1711－0003323　普003024　子部/醫家類/醫理之屬/綜合
醫林改錯二卷　(清)王清任撰　民國上海沈鶴記書局石印本　一冊

330000－1711－0003324　普003025　經部/四書類/總義之屬/傳說
四書集註十九卷　(宋)朱熹撰　民國商務印書館鉛印本　四冊　存八卷(論語一至四、七至十)

330000－1711－0003326　普003018　類叢部/叢書類/彙編之屬
適園叢書七十四種　張鈞衡編　民國二年至六年(1913－1917)烏程張氏刻本　四冊　存一種

330000－1711－0003330　普004174　新學/商務/商學
交易所場務輯要不分卷　陳方淦編　稿本　一冊

330000－1711－0003331　普003027　子部/醫家類/婦科之屬/通論
新編女科指掌五卷　(清)葉其蓁編輯　民國上海海左書局石印本　二冊

330000－1711－0003333　普003029　史部/地理類/專志之屬/園林
竹垞小志五卷　(清)阮元訂　(清)楊蟠等輯　民國鉛印本　一冊

330000－1711－0003336　普003032　集部/總集類/選集之屬/通代
蔡氏古文評註補正全集十卷　(清)過珙選　(清)蔡鑄補正　民國商務印書館鉛印本　四冊　存四卷(一、三至五)

330000－1711－0003337　普003033　子部/藝術類/遊藝之屬/棋弈
受子譜不分卷　民國上海文瑞樓石印本　二冊

330000－1711－0003338　普003034　集部/總集類/尺牘之屬
古艷尺牘一卷　(清)雪廬輯　民國九年(1920)上海文明書局石印本　一冊

330000－1711－0003340　普003036　子部/醫家類/方書之屬/單方驗方
大字斷句湯頭歌訣一卷　(清)汪昂輯　民國上海廣益書局石印本　一冊

330000－1711－0003341　普003037　集部/總集類/選集之屬/通代
新選詳註國文讀本六卷　雷瑨編輯　雷瑊註釋　民國上海掃葉山房石印本　三冊　存三卷(二、四至五)

330000－1711－0003342　普004175　子部/工藝類/文房四寶之屬/硯
夢坡室藏硯三卷　周慶雲編　民國十二年(1923)拓本　三冊

330000－1711－0003343　普004176　子部/工藝類/文房四寶之屬/硯
夢坡室藏硯三卷　周慶雲編　民國十二年(1923)拓本　一冊　存一卷(二)

330000－1711－0003345　普003039　史部/金石類/金之屬/文字
積古齋鐘鼎彝器款識十卷　(清)阮元撰　民國石印本　二冊　存四卷(三至六)

330000－1711－0003346　普003040　子部/醫家類/溫病之屬/痧症
沙麻明辨不分卷　(清)華壎編　民國三年(1914)上海富華圖書館石印本　一冊

330000－1711－0003347　普003041　子部/雜著類/雜說之屬
家庭建設談不分卷　俞曦撰　民國鉛印本　一冊

330000－1711－0003348　普003042　集部/總集類/彙編之屬
名家選定詩文讀本□□種　文明書局編　民國上海文明書局鉛印本　一冊　存一種

330000－1711－0003351　普003045　經部/

小學類/文字之屬/説文/傳説
説文解字注箋十四卷 (清)段玉裁注 (清)徐灝箋 **説文檢字篇三卷説文重文檢字篇一卷説文疑難檢字篇一卷今文檢字篇一卷** 徐樾編 民國十七年(1928)上海中原書局石印本 一冊 缺十四卷(説文解字注箋一至十四)

330000－1711－0003353 普003053 子部/醫家類/本草之屬/本草藥性
雷公炮製藥性解六卷 (明)李中梓輯 **珍珠囊指掌補遺藥性賦四卷** (金)李杲輯 民國共和書局石印本 一冊 存六卷(藥性解一至六)

330000－1711－0003355 普003052 子部/醫家類/本草之屬/本草藥性
雷公炮製藥性解六卷 (明)李中梓輯 民國鉛印本 一冊

330000－1711－0003357 普003048 子部/藝術類/書畫之屬/法帖
趙孟頫法帖不分卷 (元)趙孟頫書 民國影印本 一冊

330000－1711－0003358 普003047 子部/藝術類/書畫之屬/法帖
冬暄草堂師友牋存不分卷 陳漢第 陳敬第輯 民國二十六年(1937)上海中華書局影印本 六冊

330000－1711－0003359 普004179 子部/農家農學類/總論之屬
報刊文鈔不分卷 民國抄本 一冊

330000－1711－0003360 普003054 集部/別集類/明別集
陶元暉中丞遺集二卷首一卷附錄一卷跋一卷 (明)陶朗先撰 民國九年(1920)上海聚珍倣宋印書局鉛印本 二冊

330000－1711－0003361 普003051 史部/金石類/石之屬/圖像
刁遵墓志銘不分卷 民國影印本 一冊

330000－1711－0003362 普003055 史部/傳記類/總傳之屬/技藝
歷代畫史彙傳七十二卷首一卷附錄二卷 (清)彭蘊璨編 民國十一年(1922)上海錦章圖書局石印本 十二冊

330000－1711－0003363 普003050 子部/藝術類/書畫之屬/法帖
御刻三希堂石渠寶笈法帖不分卷 (清)梁詩正等輯 民國影印本 一冊 存一冊(二十七)

330000－1711－0003369 普003059 子部/宗教類/道教之屬
雙修漸法述記不分卷 平常居士撰 民國十七年(1928)北京天華館鉛印本 一冊

330000－1711－0003370 普003060 子部/儒家類/儒學之屬
誦讀範本五卷 林玉儒編 民國二十五年(1936)杭州國學善書館鉛印本 五冊

330000－1711－0003371 普003061 子部/儒家類/儒學之屬/禮教/鑑戒
養生保命錄一卷 民國十五年(1926)上海宏大善書局石印本 一冊

330000－1711－0003372 普003062 史部/政書類/公牘檔冊之屬
浙江省議會第一屆第三年常年會議事錄不分卷 浙江省議會編 民國七年(1918)鉛印本 一冊

330000－1711－0003373 普003063 史部/政書類/公牘檔冊之屬
浙江省議會第一屆第三年常年會文牘四卷附錄一卷 浙江省議會編 民國七年(1918)鉛印本 一冊

330000－1711－0003374 普003079 新學/農政/農務
浙江省地方農事試驗場一覽不分卷 浙江省農事試驗場編輯 民國九年(1920)鉛印本 一冊

330000－1711－0003375 普003064 史部/政書類/公牘檔冊之屬

浙江省議會第一屆第三年常年會質問書不分卷 浙江省議會編 民國七年（1918）鉛印本 一册

330000－1711－0003376 普 003080 史部/政書類/公牘檔冊之屬

浙江省議會民國九年常年會議員質問書不分卷 浙江省議會編 民國九年（1920）鉛印本 一册

330000－1711－0003378 普 003081 史部/政書類/公牘檔冊之屬

浙江省議會民國八年常年會議員質問書不分卷 浙江省議會編 民國八年（1919）鉛印本 一册

330000－1711－0003379 普 003065 史部/政書類/公牘檔冊之屬

浙江省議會第一屆第三年常會議决案不分卷 浙江省議會編 民國七年（1918）鉛印本 一册

330000－1711－0003380 普 003082 史部/政書類/公牘檔冊之屬

浙江省議會第二屆常年會議事錄不分卷 浙江省議會編 民國五年（1916）鉛印本 一册

330000－1711－0003381 普 003066 史部/政書類/公牘檔冊之屬

浙江省統捐暫行法修正案一卷浙江省統捐暫行法施行細則議决案一卷 民國鉛印本 一册

330000－1711－0003382 普 003083 史部/政書類/公牘檔冊之屬

浙江省議會民國八年常年會文牘四卷附編一卷 浙江省議會編 民國八年（1919）鉛印本 一册

330000－1711－0003383 普 004182 子部/藝術類/遊藝之屬/聯語

娉花媚竹館宋詞集聯八卷 俞鎮輯 民國三十二年（1943）張兆鏞抄本 張兆鏞跋 二册

330000－1711－0003384 普 003067 史部/政書類/公牘檔冊之屬

浙江省統捐暫行捐率修正案不分卷 民國鉛印本 一册

330000－1711－0003385 普 003084 史部/政書類/公牘檔冊之屬

浙江省議會第一屆常年會議事錄不分卷 浙江省議會編 民國鉛印本 二册

330000－1711－0003386 普 003068 史部/政書類/邦計之屬/賦税

財政部核定浙江省統捐捐率不分卷 財政部編 民國鉛印本 一册

330000－1711－0003387 普 003085 史部/政書類/公牘檔冊之屬

浙江省議會第一屆常年會議决案不分卷 浙江省議會編 民國鉛印本 一册

330000－1711－0003388 普 003069 史部/政書類/公牘檔冊之屬

浙江省議會會議記錄附件不分卷 浙江省議會編 民國石印本 十八册

330000－1711－0003389 普 003086 史部/政書類/公牘檔冊之屬

浙江省議會第一屆常年會議員質問書不分卷 浙江省議會編 民國鉛印本 一册

330000－1711－0003390 普 003087 史部/政書類/公牘檔冊之屬

浙江省議會第一屆常年會文牘不分卷 浙江省議會編 民國二年（1913）鉛印本 一册

330000－1711－0003391 普 004183 集部/曲類/寶卷之屬

太華山紫金嶺兩世修行劉香寶卷全集三卷 民國抄本 二册 存二卷（一、三）

330000－1711－0003393 普 003089 史部/政書類/公牘檔冊之屬

浙江省第二次臨時議會議决案三卷 浙江省第二次臨時議會編 民國元年（1912）鉛印本 三册

330000－1711－0003395 普 003070 史部/政書類/公牘檔冊之屬

浙江省議會第一屆第一次臨時會議決案二卷 浙江省議會編 民國二年(1913)鉛印本 二册

330000－1711－0003397 普003071 史部/政書類/公牘檔册之屬

浙江省議會第一屆第一次臨時會議員質問書不分卷 浙江省議會編 民國二年(1913)鉛印本 一册

330000－1711－0003398 普003072 史部/政書類/公牘檔册之屬

浙江省議會第一屆第一次臨時會文牘三卷 浙江省議會編 民國二年(1913)鉛印本 一册

330000－1711－0003399 普003073 史部/傳記類/總傳之屬/技藝

清代畫史增編三十七卷補編一卷 盛鏞輯 民國十六年(1927)上海有正書局鉛印本 六册

330000－1711－0003401 普003074 類叢部/類書類/通類之屬

欽定古今圖書集成一萬卷目錄四十卷 (清)蔣廷錫 (清)陳夢雷等輯 民國二十三年(1934)中華書局影印本 二十一册 存二百五十三卷(九千七百四十九至一萬、目錄四十)

330000－1711－0003402 普004186 子部/宗教類/道教之屬/戒律

陰隲文圖證不分卷 (清)費丹旭繪圖 (清)許光清集證 民國抄本 一册

330000－1711－0003405 普003075 史部/政書類/公牘檔册之屬

浙江省参議會議決案不分卷 浙江省参議會編 民國鉛印本 一册

330000－1711－0003406 普003093 史部/政書類/公牘檔册之屬

浙江省議會第二屆第一次臨時會議決案不分卷 浙江省議會編 民國六年(1917)鉛印本 一册

330000－1711－0003407 普003076 史部/政書類/公牘檔册之屬

浙江省参議會文牘三卷 浙江省参議會編 民國鉛印本 一册

330000－1711－0003408 普003077 史部/政書類/律令之屬

浙江省議會各種章程規則不分卷 浙江省議會編 民國十年(1921)鉛印本 一册

330000－1711－0003409 普003094 史部/政書類/公牘檔册之屬

浙江省議會第二屆第一次臨時會質問書不分卷 浙江省議會編 民國五年(1916)鉛印本 一册

330000－1711－0003410 普003078 史部/政書類/律令之屬

浙江省議會暫行各種規則不分卷 浙江省議會編 民國鉛印本 一册

330000－1711－0003411 普003095 史部/政書類/公牘檔册之屬

浙江省議會第二屆第一次臨時會文牘四卷附編一卷 浙江省議會編 民國六年(1917)鉛印本 一册

330000－1711－0003412 普003101 史部/政書類/公牘檔册之屬

浙江省議會要覽二卷 浙江省議會編 民國六年(1917)鉛印本 二册

330000－1711－0003413 普003102 史部/政書類/公牘檔册之屬

浙江省議會要覽續編三卷 浙江省議會編 民國七年(1918)鉛印本 三册

330000－1711－0003414 普003096 史部/政書類/公牘檔册之屬

浙江省議會第二屆第一次臨時會議事錄不分卷 浙江省議會編 民國六年(1917)鉛印本 一册

330000－1711－0003415 普004187 集部/別集類

雙鉤書賦一卷 姚華撰 稿本 一册

330000－1711－0003416　普003103　史部/政書類/公牘檔冊之屬

浙江省議會民國八年第一次臨時會議事錄不分卷　浙江省議會編　民國八年(1919)鉛印本　一冊

330000－1711－0003417　普003097　史部/政書類/公牘檔冊之屬

浙江省臨時議會第三屆開會議決案不分卷　浙江省臨時議會編　民國元年(1912)鉛印本　一冊

330000－1711－0003418　普003104　史部/政書類/公牘檔冊之屬

浙江省議會民國八年第一次臨時會質問書不分卷　浙江省議會編　民國八年(1919)鉛印本　一冊

330000－1711－0003419　普003105　史部/政書類/公牘檔冊之屬

浙江省議會民國八年第一次臨時會議決案不分卷　浙江省議會編　民國八年(1919)鉛印本　一冊

330000－1711－0003420　普003106　史部/政書類/公牘檔冊之屬

浙江省議會民國八年第一次臨時會文牘四卷附編一卷　浙江省議會編　民國八年(1919)鉛印本　一冊

330000－1711－0003422　普003107　史部/政書類/公牘檔冊之屬

浙江省議會第二屆第一年常年會質問書不分卷　浙江省議會編　民國七年(1918)鉛印本　一冊

330000－1711－0003423　普003098　史部/政書類/邦計之屬/賦稅

財政部核定浙江省統捐捐率不分卷　財政部編　民國鉛印本　一冊

330000－1711－0003424　普004189　史部/傳記類/總傳之屬/技藝

中國藝術家徵略不分卷　民國二十五年(1936)張厥成抄本　張厥成跋　一冊

330000－1711－0003425　普003108　史部/政書類/公牘檔冊之屬

浙江省議會第二屆第一年常年會文牘四卷附編一卷　浙江省議會編　民國七年(1918)鉛印本　一冊

330000－1711－0003426　普003109　史部/政書類/公牘檔冊之屬

浙江省議會第二屆第一年常年會議事錄不分卷　浙江省議會編　民國七年(1918)鉛印本　一冊

330000－1711－0003427　普003110　史部/政書類/公牘檔冊之屬

浙江省議會第二屆第一年常年會議決案不分卷　浙江省議會編　民國七年(1918)鉛印本　一冊

330000－1711－0003428　普003099　史部/政書類/邦計之屬

浙江省地方歲出入預算書不分卷　浙江省議會編　民國六年至九年(1917－1920)浙江省議會鉛印本　五冊

330000－1711－0003429　普003100　史部/政書類/公牘檔冊之屬

浙江省議會第一屆第二年第二次臨時會質問書不分卷　浙江省議會編　民國鉛印本　一冊

330000－1711－0003430　普003112　史部/政書類/公牘檔冊之屬

浙江省議會第一屆第二年第二次臨時會文牘四卷　浙江省議會編　民國鉛印本　一冊

330000－1711－0003431　普003113　史部/政書類/公牘檔冊之屬

浙江省議會第一屆第二年第二次臨時會議決案不分卷　浙江省議會編　民國鉛印本　一冊

330000－1711－0003433　普003114　史部/政書類/公牘檔冊之屬

浙江省議會第一屆第二年第二次臨時會議事錄不分卷　浙江省議會編　民國鉛印本

一冊

330000－1711－0003435　普 003115　史部/政書類/邦計之屬/賦稅

浙江賦稅源流一卷　魏頌唐編輯　民國十四年(1925)鉛印本　一冊

330000－1711－0003437　普 003111　史部/政書類/公牘檔冊之屬

中華民國浙江省臨時議會議決案不分卷　浙江省臨時議會編　民國元年(1912)鉛印本　一冊

330000－1711－0003439　普 003116　史部/政書類/公牘檔冊之屬

浙江省議會議決案不分卷　浙江省議會編　民國七年(1918)鉛印本　一冊

330000－1711－0003440　普 003117　史部/政書類/公牘檔冊之屬

浙江省議會第二屆常年會開會速記錄不分卷　浙江省議會編　民國五年(1916)石印本　八冊

330000－1711－0003443　普 003120　集部/別集類

澹廬吟藁一卷　王恆德撰　民國十九年(1930)鉛印本　朱宇蒼跋　一冊

330000－1711－0003444　普 003121　集部/別集類

澹廬吟藁一卷　王恆德撰　民國十九年(1930)鉛印本　一冊

330000－1711－0003445　普 003122　集部/別集類

澹廬吟藁一卷　王恆德撰　民國十九年(1930)鉛印本　一冊

330000－1711－0003446　普 003123　集部/別集類

澹廬吟藁一卷　王恆德撰　民國十九年(1930)鉛印本　一冊

330000－1711－0003448　普 003125　類叢部/叢書類/彙編之屬

四部叢刊　張元濟等編　民國上海商務印書館影印本　六冊　存一種

330000－1711－0003452　普 004196　子部/農家農學類/園藝之屬/花卉

月季花譜一卷　(清)松下花農撰　民國抄本　一冊

330000－1711－0003453　普 003127　經部/小學類/文字之屬/說文/專著

六書界說不分卷　朱宗萊撰　民國油印本　一冊

330000－1711－0003455　普 004197　子部/醫家類/診法之屬/脈經脈訣

經穴度量標準詞不分卷　民國抄本　一冊

330000－1711－0003456　普 004198　子部/醫家類/針灸之屬/針法灸法

實用鍼灸指要不分卷　羅兆琚撰　民國抄本　一冊

330000－1711－0003457　普 003118　類叢部/叢書類/彙編之屬

四部叢刊　張元濟等編　民國上海商務印書館影印本　十四冊　存三種

330000－1711－0003466　普 003134　經部/小學類/文字之屬/字書/通論

文字學形義篇不分卷　朱宗萊撰　民國七年(1918)北京大學出版部鉛印本　一冊

330000－1711－0003479　普 004208　史部/政書類/律令之屬

法學通論一卷　程宗伊撰　稿本　一冊

330000－1711－0003481　普 003156　集部/別集類/清別集

朱衎廬先生遺稿續編二卷補遺一卷附拜竹龕楹聯偶存一卷　(清)朱昌燕撰　張兆鏞輯　民國二十三年(1934)孫氏望雲樓鉛印本　一冊

330000－1711－0003482　普 003157　集部/別集類/清別集

朱衎廬先生遺稿續編二卷補遺一卷附拜竹龕

楹聯偶存一卷　(清)朱昌燕撰　張兆鏞輯　民國二十三年(1934)孫氏望雲樓鉛印本　一册

330000－1711－0003483　普 003158　集部/別集類/清別集

朱衎廬先生遺稿續編二卷補遺一卷附拜竹龕楹聯偶存一卷　(清)朱昌燕撰　張兆鏞輯　民國二十三年(1934)孫氏望雲樓鉛印本　一册

330000－1711－0003484　普 003159　集部/別集類/清別集

朱衎廬先生遺稿續編二卷補遺一卷附拜竹龕楹聯偶存一卷　(清)朱昌燕撰　張兆鏞輯　民國二十三年(1934)孫氏望雲樓鉛印本　一册

330000－1711－0003485　普 003160　集部/總集類/酬唱之屬

許行彬六十初度酬唱集不分卷　許祖謙輯　民國二十一年(1932)鉛印本　一册

330000－1711－0003488　普 003161　集部/別集類

望雲廬遺稿二卷　孫元琅撰　民國二十一年(1932)鉛印本　一册

330000－1711－0003490　普 003162　集部/別集類

望雲廬遺稿二卷　孫元琅撰　民國二十一年(1932)鉛印本　一册

330000－1711－0003491　普 003163　集部/別集類

望雲廬遺稿二卷　孫元琅撰　民國二十一年(1932)鉛印本　一册

330000－1711－0003492　普 003164　集部/別集類

望雲廬遺稿二卷　孫元琅撰　民國二十一年(1932)鉛印本　一册

330000－1711－0003493　普 003165　集部/別集類

望雲廬遺稿二卷　孫元琅撰　民國二十一年(1932)鉛印本　一册

330000－1711－0003494　普 004211　史部/傳記類/總傳之屬/家乘

井江鄭氏歷代人物不分卷　(清)鄭名山等修　民國三十七年(1948)抄本　奕□跋　一册

330000－1711－0003495　普 003166　集部/別集類

望雲廬遺稿二卷　孫元琅撰　民國二十一年(1932)鉛印本　一册

330000－1711－0003496　普 003167　集部/別集類

道園詩稿六卷　許葆翰撰　民國二十二年(1933)鉛印本　二册

330000－1711－0003497　普 003144　集部/別集類/清別集

朱衎廬先生遺稿八卷補編一卷朱衎廬舊藏鈔本書目一卷　(清)朱昌燕撰　張宗祥編　民國鉛印本　二册

330000－1711－0003498　普 003145　集部/別集類/清別集

朱衎廬先生遺稿八卷補編一卷朱衎廬舊藏鈔本書目一卷　(清)朱昌燕撰　張宗祥編　民國鉛印本　二册

330000－1711－0003499　普 003146　集部/別集類/清別集

朱衎廬先生遺稿八卷補編一卷朱衎廬舊藏鈔本書目一卷　(清)朱昌燕撰　張宗祥編　民國鉛印本　二册

330000－1711－0003500　普 003168　集部/別集類

道園詩稿六卷　許葆翰撰　民國二十二年(1933)鉛印本　二册

330000－1711－0003501　普 003147　集部/別集類/清別集

朱衎廬先生遺稿八卷補編一卷朱衎廬舊藏鈔本書目一卷　(清)朱昌燕撰　張宗祥編　民國鉛印本　二册

330000－1711－0003503　普 003148　集部/別集類/清別集

朱衎廬先生遺稿八卷補編一卷朱衎廬舊藏鈔本書目一卷　(清)朱昌燕撰　張宗祥編　民國鉛印本　二册

330000－1711－0003504　普 003149　集部/別集類/清別集

朱衎廬先生遺稿八卷補編一卷朱衎廬舊藏鈔本書目一卷　(清)朱昌燕撰　張宗祥編　民國鉛印本　二册

330000－1711－0003505　普 003150　集部/別集類/清別集

朱衎廬先生遺稿八卷補編一卷朱衎廬舊藏鈔本書目一卷　(清)朱昌燕撰　張宗祥編　民國鉛印本　二册

330000－1711－0003507　普 003151　集部/別集類/清別集

朱衎廬先生遺稿八卷補編一卷朱衎廬舊藏鈔本書目一卷　(清)朱昌燕撰　張宗祥編　民國鉛印本　二册

330000－1711－0003508　普 003152　集部/別集類/清別集

朱衎廬先生遺稿八卷補編一卷朱衎廬舊藏鈔本書目一卷　(清)朱昌燕撰　張宗祥編　民國鉛印本　二册

330000－1711－0003509　普 003169　集部/別集類

道園詩稿六卷　許葆翰撰　民國二十二年(1933)鉛印本　二册

330000－1711－0003510　普 003153　集部/別集類/清別集

朱衎廬先生遺稿八卷補編一卷朱衎廬舊藏鈔本書目一卷　(清)朱昌燕撰　張宗祥編　民國鉛印本　二册

330000－1711－0003512　普 003154　集部/別集類/清別集

朱衎廬先生遺稿八卷補編一卷朱衎廬舊藏鈔本書目一卷　(清)朱昌燕撰　張宗祥編　民國鉛印本　二册

330000－1711－0003513　普 003170　集部/別集類

道園詩稿六卷　許葆翰撰　民國二十二年(1933)鉛印本　二册

330000－1711－0003514　普 003155　集部/別集類/清別集

朱衎廬先生遺稿八卷補編一卷朱衎廬舊藏鈔本書目一卷　(清)朱昌燕撰　張宗祥編　民國鉛印本　二册

330000－1711－0003515　普 003171　集部/別集類

道園詩稿六卷　許葆翰撰　民國二十二年(1933)鉛印本　二册

330000－1711－0003516　普 003172　類叢部/叢書類/彙編之屬

四部叢刊　張元濟等編　民國上海商務印書館影印本　六册　存一種

330000－1711－0003518　普 003175　集部/總集類/酬唱之屬

笙磬同音集初集一卷二集一卷三集一卷四集一卷六集一卷七集一卷　程宗伊等撰　民國八年(1919)鉛印本、民國十四年(1925)硤石達新印刷公司鉛印本　二册

330000－1711－0003519　普 003174　集部/總集類/酬唱之屬

笙磬同音集初集一卷二集一卷三集一卷四集一卷六集一卷七集一卷　程宗伊等撰　民國八年(1919)鉛印本、民國十四年(1925)硤石達新印刷公司鉛印本　二册

330000－1711－0003522　普 003176　集部/總集類/酬唱之屬

笙磬同音集三集一卷四集一卷六集一卷七集一卷　孫文琅等撰　民國十四年(1925)硤石達新印刷公司鉛印本　一册

330000－1711－0003523　普 003177　集部/總集類/酬唱之屬

笙磬同音集三集一卷四集一卷六集一卷七集

一卷　孫文琅等撰　民國十四年(1925)硤石達新印刷公司鉛印本　一册

330000－1711－0003524　普 003178　集部/總集類/酬唱之屬
笙磬同音集三集一卷四集一卷六集一卷七集一卷　孫文琅等撰　民國十四年(1925)硤石達新印刷公司鉛印本　一册

330000－1711－0003525　普 003179　集部/總集類/酬唱之屬
笙磬同音集三集一卷四集一卷六集一卷七集一卷　孫文琅等撰　民國十四年(1925)硤石達新印刷公司鉛印本　一册

330000－1711－0003528　普 003180　集部/總集類/選集之屬/通代
六朝文絜四卷　(清)許槤輯並評　民國上海掃葉山房石印本　二册

330000－1711－0003530　普 003181　集部/總集類/選集之屬/通代
六朝文絜四卷　(清)許槤輯並評　民國六年(1917)上海掃葉山房石印本　二册

330000－1711－0003535　普 003185　集部/別集類/清別集
真意齋遺箸一卷詩外一卷　(清)許楣撰　民國十一年(1922)鉛印本　一册

330000－1711－0003537　普 003201　史部/傳記類/雜傳之屬
啓禎兩朝遺詩攷不分卷　陳乃乾撰　民國九年(1920)舊學庵鉛印本　一册

330000－1711－0003538　普 003186　集部/別集類/清別集
真意齋遺箸一卷詩外一卷　(清)許楣撰　民國十一年(1922)鉛印本　一册

330000－1711－0003539　普 003202　史部/傳記類/雜傳之屬
啓禎兩朝遺詩攷不分卷　陳乃乾撰　民國九年(1920)舊學庵鉛印本　一册

330000－1711－0003540　普 003203　集部/別集類/清別集
小綠天庵遺詩二卷附六舟山野紀事詩一卷　(清)釋達受撰　民國九年(1920)海寧姚氏古樸山房鉛印本　一册

330000－1711－0003541　普 003204　集部/別集類/清別集
小綠天庵遺詩二卷附六舟山野紀事詩一卷　(清)釋達受撰　民國九年(1920)海寧姚氏古樸山房鉛印本　一册

330000－1711－0003542　普 003205　集部/別集類/清別集
小綠天庵遺詩二卷附六舟山野紀事詩一卷　(清)釋達受撰　民國九年(1920)海寧姚氏古樸山房鉛印本　一册

330000－1711－0003543　普 003206　集部/別集類/清別集
小綠天庵遺詩二卷附六舟山野紀事詩一卷　(清)釋達受撰　民國九年(1920)海寧姚氏古樸山房鉛印本　一册

330000－1711－0003544　普 003207　集部/別集類/清別集
小綠天庵遺詩二卷附六舟山野紀事詩一卷　(清)釋達受撰　民國九年(1920)海寧姚氏古樸山房鉛印本　一册

330000－1711－0003545　普 003208　集部/別集類/清別集
小綠天庵遺詩二卷附六舟山野紀事詩一卷　(清)釋達受撰　民國九年(1920)海寧姚氏古樸山房鉛印本　一册

330000－1711－0003546　普 003209　集部/別集類/清別集
小綠天庵遺詩二卷附六舟山野紀事詩一卷　(清)釋達受撰　民國九年(1920)海寧姚氏古樸山房鉛印本　一册

330000－1711－0003549　普 003189　史部/金石類
百一廬金石叢書十種　陳乃乾編　民國十年(1921)海寧陳氏影印本　十册

330000－1711－0003551　普 003210　集部/别集類/清别集

浮雲集十二卷　(清)陳之遴撰　民國二十二年(1933)南林張乃熊鉛印本　二册

330000－1711－0003552　普 003191　集部/别集類/清别集

爾室文鈔二卷補編一卷惺𦶟焚餘稿一卷　(清)陳敬璋撰　民國十七年(1928)海甯陳大綸鉛印本　二册

330000－1711－0003553　普 003192　集部/别集類/清别集

爾室文鈔二卷補編一卷惺𦶟焚餘稿一卷　(清)陳敬璋撰　民國十七年(1928)海甯陳大綸鉛印本　二册

330000－1711－0003555　普 003193　集部/别集類/清别集

爾室文鈔二卷補編一卷惺𦶟焚餘稿一卷　(清)陳敬璋撰　民國十七年(1928)海甯陳大綸鉛印本　二册

330000－1711－0003556　普 003194　集部/别集類/清别集

爾室文鈔二卷補編一卷惺𦶟焚餘稿一卷　(清)陳敬璋撰　民國十七年(1928)海甯陳大綸鉛印本　二册

330000－1711－0003561　普 003195　集部/别集類/清别集

一間老屋文稿二卷　(清)陳錫麒撰　民國四年(1915)鉛印本　一册

330000－1711－0003563　普 003196　集部/别集類/清别集

一間老屋文稿二卷　(清)陳錫麒撰　民國四年(1915)鉛印本　一册

330000－1711－0003572　普 003199　子部/小説家類/雜事之屬

庸閒齋筆記十二卷　(清)陳其元撰　民國十四年(1925)上海掃葉山房石印本　四册

330000－1711－0003575　普 003223　集部/别集類/清别集

團桂樓剩稿一卷　(清)陳金鑑撰　**醉月軒吟草二卷**　(清)陸慧撰　民國十五年(1926)陳其謙鉛印本　一册

330000－1711－0003577　普 003224　集部/别集類/清别集

團桂樓剩稿一卷　(清)陳金鑑撰　**醉月軒吟草二卷**　(清)陸慧撰　民國十五年(1926)陳其謙鉛印本　一册

330000－1711－0003579　普 003225　集部/别集類/清别集

團桂樓剩稿一卷　(清)陳金鑑撰　**醉月軒吟草二卷**　(清)陸慧撰　民國十五年(1926)陳其謙鉛印本　一册

330000－1711－0003580　普 003226　集部/别集類/清别集

團桂樓剩稿一卷　(清)陳金鑑撰　**醉月軒吟草二卷**　(清)陸慧撰　民國十五年(1926)陳其謙鉛印本　一册

330000－1711－0003581　普 003227　集部/别集類/清别集

團桂樓剩稿一卷　(清)陳金鑑撰　**醉月軒吟草二卷**　(清)陸慧撰　民國十五年(1926)陳其謙鉛印本　一册

330000－1711－0003582　普 003228　集部/别集類/清别集

團桂樓剩稿一卷　(清)陳金鑑撰　**醉月軒吟草二卷**　(清)陸慧撰　民國十五年(1926)陳其謙鉛印本　一册

330000－1711－0003584　普 003230　集部/總集類/氏族之屬

聽雨軒文存三卷　(清)陳其旋等撰　民國十七年(1928)鉛印本　一册

330000－1711－0003585　普 004224　子部/藝術類/篆刻之屬/印譜

可石齋印譜不分卷　沈駿程輯　民國十二年(1923)鈐拓本　一册

330000－1711－0003586　普 003231　集部/别集類

蒔花老人自述詩遺稿一卷 陳其謙撰 民國海寧利寧印刷所石印本 一冊

330000－1711－0003588 普 003235 史部/傳記類/别傳之屬

舟枕山人悼亡詩不分卷 (清)王毓岱等撰 民國鉛印本 一冊

330000－1711－0003591 普 003232 新學/地學/地理學

地理學講義不分卷 張宗祥編 民國浙江高等學堂石印本 一冊

330000－1711－0003592 普 003233 史部/目録類/專録之屬

補鈔文瀾閣四庫闕簡記錄不分卷 張宗祥撰 民國十五年(1926)刻本 一冊

330000－1711－0003593 普 004226 經部/小學類/文字之屬/字書/字體

篆草合璧四卷 程宗伊撰 稿本 三冊 存三卷(一、三至四)

330000－1711－0003594 普 003238 集部/别集類/清别集

鐵硯室詩稿一卷 (清)陸槿撰 民國十六年(1927)鉛印本 一冊

330000－1711－0003595 普 003245 新學/地學/地理學

地理學講義不分卷 張宗祥編 民國中合印書公司鉛印本 二冊

330000－1711－0003596 普 003239 集部/别集類/清别集

鐵硯室詩稿一卷 (清)陸槿撰 民國十六年(1927)鉛印本 一冊

330000－1711－0003598 普 003240 集部/别集類/清别集

鐵硯室詩稿一卷 (清)陸槿撰 民國十六年(1927)鉛印本 一冊

330000－1711－0003601 普 004227 子部/藝術類/篆刻之屬/印譜

追社印存第一集不分卷 追社社員篆 民國六年(1917)鈐印本 一冊

330000－1711－0003606 普 003249 史部/傳記類/别傳之屬

六有齋壽言一卷 張兆鏞編 民國鉛印本 一冊

330000－1711－0003610 普 003250 史部/傳記類/别傳之屬

六有齋壽言一卷 張兆鏞編 民國鉛印本 王嘉霖跋 一冊

330000－1711－0003611 普 003251 史部/傳記類/别傳之屬

六有齋壽言一卷 張兆鏞編 民國鉛印本 一冊

330000－1711－0003617 普 003254 集部/總集類/選集之屬/通代

歷代平民詩集四卷 張任政輯 民國二十五年(1936)上海商務印書館鉛印本 一冊

330000－1711－0003622 普 004239 子部/藝術類/篆刻之屬/印譜

潭西艸堂印存不分卷 馬文蔚篆 民國鈐印本 一冊

330000－1711－0003623 普 004240 子部/藝術類/篆刻之屬/印譜

潭西艸堂印存不分卷 馬文蔚篆 民國鈐印本 一冊

330000－1711－0003624 普 003255 集部/總集類/選集之屬/通代

歷代平民詩集四卷 張任政輯 民國二十五年(1936)上海商務印書館鉛印本 一冊

330000－1711－0003625 普 003256 集部/别集類

靈璂閣詩二卷附孫言草一卷 張惠衣撰 民國三十三年(1944)鉛印本 一冊

330000－1711－0003626 普 004241 子部/宗教類/佛教之屬/經

金剛般若波羅密經一卷 (後秦)釋鳩摩羅什譯 民國十九年(1930)張啟元抄本 張啟元

書　一册

330000－1711－0003627　普 003257　類叢部/叢書類/彙編之屬
四部叢刊　張元濟等編　民國上海商務印書館影印本　一册　存一種

330000－1711－0003629　普 003258　集部/總集類/氏族之屬
畢燕衎堂四世詩存四卷　(清)畢灝等撰　畢冶金編　民國二十二年(1933)上海宏大善書局石印本　一册

330000－1711－0003630　普 004243　史部/地理類/雜志之屬
渟溪備攷不分卷　管元耀輯　稿本　萬空題記　一册

330000－1711－0003631　普 003259　集部/總集類/氏族之屬
畢燕衎堂四世詩存四卷　(清)畢灝等撰　畢冶金編　民國二十二年(1933)上海宏大善書局石印本　一册

330000－1711－0003641　普 003264　集部/別集類/清別集
寒翠閣詩稿一卷　(清)吴培撰　民國硤石藝新印刷所鉛印本　一册

330000－1711－0003642　普 003265　集部/別集類/清別集
寒翠閣詩稿一卷　(清)吴培撰　民國硤石藝新印刷所鉛印本　一册

330000－1711－0003643　普 003266　集部/別集類/清別集
寒翠閣詩稿一卷　(清)吴培撰　民國硤石藝新印刷所鉛印本　一册

330000－1711－0003644　普 003267　集部/別集類
止廬詩存一卷附文一卷　(清)吴昌祺撰　民國二十二年(1933)鉛印本　一册

330000－1711－0003645　普 003268　集部/別集類
止廬詩存一卷附文一卷　(清)吴昌祺撰　民國二十二年(1933)鉛印本　一册

330000－1711－0003646　普 003269　集部/別集類
止廬詩存一卷附文一卷　(清)吴昌祺撰　民國二十二年(1933)鉛印本　一册

330000－1711－0003648　普 003270　集部/別集類
止廬詩存一卷附文一卷　(清)吴昌祺撰　民國二十二年(1933)鉛印本　一册

330000－1711－0003649　普 003271　集部/別集類
止廬詩存一卷附文一卷　(清)吴昌祺撰　民國二十二年(1933)鉛印本　一册

330000－1711－0003650　普 003272　集部/別集類
止廬詩存一卷附文一卷　(清)吴昌祺撰　民國二十二年(1933)鉛印本　一册

330000－1711－0003651　普 003273　集部/別集類
勤業廬吟稿六卷　吴昌年撰　民國十四年(1925)鉛印本　二册

330000－1711－0003653　普 003274　集部/別集類
勤業廬吟稿六卷　吴昌年撰　民國十四年(1925)鉛印本　二册

330000－1711－0003656　普 003276　集部/總集類/尺牘之屬
歷代名人小簡二卷　吴曾祺輯　民國六年(1917)上海商務印書館鉛印本　二册

330000－1711－0003659　普 003279　子部/藝術類/遊藝之屬/棋弈
海昌二妙集三卷首二卷　(清)黄紹箕輯　民國石印本　二册　存一卷(海昌二妙集二)

330000－1711－0003660　普 003280　子部/藝術類/遊藝之屬/棋弈
海昌二妙集三卷首二卷　(清)黄紹箕輯　民

國石印本　二册　存一卷（海昌二妙集二）

330000－1711－0003662　普 003281　子部/藝術類/遊藝之屬/棋弈

百戰百勝圍棋秘訣一卷　民國十年（1921）石印本　一册

330000－1711－0003663　普 003282　子部/藝術類/遊藝之屬/棋弈

桃花泉弈譜二卷　（清）范世勳撰　民國上海文瑞樓石印本　二册

330000－1711－0003664　普 003283　子部/儒家類/儒學之屬/經濟

皇朝經世文編一百二十卷姓名總目二卷　（清）賀長齡輯　民國鉛印本　四册　存二十一卷（九十五至一百九、一百十五至一百二十）

330000－1711－0003665　普 003284　子部/藝術類/遊藝之屬/棋弈

弈理指歸續編一卷　（清）施紹闇撰　民國上海文瑞樓石印本　一册

330000－1711－0003666　普 004253　史部/地理類/雜志之屬

觀鄉記六卷　（清）王綱撰　民國抄本　一册

330000－1711－0003668　普 003285　子部/藝術類/遊藝之屬/棋弈

弈理指歸續編一卷　（清）施紹闇撰　民國上海文瑞樓石印本　一册

330000－1711－0003669　普 003287　集部/別集類

萍鷗小舫詩鈔四卷　鍾熊祥撰　民國十六年（1927）鉛印本　四册

330000－1711－0003670　普 003286　集部/別集類

萍鷗小舫詩鈔四卷　鍾熊祥撰　民國十六年（1927）鉛印本　四册

330000－1711－0003673　普 004257　史部/地理類/雜志之屬

渟溪備攷不分卷　管元耀輯　民國靜得樓抄本　二册

330000－1711－0003674　普 003288　子部/藝術類/書畫之屬/畫譜

鄭煙樵山水都肖薔花卉合册不分卷　（清）鄭煙樵　（清）都肖薔繪　民國十七年（1928）影印本　一册

330000－1711－0003675　普 003289　子部/藝術類/書畫之屬/畫譜

鄭煙樵山水都肖薔花卉合册不分卷　（清）鄭煙樵　（清）都肖薔繪　民國十七年（1928）影印本　一册

330000－1711－0003676　普 003290　史部/金石類/總志之屬/文字

鮑少筠所藏金石文字不分卷　金蓉鏡編　民國十二年（1923）影印本　朱宇蒼跋　一册

330000－1711－0003677　普 004258　史部/地理類/方志之屬/郡縣志

［嘉慶］峽川續志二十卷　（清）王德浩纂　（清）王簡可輯　（清）曹宗載編　民國十九年（1930）抄本　一册

330000－1711－0003678　普 004259　史部/地理類/方志之屬/郡縣志

西水誌略不分卷　孫元烺輯　稿本　一册

330000－1711－0003679　普 003291　子部/藝術類/遊藝之屬/棋弈

海昌二妙集三卷首二卷　（清）黄紹箕輯　民國三年（1914）上海文瑞樓石印本　六册

330000－1711－0003681　普 003293　集部/別集類

復齋先生遺集四卷　費寅撰　張宗祥抄　民國二十三年（1934）張氏鐵如意館石印本　一册

330000－1711－0003682　普 004260　史部/地理類/方志之屬/郡縣志

修川小志不分卷　（清）鄒存淦纂修　民國三十五年（1946）抄本　金城跋　六册

330000－1711－0003683　普 003294　集部/

總集類/選集之屬/斷代
清閨秀正始再續集初編四卷 單士釐輯 民國歸安錢氏鉛印本 三冊 存二卷(一至二)

330000－1711－0003685 普 003295 子部/藝術類/遊藝之屬/棋弈
桃花泉弈譜二卷 (清)范世勳撰 民國上海千頃堂石印本 一冊 存一卷(二)

330000－1711－0003689 普 004263 集部/別集類
程太史遺稿二卷 程宗伊撰 稿本 一冊

330000－1711－0003691 普 004264 集部/別集類
程太史家書不分卷 程宗伊撰 稿本 一冊

330000－1711－0003692 普 004265 集部/別集類
春風草堂詩稿不分卷 程宗伊撰 稿本 一冊

330000－1711－0003693 普 004266 集部/別集類
桂宦文存不分卷 程大鋆撰 稿本 一冊

330000－1711－0003694 普 003300 集部/詩文評類/文評之屬
文學史不分卷 劉毓盤撰 民國八年(1919)鉛印本 一冊

330000－1711－0003695 普 003299 集部/詩文評類/文評之屬
文學史不分卷 劉毓盤撰 民國鉛印本 一冊

330000－1711－0003696 普 003301 子部/藝術類/書畫之屬/書法書品
說文部首一卷 周承德書 民國石印本 一冊

330000－1711－0003697 普 003302 集部/別集類
五言飛鳥集一卷 (印度)泰戈爾撰 姚華譯 民國二十三年(1934)上海中華書局鉛印本 陳伯良題記 一冊

330000－1711－0003698 普 003303 集部/別集類
五言飛鳥集一卷 (印度)泰戈爾撰 姚華譯 民國二十年(1931)上海中華書局鉛印本 一冊

330000－1711－0003699 普 003304 集部/別集類/明別集
重訂祝子遺書六卷首一卷末一卷 (明)祝淵撰 祝廷錫編 民國六年(1917)知非樓刻本 二冊

330000－1711－0003700 普 004267 子部/雜著類/雜考之屬
讀書叢錄不分卷 程宗伊撰 稿本 二冊

330000－1711－0003703 普 003306 類叢部/叢書類/彙編之屬
燕京大學圖書館叢書□□種 燕京大學圖書館編 民國北平燕京大學圖書館鉛印本暨影印本 四冊 存一種

330000－1711－0003704 普 003307 史部/目録類/書志之屬/提要
四部寓眼錄二卷 (清)周廣業撰 民國二十二年(1933)上虞羅振常蟫隱廬鉛印本 一冊

330000－1711－0003707 普 004269 集部/別集類
西行口號一卷 孫世揚撰 民國鉛印本 朱宇蒼跋 一冊

330000－1711－0003713 普 003314 集部/別集類/清別集
飲中半士詩鈔四卷詩餘一卷 (清)徐元潞撰 民國十六年(1927)鉛印本 二冊

330000－1711－0003715 普 004272 集部/總集類/課藝之屬
窗課不分卷 許行彬批點 稿本 一冊

330000－1711－0003717 普 004273 集部/總集類/課藝之屬
窗課謄正不分卷 許行彬批點 稿本 一冊

330000－1711－0003720 普 003317 子部/

雜著類/雜説之屬

文壇登龍術不分卷 章克標撰 民國二十二年(1933)鉛印本 二冊

330000－1711－0003722 普004276 子部/工藝類/日用器物之屬/陶瓷

陶説六卷 (清)朱琰撰 民國抄本 一冊

330000－1711－0003726 普004280 集部/别集類

芸香館詩稿不分卷 張眉卿撰 民國抄本 顧言行題記 一冊

330000－1711－0003733 普003322 集部/别集類

壺隱詩鈔二卷詞鈔一卷 崔宗武撰 民國八年(1919)上海聚珍倣宋印書局鉛印本 一冊

330000－1711－0003734 普003323 集部/别集類

小亭林山館詩稿一卷 顧以溥撰 張宗祥抄 民國十八年(1929)石印本 一冊

330000－1711－0003735 普003324 集部/别集類

小亭林山館詩稿一卷 顧以溥撰 張宗祥抄 民國十八年(1929)石印本 一冊

330000－1711－0003736 普003325 集部/總集類/氏族之屬

經進三蘇文集事略六種 羅振常輯 民國上海蟫隱廬鉛印本 一冊 存一種

330000－1711－0003738 普003327 集部/别集類/清别集

華蕊樓遺稿一卷 (清)徐熙珍撰 民國五年(1916)烏程周氏夢坡室刻本 一冊

330000－1711－0003742 普004283 集部/總集類/選編之屬/通代

管窺不分卷 管元耀輯錄 民國静得樓抄本 管元耀跋 三冊

330000－1711－0003755 普004287 子部/雜著類/雜編之屬

過夏雜錄六卷續錄一卷 (清)周廣業撰 民國二十五年(1936)抄本 三冊 存五卷(一至四、續錄)

330000－1711－0003763 普004290 集部/别集類

吴心澄畫題參不分卷 吴心澄撰 稿本 一冊

330000－1711－0003788 普003366 新學/理學/文學

抒情小詩集不分卷 查猛濟編 民國十四年(1925)上海古今圖書店鉛印本 一冊

330000－1711－0003789 普003367 集部/别集類

若廬吟稿不分卷 查人偉撰 民國十七年(1928)鉛印本 朱宇蒼題記 一冊

330000－1711－0003790 普003368 集部/詩文評類/詩評之屬

初白菴詩評三卷詞綜偶評一卷 (清)查慎行撰 (清)張載華輯 民國上海六藝書局石印本 八冊

330000－1711－0003791 普003369 子部/雜著類/雜纂之屬

人海記二卷 (清)查慎行輯 民國埽葉山房石印本 一冊 存一卷(二)

330000－1711－0003792 普003370 類叢部/叢書類/彙編之屬

四部叢刊三編 張元濟等編 民國二十四年至二十五年(1935－1936)上海商務印書館影印本 二冊 存一種

330000－1711－0003803 普003377 經部/群經總義類/傳説之屬

師鄦齋經説二卷知悔齋詩文鈔一卷 (清)蔣方駿撰 民國十七年(1928)鉛印本 一冊

330000－1711－0003804 普003378 經部/群經總義類/傳説之屬

師鄦齋經説二卷知悔齋詩文鈔一卷 (清)蔣方駿撰 民國十七年(1928)鉛印本 一冊

330000－1711－0003805 普003379 經部/

群經總義類/傳說之屬

師鄦齋經說二卷知悔齋詩文鈔一卷 （清）蔣方駿撰　民國十七年(1928)鉛印本　一冊

330000－1711－0003806　普 003380　集部/別集類

寂齋文存一卷　查猛濟撰　民國十九年(1930)鉛印本　一冊

330000－1711－0003807　普 003381　集部/別集類

寂齋文存一卷　查猛濟撰　民國十九年(1930)鉛印本　一冊

330000－1711－0003812　普 003386　史部/政書類/公牘檔冊之屬

蔣氏義莊田地畝分清冊不分卷　蔣鑄顏等撰　民國鉛印本　一冊

330000－1711－0003814　普 003388　類叢部/叢書類/彙編之屬

四部叢刊　張元濟等編　民國上海商務印書館影印本　十五冊　存一種

330000－1711－0003817　普 003389　類叢部/叢書類/彙編之屬

四部備要　中華書局編　民國二十五年(1936)上海中華書局鉛印本　二冊　存一種

330000－1711－0003826　普 003396　子部/醫家類/類編之屬

潛齋醫書五種　（清）王士雄撰　民國上海錦章圖書局石印本　二冊　存二種

330000－1711－0003827　普 003397　子部/醫家類/醫案之屬

王氏醫案二卷　（清）王士雄撰　（清）周鑅輯　**王氏醫案續編八卷**　（清）王士雄撰　（清）張鴻輯　民國石印本　一冊

330000－1711－0003828　普 003398　子部/醫家類/溫病之屬

增批溫熱經緯四卷　（清）王士雄纂　（清）葉霖增批　民國二十四年(1935)上海世界書局石印本　二冊

330000－1711－0003829　普 004302　集部/詞類/別集之屬

凭西閣詩餘一卷　（明）陸宏定撰　（清）陸式熊輯存　民國海寧管氏靜得樓抄本　一冊

330000－1711－0003833　普 003401　史部/傳記類/別傳之屬

蔣鹿苹先生七秩晋七榮慶壽言錄不分卷　蔣福京等輯　民國鉛印本　一冊

330000－1711－0003837　普 004305　集部/總集類/尺牘之屬

手札不分卷　朱宇蒼等撰　稿本　一冊

330000－1711－0003838　普 004306　史部/雜史類/斷代之屬

海寧縣公立圖書館略一卷　朱宇蒼撰　稿本　一冊

330000－1711－0003839　普 004307　史部/地理類/方志之屬/郡縣志

平湖縣續誌□□卷　民國陸氏求是齋抄本　一冊　存一卷(十)

330000－1711－0003845　普 003409　類叢部/叢書類/彙編之屬

別下齋叢書二十七種　（清）蔣光煦編　民國竹簡齋據海昌蔣氏刻本影印本　二十四冊

330000－1711－0003846　普 003410　類叢部/叢書類/彙編之屬

涉聞梓舊二十五種　（清）蔣光煦輯　民國竹簡齋據海昌蔣氏刻本影印本　二十四冊

330000－1711－0003847　普 003411　史部/地理類/專志之屬/古跡

海昌勝蹟志八卷補綴一卷　管元耀輯　民國二十一年(1932)海寧管氏靜得樓刻本　四冊

330000－1711－0003848　普 003412　史部/地理類/專志之屬/古跡

海昌勝蹟志八卷補綴一卷　管元耀輯　民國二十一年(1932)海寧管氏靜得樓刻本　四冊

330000－1711－0003849　普 003413　史部/

地理類/專志之屬/古跡

海昌勝蹟志八卷補綴一卷　管元耀輯　民國二十一年(1932)海寧管氏靜得樓刻本　四冊

330000－1711－0003850　普 003414　史部/地理類/專志之屬/古跡

海昌勝蹟志八卷補綴一卷　管元耀輯　民國二十一年(1932)海寧管氏靜得樓刻本　四冊

330000－1711－0003851　普 003415　史部/地理類/專志之屬/古跡

海昌勝蹟志八卷補綴一卷　管元耀輯　民國二十一年(1932)海寧管氏靜得樓刻本　四冊

330000－1711－0003852　普 003416　史部/地理類/專志之屬/古跡

海昌勝蹟志八卷補綴一卷　管元耀輯　民國二十一年(1932)海寧管氏靜得樓刻本　四冊

330000－1711－0003853　普 003417　史部/地理類/專志之屬/古跡

海昌勝蹟志八卷補綴一卷　管元耀輯　民國二十一年(1932)海寧管氏靜得樓刻本　四冊

330000－1711－0003854　普 003418　經部/易類/傳說之屬

學易筆談四卷　杭辛齋撰　民國八年(1919)上海研幾學社鉛印本　二冊

330000－1711－0003855　普 003419　史部/傳記類/別傳之屬/事狀

海寧杭辛齋先生訃言不分卷　民國十三年(1924)影印本　一冊

330000－1711－0003859　普 003425　史部/地理類/方志之屬/郡縣志

澉水志彙編四種　程煦元輯　民國二十四年(1935)鉛印本　五冊　存三種

330000－1711－0003861　普 003424　史部/地理類/方志之屬/郡縣志

[萬曆]秀水縣志十卷　(明)李培修　(明)黃洪憲等纂　金蓉鏡校補　民國十四年(1925)金蓉鏡鉛印本　四冊

330000－1711－0003863　普 003429　史部/地理類/專志之屬/宮殿

圓明園攷一卷　程演生輯　民國十七年(1928)上海中華書局鉛印本　一冊

330000－1711－0003866　普 003430　史部/傳記類/總傳之屬/家乘

[浙江海寧]徐氏峽石分支世系圖表不分卷　徐章墱編　民國三十八年(1949)石印本　一冊

330000－1711－0003867　普 003431　史部/傳記類/總傳之屬/家乘

[浙江海寧]徐氏峽石分支世系圖表不分卷　徐章墱編　民國三十八年(1949)石印本　一冊

330000－1711－0003868　普 003432　史部/傳記類/總傳之屬/家乘

[浙江海寧]徐氏峽石分支世系圖表不分卷　徐章墱編　民國三十八年(1949)石印本　一冊

330000－1711－0003869　普 003433　史部/傳記類/總傳之屬/家乘

[浙江海寧]徐氏峽石分支世系圖表不分卷　徐章墱編　民國三十八年(1949)石印本　一冊

330000－1711－0003872　普 003437　經部/易類

易藏叢書六種　杭辛齋撰　民國十一年(1922)上海研幾學社鉛印本　八冊

330000－1711－0003873　普 003435　經部/易類

易藏叢書六種　杭辛齋撰　民國十一年(1922)上海研幾學社鉛印本　八冊

330000－1711－0003877　普 003436　經部/易類

易藏叢書六種　杭辛齋撰　民國十一年(1922)上海研幾學社鉛印本　八冊

330000－1711－0003880　普 003444　史部/傳記類/總傳之屬/家乘

[浙江海寧]吳氏宗譜七卷　(清)吳昌年

(清)吳昌祺纂修　民國二十年(1931)硖石雙山社鉛印本　三册

330000－1711－0003881　普003445　史部/傳記類/總傳之屬/家乘
[浙江海寧]吳氏宗譜七卷　(清)吳昌年(清)吳昌祺纂修　民國二十年(1931)硖石雙山社鉛印本　三册

330000－1711－0003882　普003446　史部/傳記類/總傳之屬/家乘
[浙江海寧]吳氏宗譜七卷　(清)吳昌年(清)吳昌祺纂修　民國二十年(1931)硖石雙山社鉛印本　三册

330000－1711－0003883　普003447　史部/傳記類/總傳之屬/家乘
[浙江海寧]吳氏宗譜七卷　(清)吳昌年(清)吳昌祺纂修　民國二十年(1931)硖石雙山社鉛印本　二册　存四卷(一至二、六至七)

330000－1711－0003884　普003448　史部/傳記類/總傳之屬/家乘
[浙江海寧]吳氏宗譜七卷　(清)吳昌年(清)吳昌祺纂修　民國二十年(1931)硖石雙山社鉛印本　一册　存二卷(六至七)

330000－1711－0003885　普003449　史部/傳記類/總傳之屬/家乘
[浙江海鹽]吳氏宗譜五卷　吳賡廷等重輯　民國二十三年至二十四年(1934－1935)鉛印本　三册　存四卷(二至五)

330000－1711－0003888　普003452　史部/傳記類/總傳之屬/家乘
[浙江餘姚]四明上菁李家塔王氏宗譜四卷　王仁林修　王仁水　王仁聞纂　民國二十五年(1936)孝義堂刻本　四册

330000－1711－0003889　普003453　史部/傳記類/總傳之屬/家乘
[浙江海寧]重修花溪上黨馮氏近譜十一卷首一卷　馮翼雲纂修　民國二十年(1931)上海蔚文印刷局鉛印本　一册　存五卷(首、一至四)

330000－1711－0003893　普003458　史部/傳記類/總傳之屬/家乘
[浙江海寧]横山張氏西支墓圖記一卷　張兆鏞輯　民國十九年(1930)鉛印本　一册

330000－1711－0003894　普003457　史部/傳記類/總傳之屬/家乘
[浙江海寧]横山張氏西支墓圖記一卷　張兆鏞輯　民國十九年(1930)鉛印本　一册

330000－1711－0003896　普003460　史部/傳記類/總傳之屬/家乘
[浙江海寧]吳氏宗譜七卷　(清)吳昌年(清)吳昌祺纂修　民國二十年(1931)硖石雙山社鉛印本　三册

330000－1711－0003897　普003461　史部/傳記類/總傳之屬/家乘
[浙江海寧]吳氏宗譜七卷　(清)吳昌年(清)吳昌祺纂修　民國二十年(1931)硖石雙山社鉛印本　三册

330000－1711－0003898　普003462　史部/傳記類/總傳之屬/家乘
[浙江海寧]吳氏宗譜七卷　(清)吳昌年(清)吳昌祺纂修　民國二十年(1931)硖石雙山社鉛印本　三册

330000－1711－0003899　普003463　史部/傳記類/總傳之屬/家乘
[浙江海寧]吳氏宗譜七卷　(清)吳昌年(清)吳昌祺纂修　民國二十年(1931)硖石雙山社鉛印本　三册

330000－1711－0003900　普003464　史部/傳記類/總傳之屬/家乘
[浙江海寧]吳氏宗譜七卷　(清)吳昌年(清)吳昌祺纂修　民國二十年(1931)硖石雙山社鉛印本　三册

330000－1711－0003901　普003466　史部/傳記類/總傳之屬/家乘
[浙江海寧]朱馬氏家乘八卷　(清)馬惟陽纂修　民國十二年(1923)惇远堂刻本　六册

330000－1711－0003905　普 003469　史部/傳記類/總傳之屬/家乘

[浙江海寧]海昌祝氏宗譜續十六卷　祝廷錫纂修　民國二十年(1931)刻本　六冊

330000－1711－0003906　普 003470　史部/傳記類/別傳之屬/事狀

錢武肅王功德史一卷　錢文選輯　民國二十四年(1935)錢氏鉛印本　一冊

330000－1711－0003907　普 003471　史部/傳記類/總傳之屬/家乘

[全國]錢氏家乘不分卷　民國十四年(1925)鉛印本　六冊

330000－1711－0003908　普 003472　史部/傳記類/別傳之屬/事狀

史量才先生赴告不分卷　史必恕輯　民國二十三年(1934)石印本　一冊

330000－1711－0003909　普 003474　史部/傳記類/總傳之屬/家乘

[浙江海寧]硤石蔣氏支譜不分卷　(清)蔣學培　(清)蔣學堅輯　蔣欽頊增輯　蔣述彭編　民國十八年(1929)鉛印本　二冊

330000－1711－0003910　普 003473　史部/傳記類/總傳之屬/家乘

[浙江海寧]硤石蔣氏支譜不分卷　(清)蔣學培　(清)蔣學堅輯　蔣欽頊增輯　蔣述彭編　民國十八年(1929)鉛印本　二冊

330000－1711－0003915　普 003479　史部/傳記類/總傳之屬/家乘

[浙江海寧]海寧朱氏宗譜二十卷首一卷後一卷附七里松支三卷　(清)朱承祜修　(清)朱昌燕纂　朱仁熙重修　民國八年至十二年(1919－1923)海寧朱氏哲延堂刻本　二十三冊　缺一卷(十一)

330000－1711－0003916　普 003480　集部/總集類/酬唱之屬

壽詩一卷　馮煦等撰　民國十五年(1926)鉛印朱印本　一冊

330000－1711－0003918　普 003482　史部/傳記類/別傳之屬/事狀

海昌周望孟先生[在方]哀輓錄不分卷　民國十年(1921)鉛印本　一冊

330000－1711－0003920　普 003488　類叢部/叢書類/彙編之屬

嘉業堂叢書五十七種　劉承幹輯　民國吳興劉氏嘉業堂刻本　二冊　存二種

330000－1711－0003921　普 003487　類叢部/叢書類/彙編之屬

嘉業堂叢書五十七種　劉承幹輯　民國吳興劉氏嘉業堂刻本　二冊　存二種

330000－1711－0003922　普 003486　類叢部/叢書類/彙編之屬

嘉業堂叢書五十七種　劉承幹輯　民國吳興劉氏嘉業堂刻本　一冊　存一種

330000－1711－0003923　普 003484　史部/傳記類/總傳之屬/家乘

[浙江嘉興]師橋沈氏嘉興分支世系表不分卷　民國鉛印本　一冊

330000－1711－0003924　普 003485　史部/傳記類/別傳之屬/事狀

朱君稼雲訃告不分卷　民國十八年(1929)鉛印本暨石印本　一冊

330000－1711－0003940　普 003504　史部/傳記類/別傳之屬/事狀

海寧鍾符卿先生實政記一卷　王宗炎撰　民國二十二年(1933)鉛印本　朱宇蒼跋　一冊

330000－1711－0003941　普 003510　史部/傳記類/別傳之屬/事狀

張菊香先生訃告不分卷　張源等輯　民國二十九年(1940)石印本暨鉛印本　一冊

330000－1711－0003942　普 003505　史部/目録類/總録之屬/氏族

海寧渤海陳氏著錄二卷續編一卷補遺一卷　(清)陳敬璋編　陳其謙　陳大綸重輯　民國二十二年(1933)鉛印本　朱宇蒼題記　一冊

330000－1711－0003946　普 003509　史部/

傳記類/别傳之屬/事狀

李健齋先生訃告不分卷 李涵真等輯 民國二十六年(1937)石印本暨鉛印本 一册

330000－1711－0003947 普003511 史部/傳記類/别傳之屬/事狀

蔡母朱太夫人赴告不分卷 蔡之墉等輯 民國二十一年(1932)石印本暨鉛印本 一册

330000－1711－0003948 普003512 史部/傳記類/别傳之屬/事狀

蔡母朱太夫人赴告不分卷 蔡之墉等輯 民國二十一年(1932)石印本暨鉛印本 一册

330000－1711－0003949 普003513 史部/傳記類/别傳之屬/事狀

胡子珍先生訃告不分卷 胡明揚等輯 民國二十七年(1938)石印本暨鉛印本 一册

330000－1711－0003950 普003514 史部/傳記類/别傳之屬/事狀

陸太夫人訃告不分卷 吕在廷輯 民國二十二年(1933)石印本暨鉛印本 一册

330000－1711－0003969 普003531 史部/目録類/總録之屬/地方

海昌藝文志二十四卷 (清)管庭芬撰 蔣學堅續輯 **海昌藝文志姓氏韻編一卷** 管元耀編 民國十年(1921)海昌管元耀鉛印本 四册

330000－1711－0003970 普003530 史部/目録類/總録之屬/地方

海昌藝文志二十四卷 (清)管庭芬撰 蔣學堅續輯 **海昌藝文志姓氏韻編一卷** 管元耀編 民國十年(1921)海昌管元耀鉛印本 四册

330000－1711－0003971 普003532 史部/目録類/總録之屬/地方

海昌藝文志二十四卷 (清)管庭芬撰 蔣學堅續輯 **海昌藝文志姓氏韻編一卷** 管元耀編 民國十年(1921)海昌管元耀鉛印本 五册

330000－1711－0003973 普003538 史部/地理類/方志之屬/郡縣志

[民國]海寧州志稿四十一卷首一卷末一卷附志餘一卷藝文志補遺一卷 (清)李圭修 (清)許傳霈等纂 劉蔚仁續修 朱錫恩續纂 盧兆周繪圖 民國十一年(1922)鉛印本 三十二册

330000－1711－0003974 普003539 史部/地理類/方志之屬/郡縣志

[民國]海寧州志稿四十一卷首一卷末一卷附志餘一卷藝文志補遺一卷 (清)李圭修 (清)許傳霈等纂 劉蔚仁續修 朱錫恩續纂 盧兆周繪圖 民國十一年(1922)鉛印本 二十九册 存四十卷(首,二至十二、十四至四十一)

330000－1711－0003978 普003542 史部/金石類/總志之屬/文字

海昌金石志六卷 朱寶瑨輯 民國十年(1921)鉛印本 四册

330000－1711－0003979 普003543 史部/政書類/邦計之屬

硤石輔濟會十九年春荒急賑徵信錄不分卷 硤石輔濟會輯 民國十九年(1930)石印本 一册

330000－1711－0003983 普003548 史部/地理類/專志之屬/古跡

海昌勝蹟志八卷補綴一卷 管元耀輯 民國二十一年(1932)海寧管氏静得樓刻本 四册

330000－1711－0003984 普003546 新學/農政/蠶務

江浙皖絲繭同人職員錄不分卷 民國十五年(1926)鉛印本 一册

330000－1711－0003985 普003545 史部/政書類/公牘檔册之屬

杭屬八縣同鄉會章程一卷附第一屆選舉名單一卷 民國八年(1919)鉛印本 一册

330000－1711－0003987 普003561 史部/雜史類/斷代之屬

中華書局五年概況不分卷 中華書局編 民

國五年(1916)鉛印本　一册

330000－1711－0003991　普003559　子部/儒家類/儒學之屬/禮教/家訓

朱氏傳家令範一卷附友山府君百齡冥誕詩一卷　朱惟恭編　民國十二年(1923)鉛印本　一册

330000－1711－0003993　普003558　新學/報章

新聞報館三十年紀念册不分卷　上海新聞報館編　民國十一年(1922)上海新聞報館鉛印本　一册

330000－1711－0003995　普003556　史部/傳記類/别傳之屬/事狀

吴興周夢坡先生[慶雲]哀思録不分卷　周延礽輯　民國二十四年(1935)鉛印本　一册

330000－1711－0003997　普003554　史部/傳記類/别傳之屬/事狀

張母桂太夫人哀輓録二卷　張懿德編　民國十一年(1922)鉛印本　一册

330000－1711－0003999　普003552　集部/總集類/題詠之屬

三壽百詠一卷　葉存養輯　民國七年(1918)刻本　一册

330000－1711－0004003　普003566　史部/地理類/方志之屬/郡縣志

[同治]盛湖志十四卷首一卷末一卷　(清)仲廷機纂　**盛湖志補四卷**　(清)仲虎騰續纂　民國十四年(1925)周慶雲覆刻吴江仲氏本　八册

330000－1711－0004004　普003562　史部/傳記類/科舉録之屬/總録

海鹽士林録六卷　(清)朱俎莘編　朱廖元等續編　民國二十一年(1932)海鹽朱氏十三古印齋鉛印本　二册　存四卷(一至四)

330000－1711－0004005　普003569　史部/地理類/方志之屬/郡縣志

嘉泰會稽志二十卷　(宋)沈作賓修　(宋)施宿等纂　民國十五年(1926)據清嘉慶十三年(1808)采鞠軒刻本影印本　九册

330000－1711－0004006　普003570　史部/地理類/方志之屬/郡縣志

[寶慶]會稽續志八卷　(宋)張淏纂修　民國十五年(1926)據清嘉慶十三年(1808)刻本影印本　三册

330000－1711－0004010　普003573　史部/金石類

非儒非俠齋金石叢著十種　顧燮光撰　民國會稽顧氏金佳石好樓石印本暨鉛印本　四册　存二種

330000－1711－0004012　普003576　史部/地理類/方志之屬/郡縣志

[民國]海寧州志稿四十一卷首一卷末一卷附志餘一卷藝文志補遺一卷　(清)李圭修　(清)許傳霈等纂　劉蔚仁續修　朱錫恩續纂　盧兆周繪圖　民國十一年(1922)鉛印本　三十二册

330000－1711－0004013　普003578　史部/地理類/方志之屬/郡縣志

[民國]海寧州志稿四十一卷首一卷末一卷附志餘一卷藝文志補遺一卷　(清)李圭修　(清)許傳霈等纂　劉蔚仁續修　朱錫恩續纂　盧兆周繪圖　民國十一年(1922)鉛印本　三十一册　缺一卷(海寧州志稿一)

330000－1711－0004014　普003577　史部/地理類/方志之屬/郡縣志

[民國]海寧州志稿四十一卷首一卷末一卷附志餘一卷藝文志補遺一卷　(清)李圭修　(清)許傳霈等纂　劉蔚仁續修　朱錫恩續纂　盧兆周繪圖　民國十一年(1922)鉛印本　三十二册

330000－1711－0004015　普003579　史部/地理類/方志之屬/郡縣志

[民國]海寧州志稿四十一卷首一卷末一卷附志餘一卷藝文志補遺一卷　(清)李圭修　(清)許傳霈等纂　劉蔚仁續修　朱錫恩續纂　盧兆周繪圖　民國十一年(1922)鉛印本　三十册　缺二卷(一至二)

330000－1711－0004016　普 003580　史部/地理類/方志之屬/郡縣志

[民國]海寧州志稿四十一卷首一卷末一卷附志餘一卷藝文志補遺一卷　(清)李圭修　(清)許傳霈等纂　劉蔚仁續修　朱錫恩續纂　盧兆周繪圖　民國十一年(1922)鉛印本　一冊　存一卷(三)

330000－1711－0004017　普 003581　史部/地理類/方志之屬/郡縣志

[民國]海寧州志稿四十一卷首一卷末一卷附志餘一卷藝文志補遺一卷　(清)李圭修　(清)許傳霈等纂　劉蔚仁續修　朱錫恩續纂　盧兆周繪圖　民國十一年(1922)鉛印本　三十一冊　缺一卷(海寧州志稿一)

330000－1711－0004021　普 003586　類叢部/叢書類/自著之屬

晨風廬叢刊十八種　周慶雲撰　民國吳興周氏夢坡室刻本　四冊　存一種

330000－1711－0004023　普 003588　史部/傳記類/別傳之屬/事狀

哀思錄[□仲巳]不分卷　民國鉛印本　二冊

330000－1711－0004025　普 003582　史部/地理類/方志之屬/郡縣志

[光緒]杭州府志一百七十八卷首八卷　(清)陳璚等修　(清)王棻等纂　屈映光續修　陸懋勳續纂　齊耀珊重修　吳慶坻重纂　民國十一年(1922)鉛印本　八十冊

330000－1711－0004028　普 003594　史部/政書類/公牘檔冊之屬

鐵路會社暫定章程一卷　鐵路會社編　民國三年(1914)鉛印本　一冊

330000－1711－0004029　普 003593　史部/政書類/邦計之屬/賦稅

浙江省續訂整頓牙帖章程一卷　民國鉛印本　一冊

330000－1711－0004030　普 003592　史部/政書類/邦計之屬/賦稅

財政部核定浙江省各徵收局章程一卷附簿記及交代冊並報告各表暨保證券印結等式一卷　財政部編　民國鉛印本　一冊

330000－1711－0004031　普 003591　史部/政書類/公牘檔冊之屬

民國十八年浙江省建設公債條例一卷　民國十八年(1929)鉛印本　一冊

330000－1711－0004032　普 003596　新學/農政/蠶務

江蘇省繭行取締辦法一卷　民國四年(1915)鉛印本　一冊

330000－1711－0004033　普 003599　史部/地理類/方志之屬/郡縣志

[民國]濮院志三十卷　夏辛銘纂　民國十六年(1927)刻本　六冊

330000－1711－0004035　普 003597　史部/地理類/方志之屬/郡縣志

[乾隆]烏青鎮志十二卷　(清)董世寧纂　民國七年(1918)鉛印本　二冊

330000－1711－0004037　普 003600　史部/地理類/方志之屬/郡縣志

[民國]南潯志六十卷首一卷　周慶雲纂　民國九年至十一年(1920－1922)刻本　十六冊

330000－1711－0004038　普 003605　史部/地理類/方志之屬/郡縣志

梅里備志八卷首一卷　(清)余霖徵輯　民國十一年(1922)閱滄樓刻本　三冊

330000－1711－0004040　普 003603　史部/地理類/方志之屬/郡縣志

[民國]寶山縣續志十七卷首一卷末一卷　張允高等修　錢淦　袁希濤纂　民國十年(1921)鉛印本　五冊

330000－1711－0004041　普 003602　史部/地理類/方志之屬/郡縣志

[民國]寶山縣再續志十七卷首一卷末一卷　吳葭修　王鍾琦纂　民國二十年(1931)鉛印本　二冊

330000－1711－0004042　普 003601　史部/

地理類/方志之屬/郡縣志

[民國]寶山縣新志備稿十三卷　趙恩鉅修　王鍾琦纂　民國二十年(1931)鉛印本　一冊

330000－1711－0004043　普 003607　類叢部/叢書類/彙編之屬

四部備要　中華書局編　民國二十五年(1936)上海中華書局鉛印本　五百冊　存二十四種

330000－1711－0004050　普 003614　類叢部/叢書類/彙編之屬

香艷叢書三百二十六種　(清)蟲天子輯　民國三年(1914)上海中國圖書公司和記鉛印本　一冊　存四種

330000－1711－0004051　普 003615　類叢部/叢書類/彙編之屬

香艷叢書三百二十六種　(清)蟲天子輯　民國三年(1914)上海中國圖書公司和記鉛印本　七十九冊　存三百十二種

330000－1711－0004071　普 004308　史部/傳記類/雜傳之屬

歷代藝苑人物不分卷　沈紅茶撰　稿本　一冊

330000－1711－0004074　普 003622　新學/理學/文學

志摩的詩不分卷　徐志摩撰　民國鉛印本　陳伯良跋　一冊

330000－1711－0004119　普 003623　史部/目録類/總録之屬/官修

海寧縣公立圖書館書目九卷　朱尚編　民國十二年(1923)海寧縣公立圖書館鉛印本　一冊　缺一卷(觀覽類四)

平湖市圖書館

民國時期傳統裝幀書籍普查登記目録

浙江省民國時期傳統裝幀書籍普查登記目録 · 嘉興

國家圖書館出版社
National Library of China Publishing House

《平湖市圖書館民國時期傳統裝幀書籍普查登記目録》

編委會

主　編： 陸愛斌　馬　慧

副主編： 劉引珠　沈　芳

执行主編： 沈衆英

編纂人員： 方　彭　蔣　斌　朱　錚　嚴亦容　唐麗霞

《平湖市圖書館民國時期傳統裝幀書籍普查登記目録》

前　言

平湖自古以來,鍾靈毓秀,人才輩出,南臨錢塘江,境内河網衆多,氣候宜人,物産豐富,人民勤勞,創造了燦爛文化,素有"金平湖"之美譽。馬家浜文化向我們訴説着平湖悠久的歷史;莊橋墳出土器物上的刻畫符號及原始文字,則向我們展示了平湖深厚的文化底藴。從東洳南朝顧野王的顧書堵到東湖邊的南村書堆,曾經的朗朗讀書聲傳承至今。雖遭戰亂,但平湖歷代的藏書家艱辛保存着大量書籍,特别是近代著名三大藏書樓:葛金烺的傳樸堂、陸維鋆的求是齋、孫振麟的雪映廬。文化的記録、發展、傳承離不開衆多的刻書家,從奕世科第平湖孫氏、宋太宗後裔平湖趙氏、"一門四代進士"的乍浦屠氏及沈、陸、張等名門望族,至民國時期的衆多出版商,如綺春閣書莊、高廷梅的華雲閣等,對保留和傳播文化功不可没。先賢們的不斷搜集,用心保護,爲我們留下了彌足珍貴的資源。

平湖市圖書館始建於民國六年(1917)城隍廟東廡的平湖縣公立通俗圖書館,開啓了平湖公共圖書館的藏書歷程,後遷至中山公園,再遷至解放西路的朱宅小萬卷樓,1988年11月遷至百花路新館,2006年7月遷至東湖畔新館,至今已走過百年歷史。平湖市圖書館古籍整理起步較早,從20世紀60年代初,就聘請本邑名流周默庵等四位老先生對所收交古籍進行初步整理。1988年成立了古籍文獻室,由蔣愔老師負責,開啓了對外閲覽。1991年起先後有劉引珠、沈安、方彭等老師對古籍進行整理和編纂書目,完成了《平湖市圖書館館藏古籍目録》。

2007年啓動的"中華古籍保護計劃"和2009年《浙江省人民政府辦公廳關於進一步加强古籍保護工作的意見》給平湖市圖書館的古籍工作發展帶來了新的契機,《平湖市人民政府辦公室關於進一步加强古籍保護工作的實施意見》,使古籍保護工作進入了嶄新的階段。平湖市圖書館於2011年12月制訂古籍普查計劃,申報了古籍普查專项,正式啓動古籍普查工作,并積極組織動員,落實專項經費和專職人員,多次派人參加各种古籍普查培訓班,提高了古籍人員的業務水準。先後9人投入到古籍普查工作中,經過了4年的努力,於2015年10月完成館藏古籍普查。本次普查專项的完成,摸清了家底,完善了我館古籍目録體系,形成了一套更爲準確完整的館藏古籍目録,爲我們下一步有針對性地開展古籍保護和開發利用奠定了堅實的基礎。

通過普查,共計完成5971部36363册古籍普查數據的著録工作。《平湖市圖書館民國時期傳統裝幀書籍普查登記目録》經篩選普查登記數據,將其中民國時期傳統裝幀書籍 1643 條 8211 册,整理成册。這批民國書籍,版本種類繁多,如印譜、抄本、稿本、刻本、鉛印本、影印本等。其中鄉邦文獻數量大,内容豐富,文學、史料、文獻價值獨特,特别是詩文集、家譜、書信等,如《平湖經籍志》《當湖詩文逸》《[浙江平湖]張氏家乘四修》《吴一峰仿古山水畫册》《朱英印譜》等,通過這些作品可以爲深入了解平湖歷史文化提供重要的參考依據。民國時期傳統裝幀書籍由於其歷史特徵性,越來越彰顯出其歷史賦予的價值,但是由於時代的原因,部分書籍的紙張老化嚴重,給保護帶了新的難題。我館將加大保護力度,注重開發與利用,發揮其作用,服務於平湖的文化發展與經濟建設。

本目録經過我們的多次校對、不斷修改,現已完成編纂,它凝聚了本館歷任領導和館員的心血,也飽含着全體古籍普查員的辛勤汗水。在此,要感謝本館每一位以不同方式參與普查的同仁的付出。本次古籍普查專題負責人有劉引珠、沈衆英,普查人員有朱錚、蔣斌、沈芳、方彭、嚴亦容、唐麗霞,負責核查本册次的是蔣斌。沈衆英同志主持整個普查工作,全程參與本目録的統校工作。付梓之際,我們還要感謝浙江省古籍保護中心專家的悉心指點,感謝嘉興市圖書館古籍部對我們的幫助與鼓勵,感謝一直以來關心我館古籍工作的社會各界人士。

我館的民國傳統裝幀書籍數量較大,普查人員水準有限,編纂時間緊,雖經多次的校對,但難免會有紕繆,誠祈專家和廣大讀者不吝指正。

平湖市圖書館

2018 年 5 月 28 日

330000－1712－0000007　史0102　史部/傳記類/别傳之屬/事狀

河南壽母楊太夫人哀輓録一卷　陸惟鍌輯　民國抄本　一册

330000－1712－0000019　經002　經部/群經總義類/授受源流之屬

經學歷史一卷　(清)皮錫瑞撰　民國十三年(1924)涵芬樓影印本　一册

330000－1712－0000043　史0252　史部/編年類/通代之屬

增評加批歷史綱鑑補三十九卷首一卷　(明)王世貞　(明)袁黄纂　**御撰資治通鑑綱目三編六卷**　(清)張廷玉等撰　民國元年(1912)上海廣益書局石印本　十六册　缺二卷(增評加批歷史綱鑑補四至五)

330000－1712－0000199　經378　經部/小學類/文字之屬/字書/字體

六書通十卷首一卷　(清)閔齊伋撰　(清)畢弘述篆訂　民國七年(1918)上海鴻文書局石印本　六册

330000－1712－0000200　經379　經部/小學類/文字之屬/字書/字體

六書通十卷首一卷　(清)閔齊伋撰　(清)畢弘述篆訂　民國七年(1918)上海鴻文書局石印本　三册　存六卷(首,一至三、五至六)

330000－1712－0000221　集1373　集部/别集類/清别集

浩然堂詩集六卷雙忠研齋詩餘一卷附日下芻言一卷　(清)江開撰　民國五年(1916)江敦説堂木活字印本　一册

330000－1712－0000245　經047　經部/書類/傳説之屬

尚書大義二卷　吴闓生撰　民國十一年(1922)都門李葆光等刻朱印本　朱英題記　二册

330000－1712－0000246　經048　經部/書類/傳説之屬

新式標點書經白話文六卷　許德厚譯　民國二十年(1931)上海中原書局石印本　四册

330000－1712－0000251　經051　經部/書類/傳説之屬

校正監本書經六卷　(宋)蔡沈撰　民國元年(1912)章福記書局石印本　三册　缺二卷(一至二)

330000－1712－0000265　經067　經部/詩類/傳説之屬

詩經集傳八卷　(宋)朱熹撰　民國商務印書館鉛印本　文棋批點　四册

330000－1712－0000268　經070　經部/詩類/傳説之屬

詩補箋繹二十卷　(漢)鄭玄箋　王闓運補箋　程崇信繹　民國二十一年(1932)鉛印本　五册　存十八卷(一至十八)

330000－1712－0000330　經132　經部/春秋總義類/傳説之屬

春秋復始三十八卷　崔適撰　民國七年(1918)北京大學出版部鉛印本　六册

330000－1712－0000340　經141　經部/春秋左傳類/傳説之屬

春秋左傳句解六卷　(清)韓菼重訂　民國二十六年(1937)上海商務印書館鉛印本　四册　缺二卷(一、五)

330000－1712－0000341　經142　經部/春秋左傳類/傳説之屬

左傳菁華録二十四卷　吴曾祺評注　民國十五年(1926)商務印書館鉛印本　吴士浩批　一册　存八卷(一至八)

330000－1712－0000343　經143　經部/春秋左傳類/傳説之屬

春秋左傳五十卷　(晉)杜預　(宋)林堯叟註釋　(唐)陸德明音義　民國商務印書館石印本　七册　存三十三卷(三至三十五)

330000－1712－0000344　經145　經部/春秋左傳類/傳説之屬

春秋左傳五十卷　(晉)杜預　(宋)林堯叟註釋　(唐)陸德明音義　民國商務印書館石印

本　十二冊

330000－1712－0000346　經146　經部/春秋左傳類/傳說之屬

新式標點白話譯註春秋左傳六卷　周樂山撰　民國十五年(1926)上海中原書局石印本　六冊

330000－1712－0000347　經147　經部/春秋左傳類/傳說之屬

評點春秋綱目左傳句解彙雋六卷　(清)韓菼重訂　民國上海掃葉山房石印本　六冊

330000－1712－0000348　經148　經部/春秋左傳類/傳說之屬

評點春秋綱目左傳句解彙雋六卷　(清)韓菼重訂　民國上海掃葉山房石印本　殷壽璋觀款並句讀　一冊　存一卷(一)

330000－1712－0000352　經152　經部/春秋左傳類/傳說之屬

左傳擷華二卷　林紓評選　民國二十四年(1935)上海商務印書館鉛印本　二冊

330000－1712－0000353　經154　經部/春秋左傳類/傳說之屬

春秋左傳五十卷　(晉)杜預　(宋)林堯叟註釋　(唐)陸德明音義　民國上海商務印書館鉛印本(卷十三至十七配民國鉛印本)　八冊　存三十四卷(十三至十七、二十二至五十)

330000－1712－0000355　經153　經部/春秋左傳類/傳說之屬

左傳擷華二卷　林紓評選　民國二十四年(1935)上海商務印書館鉛印本　一冊　存一卷(下)

330000－1712－0000372　經172　經部/春秋左傳類/傳說之屬

評點春秋綱目左傳句解彙雋六卷　(清)韓菼重訂　民國上海進步書局石印本　六冊

330000－1712－0000373　經173　經部/春秋總義類/傳說之屬

春秋公羊穀梁傳合刊二十四卷　民國五年(1916)上海大成書局石印本　六冊

330000－1712－0000400　經218　經部/孝經類/傳說之屬

孝經一卷　□□輯　**孝經註一卷**　(唐)玄宗李隆基註　民國十五年(1926)天津曹氏刻本　一冊

330000－1712－0000401　經217　經部/孝經類/傳說之屬

孝經一卷　□□輯　**孝經註一卷**　(唐)玄宗李隆基註　民國十五年(1926)天津曹氏刻本　一冊

330000－1712－0000402　經219　經部/孝經類/傳說之屬

孝經一卷　□□輯　**孝經註一卷**　(唐)玄宗李隆基註　民國十五年(1926)天津曹氏刻本　一冊

330000－1712－0000412　經205　經部/春秋左傳類/傳說之屬

東萊博議四卷　(宋)呂祖謙著　**增補虛字註釋一卷**　(清)馮泰松點定　民國商務印書館鉛印本　二冊

330000－1712－0000416　經213　經部/孝經類/傳說之屬

孝經白話解說一卷　朱領中撰　民國二十年(1931)上海宏大善書局石印本　一冊

330000－1712－0000419　經221　經部/孝經類/傳說之屬

孝經一卷附二十四孝圖說一卷　(唐)玄宗李隆基注　王震繪　民國據宋刻本影印本　一冊

330000－1712－0000420　經210　經部/春秋左傳類/傳說之屬

加批輯註東萊博議四卷　(宋)呂祖謙撰　劉紫山(劉鍾英)輯註　**增補虛字備考註釋六卷**　(清)張文炳撰　民國九年(1920)上海掃葉山房石印本　四冊

330000－1712－0000430　經232　經部/四書類/總義之屬/傳說

新註四書白話解說三十六卷　江希張注　民

國二十六年(1937)上海書業公所石印本　十四冊

330000－1712－0000448　經 249　經部/四書類/孟子之屬/傳說

增補蘇批孟子二卷　(宋)蘇洵撰　(清)趙大浣增補　**孟子年譜一卷**　民國上海掃葉山房石印本　二冊

330000－1712－0000452　經 253　經部/四書類/總義之屬/傳說

新註四書白話解說三十六卷　江希張注　民國十五年(1926)上海書業公所石印本　十四冊

330000－1712－0000453　經 254　經部/四書類

四書白話解　(清)施崇恩撰　民國九年(1920)上海民強石印本　敏之題簽　八冊

330000－1712－0000455　經 256　經部/四書類/孟子之屬/傳說

增補蘇批孟子二卷　(宋)蘇洵撰　(清)趙大浣增補　**孟子年譜一卷**　民國三年(1914)上海會文堂書局石印本　吳一峰批點、句讀、題簽　二冊

330000－1712－0000458　經 258　經部/四書類/總義之屬/傳說

四書集註十九卷　(宋)朱熹撰　民國三年(1914)中華書局鉛印本　六冊

330000－1712－0000460　經 262　經部/四書類/總義之屬/傳說

四書集註十九卷　(宋)朱熹撰　民國三年(1914)中華書局鉛印本(孟子卷一至七補配民國中華書局鉛印本)　陳昀句讀　二冊　存十二卷(論語六至十、孟子一至七)

330000－1712－0000463　經 264　經部/四書類/總義之屬/傳說

四書白話註解　許伏民　童官卓編　民國五年(1916)上海鍊石齋書局、群學書社石印本　十四冊

330000－1712－0000466　經 266　經部/四書類/總義之屬/傳說

言文對照廣註四書讀本　世界書局編輯所編輯　民國上海世界書局石印本　十二冊　缺二卷(孟子一、五)

330000－1712－0000468　經 268　經部/四書類/總義之屬/傳說

四書纂疏二十六卷札記一卷　(宋)趙順孫撰　民國十四年(1925)聖風書苑據清康熙通志堂經解本影印本　八冊

330000－1712－0000469　經 269　經部/四書類/總義之屬/傳說

四書纂疏二十六卷札記一卷　(宋)趙順孫撰　民國十四年(1925)聖風書苑據清康熙通志堂經解本影印本　二冊　存二卷(大學、中庸)

330000－1712－0000480　經 277　經部/四書類/論語之屬/傳說

論語足徵記二卷　崔適撰　民國十年(1921)國立北京大學出版部鉛印本　一冊

330000－1712－0000481　經 280　經部/四書類/總義之屬/傳說

四書集註十九卷　(宋)朱熹撰　民國上海會文堂石印本　一冊　存一種

330000－1712－0000482　經 281　經部/四書類/總義之屬/傳說

四書集註十九卷　(宋)朱熹撰　民國二十九年(1940)上海廣益書局石印本　一冊　存一種

330000－1712－0000497　經 296　經部/四書類/總義之屬/傳說

四書集註十九卷　(宋)朱熹撰　民國二年(1913)上海天機書局石印本　一冊　存二種

330000－1712－0000500　經 299　經部/四書類/中庸之屬/傳說

中庸誼證不分卷　陳文撰　民國十一年(1922)鉛印本　一冊

330000－1712－0000542　經 340　經部/小學類/訓詁之屬/爾雅

爾雅釋例五卷　(清)陳玉澍撰　民國十年(1921)南京高等師範學校鉛印本　一冊

330000－1712－0000544　經342　經部/小學類/訓詁之屬/爾雅

爾雅三卷　(晉)郭璞注　(唐)陸德明音釋　民國三年(1914)上海掃葉山房石印本　三冊

330000－1712－0000562　經360　經部/小學類/文字之屬/字書/字體

隸字彙十卷　(清)項懷述編録　民國八年(1919)上海掃葉山房石印本　四冊

330000－1712－0000569　經366　經部/小學類/文字之屬/說文

說文通檢十四卷首一卷末一卷　(清)黎永椿編　民國十四年(1925)上海掃葉山房石印本　二冊

330000－1712－0000577　經373　經部/小學類/文字之屬/說文/傳說

說文解字段注攷正十五卷　(清)馮桂芬撰　民國十六年(1927)據稿本影印本　八冊

330000－1712－0000579　經377　經部/小學類/文字之屬/說文/傳說

說文解字注十五卷附六書音均表五卷　(清)段玉裁撰　**說文部目分韻一卷**　(清)陳煥編　**說文通檢十四卷首一卷末一卷**　(清)黎永椿編　**說文提要一卷**　(清)陳建侯撰　**徐星伯說文段注札記一卷**　(清)徐松撰　(清)劉肇隅編　**龔定菴說文段注札記一卷**　(清)龔自珍撰　(清)劉肇隅編　**桂未谷說文段注鈔一卷補鈔一卷**　(清)桂馥撰　(清)劉肇隅編　民國十二年(1923)上海掃葉山房石印本　十三冊

330000－1712－0000581　經380　經部/小學類/文字之屬/字書/字體

六書通十卷附百體福壽圖　(清)閔齊伋撰　(清)畢弘述篆訂　民國三十五年(1946)上海錦章書局石印本　五冊

330000－1712－0000587　經386　經部/小學類/文字之屬/說文/傳說

說文解字通釋四十卷　(五代)徐鍇傳釋　(五代)朱翺反切　民國七年(1918)上海掃葉山房石印本　六冊

330000－1712－0000615　經415　經部/小學類/文字之屬/字書/字典

康熙字典十二集三十六卷總目一卷檢字一卷辨似一卷等韻一卷備考一卷補遺一卷　(清)張玉書等纂修　民國商務印書館石印本　一冊　存六卷(巳集上中下、午集上中下)

330000－1712－0000617　經416　經部/小學類/訓詁之屬/字詁

辭源十二卷檢字一卷勘誤一卷附録五卷　陸爾奎等編　民國四年(1915)上海商務印書館鉛印本　十二冊

330000－1712－0000618　經417　經部/小學類/文字之屬/字書/字典

新字典十二卷拾遺一卷檢字一卷附録一卷勘誤一卷補編一卷　陸爾奎等編纂　民國元年(1912)上海商務印書館鉛印本　六冊

330000－1712－0000619　經418　經部/小學類/文字之屬/字書/字典

新字典十二卷拾遺一卷檢字一卷附録一卷勘誤一卷補編一卷　陸爾奎等編纂　民國元年(1912)上海商務印書館鉛印本　四冊　缺四卷(檢字、附録、勘誤、補編)

330000－1712－0000621　經420　經部/小學類/文字之屬/字書/字典

中華大字典十二卷　徐誥等編輯　民國鉛印本　一冊　存一卷(申集)

330000－1712－0000622　經421　經部/小學類/文字之屬/字書/字典

康熙字典十二集三十六卷總目一卷檢字一卷辨似一卷等韻一卷補遺一卷備考一卷　(清)張玉書等纂修　民國元年(1912)上海鴻文書局石印本　二冊　存十六卷(子集上中下、丑集上中下、酉集上中下、戌集上中下,總目,檢字,辨似,等韻)

330000－1712－0000650　經449　經部/小學

類/文字之屬/字書/通論

字義類例不分卷 陳獨秀撰 民國十四年(1925)上海亞東圖書館石印本 一冊

330000－1712－0000652 經450 經部/小學類/文字之屬/說文/傳說

六書綜三十二卷首一卷 史蟄夫輯 民國二十年(1931)上海商務印書館石印本 三十一冊 存三十一卷(二至三十二)

330000－1712－0000653 經451 經部/群經總義類/文字音義之屬

經傳釋詞十卷 (清)王引之撰 王時潤點勘 民國上海古書流通處影印本 四冊

330000－1712－0000654 經452 經部/群經總義類/文字音義之屬

經詞衍釋十卷補遺一卷 (清)吳昌瑩撰 民國上海古書流通處影印本 四冊

330000－1712－0000658 經456 經部/小學類/音韻之屬/韻書

增廣詩韻全璧五卷 (清)湯祥瑟輯 華鋸重編 **初學檢韻袖珍一卷** (清)錢大昕鑒定 (清)姚文登輯 民國九年(1920)上海章福記書局石印本 六冊

330000－1712－0000659 經458 經部/小學類/音韻之屬/韻書

增廣詩韻全璧五卷 初學檢韻袖珍一卷 (清)錢大昕鑒定 (清)姚文登輯 民國六年(1917)上海廣益書局石印本 六冊

330000－1712－0000665 經463 經部/小學類/音韻之屬/韻書

增廣詩韻全璧五卷 初學檢韻袖珍一卷 (清)姚文登輯 **詩賦類聯采新十二卷月令粹編二十四卷詩腋一卷詞林典腋一卷外編一卷賦彙錄要一卷賦學指南摘要一卷分韻文選題解擇要一卷校增金壺字攷一卷字學正譌一卷** 民國六年(1917)上海廣益書局石印本 三冊 存二十七卷(一至二、四,詩賦類聯采新一至四、六至八,月令粹編一至十、十四至十八,詩腋,詞林典腋)

330000－1712－0000683 經478 經部/小學類/音韻之屬/古今韻說

音韻學通論八卷 馬宗霍撰 民國二十年(1931)上海商務印書館鉛印本 三冊

330000－1712－0000694 經488 經部/小學類/訓詁之屬/字詁

助字辨略五卷 (清)劉淇撰 民國上海古書流通處據海源閣刻本影印本 五冊

330000－1712－0000696 經489 經部/小學類/文字之屬/字書/通論

蒼石山房文字談不分卷 石廣權撰 民國十八年(1929)上海商務印書館石印本 一冊

330000－1712－0000715 經359 經部/小學類/文字之屬/字書/字體

隸字彙十卷 (清)項懷述編録 民國二年(1913)上海掃葉山房石印本 四冊

330000－1712－0000729 經523 經部/小學類/音韻之屬/韻書

中原音韻二卷 (元)周德清輯 **太和正音譜二卷** (明)朱權編 民國十五年(1926)上海古書流通處影印本 五冊

330000－1712－0000730 經525 經部/小學類/文字之屬/字書/字體

隸字彙十卷 (清)項懷述編録 民國八年(1919)上海掃葉山房石印本 三冊 缺二卷(九至十)

330000－1712－0000731 經524 經部/小學類/文字之屬/字書/字體

繆篆分韻五卷補一卷 (清)桂馥輯 民國十二年(1923)蘇州振新書社影印本 四冊

330000－1712－0000753 經536 經部/叢編

十三經讀本 唐文治輯 民國十三年(1924)吳江施肇曾醒園刻本 一冊 存一種

330000－1712－0000778 史0014 史部/地理類/山川之屬/山志

乍浦九山補志十二卷九山遊草一卷 (清)李確撰 民國七年(1918)刻本 三冊

330000－1712－0000779　史0015　史部/地理類/山川之屬/山志

乍浦九山補志十二卷九山遊草一卷　(清)李確撰　民國七年(1918)刻本　三冊

330000－1712－0000780　史0016　史部/地理類/山川之屬/山志

乍浦九山補志十二卷九山遊草一卷　(清)李確撰　民國七年(1918)刻本　二冊　存十二卷(一至十二)

330000－1712－0000784　史0019　史部/地理類/方志之屬/郡縣志

平湖縣鄉土志二卷　王積澂編　民國九年(1920)平湖綺春閣書莊鉛印本　二冊

330000－1712－0000791　叢11　類叢部/類書類/專類之屬

分類分韻小佩文韻府六卷　趙晅撰　民國十二年(1923)上海碧梧山莊石印本　六冊

330000－1712－0000795　史0022　史部/目録類/總録之屬/地方

平湖經籍志十六卷　陸惟鍌纂　民國二十六年(1937)平湖陸惟鍌求是齋刻三十年(1941)續刻本　四冊

330000－1712－0000796　史0023　史部/目録類/總録之屬/地方

平湖經籍志十六卷　陸惟鍌纂　民國二十六年(1937)平湖陸惟鍌求是齋刻三十年(1941)續刻本　四冊

330000－1712－0000797　史0027　史部/地理類/方志之屬/郡縣志

[民國]金山縣志二十卷首一卷　(清)常琬修　(清)焦以敬等纂　民國十八年(1929)影印本　三冊　缺四卷(十二至十五)

330000－1712－0000798　史0024　史部/目録類/總録之屬/地方

平湖經籍志十六卷　陸惟鍌纂　民國二十六年(1937)平湖陸惟鍌求是齋刻三十年(1941)續刻本　四冊

330000－1712－0000799　史0025　史部/傳記類/總傳之屬/郡邑

平湖經籍志所涉人名生卒年表一卷　陸惟鍌編　稿本　一冊

330000－1712－0000800　史0026　史部/地理類/方志之屬/郡縣志

[民國]金山縣志二十卷首一卷　(清)常琬修　(清)焦以敬等纂　民國十八年(1929)影印本　三冊　存十六卷(首、一至十五)

330000－1712－0000818　史0045　史部/傳記類/總傳之屬/家乘

[浙江平湖]張氏家乘四修十卷　張元善纂　民國三年至五年(1914－1916)稆洲山莊刻本　四冊

330000－1712－0000819　史0046　史部/傳記類/總傳之屬/家乘

[浙江平湖]張氏家乘四修十卷　張元善纂　民國三年至五年(1914－1916)稆洲山莊刻本　四冊

330000－1712－0000824　史0053　史部/傳記類/總傳之屬/家乘

[浙江平湖]張氏家乘四修十卷　張元善纂　民國二年(1913)稿本　四冊

330000－1712－0000827　史0054　史部/傳記類/總傳之屬/家乘

[浙江平湖]張氏家乘四修十卷　張元善纂　民國二年(1913)稿本　二冊

330000－1712－0000840　史0067　史部/傳記類/別傳之屬

清史館儒林張憲和列傳一卷　民國九年(1920)抄本　一冊

330000－1712－0000861　史0089　史部/傳記類/總傳之屬/家乘

[浙江嘉興]吴郡陸氏賨巷支世系圖表不分卷　陸祖穀纂修　民國二十二年(1933)石印本　四冊

330000－1712－0000862　史0088　史部/傳記類/總傳之屬/家乘

[江蘇無錫]陸氏世譜一百二十六卷首一卷

陸佐運　陸雨生等撰　民國三十七年(1948)鉛印本　三十八册

330000－1712－0000863　史0090　史部/傳記類/總傳之屬/家乘

[浙江平湖]陸氏元和譜不分卷　民國初抄本　二册

330000－1712－0000868　史0093　史部/傳記類/總傳之屬/家乘

[浙江平湖]當湖陸氏祥里定支家譜一卷　陸惟鎏纂修　民國十八年(1929)陸惟鎏稿本　一册

330000－1712－0000870　史0097　史部/傳記類/總傳之屬/家乘

[浙江平湖]陸氏祥里定支譜一卷泖西支譜一卷　民國抄本　四册

330000－1712－0000871　史0098　史部/傳記類/總傳之屬/家乘

[上海]陸氏奉賢支譜一卷　民國抄本　三册

330000－1712－0000872　史0099　史部/傳記類/總傳之屬/家乘

[浙江平湖]陸氏樞密景賢支譜一卷　民國抄本　四册

330000－1712－0000876　史0105　史部/傳記類/總傳之屬/家乘

[浙江平湖]陸氏家乘八卷　陸有壬輯　民國陸有壬抄本　八册　存七卷(二至八)

330000－1712－0000877　史0104　史部/傳記類/總傳之屬/家乘

[浙江平湖]陸氏祥里寬支譜一卷附考证歷代宗支表一卷　民國抄本　一册

330000－1712－0000878　史0106　史部/傳記類/總傳之屬/家乘

[浙江平湖]平湖徐氏世系不分卷　徐欽夔等纂　民國五年(1916)平湖綺春閣鉛印本　四册

330000－1712－0000879　史0116　史部/傳記類/別傳之屬/年譜

金正希先生[聲]年譜一卷附録一卷　(清)程錫類撰　民國十七年(1928)金兆蕃思貽堂刻本　一册

330000－1712－0000880　史0107　史部/傳記類/總傳之屬/家乘

[浙江平湖]平湖徐氏世系不分卷　徐欽夔等纂　民國五年(1916)平湖綺春閣鉛印本　四册

330000－1712－0000881　史0108　史部/傳記類/總傳之屬/家乘

[浙江平湖]平湖徐氏世系不分卷　徐欽夔等纂　民國五年(1916)平湖綺春閣鉛印本　四册

330000－1712－0000882　史0113　史部/傳記類/別傳之屬/年譜

金正希先生[聲]年譜一卷附録一卷　(清)程錫類撰　民國十七年(1928)金兆蕃思貽堂刻本　一册

330000－1712－0000883　史0109　史部/傳記類/總傳之屬/家乘

[浙江平湖]平湖徐氏世系不分卷　徐欽夔等纂　民國五年(1916)平湖綺春閣鉛印本　二册

330000－1712－0000884　史0114　史部/傳記類/別傳之屬/年譜

金正希先生[聲]年譜一卷附録一卷　(清)程錫類撰　民國十七年(1928)金兆蕃思貽堂刻本　一册

330000－1712－0000885　史0110　史部/傳記類/總傳之屬/家乘

[浙江平湖]平湖徐氏世系不分卷　徐欽夔等纂　民國五年(1916)平湖綺春閣鉛印本　四册

330000－1712－0000886　史0115　史部/傳記類/別傳之屬/年譜

金正希先生[聲]年譜一卷附録一卷　(清)程錫類撰　民國十七年(1928)金兆蕃思貽堂刻本　一册

330000－1712－0000887　史0117　史部/傳記類/別傳之屬/墓誌

葛氏兩世墓表誌銘不分卷　(清)俞樾等撰　民國石印本　一册

330000－1712－0000888　史0118　史部/傳記類/別傳之屬/墓誌

葛氏兩世墓表誌銘不分卷　(清)俞樾等撰　民國石印本　一册

330000－1712－0000889　史0119　史部/傳記類/別傳之屬/墓誌

葛氏兩世墓表誌銘不分卷　(清)俞樾等撰　民國石印本　一册

330000－1712－0000890　史0120　史部/傳記類/別傳之屬/墓誌

葛氏兩世墓表誌銘不分卷　(清)俞樾等撰　民國石印本　一册

330000－1712－0000891　史0121　史部/傳記類/別傳之屬/墓誌

葛氏兩世墓表誌銘不分卷　(清)俞樾等撰　民國石印本　一册

330000－1712－0000892　史0122　史部/傳記類/別傳之屬/墓誌

葛氏兩世墓表誌銘不分卷　(清)俞樾等撰　民國石印本　一册

330000－1712－0000893　史0123　史部/傳記類/別傳之屬/墓誌

葛氏兩世墓表誌銘不分卷　(清)俞樾等撰　民國石印本　一册

330000－1712－0000894　史0124　史部/傳記類/別傳之屬/墓誌

葛氏兩世墓表誌銘不分卷　(清)俞樾等撰　民國石印本　一册

330000－1712－0000895　史0125　史部/傳記類/別傳之屬/墓誌

葛氏兩世墓表誌銘不分卷　(清)俞樾等撰　民國石印本　一册

330000－1712－0000896　史0126　史部/傳記類/別傳之屬/墓誌

葛氏兩世墓表誌銘不分卷　(清)俞樾等撰　民國石印本　一册

330000－1712－0000897　史0127　史部/傳記類/別傳之屬/墓誌

葛氏兩世墓表誌銘不分卷　(清)俞樾等撰　民國石印本　一册

330000－1712－0000898　史0128　史部/傳記類/別傳之屬/墓誌

葛氏兩世墓表誌銘不分卷　(清)俞樾等撰　民國石印本　一册

330000－1712－0000899　史0129　史部/傳記類/別傳之屬/墓誌

葛氏兩世墓表誌銘不分卷　(清)俞樾等撰　民國石印本　一册

330000－1712－0000900　史0130　史部/傳記類/別傳之屬/墓誌

葛府君[嗣溁]墓表誌銘家傳合册三卷　民國石印本　一册

330000－1712－0000901　史0131　史部/政書類/邦計之屬

當湖王貽穀義莊一卷　王積泳編　民國十三年(1924)當湖王貽穀義莊刻本　一册

330000－1712－0000902　史0112　史部/傳記類/總傳之屬/家乘

[浙江海鹽]徐氏宗譜十八卷首一卷　徐丙奎等纂修　民國二年至四年(1913－1915)豐山徐氏義莊刻本　十五册　缺二卷(二至三)

330000－1712－0000903　史0111　史部/傳記類/總傳之屬/家乘

[浙江海鹽]徐氏宗譜十八卷　徐丙奎等修　民國刻本　一册　存一卷(十七)

330000－1712－0000904　史0132　史部/政書類/邦計之屬

當湖王貽穀義莊一卷　王積泳編　民國十三年(1924)當湖王貽穀義莊刻本　一册

330000－1712－0000905　史0133　史部/傳

記類/總傳之屬/家乘

[浙江平湖]當湖王氏家譜不分卷　王積澍纂修　民國六年(1917)當湖王氏刻本　二冊

330000－1712－0000906　史0136　史部/傳記類/總傳之屬/家乘

[當湖王氏]先人事略一卷　王積澍撰　民國平湖綺春閣鉛印本　一冊

330000－1712－0000907　史0137　史部/傳記類/總傳之屬/家乘

[當湖王氏]先人事略一卷　王積澍撰　民國平湖綺春閣鉛印本　一冊

330000－1712－0000908　史0134　史部/傳記類/總傳之屬/家乘

[浙江平湖]當湖王氏家譜不分卷　王積澍纂修　民國六年(1917)當湖王氏刻本　二冊

330000－1712－0000909　史0138　史部/傳記類/總傳之屬/家乘

[浙江嘉興]金氏如心堂譜一卷附録一卷　金兆蕃修　民國二十三年(1934)刻本　一冊

330000－1712－0000910　史0141　史部/傳記類/總傳之屬/家乘

[江蘇宜興]閔氏宗譜十卷　閔信祖等纂修　民國木活字印本　一冊　存二卷(九至十)

330000－1712－0000911　史0139　史部/傳記類/總傳之屬/家乘

[浙江嘉興]金氏家譜不分卷　金燮纂修　民國十五年(1926)平湖綺春閣鉛印本　一冊

330000－1712－0000913　史0140　史部/傳記類/總傳之屬/家乘

[浙江嘉興]金氏家譜不分卷　金燮纂修　民國十五年(1926)平湖綺春閣鉛印本　一冊

330000－1712－0000920　史0149　史部/傳記類/總傳之屬/家乘

[浙江平湖]孫氏家乘六卷　孫振麟重輯　民國二十八年(1939)當湖孫氏桂蘭堂影印本　一冊

330000－1712－0000928　史0156　史部/傳記類/別傳之屬/年譜

曾南豐先生[鞏]年譜一卷　王煥鑣輯　民國公孚印書局鉛印本　王煥鑣題記　一冊

330000－1712－0000930　史0158　史部/傳記類

杏蔭堂彙刻三種　許浩基撰　民國吳興許氏杏蔭堂鉛印本　二冊　存二種

330000－1712－0000932　史0160　史部/傳記類/總傳之屬/家乘

[浙江平湖]時氏家乘二卷　(清)時錫祚纂　(清)時懋森續纂　民國鉛印本　一冊

330000－1712－0000934　史0164　史部/紀傳類/正史之屬

百衲本二十四史預約樣本一卷　上海商務印書館編　民國十九年(1930)上海商務印書館鉛印本暨影印本　一冊

330000－1712－0000935　史0165　史部/紀傳類/正史之屬

百衲本二十四史　張元濟輯　民國上海商務印書館影印本　八百二十冊

330000－1712－0000936　史0166　史部/紀傳類/正史之屬

二十四史附考證　民國五年(1916)上海涵芬樓據乾隆武英殿刻本影印本　六百十一冊　缺五百二卷(史記一百二十七至一百三十;前漢書二十三至二十四、六十四至七十、七十六至八十、九十七至九十八;後漢書一百一至一百三;三國志四至二十二、三十九至六十五;晉書四十六至五十九、一百二十六至一百三十,音義一至三;宋書六十一至七十九;陳書一至十;魏書十九至二十一;隋書十八至二十四;南史一至三、四十三至四十七、五十二至五十五;北史一至二;舊唐書四十至四十一;唐書三至十七、二十五至二十七、三十一至三十六、四十二至四十五、五十七至五十九、七十一、七十五、八十至九十七、一百七至一百八、一百十五、一百三十二至一百三十八、二百七至二百十二、二百十七至二百十九,釋音一至二十五;宋史十九至二十三、三十至三十

五、六十一至八十二、一百四十三至一百四十八、一百六十七至一百八十一、二百二十二至二百二十四、二百八十七至二百九十一、二百九十七至三百二、三百二十八至三百三十六、三百七十一至三百七十四、三百八十四至四百八十四、四百九十一至四百九十六；遼史一至十四、四十七至六十二、七十一至九十五；元史五十九至六十一、一百五十八至一百六十四；明史二百十至二百十一、二百十八至二百二十、二百五十三至二百五十五）

330000－1712－0000942　史 0172　史部/紀傳類/正史之屬

二十四史附考證　民國五年(1916)上海涵芬樓據乾隆武英殿刻本影印本　一冊　存一種

330000－1712－0000954　史 0183　史部/紀傳類/正史之屬

史記一百三十卷　(漢)司馬遷撰　(南朝宋)裴駰集解　(唐)司馬貞索隱　(唐)張守節正義　**補史記一卷**　(唐)司馬貞撰并注　民國中華圖書館影印本　十冊　存三十六卷(一至三十六)

330000－1712－0000955　史 0184　史部/紀傳類/正史之屬

史記探源八卷　崔適撰　民國十一年(1922)國立北京大學出版部鉛印本　一冊

330000－1712－0000956　史 0185　史部/史抄類

史記菁華録六卷　(清)姚祖恩輯評　民國九年(1920)上海鴻寶齋石印本　周善銘題簽　六冊

330000－1712－0000979　史 0210　史部/編年類/通代之屬

資治通鑑二百九十四卷目録三十卷　(宋)司馬光撰　(元)胡三省音注　**通鑑釋文辯誤十二卷**　(元)胡三省撰　民國上海商務印書館鉛印本　五十九冊　缺五卷(資治通鑑一至五)

330000－1712－0000982　史 0213　史部/編年類/通代之屬

資治通鑑二百九十四卷目録三十卷　(宋)司馬光撰　(元)胡三省音注　**續資治通鑑二百二十卷**　(清)畢沅編集　民國十四年(1925)上海掃葉山房石印本　七十二冊

330000－1712－0000983　史 0215　史部/編年類/通代之屬

資治通鑑二百九十四卷目録三十卷　(宋)司馬光撰　(元)胡三省音注　**續資治通鑑二百二十卷**　(清)畢沅編集　民國十四年(1925)上海掃葉山房石印本　一冊　存八卷(續六十八至七十五)

330000－1712－0001046　史 0267　史部/紀事本末類/通代之屬

歷朝紀事本末(九朝紀事本末)九種　(清)陳如升　(清)朱記榮輯　(清)慎記主人增輯　民國十四年(1925)上海校經山房成記書局石印本　四十八冊

330000－1712－0001050　史 0270　史部/雜史類/斷代之屬

滿夷猾夏始末記八卷首一卷外編三卷　楊敦頤輯　民國元年(1912)上海新中華圖書館鉛印本　十二冊

330000－1712－0001051　史 0272　史部/傳記類/總傳之屬/斷代

清史列傳八十卷　中華書局編　民國十七年(1928)上海中華書局鉛印本　八十冊

330000－1712－0001055　史 0275　史部/紀傳類/正史之屬

史記訂補八卷　李笠撰　民國十三年(1924)瑞安李氏横經室刻本　四冊

330000－1712－0001088　史 0308　史部/雜史類/通代之屬

歷朝野史九卷　(明)查應光輯　**歷朝野史續編二卷**　周鍾游輯　民國十四年(1925)上海有正書局鉛印本　四冊

330000－1712－0001101　史 0312　史部/雜史類/斷代之屬

痛史二十一種附九種　樂天居士輯　民國上

海商務印書館鉛印本　二册　存一種

330000－1712－0001114　史 0328　史部/雜史類/斷代之屬

文獻叢編四十六輯　國立北平故宫博物院文獻館編　民國十九年至三十二年(1930－1943)國立北平故宫博物院鉛印本　一册　存一輯(一)

330000－1712－0001115　史 0334　史部/傳記類/别傳之屬/墓誌

葛氏兩世墓表誌銘不分卷　(清)俞樾等撰　民國石印本　一册

330000－1712－0001118　史 0335　史部/傳記類/别傳之屬/墓誌

葛氏兩世墓表誌銘不分卷　(清)俞樾等撰　民國石印本　一册

330000－1712－0001123　史 0341　史部/傳記類/别傳之屬/事狀

海鹽談少琴先生[庭梧]誌銘行狀一卷附象贊筆記佚事一卷　盧學源等撰　**談鳳威先生小傳一卷**　許清澄撰　民國二十五年(1936)石印本　一册

330000－1712－0001124　史 0342　史部/傳記類/别傳之屬/事狀

先考柯府君[汝霖]事狀一卷　柯培鼎撰　民國鉛印本　一册

330000－1712－0001126　叢 387　類叢部/叢書類/彙編之屬

留餘草堂叢書十二種　劉承幹編　民國吴興劉氏嘉業堂刻本　一册　存一種

330000－1712－0001129　史 0344　史部/傳記類/總傳之屬/家乘

當湖奚氏述德録一卷　(清)奚霆撰　民國四年(1915)平湖綺春閣鉛印本　一册

330000－1712－0001130　史 0345　史部/傳記類/科舉録之屬/總録

平湖采芹録四卷　(清)葛金烺輯　葛嗣浵等增輯　民國四年(1915)刻本　二册

330000－1712－0001131　史 0361　史部/傳記類/别傳之屬/年譜

金正希先生[聲]年譜一卷附録一卷　(清)程錫類撰　民國十七年(1928)金兆蕃思貽堂刻本　一册

330000－1712－0001132　史 0362　史部/傳記類/别傳之屬/事狀

金學士[福曾]國史循吏傳稿三卷　金兆蕃録　朱錦等輯　民國十七年(1928)金兆蕃思貽堂刻本　一册

330000－1712－0001133　史 0346　史部/傳記類/科舉録之屬/總録

平湖采芹録四卷　(清)葛金烺輯　葛嗣浵等增輯　民國四年(1915)刻本　二册

330000－1712－0001134　史 0347　史部/傳記類/科舉録之屬/總録

平湖采芹録四卷　(清)葛金烺輯　葛嗣浵等增輯　民國四年(1915)刻本　二册

330000－1712－0001135　史 0348　史部/傳記類/科舉録之屬/總録

平湖采芹録四卷　(清)葛金烺輯　葛嗣浵等增輯　民國四年(1915)刻本　二册

330000－1712－0001136　史 0349　史部/傳記類/科舉録之屬/總録

平湖采芹録四卷　(清)葛金烺輯　葛嗣浵等增輯　民國四年(1915)刻本　二册

330000－1712－0001137　史 0354　史部/傳記類/總傳之屬/技藝

當湖歷代畫人傳九卷補遺一卷　孫振麟纂　民國二十四年(1935)當湖孫氏刻本　二册

330000－1712－0001138　史 0350　史部/傳記類/科舉録之屬/總録

平湖采芹録四卷　(清)葛金烺輯　葛嗣浵等增輯　民國四年(1915)刻本　二册

330000－1712－0001139　史 0351　史部/傳記類/科舉録之屬/總録

平湖采芹録四卷　(清)葛金烺輯　葛嗣浵等增輯　民國四年(1915)刻本　二册

330000－1712－0001140　史 0352　史部/傳記類/科舉録之屬/總録

平湖采芹録四卷　(清)葛金烺輯　葛嗣浵等增輯　民國四年(1915)刻本　二册

330000－1712－0001141　史 0353　史部/傳記類/科舉録之屬/總録

平湖采芹録四卷　(清)葛金烺輯　葛嗣浵等增輯　民國四年(1915)刻本　一册　存二卷(一至二)

330000－1712－0001142　史 0355　集部/總集類/郡邑之屬

檇李文繫編目一卷　民國陸惟鍙抄本　一册

330000－1712－0001144　史 0356　史部/傳記類/總傳之屬/家乘

嘉善曹氏惇敘録一卷　曹葆宸　曹秉章撰　民國二十二年(1933)刻本　一册

330000－1712－0001145　史 0357　史部/政書類/公牘檔册之屬

古越會館徵信録一卷　民國五年(1916)平湖綺春閣書莊鉛印本　一册

330000－1712－0001146　史 0364　史部/傳記類/科舉録之屬/總録

海鹽士林録六卷　(清)朱俎莘編　朱麐元等續編　民國二十一年(1932)海鹽朱氏十三古印齋鉛印本　三册

330000－1712－0001147　史 0358　史部/傳記類/總傳之屬/郡邑

歷代兩浙詞人小傳十六卷　周慶雲輯　民國十一年(1922)烏程周氏夢坡室刻本　五册

330000－1712－0001149　史 0365　史部/傳記類/别傳之屬/墓誌

葛府君[嗣溁]墓表誌銘家傳合册三卷　民國石印本　一册

330000－1712－0001153　史 0366　史部/傳記類/别傳之屬/墓誌

葛府君[嗣溁]墓表誌銘家傳合册三卷　民國石印本　一册

330000－1712－0001165　史 0383　史部/目録類/總録之屬/地方

當湖陸氏求是齋所藏鄉先哲書目六卷　民國二十三年(1934)平湖陸氏求是齋抄本　二册

330000－1712－0001169　史 0384　史部/目録類/總録之屬/地方

當湖葛氏守先閣藏鄉先哲書目四卷　民國陸氏求是齋抄本　一册

330000－1712－0001170　史 0388　史部/傳記類/别傳之屬/事狀

清封朝議大夫晉封中議大夫四品封典鹽提舉陞銜選用州同貢生顯考仰堂府君[戚庭樹]行述哀輓録一卷　戚聲洪等述　民國平湖綺春閣印刷所鉛印本　一册

330000－1712－0001172　史 0385　史部/目録類/總録之屬/地方

當湖先哲遺著見存目六卷　胡士瑩輯　民國胡士瑩抄本　一册

330000－1712－0001176　史 0405　集部/總集類/選集之屬/斷代

近代名人簡評不分卷　民國抄本　四册

330000－1712－0001180　史 0397　史部/傳記類/總傳之屬/儒林

景陸稡編八卷首一卷末一卷　(清)許仁沐輯　民國十四年(1925)鉛印本　六册

330000－1712－0001181　史 0392　史部/傳記類/總傳之屬/儒林

景陸稡編八卷首一卷末一卷　(清)許仁沐輯　民國十四年(1925)鉛印本　六册

330000－1712－0001182　史 0393　史部/傳記類/總傳之屬/儒林

景陸稡編八卷首一卷末一卷　(清)許仁沐輯　民國十四年(1925)鉛印本　六册

330000－1712－0001183　史 0394　史部/傳記類/總傳之屬/儒林

景陸稡編八卷首一卷末一卷　(清)許仁沐輯　民國十四年(1925)鉛印本　六册

330000－1712－0001185　史0395　史部/傳記類/總傳之屬/儒林
景陸粹編八卷首一卷末一卷　(清)許仁沐輯　民國十四年(1925)鉛印本　六册

330000－1712－0001186　史0396　史部/傳記類/總傳之屬/儒林
景陸粹編八卷首一卷末一卷　(清)許仁沐輯　民國十四年(1925)鉛印本　六册

330000－1712－0001190　史0406　史部/傳記類/雜傳之屬
蓬山密記一卷　(清)高士奇撰　民國抄本　一册

330000－1712－0001201　史0418　史部/傳記類/科舉録之屬/總録
海鹽士林録六卷　(清)朱組莘編　朱麐元等續編　民國二十一年(1932)海鹽朱氏十三古印齋鉛印本　三册

330000－1712－0001203　史0426　史部/傳記類/總傳之屬
[葉氏]三世稀古圖不分卷　民國石印本　一册

330000－1712－0001206　史0421　史部/目録類/專録之屬
陸氏求是齋別集目録一卷　民國抄本　一册

330000－1712－0001208　史0423　史部/目録類/專録之屬
墨林今話目録一卷　民國抄本　一册

330000－1712－0001211　史0427　史部/傳記類/總傳之屬
[葉氏]三世稀古圖不分卷　民國石印本　一册

330000－1712－0001212　史0428　史部/傳記類/總傳之屬
[葉氏]三世稀古圖不分卷　民國石印本　一册

330000－1712－0001213　史0429　史部/傳記類/總傳之屬
[葉氏]三世稀古圖不分卷　民國石印本　一册

330000－1712－0001214　史0430　史部/傳記類/總傳之屬
[葉氏]三世稀古圖不分卷　民國石印本　一册

330000－1712－0001216　史0437　史部/傳記類/總傳之屬/技藝
當湖歷代畫人傳九卷補遺一卷　孫振麟纂　民國二十四年(1935)當湖孫氏刻朱印本　二册

330000－1712－0001217　史0436　史部/傳記類/總傳之屬/技藝
當湖歷代畫人傳九卷補遺一卷　孫振麟纂　民國二十四年(1935)當湖孫氏刻本　二册

330000－1712－0001219　史0431　史部/傳記類/別傳之屬/事狀
平湖葉湛持先生[存養]永思録一卷　民國平湖綺春閣書莊鉛印本　一册

330000－1712－0001220　史0432　史部/傳記類/別傳之屬/事狀
平湖葉湛持先生[存養]永思録一卷　民國平湖綺春閣書莊鉛印本　一册

330000－1712－0001221　史0433　史部/傳記類/別傳之屬/事狀
莫母葛太夫人[湘尹]哀輓録一卷　民國鉛印本　一册

330000－1712－0001223　史0434　史部/傳記類/別傳之屬/事狀
莫母葛太夫人[湘尹]哀輓録一卷　民國鉛印本　一册

330000－1712－0001225　史0435　史部/傳記類/別傳之屬/事狀
莫母葛太夫人[湘尹]哀輓録一卷　民國鉛印本　一册

330000－1712－0001227　史0419　史部/傳記類/別傳之屬/事狀

平湖葉湛持先生[存養]永思録一卷 民國平湖綺春閣書莊鉛印本 一冊

330000－1712－0001228 史0442 史部/傳記類/別傳之屬/事狀
[葛嗣浵]壽言彙輯三卷 陳翰輯 民國十六年(1927)鉛印本 一冊

330000－1712－0001229 史0443 史部/傳記類/別傳之屬/事狀
[葛嗣浵]壽言彙輯三卷 陳翰輯 民國十六年(1927)鉛印本 一冊

330000－1712－0001230 史0444 史部/傳記類/別傳之屬/事狀
[葛嗣浵]壽言彙輯三卷 陳翰輯 民國十六年(1927)鉛印本 一冊

330000－1712－0001231 史0445 史部/傳記類/別傳之屬/事狀
[葛嗣浵]壽言彙輯三卷 陳翰輯 民國十六年(1927)鉛印本 一冊

330000－1712－0001232 史0446 史部/傳記類/別傳之屬/事狀
[葛嗣浵]壽言彙輯三卷 陳翰輯 民國十六年(1927)鉛印本 一冊

330000－1712－0001233 史0447 史部/傳記類/別傳之屬/事狀
[葛嗣浵]壽言彙輯三卷 陳翰輯 民國十六年(1927)鉛印本 一冊

330000－1712－0001234 史0448 史部/傳記類/別傳之屬/事狀
[葛嗣浵]壽言彙輯三卷 陳翰輯 民國十六年(1927)鉛印本 一冊

330000－1712－0001235 史0449 史部/傳記類/別傳之屬/事狀
[葛嗣浵]壽言彙輯三卷 陳翰輯 民國十六年(1927)鉛印本 一冊

330000－1712－0001236 史0450 史部/傳記類/別傳之屬/事狀
[葛嗣浵]壽言彙輯三卷 陳翰輯 民國十六年(1927)鉛印本 一冊

330000－1712－0001237 史0451 史部/傳記類/別傳之屬/事狀
[葛嗣浵]壽言彙輯三卷 陳翰輯 民國十六年(1927)鉛印本 一冊

330000－1712－0001238 史0452 史部/傳記類/別傳之屬/事狀
[葛嗣浵]壽言彙輯三卷 陳翰輯 民國十六年(1927)鉛印本 一冊

330000－1712－0001239 史0453 史部/傳記類/別傳之屬/事狀
[葛嗣浵]壽言彙輯三卷 陳翰輯 民國十六年(1927)鉛印本 一冊

330000－1712－0001240 史0454 史部/傳記類/別傳之屬/事狀
[葛母朱太淑人]輓語彙録一卷 陳翰輯 民國十三年(1924)鉛印本 一冊

330000－1712－0001241 史0462 史部/傳記類/別傳之屬/事狀
張公吟槐暨德配陸太夫人輓語彙録一卷 張朝鏞輯 張侯編 民國十七年(1928)鉛印本 一冊

330000－1712－0001243 史0463 史部/傳記類/別傳之屬/事狀
黃夫人行述一卷 張登善述 民國刻本 一冊

330000－1712－0001244 史0464 史部/傳記類/別傳之屬/事狀
黃夫人行述一卷 張登善述 民國刻本 一冊

330000－1712－0001245 史0465 史部/傳記類/別傳之屬/事狀
黃夫人行述一卷 張登善述 民國刻本 一冊

330000－1712－0001246 史0466 史部/傳記類/別傳之屬/事狀
高山亭先生[廷梅]哀輓録一卷 民國石印本

一冊

330000－1712－0001247　史 0455　史部/傳記類/別傳之屬/事狀

[葛母朱太淑人]輓語彙録一卷　陳翰輯　民國十三年(1924)鉛印本　一冊

330000－1712－0001249　史 0456　史部/傳記類/別傳之屬/事狀

[葛母朱太淑人]輓語彙録一卷　陳翰輯　民國十三年(1924)鉛印本　一冊

330000－1712－0001250　史 0457　史部/傳記類/別傳之屬/事狀

[葛母朱太淑人]輓語彙録一卷　陳翰輯　民國十三年(1924)鉛印本　一冊

330000－1712－0001251　史 0458　史部/傳記類/別傳之屬/事狀

[葛母朱太淑人]輓語彙録一卷　陳翰輯　民國十三年(1924)鉛印本　一冊

330000－1712－0001252　史 0459　史部/傳記類/別傳之屬/事狀

[葛母朱太淑人]輓語彙録一卷　陳翰輯　民國十三年(1924)鉛印本　一冊

330000－1712－0001253　史 0460　史部/傳記類/別傳之屬/事狀

[葛母朱太淑人]輓語彙録一卷　陳翰輯　民國十三年(1924)鉛印本　一冊

330000－1712－0001254　史 0461　史部/傳記類/別傳之屬/事狀

[葛母朱太淑人]輓語彙録一卷　陳翰輯　民國十三年(1924)鉛印本　一冊

330000－1712－0001268　史 0478　史部/傳記類/總傳之屬/隱逸

高士傳三卷　(晉)皇甫謐撰　民國鉛印本　一冊　存二卷(二至三)

330000－1712－0001269　史 0479　史部/傳記類/總傳之屬/通代

中國藏書家攷略不分卷　楊立誠　金步瀛編　民國十八年(1929)浙江省立圖書館鉛印本　一冊

330000－1712－0001278　史 0492　史部/傳記類/總傳之屬/列女

廣列女傳二十卷附録一卷　(清)劉開輯　(清)孫鏘校點　民國兩浙節孝總祠鉛印本　葉謙題記　三冊　缺五卷(十六至二十)

330000－1712－0001282　史 0488　史部/傳記類/總傳之屬/郡邑

杭州西溪奉祀歷代兩浙詞人姓氏録一卷　民國鉛印本　一冊

330000－1712－0001283　史 0489　史部/傳記類/總傳之屬/郡邑

杭州西溪奉祀歷代兩浙詞人姓氏録一卷　民國鉛印本　一冊

330000－1712－0001284　史 0490　史部/傳記類/總傳之屬/郡邑

歷代兩浙詞人小傳十六卷　周慶雲輯　民國十一年(1922)烏程周氏夢坡室刻本　五冊

330000－1712－0001285　叢 29　類叢部/叢書類/自著之屬

最樂亭三種　朱福清撰　民國六年至十二年(1917－1923)嘉興朱氏刻本　五冊

330000－1712－0001286　叢 28　類叢部/叢書類/自著之屬

最樂亭三種　朱福清撰　民國六年至十二年(1917－1923)嘉興朱氏刻本　三冊　存二種

330000－1712－0001288　叢 27　類叢部/叢書類/自著之屬

最樂亭三種　朱福清撰　民國六年至十二年(1917－1923)嘉興朱氏刻本　一冊　存一種

330000－1712－0001316　史 0514　史部/傳記類/總傳之屬/技藝

墨林今話十八卷　(清)蔣寶齡撰　**續編一卷**　(清)蔣茝生撰　民國十四年(1925)上海掃葉山房石印本　六冊

330000－1712－0001327　史 0534　史部/傳記類/別傳之屬/事狀

吳興周夢坡先生[慶雲]訃告一卷年譜一卷墓表一卷墓誌銘一卷畫史一卷　周延礽輯　民國二十三年(1934)影印本暨鉛印本　四册

330000－1712－0001328　史0532　史部/傳記類/總傳之屬/家乘
廬江錢氏年譜六卷續編六卷　(清)錢儀吉撰　錢駿祥補輯　民國七年(1918)廬江錢氏鉛印本　十二册

330000－1712－0001329　史0535　史部/傳記類/別傳之屬/事狀
吳興周夢坡先生[慶雲]訃告一卷年譜一卷墓表一卷墓誌銘一卷畫史一卷　周延礽輯　民國二十三年(1934)影印本暨鉛印本　四册

330000－1712－0001344　史0386　史部/雜史類/斷代之屬
總理奉安實録不分卷　總理奉安專刊編纂委員會編　民國十八年(1929)總理奉安專刊編纂委員會鉛印本　二册

330000－1712－0001357　史0559　史部/傳記類/別傳之屬/事狀
先芬録(張錦睦事略)一卷　張震南編　民國二十二年(1933)淮陰張氏鉛印本　一册

330000－1712－0001360　史0567　史部/傳記類/別傳之屬
先伯竹石手撰先考梅石府君[朱之樾]孝友傳一卷附伯父公牘手諭一卷　(清)朱之榛撰　朱景述　朱景繩輯　民國鉛印本　一册

330000－1712－0001361　史0564　史部/傳記類/別傳之屬/事狀
世德堂楊氏[樹棠]六秩雙慶壽言彙編二卷　民國七年(1918)鉛印本　二册

330000－1712－0001362　史0563　史部/傳記類/別傳之屬/事狀
黃母貢太夫人七十冥誕徵辭不分卷　黃楚九輯　民國石印本　二册

330000－1712－0001363　史0562　史部/傳記類/別傳之屬/事狀
簡太夫人哀思録不分卷　簡照南輯　**金剛般若波羅蜜經一卷**　(後秦)釋鳩摩羅什譯　**金剛般若波羅蜜經淺説一卷**　(清)陳術柱撰　民國九年(1920)上海聚珍倣宋印書局石印本暨鉛印本　六册

330000－1712－0001364　史0565　史部/傳記類/別傳之屬/事狀
黃翰卿先生[宗城]訃告不分卷　黃永緒述　民國石印本　一册

330000－1712－0001365　史0573　史部/傳記類/別傳之屬/事狀
浙嘉金升卿先生[猷大]七旬壽言録一卷　(清)金崧壽等輯　民國十五年(1926)商務印書館鉛印本　二册

330000－1712－0001366　史0568　史部/傳記類/別傳之屬/事狀
張培坤先生哀輓録一卷　張石麟　張仁麟輯　民國鉛印本　一册

330000－1712－0001370　史0578　史部/傳記類/別傳之屬/事狀
邵村[張豫泉]壽言二集十卷　張景韓等輯　民國十九年(1930)鉛印本　一册

330000－1712－0001371　史0572　史部/傳記類/別傳之屬/事狀
程學昭女士哀輓録一卷　程子良輯　**程學昭女士遺箸一卷**　程學昭撰　民國十一年(1922)嘉興振新社鉛印本　一册

330000－1712－0001372　史0577　史部/傳記類/別傳之屬/事狀
約園壽言不分卷　趙景僑　趙振球輯　民國八年(1919)鉛印本　一册

330000－1712－0001373　史0574　史部/傳記類/別傳之屬/事狀
浙嘉金升卿先生[猷大]七旬壽言録一卷　(清)金崧壽等輯　民國十五年(1926)商務印書館鉛印本　二册

330000－1712－0001374　史0579　史部/傳記類/別傳之屬/事狀
耿貞惠先生[柏齋]哀輓録一卷　于允鼎校訂

民國二十三年(1934)鉛印本　一冊

330000－1712－0001375　史 0580　史部/傳記類/别傳之屬/事狀

高節孝李太夫人哀思録一卷　高燮輯　民國十八(1929)、十九年(1930)上海聚珍仿宋印書局鉛印本　二冊

330000－1712－0001376　史 0581　史部/傳記類/别傳之屬/事狀

高節孝李太夫人哀思録一卷　高燮輯　民國十八(1929)、十九年(1930)上海聚珍仿宋印書局鉛印本　一冊

330000－1712－0001377　史 0575　史部/傳記類/别傳之屬/事狀

浙嘉金升卿先生[猷大]七旬壽言録一卷　(清)金崧壽等輯　民國十五年(1926)商務印書館鉛印本　二冊

330000－1712－0001378　史 0576　史部/傳記類/别傳之屬/事狀

浙嘉金升卿先生[猷大]七旬壽言録一卷　(清)金崧壽等輯　民國十五年(1926)商務印書館鉛印本　二冊

330000－1712－0001379　史 0582　史部/傳記類/别傳之屬/事狀

黄瑾如先生[金麒]哀輓録一卷　黄建中　黄執中輯　民國十二年(1923)文治齋鉛印本一冊

330000－1712－0001380　史 0584　史部/傳記類/總傳之屬/家乘

新陽趙氏清芬録三卷　趙詒琛編　民國六年(1917)新陽趙詒琛義莊刻本　一冊

330000－1712－0001382　史 0583　史部/傳記類/别傳之屬/事狀

郭節母廖太夫人清芬録不分卷　郭兆霖輯　民國鉛印本　四冊

330000－1712－0001388　史 0593　史部/紀傳類/正史之屬

史記探源八卷　崔適撰　民國鉛印本　二冊

330000－1712－0001420　史 0617　史部/史評類/史論之屬

史通削繁四卷　(清)紀昀撰　民國六年(1917)國學圖書局石印本　四冊

330000－1712－0001426　史 0621　史部/史評類/史論之屬

國史概論四卷　葛陛綸輯　民國三年(1914)上海會文堂石印本　六冊

330000－1712－0001429　史 0629　史部/史評類/史論之屬

明史例案九卷　劉承幹撰　民國四年(1915)吳興劉氏嘉業堂刻本　四冊

330000－1712－0001435　史 0631　史部/雜史類/斷代之屬

湘軍志平議一卷　郭振墉撰　民國五年(1916)清閒山館刻本　一冊

330000－1712－0001436　史 0632　史部/史評類/史學之屬

史學研究法大綱三卷　李泰棻撰　民國九年(1920)武學書館鉛印本　一冊

330000－1712－0001493　史 0682　史部/政書類/邦計之屬/通紀

戊戌變法搉議一卷　陳衍撰　民國抄本一冊

330000－1712－0001538　史 0714　史部/政書類/律令之屬/刑制

中華民國暫行新刑律二卷　民國法政學社石印本　六冊

330000－1712－0001540　史 0711　史部/政書類/通制之屬

上海特别市市政法規彙編二卷增刊一卷　上海特别市市政府秘書處編纂室編　民國十七年(1928)上海特别市政府秘書處鉛印本二冊

330000－1712－0001542　叢 67　類叢部/類書類/通類之屬

增補事類統編九十三卷首一卷　(清)黄葆真增輯　民國十五年(1926)上海錦章圖書局石

印本　十二册

330000－1712－0001552　史 0715　史部/政書類/律令之屬/判牘

十大名家判讀十卷　平襟亞編　秋痕廔主評　民國十五年(1926)上海共和書局石印本　十册

330000－1712－0001553　史 0716　史部/政書類/公牘檔册之屬

樊山公牘四卷　樊增祥撰　民國元年(1912)廣益書局石印本　四册

330000－1712－0001554　史 0726　史部/史評類/史論之屬

中國史講義不分卷　(清)楊敏曾編　民國七年(1918)北京大學出版部鉛印本　二册

330000－1712－0001555　史 0717　史部/政書類/律令之屬/判牘

樊山判牘四卷　樊增祥撰　民國法政學社石印本　四册

330000－1712－0001557　史 0723　史部/政書類/公牘檔册之屬

公牘二種　民國二十三年(1934)司法行政部法官訓練所鉛印本　三册

330000－1712－0001582　史 0739　史部/詔令奏議類/奏議之屬

嘉定長白二先生奏議二種　夏震武輯　民國五年(1916)安慶鉛印本　二册

330000－1712－0001606　史 0764　史部/地理類/總志之屬/通代

地理概論五卷　葛陛綸編輯　民國九年(1920)上海會文堂書局石印本　六册

330000－1712－0001618　史 0779　史部/地理類/方志之屬/郡縣志

[民國]木瀆小志六卷首一卷附光福諸山記一卷　張郁文輯　民國十年(1921)蘇州華興印書局鉛印本　二册

330000－1712－0001620　史 0781　史部/地理類/方志之屬/郡縣志

[民國]重輯張堰志十二卷首一卷末一卷　姚裕廉　范炳垣纂修　民國九年(1920)金山姚氏松韵草堂鉛印本　二册

330000－1712－0001622　史 0782　史部/地理類/方志之屬/郡縣志

[民國]竹林八圩志十二卷首一卷　祝廷錫纂　民國二十一年(1932)石印本　四册

330000－1712－0001623　史 0783　史部/地理類/方志之屬/郡縣志

[民國]竹林八圩志十二卷首一卷　祝廷錫纂　民國二十一年(1932)石印本　四册

330000－1712－0001624　史 0789　史部/地理類/方志之屬/郡縣志

[民國]南潯志六十卷首一卷　周慶雲纂　民國九年至十一年(1920－1922)刻藍印本　十六册

330000－1712－0001631　史 0793　史部/地理類/方志之屬/郡縣志

[民國]竹林八圩志十二卷首一卷　祝廷錫纂　民國二十一年(1932)石印本　四册

330000－1712－0001636　史 0800　史部/地理類/方志之屬/郡縣志

[民國]重輯張堰志十二卷首一卷末一卷　姚裕廉　范炳垣纂修　民國九年(1920)金山姚氏松韵草堂鉛印本　一册　存六卷(首、一至五)

330000－1712－0001640　史 0798　史部/地理類/方志之屬/郡縣志

[民國]王家營志六卷　張震南撰　民國二十二年(1933)秋懷室鉛印本　一册

330000－1712－0001655　史 0813　史部/地理類/水利之屬

橫橋堰水利記一卷附泖河案牘一卷　(清)徐用福輯　民國元年(1912)鉛印本　一册

330000－1712－0001660　史 0820　史部/地理類/山川之屬/水志

水經注四十卷首一卷　(北魏)酈道元撰　民國元年(1912)鄂官書處刻本　十二册

330000－1712－0001670　史0839　史部/地理類/山川之屬/山志

普陀洛迦新志十二卷首一卷　許止淨述　王亨彥輯　民國二十年(1931)鉛印本　四冊

330000－1712－0001671　史0840　史部/地理類/山川之屬/山志

靈峰志四卷補遺一卷　周慶雲輯　民國元年(1912)周慶雲夢坡室刻本　二冊

330000－1712－0001681　史0850　史部/地理類/遊記之屬

徐霞客遊記大觀十二卷　(明)徐弘祖撰　(清)李寄輯　民國十三年(1924)上海掃葉山房石印本　十二冊

330000－1712－0001690　史0851　史部/地理類/遊記之屬/紀勝

徐霞客遊記十卷　(明)徐弘祖撰　(明)季夢良編　**遊記補編一卷**　(清)葉廷甲撰　民國鉛印本　二冊　存三卷(三至五)

330000－1712－0001715　史0875　史部/金石類/總志之屬/通考

獨笑齋金石文攷第一集五卷第二集八卷　(清)鄭業敩撰　民國十六年(1927)上海鄭沅手寫石印本　五冊

330000－1712－0001717　史0829　史部/政書類/公牘檔冊之屬

古越會館徵信録一卷續刻一卷　民國五年(1916)平湖綺春閣書莊鉛印本　一冊

330000－1712－0001718　史0830　史部/政書類/公牘檔冊之屬

古越會館徵信録一卷續刻一卷　民國五年(1916)平湖綺春閣書莊鉛印本　一冊

330000－1712－0001719　史0831　史部/政書類/公牘檔冊之屬

古越會館徵信録一卷續刻一卷　民國五年(1916)平湖綺春閣書莊鉛印本　一冊

330000－1712－0001720　史0832　史部/政書類/公牘檔冊之屬

古越會館徵信録一卷續刻一卷　民國五年(1916)平湖綺春閣書莊鉛印本　一冊

330000－1712－0001721　史0833　史部/政書類/公牘檔冊之屬

古越會館徵信録一卷續刻一卷　民國五年(1916)平湖綺春閣書莊鉛印本　一冊

330000－1712－0001722　史0834　史部/政書類/公牘檔冊之屬

古越會館徵信録一卷續刻一卷　民國五年(1916)平湖綺春閣書莊鉛印本　一冊

330000－1712－0001723　史0876　史部/金石類/總志之屬/通考

獨笑齋金石文攷第一集五卷第二集八卷　(清)鄭業敩撰　民國十六年(1927)上海鄭沅手寫石印本　二冊　存八卷(二集一至八)

330000－1712－0001750　叢76　類叢部/叢書類/家集之屬

丹徒陳氏著述十九種　民國石印本　二冊　存二種

330000－1712－0001755　史0909　史部/金石類/石之屬/通考

校碑隨筆六卷續二卷　方若撰　民國十二年(1923)華璋書局石印本　六冊

330000－1712－0001756　史0910　史部/金石類/石之屬/通考

校碑隨筆六卷續二卷　方若撰　民國十二年(1923)華璋書局石印本　六冊

330000－1712－0001757　史0911　史部/金石類/石之屬/通考

校碑隨筆不分卷　方若撰　民國九年(1920)上海掃葉山房石印本　四冊

330000－1712－0001759　史0914　史部/傳記類/別傳之屬

鈍公六石自壽圖說一卷　劉達武撰　民國鉛印本　一冊

330000－1712－0001760　史0915　史部/金石類/石之屬/通考

夢碧簃石言六卷　顧燮光撰　民國鉛印本

一册　存二卷(一至二)

330000－1712－0001762　史0916　史部/金石類/璽印之屬/文字

清代玉璽譜一卷　民國十九年(1930)上海會文堂新記書局影印本　一册

330000－1712－0001768　史0921　史部/目録類/總録之屬/官修

欽定四庫全書簡明目録二十卷　(清)紀昀等撰　**四庫未收書目提要五卷**　(清)阮元撰　民國八年(1919)上海掃葉山房石印本　八册

330000－1712－0001769　史0927　史部/目録類

四庫全書總目及未收書目引得不分卷　引得編纂處編　民國二十一年(1932)燕京大學圖書館鉛印本　二册

330000－1712－0001776　史0929　史部/目録類/總録之屬/私撰

東海藏書樓書目不分卷　徐允中藏並編　民國十三年(1924)武林鉛印本　六册

330000－1712－0001778　史0932　史部/目録類/總録之屬

二徐書目合刻　王存善輯　民國四年(1915)仁和王存善鉛印本　六册

330000－1712－0001780　史0930　史部/目録類/總録之屬/官修

文瀾閣目索引一卷　楊立誠編　民國十八年(1929)浙江省立圖書館鉛印本　一册

330000－1712－0001781　史0934　史部/目録類/書志之屬/提要

四部叢刊書録一卷　商務印書館編　民國十一年(1922)上海商務印書館鉛印本　一册

330000－1712－0001783　史0935　史部/目録類/書志之屬/提要

四部叢刊書録一卷　商務印書館編　民國十八年(1929)上海商務印書館鉛印本　一册

330000－1712－0001784　史0936　史部/目録類/總録之屬/彙刻

四部叢刊目録一卷　商務印書館編　民國上海商務印書館鉛印本暨影印本　一册

330000－1712－0001785　史0946　史部/目録類/總録之屬/彙刻

彙刻書目二十卷　(清)顧修輯　(清)朱學勤補輯　**彙刻書目二編十卷**　周毓邠輯　民國八年(1919)上海千頃堂書局石印本　十六册

330000－1712－0001786　史0933　史部/目録類/總録之屬/地方

溫州經籍志三十三卷首一卷外編二卷辨誤一卷　(清)孫詒讓撰　民國十年(1921)浙江公立圖書館刻本　十六册

330000－1712－0001787　史0937　史部/目録類/總録之屬/彙刻

四部備要樣本一卷　中華書局編　民國上海中華書局鉛印本　一册

330000－1712－0001788　史0938　史部/目録類/總録之屬/彙刻

四部備要樣本一卷　中華書局編　民國上海中華書局鉛印本　一册

330000－1712－0001789　史0939　史部/目録類/總録之屬/彙刻

四部備要樣本一卷　中華書局編　民國上海中華書局鉛印本　一册

330000－1712－0001790　史0940　史部/目録類

上海中華書局四部備要説明書一卷　中華書局編　民國十四年(1925)上海中華書局鉛印本　一册

330000－1712－0001791　史0943　史部/目録類/專録之屬

西泠印社金石印譜法帖藏書目一卷　西泠印社編　民國二年(1913)上海西泠印社石印本　一册

330000－1712－0001793　史0942　史部/目録類/總録之屬/私撰

掃葉山房圖書彙報□□卷　民國十八年(1929)掃葉山房石印本　一册　存五卷(一

至五)

330000－1712－0001794　史0947　史部/目録類/總録之屬/官修

南京圖書局閲覽室檢查書目二編五卷　南京圖書局編　民國南京圖書局鉛印本　二册

330000－1712－0001797　史0949　史部/目録類/總録之屬/地方

金華經籍志二十四卷外編一卷存疑一卷辨誤一卷　胡宗楙纂　民國十四年(1925)永康胡氏夢選樓刻本　八册

330000－1712－0001800　史0967　史部/目録類/總録之屬/官修

江蘇省立國學圖書館圖書總目四十四卷補編十二卷　江蘇省立國學圖書館編　民國二十二年至二十五年(1933－1936)江蘇省立國學圖書館鉛印本　二十四册　存四十四卷(一至四十四)

330000－1712－0001802　史0953　史部/目録類/總録之屬/私撰

書目答問補正五卷　范希曾編　民國二十年(1931)江蘇省立國學圖書館鉛印本　二册

330000－1712－0001806　史0957　史部/目録類/專録之屬

書畫書録解題十二卷　余紹宋撰　民國二十一年(1932)國立北平圖書館鉛印本　六册

330000－1712－0001807　史0958　史部/目録類/總録之屬/私撰

書目舉要一卷　周貞亮　李之鼎編　民國九年(1920)南城李之鼎宜秋館刻本　一册

330000－1712－0001809　史0960　史部/目録類/總録之屬/私撰

韓氏讀有用書齋書目一卷　封文權編　民國二十三年(1934)瑞安陳氏襃殷堂鉛印本　一册

330000－1712－0001811　史0969　史部/目録類/總録之屬/徵訪

南獻遺徵箋一卷　鄭文焯輯　范希曾箋　民國二十年(1931)淮陰范氏刻本　一册

330000－1712－0001812　史0963　史部/目録類/總録之屬/氏族

海寧渤海陳氏著録二卷續編一卷補遺一卷　(清)陳敬璋編　陳其謙　陳大綸重輯　民國二十三年(1934)鉛印本　一册

330000－1712－0001813　史0962　史部/目録類

諸史然疑校訂附引得不分卷　引得編纂處編　民國二十一年(1932)燕京大學圖書館鉛印本　一册

330000－1712－0001815　史0965　史部/目録類/專録之屬

中國通俗小説書目索引一卷　民國抄本　一册

330000－1712－0001817　史0968　史部/目録類/總録之屬/官修

江蘇省立國學圖書館圖書總目四十四卷補編十二卷　江蘇省立國學圖書館編　民國二十二年至二十五年(1933－1936)江蘇省立國學圖書館鉛印本　六册　存十二卷(補編一至十二)

330000－1712－0001818　史0970　史部/目録類/總録之屬/私撰

詒莊樓書目八卷　王修藏並撰　民國十九年(1930)長興王修鉛印本　四册

330000－1712－0001819　史0971　史部/目録類/通論之屬/義例

校讐新義十卷　杜定友撰　民國十九年(1930)上海中華書局鉛印本　二册

330000－1712－0001823　史0975　史部/目録類/總録之屬/私撰

粹雅堂書目第一期不分卷　粹雅堂書店編　民國二十四年(1935)北平粹雅堂書店鉛印本　一册

330000－1712－0001824　史0976　史部/目録類/總録之屬/私撰

杭州抱經堂書局第七期舊書目録不分卷　杭州抱經堂書局編　民國二十一年(1932)杭州

抱經堂書局石印本　一册

330000－1712－0001825　史 0977　史部/目録類/總録之屬/彙刻

博古齋書目一卷　上海博古齋編　民國上海博古齋石印本　一册

330000－1712－0001826　史 0978　史部/目録類/專録之屬

佛學書目提要一卷　醫學書局編　民國醫學書局鉛印本　一册

330000－1712－0001827　史 0979　史部/目録類/書志之屬/提要

珍書享帚録一卷　朱長圻編　民國二十五年(1936)南京朱長圻萃文書局鉛印本　一册

330000－1712－0001829　史 0981　史部/目録類/專録之屬

中日現代繪畫展覽會出品目録中國之部一卷附補編一卷　民國鉛印本　一册

330000－1712－0001830　史 0983　史部/目録類/總録之屬/彙刻

續古逸叢書樣本一卷　上海商務印書館編　民國上海商務印書館影印本　一册

330000－1712－0001880　子 0014　子部/雜著類/雜纂之屬

國語筆記一卷　胡慶坻撰　稿本　一册

330000－1712－0001885　史 1016　史部/傳記類/總傳之屬/儒林

景陸稡編八卷首一卷末一卷　(清)許仁沐輯　民國十四年(1925)鉛印本　六册

330000－1712－0001889　子 0021　子部/天文曆算類/算書之屬

澹寧齋算稿四種　王積沂撰　民國二十四年至二十五年(1935－1936)平湖綺春閣書莊石印本　四册

330000－1712－0001892　子 0022　子部/天文曆算類/算書之屬

澹寧齋算稿四種　王積沂撰　民國二十四年至二十五年(1935－1936)平湖綺春閣書莊石印本　四册

330000－1712－0001893　子 0023　子部/天文曆算類/算書之屬

澹寧齋算稿四種　王積沂撰　民國二十四年至二十五年(1935－1936)平湖綺春閣書莊石印本　四册

330000－1712－0001895　子 0029　子部/宗教類/佛教之屬/經

佛説阿彌陀經一卷　(後秦)釋鳩摩羅什譯　民國三十七年(1948)石印本　一册

330000－1712－0001902　子 0028　子部/藝術類/書畫之屬/總論

江村銷夏録三卷　(清)高士奇撰　民國上海有正書局影印本　三册

330000－1712－0001910　史 1019　史部/傳記類/總傳之屬/儒林

景陸稡編八卷首一卷末一卷　(清)許仁沐輯　民國十四年(1925)鉛印本　六册

330000－1712－0001911　史 1020　史部/傳記類/總傳之屬/儒林

景陸稡編八卷首一卷末一卷　(清)許仁沐輯　民國十四年(1925)鉛印本　六册

330000－1712－0001913　史 1022　史部/傳記類/總傳之屬/儒林

景陸稡編八卷首一卷末一卷　(清)許仁沐輯　民國十四年(1925)鉛印本　六册

330000－1712－0001914　史 1023　史部/傳記類/總傳之屬/儒林

景陸稡編八卷首一卷末一卷　(清)許仁沐輯　民國十四年(1925)鉛印本　六册

330000－1712－0001921　子 0041　子部/天文曆算類/算書之屬

澹寧齋算稿四種　王積沂撰　民國二十四年至二十五年(1935－1936)平湖綺春閣書莊石印本　四册

330000－1712－0001922　子 0042　子部/天文曆算類/算書之屬

澹寧齋算稿四種　王積沂撰　民國二十四年至二十五年(1935－1936)平湖綺春閣書莊石印本　四册

330000－1712－0001923　子0043　子部/天文曆算類/算書之屬

澹寧齋算稿四種　王積沂撰　民國二十四年至二十五年(1935－1936)平湖綺春閣書莊石印本　四册

330000－1712－0001926　子0044　子部/天文曆算類/算書之屬

澹寧齋算稿四種　王積沂撰　民國二十四年至二十五年(1935－1936)平湖綺春閣書莊石印本　二册　存三種

330000－1712－0001927　子0045　子部/天文曆算類/算書之屬

澹寧齋算稿四種　王積沂撰　民國二十四年至二十五年(1935－1936)平湖綺春閣書莊石印本　二册　存三種

330000－1712－0001929　子0046　子部/天文曆算類/算書之屬

澹寧齋算稿四種　王積沂撰　民國二十四年至二十五年(1935－1936)平湖綺春閣書莊石印本　三册　缺一卷(限一較數一)

330000－1712－0001930　子0047　子部/天文曆算類/算書之屬

澹寧齋算稿四種　王積沂撰　民國二十四年至二十五年(1935－1936)平湖綺春閣書莊石印本　二册　存三種

330000－1712－0001932　子0048　子部/天文曆算類/算書之屬

澹寧齋算稿四種　王積沂撰　民國二十四年至二十五年(1935－1936)平湖綺春閣書莊石印本　二册　存三種

330000－1712－0001934　子0049　子部/天文曆算類/算書之屬

澹寧齋算稿四種　王積沂撰　民國二十四年至二十五年(1935－1936)平湖綺春閣書莊石印本　二册　存三種

330000－1712－0001935　子0050　子部/天文曆算類/算書之屬

澹寧齋算稿四種　王積沂撰　民國二十四年至二十五年(1935－1936)平湖綺春閣書莊石印本　二册　存三種

330000－1712－0001936　子0051　子部/天文曆算類/算書之屬

澹寧齋算稿四種　王積沂撰　民國二十五年(1936)稿本　一册　存一種

330000－1712－0001938　子0052　子部/雜著類

諸子通誼一卷　陳鐘凡撰　民國鉛印本　一册

330000－1712－0001939　子0056　子部/叢編

評註諸子菁華録十八種十八卷　張之純編纂　民國五年至七年(1916－1918)上海商務印書館鉛印本　五册　存五卷(一至二、十、十四、十七)

330000－1712－0001940　子0053　子部/雜著類

諸子通誼一卷　陳鐘凡撰　民國鉛印本　一册

330000－1712－0001942　子0058　子部/儒家類/儒家之屬

荀子集解二十卷首一卷　(唐)楊倞注　王先謙集解　民國上海商務印書館影印本　六册

330000－1712－0001956　史1024　史部/傳記類/别傳之屬/事狀

孔子聖蹟圖不分卷　李炳衛編　民國二十三年(1934)北平民社鉛印本　一册

330000－1712－0001958　子0075　子部/儒家類/儒學之屬/蒙學

會文堂精校重增繪圖幼學故事瓊林四卷首一卷　(清)程允升撰　(清)鄒聖脈增補　蔡郕續增　民國十四年(1925)上海會文堂書局石印本　四册

330000－1712－0001959　叢86　類叢部/類

書類/專類之屬
佩文韻府一百六卷索隱一卷　(清)張玉書等輯　**韻府拾遺一百六卷**　(清)汪灝等輯　民國上海掃葉山房石印本　六十冊

330000－1712－0001963　子 0078　子部/儒家類/儒學之屬/蒙學
新增繪圖幼學故事瓊林四卷首一卷　(清)程登吉撰　(清)鄒聖脈增補　民國上海簡青齋石印本　一冊　存一卷(二)

330000－1712－0001965　子 0079　子部/儒家類/儒學之屬/蒙學
精校重增繪圖幼學故事瓊林四卷首一卷　(清)程登吉撰　(清)鄒聖脈增補　民國二十二年(1933)上海會文堂新記書局石印本　四冊

330000－1712－0001972　叢 88　類叢部/叢書類/家集之屬
雍睦堂叢書□□種　民國三十三年(1944)石印本　一冊　存二種

330000－1712－0001980　史 1027　史部/目録類/總録之屬/地方
鄉邦文獻書價目録不分卷　陸惟鍌撰　民國二十三年(1934)稿本　一冊

330000－1712－0001987　子 0097　子部/儒家類/儒學之屬/性理
冰壺讀書録不分卷　周愍撰　民國鉛印本　一冊

330000－1712－0001991　史 1028　史部/目録類/書志之屬/提要
讀書敏求記四卷　(清)錢曾撰　民國十四年(1925)上海掃葉山房石印本　四冊

330000－1712－0002004　叢 89　類叢部/叢書類/彙編之屬
清代學術叢書五種　黄賓熙編　民國石印本　十二冊　存三種

330000－1712－0002025　子 0121　子部/儒家類/儒學之屬/性理
儒門法語一卷　(清)彭定求編　(清)彭清鵬補編　民國十一年(1922)長洲彭氏承業堂鉛印本　一冊

330000－1712－0002030　子 0134　子部/雜著類/雜考之屬
弢齋述學三卷　徐世昌撰　民國十年(1921)鉛印本　一冊

330000－1712－0002031　子 0143　子部/法家類
韓非子二十卷　(戰國)韓非撰　**識誤三卷**　(清)顧廣圻撰　民國二年(1913)上海掃葉山房石印本　六冊

330000－1712－0002035　子 0131　子部/雜著類/雜說之屬
讀子卮言二卷　江瑔撰　民國六年(1917)上海商務印書館鉛印本　二冊

330000－1712－0002036　子 0132　子部/雜著類/雜說之屬
讀子卮言二卷　江瑔撰　民國六年(1917)上海商務印書館鉛印本　二冊

330000－1712－0002037　子 0142　子部/法家類
韓非子識誤三卷　(清)顧廣圻校　民國上海文瑞樓石印本　五冊

330000－1712－0002040　子 0145　子部/雜著類/雜說之屬
讀莊窮年録二卷　秦毓鎏撰　民國六年(1917)鉛印本　一冊

330000－1712－0002041　子 0146　子部/道家類
莊子札記三十三卷　馬敘倫撰　民國鉛印本　一冊　存十五卷(八至二十二)

330000－1712－0002054　子 0151　子部/雜著類/雜說之屬
淮南鴻烈集解二十一卷　(漢)劉安撰　(漢)高誘注　劉文典集解　**淮南天文訓補注一卷**　(清)錢塘撰　民國十五年(1926)上海商務印書館鉛印本　六冊

330000－1712－0002063　子0163　子部/儒家類/儒學之屬/禮教/鑑戒

人道大義録不分卷　夏震武撰　民國二年(1913)鉛印本　一册

330000－1712－0002106　子0201　子部/儒家類/儒學之屬/禮教/女範

閨範四卷　(明)吕坤注　(清)程夢暘等校　民國十六年(1927)據明刻本影印本　四册

330000－1712－0002108　叢94　史部/政書類/律令之屬

新編評註刀筆菁華四種　平襟亞纂　秋痕樓主評　民國十二年(1923)上海東亞書局鉛印本　四册　存三種

330000－1712－0002110　叢95　史部/政書類/律令之屬

新編評註刀筆菁華四種　平襟亞纂　秋痕樓主評　民國十二年(1923)上海東亞書局鉛印本　三册　存三種

330000－1712－0002112　子0205　子部/儒家類/儒學之屬/性理

楊園菁華録四卷　(清)張履祥撰　(清)沈志本纂　民國二十四年(1935)楊園學社鉛印本　一册

330000－1712－0002115　子0203　子部/儒家類/儒學之屬/禮教/女範

訓女寶箴三卷附本一卷　吕咸熙編　民國十年(1921)上海宏大善書局石印本　四册

330000－1712－0002139　子0220　子部/雜著類/雜説之屬

淮南鴻烈集解二十一卷　(漢)劉安撰　(漢)高誘注　民國四年(1915)上海掃葉山房石印本　四册

330000－1712－0002140　子0221　子部/兵家類/兵法之屬

孫子十家註十三卷　(漢)曹操等註　**遺説一卷**　(宋)鄭友賢撰　**孫子敘録一卷**　(清)畢以珣撰　民國十二年(1923)上海掃葉山房石印本　六册

330000－1712－0002162　子0232　子部/雜著類/雜説之屬

菜根譚前集一卷後集一卷　(明)洪應明撰　民國十五年(1926)石印本　一册

330000－1712－0002163　子0233　子部/儒家類/儒學之屬/禮教/鑑戒

八德指南一卷　滄洲子註　民國上海善書流通處石印本　一册

330000－1712－0002164　子0234　子部/儒家類/儒學之屬/禮教/鑑戒

八德指南一卷　滄洲子註　民國上海善書流通處石印本　一册

330000－1712－0002165　子0235　子部/儒家類/儒學之屬/禮教/鑑戒

八德指南一卷　滄洲子註　民國上海善書流通處石印本　一册

330000－1712－0002167　子0238　子部/道家類

莊子集釋十卷　(清)郭慶藩輯　民國上海埽葉山房石印本　十册

330000－1712－0002168　子0239　子部/道家類

莊子集釋十卷　(清)郭慶藩輯　民國十二年(1923)上海埽葉山房石印本　八册

330000－1712－0002169　子0240　子部/道家類

莊子集釋十卷　(清)郭慶藩輯　民國上海埽葉山房石印本　八册　存八卷(二至九)

330000－1712－0002171　子0242　子部/道家類

莊子集解八卷　王先謙撰　民國上海涵芬樓影印本　三册

330000－1712－0002183　子0251　子部/儒家類/儒學之屬/禮教/鑑戒

八德須知初集八卷　蔡振紳編輯　民國二十一年(1932)上海明善書局石印本　四册

330000－1712－0002185　子0237　子部/道

家類

老子古義二卷　楊樹達撰　民國十一年(1922)上海中華書局鉛印本　一冊

330000－1712－0002189　子0261　子部/道家類

孚佑帝君淺註道德經二卷　民國鉛印本　一冊

330000－1712－0002193　子0262　子部/雜著類/雜說之屬

萬教丹經一卷　段正元講　民國十二年(1923)北京道德學社鉛印本　一冊

330000－1712－0002195　子0263　子部/儒家類/儒家之屬/禮教/鑑戒

養生保命錄一卷　民國八年(1919)石印本　一冊

330000－1712－0002207　子0273　子部/醫家類/類編之屬

黃氏醫書八種八十卷　(清)黃元御撰　民國四年(1915)上海鑄記書局石印本　十二冊

330000－1712－0002209　子0274　子部/醫家類/類編之屬

黃氏醫書八種八十卷　(清)黃元御撰　民國石印本　四冊　存三種

330000－1712－0002221　子0304　子部/醫家類/方書之屬/歷代方書

集驗良方拔萃二卷癸卯年續補集驗拔萃良方一卷　(清)恬素氏輯　民國十年(1921)上海宏大善書局石印本　全壺丹題款　一冊

330000－1712－0002223　子0281　子部/醫家類/方書之屬/單方驗方

增評醫方集解二十三卷增補本草備要八卷重校舊本湯頭歌訣一卷　(清)汪昂著輯　民國元年(1912)上海同文書局石印本　七冊

330000－1712－0002226　叢108　類叢部/叢書類/彙編之屬

漢魏叢書三十八種　(明)程榮輯　民國十四年(1925)上海商務印書館據明萬曆程氏刻本影印本　四十冊

330000－1712－0002243　子0306　子部/醫家類/類編之屬

潛齋醫學叢書十四種　曹炳章編　民國七年(1918)集古閣石印本　十六冊

330000－1712－0002245　子0307　子部/醫家類/本草之屬/歷代綜合本草

增補本草備要八卷重校舊本湯頭歌訣一卷　(清)汪昂著輯　民國三年(1914)上海共和書局石印本　一冊

330000－1712－0002247　子0309　子部/醫家類/本草之屬/歷代綜合本草

增補本草備要八卷重校舊本湯頭歌訣一卷　(清)汪昂著輯　民國上海廣益書局石印本　五冊

330000－1712－0002279　子0323　子部/醫家類/本草之屬/歷代綜合本草

本草從新十八卷　(清)吳儀洛輯　民國上海蔣春記書莊石印本　三冊　存十三卷(一至十三)

330000－1712－0002284　子0352　子部/醫家類/傷寒金匱之屬/傷寒論

曹氏傷寒發微四卷　(漢)張機撰　曹達穎釋義　民國二十年(1931)昌明醫藥學社鉛印本　四冊

330000－1712－0002285　子0353　子部/醫家類/傷寒金匱之屬/傷寒論

張仲景傷寒論原文淺註六卷　(漢)張機撰　(清)陳念祖集註　民國石印本　一冊　存三卷(四至六)

330000－1712－0002287　子0362　子部/醫家類/婦科之屬/產科

達生編一卷　(清)亟齋居士撰　**上海愛華製藥會社各種經驗靈藥說明書一卷**　楊瑞葆彙訂　民國十二年(1923)上海明德書局鉛印本　一冊

330000－1712－0002290　子0354　子部/醫家類/類編之屬

何氏醫學叢書□□種　何炳元編　民國二十

年(1931)上海六也堂書藥局鉛印本　十冊　存二種

330000－1712－0002292　子 0363　子部/醫家類/婦科之屬/產科

達生編一卷　(清)亟齋居士撰　**上海愛華製藥會社各種經驗靈藥說明書一卷**　楊瑞葆彙訂　民國十二年(1923)上海明德書局鉛印本　一冊

330000－1712－0002293　子 0364　子部/醫家類/婦科之屬/產科

達生編一卷　(清)亟齋居士撰　**上海愛華製藥會社各種經驗靈藥說明書一卷**　楊瑞葆彙訂　民國十二年(1923)上海明德書局鉛印本　一冊

330000－1712－0002303　子 0355　子部/醫家類/傷寒金匱之屬/傷寒論

傷寒雜病論集註十六卷首二卷　黃維翰撰　民國二十三年(1934)鉛印本　十二冊

330000－1712－0002307　子 0418　子部/醫家類/兒科之屬/通論

錢氏兒科案疏二卷書後一卷　(宋)錢乙撰　(宋)閻季忠編　(清)張壽頤疏　民國二十一年(1932)上海大東書局鉛印本　二冊

330000－1712－0002312　子 0376　子部/醫家類/類編之屬

藥盦醫學叢書　惲鐵樵撰　民國十七年(1928)上海惲鐵樵醫寓鉛印本　三冊　存三種

330000－1712－0002319　子 0393　子部/醫家類/類編之屬

勉齋醫學叢書□□種　許勉齋撰　民國二十六年(1937)鉛印本　一冊　存一種

330000－1712－0002335　子 0399　子部/醫家類/内科之屬/虛勞

不居集上集三十卷首一卷下集二十卷首一卷　(清)吳澄撰　民國二十四年(1935)上海中醫書局鉛印本　十冊

330000－1712－0002336　子 0411　子部/醫家類/本草之屬/本草藥性

珍珠囊指掌補遺藥性賦不分卷　(金)李杲編輯　**雷公炮製藥性解不分卷**　(明)李中梓編輯　民國三年(1914)上海掃葉山房石印本　二冊

330000－1712－0002337　子 0381　子部/醫家類/醫話醫論之屬

通俗醫話四卷　陳存仁撰　民國二十八年(1939)遠志精舍鉛印本　一冊

330000－1712－0002339　子 0380　子部/醫家類/醫話醫論之屬

通俗醫話四卷　陳存仁撰　民國二十八年(1939)遠志精舍鉛印本　一冊

330000－1712－0002340　子 0379　子部/醫家類/醫話醫論之屬

通俗醫話四卷　陳存仁撰　民國二十八年(1939)遠志精舍鉛印本　一冊

330000－1712－0002344　子 0402　子部/醫家類/醫話醫論之屬

素靈輯粹二卷　吳保神輯　民國二十五年(1936)上海千頃堂書局石印本　二冊

330000－1712－0002349　子 0403　子部/醫家類/綜合之屬

唐氏中西六經方証通解　(清)唐宗海撰　民國六年(1917)上海千頃堂石印本　二冊

330000－1712－0002350　子 0312　子部/醫家類/類編之屬

潛齋醫學叢書八種　(清)王士雄編　民國元年(1912)上海李鍾玨鉛印本　四冊

330000－1712－0002354　子 0416　子部/醫家類/溫病之屬

時病論八卷附論一卷　(清)雷豐撰　民國二十年(1931)上海大東書局鉛印本　四冊

330000－1712－0002355　子 0417　子部/醫家類/兒科之屬/通論

新纂兒科診斷學八卷　何炳元撰　民國二十二年(1933)上海大東書局鉛印本　二冊

330000－1712－0002363　子 0422　子部/醫家類/本草之屬/雜著

本經便讀一卷　(清)魏燾撰　民國鉛印本　周墨盦題記　一冊

330000－1712－0002366　子 0423　子部/醫家類/醫經之屬/内經

内經知要二卷　(清)李中梓輯注　(清)薛雪補注　民國十年(1921)實文堂刻本　二冊

330000－1712－0002372　子 0431　子部/醫家類/喉科口齒之屬/白喉

洞主仙師白喉治法忌表抉微一卷　(清)耐修子録並注　民國十七年(1928)杭州中合印書館鉛印本　一冊

330000－1712－0002373　子 0432　子部/醫家類/喉科口齒之屬/白喉

洞主仙師白喉治法忌表抉微一卷　(清)耐修子録並注　民國上海宏大善書局石印本　一冊

330000－1712－0002377　子 0434　子部/醫家類/兒科之屬/通論

嬰童百問十卷　(明)魯伯嗣撰　(明)王肯堂訂　民國二十年(1931)上海大東書局石印本　二冊

330000－1712－0002380　子 0437　子部/醫家類/外科之屬

祕本瘍科選粹八卷　(明)陳文治撰　(清)徐大椿批點　民國四年(1915)上海新中華書社石印本　八冊

330000－1712－0002381　子 0444　子部/醫家類/方書之屬/單方驗方

靈機筆談不分卷　(南朝梁)陶弘景撰　民國十八年(1929)醒廬精舍鉛印本　一冊

330000－1712－0002389　子 0440　子部/醫家類/方書之屬

慎疾芻言一卷　(清)徐靈胎撰　**便易經驗集一卷**　(清)毛世洪輯　(清)汪瑜文增訂　民國十七年(1928)上海宏大善書局石印本　一冊

330000－1712－0002391　子 0442　子部/醫家類/方書之屬/單方驗方

葉天士秘方一卷　(清)葉桂撰　陸士諤編輯　民國十年(1921)上海世界書局石印本　一冊

330000－1712－0002402　子 0450　子部/醫家類/喉科口齒之屬/喉痧

喉痧論辨一卷　張左軍撰　民國五年(1916)鉛印本　一冊

330000－1712－0002406　子 0466　子部/醫家類/方書之屬/單方驗方

驗方新編十八卷　(清)鮑相璈等輯　民國十八年(1929)芮棣春堂鉛印本　一冊

330000－1712－0002407　子 0491　子部/醫家類/婦科之屬/廣嗣

種子秘方二卷　樂思才編輯　民國十五年(1926)上海中西書局石印本　一冊

330000－1712－0002409　子 0465　子部/醫家類/方書之屬/單方驗方

便易經驗集一卷　(清)毛世洪輯　(清)汪瑜增訂　民國十年(1921)上海宏大善書局石印本　一冊

330000－1712－0002411　子 0462　子部/醫家類/方書之屬/單方驗方

重訂驗方新編十八卷　(清)鮑相璈等輯　民國元年(1912)上海鴻寶齋書局石印本　六冊

330000－1712－0002413　子 0463　子部/醫家類/方書之屬/單方驗方

重訂驗方新編十八卷　(清)鮑相璈等輯　民國十年(1921)上海天寶書局石印本　三冊

330000－1712－0002414　子 0524　子部/醫家類/方書之屬/單方驗方

經驗良方二卷　次留編輯　民國上海大中國印書館石印本　二冊

330000－1712－0002418　子 0469　子部/醫家類/醫經之屬/内經

内經知要講義四卷　錢榮光撰　民國上海大成書局石印本　一冊

330000－1712－0002419　子 0470　子部/醫家類/診法之屬

四診抉微八卷管窺附餘一卷　(清)林之翰撰　民國上海會文堂石印本　四册

330000－1712－0002431　子 0490　子部/醫家類/婦科之屬

重訂沈氏女科輯要箋正二卷　(清)沈堯封輯　(清)徐藹輝簽注　(清)張壽頤箋正　民國二十三年(1934)浙江蘭溪中醫學校鉛印嘉定張氏體仁堂國醫叢刊本　奚復一觀款　二册

330000－1712－0002433　子 0493　子部/醫家類/醫經之屬/内經

群經見智録三卷　惲鋏樵撰　**古醫經論一卷**　章格六撰　民國十一年(1922)鉛印本　二册

330000－1712－0002434　子 0505　子部/醫家類/兒科之屬/痘疹

秦氏痘疹圖說三卷　余德壎補訂　民國七年(1918)上海商務印書館鉛印本　一册　存一卷(一)

330000－1712－0002437　子 0499　子部/醫家類/醫理之屬/綜合

衛生萃言一卷　俞曦撰　民國鉛印本　一册

330000－1712－0002444　子 0497　子部/醫家類/綜合之屬/通論

赤水玄珠全集三十四卷附醫旨緒餘二卷醫案五卷　(明)孫一奎撰　民國三年(1914)上海著易堂鉛印本　十六册

330000－1712－0002448　子 0492　子部/醫家類/婦科之屬/産科

臨産須知一卷　周憬選　周鎮纂集　民國石印本　一册

330000－1712－0002455　子 0512　子部/醫家類/眼科之屬

傅氏眼科審視瑤函六卷首一卷　(明)傅仁宇纂輯　(明)林长生校補　(清)傅維藩編集　民國上海大成書局石印本　一册　存二卷(三至四)

330000－1712－0002470　子 0526　子部/醫家類/養生之屬

男女房中秘密醫術一卷　怡養老人撰　民國石印本　一册

330000－1712－0002472　子 0527　子部/醫家類/養生之屬

延壽新法一卷　伍廷芳撰　民國三年(1914)上海商務印書館鉛印本　一册

330000－1712－0002474　子 0528　子部/醫家類/養生之屬

青年之攝生一卷　丁福保撰　民國上海醫學書局鉛印本　一册

330000－1712－0002476　子 0516　子部/醫家類/診法之屬/脈經脈訣

脈學輯要二卷　丁澤周編　民國上海中醫專門學校鉛印本　一册

330000－1712－0002478　叢 115　類叢部/叢書類/彙編之屬

進德叢書八種　丁福保編　民國上海醫學書局鉛印本　一册　存一種

330000－1712－0002479　叢 116　類叢部/叢書類/彙編之屬

進德叢書八種　丁福保編　民國上海醫學書局鉛印本　一册　存一種

330000－1712－0002480　叢 117　類叢部/叢書類/彙編之屬

進德叢書八種　丁福保編　民國上海醫學書局鉛印本　一册　存一種

330000－1712－0002488　子 0541　新學/算學/數學

筆算數學三卷　(清)顧鼎銘輯　民國鉛印本　一册　存一卷(三)

330000－1712－0002541　子 0592　子部/天文曆算類/算書之屬

須曼精廬算學二十四卷　(清)楊兆鋆撰　民國五年(1916)吳興劉氏嘉業堂刻本　四册　存十五卷(十至二十四)

330000－1712－0002542　子0591　子部/天文曆算類/算書之屬

代數課徒草一卷代形合參習題演草一卷代數備旨習題草一卷　王積沂撰　稿本　三冊

330000－1712－0002546　子0595　子部/天文曆算類/算書之屬

小萬卷樓學算記不分卷　朱仁積撰　稿本　八冊

330000－1712－0002551　子0594　子部/天文曆算類/算書之屬

較數新術三卷　稿本　二冊　缺一卷(二)

330000－1712－0002554　子0597　子部/術數類/相宅相墓之屬

地理五訣八卷陽宅三要四卷　(清)趙廷棟撰　民國二年(1913)上海文益書局石印本　一冊　存四卷(陽宅三要一至四)

330000－1712－0002555　子0598　子部/術數類/占卜之屬

未來預知術一卷　(三國蜀)諸葛亮撰　(宋)邵雍演　民國八年(1919)上海國粹保存會石印本　一冊

330000－1712－0002560　子0599　子部/術數類/占卜之屬

未來預知術一卷　(三國蜀)諸葛亮撰　(宋)邵雍演　民國九年(1920)上海國粹保存會石印本　一冊

330000－1712－0002566　子0596　子部/術數類/相宅相墓之屬

地理五訣八卷陽宅三要四卷　(清)趙廷棟撰　民國二年(1913)上海文益書局石印本　四冊　存八卷(一至八)

330000－1712－0002567　子0610　子部/術數類/相宅相墓之屬

地理大成五種　(清)葉泰輯　民國五年(1916)上海九經書局石印本　十六冊

330000－1712－0002568　子0611　子部/術數類/命書相書之屬

三命通會十二卷　(明)萬民英撰　民國十五年(1926)上海中原書局石印本　十二冊

330000－1712－0002569　子1173　子部/宗教類/道教之屬

玉真白雲談玄録一卷　陽明山人撰　民國十四年(1925)寧波美大印書局鉛印本　一冊

330000－1712－0002570　子0612　子部/術數類/占卜之屬

增删卜易四卷　(清)野鶴老人著　(清)李文輝增删　民國十年(1921)上海大成書局石印本　四冊

330000－1712－0002572　子1172　子部/宗教類/道教之屬

玉真白雲談玄録一卷　陽明山人撰　民國十四年(1925)寧波美大印書局鉛印本　一冊

330000－1712－0002579　子0619　子部/術數類/命書相書之屬

命理探原八卷補遺一卷　袁阜撰　民國四年(1915)江都袁氏潤德堂刻本　四冊

330000－1712－0002581　子0617　子部/術數類/命書相書之屬

繪圖神相鐵關刀四卷　(清)佚名撰　民國石印本　一冊　存二卷(三至四)

330000－1712－0002583　子0622　子部/術數類/雜術之屬

中國二千年之預言七種七卷　(清)金人瑞評　民國鉛印本　一冊

330000－1712－0002588　子0627　子部/術數類/命書相書之屬

先天易數一卷校正鬼谷先師四字經理前定數一卷呂純陽祖師太極生生神數一卷袁天罡先師神數稱骨分量照年月日時推算一卷　民國石印本　沈彩仙題簽　一冊

330000－1712－0002590　子0630　子部/術數類/命書相書之屬

繪圖校正相理衡真十卷首一卷　(清)陳釗巽　民國三年(1914)上海錦章圖書局石印本　三冊　缺四卷(五至八)

330000－1712－0002592　子 0629　子部/術數類/命書相書之屬

繪圖校正相理衡真十卷首一卷　(清)陳釗撰　民國掃葉山房石印本　五册

330000－1712－0002596　子 0635　子部/術數類/命書相書之屬

新刻星平合訂算命實在易二卷附校正萬年曆一卷　(清)胡桓齡　(清)胡柏齡騰寫　民國上海錦章圖書局石印本　一册

330000－1712－0002601　子 0636　子部/術數類/命書相書之屬

新刻星平合訂算命實在易二卷　(清)胡桓齡　(清)胡栢齡騰寫　民國二年(1913)上海鍊石齋書局石印本　二册

330000－1712－0002604　子 0641　子部/術數類/陰陽五行之屬

董公選要覽一卷附録一卷　(明)董潛撰　民國十一年(1922)上海錦章書局石印本　一册

330000－1712－0002605　子 0645　子部/術數類/相宅相墓之屬

入地眼全書十卷　(宋)釋靜道撰　(清)萬樹華編　民國石印本　一册　存二卷(六至七)

330000－1712－0002606　子 0642　子部/術數類/陰陽五行之屬

董公選要覽一卷附録一卷　(明)董潛撰　民國八年(1919)上海鴻文書局石印本　一册

330000－1712－0002607　子 0647　子部/術數類/陰陽五行之屬

洪潮和通書不分卷　(清)洪彬淮等選　民國二十二年(1933)福建泉州繼成堂石印本　一册

330000－1712－0002608　子 0637　子部/術數類/命書相書之屬

演禽三世相法不分卷　民國石印本　一册

330000－1712－0002609　子 0646　子部/術數類/雜術之屬

真本斷夢秘書三卷附周公詳夢全書一卷　廣文書局編輯所編　民國十二年(1923)上海廣文書局石印本　一册

330000－1712－0002611　子 0651　子部/藝術類/書畫之屬/書法書品

百日見功習字秘訣一卷　王虛洲等編輯　民國九年(1920)上海廣文書局石印本　一册

330000－1712－0002612　子 0650　子部/藝術類/書畫之屬/法帖

草字彙十二卷附補　(清)石梁集　民國二十三年(1934)上海掃葉山房石印本　六册

330000－1712－0002613　子 0649　子部/藝術類/書畫之屬/法帖

草字彙十二卷附補　(清)石梁集　民國六年(1917)上海商務印書館影印本　六册

330000－1712－0002622　子 0666　子部/藝術類/書畫之屬/法帖

真馬寶説明書不分卷　三友實業社撰　**朱子家訓字帖一卷**　(清)朱柏廬撰　(清)王同愈書　民國二十四年(1935)三友實業社石印本　一册

330000－1712－0002624　子 0667　子部/藝術類/書畫之屬/法帖

真馬寶説明書不分卷　三友實業社撰　**朱子家訓字帖一卷**　(清)朱柏廬撰　(清)王同愈書　民國二十四年(1935)三友實業社石印本　一册

330000－1712－0002625　子 0668　子部/藝術類/書畫之屬/法帖

真馬寶説明書不分卷　三友實業社撰　**朱子家訓字帖一卷**　(清)朱柏廬撰　(清)王同愈書　民國二十四年(1935)三友實業社石印本　一册

330000－1712－0002626　子 0669　子部/藝術類/書畫之屬/法帖

真馬寶説明書不分卷　三友實業社撰　**朱子家訓字帖一卷**　(清)朱柏廬撰　(清)王同愈書　民國二十四年(1935)三友實業社石印本　一册

330000－1712－0002630　子 0665　子部/藝

術類/書畫之屬/法帖

祝枝山前後出師表不分卷 （明）祝允明書 民國石印本 一冊

330000－1712－0002631 子0670 子部/藝術類/書畫之屬/法帖

真馬寶說明書不分卷 三友實業社撰 **朱子家訓字帖一卷** （清）朱柏廬撰 （清）王同愈書 民國二十四年（1935）三友實業社石印本 一冊

330000－1712－0002632 子0671 子部/藝術類/書畫之屬/法帖

真馬寶說明書不分卷 三友實業社撰 **朱子家訓字帖一卷** （清）朱柏廬撰 （清）王同愈書 民國二十四年（1935）三友實業社石印本 一冊

330000－1712－0002633 子0672 子部/藝術類/書畫之屬/法帖

真馬寶說明書不分卷 三友實業社撰 **朱子家訓字帖一卷** （清）朱柏廬撰 （清）王同愈書 民國二十四年（1935）三友實業社石印本 一冊

330000－1712－0002634 子0673 子部/藝術類/書畫之屬/法帖

真馬寶說明書不分卷 三友實業社撰 **朱子家訓字帖一卷** （清）朱柏廬撰 （清）王同愈書 民國二十四年（1935）三友實業社石印本 一冊

330000－1712－0002635 子0674 子部/藝術類/書畫之屬/法帖

真馬寶說明書不分卷 三友實業社撰 **朱子家訓字帖一卷** （清）朱柏廬撰 （清）王同愈書 民國二十四年（1935）三友實業社石印本 一冊

330000－1712－0002636 子0675 子部/藝術類/書畫之屬/法帖

真馬寶說明書不分卷 三友實業社撰 **朱子家訓字帖一卷** （清）朱柏廬撰 （清）王同愈書 民國二十四年（1935）三友實業社石印本 一冊

330000－1712－0002637 子0676 子部/藝術類/書畫之屬/法帖

真馬寶說明書不分卷 三友實業社撰 **朱子家訓字帖一卷** （清）朱柏廬撰 （清）王同愈書 民國二十四年（1935）三友實業社石印本 一冊

330000－1712－0002638 子0677 子部/藝術類/書畫之屬/法帖

真馬寶說明書不分卷 三友實業社撰 **朱子家訓字帖一卷** （清）朱柏廬撰 （清）王同愈書 民國二十四年（1935）三友實業社石印本 一冊

330000－1712－0002639 子0661 子部/藝術類/書畫之屬/法帖

海日樓遺墨一卷 沈曾植書 民國上海佛記書局石印本 一冊

330000－1712－0002640 子0678 子部/藝術類/書畫之屬/法帖

鄧石如篆書十五種不分卷 （清）鄧石如書 民國十一年（1922）上海文明書局石印本 六冊

330000－1712－0002641 子0682 子部/藝術類/書畫之屬/法帖

西湖十景法帖 三友實業社輯 民國二十五年（1936）三友實業社影印本 一冊 存一種

330000－1712－0002642 子0683 子部/藝術類/書畫之屬/法帖

西湖十景法帖 三友實業社輯 民國二十五年（1936）三友實業社影印本 二冊 存二種

330000－1712－0002643 子0679 子部/藝術類/書畫之屬/法帖

鄧石如篆書十五種不分卷 （清）鄧石如書 民國十三年（1924）上海文明書局石印本 六冊

330000－1712－0002644 子0685 子部/藝術類/書畫之屬/法帖

遺民為僧之遺墨不分卷 （清）釋寄凡輯 民國十年（1921）上海有正書局影印本 一冊

330000－1712－0002645　子0684　子部/藝術類/書畫之屬/法帖

遺民為僧之遺墨不分卷　(清)釋寄凡輯　民國十年(1921)上海有正書局影印本　一冊

330000－1712－0002646　子0686　子部/藝術類/書畫之屬/法帖

筠清館法帖六卷　(清)吳榮光輯　民國七年(1918)上海文明書局影印本　四冊　缺二卷(一、五)

330000－1712－0002647　子0687　子部/藝術類/書畫之屬/法帖

宋拓十七帖不分卷　(晉)王羲之書　民國影印本　一冊

330000－1712－0002648　子0688　子部/藝術類/書畫之屬/法帖

文衡山行王雅宜草北山移文合璧不分卷　(明)文徵明　(明)王寵書　民國有正書局石印本　一冊

330000－1712－0002649　子0689　子部/藝術類/書畫之屬/法帖

文衡山行王雅宜草北山移文合璧不分卷　(明)文徵明　(明)王寵書　民國有正書局石印本　一冊

330000－1712－0002650　子0690　子部/藝術類/書畫之屬/法帖

祝枝山草書詩稿墨蹟一卷　(明)祝允明書　民國十三年(1924)上海有正書局石印本　一冊

330000－1712－0002652　子0691　子部/藝術類/書畫之屬/法帖

文徵明書懷歸詩不分卷　(明)文徵明書　民國十三年(1924)上海有正書局石印本　一冊

330000－1712－0002654　子0680　子部/藝術類/書畫之屬/法帖

鄧石如篆書十五種不分卷　(清)鄧石如書　民國十七年(1928)上海文明書局石印本　六冊

330000－1712－0002655　子0695　子部/藝術類/書畫之屬/書法書品

石鼓文一卷　吳昌碩書　民國求古齋書局影印本　一冊

330000－1712－0002657　子0696　史部/金石類/石之屬/文字

魏故南陽張府君墓誌一卷　民國上海求古齋影印本　一冊

330000－1712－0002658　子0692　子部/藝術類/書畫之屬/法帖

祝京兆書豔詞真蹟一卷　(明)祝允明書　民國上海有正書局石印本　一冊

330000－1712－0002659　子0659　子部/藝術類/書畫之屬/法帖

詩話集錦一卷　潘齡皋書　民國石印本　一冊

330000－1712－0002661　子0697　子部/藝術類/書畫之屬/法帖

皇清誥授光禄大夫閩浙總督季公墓志銘一卷　(清)曾國藩撰并書　民國石印本　一冊

330000－1712－0002662　子0701　子部/藝術類/書畫之屬/法帖

趙文敏公蘭亭序一卷　(元)趙孟頫書　民國上海尚古山房影印本　一冊

330000－1712－0002663　子0681　子部/藝術類/書畫之屬/法帖

鄭板橋四子書真蹟不分卷　(清)鄭燮書　民國影印本　六冊

330000－1712－0002664　子0702　子部/藝術類/書畫之屬/法帖

成親王歸去來辭一卷　(清)成哲親王永瑆書　民國上海尚古山房石印本　一冊

330000－1712－0002665　子0703　子部/藝術類/書畫之屬/法帖

右軍草法至寶草訣歌一卷　(晉)王羲之書　民國上海文元書局影印本　一冊

330000－1712－0002667　子0704　子部/藝術類/書畫之屬/法帖

詩話集錦一卷　潘齡皋書　民國上海育古山房石印本　一冊

330000－1712－0002668　子 0705　子部/藝術類/書畫之屬/法帖

米南宮法書一卷　(宋)米芾書　民國上海尚古山房石印本　一冊

330000－1712－0002669　子 0706　子部/藝術類/書畫之屬/法帖

初搨滋蕙堂靈飛經一卷　(唐)鍾紹京書　民國上海尚古山房石印本　一冊

330000－1712－0002670　子 0708　子部/藝術類/書畫之屬/法帖

趙子昂小楷觀音殿記一卷　(元)趙孟頫書　民國上海尚古山房影印本　一冊

330000－1712－0002671　子 0707　子部/藝術類/書畫之屬/法帖

趙子昂正草千字文一卷　(元)趙孟頫書　民國上海尚古山房影印本　一冊

330000－1712－0002672　子 0709　史部/金石類/石之屬/圖像

六朝墓誌菁華四集不分卷　上海有正書局輯　民國九年(1920)上海有正書局影印本　十六冊

330000－1712－0002673　子 0711　子部/藝術類/書畫之屬/法帖

御刻三希堂石渠寶笈法帖不分卷　(清)梁詩正等輯　**御刻三希堂石渠寶笈續法帖不分卷**　(清)蔣溥等輯　民國四年至五年(1915－1916)上海有正書局影印本　三十七冊

330000－1712－0002674　子 0710　史部/金石類/石之屬/圖像

六朝墓誌菁華四集不分卷　上海有正書局輯　民國九年(1920)上海有正書局影印本　十五冊　缺第二集冊一

330000－1712－0002675　子 0712　子部/藝術類/書畫之屬/法帖

御刻三希堂石渠寶笈法帖不分卷　(清)梁詩正等輯　民國上海有正書局影印本　三十二冊

330000－1712－0002676　子 0699　子部/藝術類/書畫之屬/法帖

趙文敏五柳先生傳一卷　(元)趙孟頫書　民國上海東方書局影印本　一冊

330000－1712－0002677　子 0713　子部/藝術類/書畫之屬/法帖

御刻三希堂石渠寶笈法帖不分卷　(清)梁詩正等輯　民國上海有正書局影印本　二十九冊　缺三冊(三至四、十九)

330000－1712－0002678　子 0698　子部/藝術類/書畫之屬/法帖

趙文敏五柳先生傳一卷　(元)趙孟頫書　民國上海東方書局影印本　一冊

330000－1712－0002679　子 0714　子部/藝術類/書畫之屬/法帖

御刻三希堂石渠寶笈法帖不分卷　(清)梁詩正等輯　民國影印本　十一冊　存十一冊(九至十、十四至十七、二十、二十七至三十)

330000－1712－0002680　子 0700　子部/藝術類/書畫之屬/法帖

趙孟頫充國頌一卷　(元)趙孟頫書　民國上海東方書局影印本　一冊

330000－1712－0002681　子 0723　子部/藝術類/書畫之屬/法帖

宋拓淳化閣帖十卷　(宋)王著輯　民國上海有正書局影印本　十冊

330000－1712－0002682　子 0715　子部/藝術類/書畫之屬/法帖

舊拓趙松雪蘭亭十三跋一卷　(元)趙孟頫撰並書　民國上海有正書局影印本　一冊

330000－1712－0002683　子 0716　子部/藝術類/書畫之屬/法帖

初拓趙子昂靈飛經一卷　(元)趙孟頫書　民國二十二年(1933)上海掃葉山房影印本　一冊

330000－1712－0002684　子 0717　子部/藝

術類/書畫之屬/法帖

趙松雪洛神賦一卷　(元)趙孟頫書　民國十三年(1924)上海大東書局影印本　一冊

330000－1712－0002685　子0718　子部/藝術類/書畫之屬/法帖

趙文敏書感興詩一卷　(元)趙孟頫書　民國四年(1915)上海商務印書館影印本　一冊

330000－1712－0002686　子0719　子部/藝術類/書畫之屬/法帖

趙文敏書急就篇附釋文不分卷　(元)趙孟頫書　民國四年(1915)上海商務印書館影印本　一冊

330000－1712－0002687　子0720　子部/藝術類/書畫之屬/法帖

初拓趙松雪道教碑三卷　(元)趙孟頫書　民國六年(1917)上海有正書局影印本　三冊

330000－1712－0002688　子0721　子部/藝術類/書畫之屬/法帖

古今碑帖集成一百五十種　大眾書局編　民國上海大眾書局影印本　一冊　存一種

330000－1712－0002690　子0926　子部/宗教類/佛教之屬/經疏

佛說阿彌陀經要解一卷　(後秦)釋鳩摩羅什譯　(明)釋智旭撰　民國十四年(1925)影印本　二冊

330000－1712－0002691　子0927　子部/宗教類/佛教之屬/經疏

佛說阿彌陀經要解一卷　(後秦)釋鳩摩羅什譯　(明)釋智旭撰　民國十四年(1925)影印本　二冊

330000－1712－0002692　子0928　子部/宗教類/佛教之屬/經疏

佛說阿彌陀經要解一卷　(後秦)釋鳩摩羅什譯　(明)釋智旭撰　民國十四年(1925)影印本　二冊

330000－1712－0002694　子0929　子部/宗教類/佛教之屬/經疏

佛說阿彌陀經要解一卷　(後秦)釋鳩摩羅什譯　(明)釋智旭撰　民國十四年(1925)影印本　二冊

330000－1712－0002695　子0729　子部/藝術類/書畫之屬/法帖

何子貞書石門頌禮器碑墨迹不分卷　(清)何紹基書　民國十二年(1923)上海有正書局影印本　一冊

330000－1712－0002696　子0930　子部/宗教類/佛教之屬/經疏

佛說阿彌陀經要解一卷　(後秦)釋鳩摩羅什譯　(明)釋智旭撰　民國十四年(1925)影印本　二冊

330000－1712－0002697　子0728　子部/藝術類/書畫之屬/法帖

何子貞臨石門頌禮器碑合冊不分卷　(清)何紹基書　民國上海有正書局影印本　一冊

330000－1712－0002698　子0730　子部/藝術類/書畫之屬/法帖

何子貞臨麓山寺碑一卷　(清)何紹基書　民國十二年(1923)上海文明書局影印本　一冊

330000－1712－0002699　子0731　子部/藝術類/書畫之屬/法帖

何子貞臨張遷碑一卷　(清)何紹基書　民國十一年(1922)上海文明書局影印本　一冊

330000－1712－0002700　子0725　子部/藝術類/書畫之屬/法帖

成親王歸去來辭一卷　(清)成哲親王永瑆書　民國石印本　一冊

330000－1712－0002701　子0726　子部/藝術類/書畫之屬/法帖

成親王歸去來兮辭一卷　(清)成哲親王永瑆書　民國上海啟秀堂書莊石印本　一冊

330000－1712－0002704　子0931　子部/宗教類/佛教之屬/經疏

佛說阿彌陀經要解一卷　(後秦)釋鳩摩羅什譯　(明)釋智旭解　民國十四年(1925)影印本　二冊

330000－1712－0002706　子 0734　子部/藝術類/書畫之屬/法帖

褚遂良聖教序不分卷　(唐)褚遂良書　民國十一年(1922)上海大東書局石印本　一冊

330000－1712－0002707　子 0932　子部/宗教類/佛教之屬/經疏

佛說阿彌陀經要解一卷　(後秦)釋鳩摩羅什譯　(明)釋智旭撰　民國十四年(1925)影印本　二冊

330000－1712－0002708　子 0735　子部/藝術類/書畫之屬/法帖

顏真卿多寶塔不分卷　(唐)顏真卿書　民國十四年(1925)上海大東書局石印本　一冊

330000－1712－0002709　子 0933　子部/宗教類/佛教之屬/經疏

佛說阿彌陀經要解一卷　(後秦)釋鳩摩羅什譯　(明)釋智旭撰　民國十四年(1925)影印本　二冊

330000－1712－0002710　子 0727　子部/藝術類/書畫之屬/法帖

何蝯叟行書墨蹟一卷　(清)何紹基書　民國上海有正書局影印本　一冊

330000－1712－0002711　子 0740　子部/藝術類/書畫之屬/法帖

三希堂法帖精華五種　民國十四年(1925)世界書局影印本　八冊

330000－1712－0002712　子 0737　子部/藝術類/書畫之屬/法帖

王右軍書草訣百韻歌一卷　(晉)王羲之書　民國上海尚古山房影印本　一冊

330000－1712－0002713　子 0736　子部/藝術類/書畫之屬/法帖

歐陽詢九成宮不分卷　(唐)歐陽詢書　民國十三年(1924)上海大東書局石印本　一冊

330000－1712－0002714　子 0741　子部/藝術類/書畫之屬/法帖

泰山經石峪金剛經墨拓二卷　瓶齋主人　李瑞清藏　民國五年(1916)上海震亞圖書局影印本　一冊　存一卷(二)

330000－1712－0002715　子 0739　子部/藝術類/書畫之屬/法帖

王右軍草訣歌一卷　(晉)王羲之書　民國上海文益書局石印本　一冊

330000－1712－0002716　子 0934　子部/宗教類/佛教之屬/經疏

佛說阿彌陀經要解一卷　(後秦)釋鳩摩羅什譯　(明)釋智旭解　民國十五年(1926)影印本　一冊

330000－1712－0002717　子 0738　子部/藝術類/書畫之屬/法帖

王右軍草訣百韻歌一卷　(晉)王羲之書　民國上海尚古山房石印本　一冊

330000－1712－0002718　子 0744　子部/藝術類/書畫之屬/法帖

東林山回僊觀沈東老傳一卷　(元)趙孟頫撰并書　民國影印本　一冊

330000－1712－0002719　子 0743　子部/藝術類/書畫之屬/法帖

譚延闓書武嶺樂亭記一卷　譚延闓書　民國上海震亞圖書局影印本　一冊

330000－1712－0002720　子 0742　子部/藝術類/書畫之屬/法帖

宋拓淳熙祕閣續法帖十卷　民國上海有正書局影印本　四冊

330000－1712－0002721　子 0724　子部/藝術類/書畫之屬/法帖

宋拓淳化閣帖十卷　(宋)王著輯　民國影印本　七冊　缺三卷(四、九至十)

330000－1712－0002723　子 0752　子部/藝術類/書畫之屬/法帖

太上感應篇法帖一卷　(清)胡翔瀛書　民國上海國粹研究會影印本　磋盦跋　一冊

330000－1712－0002724　子 0745　子部/藝術類/書畫之屬/法帖

董其昌書孝經不分卷　(明)董其昌書　民國

二十五年(1936)上海三友實業社影印本　一冊

330000－1712－0002727　子0746　子部/藝術類/書畫之屬/法帖

董香光墨跡五種合冊不分卷　(明)董其昌書　民國十一年(1922)上海有正書局影印本　一冊

330000－1712－0002728　子0747　子部/藝術類/書畫之屬/法帖

董香光行書習字帖一卷　(明)董其昌書　民國九年(1920)上海有正書局影印本　一冊

330000－1712－0002729　子0748　子部/藝術類/書畫之屬/法帖

董香光手札一卷　(明)董其昌書　民國十二年(1923)上海有正書局影印本　一冊

330000－1712－0002730　子0749　子部/藝術類/書畫之屬/法帖

董香光墨迹三種合冊不分卷　(明)董其昌書　民國七年(1918)上海有正書局影印本　一冊

330000－1712－0002731　子0751　子部/藝術類/書畫之屬/法帖

梁山舟孫安人誄墨跡不分卷　(清)吳錫麒撰　(清)梁同書書　民國上海世界畫報社石印本　一冊

330000－1712－0002732　子0757　子部/藝術類/書畫之屬/法帖

翁松禪墨蹟十集　(清)翁同龢書　民國十八年(1929)上海商務印書館影印本　二冊　存二集(七至八)

330000－1712－0002735　子0756　子部/藝術類/書畫之屬/法帖

海山仙館藏真四卷　(清)潘桂　(清)潘國榮輯　民國十二年(1923)上海會文堂書局影印本　四冊

330000－1712－0002738　子0779　史部/傳記類/總傳之屬/技藝

清朝書徵録三卷明人附録一卷續録二卷　(清)張庚撰　民國十五年(1926)上海掃葉山房石印本　二冊

330000－1712－0002742　子0750　子部/藝術類/書畫之屬/書法書品

姜西溟先生墨迹不分卷　(清)姜宸英書　民國十二年(1923)上海有正書局影印本　一冊

330000－1712－0002744　子0782　子部/藝術類/書畫之屬/法帖

呂留良先生家書真蹟四卷　(清)呂留良書　民國十四年(1925)上海大東書局石印本　一冊　存二卷(三至四)

330000－1712－0002746　子0772　子部/藝術類/書畫之屬/畫録

虛齋名畫續録四卷補遺一卷　龐元濟撰　民國十三年(1924)吳興龐氏刻十四年(1925)補刻本　四冊

330000－1712－0002747　子0777　子部/藝術類/總論之屬

藝術不分卷　民國油印本　一冊

330000－1712－0002748　子0773　子部/藝術類/書畫之屬/畫譜

宋夢仙遺畫不分卷　(清)宋貞繪　民國四年(1915)石印本　一冊

330000－1712－0002749　子0774　史部/傳記類/總傳之屬/技藝

海鹽畫史一卷　朱端纂　民國二十五年(1936)幽芳簃鉛印本　一冊

330000－1712－0002752　子0758　子部/藝術類/書畫之屬/法帖

翁松禪墨蹟十集　(清)翁同龢書　民國十一年(1922)上海商務印書館影印本　二冊　存二集(一、四)

330000－1712－0002753　子0759　子部/藝術類/書畫之屬/法帖

翁松禪墨蹟十集　(清)翁同龢書　民國十二年(1923)上海商務印書館影印本　二冊　存二集(二、五)

330000－1712－0002754　子0761　子部/藝術類/書畫之屬/法帖

翁相國手札八卷　(清)翁同龢撰　民國上海有正書局影印本　一冊　存一卷(六)

330000－1712－0002755　子0760　子部/藝術類/書畫之屬/法帖

翁松禪墨蹟十集　(清)翁同龢書　民國六年(1917)上海商務印書館影印本　一冊　存一集(三)

330000－1712－0002758　子0762　子部/藝術類/書畫之屬/法帖

翁相國手札八卷　(清)翁同龢撰　民國上海有正書局影印本　一冊　存一卷(七)

330000－1712－0002759　子0763　子部/藝術類/書畫之屬/法帖

翁相國手札八卷　(清)翁同龢撰　民國上海有正書局影印本　一冊　存一卷(三)

330000－1712－0002760　子0784　子部/藝術類/書畫之屬/畫録

南薰殿圖像攷二卷　(清)胡敬輯　民國五年(1916)上海有正書局影印本　一冊

330000－1712－0002761　子0783　子部/藝術類/書畫之屬/題跋

南田畫跋不分卷　(清)惲格撰　民國四年(1915)同文圖書館石印本　二冊

330000－1712－0002762　子0785　子部/藝術類/書畫之屬/總論

寒松閣談藝瑣録六卷　(清)張鳴珂撰　民國十三年(1924)上海文明書局鉛印本　一冊

330000－1712－0002763　叢399　類叢部/叢書類/彙編之屬

四部備要　中華書局編　民國二十五年(1936)上海中華書局鉛印本　一冊　存一種

330000－1712－0002764　子0790　史部/傳記類/總傳之屬/技藝

海上墨林四卷　楊逸編輯　民國九年(1920)刻本　二冊

330000－1712－0002767　子0793　子部/藝術類/書畫之屬/總論

庚子銷夏記八卷　(清)孫承澤撰　民國九年(1920)上海掃葉山房石印本　四冊

330000－1712－0002768　子0794　史部/傳記類/總傳之屬/技藝

清朝書畫家筆録四卷　竇鎮輯　民國九年(1920)上海自強書局石印本　四冊

330000－1712－0002770　子0795　史部/傳記類/總傳之屬/技藝

歷代畫史彙傳二十四卷首一卷附録一卷　(清)彭蘊璨編　民國十一年(1922)上海掃葉山房石印本　十二冊

330000－1712－0002780　子0807　子部/藝術類/書畫之屬/畫譜

滇南名勝圖不分卷　趙鶴清繪　民國六年(1917)雲南崇文印書館石印本　六冊

330000－1712－0002781　子0806　子部/藝術類/書畫之屬/畫譜

海上名人畫稿不分卷　民國上海同文書局石印本　二冊

330000－1712－0002783　經577　經部/小學類/文字之屬/字書/古文

六朝別字記一卷　(清)趙之謙撰　民國十三年(1924)上海商務印書館影印本　一冊

330000－1712－0002784　史1041　史部/政書類/儀制之屬/雜禮

江蘇編訂禮制會喪禮草案二卷喪服草案五卷　姚文枏撰　民國二十一年(1932)鉛印本　二冊

330000－1712－0002787　子0789　子部/小說家類/異聞之屬

藝術奇談四卷　葛栩存編　民國八年(1919)上海會文堂書局石印本　四冊

330000－1712－0002789　子0813　子部/藝術類/書畫之屬/畫譜

唐寅畫稿四卷　(明)唐寅繪　民國十九年(1930)上海志新學社石印本　四冊

330000－1712－0002798　子0818　子部/藝術類/書畫之屬/畫法畫品

山水入門十章　胡錫銓撰　民國十三年(1924)上海商務印書館石印本　一册

330000－1712－0002799　子0819　子部/藝術類/書畫之屬/畫譜

問菊軒畫集不分卷　錢季寅輯　民國十八年(1929)石印本　四册

330000－1712－0002800　子0820　子部/藝術類/書畫之屬

澹廬墨趣不分卷　徐鋆書並繪　民國十一年(1922)西泠印社影印本　一册

330000－1712－0002801　子0821　子部/藝術類/書畫之屬/畫譜

澹廬四十紀念畫不分卷　徐鋆編　民國十四年(1925)影印本　一册

330000－1712－0002802　子0822　子部/藝術類/書畫之屬/畫譜

近世一百名家畫集四卷　錢病鶴編　民國七年(1918)圖畫研究會石印本　一册　缺一卷(一)

330000－1712－0002807　子0811　子部/藝術類/書畫之屬/畫譜

紉齋畫賸不分卷　(清)陳允升繪　民國十二年(1923)石印本　三册　缺一册(三)

330000－1712－0002809　子0838　子部/藝術類/書畫之屬

符鐵年書畫集不分卷　符鑄撰　民國十三年(1924)徐氏五雲雙星硯齋影印本　一册

330000－1712－0002810　子0836　子部/藝術類/書畫之屬

符鐵年書畫集不分卷　符鑄撰　民國十三年(1924)徐氏五雲雙星硯齋影印本　一册

330000－1712－0002811　子0837　子部/藝術類/書畫之屬

符鐵年書畫集不分卷　符鑄撰　民國十三年(1924)徐氏五雲雙星硯齋影印本　一册

330000－1712－0002813　子0840　子部/藝術類/書畫之屬/畫譜

茜牕水品四卷　民國三年(1914)上海醉經堂書局石印本　四册

330000－1712－0002814　子0834　子部/藝術類/書畫之屬/畫譜

芥子園畫傳初集六卷二集九卷三集六卷四集四卷　(清)王槩等輯　民國石印本　二册　存三卷(初集五至六、四集一)

330000－1712－0002815　子0829　子部/藝術類/書畫之屬/畫譜

芥子園畫傳初集六卷二集九卷三集六卷　(清)王槩等輯　民國三年(1914)上海章福記書局石印本　六册

330000－1712－0002816　子0830　子部/藝術類/書畫之屬/畫譜

芥子園畫傳初集六卷二集九卷三集六卷　(清)王槩等輯　民國三年(1914)上海共和書局石印本　十二册

330000－1712－0002818　子0831　子部/藝術類/書畫之屬/畫譜

芥子園畫傳初集六卷二集九卷三集六卷　(清)王槩等輯　民國上海千頃堂書局石印本　十一册　缺二卷(初集五至六)

330000－1712－0002819　子0832　子部/藝術類/書畫之屬/畫譜

芥子園畫傳初集六卷二集九卷三集六卷　(清)王槩等輯　民國石印本　四册　存九卷(二集一至九)

330000－1712－0002820　子0842　子部/藝術類/書畫之屬/畫譜

名畫集册精品一卷　上海文達書社編　民國九年(1920)上海文達書社影印本　一册

330000－1712－0002821　子0841　子部/藝術類/書畫之屬

十竹齋書畫譜八卷　(明)胡正言摹　民國上海江東書局彩色套印本　八册

330000－1712－0002823　子0913　子部/工

藝類/日用器物之屬/錦繡

繡花樣册一卷 稿本 一册

330000－1712－0002825 子0839 子部/藝術類/書畫之屬/畫譜

中國名畫集外册 民國上海有正書局影印本 一册 存一種

330000－1712－0002826 子0843 子部/藝術類/書畫之屬

十竹齋書畫譜八卷 (明)胡正言摹 民國上海江東書局彩色套印本 八册

330000－1712－0002827 子0861 子部/藝術類/書畫之屬/畫譜

中華古今畫範不分卷 丁寶書摹 民國十二年(1923)上海中華書局影印本 四册

330000－1712－0002828 子0851 子部/藝術類/書畫之屬/畫譜

吳興金北樓畫册一卷 金城繪 民國上海有正書局影印本 一册

330000－1712－0002829 子0852 子部/藝術類/書畫之屬/畫譜

中國名畫集外册□□種 民國上海有正書局影印本 一册 存一種

330000－1712－0002831 子0860 子部/藝術類/書畫之屬/畫譜

張子祥課徒畫稿不分卷附著色要旨一卷 丁寶書摹 民國十二年(1923)上海中華書局影印本 四册

330000－1712－0002832 子0854 子部/藝術類/書畫之屬/畫譜

吳友如真蹟畫集六集 (清)吳友如繪 上海頤廬編 民國十九年(1930)上海大東書局影印本 六册

330000－1712－0002834 子0859 子部/藝術類/書畫之屬/畫譜

張子祥課徒畫稿不分卷附著色要旨一卷 丁寶書摹 民國十四年(1925)上海中華書局影印本 四册

330000－1712－0002836 子0846 子部/藝術類/書畫之屬/畫譜

新新百美圖不分卷 沈伯塵繪 民國石印本 二册

330000－1712－0002837 子0847 子部/藝術類/書畫之屬/畫譜

新新百美圖不分卷 沈伯塵繪 民國二年(1913)上海國學書室石印本 二册

330000－1712－0002838 子0857 子部/藝術類/書畫之屬/畫譜

董文恪山水册一卷 (清)董邦達繪 民國八年(1919)上海中華書局影印本 一册

330000－1712－0002839 子0849 子部/藝術類/書畫之屬/畫譜

新新百美圖續集不分卷 沈伯塵繪 民國二年(1913)上海國學書室石印本 一册

330000－1712－0002840 子0848 子部/藝術類/書畫之屬/畫譜

新新百美圖外集不分卷 沈伯塵繪 民國四年(1915)上海國學書室石印本 一册

330000－1712－0002841 子0856 子部/藝術類/書畫之屬/畫譜

吳漁山山水册不分卷 (清)吳歷繪 民國二十年(1931)中華書局影印本 一册

330000－1712－0002842 善341 子部/藝術類/書畫之屬/畫譜

吳一峰仿古山水画册不分卷 吳一峰繪 稿本 一册

330000－1712－0002844 子0858 子部/藝術類/書畫之屬/畫譜

戴文節山水竹石集册一卷 (清)戴熙繪 高野侯徵集 民國二十年(1931)上海中華書局影印本 一册

330000－1712－0002845 子0855 子部/藝術類/書畫之屬/畫譜

石谷諸人畫虞山游宴不分卷 (清)王翬等繪 民國十二年(1923)上海中華書局影印本 一册

330000－1712－0002851　子 0787　子部/藝術類/書畫之屬/法帖
苻青草書不分卷　朱英書　稿本　朱英題簽　一冊

330000－1712－0002854　子 0865　子部/藝術類/篆刻之屬/印論
篆刻鍼度八卷　(清)陳克恕撰　民國上海朝記書莊石印本　二冊

330000－1712－0002856　子 0877　子部/藝術類/遊藝之屬/棋弈
四大家棋譜不分卷　鄧元鏸輯　民國二年(1913)上海德記書局石印本　二冊

330000－1712－0002857　子 0869　子部/藝術類/篆刻之屬/印譜
娛園金石文字不分卷　民國鈐印本　二冊

330000－1712－0002858　子 0864　新學/理學/文學
實用國樂理論之研究□□卷　朱英撰　稿本　二冊　存二卷(一至二)

330000－1712－0002860　子 0876　子部/藝術類/遊藝之屬/棋弈
海昌二妙集三卷首二卷　(清)斤竹山民輯　(清)浮曇末齋主人增訂　民國三年(1914)上海文瑞樓石印本　六冊

330000－1712－0002861　子 0878　子部/藝術類/遊藝之屬/聯語
詳註分類楹聯集成四卷　偶陽散人編　民國十四年(1925)上海會文堂書局石印本　四冊

330000－1712－0002862　子 0879　類叢部/類書類/專類之屬
古今楹聯類纂十二卷附慶弔雜件備覽二卷　雲后編輯　民國十一年(1922)上海會文堂書局石印本　九冊　缺一卷(慶弔雜件備覽一)

330000－1712－0002863　子 0880　子部/藝術類/遊藝之屬/聯語
楹聯四話六卷　(清)梁恭辰輯　民國九年(1920)上海商務印書館鉛印本　二冊

330000－1712－0002864　子 0881　子部/藝術類/遊藝之屬/聯語
楹聯叢話十二卷續話四卷　(清)梁章鉅輯　民國四年(1915)上海會文堂書局石印本　四冊　缺二卷(續話三至四)

330000－1712－0002865　子 0786　子部/藝術類/書畫之屬/法帖
姚廣孝書金剛經正楷墨蹟一卷　(後秦)釋鳩摩羅什譯　(明)姚廣孝書　民國上海有正書局石印本　一冊

330000－1712－0002866　子 0875　子部/藝術類/遊藝之屬/棋弈
弈理指歸圖三卷　(清)施紹闇撰　(清)錢長澤繪　民國三年(1914)上海文瑞樓石印本　六冊

330000－1712－0002868　子 0871　子部/藝術類/篆刻之屬/印譜
朱英印譜一卷　朱英篆　民國鈐印本　一冊

330000－1712－0002869　子 0872　子部/藝術類/篆刻之屬/印譜
匋齋藏印初集不分卷二集不分卷　(清)端方藏　民國有正書局影印本　四冊

330000－1712－0002872　子 0882　子部/藝術類/遊藝之屬/聯語
清徽樓聯語不分卷　(清)程龢祥撰　民國衡陽實華書局刻藍印本　一冊

330000－1712－0002876　子 0519　史部/傳記類/別傳之屬/事狀
湘潭許隱君誄詞録存一卷　□珍輯　何詩孫編　民國六年(1917)鉛印本　與 330000－1712－0002875 合冊

330000－1712－0002880　子 0904　子部/藝術類/遊藝之屬/雜藝
舊本七巧圖九卷新著七巧圖□□卷　民國四年(1915)吉羊廬抄本　三冊　存十三卷(舊本一至九、新著一至四)

330000－1712－0002883　子 0907　子部/藝術類/遊藝之屬/雜藝

益智圖二卷燕几圖一卷副本一卷 （清）童叶庚撰 **益智續圖一卷** （清）童昂等撰 （清）童叶庚編 **益智字圖一卷附一卷** （清）祝梅君撰 民國六年（1917）上海商務印書館石印本 六冊

330000－1712－0002887 子0889 子部/藝術類/遊藝之屬/聯語

楹聯採新二卷 民國上海會文書局石印本 一冊 存一卷（一）

330000－1712－0002889 子0891 子部/藝術類/遊藝之屬/聯語

竹窗楹語二十一卷 水竹邨人撰 民國二十三年（1934）鉛印本 四冊

330000－1712－0002890 子0906 子部/藝術類/遊藝之屬/雜藝

益智圖二卷燕几圖一卷副本一卷 （清）童叶庚撰 **益智續圖一卷** （清）童昂等撰 （清）童叶庚編 **益智字圖一卷附一卷** （清）祝梅君撰 民國石印本 二冊 存二卷（一至二）

330000－1712－0002892 子0893 子部/藝術類/遊藝之屬/詩鐘

醉吟集詩鐘十一卷 民國十三年至十九年（1924－1930）鉛印本 十一冊

330000－1712－0002893 子0894 子部/藝術類/遊藝之屬/詩鐘

醉吟集詩鐘十一卷 民國十三年至十九年（1924－1930）鉛印本 十冊 缺一卷（十一）

330000－1712－0002894 子0895 子部/藝術類/遊藝之屬/詩鐘

醉吟集詩鐘十一卷 民國十三年至十九年（1924－1930）鉛印本 十冊 缺一卷（十一）

330000－1712－0002895 子0896 子部/藝術類/遊藝之屬/詩鐘

醉吟集詩鐘十一卷 民國十三年至十九年（1924－1930）鉛印本 九冊 缺二卷（一、十一）

330000－1712－0002896 子0897 子部/藝術類/遊藝之屬/詩鐘

醉吟集詩鐘十一卷 民國十三年至十九年（1924－1930）鉛印本 八冊 缺三卷（一至二、十一）

330000－1712－0002897 子0914 子部/藝術類/書畫之屬/畫譜

吉祥圖案解題一卷 （日本）野崎誠近撰 民國十七年（1928）天津中國土產公司鉛印本 一冊

330000－1712－0002899 子0898 子部/藝術類/遊藝之屬/詩鐘

醉吟集詩鐘十一卷 民國十三年至十九年（1924－1930）鉛印本 七冊 缺四卷（一至二、四、十一）

330000－1712－0002900 子0899 子部/藝術類/遊藝之屬/詩鐘

醉吟集詩鐘十一卷 民國十三年至十九年（1924－1930）鉛印本 五冊 存五卷（六至十）

330000－1712－0002901 子0900 子部/藝術類/遊藝之屬/詩鐘

醉吟集詩鐘十一卷 民國十三年至十九年（1924－1930）鉛印本 五冊 存五卷（六至十）

330000－1712－0002902 子0901 子部/藝術類/遊藝之屬/詩鐘

醉吟集詩鐘十一卷 民國十三年至十九年（1924－1930）鉛印本 三冊 存三卷（六至七、九）

330000－1712－0002903 子0902 子部/藝術類/遊藝之屬/詩鐘

醉吟集詩鐘十一卷 民國十三年至十九年（1924－1930）鉛印本 三冊 存三卷（六至七、九）

330000－1712－0002904 子0903 子部/藝術類/遊藝之屬/詩鐘

醉吟集詩鐘十一卷 民國十三年至十九年（1924－1930）鉛印本 一冊 存一卷（六）

330000－1712－0002906 子0924 子部/宗

教類/佛教之屬/經

彌勒尊經不分卷 民國元年(1912)東海智仁氏刻本 一册

330000－1712－0002908 子0917 子部/宗教類/佛教之屬

佛學叢書□□種 丁福保輯 民國上海醫學書局鉛印本暨影印本 十四册 存十一種

330000－1712－0002909 子0909 子部/藝術類/遊藝之屬/聯語

巧對續録二卷 (清)梁恭辰輯 民國十年(1921)上海商務印書館鉛印本 二册

330000－1712－0002911 子0918 子部/宗教類/佛教之屬

佛學叢書□□種 丁福保輯 民國上海醫學書局鉛印本暨影印本 十七册 存二種

330000－1712－0002912 子0920 子部/宗教類/佛教之屬

佛學叢書□□種 丁福保輯 民國上海醫學書局鉛印本暨影印本 二册 存二種

330000－1712－0002917 子0919 子部/宗教類/佛教之屬

佛學叢書□□種 丁福保輯 民國上海醫學書局鉛印本暨影印本 五册 存一種

330000－1712－0002918 子0922 子部/宗教類/佛教之屬/經咒

千手千眼觀世音菩薩廣大圓滿無礙大悲心陀羅尼經一卷 (唐)釋伽梵達摩譯 **大悲心呪像解一卷** **千手千眼法寶真言圖一卷** **千手眼大悲心呪行法一卷** (宋)釋知禮輯 **千手眼大悲心呪懺法一卷** 民國石印本 一册

330000－1712－0002920 子0925 子部/宗教類/佛教之屬/經

彌勒尊經不分卷 民國元年(1912)東海智仁氏刻本 一册

330000－1712－0002921 子0935 子部/宗教類/佛教之屬/經

地藏菩薩本願經利益存亡品一卷附地藏菩薩靈感録一卷 (唐)釋實叉難陁譯 民國十九年(1930)杭州長興印刷所鉛印本 一册

330000－1712－0002922 子0939 子部/宗教類/佛教之屬/經

彌陀經疏鈔演義定本四卷 (清)釋古德撰 (清)釋智願定本 民國刻本 四册

330000－1712－0002923 子0921 子部/宗教類/佛教之屬

佛學叢書□□種 丁福保輯 民國上海醫學書局鉛印本暨影印本 一册 存一種

330000－1712－0002924 子0936 子部/宗教類/佛教之屬/諸宗

圓頓宗眼一卷 (宋)釋法登述 **始終心要注一卷** (唐)釋湛然述 (宋)釋從義注 民國十二年(1923)杭州刻經處刻本 一册

330000－1712－0002925 子0940 子部/宗教類/佛教之屬/經

地藏菩薩本願經三卷 (唐)釋實叉難陀譯 民國三十七年(1948)國光印書局石印本 一册

330000－1712－0002926 子0941 子部/宗教類/佛教之屬/經

地藏菩薩本願經三卷 (唐)釋實叉難陀譯 民國三十七年(1948)國光印書局石印本 一册

330000－1712－0002927 子0942 子部/宗教類/佛教之屬/經

大方廣佛華嚴經入不思議解脱境界普賢行願品四十卷 (唐)釋般若譯 **行願品校勘記一卷** 釋聖量撰 民國八年(1919)磚橋江北刻經處刻本 十册

330000－1712－0002928 子0937 子部/宗教類/佛教之屬/經

佛説阿彌陀經一卷 (後秦)釋鳩摩羅什譯 **佛説阿彌陀經疏鈔擷一卷** (明)釋袾宏疏鈔 (清)徐槐廷擷 民國十二年(1923)海鹽徐氏刻本 計兆麟過録 一册

330000－1712－0002930 子0945 子部/宗教類/佛教之屬/經

大方廣佛華嚴經入不思議解脱境界普賢行願品一卷　（唐）釋般若譯　民國刻本　一册

330000－1712－0002933　子0968　子部/宗教類/佛教之屬

觀世音菩薩本迹感應頌四卷首一卷　許止淨述　**金剛經功德頌一卷**　許止淨述　劉契淨注　民國十五年(1926)上海中華書局鉛印本　二册

330000－1712－0002934　子0967　子部/宗教類/佛教之屬

觀世音菩薩本迹感應頌四卷首一卷　許止淨述　**金剛經功德頌一卷**　許止淨述　劉契淨注　民國十五年(1926)上海中華書局鉛印本　二册

330000－1712－0002935　子0950　子部/宗教類/佛教之屬/經

阿彌陀經疏鈔十卷　（明）釋袾宏撰　民國十二年(1923)上海商務印書館鉛印本　三册

330000－1712－0002936　子0966　子部/宗教類/佛教之屬/經

大方廣佛華嚴經梵行品一卷净行品一卷　玄根居士書　民國石印本　一册

330000－1712－0002937　子0949　子部/宗教類/佛教之屬/諸宗

淨土四經五卷　民國九年(1920)上海商務印書館鉛印本　二册

330000－1712－0002938　子0965　子部/宗教類/佛教之屬

楞伽阿跋多羅寶經義記二卷　釋太虚口義　陳慧秉記　釋蓮瑞謄　民國十四年(1925)鉛印本　二册

330000－1712－0002939　子0951　子部/宗教類/佛教之屬/諸宗

淨土津要六種　民國十年(1921)上海商務印書館鉛印本　二册

330000－1712－0002940　子0990　子部/宗教類/佛教之屬

一切經音義一百卷　（唐）釋慧琳撰　**續一切經音義十卷**　（遼）釋希麟撰　**正續一切經音義提要一卷**　丁福保撰　**一切經音義通檢一卷**　陳作霖撰　民國十三年(1924)上海醫學書局鉛印本暨影印本　五册　缺二卷（提要、通檢）

330000－1712－0002941　子0952　子部/宗教類/佛教之屬/諸宗

寶王三昧念佛直指二卷　（明）釋妙葉集　民國十一年(1922)上海商務印書館影印本　一册

330000－1712－0002942　子0946　子部/宗教類/佛教之屬/經

金剛般若波羅蜜經一卷　（後秦）釋鳩摩羅什譯　**金剛呪一卷**　**般若波羅蜜多心經一卷**　（唐）釋玄奘譯　**金剛證驗賦一卷**　（宋）釋智覺撰　民國十九年(1930)潮陽郭氏雙百鹿齋刻藍印本　一册

330000－1712－0002943　子0964　子部/宗教類/佛教之屬/經

地藏菩薩本願經三卷附地藏菩薩靈感録一卷　（唐）釋實叉難陀譯　民國十八年(1929)石印本　一册

330000－1712－0002944　子0963　子部/宗教類/佛教之屬/經

地藏菩薩本願經三卷　（唐）釋實叉難陀譯　民國上海佛學書局鉛印本　一册

330000－1712－0002946　子0962　子部/宗教類/佛教之屬/經

佛説無量壽經二卷　（三國魏）釋康僧鎧譯　民國二十八年(1939)鉛印本　一册

330000－1712－0002947　子0947　子部/宗教類/佛教之屬/經

金剛般若波羅蜜經一卷　（後秦）釋鳩摩羅什譯　**般若波羅蜜多心經一卷**　（唐）釋玄奘譯　民國十五年(1926)天津曹氏刻本　一册

330000－1712－0002948　子0948　子部/宗教類/佛教之屬/經

金剛般若波羅蜜經一卷　（後秦）釋鳩摩羅什

譯　**般若波羅蜜多心經一卷**　(唐)釋玄奘譯　民國十五年(1926)天津曹氏刻本　一册

330000－1712－0002949　子0953　子部/宗教類/佛教之屬

佛教問答一卷佛教問答選録一卷　海扆道人編纂　民國十六年(1927)上海商務印書館鉛印本　一册

330000－1712－0002950　子0961　子部/宗教類/佛教之屬/經

金光明最勝王經十卷附藏文漢文日文英文陀羅尼四種四卷　(唐)釋義浄譯　民國十四年(1925)杭州金光明法會鉛印本　二册

330000－1712－0002956　子0956　子部/宗教類/佛教之屬/經

金剛般若波羅蜜經一卷　(後秦)釋鳩摩羅什譯　**般若波羅蜜多心經一卷**　(唐)釋玄奘譯　民國鉛印本　一册

330000－1712－0002958　子0955　子部/宗教類/佛教之屬/諸宗

淨土津要續編五種　民國鉛印本　一册　存四種

330000－1712－0002959　子0975　子部/宗教類/佛教之屬/經疏

楞嚴説通十卷　(清)劉道開撰　民國十一年(1922)上海中華書局鉛印本　四册

330000－1712－0002961　子0969　子部/宗教類/佛教之屬/諸宗

淨土三要述義一卷附録一卷　駱印雄述　民國十六年(1927)紹興大雲佛學社鉛印本　一册

330000－1712－0002963　子0972　子部/宗教類/佛教之屬/諸宗

勸修淨土切要一卷　(清)真益願撰　民國八年(1919)金陵刻經處刻本　一册

330000－1712－0002964　子0993　子部/醫家類/養生之屬/導引、氣功

袁了凡先生静坐要訣一卷　(明)袁黄撰　民國鉛印本　一册

330000－1712－0002966　子0996　子部/儒家類/儒學之屬/禮教/家訓

明袁了凡四訓一卷附録俞淨意公遇竈神記一卷　(明)袁黄撰　民國十一年(1922)上海佛學推行社鉛印本　一册

330000－1712－0002968　子0995　子部/雜著類/雜説之屬

苦海慈航一卷　弘正壇諸子撰　民國十九年(1930)弘正壇鉛印本　天雷識　一册

330000－1712－0002970　子0998　子部/宗教類/佛教之屬

五大部直音二卷附諸般經懺直音一卷　民國十三年(1924)浙杭西湖慧空經房刻本　二册

330000－1712－0002971　子0974　子部/宗教類/佛教之屬/經

金剛般若波羅蜜經一卷　(後秦)釋鳩摩羅什譯　民國十四年(1925)上海醫學書局影印本　一册

330000－1712－0002972　子0977　子部/宗教類/佛教之屬

禪門日誦一卷附佛祖心燈一卷　民國十二年(1923)杭州昭慶慧空經房刻本　一册

330000－1712－0002973　子0978　子部/宗教類/佛教之屬

禪門日誦一卷附佛祖心燈一卷　民國八年(1919)杭州瑪瑙經房刻本　一册

330000－1712－0002976　子0976　子部/宗教類/佛教之屬/經疏

大佛頂首楞嚴經攝論二卷　釋太虚造　民國七年(1918)中華書局鉛印本　一册

330000－1712－0002977　子0981　子部/宗教類/佛教之屬/經咒

日誦經咒簡易科儀不分卷　民國江蘇監獄感化會鉛印本　一册

330000－1712－0002978　子0982　子部/宗教類/佛教之屬/經咒

日誦經咒簡易科儀不分卷　求濟度室編　民國世界佛教居士林鉛印本　一册

330000－1712－0002979　子0983　子部/宗教類/佛教之屬/經咒

日誦經咒簡易科儀不分卷　平湖佛教心一居士林編　民國平湖佛教心一居士林鉛印本　一册

330000－1712－0002980　子0984　子部/宗教類/佛教之屬/經咒

日誦經咒簡易科儀不分卷　平湖佛教心一居士林編　民國平湖佛教心一居士林鉛印本　一册

330000－1712－0002981　子0985　子部/宗教類/佛教之屬/經咒

日誦經咒簡易科儀不分卷　平湖佛教心一居士林編　民國平湖佛教心一居士林鉛印本　一册

330000－1712－0002982　子0986　子部/宗教類/佛教之屬/經咒

日誦經咒簡易科儀不分卷　平湖佛教心一居士林編　民國平湖佛教心一居士林鉛印本　一册

330000－1712－0002983　子0987　子部/宗教類/佛教之屬/經咒

日誦經咒簡易科儀不分卷　平湖佛教心一居士林編　民國平湖佛教心一居士林鉛印本　一册

330000－1712－0002984　子0988　子部/宗教類/佛教之屬/經咒

日誦經咒簡易科儀不分卷　平湖佛教心一居士林編　民國平湖佛教心一居士林鉛印本　一册

330000－1712－0002988　子1000　子部/宗教類/佛教之屬

佛學叢書□□種　民國上海商務印書館鉛印本　五册　存四種

330000－1712－0002989　子1001　子部/宗教類/佛教之屬

佛學叢書□□種　民國上海商務印書館鉛印本　一册　存一種

330000－1712－0002990　子1002　子部/宗教類/佛教之屬/經

金剛般若波羅蜜經一卷　(後秦)釋鳩摩羅什譯　**般若波羅蜜多心經一卷**　(唐)釋玄奘譯　民國十二年(1923)上海佛經流通處刻本　一册

330000－1712－0002992　子1004　子部/宗教類/佛教之屬/經

金剛般若波羅蜜經一卷　(後秦)釋鳩摩羅什譯　**般若波羅蜜多心經一卷**　(唐)釋玄奘譯　民國十二年(1923)上海佛經流通處刻本　一册

330000－1712－0002993　子1003　子部/宗教類/佛教之屬/經

金剛般若波羅蜜經一卷　(後秦)釋鳩摩羅什譯　**般若波羅蜜多心經一卷**　(唐)釋玄奘譯　民國十二年(1923)上海佛經流通處刻本　一册

330000－1712－0002994　子1020　子部/宗教類/佛教之屬

徑中徑又徑徵義三卷　(清)張師誠輯　(清)徐槐廷注　民國十年(1921)海鹽徐氏刻本　一册

330000－1712－0002995　子1005　子部/宗教類/佛教之屬/經

金剛般若波羅蜜經一卷　(後秦)釋鳩摩羅什譯　**般若波羅蜜多心經一卷**　(唐)釋玄奘譯　民國十二年(1923)上海佛經流通處刻本　一册

330000－1712－0003005　子1021　子部/宗教類/佛教之屬/經

妙法蓮華經觀世音菩薩普門品一卷　(後秦)釋鳩摩羅什譯　民國刻本　一册

330000－1712－0003006　子1023　子部/宗教類/佛教之屬/經咒

佛頂尊勝陀羅尼經一卷附普賢菩薩所説大陀羅尼神咒經一卷　(唐)釋波利譯　民國十七年(1928)中央刻經院鉛印本　一册

330000－1712－0003008　子 1022　子部/宗教類/佛教之屬/經咒

千光眼觀自在菩薩祕密法經一卷　（唐）釋蘇嚩羅譯　民國十七年（1928）中央刻經院鉛印本　一冊

330000－1712－0003012　子 1017　子部/宗教類/佛教之屬/經疏

金剛經句解便蒙一卷附心經句解便蒙一卷　（清）曹良弼撰集　（清）董錦芝校繕　民國十六年（1927）中央刻經院鉛印本　一冊

330000－1712－0003015　子 1026　子部/宗教類/佛教之屬/諸宗

刪定止觀六卷天台智者大師傳論一卷天台止觀統例一卷　（唐）梁肅撰　民國十一年（1922）北京刻經處刻朱印本　三冊

330000－1712－0003016　子 1016　子部/宗教類/佛教之屬/論

報恩論二卷首一卷附一卷經正民興說一卷　（清）沈善登撰　民國上海佛教淨業社鉛印本　一冊

330000－1712－0003017　子 1038　子部/宗教類/佛教之屬/諸宗

印光法師嘉言録不分卷　李圓淨編　民國十七年（1928）上海江蘇第二監獄第三科鉛印本　一冊

330000－1712－0003018　子 1027　子部/宗教類/佛教之屬

靈應叢録□□種　歙浦學人纂修　民國十二年（1923）上海中華書局印刷所鉛印本　二冊　存一種

330000－1712－0003019　子 1028　子部/宗教類/佛教之屬/經咒

觀音經呪靈感彙編不分卷　聶其杰編　民國十七年（1928）上海江蘇第二監獄鉛印本　一冊

330000－1712－0003020　子 1040　子部/宗教類/佛教之屬/諸宗

印光法師嘉言録不分卷　李圓淨編　民國十七年（1928）上海江蘇第二監獄第三科鉛印本　一冊

330000－1712－0003021　子 1029　子部/宗教類/佛教之屬/經咒

觀音經呪靈感彙編不分卷　聶其杰編　民國十八年（1929）上海江蘇第二監獄鉛印本　一冊

330000－1712－0003022　子 1039　子部/宗教類/佛教之屬/諸宗

印光法師嘉言録不分卷　李圓淨編　民國十七年（1928）上海大中書局鉛印本　一冊

330000－1712－0003023　子 1030　子部/宗教類/佛教之屬

觀世音經彙編不分卷　民國二十六年（1937）上海國光印書局鉛印本　一冊

330000－1712－0003026　子 1033　子部/宗教類/佛教之屬/諸宗

龍舒淨土文十一卷附龍舒直音一卷　（宋）王日休撰　**佛說阿彌陀經一卷**　（後秦）釋鳩摩羅什譯　民國十五年（1926）鉛印本　一冊

330000－1712－0003027　子 1034　子部/宗教類/佛教之屬/諸宗

龍舒淨土文十一卷附龍舒直音一卷　（宋）王日休撰　**佛說阿彌陀經一卷**　（後秦）釋鳩摩羅什譯　民國十五年（1926）鉛印本　一冊

330000－1712－0003028　子 1043　子部/宗教類/佛教之屬

學佛淺說一卷　王博謙輯　民國十七年（1928）上海江蘇第二監獄鉛印本　一冊

330000－1712－0003029　子 1044　子部/宗教類/佛教之屬

學佛淺說一卷　王博謙輯　民國十七年（1928）上海江蘇第二監獄鉛印本　一冊

330000－1712－0003030　子 1045　子部/宗教類/佛教之屬

學佛淺說一卷　王博謙輯　民國十七年（1928）上海江蘇第二監獄鉛印本　一冊

330000－1712－0003031　子 1046　子部/宗教類/佛教之屬/諸宗

心燈録六卷　(清)湛愚老人撰　民國二十三年(1934)上海佛學書局鉛印本　二冊

330000－1712－0003033　子 1036　子部/宗教類/佛教之屬

翻人間地獄成新極樂浄土念佛文不分卷　釋普觀講演　張筱渠記録　民國二十五年(1936)四川印刷局鉛印本　一冊

330000－1712－0003034　子 1048　子部/宗教類/佛教之屬/經疏

阿彌陀經白話解釋二卷附修行方法一卷　釋印光鑒定　黄智海演述　**蓮池大師西方發願文簡註一卷**　釋印光鑒定　李圓浄編述　民國十七年(1928)上海江蘇第二監獄鉛印本　一冊

330000－1712－0003035　子 1049　子部/宗教類/佛教之屬/經疏

阿彌陀經白話解釋二卷附修行方法一卷　釋印光鑒定　黄智海演述　**蓮池大師西方發願文簡註一卷**　釋印光鑒定　李圓浄編述　民國十九年(1930)上海國光書局鉛印本　一冊

330000－1712－0003036　子 1037　子部/宗教類/佛教之屬/諸宗

印光法師文鈔二卷附録一卷　釋聖量撰　民國九年(1920)上海商務印書館鉛印本　二冊

330000－1712－0003040　子 1041　子部/宗教類/佛教之屬/諸宗

印光法師文鈔四卷附録一卷　釋聖量撰　民國十六年(1927)浙江印刷公司鉛印本　四冊

330000－1712－0003041　子 1042　子部/宗教類/佛教之屬/諸宗

印光法師文鈔四卷附録一卷　釋聖量撰　民國十六年(1927)浙江印刷公司鉛印本　四冊

330000－1712－0003042　子 0910　子部/藝術類/書畫之屬/法帖

純廟御筆心經一卷　(清)高宗弘曆書　**王夢樓書金剛經一卷**　(清)王文治書　民國二十年(1931)耀氏伊通齋影印本　一冊

330000－1712－0003043　子 1051　子部/宗教類/佛教之屬/經咒

佛説千手千眼觀世音菩薩廣大圓滿無礙大悲心陀羅尼經一卷　(唐)釋伽梵達磨譯　**千手眼大悲心呪行法一卷**　(宋)釋知禮集　**脩懺要旨畧一卷**　四明尊者説　民國昭慶慧空經房刻本　一冊

330000－1712－0003045　子 1035　子部/宗教類/佛教之屬/諸宗

印光法師文鈔七卷附録一卷　釋聖量撰　民國十三年(1924)上海商務印書館鉛印本　三冊

330000－1712－0003046　子 1057　子部/宗教類/佛教之屬/經疏

心經文句一卷　(明)宋濂撰　**心經注解一卷**　(清)朱珪撰　**持誦觀世音心經併聖號靈感録一卷**　民國鉛印本　一冊

330000－1712－0003047　子 1058　子部/宗教類/佛教之屬/經疏

心經文句一卷　(明)宋濂撰　**心經注解一卷**　(清)朱珪撰　**持誦觀世音心經併聖號靈感録一卷**　民國鉛印本　一冊

330000－1712－0003048　子 1052　子部/宗教類/佛教之屬/經咒

佛説千手千眼觀世音菩薩廣大圓滿無礙大悲心陀羅尼經一卷　(唐)釋伽梵達磨譯　**千手眼大悲心呪行法一卷**　(宋)釋知禮集　**脩懺要旨畧一卷**　四明尊者説　民國昭慶慧空經房刻本　一冊

330000－1712－0003049　子 1053　子部/宗教類/佛教之屬/經咒

佛説千手千眼觀世音菩薩廣大圓滿無礙大悲心陀羅尼經一卷　(唐)釋伽梵達磨譯　**千手眼大悲心呪行法一卷**　(宋)釋知禮集　**脩懺要旨畧一卷**　四明尊者説　民國昭慶慧空經房刻本　一冊

330000－1712－0003050　子 1056　子部/宗

教類/佛教之屬/經疏

心經文句一卷 （明）宋濂撰 **心經注解一卷** （清）朱珪撰 **持誦觀世音心經併聖號靈感録一卷** 民國鉛印本 一冊

330000－1712－0003051 子0917 子部/宗教類/佛教之屬

佛學叢書□□種 丁福保輯 民國上海醫學書局鉛印本暨影印本 一冊 存一種

330000－1712－0003052 子1059 子部/宗教類/佛教之屬/經疏

般若波羅蜜多心經解義一卷 （清）徐槐廷撰 民國刻本 一冊

330000－1712－0003054 子1060 子部/宗教類/佛教之屬/經疏

摩訶般若波羅密多心經注解一卷 （清）朱珪撰 民國十一年(1922)海昌姚氏刻本 一冊

330000－1712－0003056 子1063 子部/宗教類/佛教之屬

戒殺放生文一卷 （明）釋袾宏撰 **戒殺四十八問一卷** （清）周思仁撰 民國八年(1919)北京刻經處刻本 一冊

330000－1712－0003057 子1064 子部/雜著類/雜纂之屬

放生殺生現報録一卷 （清）江永撰 **江慎齋先生[永]年譜一卷** （清）汪錦波輯 民國十二年(1923)中華書局鉛印本 一冊

330000－1712－0003059 子1065 子部/宗教類/佛教之屬

决定生西日課不分卷 歐陽柱撰 民國石印本 一冊

330000－1712－0003063 子1067 子部/宗教類/佛教之屬

素食主義一卷 民國上海醫學書局鉛印本 一冊

330000－1712－0003066 子1075 子部/宗教類/佛教之屬/諸宗

淨土生無生論會集一卷 （明）釋傳燈撰 （清）釋達默集 民國刻本 一冊

330000－1712－0003070 子1077 子部/宗教類/佛教之屬/諸宗

密教圖印集二卷 民國二十九年(1940)上海佛學書局影印本 一冊

330000－1712－0003072 子1071 子部/宗教類/佛教之屬

佛學淺説□□種 佛學推行社輯 民國十年(1921)中華書局鉛印本 一冊 存一種

330000－1712－0003073 子1102 子部/宗教類/佛教之屬

肇論中吳集解三卷 （宋）釋淨源撰 民國上海佛學書局影印本 一冊

330000－1712－0003074 子1072 子部/宗教類/佛教之屬

初機淨業指南一卷 黄慶瀾撰 民國十一年(1922)上海佛經流通處鉛印本 陳甸題記 一冊

330000－1712－0003077 子1090 子部/宗教類/佛教之屬/經疏

金剛經註解二卷 （後秦）釋鳩摩羅什譯 僊遊翁等註解 **般若波羅蜜多心經註解一卷** （唐）釋玄奘譯 （明）釋宗泐 （明）釋如玘註 **諸咒註解一卷** 民國十七年(1928)上海文瑞樓石印本 二冊

330000－1712－0003078 子1107 子部/宗教類/佛教之屬/經

佛説阿彌陀經一卷 （後秦）釋鳩摩羅什譯 民國十二年(1923)上海佛經流通處刻本 一冊

330000－1712－0003080 子1076 子部/宗教類/佛教之屬/經

癡華鬘二卷 （印度）釋伽斯那撰 （南朝齊）釋求那毗地譯 王品青校點 民國十五年(1926)鉛印本 一冊

330000－1712－0003081 子1083 子部/宗教類/佛教之屬/經

金剛般若波羅蜜經一卷 （後秦）釋鳩摩羅什譯 汪大燮書 民國十八年(1929)石印本

一册

330000－1712－0003082　子 1095　子部/宗教類/佛教之屬/諸宗

禪髓贅録三卷末一卷　無心居士選輯　民國十四年(1925)存誠廬鉛印本　一册

330000－1712－0003083　子 1091　子部/宗教類/佛教之屬/經

金剛般若波羅蜜經一卷　(後秦)釋鳩摩羅什譯　曾熙書　民國上海震亞書局影印本　一册

330000－1712－0003084　子 1081　子部/宗教類/佛教之屬/論疏

大乘起信論講義二卷　釋圓瑛述　民國十年(1921)上海商務印書館鉛印本　二册

330000－1712－0003086　子 1106　子部/宗教類/佛教之屬/經疏

觀經疏鈔演義二卷　釋諦閑演義　民國十八年(1929)石印本　一册

330000－1712－0003088　子 1087　子部/宗教類/佛教之屬/經

金剛般若波羅蜜經一卷　(後秦)釋鳩摩羅什譯　**金剛經功德頌一卷**　許止淨述　劉契淨註　民國十六年(1927)刻本　一册

330000－1712－0003089　子 1080　子部/宗教類/佛教之屬/論疏

大乘起信論講義二卷　釋圓瑛述　民國十一年(1922)上海商務印書館鉛印本　一册　存一卷(二)

330000－1712－0003090　子 1094　子部/宗教類/佛教之屬/經

金剛壽命經四種合訂四卷　民國十二年(1923)北京刻經處刻本　一册

330000－1712－0003092　子 1078　子部/宗教類/佛教之屬/論疏

成唯識論學記八卷　(唐)釋太賢集　民國十年(1921)上海商務印書館鉛印本　四册

330000－1712－0003093　子 1082　子部/宗教類/佛教之屬/諸宗

禪宗正旨三卷　(印度)釋阿難陀述　(清)劉體恕編　**禪宗正旨淺注一卷**　民國鉛印本　一册

330000－1712－0003096　子 1098　史部/目録類/專録之屬

續藏經目録不分卷　(日本)中野達慧編　民國十一年(1922)商務印書館鉛印本　一册

330000－1712－0003097　子 1079　子部/宗教類/佛教之屬/論疏

大乘廣五蘊論註不分卷　蔣維喬註　民國十九年(1930)上海商務印書館鉛印本　一册

330000－1712－0003098　子 1097　子部/宗教類/佛教之屬/經咒

瑜伽燄口施食要集一卷　(清)釋德基删輯　(清)釋印宗增補儀觀　民國十三年(1924)浙杭昭慶慧空經房刻本　一册

330000－1712－0003103　子 1115　子部/宗教類/佛教之屬/諸宗

虎禪師論佛雜文一卷續一卷二續一卷　楊度撰　民國楊度刻朱印本　虎頭陀題記　一册

330000－1712－0003106　子 1116　子部/宗教類/佛教之屬

無量渡劫保真聖經一卷　民國吉林省保真社刻本　一册

330000－1712－0003107　子 1118　子部/宗教類/佛教之屬/經

金剛般若波羅蜜經一卷　(後秦)釋鳩摩羅什譯　(清)劉墉書　民國影印本　一册

330000－1712－0003109　子 1132　子部/宗教類/佛教之屬/經

佛說阿彌陀經一卷　(後秦)釋鳩摩羅什譯　**後刻彌陀經淨土法門一卷**　民國十一(1922)、十三年(1924)刻本　一册

330000－1712－0003110　子 1134　子部/宗教類/佛教之屬/經

佛說阿彌陀經一卷　(後秦)釋鳩摩羅什譯　**般若波羅蜜多心經一卷**　(唐)釋玄奘譯　往

生咒一卷　白衣大士神咒一卷　千手千眼礙大悲心陀羅尼一卷　淨身救劫咒一卷　民國王大有香號石印本　一冊

330000－1712－0003115　子 1120　子部/宗教類/佛教之屬
金剛般若經淺註一卷　釋了了註　**金剛般若波羅蜜經一卷**　（後秦）釋鳩摩羅什譯　民國八年（1919）廣州超華齋刻本　一冊

330000－1712－0003116　子 1128　史部/傳記類/總傳之屬/釋道
高僧傳初集節要二卷二集節要二卷三集節要二卷　梅光羲編　民國鉛印本　一冊　存二卷（三集節要一至二）

330000－1712－0003119　子 1127　子部/宗教類/佛教之屬/諸宗
三論宗綱要一卷　（日本）前田慧雲撰　朱元善譯　民國十四年（1925）上海商務印書館鉛印本　一冊

330000－1712－0003120　子 1126　子部/宗教類/佛教之屬/諸宗
相宗綱要一卷續編九卷　梅光羲編　民國十五年（1926）上海商務印書館鉛印本　二冊

330000－1712－0003124　子 1125　子部/宗教類/佛教之屬/經疏
大方廣圓覺脩多羅了義經講義二卷　釋諦閑講演　民國十三年（1924）上海商務印書館鉛印本　二冊

330000－1712－0003125　子 1124　子部/宗教類/佛教之屬/經疏
圓覺親聞記二卷　釋諦閑講演　釋妙煦等録　民國十五年（1926）上海商務印書館鉛印本　二冊

330000－1712－0003126　子 1123　子部/宗教類/佛教之屬/經疏
圓覺親聞記二卷　釋諦閑講演　釋妙煦等録　民國十五年（1926）上海商務印書館鉛印本　一冊　存一卷（一）

330000－1712－0003127　子 1121　子部/宗教類/佛教之屬
金剛經講解一卷　心經講解一卷　諸咒講解一卷　民國鉛印本　一冊

330000－1712－0003134　子 1152　子部/宗教類/道教之屬
陰符經真詮一卷　黄元炳箋釋　民國九年（1920）無錫黄氏鉛印本　一冊

330000－1712－0003135　子 1136　子部/宗教類/道教之屬
太上感應篇註講證案彙編四卷首一卷　釋印光鑒定　民國十七年（1928）上海中華書局印刷所鉛印本　二冊

330000－1712－0003145　子 1147　子部/宗教類/道教之屬/雜著
心傳韻語五卷　（清）何謙撰　民國上海宏大善書局石印本　五冊

330000－1712－0003149　子 1148　子部/宗教類/道教之屬/雜著
心傳韻語五卷　（清）何謙撰　民國十一年（1922）合川會善堂慈善會刻本　二冊　存二卷（一至二）

330000－1712－0003164　子 1159　子部/宗教類/道教之屬
三元教典一卷　高天君撰　民國九年（1920）杭州同道善書鉛石印刷局鉛印本　一冊

330000－1712－0003168　子 1181　子部/雜著類/雜編之屬
安士全書四種　（清）周夢顔撰　民國十一年（1922）上海中華書局印刷所鉛印本　四冊

330000－1712－0003171　子 1180　子部/雜著類/雜編之屬
安士全書四種　（清）周夢顔撰　民國十六年（1927）浙江印刷公司善書發行所鉛印本　二冊　存三種

330000－1712－0003172　子 1179　子部/雜著類/雜編之屬
安士全書四種　（清）周夢顔撰　民國十七年（1928）上海大中書局鉛印本　一冊　存二種

330000－1712－0003173　子 1153　子部/宗教類/道教之屬/雜著

玉準輪科輯要二十七卷　民國北京天華館鉛印本　一冊　存二卷(二十六至二十七)

330000－1712－0003176　子 1195　子部/宗教類/道教之屬/經文

重鐫清靜經圖註一卷　太上老君著　水精子註解　混然子付圖　民國刻本　一冊

330000－1712－0003179　子 1146　子部/宗教類/道教之屬/經文

關聖帝君明聖經誦本一卷附明聖經靈驗一卷　郭泰棣編　民國十九年(1930)潮陽郭氏輔仁堂刻藍印本　一冊

330000－1712－0003190　子 1199　子部/宗教類/道教之屬/經文

高上玉皇本行集經三卷附高上玉皇心印妙經一卷　民國八年(1919)刻本　三冊

330000－1712－0003191　子 1206　子部/雜著類/雜纂之屬

不可録一卷　(清)陳海曙輯　民國十三年(1924)上海善書流通處石印本　一冊

330000－1712－0003193　子 1201　子部/宗教類/道教之屬

南屏曉鐘一卷　孫福鏘編輯　民國十一年(1922)杭州城北重興慈濟老壇鉛印本　一冊

330000－1712－0003194　子 1205　集部/小說類/長篇之屬

洞冥記十卷全圖十卷　(清)呂惟一輯　民國十八年(1929)上海宏大善書局石印本　六冊

330000－1712－0003197　子 1204　子部/宗教類/佛教之屬/經

妙法蓮華經觀世音菩薩普門品一卷　(後秦)釋鳩摩羅什譯　戴傳賢書　**六波羅蜜大要一卷**　戴傳賢書　民國影印本　一冊

330000－1712－0003206　子 1216　子部/儒家類/儒學之屬

歷代尊孔記一卷孔教外論一卷　程淯輯　民國二十二年(1933)上海中國道德會鉛印本　一冊

330000－1712－0003207　子 1217　子部/儒家類/儒學之屬

歷代尊孔記一卷孔教外論一卷　程淯輯　民國二十二年(1933)上海中國道德會鉛印本　一冊

330000－1712－0003210　史 1049　集部/詩文評類

中國文學通史不分卷　顧實編箸　民國東南大學鉛印本　一冊

330000－1712－0003222　子 1213　子部/宗教類/佛教之屬

觀世音經一卷　(唐)釋玄奘譯　**觀音靈感録一卷**　民國上海佛學書局鉛印本　一冊

330000－1712－0003223　子 1214　子部/宗教類/佛教之屬

三世因果録不分卷　民國鉛印本　一冊

330000－1712－0003225　經 583　經部/小學類/文字之屬/說文

說文不分卷　民國油印本　胡士瑩批校並題簽　一冊

330000－1712－0003239　子 1225　子部/農家農學類/園藝之屬/花卉

花卉園藝各論不分卷　民國十三年(1924)油印本　陳稹批註　一冊

330000－1712－0003246　子 1248　子部/雜著類/雜說之屬

戒殺名理不分卷　聶其杰撰　民國十七年(1928)鉛印本　一冊

330000－1712－0003247　子 1245　子部/雜著類/雜說之屬

齊東野語二十卷　(宋)周密撰　民國二十年(1931)上海商務印書館鉛印本　四冊

330000－1712－0003261　子 1251　集部/詩文評類/文法之屬/雜著

雲林別墅新輯酬世錦囊初集八卷二集七卷三集二卷四集二卷　(清)鄒景揚輯　民國石印

本　二冊　存五卷（二集五至七、三集一至二）

330000－1712－0003264　子1231　子部/雜著類/雜考之屬

籀廎述林十卷　（清）孫詒讓撰　民國刻本　二冊　存五卷（六至十）

330000－1712－0003270　子1263　子部/雜著類/雜考之屬

日知録集釋三十二卷首一卷栞誤二卷續栞誤二卷　（清）黄汝成撰　民國十二年（1923）上海錦章圖書局石印本　六冊

330000－1712－0003271　子1264　子部/雜著類/雜考之屬

日知録集釋三十二卷首一卷栞誤二卷續栞誤二卷　（清）黄汝成撰　民國十六年（1927）上海錦章圖書局石印本　六冊

330000－1712－0003280　子1258　子部/雜著類/雜考之屬

讀書小記二卷讀書續記五卷　馬敘倫撰　民國二十年（1931）上海商務印書館鉛印本　一冊　存二卷（小記一至二）

330000－1712－0003284　子1260　子部/墨家類

墨經詁義上編一卷　葉瀚撰　民國九年（1920）鉛印本　一冊

330000－1712－0003288　史1061　史部/雜史類/斷代之屬

八年回憶録一卷　俞曦撰　民國三十六年（1947）鉛印本　一冊

330000－1712－0003289　史1060　史部/雜史類/斷代之屬

八年回憶録一卷　俞曦撰　民國三十六年（1947）鉛印本　一冊

330000－1712－0003290　史1059　史部/雜史類/斷代之屬

八年回憶録一卷　俞曦撰　民國三十六年（1947）鉛印本　一冊

330000－1712－0003291　史1058　史部/雜史類/斷代之屬

八年回憶録一卷　俞曦撰　民國三十六年（1947）鉛印本　一冊

330000－1712－0003298　叢135　類叢部/叢書類/自著之屬

林氏五種　林金相撰　民國刻本　五冊

330000－1712－0003301　史1063　史部/傳記類/別傳之屬/事狀

沈母高太夫人哀輓録一卷　沈懷仲輯　民國五年（1916）餘慶齋鉛印本　一冊

330000－1712－0003310　子1283　子部/藝術類/遊藝之屬/聯語

百衲編一卷　附華山碑一卷　吳受福輯　附華山碑一卷　（清）項鳳書撰　民國三年（1914）刻本　一冊

330000－1712－0003313　子1271　子部/儒家類/儒學之屬

歷代尊孔記一卷孔教外論一卷　程淯輯　民國二十三年（1934）上海中國道德會鉛印本　一冊

330000－1712－0003316　子1272　子部/儒家類/儒學之屬

歷代尊孔記一卷孔教外論一卷　程淯輯　民國二十三年（1934）上海中國道德會鉛印本　一冊

330000－1712－0003332　叢138　類叢部/叢書類/彙編之屬

說庫一百七十種　王文濡編　民國四年（1915）上海文明書局石印本　十一冊　存二十七種

330000－1712－0003352　叢150　類叢部/類書類/通類之屬

欽定古今圖書集成一萬卷目録四十卷　（清）蔣廷錫　（清）陳夢雷等輯　民國二十三年（1934）中華書局影印本　三十九冊　存四百八十三卷（藝術典三十三至三百五十七、三百七十一至四百二十六、四百三十九至五百四

十）

330000－1712－0003365　子1303　子部/叢編

大字精校圈點注釋三十六子全書□□種　（清）孫星衍撰　民國十三年（1924）上海掃葉山房石印本　二册　存一種

330000－1712－0003371　集0069　集部/別集類

迎紫亭詩草一卷　俞肇炳撰　民國十五年（1926）平湖治西文洽齋鉛印本　一册

330000－1712－0003372　集0070　集部/別集類

迎紫亭詩草一卷　俞肇炳撰　民國十五年（1926）平湖治西文洽齋鉛印本　一册

330000－1712－0003373　集0071　集部/別集類

迎紫亭詩草一卷　俞肇炳撰　民國十五年（1926）平湖治西文洽齋鉛印本　一册

330000－1712－0003374　集0072　集部/別集類

迎紫亭詩草一卷　俞肇炳撰　民國十五年（1926）平湖治西文洽齋鉛印本　一册

330000－1712－0003376　集0073　集部/別集類

迎紫亭詩草一卷　俞肇炳撰　民國十五年（1926）平湖治西文洽齋鉛印本　一册

330000－1712－0003377　集0074　集部/別集類

迎紫亭詩草一卷　俞肇炳撰　民國十五年（1926）平湖治西文洽齋鉛印本　一册

330000－1712－0003379　集0012　集部/別集類

適廬詩存一卷附三國宫詞一卷　陳翰撰　民國十九年（1930）鉛印本　一册

330000－1712－0003381　集0013　集部/別集類

適廬詩存一卷附三國宫詞一卷　陳翰撰　民國十九年（1930）鉛印本　一册

330000－1712－0003382　集0014　集部/別集類

適廬詩存一卷附三國宫詞一卷　陳翰撰　民國十九年（1930）鉛印本　一册

330000－1712－0003383　集0015　集部/別集類

適廬詩存一卷附三國宫詞一卷　陳翰撰　民國十九年（1930）鉛印本　一册

330000－1712－0003386　集0016　集部/別集類

適廬詩存一卷附三國宫詞一卷　陳翰撰　民國十九年（1930）鉛印本　一册

330000－1712－0003387　集0017　集部/別集類

適廬詩存一卷附三國宫詞一卷　陳翰撰　民國十九年（1930）鉛印本　一册

330000－1712－0003397　集0027　集部/別集類/清別集

丁中翰遺集二卷首一卷補遺一卷　（清）丁泰撰　柯志頤輯　民國九年（1920）鉛印本　一册

330000－1712－0003402　史1066　史部/傳記類/別傳之屬/事狀

河南壽母楊太夫人哀輓録一卷　陸惟鍌輯　民國二十二年（1933）鉛印本　一册

330000－1712－0003404　史1067　史部/傳記類/別傳之屬/事狀

河南壽母楊太夫人哀輓録一卷　陸惟鍌輯　民國二十二年（1933）鉛印本　一册

330000－1712－0003426　集0052　集部/別集類/清別集

南涇集一卷隘巷集一卷　（清）徐步瀛撰　民國平湖綺春閣鉛印本　一册

330000－1712－0003428　集0053　集部/別集類/清別集

南涇集一卷隘巷集一卷　（清）徐步瀛撰　民

國平湖綺春閣鉛印本　一冊

330000－1712－0003429　集0054　集部/别集類/清别集

南涇集一卷隘巷集一卷　(清)徐步瀛撰　民國平湖綺春閣鉛印本　一冊

330000－1712－0003430　集0055　集部/别集類/清别集

南涇集一卷隘巷集一卷　(清)徐步瀛撰　民國平湖綺春閣鉛印本　一冊

330000－1712－0003433　集0059　集部/别集類

澎湖遺老集四卷續集四卷　金蓉鏡撰　民國十七年(1928)、二十年(1931)刻本　三冊

330000－1712－0003434　集0057　集部/别集類

澎湖遺老集四卷續集四卷　金蓉鏡撰　民國十七年(1928)、二十年(1931)刻本　三冊

330000－1712－0003436　集0058　集部/别集類

澎湖遺老集四卷　金蓉鏡撰　民國十七年(1928)刻本　二冊

330000－1712－0003437　集0091　集部/别集類/清别集

常慊慊齋文集二卷　(清)朱之榛撰　民國九年(1920)平湖朱氏東湖草堂刻十五年(1926)印本　二冊

330000－1712－0003439　集0092　集部/别集類/清别集

常慊慊齋文集二卷　(清)朱之榛撰　民國九年(1920)平湖朱氏東湖草堂刻十五年(1926)印本　二冊

330000－1712－0003442　集0093　集部/别集類/清别集

常慊慊齋文集二卷　(清)朱之榛撰　民國九年(1920)平湖朱氏東湖草堂刻十五年(1926)印本　二冊

330000－1712－0003443　集0094　集部/别集類/清别集

常慊慊齋文集二卷　(清)朱之榛撰　民國九年(1920)平湖朱氏東湖草堂刻十五年(1926)印本　二冊

330000－1712－0003444　集0083　集部/别集類/清别集

琴鶴山房遺稿八卷　(清)趙銘撰　金兆蕃輯　民國十一年(1922)金兆蕃刻本　二冊

330000－1712－0003445　集0084　集部/别集類/清别集

琴鶴山房遺稿八卷　(清)趙銘撰　金兆蕃輯　民國十一年(1922)金兆蕃刻本　二冊

330000－1712－0003446　集0085　集部/别集類/清别集

琴鶴山房殘稿二卷　(清)趙銘撰　金兆蕃輯　民國元年(1912)金兆蕃鉛印本　一冊

330000－1712－0003448　集0930　集部/總集類/酬唱之屬

丹山驪唱集一卷　趙璋輯　民國二十三年(1934)平湖浙江印刷所鉛印本　一冊

330000－1712－0003453　集0095　集部/别集類/清别集

常慊慊齋文集二卷　(清)朱之榛撰　民國九年(1920)平湖朱氏東湖草堂刻十五年(1926)印本　二冊

330000－1712－0003460　集0096　集部/别集類/清别集

常慊慊齋文集二卷　(清)朱之榛撰　民國九年(1920)平湖朱氏東湖草堂刻十五年(1926)印本　一冊　存一卷(二)

330000－1712－0003461　集0097　集部/别集類/清别集

常慊慊齋文集二卷　(清)朱之榛撰　民國九年(1920)平湖朱氏東湖草堂刻十五年(1926)印本　一冊　存一卷(二)

330000－1712－0003462　集0098　集部/别集類/清别集

常慊慊齋文集二卷　(清)朱之榛撰　民國九

年(1920)平湖朱氏東湖草堂刻十五年(1926)印本　一冊　存一卷(二)

330000－1712－0003463　集 0099　集部/别集類/清别集

常慊慊齋文集二卷　(清)朱之榛撰　民國九年(1920)平湖朱氏東湖草堂刻十五年(1926)印本　一冊　存一卷(二)

330000－1712－0003473　集 0119　集部/别集類/清别集

蕉聲館文集八卷首一卷詩集二十卷詩補遺四卷詩續補一卷　(清)朱為弼撰　朱景邁輯　民國五年至八年(1916－1919)朱景邁東湖草堂刻本　十二冊

330000－1712－0003477　集 0118　集部/别集類/清别集

蕉聲館文集八卷首一卷詩集二十卷詩補遺四卷詩續補一卷　(清)朱為弼撰　朱景邁輯　民國五年至八年(1916－1919)朱景邁東湖草堂刻本　十二冊

330000－1712－0003482　集 0120　集部/别集類/清别集

蕉聲館文集八卷首一卷詩集二十卷詩補遺四卷詩續補一卷　(清)朱為弼撰　朱景邁輯　民國五年至八年(1916－1919)朱景邁東湖草堂刻本　十二冊

330000－1712－0003484　集 0121　集部/别集類/清别集

蕉聲館文集八卷首一卷詩集二十卷詩補遺四卷詩續補一卷　(清)朱為弼撰　朱景邁輯　民國五年至八年(1916－1919)朱景邁東湖草堂刻本　十冊

330000－1712－0003490　集 0122　集部/别集類/清别集

蕉聲館文集八卷首一卷詩集二十卷詩補遺四卷詩續補一卷　(清)朱為弼撰　朱景邁輯　民國五年至八年(1916－1919)朱景邁東湖草堂刻本　五冊　缺十五卷(一至八、詩集一至七)

330000－1712－0003491　集 0124　集部/别集類/清别集

蕉聲館文集八卷首一卷詩集二十卷詩補遺四卷詩續補一卷　(清)朱為弼撰　朱景邁輯　民國五年至八年(1916－1919)朱景邁東湖草堂刻本　一冊　存二卷(文集七至八)

330000－1712－0003492　集 0123　集部/别集類/清别集

蕉聲館文集八卷首一卷詩集二十卷詩補遺四卷詩續補一卷　(清)朱為弼撰　朱景邁輯　民國五年至八年(1916－1919)朱景邁東湖草堂刻本　一冊　存二卷(文集五至六)

330000－1712－0003493　集 0183　集部/總集類/題詠之屬

三壽百詠一卷　葉存養輯　民國七年(1918)刻本　一冊

330000－1712－0003494　集 0126　集部/總集類/題詠之屬

三壽百詠一卷　葉存養輯　民國七年(1918)刻本　一冊

330000－1712－0003495　集 0127　集部/總集類/題詠之屬

三壽百詠一卷　葉存養輯　民國七年(1918)刻本　一冊

330000－1712－0003496　集 0128　集部/總集類/題詠之屬

三壽百詠一卷　葉存養輯　民國七年(1918)刻本　一冊

330000－1712－0003497　集 0129　集部/總集類/題詠之屬

三壽百詠一卷　葉存養輯　民國七年(1918)刻本　一冊

330000－1712－0003498　集 0130　集部/總集類/題詠之屬

三壽百詠一卷　葉存養輯　民國七年(1918)刻本　一冊

330000－1712－0003499　集 0131　集部/總集類/題詠之屬

三壽百詠一卷　葉存養輯　民國七年(1918)刻本　一冊

330000－1712－0003500　集0132　集部/總集類/題詠之屬

三壽百詠一卷　葉存養輯　民國七年(1918)刻本　一冊

330000－1712－0003501　集0133　集部/總集類/題詠之屬

三壽百詠一卷　葉存養輯　民國七年(1918)刻本　一冊

330000－1712－0003502　集0134　集部/總集類/題詠之屬

三壽百詠一卷　葉存養輯　民國七年(1918)刻本　一冊

330000－1712－0003503　集0135　集部/總集類/題詠之屬

三壽百詠一卷　葉存養輯　民國七年(1918)刻本　一冊

330000－1712－0003504　集0136　集部/總集類/題詠之屬

三壽百詠一卷　葉存養輯　民國七年(1918)刻本　一冊

330000－1712－0003505　集0137　集部/總集類/題詠之屬

三壽百詠一卷　葉存養輯　民國七年(1918)刻本　一冊

330000－1712－0003506　集0138　集部/總集類/題詠之屬

三壽百詠一卷　葉存養輯　民國七年(1918)刻本　一冊

330000－1712－0003507　集0139　集部/總集類/題詠之屬

三壽百詠一卷　葉存養輯　民國七年(1918)刻本　一冊

330000－1712－0003508　集0140　集部/總集類/題詠之屬

三壽百詠一卷　葉存養輯　民國七年(1918)刻本　一冊

330000－1712－0003509　集0141　集部/總集類/題詠之屬

三壽百詠一卷　葉存養輯　民國七年(1918)刻本　一冊

330000－1712－0003510　集0156　集部/總集類/題詠之屬

三壽百詠一卷　葉存養輯　民國七年(1918)刻本　一冊

330000－1712－0003511　集0157　集部/總集類/題詠之屬

三壽百詠一卷　葉存養輯　民國七年(1918)刻本　一冊

330000－1712－0003512　集0158　集部/總集類/題詠之屬

三壽百詠一卷　葉存養輯　民國七年(1918)刻本　一冊

330000－1712－0003513　集0159　集部/總集類/題詠之屬

三壽百詠一卷　葉存養輯　民國七年(1918)刻本　一冊

330000－1712－0003514　集0160　集部/總集類/題詠之屬

三壽百詠一卷　葉存養輯　民國七年(1918)刻本　一冊

330000－1712－0003515　集0161　集部/總集類/題詠之屬

三壽百詠一卷　葉存養輯　民國七年(1918)刻本　一冊

330000－1712－0003516　集0162　集部/總集類/題詠之屬

三壽百詠一卷　葉存養輯　民國七年(1918)刻本　一冊

330000－1712－0003517　集0163　集部/總集類/題詠之屬

三壽百詠一卷　葉存養輯　民國七年(1918)刻本　一冊

330000－1712－0003518　集0164　集部/總集類/題詠之屬
三壽百詠一卷　葉存養輯　民國七年（1918）刻本　一冊

330000－1712－0003519　集0165　集部/總集類/題詠之屬
三壽百詠一卷　葉存養輯　民國七年（1918）刻本　一冊

330000－1712－0003520　集0166　集部/總集類/題詠之屬
三壽百詠一卷　葉存養輯　民國七年（1918）刻本　一冊

330000－1712－0003521　集0167　集部/總集類/題詠之屬
三壽百詠一卷　葉存養輯　民國七年（1918）刻本　一冊

330000－1712－0003522　集0168　集部/總集類/題詠之屬
三壽百詠一卷　葉存養輯　民國七年（1918）刻本　一冊

330000－1712－0003523　集0169　集部/總集類/題詠之屬
三壽百詠一卷　葉存養輯　民國七年（1918）刻本　一冊

330000－1712－0003524　集0142　集部/總集類/題詠之屬
三壽百詠一卷　葉存養輯　民國七年（1918）刻本　一冊

330000－1712－0003525　集0170　集部/總集類/題詠之屬
三壽百詠一卷　葉存養輯　民國七年（1918）刻本　一冊

330000－1712－0003526　集0143　集部/總集類/題詠之屬
三壽百詠一卷　葉存養輯　民國七年（1918）刻本　一冊

330000－1712－0003527　集0144　集部/總集類/題詠之屬
三壽百詠一卷　葉存養輯　民國七年（1918）刻本　一冊

330000－1712－0003528　集0145　集部/總集類/題詠之屬
三壽百詠一卷　葉存養輯　民國七年（1918）刻本　一冊

330000－1712－0003529　集0171　集部/總集類/題詠之屬
三壽百詠一卷　葉存養輯　民國七年（1918）刻本　一冊

330000－1712－0003530　集0172　集部/總集類/題詠之屬
三壽百詠一卷　葉存養輯　民國七年（1918）刻本　一冊

330000－1712－0003531　集0173　集部/總集類/題詠之屬
三壽百詠一卷　葉存養輯　民國七年（1918）刻本　一冊

330000－1712－0003532　集0174　集部/總集類/題詠之屬
三壽百詠一卷　葉存養輯　民國七年（1918）刻本　一冊

330000－1712－0003533　集0175　集部/總集類/題詠之屬
三壽百詠一卷　葉存養輯　民國七年（1918）刻本　一冊

330000－1712－0003534　集0176　集部/總集類/題詠之屬
三壽百詠一卷　葉存養輯　民國七年（1918）刻本　一冊

330000－1712－0003535　集0177　集部/總集類/題詠之屬
三壽百詠一卷　葉存養輯　民國七年（1918）刻本　一冊

330000－1712－0003536　集0178　集部/總集類/題詠之屬

三壽百詠一卷　葉存養輯　民國七年(1918)刻本　一册

330000－1712－0003537　集0179　集部/總集類/題詠之屬
三壽百詠一卷　葉存養輯　民國七年(1918)刻本　一册

330000－1712－0003538　集0180　集部/總集類/題詠之屬
三壽百詠一卷　葉存養輯　民國七年(1918)刻本　一册

330000－1712－0003539　集0181　集部/總集類/題詠之屬
三壽百詠一卷　葉存養輯　民國七年(1918)刻本　一册

330000－1712－0003540　集0182　集部/總集類/題詠之屬
三壽百詠一卷　葉存養輯　民國七年(1918)刻本　一册

330000－1712－0003541　集0184　集部/總集類/題詠之屬
三壽百詠一卷　葉存養輯　民國七年(1918)刻本　一册

330000－1712－0003542　集0185　集部/總集類/題詠之屬
三壽百詠一卷　葉存養輯　民國七年(1918)刻本　一册

330000－1712－0003543　集0146　集部/總集類/題詠之屬
三壽百詠一卷　葉存養輯　民國七年(1918)刻本　一册

330000－1712－0003544　集0147　集部/總集類/題詠之屬
三壽百詠一卷　葉存養輯　民國七年(1918)刻本　一册

330000－1712－0003545　集0148　集部/總集類/題詠之屬
三壽百詠一卷　葉存養輯　民國七年(1918)刻本　一册

330000－1712－0003546　集0149　集部/總集類/題詠之屬
三壽百詠一卷　葉存養輯　民國七年(1918)刻本　一册

330000－1712－0003547　集0150　集部/總集類/題詠之屬
三壽百詠一卷　葉存養輯　民國七年(1918)刻本　一册

330000－1712－0003548　集0154　集部/總集類/題詠之屬
三壽百詠一卷　葉存養輯　民國七年(1918)刻本　一册

330000－1712－0003549　集0153　集部/總集類/題詠之屬
三壽百詠一卷　葉存養輯　民國七年(1918)刻本　一册

330000－1712－0003550　集0151　集部/總集類/題詠之屬
三壽百詠一卷　葉存養輯　民國七年(1918)刻本　一册

330000－1712－0003551　集0155　集部/總集類/題詠之屬
三壽百詠一卷　葉存養輯　民國七年(1918)刻本　一册

330000－1712－0003552　集0152　集部/總集類/題詠之屬
三壽百詠一卷　葉存養輯　民國七年(1918)刻本　一册

330000－1712－0003569　集0200　集部/別集類
聽鸝吟館求是草一卷　龔寶廉撰　民國二十二年(1933)鉛印本　一册

330000－1712－0003571　集0201　集部/別集類
聽鸝吟館求是草一卷　龔寶廉撰　民國二十二年(1933)鉛印本　一册

330000－1712－0003572　集 0202　集部/别集類
聽鸝吟館求是草一卷　龔寶廉撰　民國二十二年(1933)鉛印本　一册

330000－1712－0003594　集 0226　集部/總集類/郡邑之屬
吴游片羽三種三卷　黄孝紓輯　民國十七年(1928)鉛印本　一册

330000－1712－0003609　集 0311　集部/别集類/清别集
春雨樓雜文一卷採香詞二卷春雨樓詩一卷附録一卷　(清)沈彩撰　民國十三年(1924)蟫隱廬影印本　一册

330000－1712－0003610　集 0249　集部/别集類
安樂鄉人詩四卷詩續一卷七十後詩一卷藥夢詞二卷詞續一卷七十後詞一卷　金兆蕃撰　民國二十年至二十八年(1931－1939)刻本　一册

330000－1712－0003611　集 0250　集部/别集類
安樂鄉人詩四卷詩續一卷七十後詩一卷藥夢詞二卷詞續一卷七十後詞一卷　金兆蕃撰　民國二十年至二十八年(1931－1939)刻本　一册

330000－1712－0003623　集 0256　集部/别集類/清别集
瑶潭詩賸三卷詩餘一卷　(清)胡正基撰　民國十四年(1925)鉛印本　一册

330000－1712－0003631　集 0257　集部/别集類/清别集
瑶潭詩賸三卷詩餘一卷　(清)胡正基撰　民國十四年(1925)鉛印本　一册

330000－1712－0003632　集 0258　集部/别集類/清别集
瑶潭詩賸三卷詩餘一卷　(清)胡正基撰　民國十四年(1925)鉛印本　一册

330000－1712－0003633　集 0259　集部/别集類/清别集
瑶潭詩賸三卷詩餘一卷　(清)胡正基撰　民國十四年(1925)鉛印本　一册

330000－1712－0003634　集 0260　集部/别集類/清别集
瑶潭詩賸三卷詩餘一卷　(清)胡正基撰　民國十四年(1925)鉛印本　吴立題記　一册

330000－1712－0003636　集 0306　集部/别集類/清别集
乍浦竹枝詞一卷　(清)林中麒撰　民國二十二年(1933)高氏華雲閣鉛印本　一册

330000－1712－0003642　集 0243　集部/别集類
安樂鄉人詩四卷藥夢詞二卷　金兆蕃撰　民國二十年(1931)刻本　一册

330000－1712－0003643　集 0244　集部/别集類
安樂鄉人詩四卷藥夢詞二卷　金兆蕃撰　民國二十年(1931)刻本　一册

330000－1712－0003644　集 0245　集部/别集類
安樂鄉人詩四卷藥夢詞二卷　金兆蕃撰　民國二十年(1931)刻本　一册

330000－1712－0003645　集 0246　集部/别集類
安樂鄉人詩四卷藥夢詞二卷　金兆蕃撰　民國二十年(1931)刻本　一册

330000－1712－0003647　集 0247　集部/别集類
安樂鄉人詩四卷詩續一卷七十後詩一卷藥夢詞二卷詞續一卷七十後詞一卷　金兆蕃撰　民國二十年至二十八年(1931－1939)刻本　一册

330000－1712－0003649　集 0248　集部/别集類
安樂鄉人詩四卷詩續一卷七十後詩一卷藥夢詞二卷詞續一卷七十後詞一卷　金兆蕃撰　民國二十年至二十八年(1931－1939)刻本

一冊

330000－1712－0003650　集0251　集部/別集類

安樂鄉人詩四卷詩續一卷七十後詩一卷蘗夢詞二卷詞續一卷七十後詞一卷　金兆蕃撰　民國二十年至二十八年(1931－1939)刻本　一冊

330000－1712－0003652　集0252　集部/別集類

安樂鄉人詩四卷　金兆蕃撰　民國二十年(1931)刻本　一冊

330000－1712－0003692　集0321　集部/別集類/清別集

乍浦竹枝詞一卷　(清)鄒璟著　**乍浦竹枝詞一卷**　(清)王文海撰　民國平湖陸氏求是齋抄本　陸惟鋆過録邑志之鄒璟小傳　一冊

330000－1712－0003695　集0322　集部/別集類/明別集

客窗留一卷十究竟歌一卷　(明)王路撰　民國平湖陸氏求是齋抄本　陸惟鋆批　一冊

330000－1712－0003702　集0327　集部/別集類/清別集

獨旦集八卷　(清)高士奇撰　民國平湖高氏抄本　一冊　存一卷(一)

330000－1712－0003743　史1073　史部/雜史類/斷代之屬

八年回憶録一卷　俞曦撰　民國三十六年(1947)鉛印本　一冊

330000－1712－0003744　集0343　集部/詞類/總集之屬

詞選一卷　胡士瑩輯　民國油印本　一冊

330000－1712－0003746　集0344　集部/曲類/曲選之屬

曲選一卷　胡士瑩輯　**元劇畧説一卷**　吳翟安撰　李萬育輯　民國油印本　一冊

330000－1712－0003752　集0342　集部/詞類/總集之屬

詞選一卷　胡士瑩輯　民國油印本　一冊

330000－1712－0003753　集0325　集部/別集類

平湖佚名詩文鈔一卷　稿本　一冊

330000－1712－0003754　集0341　集部/詞類/總集之屬

詞選一卷　胡士瑩輯　民國油印本　一冊

330000－1712－0003755　集0340　集部/詞類/總集之屬

詞選一卷　胡士瑩輯　民國油印本　一冊

330000－1712－0003794　集0371　集部/總集類/題詠之屬

壽言集詠一卷　羅秋山輯　民國七年(1918)平湖綺春閣鉛印本　一冊

330000－1712－0003795　集0370　集部/總集類/題詠之屬

壽言集詠一卷　羅秋山輯　民國七年(1918)平湖綺春閣鉛印本　一冊

330000－1712－0003803　集0469　集部/詩文評類/文法之屬/函牘格式

尺牘範文二卷　民國抄本　二冊

330000－1712－0003834　集0489　集部/別集類

碧湘閣詞不分卷　陳家慶撰　民國油印本　一冊

330000－1712－0003845　集0478　集部/別集類/清別集

詩文選一卷　陳之英等撰　民國抄本　一冊

330000－1712－0003858　集0504　集部/別集類/清別集

文集一卷　稿本　一冊

330000－1712－0003873　集0506　集部/總集類/題詠之屬

平湖葛毓珊先生[金烺]小影題詠一卷　葛嗣浵輯　民國影印本　一冊

330000－1712－0003881　集0503　集部/別集類

詩文稿一卷　民國抄本　一冊

330000－1712－0003882　集 0516　集部/總集類/尺牘之屬
廖芝與長女陳禯信札不分卷　廖芝撰　民國抄本　一冊

330000－1712－0003892　集 0502　集部/總集類/選集之屬
詩文雜稿一卷　稿本　一冊

330000－1712－0003907　集 0520　集部/別集類/清別集
白榆村舍記事稿四卷　（清）馬承昭撰　民國初綺春閣鉛印本　四冊

330000－1712－0003912　集 0521　集部/別集類/清別集
白榆村舍記事稿四卷　（清）馬承昭撰　民國初綺春閣鉛印本　馬宗彝題記　四冊

330000－1712－0003913　集 0522　集部/別集類/清別集
白榆村舍記事稿四卷　（清）馬承昭撰　民國初綺春閣鉛印本　四冊

330000－1712－0003914　集 0523　集部/別集類/清別集
白榆村舍記事稿四卷　（清）馬承昭撰　民國初綺春閣鉛印本　四冊

330000－1712－0003915　集 0519　集部/別集類/清別集
白榆村舍記事稿四卷　（清）馬承昭撰　民國初綺春閣鉛印本　四冊

330000－1712－0003942　集 0617　集部/總集類/彙編之屬
明季三孝廉集□□種　羅振玉輯　民國八年(1919)上虞羅氏鉛印本　四冊　存三種

330000－1712－0003959　史 1091　史部/傳記類/別傳之屬/事狀
金壽初先生[方模]赴告不分卷　金炳鏞等撰　民國二十三年(1934)鉛印本　一冊

330000－1712－0003960　史 1090　史部/傳記類/別傳之屬/事狀
胡少槎先生[廷枋]訃告不分卷　胡士瑩等撰　民國二十二年(1933)鉛印本　一冊

330000－1712－0003961　集 0599　集部/總集類/郡邑之屬
當湖詩文逸二十二卷　（清）張憲和編　民國十八年(1929)刻本　八冊

330000－1712－0003965　史 1089　史部/政書類/邦計之屬
當湖王詒穀義莊一卷　王銘貴等編　民國平湖錢振翰齋刻本　一冊

330000－1712－0003966　史 1088　史部/政書類/邦計之屬
當湖王詒穀義莊一卷　王積泳編　民國十三年(1924)當湖王詒穀義莊刻本　一冊

330000－1712－0003967　集 0598　集部/總集類/郡邑之屬
當湖詩文逸二十二卷　（清）張憲和編　民國十八年(1929)刻本　八冊

330000－1712－0003970　集 0600　集部/總集類/郡邑之屬
當湖詩文逸二十二卷　（清）張憲和編　民國十八年(1929)刻本　五冊　存十六卷(一至十六)

330000－1712－0003975　集 0596　集部/總集類/郡邑之屬
當湖詩文逸二十二卷　（清）張憲和編　民國十八年(1929)刻朱印本　七冊　缺一卷(二十)

330000－1712－0003982　集 0597　集部/總集類/郡邑之屬
當湖詩文逸二十二卷　（清）張憲和編　民國十八年(1929)刻朱印本　八冊

330000－1712－0003996　集 0594　集部/總集類/郡邑之屬
當湖詩文逸二十二卷　（清）張憲和編　民國十八年(1929)刻朱印本　八冊

330000－1712－0004002　集0595　集部/總集類/郡邑之屬

當湖詩文逸二十二卷　(清)張憲和編　民國十八年(1929)刻朱印本　一册　存一卷(一)

330000－1712－0004003　集0592　集部/總集類/郡邑之屬

當湖詩文逸二十二卷　(清)張憲和編　民國十八年(1929)刻朱印本　十五册

330000－1712－0004005　集0604　集部/總集類/郡邑之屬

當湖詩文逸二十二卷　(清)張憲和編　民國十八年(1929)刻本　八册

330000－1712－0004006　集0603　集部/總集類/郡邑之屬

當湖詩文逸二十二卷　(清)張憲和編　民國十八年(1929)刻本　七册　存二十卷(一至二十)

330000－1712－0004007　集0602　集部/總集類/郡邑之屬

當湖詩文逸二十二卷　(清)張憲和編　民國十八年(1929)刻本　七册　存二十卷(一至二十)

330000－1712－0004008　史1092　史部/目録類/總録之屬/地方

平湖經籍志不分卷　陸惟鍙纂　稿本　十五册

330000－1712－0004011　集0601　集部/總集類/郡邑之屬

當湖詩文逸二十二卷　(清)張憲和編　民國十八年(1929)刻本　一册　存四卷(六至九)

330000－1712－0004014　叢159　類叢部/叢書類/郡邑之屬

檇李叢書九種　金兆蕃編　民國二十年至二十五年(1931－1936)嘉興金氏刻本　十六册

330000－1712－0004020　叢165　類叢部/叢書類/郡邑之屬

檇李叢書九種　金兆蕃編　民國二十年至二十五年(1931－1936)嘉興金氏刻本　十六册

330000－1712－0004021　叢162　類叢部/叢書類/郡邑之屬

檇李叢書九種　金兆蕃編　民國二十年至二十五年(1931－1936)嘉興金氏刻本　十六册

330000－1712－0004025　叢163　類叢部/叢書類/郡邑之屬

檇李叢書九種　金兆蕃編　民國二十年至二十五年(1931－1936)嘉興金氏刻本　十六册

330000－1712－0004026　叢161　類叢部/叢書類/郡邑之屬

檇李叢書九種　金兆蕃編　民國二十年至二十五年(1931－1936)嘉興金氏刻本　十五册　存六種

330000－1712－0004027　叢160　類叢部/叢書類/郡邑之屬

檇李叢書九種　金兆蕃編　民國二十年至二十五年(1931－1936)嘉興金氏刻本　十六册

330000－1712－0004028　叢166　類叢部/叢書類/郡邑之屬

檇李叢書五種　金兆蕃編　民國二十年(1931)嘉興金氏刻本　十六册

330000－1712－0004033　叢164　類叢部/叢書類/郡邑之屬

檇李叢書九種　金兆蕃編　民國二十年至二十五年(1931－1936)嘉興金氏刻本　十六册

330000－1712－0004034　叢167　類叢部/叢書類/郡邑之屬

檇李叢書五種　金兆蕃編　民國二十年(1931)嘉興金氏刻本　十六册

330000－1712－0004035　叢168　類叢部/叢書類/郡邑之屬

檇李叢書九種　金兆蕃編　民國二十年至二十五年(1931－1936)嘉興金氏刻本　十二册　存七種

330000－1712－0004067　集0668　集部/總集類/選集之屬/通代

玉臺新詠十卷　(南朝陳)徐陵編　(清)吴兆宜注　(清)程琰删補　民國四年(1915)上海

掃葉山房石印本　六冊

330000－1712－0004071　集0669　集部/總集類/選集之屬/通代

玉臺新詠十卷　(南朝陳)徐陵編　(清)吳兆宜注　(清)程琰删補　民國十五年(1926)上海掃葉山房石印本　六冊

330000－1712－0004072　集0699　集部/詩文評類/詩評之屬

學詩初步三卷　張廷華　吳玉編　民國五年(1916)上海文明書局鉛印本　一冊

330000－1712－0004074　集0706　集部/總集類/選集之屬/通代

詳註分類咏物詩選八卷　(清)俞琰輯　(清)易開繙　(清)孫溶鳴註　民國十七年(1928)上海大通書局石印本　祝高題記　八冊

330000－1712－0004080　集0705　集部/總集類/選集之屬/通代

詳註分類咏物詩選八卷　(清)俞琰輯　(清)易開繙　(清)孫溶鳴註　民國十年(1921)上海進化書局石印本　八冊

330000－1712－0004082　集0704　集部/總集類/選集之屬/通代

古詩源十四卷　(清)沈德潛輯　民國上海商務印書館鉛印本　四冊

330000－1712－0004083　集0702　集部/總集類/選集之屬/通代

評選古詩源四卷　(清)沈德潛輯　民國六年(1917)上海會文堂書局石印本　四冊

330000－1712－0004085　集0701　集部/總集類/選集之屬/通代

古今詩選五十卷　(清)王士禛選　民國上海掃葉山房石印本　三冊　存十六卷(七言詩歌行鈔五至七、五言今體詩鈔六至九、七言今體詩鈔一至九)

330000－1712－0004088　集0673　集部/總集類/選集之屬/斷代

唐人萬首絕句選七卷　(宋)洪邁選　(清)王士禛輯　民國四年(1915)上海掃葉山房石印本　二冊

330000－1712－0004089　集0700　集部/詩文評類/詩評之屬

詩學淵源八卷　丁儀撰　民國十九年(1930)鉛印本　三冊

330000－1712－0004092　集0671　集部/總集類/選集之屬/斷代

唐人八家詩四十二卷　(明)毛晉輯　民國十五年(1926)上海涵芬樓據明海虞毛氏汲古閣刻本影印本　八冊

330000－1712－0004093　集0672　集部/總集類/選集之屬/斷代

唐人萬首絕句選七卷　(宋)洪邁選　(清)王士禛輯　民國十二年(1923)上海掃葉山房石印本　二冊

330000－1712－0004096　叢169　類叢部/叢書類/彙編之屬

四部精華一百二十五種　陸翔選輯　民國上海世界書局石印本　三十冊

330000－1712－0004103　集0722　集部/總集類/選集之屬/通代

古文析義初編六卷二編八卷　(清)林雲銘評註　民國十一年(1922)上海錦章圖書局石印本　十二冊

330000－1712－0004104　集0707　集部/詩文評類/詩評之屬

學詩法程四卷　(清)王祖源輯　民國交通圖書館石印本　二冊

330000－1712－0004106　集0719　集部/總集類/選集之屬/通代

古文析義初編六卷二編八卷　(清)林雲銘評註　民國元年(1912)石印本　十冊

330000－1712－0004107　集0675　集部/總集類/選集之屬/斷代

唐詩三百首註疏六卷　(清)孫洙編　(清)章燮註　民國十五年(1926)上海掃葉山房石印本　六冊

330000－1712－0004108　集0676　集部/總集類/選集之屬/斷代

唐詩三百首註疏六卷　(清)孫洙編　(清)章爕註　民國十二年(1923)上海掃葉山房石印本　六冊

330000－1712－0004109　集0679　集部/總集類/選集之屬/斷代

唐詩三百首註疏六卷　(清)孫洙編　(清)章爕註　民國二年(1913)上海掃葉山房石印本　五冊　存五卷(二至六)

330000－1712－0004110　集0677　集部/總集類/選集之屬/斷代

唐詩三百首註疏六卷　(清)孫洙編　(清)章爕註　民國九年(1920)上海掃葉山房石印本　六冊

330000－1712－0004111　集0729　集部/總集類/選集之屬/通代

名媛詩歸三十六卷　(明)鍾惺輯　民國上海有正書局鉛印本　一冊　存四卷(二十三至二十六)

330000－1712－0004113　集0723　集部/總集類/選集之屬/通代

白話譯文古文釋義八卷　(清)于霽川譯　民國十七年(1928)上海中原書局石印本　八冊

330000－1712－0004117　集0717　集部/總集類/選集之屬/通代

古文析義初編六卷二編八卷　(清)林雲銘評註　民國石印本　三冊　存六卷(三至六、二編七至八)

330000－1712－0004118　集0713　集部/總集類/選集之屬/通代

古唐詩合解十二卷古詩四卷　(清)王堯衢注　(清)李模　(清)李桓校　民國二年(1913)上海錦章圖書局石印本　八冊

330000－1712－0004119　集0714　集部/總集類/選集之屬/通代

古唐詩合解十二卷古詩四卷　(清)王堯衢注　(清)李模　(清)李桓校　民國二年(1913)上海錦章圖書局石印本　八冊

330000－1712－0004120　集0715　集部/總集類/選集之屬/通代

古唐詩合解十二卷古詩四卷　(清)王堯衢注　(清)李模　(清)李桓校　民國二年(1913)石印本　七冊　缺二卷(古詩三至四)

330000－1712－0004121　集0716　集部/總集類/選集之屬/通代

古唐詩合解十二卷古詩四卷　(清)王堯衢注　(清)李模　(清)李桓校　民國四年(1915)上海鑄記書局石印本　八冊

330000－1712－0004124　集0726　集部/總集類/選集之屬/斷代

唐宮閨詩二卷　(清)劉雲份輯　民國交通圖書館石印本　四冊

330000－1712－0004125　集0678　集部/總集類/選集之屬/斷代

唐詩三百首註釋六卷　(清)孫洙編　(清)章爕註　民國上海鴻章書局石印本　六冊

330000－1712－0004127　集0660　集部/總集類/選集之屬/通代

文選六十卷　(南朝梁)蕭統輯　(唐)李善注　**文選考異十卷**　(清)胡克家撰　民國上海著易堂石印本　十六冊

330000－1712－0004128　集0658　集部/總集類/選集之屬/通代

評註昭明文選十五卷首一卷葉星衛附註一卷　(清)于光華輯　民國上海掃葉山房石印本　十六冊

330000－1712－0004129　集0657　集部/總集類/選集之屬/通代

評註昭明文選十五卷首一卷葉星衛附註一卷　(清)于光華輯　民國十一年(1922)上海掃葉山房石印本　十六冊

330000－1712－0004130　集0659　集部/總集類/選集之屬/通代

評註昭明文選十五卷首一卷葉星衛附註一卷　(清)于光華輯　民國上海掃葉山房石印本

八册　缺八卷(首、一至七)

330000－1712－0004137　集 0732　集部/總集類/選集之屬/斷代

清朝駢體正宗評本十二卷　(清)曾燠輯　(清)姚燮評　民國上海文瑞樓石印本　四册

330000－1712－0004141　集 0656　集部/總集類/選集之屬/通代

文選六十卷　(南朝梁)蕭統輯　(唐)李善注　**文選考異十卷**　(清)胡克家撰　民國上海錦章圖書局石印本　五册　存二十卷(一至三、十三至二十九)

330000－1712－0004145　集 0739　集部/總集類/選集之屬/通代

十八家詩鈔二十八卷首一卷　(清)曾國藩輯　民國九年(1920)上海商務印書館鉛印本　十六册

330000－1712－0004148　集 0740　集部/總集類/選集之屬/通代

圈點詳註十八家詩鈔二十八卷首一卷　(清)曾國藩撰　陳存悔等註　民國上海崇新書局鉛印本　二册　存四卷(圈點詳註三至六)

330000－1712－0004152　集 0682　集部/總集類/選集之屬/斷代

註釋唐詩三百首六卷　(清)孫洙編　民國上海鴻寶齋書局石印本　一册　存四卷(一至四)

330000－1712－0004160　集 0753　集部/詩文評類/詩評之屬

五代詩話八卷　(清)王士禛撰　民國上海朝記書莊石印本　一册

330000－1712－0004161　集 0752　集部/詩文評類/詩評之屬

五代詩話八卷　(清)王士禛撰　民國上海朝記書莊石印本　四册

330000－1712－0004162　集 0797　集部/總集類/選集之屬/通代

六朝文絜箋注十二卷　(清)許槤輯並評　(清)黎經誥箋注　民國十七年(1928)上海掃葉山房石印本　一册

330000－1712－0004171　集 0785　集部/總集類/選集之屬/斷代

遺民詩十六卷　(清)卓爾堪輯　**近青堂詩一卷**　(清)卓爾堪撰　民國有正書局據清康熙刻本影印本　八册

330000－1712－0004172　集 0687　集部/總集類/選集之屬/斷代

註釋唐詩三百首六卷　(清)孫洙編　民國鉛印本　陸善濤落款　二册

330000－1712－0004179　叢 170　類叢部/叢書類/彙編之屬

涉聞梓舊二十五種　(清)蔣光煦輯　民國十三年(1924)上海商務印書館影印清海昌蔣氏刻本(陳後山集校卷一原缺)　二十册

330000－1712－0004199　集 0775　集部/詩文評類/類編之屬

詩文評註讀本□□種　王文濡編　民國上海文明書局鉛印本　十八册　存九種

330000－1712－0004200　集 0832　集部/總集類/選集之屬/斷代

宮閨百詠四卷　(清)陳其泰編　民國二年(1913)上海掃葉山房石印本　二册

330000－1712－0004201　集 0831　集部/總集類/選集之屬/斷代

隨園女弟子詩選六卷　(清)袁枚輯　民國十二年(1923)上海掃葉山房石印本　二册

330000－1712－0004202　集 0776　集部/詩文評類/類編之屬

詩文評註讀本□□種　王文濡編　民國上海文明書局鉛印本　十六册　存七種

330000－1712－0004203　集 0830　集部/總集類/選集之屬/斷代

清人絶句選一卷　陳友琴編　民國二十四年(1935)上海開明書店鉛印本　一册

330000－1712－0004204　集 0829　集部/總集類/選集之屬/斷代

感舊集十六卷小傳補遺一卷　(清)王士禛選　(清)盧見曾補傳　民國八年(1919)上海有正書局石印本　八冊

330000－1712－0004205　集0765　集部/總集類/選集之屬/通代

八代詩精華録箋註四卷　丁福保編　民國二十三年(1934)上海文明書局鉛印本　二冊

330000－1712－0004215　集0828　集部/總集類/選集之屬/通代

詩歌易讀不分卷　達文社編　民國七年(1918)達文社鉛印本　一冊

330000－1712－0004221　集0777　集部/詩文評類/類編之屬

詩文評註讀本□□種　王文濡編　民國上海文明書局鉛印本　八冊　存四種

330000－1712－0004224　集0778　集部/詩文評類/類編之屬

詩文評註讀本□□種　王文濡編　民國上海文明書局鉛印本　四冊　存一種

330000－1712－0004225　集0779　集部/詩文評類/類編之屬

詩文評註讀本□□種　王文濡編　民國上海文明書局鉛印本　四冊　存一種

330000－1712－0004226　集0780　集部/詩文評類/類編之屬

詩文評註讀本□□種　王文濡編　民國上海文明書局鉛印本　四冊　存一種

330000－1712－0004227　集0781　集部/詩文評類/類編之屬

詩文評註讀本□□種　王文濡編　民國上海文明書局鉛印本　四冊　存一種

330000－1712－0004232　集0822　集部/總集類/彙編之屬

戊戌六君子遺集九種　張元濟輯　民國六年(1917)上海商務印書館鉛印本　五冊　存七種

330000－1712－0004238　集0798　集部/總集類/選集之屬/通代

六朝文絜四卷　(清)許槤輯並評　民國據清道光五年(1825)海昌許氏享金寶石齋刻本影印本　四冊

330000－1712－0004240　集0768　集部/總集類/尺牘之屬

名賢手札八卷　(清)郭慶藩輯　民國十二年(1923)上海東萊書局石印本　四冊

330000－1712－0004243　集0769　集部/總集類/尺牘之屬

名賢手札八卷　(清)郭慶藩輯　民國二十四年(1935)上海掃葉山房石印本　四冊

330000－1712－0004246　集0823　集部/總集類/選集之屬/通代

增批古文觀止十二卷　(清)吳乘權　(清)吳大職輯　民國十一年(1922)石印本　六冊

330000－1712－0004248　集0818　集部/詩文評類/文評之屬

文學概論一卷天演論講義綱要一卷　梅光迪講　張其的記　民國油印本　一冊

330000－1712－0004250　集0819　集部/詩文評類/詩評之屬

詩賦通論一卷　陳去病撰　民國油印本　一冊

330000－1712－0004254　集0782　集部/總集類/氏族之屬

毘陵伍氏合集八種附録一卷　伍璜等輯　民國二十四年(1935)武進伍氏鉛印本　伍愛真題記　三冊　缺三卷(蓉湖吟稿一至三)

330000－1712－0004255　集0783　集部/總集類/氏族之屬

毘陵伍氏合集八種附録一卷　伍璜等輯　民國二十四年(1935)武進伍氏鉛印本　四冊

330000－1712－0004258　集0806　集部/總集類/郡邑之屬

胥社文選一卷詩選一卷詞選一卷附録一卷　胥社編　民國十五年(1926)鉛印本　一冊

330000－1712－0004260　集 0808　集部/總集類/域外之屬

和詩選七卷　王長春選　民國三十一年(1942)上海華中印書局鉛印本　一冊

330000－1712－0004262　史 1093　集部/詩文評類

中國中古文學史講義一卷　劉師培編　民國十二年(1923)國立北京大學出版部鉛印本　一冊

330000－1712－0004263　集 0694　新學/學校

國學概要四卷　蕭開勤編　民國油印本　四冊

330000－1712－0004264　集 0810　集部/別集類/清別集

陶園詩集鈔不分卷　(清)張九鉞撰　民國抄本　胡士瑩題簽　一冊

330000－1712－0004271　子 1314　子部/雜著類/雜纂之屬

左孟莊騷精華録二卷　林紓評註　民國二年(1913)上海商務印書館鉛印本　二冊

330000－1712－0004273　子 1315　子部/雜著類/雜纂之屬

左孟莊騷精華録二卷　林紓評註　民國上海商務印書館鉛印本　一冊　存一卷(上)

330000－1712－0004275　集 0812　集部/總集類/酬唱之屬

黃華集一卷　高燮編　民國十三年(1924)閑閑山莊鉛印本　一冊

330000－1712－0004276　集 0813　集部/總集類/酬唱之屬

黃華集一卷　高燮編　民國十三年(1924)閑閑山莊鉛印本　一冊

330000－1712－0004295　集 0894　集部/總集類/選集之屬/通代

古文觀止十二卷　(清)吳乘權　(清)吳大職輯　民國七年(1918)掃葉山房刻本　朱家珍題簽并觀款　六冊

330000－1712－0004299　集 0836　類叢部/叢書類/郡邑之屬

武原先哲遺著初編十種　談文灯輯　民國十年(1921)海鹽談氏鉛印本　二冊

330000－1712－0004300　集 0906　集部/總集類/選集之屬/通代

續古文觀止八卷　王文濡選輯　姚文謨等評註　民國二十四年(1935)上海文明書局鉛印本　四冊

330000－1712－0004301　集 0840　集部/別集類

新美人百詠二卷　趙廷玉撰　民國十四年(1925)上海掃葉山房石印本　二冊

330000－1712－0004302　集 0905　集部/總集類/選集之屬/通代

古文觀止十二卷　(清)吳乘權　(清)吳大職輯　民國五年(1916)上海中華書局石印本　陸養心觀款　六冊

330000－1712－0004303　集 0904　集部/總集類/選集之屬/通代

蔡氏古文評註補正全集十卷　(清)過珙選　蔡鑄補正　民國十三年(1924)上海商務印書館鉛印本　九冊　缺一卷(三)

330000－1712－0004306　子 1316　子部/儒家類/儒學之屬/禮教/家訓

雙節堂庸訓四卷　(清)汪輝祖撰　民國十一年(1922)杭州彩華五彩石印局鉛印本　一冊

330000－1712－0004307　集 0892　集部/總集類/選集之屬/通代

安越堂古文觀止十二卷　(清)吳乘權　(清)吳大職編　民國十二年(1923)紹興四有書局鉛印本　一冊　存二卷(十一至十二)

330000－1712－0004321　集 0848　集部/總集類/題詠之屬

歷代題畫詩類絕句鈔二卷　中華圖書館編　民國二年(1913)上海中華圖書舘石印本　二冊

330000－1712－0004322　集 0849　集部/別

集類/漢魏六朝别集

謝宣城詩集五卷　(南朝齊)謝朓撰　民國三年(1914)上海有正書局石印本　一册

330000－1712－0004326　集0913　集部/别集類/唐五代别集

杜詩鏡銓二十卷附諸家論杜一卷杜工部年譜一卷　(清)楊倫輯　**讀書堂杜工部文集註解二卷**　(清)張溍撰　民國十七年(1928)上海文化書局石印本　七册　缺二卷(十九至二十)

330000－1712－0004348　集0882　集部/總集類/選集之屬/斷代

千首宋人絶句十卷　(清)嚴長明輯　民國上海商務印書館鉛印本　二册

330000－1712－0004351　集0943　集部/别集類/宋别集

劍南詩鈔六卷　(宋)陸游撰　(清)楊大鶴選　民國十二年(1923)上海掃葉山房石印本　六册

330000－1712－0004360　集0958　集部/别集類/唐五代别集

樊紹述集二卷　(唐)樊宗師撰　(清)孫之騄輯　民國七年(1918)上海文明書局石印本　一册

330000－1712－0004364　集0955　集部/别集類/唐五代别集

樊紹述集二卷　(唐)樊宗師撰　(清)孫之騄輯　民國五年(1916)樊氏刻本　一册　存一卷(二)

330000－1712－0004365　集0954　類叢部/叢書類/自著之屬

樊諫議集七家注六種　(唐)樊宗師撰　(清)樊鎮輯　民國十三年(1924)紹興樊氏緜繹書屋刻本　一册　存一種

330000－1712－0004372　集0883　集部/别集類/唐五代别集

音注李太白詩一卷　(唐)李白撰　(清)沈歸愚選本　姚祝萱音注　民國十二年(1923)上海文明書局石印本　一册

330000－1712－0004373　集0884　集部/别集類/唐五代别集

李太白文集三十卷　(唐)李白撰　民國上海江左書林據宋刻本影印本　八册

330000－1712－0004376　集0885　集部/别集類/唐五代别集

李太白文集三十卷　(唐)李白撰　民國二年(1913)上海文瑞樓石印本　四册

330000－1712－0004377　集0920　集部/别集類

百衲詩存一卷　袁克權撰　民國七年(1918)鉛印本　一册

330000－1712－0004379　集0886　集部/别集類/唐五代别集

李太白文集三十卷　(唐)李白撰　民國元年(1912)鄂官書處刻本　四册

330000－1712－0004381　集0921　集部/别集類

劈天集一卷詩餘一卷　賀揚靈撰　民國三十二年(1943)鉛印本　一册

330000－1712－0004390　叢181　類叢部/叢書類/自著之屬

晨風廬叢刊十八種　周慶雲輯　民國吳興周氏夢坡室刻本　六册　存二種

330000－1712－0004404　集0971　集部/别集類/宋别集

宋岳忠武王全集二十八卷　(宋)岳飛撰　(宋)岳珂編　民國四年(1915)國學書局石印本　四册

330000－1712－0004406　集0986　集部/别集類/唐五代别集

韓集箋正五卷昌黎先生詩文年譜一卷　(清)方成珪撰　民國十五年(1926)瑞安陳氏湫漻齋鉛印本　四册

330000－1712－0004408　集0934　集部/總集類/選集之屬/斷代

姚姬傳先生唐人五言絕句詩鈔一卷七言絕句詩鈔一卷 （清）姚鼐選　民國四年（1915）上海文明書局石印本　一册

330000－1712－0004414　集0948　集部/别集類/唐五代别集

樊南文集箋註八卷　（唐）李商隱撰　（清）馮浩箋注　民國五年（1916）上海廣益書局、文瑞樓石印本　八册

330000－1712－0004419　集0960　集部/别集類/宋别集

王荆文公詩五十卷目録三卷　（宋）王安石撰　（宋）李壁箋註　（宋）劉辰翁評點　**王荆文公[安石]年譜一卷**　（宋）詹大和撰　民國十一年（1922）海鹽張氏據元刻本影印本　十册

330000－1712－0004421　集0961　集部/别集類/宋别集

王荆文公詩五十卷目録三卷　（宋）王安石撰　（宋）李壁箋註　（宋）劉辰翁評點　**王荆文公[安石]年譜一卷**　（宋）詹大和撰　民國十一年（1922）海鹽張氏據元刻本影印本　十册

330000－1712－0004429　集0871　集部/總集類/選集之屬/通代

交通部上海工業專門學校中學二年級國文讀本三卷　上海工業專門學校編輯　民國八年（1919）上海工業專科學校鉛印本　三册

330000－1712－0004435　集0981　集部/别集類/唐五代别集

白香山詩長慶集二十卷後集十七卷别集一卷補遺二卷　（唐）白居易撰　（清）汪立名編訂　**白香山[居易]年譜一卷**　（清）汪立名撰　**白香山[居易]年譜舊本一卷**　（宋）陳振孫撰　民國四年（1915）會文堂書局石印本　十二册

330000－1712－0004437　集0980　集部/别集類/唐五代别集

白香山詩長慶集二十卷後集十七卷别集一卷補遺二卷　（唐）白居易撰　（清）汪立名編訂　**白香山[居易]年譜一卷**　（清）汪立名撰　**白香山[居易]年譜舊本一卷**　（宋）陳振孫撰　民國四年（1915）上海會文堂書局石印本　十二册

330000－1712－0004440　集0939　集部/總集類/選集之屬

諸家詩不分卷　（清）黄嵩齡等撰　民國抄本　一册

330000－1712－0004445　叢180　類叢部/叢書類/自著之屬

晨風廬叢刊十八種　周慶雲撰　民國吳興周氏夢坡室刻本　八册　存三種

330000－1712－0004447　集1010　集部/總集類/氏族之屬

三蘇文集四十四卷　（清）邵希雍輯　民國元年（1912）上海會文堂書局石印本　八册

330000－1712－0004450　集1011　集部/别集類/宋别集

石林居士建康集八卷補遺一卷　（宋）葉夢得撰　**石林先生兩鎮建康紀年略一卷**　（清）葉廷琯編　民國九年（1920）石竹山房書局石印本　二册

330000－1712－0004462　集0995　集部/總集類/選集之屬/斷代

音注韋蘇州柳柳州詩二卷　（清）沈德潛選　曹繡君音注　民國十二年（1923）上海文明書局鉛印本　一册

330000－1712－0004464　集0996　集部/總集類/選集之屬/斷代

音注韋蘇州柳柳州詩二卷　（清）沈德潛選　曹繡君音注　民國十二年（1923）上海文明書局鉛印本　一册

330000－1712－0004465　集0998　集部/總集類/選集之屬/斷代

音註王摩詰孟浩然詩二卷　（唐）王維　（唐）孟浩然撰　（清）王士禛選　王治音注　民國十二年（1923）上海文明書局鉛印本　一册

330000－1712－0004466　集0999　集部/總集類/選集之屬/斷代

音註王摩詰孟浩然詩二卷　（唐）王維　（唐）

孟浩然撰　（清）王士禛選　王治音注　民國十二年(1923)上海文明書局鉛印本　一冊

330000－1712－0004467　集 1000　集部/總集類/選集之屬/斷代

音註韓昌黎孟東野詩二卷　（清）沈德潛選　姚祝萱音注　民國十二年(1923)上海文明書局鉛印本　一冊

330000－1712－0004468　集 1033　集部/總集類/彙編之屬

宋詩鈔初集　（清）呂留良等輯　民國三年(1914)上海商務印書館據清康熙吳氏刻本影印本　四十冊

330000－1712－0004470　集 1015　集部/詞類/別集之屬

遺山先生新樂府四卷　（金）元好問撰　民國三年(1914)上海掃葉山房石印本　一冊

330000－1712－0004472　集 1002　集部/別集類/漢魏六朝別集

陶淵明文集十卷　（晉）陶潛撰　民國六年(1917)上海會文堂書局石印本　四冊

330000－1712－0004478　集 1043　集部/別集類/宋別集

東坡禪喜集一卷附詞一卷　（宋）蘇軾撰　劉仁航輯　民國二十二年(1933)上海商務印書館鉛印本　一冊

330000－1712－0004490　集 1039　集部/別集類/宋別集

象山先生全集三十六卷　（宋）陸九淵撰　**附錄少湖徐先生學則辯一卷**　（明）徐階撰　民國十五年(1926)中原書局石印本　八冊

330000－1712－0004493　子 1318　子部/雜著類/雜考之屬

評點百二十子二十六卷補遺十三卷　（明）歸有光輯　（明）文震孟參訂　民國十一年(1922)上海會文堂書局石印本　四十冊

330000－1712－0004495　集 1053　集部/詞類/別集之屬

歐陽文忠公近體樂府三卷　（宋）歐陽修撰　**歐陽文忠近體樂府校記一卷**　林大椿撰　民國二十年(1931)上海商務印書館鉛印本　一冊

330000－1712－0004498　集 1017　集部/別集類/明別集

重訂祝子遺書六卷首一卷末一卷　（明）祝淵撰　祝廷錫編　民國六年(1917)知非樓刻本　二冊

330000－1712－0004499　集 1018　集部/別集類/明別集

重訂祝子遺書六卷首一卷末一卷　（明）祝淵撰　祝廷錫編　民國六年(1917)知非樓刻本　一冊　存四卷(首、一至三)

330000－1712－0004500　集 1036　集部/別集類/明別集

震川先生集三十卷別集十卷附録一卷　（明）歸有光撰　民國上海中華圖書館石印本　八冊

330000－1712－0004504　叢 186　類叢部/叢書類/自著之屬

舜水遺書四種附録一卷　（明）朱之瑜撰　民國二年(1913)山陰湯壽潛鉛印本　十二冊

330000－1712－0004505　集 1019　集部/別集類/明別集

倪文貞公詩集二卷附録一卷　（明）倪元璐撰　（清）倪會鼎訂正　民國二十四年(1935)南京襄社據王伯沆寫本影印本　一冊

330000－1712－0004510　集 0764　集部/總集類/選集之屬/斷代

宋詩鈔補八十六卷　（清）管庭芬　（清）蔣光煦編　民國四年(1915)上海商務印書館鉛印本　八冊

330000－1712－0004511　集 1021　集部/總集類/酬唱之屬

庸庵尚書重賦鹿鳴集録不分卷　陳夔龍輯　民國二十三年(1934)上海中華書局鉛印本　四冊

330000－1712－0004515　集 1080　集部/詩

文評類/詩評之屬

漁洋詩話二卷　(清)王士禛撰　民國八年(1919)上海掃葉山房石印本　一冊

330000－1712－0004516　集 1079　集部/詩文評類/詩評之屬

漁洋詩話二卷　(清)王士禛撰　民國八年(1919)上海掃葉山房石印本　一冊

330000－1712－0004517　叢 189　類叢部/叢書類/自著之屬

崔東壁遺書前編十九種附一種　(清)崔述撰　民國十三年(1924)上海古書流通處據清道光陳氏刻本影印本　二十冊

330000－1712－0004519　集 1078　集部/詩文評類/詩評之屬

漁洋山人詩問二卷律詩定體一卷　(清)王士禛撰　**然燈記聞一卷**　(清)王士禛授　(清)何世璂録　民國元年(1912)掃葉山房石印本　一冊

330000－1712－0004524　集 1077　集部/別集類/清別集

帶經堂集七種九十二卷　(清)王士禛撰　(清)程哲編　民國十年(1921)上海錦文堂石印本　二十冊　存五種

330000－1712－0004530　集 1058　集部/總集類/選集之屬/斷代

國朝詩別裁集三十六卷　(清)沈德潛纂評　民國元年(1912)伊生白抄本　伊生白、金德淦題跋　十二冊

330000－1712－0004531　集 1022　集部/總集類/酬唱之屬

庸庵尚書重賦鹿鳴集録不分卷　陳夔龍輯　民國二十三年(1934)上海中華書局鉛印本　四冊

330000－1712－0004534　集 1071　集部/別集類/清別集

亭林詩集五卷文集六卷餘集一卷　(清)顧炎武撰　民國五年(1916)上海同文圖書館石印本　四冊

330000－1712－0004549　子 1320　子部/儒家類/儒學之屬/俗訓

格言聯璧不分卷　(清)金纓輯　民國五年(1916)吳縣徐貞元木活字印本　一冊

330000－1712－0004554　集 1061　集部/別集類/清別集

梅村詩集箋注十八卷　(清)吳偉業撰　(清)吳翌鳳箋注　民國中華圖書館石印本　八冊

330000－1712－0004556　集 1062　集部/別集類/清別集

梅村詩集箋注十八卷　(清)吳偉業撰　(清)吳翌鳳箋注　民國中華圖書館石印本　八冊

330000－1712－0004587　集 1112　集部/詩文評類/詩評之屬

詩學不分卷　黃節編　民國十年(1921)北京大學出版部鉛印本　一冊

330000－1712－0004589　集 1206　集部/詩文評類/詩評之屬

愚園詩話四卷　(清)胡光國輯　民國九年(1920)刻本　四冊

330000－1712－0004591　集 1176　集部/別集類/清別集

音註小倉山房尺牘八卷　(清)袁枚撰　(清)胡光斗箋釋　民國元年(1912)上海會文堂石印本　四冊

330000－1712－0004592　集 1178　集部/別集類/清別集

註釋小倉山房文集三十五卷　(清)袁枚著　(清)雷瑨註釋　民國十三年(1924)上海掃葉山房石印本　十二冊

330000－1712－0004593　集 1177　集部/別集類/清別集

音註小倉山房尺牘八卷　(清)袁枚撰　(清)胡光斗箋釋　民國元年(1912)上海會文堂石印本　四冊

330000－1712－0004595　叢 198　類叢部/叢書類/郡邑之屬

檇李叢書九種　金兆蕃編　民國二十年至二

十五年(1931－1936)嘉興金氏刻本　一冊　存一種

330000－1712－0004597　叢168　類叢部/叢書類/郡邑之屬

檇李叢書九種　金兆蕃編　民國二十年至二十五年(1931－1936)嘉興金氏刻本　一冊　存一種

330000－1712－0004598　集1193　集部/別集類/清別集

音注曾滌生文三卷　(清)曾國藩撰　(清)王益吾選本　王楚香音注　民國十三年(1924)上海文明書局石印本　二冊

330000－1712－0004603　集1127　集部/別集類/清別集

張文襄公詩集四卷　(清)張之洞撰　民國六年(1917)上海集益書局石印本　四冊

330000－1712－0004609　集1093　集部/詩文評類/詩評之屬

梅村詩話一卷　(清)吳偉業撰　民國上海中華圖書館石印本　一冊

330000－1712－0004611　集1118　集部/別集類/清別集

定廬集四卷　(清)錢儀吉撰　民國三年至四年(1914－1915)刻本　二冊

330000－1712－0004612　集1119　集部/別集類/清別集

定廬集四卷　(清)錢儀吉撰　民國三年至四年(1914－1915)刻朱印本　一冊

330000－1712－0004613　集1124　集部/別集類/清別集

兩當軒集二十卷補遺二卷附録四卷攷異二卷　(清)黃景仁撰　(清)黃志述輯　民國十年(1921)上海掃葉山房石印本　六冊

330000－1712－0004628　集1192　集部/別集類/清別集

曾文正公尺牘四卷　(清)曾國藩撰　民國十三年(1924)上海商務印書館鉛印本　三冊　存三卷(二至四)

330000－1712－0004630　集1181　集部/詩文評類/詩評之屬

隨園詩話十六卷補遺十卷　(清)袁枚撰　民國上海文明書局石印本　六冊

330000－1712－0004633　叢214　類叢部/叢書類/自著之屬

分類廣註曾文正公五種八卷　(清)曾國藩撰　民國上海世界書局石印本　四冊　存四卷(家書一至三、家訓)

330000－1712－0004636　集1128　集部/別集類/清別集

音註左文襄公家書二卷　(清)左宗棠撰　周治音注　民國十四年(1925)上海大東書局石印本　二冊

330000－1712－0004641　集1126　集部/別集類/清別集

恪靖侯盾鼻餘瀋一卷附聯語一卷　(清)左宗棠撰　民國抄本　一冊

330000－1712－0004645　集1182　集部/詩文評類/詩評之屬

隨園詩話十六卷補遺十卷　(清)袁枚撰　民國上海文明書局石印本　五冊　缺四卷(詩話五至八)

330000－1712－0004653　集1117　集部/別集類

張季子詩録十卷　張謇撰　民國五年(1916)文藝雜志社石印本　二冊

330000－1712－0004656　集1116　集部/別集類/清別集

長真閣集七卷詩餘一卷　(清)席佩蘭撰　民國十四年(1925)上海掃葉山房石印本　二冊

330000－1712－0004658　叢200　類叢部/叢書類/自著之屬

隨園三十六種　(清)袁枚撰　民國十年(1921)上海中華圖書館鉛印本　六冊　存三種

330000－1712－0004659　集1115　集部/總集類/郡邑之屬

木瀆詩存八卷　（清）汪正輯　民國十一年(1922)鉛印本　二冊

330000－1712－0004660　叢 201　類叢部/叢書類/自著之屬

隨園全集三十八種　（清）袁枚撰　民國七年(1918)上海文明書局石印本　八冊　存一種

330000－1712－0004668　叢 207　類叢部/叢書類/自著之屬

隨園全集三十八種　（清）袁枚撰　民國七年(1918)上海文明書局石印本　四十八冊　存三十六種

330000－1712－0004669　叢 206　類叢部/叢書類/自著之屬

隨園全集三十八種　（清）袁枚撰　民國七年(1918)上海文明書局石印本　六十冊　存三十五種

330000－1712－0004670　集 1175　集部/別集類/宋別集

黃衲集二卷　（宋）黃庭堅撰　錢智修編　民國二十六年(1937)上海開明書店鉛印本　一冊

330000－1712－0004671　集 1169　集部/別集類

新都遊草一卷　胡廣植撰　民國油印本　一冊

330000－1712－0004672　叢 213　類叢部/叢書類/自著之屬

曾文正公家書四種　（清）曾國藩撰　民國上海著易堂書局石印本　八冊

330000－1712－0004682　集 1165　集部/別集類/清別集

二田齋讀畫絕句一卷　（清）計光炘撰　民國十一年(1922)嘉興振新社鉛印本　一冊

330000－1712－0004685　集 1168　集部/別集類/清別集

守甓齋詩集一卷　（清）計光炘撰　民國十九年(1930)南京中山印書館鉛印本　一冊

330000－1712－0004686　集 1167　集部/別集類/清別集

守甓齋詩集一卷　（清）計光炘撰　民國十九年(1930)南京中山印書館鉛印本　一冊

330000－1712－0004688　集 1166　集部/別集類

培風樓詩存一卷　邵祖平撰　民國十八年(1929)鉛印本　一冊

330000－1712－0004698　集 1197　集部/別集類

花近樓詩存初編三卷續編二卷三編二卷四編二卷五編二卷六編二卷七編二卷八編二卷　陳夔龍撰　民國三年至十五年(1914－1926)上海刻本　一冊　存二卷(八編一至二)

330000－1712－0004707　集 1196　集部/別集類/清別集

秋蟪吟館詩鈔七卷　（清）金和撰　民國五年(1916)上元金氏刻本　五冊

330000－1712－0004712　集 1158　集部/別集類/清別集

南園吏隱詩存一卷　（清）蒲忭撰　民國二十年(1931)淮陰徐氏刻本　一冊

330000－1712－0004714　集 1159　集部/別集類/清別集

南園吏隱詩存一卷　（清）蒲忭撰　民國二十年(1931)淮陰徐氏刻本　一冊

330000－1712－0004716　集 1194　集部/別集類

康有為文集八卷　康有為撰　民國四年(1915)上海群學社石印本　八冊

330000－1712－0004721　集 1195　集部/別集類

不忍雜誌彙編八卷　康有為撰　民國四年(1915)上海群學社石印本　八冊

330000－1712－0004725　叢 199　類叢部/叢書類/彙編之屬

百尺樓叢書五種　陳去病編　民國十三年(1924)鉛印本　文灶題記　二冊　存二種

330000－1712－0004726　集 1212　集部/別集類

雙井堂詩集十卷　劉體蕃撰　民國十四年(1925)鉛印本　二冊　存七卷(一至三、七至十)

330000－1712－0004733　集 1218　集部/別集類/清別集

日長山靜草堂詩存二卷補遺一卷　汪達鈞撰　民國二十年(1931)六合孫氏影印本　一冊

330000－1712－0004735　集 1217　集部/別集類/清別集

日長山靜草堂詩存二卷補遺一卷　汪達鈞撰　民國二十年(1931)六合孫氏影印本　雨渟題記　一冊

330000－1712－0004749　集 1247　集部/別集類

吴白屋先生遺書二十卷　吴芳吉撰　吴宓編　**附録一卷**　周光午編　民國二十三年(1934)長沙周光午刻本　六冊

330000－1712－0004750　集 1248　集部/別集類

吴白屋先生遺書二十卷　吴芳吉撰　吴宓編訂　**附録一卷**　周光午編　民國二十三年(1934)長沙周光午刻本　五冊　缺四卷(十六至十九)

330000－1712－0004755　集 1260　集部/別集類/清別集

小綠天庵遺詩二卷六舟山野紀事詩一卷　(清)釋達受撰　民國九年(1920)海寧姚氏古樸山房鉛印本　一冊

330000－1712－0004760　集 1235　集部/別集類

濤園詩集四卷　沈瑜慶撰　民國九年(1920)李宣龔鉛印本　一冊　存二卷(三至四)

330000－1712－0004765　集 1259　集部/別集類

觀省齋詩存十六卷　蕭應灤撰　民國八年(1919)鉛印本　一冊　存八卷(九至十六)

330000－1712－0004766　集 1251　集部/別集類

散原精舍詩二卷　陳三立撰　民國五年(1916)文藝雜志社石印本　二冊

330000－1712－0004767　集 1250　集部/別集類

散原精舍詩二卷　陳三立撰　民國五年(1916)文藝雜志社石印本　二冊

330000－1712－0004768　集 1253　集部/別集類/清別集

澗于集奏議六卷電稿一卷譯署函稿一卷古今體詩四卷文集二卷書牘六卷　(清)張佩綸撰　民國七年至十五年(1918－1926)張氏澗于草堂刻本　四冊　存五卷(奏議二、四至五，古今體詩三至四)

330000－1712－0004778　集 1236　集部/別集類

青郊六十自定稿四卷　梁煥奎撰　民國十六年(1927)鉛印本　二冊

330000－1712－0004783　子 1321　子部/藝術類/書畫之屬/畫譜

梅花喜神譜二卷　(宋)宋伯仁編　梅王閣藏　民國十七年(1928)上海中華書局影印本　二冊

330000－1712－0004785　集 1231　集部/別集類/清別集

夢鹿庵文稿一卷　(清)朱丙壽撰　民國九年(1920)鉛印本　一冊

330000－1712－0004788　史 1106　史部/傳記類/別傳之屬/事狀

貞珉不泐不分卷　方履中編　民國九年(1920)石印本　一冊

330000－1712－0004796　集 1276　集部/別集類/清別集

天真閣外集六卷　(清)孫原湘撰　民國五年(1916)上海掃葉山房石印本　二冊

330000－1712－0004797　集 1275　集部/別集類/清別集

天真閣外集六卷　(清)孫原湘撰　民國三年(1914)上海掃葉山房石印本　二册

330000－1712－0004809　集1377　集部/别集類/宋别集

朱淑真斷腸詩集十卷補遺一卷後集七卷詞一卷　(宋)朱淑真撰　(宋)鄭元佐注　民國中華圖書館石印本　一册　存八卷(後集一至七、詞)

330000－1712－0004811　集1378　集部/别集類/宋别集

朱淑真斷腸詩集十卷補遺一卷後集七卷詞一卷　(宋)朱淑真撰　(宋)鄭元佐注　民國中華圖書館石印本　二册

330000－1712－0004812　集1379　集部/總集類/選集之屬

遯廬詩選一卷遯廬壬戌詩草一卷　何煦編

上海愛華製藥會社各種經驗靈藥説明書一卷附録經理各種良藥説明書一卷　上海愛華製藥會社編　民國十二年(1923)上海明德書局石印本　一册

330000－1712－0004813　集1273　集部/别集類

夢蝶庵絶句一卷　盧正紳撰　民國十三年(1924)石印本　一册

330000－1712－0004814　集1380　集部/總集類/選集之屬/通代

新選詳註國文讀本六卷　雷瑨編輯　雷瑊註釋　民國十三年(1924)上海掃葉山房石印本　二册　存二卷(一、五)

330000－1712－0004823　集1299　集部/别集類

訒菴詩鈔一卷　彭敦毅撰　民國十二年(1923)鉛印本　一册

330000－1712－0004824　集1295　類叢部/叢書類/自著之屬

杏廬遺集□□種　(清)諸福坤撰　民國十一年(1922)刻本　一册　存一種

330000－1712－0004830　集1300　集部/别集類

訒菴詩鈔一卷　彭敦毅撰　民國十二年(1923)鉛印本　一册

330000－1712－0004831　集1301　集部/别集類

訒菴詩鈔一卷　彭敦毅撰　民國十二年(1923)鉛印本　一册

330000－1712－0004841　集1307　集部/别集類/清别集

瓦鳴集一卷　(清)朱笏廷撰　民國十一年(1922)鉛印本　一册

330000－1712－0004842　集1344　集部/别集類/清别集

述學内篇三卷外篇一卷補遺一卷别録一卷附録一卷校勘記一卷　(清)汪中撰　(清)汪喜孫編　民國上海同文圖書館石印本　二册

330000－1712－0004857　集1308　集部/别集類/清别集

瓦鳴集一卷　(清)朱笏廷撰　民國十一年(1922)鉛印本　一册

330000－1712－0004859　集1364　集部/别集類/清别集

榆蔭山房吟草四卷　(清)朱丙壽撰　民國十一年(1922)鉛印本　二册　缺一卷(一)

330000－1712－0004861　集1309　集部/别集類/清别集

瓦鳴集一卷　(清)朱笏廷撰　民國十一年(1922)鉛印本　一册

330000－1712－0004863　集1284　集部/别集類/清别集

白香亭詩存一卷　(清)鄧輔綸撰　民國九年(1920)都梁刻本　一册

330000－1712－0004871　集1311　集部/别集類/清别集

香屑集十八卷首一卷末一卷　(清)黄之雋撰　(清)陳邦直注　民國二年(1913)上海掃葉山房石印本　四册

330000－1712－0004879　集 1371　集部/總集類/酬唱之屬
百日酬唱録二卷　林襟宇編　民國三年(1914)永嘉林氏刻本　一册

330000－1712－0004887　集 1319　集部/别集類/清别集
素心簃集四卷詩集二卷補遺一卷　(清)顧蓮撰　高燮輯　民國二年(1913)金山高氏寒隱草堂刻八年(1919)補刻本　四册

330000－1712－0004888　集 1320　集部/别集類/清别集
素心簃集四卷詩集二卷補遺一卷　(清)顧蓮撰　高燮輯　民國二年(1913)金山高氏寒隱草堂刻八年(1919)補刻本　四册

330000－1712－0004890　子 0208　子部/小説家類/雜事之屬
秦淮畫舫録二卷畫舫餘譚一卷三十六春小譜四卷　(清)捧花生撰　民國三年(1914)上海有正書局鉛印本　三册

330000－1712－0004891　集 1353　集部/别集類
海藏樓詩一卷　鄭孝胥撰　民國五年(1916)文藝雜志社石印本　一册

330000－1712－0004892　集 1328　集部/别集類/清别集
歸牧集一卷　(清)費念慈撰　民國十七年(1928)刻本　一册

330000－1712－0004900　集 1358　集部/别集類
炊萸子松風集二卷　耿道沖撰　民國十三年(1924)鉛印本　一册

330000－1712－0004908　集 1356　集部/詞類/别集之屬
無長物齋詞存五卷　劉炳照撰　民國四年(1915)刻本　一册

330000－1712－0004913　集 1355　集部/詞類/别集之屬
無長物齋詞存五卷　劉炳照撰　民國四年(1915)刻本　一册

330000－1712－0004918　集 1418　集部/别集類/清别集
甓勤齋詩殘稿一卷　(清)吴國榛撰　民國十五年(1926)吴氏百嘉室刻本　一册

330000－1712－0004930　集 1345　集部/别集類/清别集
風月廬詩稿一卷　(清)徐焕謨撰　民國五年(1916)桐鄉徐氏愛日館刻本　一册

330000－1712－0004933　集 1349　集部/别集類/清别集
煙霞萬古樓詩集二卷　(清)王曇撰　**仲瞿詩録一卷**　(清)徐渭仁輯　民國二年(1913)上海掃葉山房石印本　三册

330000－1712－0004936　史 1109　史部/傳記類/别傳之屬/事狀
周湘舲先生[慶雲]暨姪柏年先生[覺持]哀思録一卷附録一卷　民國二十三年(1934)鉛印本　一册

330000－1712－0004947　叢 233　類叢部/叢書類/自著之屬
隨園三十六種　(清)袁枚撰　民國二年(1913)上海中華圖書館鉛印本　四十三册　存三十五種

330000－1712－0004948　叢 234　類叢部/叢書類/自著之屬
隨園三十六種　(清)袁枚撰　民國十年(1921)上海中華圖書館鉛印本　十四册　存十種

330000－1712－0004958　集 1450　集部/别集類
拄頰樓詩鈔一卷　王師曾撰　民國九年(1920)上海聚珍倣宋印書局鉛印本　一册

330000－1712－0004984　集 1393　集部/别集類
艮園詩集四卷首一卷後集四卷末一卷　江五民撰　民國五年(1916)上海鉛印本　二册

330000－1712－0004989　集 1424　集部/別集類
濯絳宧文鈔一卷　劉毓盤撰　民國七年(1918)鉛印本　一冊

330000－1712－0004990　集 1423　集部/別集類
無雙譜七律詩一卷　汝仁龍撰　民國十一年(1922)鉛印本　一冊

330000－1712－0004995　集 1467　集部/總集類/選集之屬
貽謀室詩鈔一卷附録一卷二字解一卷五言絕句選一卷詩選一卷五言律詩一卷七言絕句選一卷七言律詩選一卷　愛國女學輯　民國愛國女學油印本　一冊

330000－1712－0004996　集 1436　集部/別集類
大鶴山人詩集二卷　鄭文焯撰　民國十二年(1923)蘇州振新書社刻本　戴正誠題記　一冊

330000－1712－0005003　叢 241　類叢部/叢書類/彙編之屬
又滿樓叢書十六種　趙詒琛編　民國九年至十四年(1920－1925)崑山趙氏又滿樓刻本　一冊　存一種

330000－1712－0005008　集 1419　集部/別集類
丁子居賸草一卷詩餘一卷　丁三在撰　民國十年(1921)丁氏鉛印本　一冊

330000－1712－0005013　叢 212　類叢部/叢書類/彙編之屬
求恕齋叢書三十一種　劉承幹編　民國吳興劉氏嘉業堂刻本　二十六冊　存三種

330000－1712－0005015　集 1492　集部/別集類/明別集
玄蓋副草二十卷目録二卷　(明)吳稼竳撰　民國五年(1916)吳氏雍睦堂影印本　六冊

330000－1712－0005021　集 1491　集部/別集類/清別集
濂亭文集八卷　(清)張裕釗撰　(清)查燕緒編次　民國七年(1918)上海掃葉山房石印本　一冊　存四卷(一至四)

330000－1712－0005022　子 1329　子部/藝術類/書畫之屬/法帖
金冬心先生詩稿墨跡一卷　(清)金農書　民國上海有正書局石印本　一冊

330000－1712－0005040　史 1113　史部/傳記類/別傳之屬/事狀
張母章太夫人榮哀録二卷　民國天津華北印書館鉛印本　一冊

330000－1712－0005044　史 1112　史部/傳記類/別傳之屬/事狀
史量才先生赴告不分卷　史必恕輯　民國二十三年(1934)石印本　一冊

330000－1712－0005045　集 1484　集部/別集類/清別集
西漚待商稿二卷　(清)丁彭年撰　民國五年(1916)滬江刻本　一冊

330000－1712－0005047　集 1494　集部/別集類/清別集
寄廡樓詩一卷　(清)查濟忠撰　高夑　富壽鴻編　民國十六年(1927)海鹽張元濟鉛印本　胡士瑩題記　一冊

330000－1712－0005050　叢 250　類叢部/叢書類/郡邑之屬
檇李叢書九種　金兆蕃編　民國二十年至二十五年(1931－1936)嘉興金氏刻本　一冊　存二種

330000－1712－0005052　叢 251　類叢部/叢書類/郡邑之屬
檇李叢書九種　金兆蕃編　民國二十年至二十五年(1931－1936)嘉興金氏刻本　一冊　存二種

330000－1712－0005053　叢 252　類叢部/叢書類/郡邑之屬
檇李叢書九種　金兆蕃編　民國二十年至二十五年(1931－1936)嘉興金氏刻本　一冊

存二種

330000－1712－0005054　集1453　集部/詞類/別集之屬

雲起軒詞一卷　(清)文廷式撰　民國二十二年(1933)影印本　一冊

330000－1712－0005055　集1454　集部/詞類/別集之屬

雲起軒詞一卷　(清)文廷式撰　民國二十二年(1933)影印本　一冊

330000－1712－0005056　集1483　集部/別集類/清別集

已畦集四種　(清)葉燮撰　民國七年(1918)葉氏夢篆樓刻本　十冊

330000－1712－0005057　集1457　集部/詞類/別集之屬

雙辛夷樓詞一卷　(清)李宗禕撰　**花影吹笙室詞一卷**　(清)李慎溶撰　民國九年(1920)鉛印本　一冊

330000－1712－0005059　集1507　集部/詞類/總集之屬

古今詞選十二卷　(清)沈時棟選　民國十年(1921)上海掃葉山房石印本　六冊

330000－1712－0005061　集1463　集部/詞類/詞話之屬

詞話叢鈔十種　況周頤輯　王文濡增補　民國十四年(1925)上海大東書局石印本　四冊

330000－1712－0005062　集1464　集部/詞類/詞話之屬

詞話叢鈔十種　況周頤輯　王文濡增補　民國十年(1921)上海大東書局石印本　四冊

330000－1712－0005063　叢255　類叢部/叢書類/彙編之屬

盋山圖書館藏寫本書四種　柳詒徵編　民國十八年(1929)影印本　葛君詠題跋　二冊存一種

330000－1712－0005064　子1330　子部/儒家類/儒學之屬/禮教/鑑戒

名賢戒殺詩一卷　余霖録　民國石印本　一冊

330000－1712－0005071　集1431　集部/總集類/題詠之屬

白下愚園集□□種　(清)胡光國輯　民國六年(1917)刻本　一冊　存一種

330000－1712－0005076　集1493　集部/別集類/清別集

北萊遺詩三卷　(清)釋廣信撰　**天寥遺稿三卷**　(清)釋空明撰　民國二十四年(1935)煨芋草堂鉛印本　一冊

330000－1712－0005078　集1497　集部/別集類

中泠詩鈔八卷　葉玉森撰　民國四年(1915)鉛印本　一冊

330000－1712－0005081　集1513　集部/別集類

畏廬文集一卷　林紓撰　民國十六年(1927)上海商務印書館鉛印本　一冊

330000－1712－0005084　集1656　集部/戲劇類/總集之屬/雜劇

元曲選一百種一百卷　(明)臧懋循編　**論曲一卷**　(元)陶宗儀等撰　**元曲論一卷**　民國七年(1918)上海商務印書館據明博古堂本影印本　四十八冊

330000－1712－0005086　集1514　集部/別集類

紉湘閣詩草一卷　陳家英撰　民國二十六年(1937)鉛印本　一冊

330000－1712－0005088　叢254　類叢部/叢書類/彙編之屬

墨巢叢刻□□種　李宣龔輯　民國鉛印本　二冊　存三種

330000－1712－0005089　集1515　集部/別集類

週甲詩記一卷　金保權撰　民國二十年(1931)鉛印本　一冊

330000－1712－0005091　子1328　子部/雜著類/雜說之屬

粟香隨筆八卷二筆八卷三筆八卷四筆八卷五筆八卷　金武祥撰　民國上海埽葉山房石印本　十六册

330000－1712－0005094　集1506　集部/詞類/別集之屬

稼軒長短句十二卷補遺一卷　(宋)辛棄疾撰　**校記一卷**　林大椿校　民國十七年(1928)上海商務印書館鉛印本　四册

330000－1712－0005095　叢266　類叢部/叢書類

夢庵雜著　民國鉛印本　一册　存一種

330000－1712－0005096　集1477　集部/詞類/類編之屬

宋名家詞六十一種　(明)毛晉編　民國十年(1921)上海博古齋據明崇禎毛氏汲古閣刻本影印本　三十二册

330000－1712－0005098　集1503　集部/詞類/別集之屬

小山詞一卷　(宋)晏幾道撰　**小山詞校記一卷**　林大椿撰　民國十九年(1930)上海商務印書館鉛印本　一册

330000－1712－0005101　集1522　集部/詞類/總集之屬

絕妙好詞箋七卷　(宋)周密輯　(清)查為仁　(清)厲鶚箋　**續鈔二卷**　(清)余集輯　(清)徐楙補録　民國上海掃葉山房石印本　四册

330000－1712－0005102　集1475　集部/詞類/總集之屬

唐五代詞不分卷附校記一卷　林大椿輯　民國二十四年(1935)上海商務印書館鉛印本　四册

330000－1712－0005103　集1470　集部/詞類/總集之屬

松陵絕妙詞選四卷　(清)周銘輯　**華胥語業一卷**　(清)周銘撰　民國十五年(1926)薛氏邃漢齋鉛印本　一册

330000－1712－0005110　集1476　集部/詞類/總集之屬

唐五代詞選三卷　(清)成肇麐輯　民國上海商務印書館鉛印本　一册

330000－1712－0005116　集1508　集部/詞類/別集之屬

湘綺樓詞鈔一卷詞選前編一卷續編一卷本編一卷　王闓運撰　民國八年(1919)上海震亞圖書局石印本　二册

330000－1712－0005118　集1511　集部/詞類/別集之屬

惜餘春館詞鈔一卷　張榮培撰　**耦園課存一卷**　彭慰曾撰　民國十六年(1927)蘇州觀西利蘇印書社鉛印本　一册

330000－1712－0005122　集1512　集部/別集類

龐檗子遺集二卷　龐樹柏撰　民國六年(1917)王蘊章等鉛印本　一册

330000－1712－0005123　集1509　集部/別集類/宋別集

後村詩鈔一卷　(宋)劉克莊撰　民國上海有正書局鉛印本　一册

330000－1712－0005127　集1532　集部/別集類

飲冰室全集四十八卷　梁啓超撰　民國五年(1916)上海中華書局鉛印本　四十八册

330000－1712－0005129　集1533　集部/別集類

飲冰室全集四十八卷　梁啓超撰　民國五年(1916)上海中華書局鉛印本　十二册　缺三十六卷(十三至四十八)

330000－1712－0005130　集1534　集部/別集類

樊山詩鈔六卷文鈔四卷　樊增祥撰　民國六年(1917)上海廣益書局石印本　十册

330000－1712－0005131　集1535　集部/別

集類

湘綺樓全集三十卷　王闓運撰　民國十二年(1923)上海廣益書局鉛印本　十二册

330000－1712－0005132　集 1525　集部/別集類/清別集

少岊賦草四卷續集一卷　(清)夏思沺撰　民國石印本　一册　缺二卷(一至二)

330000－1712－0005135　集 1536　集部/別集類

湘綺樓全集三十卷　王闓運撰　民國六年(1917)上海廣益書局鉛印本　十二册

330000－1712－0005137　集 1537　集部/詞類/詞譜之屬

詞律二十卷　(清)萬樹輯　民國十二年(1923)江左書林石印本　十册

330000－1712－0005138　集 1521　集部/總集類/彙編之屬

正誼書院賦選□□種　(清)王芑等撰　民國二十六年(1937)上海印書局鉛印本　一册　存十種

330000－1712－0005139　集 1523　集部/詞類/詞譜之屬

白香詞譜箋四卷　(清)舒夢蘭輯　(清)謝朝徵箋　民國石印本　一册　存一卷(三)

330000－1712－0005146　集 1546　集部/詞類/詞譜之屬

白香詞譜箋四卷　(清)舒夢蘭輯　(清)謝朝徵箋　**學宋齋詞韻一卷**　(清)吳烺等輯　民國八年(1919)上海文明書局石印本　三册　存四卷(一至四)

330000－1712－0005149　集 1547　集部/詞類/詞譜之屬

攷正白香詞譜三卷附録一卷　陳小蝶編　**增訂晚翠軒詞韻一卷**　陳祖耀校正　民國七年(1918)春草軒鉛印本暨石印本　四册

330000－1712－0005153　集 1565　集部/詞類/別集之屬

天人合評吹萬樓詞一卷　高爕撰　民國三十四年(1945)道德書局鉛印本　一册

330000－1712－0005156　集 1567　集部/詞類/總集之屬

庚子秋詞二卷　(清)王鵬運等撰　民國十二年(1923)上海有正書局石印本　二册

330000－1712－0005157　集 1556　集部/別集類

樓幼靜詩詞稿二卷　樓巍撰　民國十六年(1927)鉛印本　一册

330000－1712－0005158　叢 267　類叢部/叢書類/彙編之屬

枝巢叢書□□種　民國長沙楊氏鉛印本　四册　存一種

330000－1712－0005160　集 1568　集部/詞類/別集之屬

樵歌三卷補遺一卷　(宋)朱敦儒撰　民國十六年(1927)北新書局鉛印本　一册

330000－1712－0005167　集 1561　集部/詞類/別集之屬

半櫻詞二卷　林鶤翔撰　民國十六年(1927)鉛印本　一册

330000－1712－0005172　集 1563　集部/詞類/別集之屬

鏡湄長短句四卷　(清)周保璋撰　民國元年(1912)嘉定周氏鉛印本　一册

330000－1712－0005173　集 1564　集部/詞類/總集之屬

天下同文一卷　(元)□□輯　民國雙照樓鉛印本　一册

330000－1712－0005177　集 0872　集部/總集類/選集之屬

男女初三國文選讀不分卷　民國油印本　一册

330000－1712－0005178　集 0870　新學/理學/文學

國文讀本不分卷　民國石印本　一册

330000－1712－0005179　集 1576　集部/總

集類/選集之屬/通代

六朝文絜箋注十二卷 （清）許槤輯並評 （清）黎經誥箋注 民國上海朝記書莊石印本 四冊

330000－1712－0005185 集1592 集部/總集類/選集之屬/斷代

國朝二十四家文鈔二十四卷 （清）徐斐然輯評 民國五年（1916）上海掃葉山房石印本 八冊

330000－1712－0005190 集1596 集部/詞類/別集之屬

滄廬詩餘二卷 徐鋆撰 民國鉛印本 一冊

330000－1712－0005191 集1598 集部/詞類/別集之屬

廬尊詞一卷然脂詞一卷 陳夔撰 民國十一年（1922）鉛印本 一冊

330000－1712－0005196 集1591 集部/總集類/選集之屬/通代

增補重訂千家詩註解二卷 （宋）謝枋得選 （清）汪相注 **新鐫五言千家詩箋註二卷** （清）王相選注 **附笠翁對韻二卷詩品詳註一卷** 民國九年（1920）上海大成書局石印本 二冊

330000－1712－0005198 集1597 集部/詞類/別集之屬

南唐二主詞一卷 （五代）李璟 （五代）李煜撰 民國二十三年（1934）北平來薰閣影印本 一冊

330000－1712－0005208 集1605 集部/詞類/總集之屬

樂府雅詞三卷拾遺二卷 （宋）曾慥編 民國上海還芬樓影印本 拜誦題詩 一冊 缺二卷（樂府雅詞一至二）

330000－1712－0005210 集1577 集部/總集類/選集之屬/通代

六朝文絜箋注十二卷 （清）許槤輯並評 （清）黎經誥箋注 民國九年（1920）上海掃葉山房石印本 一冊

330000－1712－0005211 叢398 類叢部/叢書類/彙編之屬

四部備要 中華書局編 民國二十五年（1936）上海中華書局鉛印本 一冊 存一種

330000－1712－0005212 叢276 類叢部/叢書類/自著之屬

彊邨遺書六種外編二種附一種 朱祖謀撰 民國二十二年（1933）刻本 一冊 存一種

330000－1712－0005216 集1578 集部/總集類/選集之屬/通代

六朝文絜箋注十二卷 （清）許槤輯並評 （清）黎經誥箋注 民國十五年（1926）上海中原書局石印本 四冊

330000－1712－0005219 集1574 集部/詩文評類/制藝之屬

無師自通作詩百法二卷 劉鐵冷編纂 民國十九年（1930）上海中原書局鉛印本 二冊

330000－1712－0005220 集1575 集部/詩文評類/制藝之屬

無師自通作詩百法二卷 劉鐵冷編纂 民國十九年（1930）上海中原書局鉛印本 一冊 存一卷（一）

330000－1712－0005231 集1606 集部/曲類/散曲之屬

霜厓曲録二卷 吳梅譔 盧前編 民國二十三年（1934）上海商務印書館鉛印本 一冊

330000－1712－0005232 集1607 集部/詞類/別集之屬

緜桐館詞一卷 （清）楊調元撰 民國三年（1914）木活字印本 一冊

330000－1712－0005239 集1610 集部/別集類

田舍吟詩集二卷詞集二卷 任正學撰 民國鉛印本 一冊

330000－1712－0005256 集1624 集部/總集類/尺牘之屬

信札鈔不分卷 民國抄本 一冊

330000－1712－0005257　集 1651　集部/别集類/清别集
結鐵網齋詩集十卷補抄一卷　（清）汪元治撰　**邢莊賸草一卷**　（清）汪元治撰　民國八年至九年（1919－1920）刻朱印本　一冊　存二卷（五至六）

330000－1712－0005261　集 1620　集部/别集類
天嬰室叢稿第一輯九卷第二輯十卷　陳訓正撰　民國十四年（1925）、二十年（1931）鉛印本　陳訓慈跋　六冊

330000－1712－0005262　集 1623　集部/别集類
懺昔樓詩存一卷　袁克權撰　民國刻本　一冊

330000－1712－0005264　集 1617　集部/總集類/選集之屬/通代
評選四六法海八卷　（清）蔣士銓評選　民國上海文瑞樓石印本　八冊

330000－1712－0005275　子 1335　子部/雜著類/雜説之屬
梵天廬叢録三十七卷　柴蕚撰　民國十五年（1926）上海中華書局石印本　十八冊

330000－1712－0005276　子 1336　子部/雜著類/雜説之屬
梵天廬叢録三十七卷　柴蕚撰　民國十五年（1926）上海中華書局石印本　十七冊　缺二卷（二十三至二十四）

330000－1712－0005277　子 1337　子部/雜著類/雜説之屬
梵天廬叢録三十七卷　柴蕚撰　民國上海中華書局石印本　一冊　存二卷（三至四）

330000－1712－0005283　集 1630　集部/詞類/總集之屬
和珠玉詞一卷　（清）張祥齡等撰　民國十二年（1923）刻惜陰堂叢書本　一冊

330000－1712－0005284　集 1627　集部/詩文評類/詩評之屬
北江詩話六卷　（清）洪亮吉撰　民國六年（1917）上海掃葉山房石印本　二冊

330000－1712－0005285　集 1626　集部/詩文評類/詩評之屬
然脂餘韻六卷　王蘊章輯　民國八年（1919）上海商務印書館鉛印本　三冊

330000－1712－0005288　史 1118　集部/詩文評類
中國中古文學史講義一卷　劉師培編　民國九年（1920）北京大學出版部鉛印本　一冊

330000－1712－0005291　集 1629　集部/詩文評類/詩評之屬
滹南詩話三卷　（金）王若虛撰　丁福保訂　民國十四年（1925）上海中國書店鉛印本　一冊

330000－1712－0005293　集 1632　集部/詞類/别集之屬
和小山詞一卷　趙尊嶽撰　民國十二年（1923）刻本　一冊

330000－1712－0005294　集 1628　集部/詩文評類/詩評之屬
西河詩話一卷詞話一卷褉箋一卷　（清）毛奇齡撰　民國上海鴻章書局石印本　一冊

330000－1712－0005295　集 1646　集部/别集類/明别集
疑雲集四卷　（明）王彦泓撰　民國七年（1918）上海國學維持社石印本　二冊

330000－1712－0005296　集 1643　集部/别集類/明别集
王次回疑雨集註四卷　（明）王彦泓撰　（□）句漏後裔釋　民國十年（1921）上海文明書局石印本　四冊

330000－1712－0005297　集 1667　集部/别集類/清别集
校訂定盦全集十卷　（清）龔自珍撰　**定盦年譜藁本一卷**　（清）黄守恒撰　民國七年（1918）上海掃葉山房石印本　六冊

330000－1712－0005298　集 1661　集部/詩文評類/文評之屬

文心雕龍十卷　(南朝梁)劉勰撰　(清)黃叔琳注　(清)紀昀評　民國上海文瑞樓石印本　四册

330000－1712－0005299　集 1662　集部/詩文評類/文評之屬

文心雕龍十卷　(南朝梁)劉勰撰　(清)黃叔琳注　(清)紀昀評　民國四年(1915)上海掃葉山房石印本　四册

330000－1712－0005304　集 1663　集部/詩文評類/文評之屬

新體廣註文心雕龍十卷　(南朝梁)劉勰撰　(清)黃叔琳注　(清)紀昀評　民國二十年(1931)上海掃葉山房石印本　朱英題記　四册

330000－1712－0005305　集 1641　集部/詩文評類/文法之屬/文法

作文指南四卷　(清)陳仲星撰　民國七年(1918)中華書局鉛印本　三册　缺一卷(一)

330000－1712－0005307　集 1640　集部/詩文評類/文法之屬/文法

作文初步四卷　江山淵編　民國八年(1919)上海文明書局鉛印本　二册

330000－1712－0005308　集 1669　集部/别集類/清别集

定盦文集三卷續集四卷續録一卷古今體詩二卷雜詩一卷詞選四卷詞録一卷文集補編四卷文拾遺一卷附録定盦時文兩篇一卷龔孝珙手抄詞一卷　(清)龔自珍撰　民國十二年(1923)上海國學扶輪社鉛印本　七册

330000－1712－0005309　集 1639　集部/詩文評類/文評之屬

文章指南五卷　(明)歸有光選　(清)許佐蒐輯　民國十三年(1924)上海大東書局石印本　五册

330000－1712－0005315　叢 288　子部/小說家類

宋人小說二十八種　涵芬樓編　民國上海商務印書館鉛印本　三册　存二種

330000－1712－0005316　集 1638　集部/詩文評類/類編之屬

詩學指南八卷　(清)顧龍振編　民國十一年(1922)上海文興書局石印本　四册

330000－1712－0005320　子 1338　子部/小說家類/雜事之屬

過墟志二卷　(清)墅西逸叟輯　民國二十八年(1939)抄本　陳其榮題記　一册

330000－1712－0005321　集 1660　集部/詩文評類/詩評之屬

詩人玉屑二十卷　(宋)魏慶之撰　民國十一年(1922)上海掃葉山房石印本　六册

330000－1712－0005322　叢 290　類叢部/叢書類/自著之屬

俞氏編著叢書(泗水集)二十編　俞印民撰　民國十三年(1924)上海大華文化社鉛印本　五册

330000－1712－0005323　集 1659　集部/詩文評類/詩評之屬

續詩人玉屑八卷　(清)蔣瀾纂輯　民國十二年(1923)上海掃葉山房石印本　四册

330000－1712－0005326　集 1658　集部/總集類/選集之屬/通代

天下才子必讀書十五卷末一卷　(清)金人瑞選評　民國上海有正書局鉛印本　六册

330000－1712－0005327　集 1709　子部/小說家類/雜事之屬

金壺七墨六種　(清)黃鈞宰撰　民國元年(1912)上海掃葉山房石印本　四册

330000－1712－0005335　集 1708　集部/總集類/選集之屬/通代

美人千態詩一卷詞一卷　雷瑨輯　民國三年(1914)上海掃葉山房石印本　二册

330000－1712－0005336　集 1829　集部/曲類/曲選之屬

繪圖精選崑曲大全四集五十卷　張芬編　民國十四年(1925)上海世界書局石印本　二十四册

330000－1712－0005338　集 1828　集部/曲類/曲韻曲譜曲律之屬

六也曲譜□□種　(清)殷溎深原本　(清)張芬校録　民國十一年(1922)上海朝記書莊石印本　二十四册

330000－1712－0005339　集 1675　集部/别集類/清别集

猶得住樓詩稿二卷詞稿一卷附一卷　(清)李媞撰　民國鉛印本　一册

330000－1712－0005340　集 1827　集部/曲類/曲韻曲譜曲律之屬

六也曲譜□□種　(清)殷溎深原本　(清)張芬校録　民國十一年(1922)上海朝記書莊石印本　十八册　存四十二種

330000－1712－0005345　史 1119　史部/史抄類

史記菁華録六卷　(清)姚祖恩輯評　民國上海商務印書館鉛印本　三册

330000－1712－0005347　史 1120　史部/史抄類

史記菁華録六卷　(清)姚祖恩輯評　民國上海商務印書館鉛印本　三册

330000－1712－0005348　史 1121　史部/史抄類

史記菁華録六卷　(清)姚祖恩輯評　民國九年(1920)上海鴻寶齋石印本　六册

330000－1712－0005349　史 1122　史部/史抄類

史記菁華録六卷　(清)姚祖恩輯評　民國九年(1920)上海鴻寶齋石印本　六册

330000－1712－0005350　集 1731　集部/總集類/尺牘之屬

女子書翰文二卷　包天笑編　民國十一年(1922)上海有正書局石印本　二册

330000－1712－0005353　集 1655　集部/曲類/曲韻曲譜曲律之屬

集成曲譜金集八卷聲集八卷玉集八卷振集八卷　王季烈　劉富樑輯　民國十四年(1925)上海商務印書館石印本　三十二册

330000－1712－0005354　集 1730　集部/總集類/尺牘之屬

女子書翰文二卷　包天笑編　民國十一年(1922)上海有正書局石印本　二册

330000－1712－0005355　集 1729　集部/總集類/尺牘之屬

女子書翰文二卷　包天笑編　民國十一年(1922)上海有正書局石印本　一册　存一卷(一)

330000－1712－0005357　集 1732　集部/别集類/清别集

林文忠公尺牘一卷　(清)林則徐撰　民國八年(1919)北京琉璃廠懿文齋影印本　朱英題記　一册

330000－1712－0005359　史 1123　史部/史抄類

史記菁華録六卷　(清)姚祖恩輯評　民國上海商務印書館鉛印本　二册　缺二卷(五至六)

330000－1712－0005363　集 1831　集部/别集類/清别集

二曲集二十八卷　(清)李顒撰　民國初上海文瑞樓石印本　六册

330000－1712－0005378　集 1686　集部/總集類/課藝之屬

國文不分卷　民國二十一年(1932)油印本　一册

330000－1712－0005379　史 1124　史部/史抄類

史記菁華録六卷　(清)姚祖恩輯評　民國二十二年(1933)上海商務印書館鉛印本　士浩題記　二册　缺二卷(一至二)

330000－1712－0005383　史 1125　史部/史

抄類

史記菁華録六卷　(清)姚祖恩輯評　民國上海商務印書館鉛印本　一冊　存二卷(一至二)

330000－1712－0005386　史1126　史部/史抄類

史記菁華録六卷　(清)姚祖恩輯評　民國上海商務印書館鉛印本　一冊　存二卷(一至二)

330000－1712－0005393　集1697　集部/別集類

遐庵彙稿第一輯三卷　葉恭綽撰　民國十九年(1930)鉛印本　四冊

330000－1712－0005395　史0329　史部/史評類/史論之屬

中國文化史三卷　柳詒徵編　民國南京高等師範學校鉛印本　七冊

330000－1712－0005399　集1696　集部/別集類

誦芬堂文稿八編　錢文選撰　民國鉛印本　一冊　存一種

330000－1712－0005407　集1834　集部/曲類/散曲之屬

盪氣迴腸曲三卷外集一卷　王悠然輯　民國二十年(1931)上海大江書鋪鉛印本　一冊

330000－1712－0005412　集1833　集部/曲類/曲韻曲譜曲律之屬

崑曲粹存初集不分卷　崑山國學保存會輯　民國八年(1919)上海朝記書莊石印本　三冊　存三種

330000－1712－0005413　集1832　集部/曲類/曲韻曲譜曲律之屬

春雪閣曲譜三記三卷　殷溎深原稿　張芬校正兼繕底　民國十年(1921)上海朝記書莊石印本　一冊　存二卷(浣紗記、艷雲亭)

330000－1712－0005419　集1837　集部/曲類/彈詞之屬

來生福彈詞八卷三十六回　(清)橘中逸叟撰　錢黎民補填　民國上海鑄記書局石印本　八冊

330000－1712－0005420　集1836　集部/曲類/彈詞之屬

來生福彈詞八卷三十六回　(清)橘中逸叟撰　錢黎民補填　民國上海鑄記書局石印本　二冊

330000－1712－0005423　集1790　集部/總集類/尺牘之屬

新輯尺牘合璧四卷　(清)許思湄　(清)龔萼撰　(清)婁世瑞注　(清)寄虹軒主人輯　民國上海文益書局石印本　一冊

330000－1712－0005424　集1817　集部/詩文評類/文法之屬/函牘格式

註釋女子尺牘二卷　李澹吾編　民國九年(1920)商務印書館石印本　二冊

330000－1712－0005428　集1755　集部/詩文評類/文法之屬/函牘格式

新撰詳註分類尺牘大全不分卷　袁韜壺編　民國十年(1921)石印本　一冊

330000－1712－0005429　集1743　集部/總集類/尺牘之屬

新編分類尺牘大全十四卷　文明書局編輯　民國九年(1920)上海文明書局石印本　九冊　缺四卷(五、九至十一)

330000－1712－0005430　集1756　集部/詩文評類/文法之屬/函牘格式

最新民國正草商學尺牘合璧二卷增補攷正字彙一卷　民國元年(1912)上海醉經堂書莊石印本　一冊　缺一卷(下)

330000－1712－0005431　集1753　集部/總集類/尺牘之屬

歷代名人小簡二卷　吳曾祺輯　民國十四年(1925)上海商務印書館鉛印本　一冊　存一卷(下)

330000－1712－0005434　集1752　集部/總集類/尺牘之屬

歷代名人小簡二卷　吳曾祺輯　民國十四年

(1925)上海商務印書館鉛印本　二冊

330000－1712－0005435　集 1754　集部/總集類/尺牘之屬

歷代名人小簡二卷　吳曾祺輯　民國二十四年(1935)上海商務印書館鉛印本　二冊

330000－1712－0005437　集 1750　集部/總集類/尺牘之屬

歷代名人小簡續編二卷　吳曾祺輯　民國十五年(1926)上海商務印書館鉛印本　二冊

330000－1712－0005439　集 1751　集部/總集類/尺牘之屬

歷代名人小簡續編二卷　吳曾祺輯　民國八年(1919)上海商務印書館鉛印本　二冊

330000－1712－0005440　集 1749　集部/總集類/尺牘之屬

歷代名人書札續編二卷　吳曾祺輯　民國二十二年(1933)上海商務印書館鉛印本　四冊

330000－1712－0005446　集 1736　集部/總集類/尺牘之屬

影印名人手札真蹟大全十二種　劉再蘇搜集　民國上海世界書局影印本　四冊　存九種

330000－1712－0005448　集 1791　集部/別集類/清別集

新體廣註秋水軒尺牘二卷　(清)許思湄撰　陸翔註　民國十五年(1926)上海世界書局石印本　二冊

330000－1712－0005449　集 1792　集部/別集類/清別集

新體廣註秋水軒尺牘二卷　(清)許思湄撰　陸翔註　民國十三年(1924)上海世界書局石印本　二冊

330000－1712－0005450　集 1793　集部/別集類/清別集

新輯秋水軒尺牘二卷　(清)許思湄撰　(清)婁世瑞注　(清)寄虹軒主人輯　民國七年(1918)上海鑄記書局石印本　二冊

330000－1712－0005453　集 1774　集部/總集類/尺牘之屬

商業新尺牘四卷　林萬里撰　民國十年(1921)上海會文堂書局石印本　四冊

330000－1712－0005454　集 1757　集部/總集類/氏族之屬

干溪曹氏歷世所著書目一卷　民國二十四年(1935)鉛印本　一冊

330000－1712－0005455　集 1773　集部/總集類/尺牘之屬

普通初學尺牘二卷　商業學堂撰　民國元年(1912)科學圖書公司石印本　二冊

330000－1712－0005458　集 1748　集部/總集類/尺牘之屬

歷代名人書札二卷　吳曾祺輯　民國三年(1914)上海商務印書館鉛印本　一冊　存一卷(二)

330000－1712－0005461　集 1794　集部/別集類/清別集

新體廣註雪鴻軒尺牘二卷　(清)龔萼撰　朱詩隱　徐慎幾註　民國十四年(1925)上海世界書局石印本　二冊

330000－1712－0005462　集 1759　集部/別集類/明別集

石齋逸詩一卷　(明)黄道周撰並書　民國九年(1920)上海有正書局石印本　一冊

330000－1712－0005465　子 1351　子部/工藝類/日用器物之屬/雕刻

竹工講義一卷工作法一卷附紐結細工一卷　姜丹書編　民國油印本　一冊

330000－1712－0005466　子 1347　子部/小說家類/異聞之屬

閱微草堂筆記二十四卷　(清)紀昀撰　民國上海中華圖書館石印本　六冊

330000－1712－0005468　子 1342　子部/小說家類/雜事之屬

紀文達公筆記類編一卷　(清)紀昀撰　丁福保編輯　民國上海醫學書局鉛印本　一冊

330000－1712－0005476　集 1775　集部/別集類/明別集

史忠正尺牘一卷　(明)史可法撰　民國六年(1917)上海商務印書館鉛印本　一冊

330000－1712－0005477　子 1350　子部/小說家類/異聞之屬

分類廣註閱微草堂筆記五卷　(清)紀昀撰　沈禹鐘編輯　民國上海世界書局石印本　一冊　存一卷(二)

330000－1712－0005479　集 1795　集部/別集類/清別集

新體廣註雪鴻軒尺牘二卷　(清)龔萼撰　朱詩隱　徐慎幾註　民國上海世界書局石印本　一冊　存一卷(一)

330000－1712－0005480　集 1766　集部/總集類/尺牘之屬

古今尺牘大觀上編不分卷　姚漢章　張相纂輯　民國六年(1917)上海中華書局鉛印本　十二冊

330000－1712－0005482　集 1796　集部/別集類/清別集

雪鴻軒尺牘二卷　(清)龔萼撰　民國上海鴻寶齋書局石印本　二冊

330000－1712－0005484　集 1765　集部/總集類/尺牘之屬

古今尺牘大觀上編不分卷　姚漢章　張相纂輯　民國六年(1917)上海中華書局鉛印本　十二冊

330000－1712－0005489　集 1800　集部/總集類/尺牘之屬

新輯尺牘合璧四卷　(清)許思湄　(清)龔萼撰　(清)婁世瑞注　(清)寄虹軒主人輯　民國著易堂鉛印本　二冊

330000－1712－0005491　子 1349　子部/小說家類/異聞之屬

閱微草堂筆記二十四卷　(清)紀昀撰　民國上海鍊石書局鉛印本　五冊　缺四卷(九至十二)

330000－1712－0005492　集 1789　集部/總集類/尺牘之屬

古今名人新體廣註分類文學尺牘全書三十二卷　陳穌祥編　民國十七年(1928)上海掃葉山房石印本　十六冊

330000－1712－0005494　集 1786　集部/總集類/尺牘之屬

玉茗堂尺牘六卷　(明)湯顯祖著　(明)沈際飛選　民國有正書局鉛印本　二冊

330000－1712－0005495　集 1809　集部/總集類/尺牘之屬

十大名家家書十卷　平襟亞編　秋痕廔主評　民國十四年(1925)上海共和書局鉛印本　五冊　存五種

330000－1712－0005496　集 1787　集部/別集類/宋別集

王介甫尺牘二卷　(宋)王安石撰　民國五年(1916)上海商務印書館鉛印本　二冊

330000－1712－0005497　集 1788　集部/別集類/清別集

聖嘆尺牘一卷　(清)金人瑞撰　(清)金雍輯　民國六年(1917)蘇州振新書社石印本　一冊

330000－1712－0005500　集 1784　集部/總集類/尺牘之屬

近代十大家尺牘十種　文明書局編　民國十七年(1928)上海文明書局石印本　十冊

330000－1712－0005501　集 1802　集部/總集類/尺牘之屬

唐宋十大家尺牘十四卷　文明書局輯　民國上海文明書局石印本　十二冊

330000－1712－0005502　集 1785　集部/總集類/尺牘之屬

近代十大家尺牘十種　文明書局編　民國十二年(1923)上海文明書局石印本　一冊　存一種

330000－1712－0005503　集 1783　集部/詩文評類/文法之屬/雜著

工商業尺牘偶存不分卷補遺一卷公司注冊文件一卷 陳壽嵩撰 民國十七年(1928)家庭工業社鉛印本 四冊

330000-1712-0005505 集1811 集部/總集類/尺牘之屬

歷代名人尺牘精華錄十二卷 (明)陳繼儒編訂 (清)沈佳允輯 民國五年(1916)上海廣益書局石印本 一冊

330000-1712-0005506 集1782 集部/總集類/尺牘之屬

蘧盦所藏尺牘□□種 潘承厚輯 潘承弼續輯 民國三十一年至三十三年(1942-1944)吳縣潘氏影印本 四冊 存一種

330000-1712-0005509 集1810 集部/總集類/選集之屬/通代

古文筆法八卷首一卷 (清)李扶九編集 民國二年(1913)上海掃葉山房石印本 三冊 缺四卷(四、六至八)

330000-1712-0005511 集1807 集部/總集類/尺牘之屬

分類詳註文學尺牘大全集二十卷 (明)鍾惺纂輯 (明)馮夢龍訂釋 民國十年(1921)上海求古齋鉛印本 十六冊

330000-1712-0005514 集1806 集部/總集類/尺牘之屬

分類箋註文辭大尺牘二十六卷 (明)鍾惺纂輯 (明)馮夢龍訂釋 (清)王鼎增輯 民國十年(1921)上海求古齋鉛印本 十六冊

330000-1712-0005515 集1803 集部/總集類/尺牘之屬

唐宋十大家尺牘十四卷 文明書局輯 民國十八年(1929)上海文明書局石印本 十二冊

330000-1712-0005516 子1352 子部/藝術類/書畫之屬/法帖

翁松禪相國尺牘真蹟不分卷 (清)翁同龢書 民國九年(1920)上海中華書局影印本 十一冊

330000-1712-0005517 子1353 子部/藝術類/書畫之屬/法帖

翁松禪相國尺牘真蹟不分卷 (清)翁同龢書 民國九年(1920)上海中華書局影印本 三冊

330000-1712-0005518 集1804 集部/別集類/清別集

翁松禪家書二集 (清)翁同龢撰 民國二十三年(1934)上海商務印書館影印本 二冊

330000-1712-0005520 集1805 集部/總集類/尺牘之屬

道咸同光名人手札第一集四卷第二集四卷 商務印書館輯 民國十三年(1924)上海商務印書館影印本 八冊

330000-1712-0005521 集1821 集部/詩文評類/文法之屬/函牘格式

最新分類尺牘大觀不分卷 文明書局編 民國六年(1917)上海文明書局石印本 十一冊 缺一冊(十)

330000-1712-0005522 集1820 集部/詩文評類/文法之屬/函牘格式

最新分類尺牘大觀不分卷 文明書局編 民國石印本 一冊 存第六冊

330000-1712-0005523 集1816 集部/總集類/尺牘之屬

清代名人書牘八卷 琴石山人輯 民國十五年(1926)上海會文堂書局石印本 四冊

330000-1712-0005524 集1815 集部/總集類/尺牘之屬

學生便用尺牘四卷 林萬里撰 民國十一年(1922)上海會文堂石印本 四冊

330000-1712-0005525 集1825 集部/戲劇類/總集之屬/傳奇

十二家評點李笠翁十種曲 (清)李漁編 民國七年(1918)上海朝記書莊石印本 十冊

330000-1712-0005526 集1818 集部/詩文評類/文法之屬/函牘格式

詳註通用婦女尺牘五卷 楊清如編輯 民國十年(1921)上海中華書局鉛印本 二冊

330000－1712－0005527　集 1814　集部/詩文評類/文法之屬/函牘格式

分類詳註尺牘新範不分卷　袁智根編　民國十二年(1923)上海大通書局石印本　二冊

330000－1712－0005529　集 1824　集部/曲類/曲選之屬

湘真閣曲本一卷　吳梅撰　民國十六年(1927)利蘇印書社影印本　一冊

330000－1712－0005530　集 1819　集部/詩文評類/文法之屬/函牘格式

言文對照女子尺牘範本不分卷　民國石印本　一冊

330000－1712－0005532　集 1857　集部/戲劇類/雜劇之屬

增像第六才子書五卷首一卷　(元)王德信(元)關漢卿撰　(清)金人瑞評　民國元年(1912)石印本　二冊

330000－1712－0005536　集 1842　集部/戲劇類/傳奇之屬

章臺柳傳奇一卷九十三續　胡无悶倚聲　民國三年(1914)大共和日報石印本　一冊　缺二十九續(一至二十九)

330000－1712－0005538　集 1856　集部/曲類/曲韻曲譜曲律之屬

西廂記曲譜不分卷　(清)殷溎深撰　張芬校正兼繕底　民國十年(1921)上海朝記書莊石印本　二冊

330000－1712－0005539　集 1847　集部/小說類/長篇之屬

增像玉茗堂批點按鑑參補南宋志傳四卷五十回　(明)研石山樵訂正　民國上海錦章圖書局石印本　一冊　存一卷(一)

330000－1712－0005543　集 1846　集部/小說類/長篇之屬

新出繪圖乾隆二次遊江南四卷四十八回　(清)陳軼範編　民國五年(1916)上海錦章圖書局石印本　四冊

330000－1712－0005545　集 1844　集部/小說類/長篇之屬

繡像繪圖乾隆巡幸江南記八卷七十五回　民國上海進步書局石印本　六冊

330000－1712－0005548　集 1835　集部/曲類/曲韻曲譜曲律之屬

度曲須知二卷　(清)沈寵綏撰　民國十一年(1922)上海商務印書館影印本　四冊

330000－1712－0005550　集 1848　集部/小說類/長篇之屬

繪圖第一情書聽月樓全傳四卷二十回　民國石印本　四冊

330000－1712－0005551　集 1843　集部/小說類/長篇之屬

繪圖俠義風月傳四卷十八回　(清)名教中人編次　(清)游方外客批評　民國十年(1921)上海掃葉山房石印本　四冊

330000－1712－0005553　集 1863　集部/曲類/彈詞之屬

新編呂純陽三戲白牡丹説唱鼓詞四卷十六回　民國七年(1918)上海江東茂記書局石印本　四冊

330000－1712－0005556　集 1864　集部/曲類/曲韻曲譜曲律之屬

琵琶記曲譜四卷　(清)殷溎深撰　民國十年(1921)上海朝記書莊石印本　八冊

330000－1712－0005558　集 1850　集部/小說類/長篇之屬

繪圖濟公傳前集四卷一百二十回後集四卷一百二十回　郭廣瑞撰　民國上海廣益書局石印本　八冊

330000－1712－0005559　子 1356　子部/雜著類/雜纂之屬

平等閣筆記二卷　狄葆賢撰　民國二年(1913)上海有正書局鉛印本　二冊

330000－1712－0005561　集 1869　集部/戲劇類/傳奇之屬

桃花扇傳奇二卷四十齣　(清)孔尚任撰　民國上海錦章圖書局石印本　二冊

330000－1712－0005578　集1867　集部/戲劇類/總集之屬/傳奇

玉生香傳奇四種曲　民國八年(1919)碧梧山莊石印本　二册　存二種

330000－1712－0005579　子1358　子部/小說家類/雜事之屬

虞初新志二十卷　(清)張潮輯　**虞初續志十二卷**　(清)鄭澍若編　民國上海文瑞樓石印本　十册

330000－1712－0005581　集1868　集部/別集類/明別集

返生香一卷附集一卷　(明)葉小鸞撰　**窈聞一卷續窈聞一卷**　(明)葉紹袁撰　民國據清光緒二十二年(1896)羊城萝龕刻本影印本　一册　存一卷(返生香)

330000－1712－0005584　集1866　集部/曲類/曲韻曲譜曲律之屬

牡丹亭曲譜二卷　(清)殷溎深撰　民國十年(1921)上海朝記書莊石印本　四册

330000－1712－0005585　集1865　集部/曲類/曲韻曲譜曲律之屬

幽閨記曲譜二卷　(清)殷溎深原稿　張芬校正兼繕底　民國十年(1921)上海朝記書莊石印本　四册

330000－1712－0005591　集1891　集部/小說類/長篇之屬

繪像結水滸全傳八卷七十回附結子一回　(清)俞萬春撰　(清)范辛來　(清)邵祖恩參評　民國上海錦章圖書局石印本　八册

330000－1712－0005592　集1892　集部/小說類/長篇之屬

足本全圖蕩寇志演義八卷七十回　(清)俞萬春撰　民國上海廣益書局石印本　一册　存一卷(二)

330000－1712－0005593　集1890　集部/小說類/短篇之屬

女聊齋誌異四卷　(清)賈茗輯　民國二年(1913)中華圖書館石印本　四册

330000－1712－0005594　集1884　集部/小說類/長篇之屬

繪圖新編續七俠五義□□種　(清)治逸編　民國七年至十年(1918－1921)上海大成書局石印本　四十册　存十種

330000－1712－0005596　史1128　史部/傳記類/別傳之屬

西太后二十章　(日本)中久喜信周撰　民國知非書局鉛印本　一册

330000－1712－0005599　子1363　子部/小說家類

顧氏文房小說四十種五十八卷　(明)顧元慶輯　民國十四年(1925)上海商務印書館據明刻本影印本　十册

330000－1712－0005600　集1900　集部/小說類/長篇之屬

增補齊省堂全圖儒林外史六卷六十回　(清)吳敬梓撰　民國十六年(1927)上海受谷書店石印本　六册

330000－1712－0005603　集1924　集部/小說類/長篇之屬

繪圖老殘遊記四卷二十章　(清)劉鶚撰　民國十三年(1924)上海世界書局石印本　四册

330000－1712－0005604　集1898　集部/小說類/長篇之屬

繡像全圖正本九義十八俠八卷八十回　張簡儂編輯　民國二十三年(1934)上海興記書局石印本　八册

330000－1712－0005605　集1923　集部/小說類/長篇之屬

老殘遊記二十章　(清)劉鶚撰　民國四年(1915)上海文藝書室石印本　四册

330000－1712－0005607　集1913　集部/小說類/短篇之屬

評註繪圖聊齋索隱六卷　(清)鑄治子撰並注　(清)掬月主人批評　民國十五年(1926)上海大德書局石印本　六册

330000－1712－0005617　集1904　集部/曲

類/曲韻曲譜曲律之屬

新輯忠孝節義王清明投親合同記四卷 民國上海裕記書莊石印本 一冊

330000－1712－0005618 集 1881 集部/小說類/長篇之屬

增評加批金玉緣圖說十六卷一百二十回首一卷 (清)曹霑 (清)高鶚撰 (清)蝶薌仙史評訂 民國三年(1914)石印本 十四冊 缺二卷(十二、十六)

330000－1712－0005619 集 1901 集部/曲類/曲韻曲譜曲律之屬

新輯忠孝節義王清明投親合同記四卷 民國上海中華書局石印本 四冊

330000－1712－0005622 集 1889 集部/小說類/長篇之屬

精訂綱鑑廿四史通俗衍義六卷四十四回首一卷 (清)呂撫撰 民國石印本 周愷題記 二冊

330000－1712－0005623 子 1360 子部/雜著類/雜說之屬

香祖筆記十二卷 (清)王士禛撰 民國九年(1920)上海掃葉山房石印本 四冊

330000－1712－0005624 集 1902 集部/小說類/短篇之屬

繪圖小小說十種 趙苕狂編 民國十三年至十四年(1924－1925)上海世界書局石印本 二冊 存二種

330000－1712－0005626 集 1936 集部/小說類/短篇之屬

雨牕志異(新榮窗異草)二卷 (清)施可齋著 (清)隨園老人評 民國國民圖書局石印本 一冊

330000－1712－0005629 集 1932 集部/曲類/彈詞之屬

繪圖天雨花二十卷六十回首一卷 民國元年(1912)章福記書局石印本 二十冊

330000－1712－0005633 子 1367 子部/小說家類/諧謔之屬

改良繪圖解人頤廣集八卷 (清)胡澹庵撰 (清)錢德蒼增訂 民國鍊石齋石印本 二冊

330000－1712－0005634 集 1906 集部/小說類/短篇之屬

聊齋志異新評十六卷 (清)蒲松齡撰 (清)王士禛評 (清)呂湛恩注 (清)但明倫新評 民國七年(1918)上海中新書局鉛印本 十六冊

330000－1712－0005635 子 1366 子部/小說家類/雜事之屬

世說新語補二十卷附釋名一卷 (南朝宋)劉義慶撰 (南朝梁)劉孝標注 (宋)劉應登評 (明)何良俊增 (明)王世貞刪 (明)王世懋評 (明)張文柱注 (清)黃汝琳補訂 民國十八年(1929)上海掃葉山房石印本 六冊

330000－1712－0005637 子 1365 子部/小說家類/雜事之屬

世說新語六卷首一卷 (南朝宋)劉義慶撰 (南朝梁)劉孝標注 民國元年(1912)鄂官書處刻本 四冊

330000－1712－0005639 集 1914 集部/小說類/長篇之屬

兒女英雄傳評話八卷四十回 (清)文康撰 (清)民強我書室主人評 民國三年(1914)錦章圖書局石印本 四冊

330000－1712－0005640 叢 298 類叢部/叢書類/彙編之屬

涵芬樓叢書五種 涵芬樓編 民國上海商務印書館鉛印本 三冊 存一種

330000－1712－0005643 集 1915 集部/小說類/長篇之屬

兒女英雄傳評話八卷四十回續兒女英雄傳八卷三十二回 (清)文康撰 (清)民強我書室主人評 民國三年(1914)上海章福記書局石印本 二冊

330000－1712－0005646 集 1909 集部/小說類/短篇之屬

聊齋志異評註十六卷　（清）蒲松齡撰　（清）王士禛評　（清）呂湛恩注　（清）但明倫新評　民國上海商務印書館鉛印本　二冊　存四卷（三至六）

330000－1712－0005648　集1917　集部/小說類/長篇之屬

繪圖增像第五才子書水滸全傳十四卷七十回引首一卷　（明）施耐庵撰　（清）金人瑞評釋　民國四年（1915）上海中華書局鉛印本　十一冊　缺一卷（九）

330000－1712－0005650　集1920　集部/小說類/長篇之屬

評註圖像水滸傳十二卷七十回首一卷　（元）施耐庵撰　（清）金人瑞評　民國十八年（1929）上海共和書局石印本　十一冊　缺一卷（三）

330000－1712－0005651　集1921　集部/小說類/長篇之屬

評註圖像水滸傳三十五卷七十回首一卷　（元）施耐庵撰　（清）金人瑞評　民國六年（1917）上海中華書局鉛印本　六冊　存十七卷（首、一至十六）

330000－1712－0005654　集1916　集部/小說類/長篇之屬

繪圖增像第五才子書水滸全傳八卷七十回首一卷　（明）施耐庵撰　（清）金人瑞評釋　民國石印本　八冊

330000－1712－0005655　集1927　集部/小說類/短篇之屬

小說名畫大觀二百七十種　胡寄塵編輯　民國五年（1916）上海文明書局石印本　七冊　存九十二種

330000－1712－0005662　集2005　集部/詩文評類/詩評之屬

名媛詩話八卷　（清）沈善寶撰　民國十二年（1923）沈敏元鉛印本　一冊

330000－1712－0005665　集1938　集部/小說類/長篇之屬

新刊全續彭公案後部八卷八十一回首一卷　（清）貪夢道人撰　民國石印本　一冊

330000－1712－0005669　集1986　集部/小說類/長篇之屬

增像全圖東周列國志二十七卷一百八回　（清）蔡奡評點　民國六年（1917）上海中新書局鉛印本　十六冊

330000－1712－0005671　集1940　集部/小說類/長篇之屬

繪圖彭公案正集四卷一百回二集四卷八十回三集四卷八十回四集四卷八十一回　（清）貪夢道人撰　民國上海共和書局石印本　十六冊

330000－1712－0005673　集1942　集部/小說類/長篇之屬

繪圖三續今古奇觀六卷二十回　民國二年（1913）上海改良小說書局石印本　六冊

330000－1712－0005674　子1372　子部/雜著類/雜纂之屬

容齋筆記七十四卷首一卷　（宋）洪邁撰　民國十年（1921）上海掃葉山房石印本　十冊

330000－1712－0005676　子1375　子部/叢編

清人說薈初集二十種二集二十種　雷瑨輯　民國六年（1917）上海掃葉山房石印本　六冊　存二十種

330000－1712－0005683　子1374　史部/雜史類/斷代之屬

涑水記聞十六卷補遺一卷　（宋）司馬光撰　民國上海掃葉山房石印本　四冊

330000－1712－0005685　集1944　子部/小說家類/異聞之屬

改良繪圖四續今古奇觀□□卷　民國石印本　一冊　存二卷（三至四）

330000－1712－0005687　集1946　集部/小說類/長篇之屬

增評加註全圖紅樓夢十五卷一百二十回首一卷　（清）曹霑　（清）高鶚撰　（清）王希廉

等評　民國十一年(1922)上海同文書局石印本　十六冊

330000－1712－0005690　集1994　集部/小說類/長篇之屬

續英烈傳四卷三十四回　民國元年(1912)石印本　一冊

330000－1712－0005698　子1379　集部/小說類/長篇之屬

上下古今談四卷二十回　吳敬恒撰　民國十三年(1924)上海文明書局鉛印本　一冊　存一卷(四)

330000－1712－0005712　集1966　集部/小說類/長篇之屬

第一才子書繡像三國志演義六十卷一百二十回首一卷　(明)羅貫中撰　(清)毛宗崗(清)金人瑞評　民國上海商務印書舘鉛印本　一冊　存八卷(三十九至四十六)

330000－1712－0005718　集2001　集部/曲類/彈詞之屬

繪圖二女多情四卷　民國三年(1914)鑄記書局石印本　四冊

330000－1712－0005719　子1386　子部/小說家類/諧謔之屬

笑話新談不分卷　李節齋編輯　民國二年(1913)石印本　一冊

330000－1712－0005720　集1963　集部/小說類/長篇之屬

第一才子書六十卷一百二十回首一卷　(明)羅貫中撰　(清)毛宗崗　(清)金人瑞評　民國同文書局鉛印本　十五冊　存六十卷(一至六十)

330000－1712－0005721　子1387　子部/小說家類/諧謔之屬

新編官場新笑話初集不分卷　遊戲客輯　民國大漢書室石印本　一冊

330000－1712－0005723　集1990　集部/小說類/長篇之屬

三十六宮春艷秘史一卷歷代春艷秘圖一卷　芸蘭女史撰　民國十年(1921)上海廣太書局石印本　一冊

330000－1712－0005726　子1382　子部/小說家類

中國寓言四卷　沈德鴻編纂　民國十三年(1924)上海商務印書館鉛印本　一冊

330000－1712－0005728　集1962　集部/小說類/長篇之屬

第一才子書十六卷一百二十回首一卷　(明)羅貫中撰　(清)毛宗崗　(清)金人瑞評　民國十一年(1922)上海章福記書局石印本　十五冊　缺一卷(七)

330000－1712－0005732　子1376　子部/雜著類/雜說之屬

骨董瑣記八卷續記四卷　鄧之誠輯　民國十五年(1926)鉛印本　三冊　缺六卷(五至六、續記一至四)

330000－1712－0005734　集2008　集部/戲劇類/傳奇之屬

繪圖英雄奇緣傳十卷五十七回　(清)隨安散人撰　民國十三年(1924)上海沈鶴記書局石印本　五冊

330000－1712－0005735　集2006　集部/小說類/長篇之屬

繡像南唐演義薛家將十卷一百回　(清)如蓮居士編輯　民國十三年(1924)上海江東書局石印本　一冊

330000－1712－0005739　集2007　集部/小說類/長篇之屬

花月痕全書四卷五十二回　(清)魏秀仁撰　民國十四年(1925)錦章圖書局石印本　四冊

330000－1712－0005741　叢305　類叢部/叢書類/彙編之屬

唐代叢書(唐人說薈)□□種　(清)陳世熙(一題王文誥)輯　民國上海錦章圖書局石印本　六冊　存九十九種

330000－1712－0005742　集1977　集部/總集類/課藝之屬

論說範本四卷　杜瀚生撰　民國八年(1919)上海會文堂書局石印本　四冊

330000－1712－0005746　集 1970　子部/小說家類/異聞之屬

夜譚隨録十二卷　(清)和邦額撰　民國三年(1914)育文書局石印本　二冊

330000－1712－0005749　集 1972　子部/小說家類/異聞之屬

天風閣薈譚四卷　風生撰　民國三年(1914)振華書局石印本　四冊

330000－1712－0005753　集 1984　集部/小說類/長篇之屬

繡像惡姻緣傳十二卷一百回　(清)西周生撰　民國上海進步書局石印本　一冊　存一卷(五)

330000－1712－0005758　集 1971　集部/小說類/長篇之屬

足本大字繡像綠野仙踪八卷八十回　(清)李百川撰　民國上海廣益書局石印本　一冊　存四卷(一至四)

330000－1712－0005762　集 2003　集部/別集類/清別集

春在堂隨筆十卷附小浮梅閒話一卷　(清)俞樾撰　民國元年(1912)國華書局石印本　四冊

330000－1712－0005766　叢 303　類叢部/叢書類/家集之屬

婁東周氏叢刊初輯四種　周慤編　民國二十六年(1937)婁東周氏冰壺堂影印本　二冊

330000－1712－0005769　史 1130　史部/政書類/邦計之屬/賦稅

中國現行租稅制度講義一卷租稅各論一卷附録一卷　晏才傑編著　民國北京法政專門學校鉛印本　一冊

330000－1712－0005771　新 0022　集部/詩文評類/文法之屬

評註論說軌範初集二卷　林任編　民國十三年(1924)上海商務印書館石印本　二冊

330000－1712－0005772　集 2014　集部/總集類/選集之屬/通代

初一女子國文不分卷　民國油印本　一冊

330000－1712－0005773　集 2015　集部/總集類/課藝之屬

文選不分卷　朱蓮仙選　民國油印本　二冊

330000－1712－0005774　集 2023　集部/總集類/課藝之屬

檇李文社課藝不分卷　葛昌楪等撰　陸仲襄輯　民國十四年(1925)鉛印本　一冊

330000－1712－0005775　集 2019　類叢部/叢書類/彙編之屬

國學彙編三集四十一種　國學研究社編　民國十二年至十四年(1923－1925)上海國學研究社鉛印本　一冊　存三集八種

330000－1712－0005777　史 1132　史部/目録類/總録之屬/私撰

國學用書類述不分卷　支偉成編　民國十六年(1927)上海泰東圖書局鉛印本　二冊

330000－1712－0005778　集 2016　集部/詩文評類/文評之屬

歷代文評不分卷　民國油印本　一冊

330000－1712－0005782　集 2024　集部/總集類/課藝之屬

檇李文社課藝不分卷　葛昌楪等撰　陸仲襄輯　民國十四年(1925)鉛印本　一冊

330000－1712－0005785　新 0026　新學/報章

大共和畫報不分卷　大共和畫報編　民國四年(1915)石印本　四冊

330000－1712－0005789　新 0023　集部/總集類/課藝之屬

全國學校國語成績精華第一集四卷　上海廣益書局編　民國十二年(1923)上海廣益書局石印本　一冊

330000－1712－0005790　新 0055　新學/理學/理學

倫理學一卷　潘大道講述　民國北京法政專門學校鉛印本　一册

330000－1712－0005793　新 0056　新學/理學

經濟學史三卷　民國北京法政專門學校鉛印本　一册

330000－1712－0005794　子 0517　子部/雜著類/雜説之屬

中國學術原流概要六卷　陳鐘凡學　民國南京高等師範學校鉛印本　一册

330000－1712－0005795　新 0015　新學/理學/理學

倫理學講義一卷　北京法政專門學校撰　民國中華書局鉛印本　一册

330000－1712－0005796　新 0014　新學/政治法律/制度

林業政策講義一卷工業政策一卷商業政策一卷　北京法政專門學校撰　民國中華書局鉛印本　一册

330000－1712－0005797　新 0057　新學/商務

貨幣論講義一卷銀行實習一卷　馬寅初講　民國北京法政專門學校鉛印本　一册

330000－1712－0005798　新 0058　新學/理學/文學

日文講義一卷　民國北京法政專門學校鉛印本　一册

330000－1712－0005799　新 0059　新學/政治法律/制度

交通政策一卷農業政策學講義一卷　民國北京法政專門學校鉛印本　一册

330000－1712－0005800　新 0060　新學/史志

歐洲經濟近史一卷　民國北京法政專門學校鉛印本　一册

330000－1712－0005801　新 0061　新學/商務

保險學講義一卷倉庫論一卷稅關論一卷　民國北京法政專門學校鉛印本　一册

330000－1712－0005802　新 0062　新學/商務/商學

交易市場投機論一卷附録一卷　民國北京法政專門學校鉛印本　一册

330000－1712－0005803　新 0063　新學/政治法律/律例

海船法講義一卷草案一卷　李浦撰　民國北京法政專門學校鉛印本　一册

330000－1712－0005805　新 0013　新學/學校

朝陽大學講義□□種　夏勤等編　民國朝陽大學鉛印本　一册　存一種

330000－1712－0005806　新 0018　新學/理學/理學

倫理通論不分卷　民國石印本　一册

330000－1712－0005807　集 2017　集部/總集類/選集之屬/通代

散文不分券　南京高等師範學校輯　民國南京高等師範學校鉛印本　二册

330000－1712－0005813　子 1388　子部/醫家類/醫理之屬/病源病機

中西病理學合參三卷　吴漢仙等編　民國二十四年(1935)鉛印本　二册

330000－1712－0005814　集 2022　集部/詩文評類/文法之屬

高等小學論説文範四卷　邵伯棠撰　民國十九年(1930)上海會文堂新記書局石印本　四册

330000－1712－0005816　新 0064　新學/政治法律/制度

財政學一卷　民國北京法政專門學校鉛印本　一册

330000－1712－0005819　集 2020　集部/詩文評類/文法之屬

初學論説文範四卷　邵伯棠撰　民國五年

(1916)上海會文堂粹記石印本　一冊

330000－1712－0005820　集2021　集部/詩文評類/文法之屬

初學論說文範四卷　邵伯棠撰　民國十年(1921)上海會文堂書局石印本　一冊

330000－1712－0005822　新0065　新學/商務/商學

銀行論一卷銀行簿記講義一卷例題一卷　民國北京法政專門學校鉛印本　一冊

330000－1712－0005823　新0066　新學/商務/商學

商業簿記講義一卷　胡迺瓚編　**商業簿記問答一卷**　葉弼撰　民國北京法政專門學校鉛印本　一冊

330000－1712－0005829　新0031　新學/報章

新聞報館三十年紀念冊不分卷　上海新聞報館編　民國十二年(1923)上海新聞報館鉛印本　一冊

330000－1712－0005832　子0518　子部/雜著類/雜纂之屬

研經社雜誌不分卷　姚明煇等撰　研經社編　民國鉛印本　亦可題簽　一冊

330000－1712－0005835　新0024　新學/學校

江蘇各校國文成績精華六卷　鄒登泰評選　民國上海掃葉山房、蘇州振新書社鉛印本　一冊　存二卷(二至三)

330000－1712－0005837　新0067　新學/地學/地理學

地理學通論二卷　民國南京高等師範學校鉛印本　一冊

330000－1712－0005838　新0068　史部/雜史類/外紀之屬

東亞各國史四卷　民國南京高等師範學校鉛印本　四冊

330000－1712－0005839　新0069　新學/全體学/附心靈學

審判心理學一卷　陳大齊編　民國司法行政部法官訓練所大東印書館鉛印本　一冊

330000－1712－0005844　新0048　新學/算學/代數

代數不分卷　民國石印本　一冊

330000－1712－0005847　叢113　類叢部/叢書類/彙編之屬

別下齋叢書二十七種　(清)蔣光煦編　民國十二年(1923)上海商務印書館據清蔣氏刻本影印本　二十冊

330000－1712－0005848　叢114　類叢部/叢書類/自著之屬

章氏叢書初集十一種　章炳麟撰　民國上海右文社鉛印本　二十四冊

330000－1712－0005852　叢316　類叢部/叢書類/彙編之屬

甲戌叢編二十種　趙詒琛　王保譿輯　民國二十三年(1934)鉛印本　四冊

330000－1712－0005854　叢309　類叢部/叢書類/自著之屬

銕研𢇁䉷書(鐵研齋叢書)五種　桑宣撰　民國八年(1919)宛平桑氏鉛印本　八冊

330000－1712－0005856　叢308　類叢部/叢書類/自著之屬

銕研𢇁䉷書(鐵研齋叢書)五種　桑宣撰　民國八年(1919)宛平桑氏鉛印本　八冊

330000－1712－0005857　叢310　類叢部/叢書類/自著之屬

銕研𢇁䉷書(鐵研齋叢書)五種　桑宣撰　民國八年(1919)宛平桑氏鉛印本　六冊　存四種

330000－1712－0005858　新0070　新學/政治法律

不動產登記法講義一卷勘誤表一卷不動產登記實習例題一卷　孫芳講述　民國司法行政部法官訓練所鉛印本　一冊

330000－1712－0005859　新 0071　史部/政書類/公牘檔冊之屬

公牘講義一卷附録一卷　治牘要旨一卷　許同莘撰　民國司法行政部法官訓練所大東印書館鉛印本　一冊

330000－1712－0005860　叢 317　類叢部/叢書類/彙編之屬

丙子叢編十二種　趙詒琛　王大隆編　民國二十五年(1936)鉛印本　四冊

330000－1712－0005861　叢 318　類叢部/叢書類/彙編之屬

丁丑叢編十種　趙詒琛　王大隆輯　民國二十六年(1937)鉛印本　四冊

330000－1712－0005862　叢 319　類叢部/叢書類/彙編之屬

丁丑叢編十種　趙詒琛　王大隆輯　民國二十六年(1937)鉛印本　四冊

330000－1712－0005863　新 0072　史部/政書類/公牘檔冊之屬

公牘選録一卷附編一卷　潘元攸編輯　民國司法行政部法官訓練所鉛印本　一冊

330000－1712－0005866　叢 320　類叢部/叢書類/彙編之屬

戊寅叢編十種　趙詒琛　王大隆輯　民國二十七年(1938)鉛印本　四冊

330000－1712－0005867　叢 321　類叢部/叢書類/彙編之屬

己卯叢編四種　趙詒琛　王大隆輯　民國二十八年(1939)鉛印本　四冊

330000－1712－0005868　叢 322　類叢部/叢書類/彙編之屬

辛巳叢編九種　趙詒琛　王大隆輯　民國三十年(1941)鉛印本　四冊

330000－1712－0005876　叢 03　類叢部/叢書類/彙編之屬

涵芬樓祕笈五十一種　孫毓修等輯　民國五年至十五年(1916－1926)上海商務印書館影印暨鉛印本　六十四冊　存三十九種

330000－1712－0005880　叢 338　類叢部/叢書類/彙編之屬

香艷叢書三百二十六種　(清)蟲天子輯　民國三年(1914)上海中國圖書公司和記鉛印本　八十冊

330000－1712－0005882　叢 339　類叢部/叢書類/彙編之屬

香艷叢書三百二十六種　(清)蟲天子輯　民國三年(1914)上海中國圖書公司和記鉛印本　一冊　存二種

330000－1712－0005886　叢 337　類叢部/叢書類/彙編之屬

潛泉叢鈔□□種　吴隱輯　民國西泠印社刻本暨石印本　二冊　存一種

330000－1712－0005892　子 0523　子部/農家農學類/園藝之屬/花卉

蘭言偶録二卷　金武祥輯　民國五年(1916)上海掃葉山房石印本　二冊

330000－1712－0005898　集 2031　集部/總集類/題詠之屬

平湖葛毓珊先生[金烺]小影題詠一卷　葛嗣浵輯　民國影印本　一冊

330000－1712－0005899　集 2030　集部/總集類/題詠之屬

平湖葛毓珊先生[金烺]小影題詠一卷　葛嗣浵輯　民國影印本　一冊

330000－1712－0005901　叢 349　類叢部/叢書類/自著之屬

直介堂叢刻初編十種續編五種鼻烟叢刻四種　劉聲木撰　民國十八年(1929)廬江劉氏鉛印本　二十六冊　存十一種

330000－1712－0005903　叢 343　類叢部/叢書類/彙編之屬

少年叢書□□種　民國十年(1921)上海中華書局鉛印本　一冊　存一種

330000－1712－0005915　子 0030　子部/雜著類/雜纂之屬

果報類編不分卷　民國石印本　二冊

330000－1712－0005917　叢351　子部/小說家類

古今說部叢書二百七十二種　國學扶輪社輯　民國四年(1915)中國圖書公司和記鉛印本　四十三冊　存一百五十一種

330000－1712－0005920　叢357　史部/地理類

邊疆叢書甲集六種　禹貢學會輯　民國二十六年(1937)禹貢學會鉛印本　一冊　存一種

330000－1712－0005935　叢380　類叢部/叢書類/郡邑之屬

吳興叢書六十六種　劉承幹編　民國吳興劉氏嘉業堂刻本　七冊　存二種

330000－1712－0005936　叢378　類叢部/叢書類/彙編之屬

嘉業堂叢書五十七種　劉承幹輯　民國吳興劉氏嘉業堂刻本　十七冊　存三種

330000－1712－0005937　叢379　類叢部/叢書類/郡邑之屬

吳興叢書六十六種　劉承幹編　民國吳興劉氏嘉業堂刻本　一冊　存一種

330000－1712－0005944　子0885　子部/小說家類/異聞之屬

夷堅志一百八十卷志補二十五卷再補一卷　(宋)洪邁撰　**夷堅志校勘記一卷**　張元濟撰　民國十六年(1927)上海商務印書館鉛印本　二十冊

330000－1712－0005946　叢400　類叢部/叢書類/自著之屬

師伏堂遺書□□種　(清)皮錫瑞撰　民國上海商務印書館影印本　五冊　存一種

330000－1712－0005948　叢397　類叢部/叢書類/彙編之屬

四部備要　中華書局編　民國二十五年(1936)上海中華書局鉛印本　黃立鈞題記　十五冊　存五種

330000－1712－0005949　叢381　類叢部/叢書類/彙編之屬

四部叢刊　張元濟等編　民國八年(1919)上海商務印書館影印本　三百五十二冊　存五十種

330000－1712－0005965　叢407　類叢部/叢書類/自著之屬

槐軒全書二十一種附九種　(清)劉沅撰　民國十六年(1927)新文化社鉛印本　一冊　存一種

330000－1712－0005969　叢383　類叢部/叢書類/彙編之屬

四部叢刊　張元濟等編　民國八年(1919)上海商務印書館影印本　二十三冊　存六種

330000－1712－0005970　叢396　類叢部/叢書類/彙編之屬

四部叢刊續編　張元濟等編　民國二十三年(1934)上海商務印書館影印本　六冊　存三種

330000－1712－0005992　集2026　集部/別集類

吹萬樓詩十八卷　高燮撰　民國三十六年(1947)袖海堂鉛印本　四冊

330000－1712－0005993　集2028　集部/別集類/清別集

梅村詩集箋注十八卷　(清)吳偉業撰　(清)吳翌鳳箋注　民國中華圖書館石印本　張□□題簽　四冊

330000－1712－0005994　集2027　集部/總集類/類編之屬

歷代詩文評註讀本□□種　王文濡編　民國上海文明書局鉛印本　三冊　存一種

330000－1712－0005999　史1138　史部/政書類/公牘檔冊之屬

浙江省議會第一屆第二年第二次臨時會質問書不分卷　浙江省議會編　民國六年(1917)鉛印本　一冊

330000－1712－0006000　史1139　史部/政書類/公牘檔冊之屬

浙江省議會民國九年第一次臨時會議員質問

書一卷補録浙江省議會民國八年常年會議員質問書一卷　浙江省議會編　民國九年(1920)鉛印本　一册

330000－1712－0006004　史 1136　史部/政書類/公牘檔册之屬

浙江省議會第二屆常年會文牘四卷附編一卷　浙江省議會編　民國五年(1916)鉛印本　一册

330000－1712－0006005　新 0080　新學/報章

大共和日報附張不分卷　大共和日報編　民國鉛印本　六册

330000－1712－0006007　史 1135　史部/政書類/公牘檔册之屬

浙江省臨時議會議决案不分卷　浙江省臨時議會編　民國元年(1912)鉛印本　一册

330000－1712－0006009　史 1143　史部/目録類/總録之屬/官修

欽定四庫全書總目二百卷首一卷　(清)紀昀等撰　**四庫未收書目提要五卷**　(清)阮元撰　**四庫全書總目未收書目索引四卷**　陳乃乾編　民國十五年(1926)上海大東書局石印本暨鉛印本　六册　缺五十五卷(九十一至一百十八、一百四十八至一百七十四)

330000－1712－0006010　史 1141　史部/政書類/公牘檔册之屬

浙江省議會第二屆常年會議决案不分卷　浙江省議會編　民國五年(1916)鉛印本　一册

330000－1712－0006012　史 1142　史部/政書類/公牘檔册之屬

浙江省第二次臨時議會議决案三卷　浙江省第二次臨時議會編　民國元年(1912)鉛印本　一册　存一卷(一)

330000－1712－0006014　史 1140　史部/政書類/公牘檔册之屬

浙江省議會民國九年常年會議事録不分卷　浙江省議會編　民國九年(1920)鉛印本　一册

平湖市博物館民國時期傳統裝幀書籍普查登記目録

浙江省民國時期傳統裝幀書籍普查登記目録·嘉興

國家圖書館出版社
National Library of China Publishing House

《平湖市博物館民國時期傳統裝幀書籍普查登記目録》

編委會

主　編： 田　敏

副主編： 楊根文

編纂人員： 楊　穎　朱敏敏

《平湖市博物館民國時期傳統裝幀書籍普查登記目録》

前　言

平湖歷史悠久,早在6000多年前已有先民在此勞動生息。其歷經馬家浜文化與良渚文化後,於春秋末年吴越争霸時,一度淪爲吴地,但不到十年,又歸越。戰國時,越爲楚滅,平湖歸屬楚地。秦始皇統一六國後,結束了春秋戰國以來諸侯割據的局面,建立了中國歷史上第一個統一的多民族的中央集權制封建國家,并推行郡縣制度,在平湖一帶置海鹽縣,縣治曾兩度設在平湖境内。隋代,平湖一度隨海鹽入鹽官縣,唐初迭入嘉興、吴縣而還爲海鹽縣東北境。至明宣德五年(1430)平湖建縣,縣治設當湖鎮,其地漢時陷爲當湖,其後“土脉墳起,陷者漸平,故名平湖”。

平湖市博物館屬地志性綜合博物館,成立於1958年,是一個集收藏、保護、研究、教育、考古調查等功能於一體的公益性全民事業單位。古籍是具有文獻和文物雙重價值的中華文化傳統載體,是博物館特殊收藏的一部分。我館古籍來源於1958年建館時的入藏。我館收藏的古籍,主要有普通古籍、善本以及抄本、稿本、家譜等文獻,共計399部1388册,其中明代12部60册,占總數的4.3%;清代251部985册,占總數的70.8%;民國時期傳統裝幀書籍133部334册,占總數的24.3%。另外,日本版本3部9册,占總數的0.6%。均具有較大的文物史料價值。

我館的古籍保護工作於2012年1月啓動,系統地對古籍進行整理。2013年3月,我館田敏同志參加由浙江省古籍保護中心舉辦的“浙江省第四期古籍普查培訓”,憑藉着良好的學識基礎、較强的學習能力,迅速熟悉古籍業務知識,瞭解普查流程,并於3月16日開始對館藏古籍進行普查,至2015年12月16日,圓滿完成館藏古籍的普查工作。

經過普查,館藏古籍中還有一批珍貴的刻本、抄本、稿本、繪本、印本等,尤其難得的是這批古籍從清代至民國一直前後相繼、傳承抄録,保存較爲完整,反映了當時社會、經濟、人文等情况,爲研究當時的社會發展進程提供了重要的史料參考。

《平湖市博物館民國時期傳統裝幀書籍普查登記目録》是古籍普查完成後的成果體現,從中篩選出133部334册民國時期傳統裝幀書籍,整理成册。繪本、刻本、活字印本、抄本、稿本等版本古籍皆在收録之列,并記録普查編號、索書號、分類、題名卷數、著者、版本、批校題跋、册數、存卷等内容。我館的古籍目録,歷經數年完成,飽含着我館古籍普查員的辛勤汗水,特别是我館田敏同志,具體負責古籍的録入和統校工作,在此表示感謝,同時,感謝浙江省古籍保護中心、平湖市圖書館的大力配合和悉心指導!

古籍書目編纂是一項逐步積纍、不斷完善的工作，書目收録信息的精準、校核、修訂，迄無止境。因目録數據浩繁，雖經浙江省古籍保護中心統一審校，再加本單位二次核校，國家圖書館出版社的三次編審，然由於水平有限、時間匆促，謬誤難免，祈請方家批評指正。

平湖市博物館

2018 年 6 月 8 日

330000－4787－0000019　0020　類叢部/叢書類/彙編之屬

江氏聚珍版叢書　(清)蔣光煦輯　民國十三年(1924)蘇州江氏文學山房木活字印本　四冊　存一種

330000－4787－0000024　0025　子部/工藝類/文房四寶之屬/硯

端石擬三卷　(清)陳齡撰　民國影印本　一冊

330000－4787－0000026　0027　史部/金石類/錢幣之屬/雜著

古泉叢話三卷　(清)戴熙撰　民國八年(1919)蘇州振新書社石印本　一冊

330000－4787－0000037　0038　史部/目録類/專録之屬

參加倫敦中國藝術國際展覽會出品目錄四卷　倫敦中國藝術國際展覽會籌備委員會編　民國二十四年(1935)鉛印本　一冊

330000－4787－0000039　0040　經部/小學類/文字之屬/字書/古文

六朝別字記一卷　(清)趙之謙撰　民國八年(1919)上海商務印書館影印本　一冊

330000－4787－0000041　0042　子部/藝術類/書畫之屬/畫譜

吳昌碩花卉十二幀一卷　吳昌碩繪　民國十五年(1926)上海商務印書館影印本　一冊

330000－4787－0000042　0043　子部/藝術類/書畫之屬/畫譜

中國名畫集四十集　有正書局編　民國十一年(1922)上海有正書局影印本　一冊　存一集(一)

330000－4787－0000043　0044　史部/傳記類/總傳之屬/技藝

國朝畫識十七卷　(清)馮金伯纂輯　民國十二年(1923)上海中華書局鉛印本　四冊

330000－4787－0000044　0045　子部/藝術類/書畫之屬/畫法畫品

小蓬萊閣畫鑑七卷獵古集一卷　(清)李修易撰　(清)李厥猷編訂　民國二十三年(1934)上海商務印書館鉛印本　一冊

330000－4787－0000055　0054　子部/藝術類/書畫之屬/法帖

草字彙十二卷附補　(清)石梁輯　民國元年(1912)上海同文書局石印本　六冊

330000－4787－0000056　0055　集部/總集類/選集之屬/通代

古唐詩選七卷　(明)李攀龍選　(清)吳儀一注　民國十五年(1926)上海掃葉山房影印本　四冊

330000－4787－0000057　0056　經部/小學類/音韻之屬/韻書

韻學驪珠二卷　沈乘麐輯　民國十三年(1924)上海朝記書莊石印本　二冊

330000－4787－0000059　0058　史部/傳記類/科舉録之屬/歷科登科録

詞林輯略五卷　朱汝珍輯　民國北京中央刻經院鉛印本　二冊

330000－4787－0000060　0059　集部/總集類/郡邑之屬

當湖詩文逸二十二卷　(清)張憲和編　民國十八年(1929)平湖縣署刻朱印本　八冊

330000－4787－0000061　0090　史部/金石類

藝術叢編十七種　姬佛陀編　民國五年至九年(1916－1920)上海倉聖明智大學影印本　一冊　存一種

330000－4787－0000062　0061　史部/目録類/總録之屬/地方

平湖經籍志十六卷　陸惟鍌纂　民國二十六年(1937)平湖陸惟鍌求是齋刻三十年(1941)續刻本　四冊

330000－4787－0000063　0062　史部/金石類/總志之屬/圖像

新鄭古器圖錄不分卷　關百益撰　民國十八年(1929)上海商務印書館影印本　二冊

330000－4787－0000071　0070　史部/金石類/金之屬/通考

綴遺齋彝器款識攷釋三十卷首一卷　(清)方濬益撰　方燕年補編　民國二十四年(1935)上海商務印書館影印本(卷十五原缺)　十四册

330000－4787－0000077　0076　經部/小學類/文字之屬/說文/專著

說文古籀補補十四卷附錄一卷　丁佛言撰　民國十九年(1930)北平富晉書社影印本　四册

330000－4787－0000080　0080　史部/傳記類/科舉録之屬/總録

平湖采芹録四卷　(清)葛金烺輯　葛嗣浵等增輯　民國四年(1915)刻本　二册

330000－4787－0000083　0083　類叢部/叢書類/彙編之屬

東南大學叢書□□種　民國十九年(1930)上海商務印書館石印本　一册　存一種

330000－4787－0000085　0085　子部/藝術類/書畫之屬/法帖

明清名人尺牘墨寶第一集六卷第二集六卷第三集六卷　文明書局輯　民國十四年(1925)上海文明書局影印本　十八册

330000－4787－0000090　0091　史部/傳記類/總傳之屬/技藝

當湖歷代畫人傳九卷補遺一卷　孫振麟纂　民國二十四年(1935)當湖孫氏雪映廬武林刻本　二册

330000－4787－0000097　0098　子部/藝術類/書畫之屬/總論

歷代書畫舫十二卷　(明)張丑撰　民國十年(1921)上海錦文堂石印本　八册

330000－4787－0000100　0102　史部/地理類/方志之屬/郡縣志

平湖縣續志十二卷附録一卷　(清)季新益等輯　民國平湖陸氏求是齋抄本　六册

330000－4787－0000105　0107　經部/小學類/訓詁之屬/方言

鵲水鄉音六卷　王積沂撰　民國三十三年(1944)稿本　二册

330000－4787－0000135　0155　子部/宗教類/道教之屬

化書六卷　(五代)譚景昇撰　民國抄本　一册

330000－4787－0000138　0158　集部/別集類/唐五代別集

山曉閣選唐大家柳柳州全集四卷　(唐)柳宗元撰　(清)孫琮評　民國八年(1919)上海錦章書局石印本　四册

330000－4787－0000140　0160　子部/藝術類/遊藝之屬/詩鐘

百衲琴一卷　(清)秦雲　(清)秦敏樹撰　民國十二年(1923)平湖綺春閣書莊鉛印本　一册

330000－4787－0000141　0161(1)　史部/目録類/總録之屬

漢文淵書肆書目一卷　漢文淵書肆編　民國二十四年(1935)上海漢文淵書肆石印本　一册

330000－4787－0000142　0162　集部/別集類

流霞書屋遺集四卷首一卷　鄒銓撰　民國二年(1913)上海國光書局鉛印本　一册

330000－4787－0000143　0163　史部/目録類/總録之屬/私撰

杭州抱經堂書局第一期新板書目五卷補遺一卷　杭州抱經堂書局編　民國十八年(1929)杭州抱經堂書局鉛印本　一册

330000－4787－0000144　0164　史部/目録類/總録之屬/私撰

杭州抱經堂書局第十期舊書目錄不分卷　杭州抱經堂書局編　民國二十二年(1933)杭州抱經堂書局鉛印本　一册

330000－4787－0000145　0165　集部/別集類/唐五代別集

李長吉集四卷外卷一卷　(唐)李賀撰　(清)黄淳耀評　(清)黎簡批點　民國十四年(1925)上海掃葉山房朱墨套印石印本　二冊

330000－4787－0000146　0166　子部/藝術類/書畫之屬/總論

歷代書畫舫十二卷　(明)張丑撰　民國十五年(1926)上海錦文堂石印本　八冊

330000－4787－0000147　0167、0298　史部/傳記類/總傳之屬/技藝

墨林今話十八卷　(清)蔣寶齡撰　**續編一卷**　(清)蔣茝生撰　民國九年(1920)上海掃葉山房石印本　六冊

330000－4787－0000153　0161(2)　史部/目録類/總録之屬/私撰

漢文淵書肆書目一卷　漢文淵書肆編　民國二十五年(1936)上海漢文淵書肆石印本　一冊

330000－4787－0000154　0161(3)　史部/目録類/總録之屬/私撰

漢文淵書肆書目一卷　漢文淵書肆編　民國二十六年(1937)上海漢文淵書肆石印本　一冊

330000－4787－0000162　0182(1)　史部/目録類/總録之屬/私撰

文學山房書目不分卷　江杏溪撰　民國二十四年(1935)蘇州文學山房石印本　一冊

330000－4787－0000163　0182(2)　史部/目録類/總録之屬/私撰

文學山房書目不分卷　江杏溪撰　民國二十五年(1936)蘇州文學山房刻本　一冊

330000－4787－0000164　0184　史部/雜史類/通代之屬

華陽國志校勘記十二卷　(清)顧觀光著　民國十四年(1925)刻本　一冊

330000－4787－0000167　0187　集部/總集類/彙編之屬

宋人集六十一種　李之鼎輯　民國南城李氏宜秋館刻本　一冊　存一種

330000－4787－0000168　0188　集部/别集類/清别集

琴鶴山房殘稿二卷　(清)趙銘撰　金兆蕃輯　民國元年(1912)金兆蕃鉛印本　一冊

330000－4787－0000170　0190　集部/别集類/清别集

琴鶴山房遺稿八卷　(清)趙銘撰　金兆蕃輯　民國十一年(1922)金兆蕃刻本　一冊　存四卷(一至四)

330000－4787－0000176　0195　集部/别集類/清别集

琴鶴山房遺稿八卷　(清)趙銘撰　金兆蕃輯　民國十一年(1922)金兆蕃刻本　二冊

330000－4787－0000178　0197　子部/藝術類/書畫之屬/畫法畫品

瓔磪課讀圖一卷　(清)陳鏃繪　(清)王錫振輯　(清)孫衣言等題跋　民國六年(1917)上海神州國光社石印本　一冊

330000－4787－0000179　0198　集部/别集類

安樂鄉人詩四卷　金兆蕃撰　民國二十年(1931)刻本　二冊

330000－4787－0000184　0201　集部/别集類

安樂鄉人詩四卷詩續一卷七十後詩一卷藥夢詞二卷詞續一卷七十後詞一卷　金兆蕃撰　民國二十年至二十八年(1931－1939)刻本　一冊

330000－4787－0000187　0203　史部/傳記類/總傳之屬/家乘

[浙江平湖]當湖王氏家譜不分卷　王積樹纂修　民國六年(1917)當湖王氏刻本　一冊

330000－4787－0000192　0208(1)　集部/别集類

藥夢詞二卷　金兆蕃撰　民國刻本　一冊

330000－4787－0000193　0208(2)　集部/别集類

藥夢詞二卷　金兆蕃撰　民國刻本　一冊

330000－4787－0000200　0212　新學/理學/理學

論理學一卷　（日本）大西祝原著　（日本）中桐確太郎講述　民國油印本　一冊

330000－4787－0000202　0214　集部/別集類

聽鸝吟館求是草一卷　龔寶廉撰　民國二十二年（1933）鉛印本　一冊

330000－4787－0000211　0223　集部/別集類/清別集

胥浦草堂詩稿一卷　（清）張慧撰　民國十二年（1923）既翕堂鉛印本　一冊

330000－4787－0000212　0224　子部/藝術類/書畫之屬/法帖

翁叔平隸書三種墨蹟不分卷　（清）翁同龢書　民國七年（1918）上海有正書局石印本　一冊

330000－4787－0000214　0226　集部/總集類/題詠之屬

壽言集詠一卷　羅秋山輯　民國七年（1918）平湖綺春閣鉛印本　一冊

330000－4787－0000215　0227　子部/工藝類/文房四寶之屬/墨

墨表四卷　（清）萬壽祺撰　民國石印本　一冊

330000－4787－0000217　0229　史部/雜史類/斷代之屬

子遺錄一卷　（清）戴名世撰　民國抄本　一冊

330000－4787－0000222　0234　史部/目録類/總録之屬/私撰

持靜齋書目四卷藏書紀要二卷　（清）丁日昌輯　民國二十三年（1934）北平來熏閣刻本　六冊

330000－4787－0000231　0243　集部/詞類/別集之屬

曠菴詞一卷　（清）陸埜撰　民國抄本　一冊

330000－4787－0000232　0244　集部/別集類/清別集

惜花詞館吟草一卷　（清）胡廷楨撰　民國抄本　一冊

330000－4787－0000233　0245　集部/別集類/清別集

睫巢詩草一卷　（清）魯邦煥撰　民國抄本　一冊

330000－4787－0000236　0247　集部/別集類

彈山詩稾一卷　屈爔撰　民國二十九年（1940）鉛印本　一冊

330000－4787－0000238　0249　子部/雜著類/雜說之屬

桐陰清話八卷　（清）倪鴻撰　民國三年（1914）上海掃葉山房石印本　四冊

330000－4787－0000241　0252　類叢部/叢書類/彙編之屬

四部叢刊三百八種　張元濟等編　民國上海商務印書館影印本　四冊　存一種

330000－4787－0000249　0260　集部/總集類/郡邑之屬

七家詩綜　柯志頤輯　民國十三年（1924）鉛印本　一冊

330000－4787－0000250　0261　集部/別集類/清別集

瑤潭詩賸三卷詩餘一卷　（清）胡正基撰　民國十四年（1925）鉛印本　一冊

330000－4787－0000251　0262　史部/目録類/總録之屬/地方

平湖經籍志十六卷　陸惟鍌纂　民國二十六年（1937）平湖陸惟鍌求是齋刻三十年（1941）續刻本　四冊

330000－4787－0000254　0265　集部/別集類

遐庵彙稿第一輯三卷　葉恭綽撰　民國十九年（1930）鉛印本　四冊

330000－4787－0000258　0269　集部/别集類/明别集

倪文貞公詩集二卷附錄一卷　（明）倪元璐撰（清）倪會鼎訂正　民國二十四年（1935）南京襄社據王伯沆寫本影印本　一册

330000－4787－0000259　0270　類叢部/叢書類/自著之屬

鐵研𡒄䕸書五種　桑宣撰　民國八年（1919）宛平桑氏鉛印本　一册　存一種

330000－4787－0000260　0271　集部/别集類/清别集

春雨樓雜文一卷採香詞二卷春雨樓詩一卷附録一卷　（清）沈彩撰　民國十三年（1924）蟫隱廬影印本　一册

330000－4787－0000273　0284　集部/别集類

涵負樓詩卷八卷　曾克耑撰　民國二十五年（1936）上海鉛印本　一册

330000－4787－0000274　0285　集部/詞類/别集之屬

霜紅詞一卷　胡士瑩撰　民國二十年（1931）揚州刻藍印本　一册

330000－4787－0000276　0287　集部/詞類/類編之屬

彊村叢書一百七十八種　朱祖謀輯並撰校記　民國六年（1917）歸安朱氏刻十一年（1922）校補印本　一册　存一種

330000－4787－0000281　0292　子部/藝術類/書畫之屬

全韻畫梅詩一卷附畫梅月令詩一卷　丁仁撰　民國十八年（1929）鉛印本　一册

330000－4787－0000287　0295　集部/别集類/宋别集

六一居士文集五卷外集錄二卷　（宋）歐陽修撰　民國二年（1913）上海會文堂書局石印本　六册

330000－4787－0000288　0296　集部/詞類/别集之屬

珠玉詞一卷補遺一卷　（宋）晏殊撰　林大椿編校　**珠玉詞校記一卷**　林大椿撰　民國十九年（1930）上海商務印書館鉛印本　一册

330000－4787－0000290　0299　類叢部/類書類/專類之屬

年華録四卷　（清）全祖望撰　民國十八年（1929）上海商務印書館鉛印本　一册　存二卷（三至四）

330000－4787－0000291　0300　子部/藝術類/書畫之屬/總論

庚子銷夏記八卷　（清）孫承澤撰　民國九年（1920）上海掃葉山房石印本　四册

330000－4787－0000292　0301　類叢部/叢書類/彙編之屬

四部叢刊　張元濟等編　民國上海商務印書館影印本　二册　存一種

330000－4787－0000294　0303、0352　集部/曲類/曲韻曲譜曲律之屬

崑曲粹存初集不分卷　崑山國學保存會輯　民國石印本　三册　存四種

330000－4787－0000295　0304　集部/總集類/選集之屬/通代

詳註分類咏物詩選八卷　（清）俞琰輯　（清）易開縉　（清）孫洊鳴註　民國上海進化書局石印本　一册　存一卷（六）

330000－4787－0000296　0305　集部/别集類/清别集

吴穀人尺牘二卷　（清）吴錫麒撰　（清）羅傳珍注　民國六年（1917）上海文瑞樓石印本　二册

330000－4787－0000298　0308　集部/别集類/清别集

迎紫亭詩草一卷　俞肇炳撰　民國十五年（1926）平湖治西文洽齋鉛印本　一册

330000－4787－0000303　0313　集部/總集類/題詠之屬

平湖葛毓珊先生小影題詠一卷　葛詞蔚輯　民國影印本　一册

330000－4787－0000305　0315(1)　集部/別集類

訒菴詩鈔一卷　彭敦毅撰　民國十二年(1923)鉛印本　一冊

330000－4787－0000306　0315(2)　集部/別集類

訒菴詩鈔一卷　彭敦毅撰　民國十二年(1923)鉛印本　一冊

330000－4787－0000307　0316　集部/總集類/酬唱之屬

蔭葛廬主人珠臺九老會唱和詩一卷　錢世鍾編　民國六年(1917)平湖文洽齋刻本　一冊

330000－4787－0000314　0323　集部/總集類/題詠之屬

息影集詠一卷　項乃登輯　民國十八年(1929)鉛印本　一冊

330000－4787－0000323　0332　集部/詞類/別集之屬

霜紅詞一卷　胡士瑩撰　民國二十年(1931)揚州刻本　一冊

330000－4787－0000328　0336　集部/別集類/清別集

南涇集一卷隘巷集一卷　(清)徐步瀛撰　民國平湖綺春閣鉛印本　一冊

330000－4787－0000330　0338　子部/儒家類/儒家之屬

荀子集解二十卷首一卷　(唐)楊倞注　王先謙集解　民國掃葉山房石印本　八冊

330000－4787－0000334　0342　經部/小學類/訓詁之屬/方言

鵁水鄉音一卷　王積沂撰　民國三十二年(1943)稿本　一冊

330000－4787－0000335　0343　經部/小學類/訓詁之屬/方言

平湖方言一卷　王積沂編　稿本　一冊

330000－4787－0000336　0344　集部/總集類/題詠之屬

三壽百詠一卷　葉存養輯　民國七年(1918)刻本　一冊

330000－4787－0000342　0351　集部/別集類

適廬詩存一卷附三國宮詞一卷　陳翰撰　民國十九年(1930)鉛印本　一冊

330000－4787－0000347　0357　集部/總集類/選集之屬/通代

詳註分類咏物詩選八卷　(清)俞琰輯　(清)易開繙　(清)孫洊鳴註　民國十年(1921)上海進化書局石印本　五冊　存七卷(一至五、七至八)

330000－4787－0000348　0358　子部/宗教類/佛教之屬/經咒

日誦經咒簡易科儀不分卷　平湖佛教心一居士林編　民國平湖佛教心一居士林鉛印本　一冊

330000－4787－0000353　0378　史部/目録類/總録之屬/私撰

上海傳經堂書店第四期舊本廉價書目一卷補遺一卷　民國二十三年(1934)上海西門蓬萊市場石印本　一冊

330000－4787－0000354　0379　史部/目録類/總録之屬/私撰

杭州抱經堂書局殘本書目不分卷　杭州抱經堂書局編　民國十九年(1930)杭州城站抱經堂書局石印本　一冊

330000－4787－0000358　0867　子部/宗教類/佛教之屬/經

妙法蓮華經七卷　(後秦)釋鳩摩羅什譯　民國抄本　六冊

330000－4787－0000361　0934　子部/藝術類/書畫之屬/法帖

六朝中楷張猛龍碑精華一卷　民國十三年(1924)上海世界書局石印本　一冊

330000－4787－0000362　0935　子部/藝術類/書畫之屬/畫譜

奚蒙泉詩書畫冊不分卷　(清)奚岡繪並書

民國九年(1920)上海商務印書館影印本 一冊

330000－4787－0000363 0937(1) 史部/傳記類/別傳之屬/墓誌
海鹽朱茆母生壙銘并題詠一卷 朱立成輯 民國十五年(1926)朱墨石印本 一冊

330000－4787－0000364 0938 子部/藝術類/書畫之屬/法帖
古今尺牘墨蹟大觀不分卷 高野侯輯 民國影印本 七冊 存七冊(九至十五)

330000－4787－0000367 0935(2) 子部/藝術類/書畫之屬/畫譜
錢竹初山水精品一卷 (清)錢維喬繪 民國十五年(1926)上海商務印書館影印本 一冊

330000－4787－0000369 0376 史部/目録類/總録之屬/私撰
文奎堂書目五卷 文奎堂書莊編 民國二十三年(1934)北平文奎堂書莊鉛印本 一冊 存三卷(經部、史部、子部)

330000－4787－0000371 0933(4) 子部/宗教類/道教之屬
元靈誅惡滅巫朱大天尊護國佑民懺二卷 (清)祝桂森録 民國石印本 一冊 存一卷(下)

330000－4787－0000372 0933(5) 子部/宗教類/佛教之屬/經疏
佛說阿彌陀經要解一卷 (後秦)釋鳩摩羅什譯 (明)釋智旭撰 民國十五年(1926)影印本 一冊

330000－4787－0000373 0933(6) 子部/藝術類/書畫之屬/法帖
清道人節臨六朝碑四種帖不分卷 李瑞清書 民國五年(1916)上海震亞圖書局影印本 一冊

330000－4787－0000374 0933(7) 子部/藝術類/書畫之屬/法帖
歐陽詢皇甫君碑一卷 (唐)歐陽詢書 民國十五年(1926)上海文明書局影印本 一冊

330000－4787－0000375 0933(8) 子部/藝術類/書畫之屬/法帖
董香光習字帖不分卷 (明)董其昌書 民國上海有正書局影印本 一冊

330000－4787－0000376 0933(9) 子部/藝術類/書畫之屬/法帖
黃庭經一卷 民國影印本 一冊

330000－4787－0000377 0933(10) 子部/藝術類/書畫之屬/法帖
唐拓多寶塔碑一卷 (唐)顏真卿書 民國十四年(1925)上海有正書局影印本 一冊

330000－4787－0000378 0933(11) 子部/藝術類/書畫之屬/法帖
星彔書詞一卷 童式規書 民國二十年(1931)上海商務印書館影印本 一冊

330000－4787－0000379 0933(12) 子部/藝術類/書畫之屬/法帖
顏真卿大麻姑仙壇記不分卷 (唐)顏真卿書 民國十年(1921)上海中華書局影印本 一冊

330000－4787－0000380 0933(13) 子部/儒家類/儒學之屬/禮教/家訓
朱柏廬先生治家格言(朱子家訓)一卷 (清)朱用純撰 民國二十四年(1935)三友實業社石印本 一冊

330000－4787－0000381 0933(14) 子部/藝術類/書畫之屬/法帖
滋蕙堂靈飛經一卷 (唐)鍾紹京書 民國十八年(1929)上海文明書局影印本 一冊

330000－4787－0000382 0933(15) 子部/藝術類/書畫之屬/法帖
翁叔平隸書三種墨蹟不分卷 (清)翁同龢書 民國八年(1919)上海有正書局石印本 一冊

330000－4787－0000383 0933(16) 史部/傳記類/總傳之屬/家乘
渤海高氏平湖支譜不分卷 高天民著 稿本 一冊

330000－4787－0000385　0933（18）　史部/傳記類/日記之屬

三魚堂日記十卷　（清）陸隴其撰　（清）胡重編　民國二十七年（1938）德淦抄本　一冊　存四卷（一至四）

330000－4787－0000390　0933（23）　子部/藝術類/書畫之屬/法帖

翁相國手札不分卷　（清）翁同龢撰　民國石印本　一冊

330000－4787－0000392　0933（25）　子部/藝術類/書畫之屬/法帖

翁松禪手札不分卷　（清）翁同龢撰　民國石印本　一冊

330000－4787－0000393　0933（26）　子部/藝術類/書畫之屬/法帖

翁松禪手札不分卷　（清）翁同龢撰　民國石印本　一冊

330000－4787－0000394　0933（27）　子部/藝術類/書畫之屬/法帖

翁松禪手札不分卷　（清）翁同龢撰　民國石印本　一冊

330000－4787－0000395　0933（28）　子部/藝術類/書畫之屬/法帖

蘇學士赤壁賦　（宋）蘇軾書　民國上海尚古山房石印本　一冊

330000－4787－0000396　0937（2）　子部/藝術類/書畫之屬/法帖

何子貞書小楷黃庭經一卷　（清）何紹基書　民國上海尚古山房石印本　一冊

330000－4787－0000397　0937（3）　子部/藝術類/書畫之屬/法帖

米南宮十七帖一卷　（宋）米芾書　民國尚古山房石印本　一冊

330000－4787－0000398　0937（4）　子部/藝術類/書畫之屬/法帖

陸潤庠大楷習字帖一卷　陸潤庠書　民國尚古山房石印本　一冊

330000－4787－0000399　0937（5）　子部/藝術類/書畫之屬/法帖

陸潤庠書西湖風景記帖一卷　陸潤庠書　民國尚古山房石印本　一冊

330000－4787－0000400　0933（1）　子部/藝術類/書畫之屬/法帖

新法行書範本不分卷　翟奮書　民國十二年（1923）上海商務印書館影印本　一冊

330000－4787－0000401　0933（2）　子部/藝術類/書畫之屬/法帖

歐陽詢皇甫君碑一卷　（唐）歐陽詢書　民國六年（1917）上海中華書局石印本　一冊

平湖市莫氏莊園陳列館
民國時期傳統裝幀書籍普查登記目錄

浙江省民國時期傳統裝幀書籍普查登記目錄 · 嘉興

國家圖書館出版社
National Library of China Publishing House

《平湖市莫氏莊園陳列館民國時期傳統裝幀書籍普查登記目録》

編委會

主　編： 楊根文

副主編： 楊雲珩

編纂人員： 范婷婷　朱敏敏

《平湖市莫氏莊園陳列館民國時期傳統裝幀書籍普查登記目録》

前　言

莫氏莊園陳列館位於平湖市人民西路39號，是以清末平湖豪紳莫放梅家族居住的古建築群爲核心的一座專題性博物館。莫氏莊園陳列館的前身爲"平湖縣地主莊園陳列館"，成立於1964年1月，采用實物與文史資料相結合的陳列方式，以照片、圖表、繪畫、泥塑人物模型、場景等形式，向觀衆進行地主莊園經營生活的展示。"文革"期間閉館。1976年重新整理開放，增設序館、室内場景等展示。1978年，更名爲"平湖縣地主莊園展覽館"，1985年，更名爲"平湖縣莫氏莊園陳列館"。莊園始建於清光緒二十三年（1897），清末平湖豪紳莫放梅歷三年、耗資十萬兩白銀，於光緒二十五年（1899）建成，係大型封閉式古民居建築群，莫放梅祖孫三代相繼在此居住了半個多世紀。2006年5月，公布爲第六批全國重點文物保護單位。

我館館藏古籍，主要來源於平湖縣圖書館撥入和莫氏莊園館自藏，均放置在樟木櫃子中，受潮、蟲蛀、鼠嚙的情况較少，保存狀况較好。

我館於2014年1月制訂了古籍普查計劃，申報了古籍普查項目，正式啓動古籍普查工作。普查預定時間爲2014年1月至2015年6月，在普查工作人員的共同努力下，於2015年6月圓滿完成館藏古籍的普查著録工作。

經統計，我館古籍共計164部995册，其中民國時期傳統裝幀書籍50部159册，占總數的29.3%，内《悲盦印賸》是趙之謙所治印章的鈐拓本，《平湖經籍志》《當湖蒙難録》《澹寧齋算稿》是稿本且又爲地方文獻，均具有較大的文物史料價值。

本書雖經浙江省古籍保護中心統一審校，再加本單位二次核校，國家圖書館出版社的三次編審，然由於水準有限，時間匆促，謬誤難免，祈請方家批評指正。

平湖市莫氏莊園陳列館
2018年8月30日

330000－4796－0000001　016　子部/藝術類/篆刻之屬/印譜

悲盦印賸不分卷　(清)趙之謙篆　民國鈐拓本　二册

330000－4796－0000006　017　子部/藝術類/篆刻之屬/印譜

糞翁印稿乙集不分卷　鄧鐵篆　民國鈐印本　三册

330000－4796－0000009　008　史部/地理類/山川之屬/山志

峨眉山志八卷　(清)蔣超纂　釋印光增訂　民國十三年(1924)蘇州報國寺鉛印本　一册　存四卷(一至四)

330000－4796－0000011　014　新學/算學/數學

算書隨記二卷　王積沂編　稿本　一册

330000－4796－0000012　010　史部/目録類/總録之屬/地方

平湖經籍志十六卷　陸惟鍙纂　民國二十八年(1939)稿本　九册　存八卷(九至十六)

330000－4796－0000018　024　史部/目録類/總録之屬/專録

上善堂宋元板精鈔舊鈔書目一卷　(清)孫從添撰　民國十八年(1929)瑞安陳氏刻本　一册

330000－4796－0000028　028　子部/道家類

百大家評註莊子南華經十卷　(晉)郭象輯註　(明)歸有光批閱　(明)文震孟訂正　民國六年(1917)鉛印本　五册

330000－4796－0000031　018　子部/藝術類/篆刻之屬/印譜

莫輪夫集印不分卷　民國鈐印本　一册

330000－4796－0000034　032　史部/目録類/總録之屬/私撰

千頃堂書目三十二卷　(清)黄虞稷撰　民國影印本　十六册

330000－4796－0000036　035　史部/目録類

室名索引不分卷　陳乃乾輯　陶毓英編　民國二十二年(1933)海寧陳乃乾共讀樓鉛印本　一册

330000－4796－0000037　037　子部/藝術類/書畫之屬/書法書品

金壺記三卷　(宋)釋適之撰　民國二十八年(1939)影印本　三册

330000－4796－0000038　036　史部/地理類/專志之屬/寺觀

東天目山昭明禪寺志十二卷　釋慈壽輯　陳兆元編　民國三年(1914)杭州文粹印局鉛印本　二册

330000－4796－0000046　046　史部/目録類/總録之屬/氏族

王氏書目不分卷　稿本　二册

330000－4796－0000055　055　史部/目録類/總録之屬/私撰

郘亭知見傳本書目十六卷　(清)莫友芝撰　民國鉛印本　四册

330000－4796－0000058　059　史部/雜史類/斷代之屬

當湖蒙難録不分卷　馮宗孟撰　稿本　一册

330000－4796－0000061　038　類叢部/叢書類

懷舊樓叢書□□種　民國十五年(1926)金山姚氏懷舊樓刻本　八册　存一種

330000－4796－0000063　062　集部/别集類

邛廬詩存□□卷　莫寄萍撰　稿本　一册

330000－4796－0000065　065　集部/小説類/長篇之屬

東周列國志二十七卷　(清)蔡奡評點　民國石印本　三册　存十一卷(三至六、十一至十七)

330000－4796－0000070　071　子部/宗教類/道教之屬/雜著

玉準輪科輯要二十七卷　民國十四年(1925)北京天華館鉛印本　十五册

330000－4796－0000073　075　集部/別集類

束柴病叟詩二卷　龐樹階撰　民國二十五年(1936)吳門刻本　一册

330000－4796－0000077　078　子部/儒家類/儒學之屬/經濟

歷代尊孔記一卷孔教外論一卷　程淯輯　民國二十二年(1933)上海中國道德會鉛印本　一册

330000－4796－0000078　080　經部/四書類/總義之屬/傳說

四書集註十九卷　(宋)朱熹撰　民國三年(1914)中華書局鉛印本　三册　存七卷(孟子一至七)

330000－4796－0000081　081　經部/四書類/孟子之屬/傳說

孟子集註七卷　(宋)朱熹撰　民國刻本　二册　存四卷(四至七)

330000－4796－0000087　090　類叢部/叢書類/自著之屬

分類廣註曾文正公五種八卷　(清)曾國藩撰　民國上海世界書局石印本　三册　存四卷(家書一至二、日記一至二)

330000－4796－0000092　094　類叢部/叢書類/郡邑之屬

吳興叢書六十六種　劉承幹編　民國吳興劉氏嘉業堂刻本　一册　存一種

330000－4796－0000094　142b　史部/史抄類

史記菁華錄六卷　(清)姚祖恩輯評　民國鉛印本　一册　存二卷(五至六)

330000－4796－0000099　102　子部/藝術類/書畫之屬/法帖

鄧石如篆書十五種不分卷　(清)鄧石如書　民國石印本　五册

330000－4796－0000100　104　子部/天文曆算類/算書之屬

澹寧齋算稿四種　王積沂撰　稿本　二册　存二種

330000－4796－0000101　105　子部/天文曆算類/算書之屬

澹寧齋算稿四種　王積沂撰　民國二十四年至二十五年(1935－1936)石印本(循環餘冪卷三至十四配民國抄本)　四册

330000－4796－0000104　103　集部/別集類/清別集

西漚待商稿二卷　(清)丁彭年撰　民國五年(1916)滬江刻本　一册

330000－4796－0000112　115　集部/總集類/尺牘之屬

新撰學生尺牘不分卷　商務印書館編譯所編纂　民國十六年(1927)上海商務印書館石印本　二册

330000－4796－0000116　116　集部/詩文評類/文法之屬/函牘格式

註釋女子尺牘二卷　李澹吾編　民國十六年(1927)商務印書館影印本　二册

330000－4796－0000118　118　集部/詩文評類/文法之屬

初學論說必讀四卷　孔憲彭撰　民國上海會文堂粹記石印本　一册　存一卷(四)

330000－4796－0000120　120　經部/春秋左傳類/傳說之屬

春秋左傳五十卷　(晉)杜預　(宋)林堯叟註釋　(唐)陸德明音義　民國二年(1913)上海商務印書館石印本　五册　存十七卷(一至二、三十至三十三、三十六至四十六)

330000－4796－0000126　126　子部/宗教類/佛教之屬/經咒

日誦經咒簡易科儀不分卷　平湖佛教心一居士林編　民國平湖佛教心一居士林鉛印本　六册

330000－4796－0000129　145　類叢部/叢書類/彙編之屬

唐代叢書(唐人説薈)一百六十四種　(清)陳世熙(一題王文誥)輯　民國上海錦章圖書局石印本　三册　存三十五種

330000－4796－0000130　130　集部/總集類/選集之屬/斷代
才調集十卷　（五代）韋縠輯　民國三年(1914)掃葉山房石印本　三冊　存八卷(一至八)

330000－4796－0000134　134　類叢部/叢書類/彙編之屬
漢魏叢書九十六種　(清)王謨輯　民國石印本　四冊　存四十三種

330000－4796－0000135　135　集部/總集類/選集之屬/通代
評註昭明文選十五卷首一卷葉星衛附註一卷　(清)于光華輯　民國上海掃葉山房石印本　六冊　存五卷(一至二、四至五、七)

330000－4796－0000139　139　史部/史評類/史論之屬
古今史論類纂□□卷　(清)陸希績編　民國上海順成書局石印本　四冊　存九卷(一至五、十一至十四)

330000－4796－0000142　142　史部/史抄類
史記菁華錄六卷　(清)姚祖恩輯評　民國石印本　一冊　存一卷(四)

330000－4796－0000143　146　集部/別集類/唐五代別集
韓昌黎先生文集三十卷外集文編十卷遺文一卷　(唐)韓愈撰　(唐)李漢編　民國石印本　二冊　存十九卷(九至十四、二十九至三十,外集一至十,遺文)

330000－4796－0000152　155　史部/傳記類/總傳之屬/家乘
[浙江平湖]平湖徐氏世系不分卷　徐欽夔等纂　民國五年(1916)平湖綺春閣鉛印本　二冊

330000－4796－0000156　159　新學/議論/論政
抄錄申報時事評論不分卷　稿本　二冊

330000－4796－0000157　160　史部/目録類/總録之屬/地方
平湖縣藝文志書目索引稿不分卷　稿本　二冊

330000－4796－0000158　161　史部/傳記類/總傳之屬/家乘
當湖奚氏述德錄一卷　(清)奚霆撰　民國四年(1915)平湖綺春閣鉛印本　二冊

330000－4796－0000159　162a　集部/總集類/題詠之屬
壽言彙輯三卷　陳翰輯　民國十六年(1927)鉛印本　一冊

330000－4796－0000160　162b　集部/總集類/題詠之屬
壽言彙輯三卷　陳翰輯　民國十六年(1927)鉛印本　一冊

330000－4796－0000165　168　集部/別集類/清別集
一行居集八卷首一卷附一卷　(清)彭紹升撰　民國八年(1919)北京刻經處刻本　四冊

330000－4796－0000166　169　子部/藝術類/遊藝之屬/詩鐘
梁園詩鐘二卷　□甦廬主人　稿本　一冊

桐鄉市圖書館民國時期傳統裝幀書籍普查登記目録

浙江省民國時期傳統裝幀書籍普查登記目録 · 嘉興

國家圖書館出版社
National Library of China Publishing House

《桐鄉市圖書館民國時期傳統裝幀書籍普查登記目録》

編委會

主　編: 唐　容

副主編: 楊浙兵　沈　煒

編纂人員: 朱莉韵　顧鍾梅　莊亞東

《桐鄉市圖書館民國時期傳統裝幀書籍普查登記目録》

前　言

桐鄉市圖書館原爲桐鄉縣文化館内設圖書室。1984 年,桐鄉縣圖書館單獨建制,并興建館舍,1986 年 10 月正式開放。當時,館藏古籍爲 4000 餘册,一直保存至今。爲了進一步規範古籍保護工作,本館參與全國古籍普查工作。普查工作人員清點核查、規範著録、修訂謬誤、重新排次,於 2016 年底完成古籍普查項目。

本書共收入民國時期傳統裝幀書籍 192 部 1582 餘册,主要爲民國時期的影印本、鉛印本、石印本,内容涉及二十四史、名家集、地方志書等。本次普查工作的完成,是所有普查人員共同努力的結果,但書目中尚存瑕疵,望同行及讀者不吝指正,俾便繼續修訂。

桐鄉市圖書館
2018 年 5 月

330000－4708－0000008　0584　史部/地理類/方志之屬/郡縣志

[民國]濮院志三十卷　夏辛銘纂　民國十六年(1927)刻本　六冊

330000－4708－0000009　0585　史部/地理類/方志之屬/郡縣志

[民國]烏青鎮志四十四卷首一卷　盧學溥修　朱辛彝　張惟驤等纂　民國二十五年(1936)刻藍印本　十三冊

330000－4708－0000012　030　集部/總集類/選集之屬/斷代

近代詩鈔不分卷　陳衍輯　民國十二年(1923)上海商務印書館鉛印本　二十二冊

330000－4708－0000013　013　集部/總集類/彙編之屬

唐四名家集　(明)毛晉輯　民國十五年(1926)上海涵芬樓據明海虞毛氏汲古閣刻本影印本　三冊　存三種

330000－4708－0000020　0237　子部/儒家類/儒學之屬/禮教/鑑戒

八德須知二集八卷　蔡振紳編輯　民國上海明善書局石印本　二冊　存四卷(三至六)

330000－4708－0000021　0210　經部/小學類/文字之屬/說文/专著

說文易檢十四卷附識一卷末二卷　(清)史恩綿編　民國六年(1917)上海商務印書館影印本　八冊　存十四卷(一至十三上、末上)

330000－4708－0000022　0242　子部/宗教類/道教之屬/戒律

太上寶筏圖說八卷　(清)黃正元撰　民國石印本　二冊　存二卷(廉、信)

330000－4708－0000023　0396　子部/藝術類/書畫之屬/法帖

映雪堂法書不分卷　民國影印本　四冊

330000－4708－0000026　0573　史部/地理類/方志之屬/郡縣志

[民國]龍遊縣志四十卷首一卷末一卷　余紹宋撰　民國十四年(1925)京城印書局鉛印本　十六冊

330000－4708－0000028　582　史部/地理類/方志之屬/郡縣志

[民國]洛川縣志二十六卷首一卷末一卷　余正東修　黎錦熙　吴致勳纂　民國三十三年(1944)鉛印本　四冊

330000－4708－0000030　574　史部/地理類/方志之屬/郡縣志

杭州府志一百七十八卷首八卷　(清)陳璚等修　(清)王棻等纂　屈映光續修　陸懋勳續纂　齊耀珊重修　吴慶坻重纂　民國十一年至十五年(1922－1926)鉛印本　八十冊

330000－4708－0000033　039　史部/紀傳類/正史之屬

百衲本二十四史　張元濟輯　民國上海商務印書館影印本　十冊　存一種

330000－4708－0000034　034　史部/紀傳類/正史之屬

百衲本二十四史　張元濟輯　民國上海商務印書館影印本　三十二冊　存一種

330000－4708－0000035　0140　類叢部/叢書類/彙編之屬

四部叢刊　張元濟等輯　民國上海商務印書館影印本　二十八冊　存一種

330000－4708－0000036　0138　類叢部/叢書類/彙編之屬

四部叢刊　張元濟等編　民國上海商務印書館影印本　十一冊　存一種

330000－4708－0000037　035　史部/紀傳類/正史之屬

百衲本二十四史　張元濟輯　民國上海商務印書館影印本　二十冊　存一種

330000－4708－0000039　036　史部/紀傳類/正史之屬

百衲本二十四史　張元濟輯　民國上海商務印書館影印本　三十二冊　存一種

330000－4708－0000040　037　史部/紀傳

類/正史之屬

百衲本二十四史　張元濟輯　民國上海商務印書館影印本　四冊　存一種

330000－4708－0000041　040　史部/紀傳類/正史之屬

百衲本二十四史　張元濟輯　民國上海商務印書館影印本　十四冊　存一種

330000－4708－0000042　041　史部/紀傳類/正史之屬

百衲本二十四史　張元濟輯　民國上海商務印書館影印本　一冊　存一種

330000－4708－0000043　042　史部/紀傳類/正史之屬

百衲本二十四史　張元濟輯　民國上海商務印書館影印本　十六冊　存一種

330000－4708－0000045　043　史部/紀傳類/正史之屬

百衲本二十四史　張元濟輯　民國上海商務印書館影印本　八冊　存一種

330000－4708－0000047　044　史部/紀傳類/正史之屬

百衲本二十四史　張元濟輯　民國上海商務印書館影印本　三十二冊　存一種

330000－4708－0000048　045　史部/紀傳類/正史之屬

百衲本二十四史　張元濟輯　民國上海商務印書館影印本　三冊　存一種

330000－4708－0000049　046　類叢部/叢書類/彙編之屬

四部備要　中華書局編　民國二十五年(1936)上海中華書局鉛印本　一冊　存一種

330000－4708－0000050　050　史部/紀傳類/正史之屬

陳書三十六卷　(唐)姚思廉撰　民國上海涵芬樓據日本靜嘉堂文庫藏宋蜀大字刻本影印本　八冊

330000－4708－0000051　047　史部/紀傳類/正史之屬

陳書三十六卷　(唐)姚思廉撰　民國上海涵芬樓據日本靜嘉堂文庫藏宋蜀大字本影印本　一冊　存四卷(三十三至三十六)

330000－4708－0000052　048　史部/紀傳類/正史之屬

百衲本二十四史　張元濟輯　民國上海商務印書館影印本　四十冊　存一種

330000－4708－0000053　049　史部/紀傳類/正史之屬

百衲本二十四史　張元濟輯　民國上海商務印書館影印本　七冊　存一種

330000－4708－0000054　051　史部/紀傳類/正史之屬

百衲本二十四史　張元濟輯　民國上海商務印書館影印本　十二冊　存一種

330000－4708－0000055　052　類叢部/叢書類/彙編之屬

四部叢刊　張元濟等編　民國上海商務印書館影印本　三十冊　存一種

330000－4708－0000056　053　史部/紀傳類/正史之屬

百衲本二十四史　張元濟輯　民國上海商務印書館影印本　五十冊　存一種

330000－4708－0000057　054　史部/紀傳類/正史之屬

百衲本二十四史　張元濟輯　民國上海商務印書館影印本　十一冊　存一種

330000－4708－0000058　055　史部/紀傳類/正史之屬

百衲本二十四史　張元濟輯　民國上海商務印書館影印本　二十冊　存一種

330000－4708－0000059　056　史部/紀傳類/正史之屬

百衲本二十四史　張元濟輯　民國上海商務印書館影印本　四十冊　存一種

330000－4708－0000062　058　史部/紀傳

類/正史之屬

百衲本二十四史　張元濟輯　民國上海商務印書館影印本　九十二冊　存一種

330000－4708－0000066　063　史部/紀傳類/正史之屬

百衲本二十四史　張元濟輯　民國上海商務印書館影印本　六十冊　存一種

330000－4708－0000067　060　類叢部/叢書類/彙編之屬

四部叢刊　張元濟等編　民國上海商務印書館影印本　二十冊　存一種

330000－4708－0000070　061　類叢部/叢書類/彙編之屬

四部叢刊　張元濟等編　民國上海商務印書館影印本　三十六冊　存一種

330000－4708－0000075　062　類叢部/叢書類/彙編之屬

四部叢刊續編　張元濟等編　民國二十三年(1934)上海商務印書館影印本　三冊　存一種

330000－4708－0000076　064　史部/紀傳類/正史之屬

百衲本二十四史　張元濟輯　民國上海商務印書館影印本　二十四冊　存一種

330000－4708－0000077　065　史部/紀傳類/正史之屬

百衲本二十四史　張元濟輯　民國上海商務印書館影印本　三冊　存一種

330000－4708－0000078　0063　史部/紀傳類/正史之屬

百衲本二十四史　張元濟輯　民國上海商務印書館影印本　三冊　存一種

330000－4708－0000079　066　史部/紀傳類/正史之屬

百衲本二十四史　張元濟輯　民國上海商務印書館影印本　一百三十六冊　存一種

330000－4708－0000081　067　類叢部/叢書類/彙編之屬

四部叢刊　張元濟等編　民國上海商務印書館影印本　三十六冊　存一種

330000－4708－0000083　207　類叢部/類書類/專類之屬

佩文韻府一百六卷索隱一卷　(清)張玉書等輯　**韻府拾遺一百六卷**　(清)汪灝等輯　民國上海掃葉山房石印本　四十四冊　缺四十三卷(佩文韻府一至十七、三十七、四十一至四十五、四十九至五十、五十二、八十九至九十,索隱,韻府拾遺一至十四)

330000－4708－0000087　059　史部/紀傳類/正史之屬

百衲本二十四史　張元濟輯　民國上海商務印書館影印本　八冊　存一種

330000－4708－0000089　008　史部/紀傳類/正史之屬

陳書三十六卷　(唐)姚思廉撰　民國上海集成圖書公司石印本　三冊　存二十八卷(一至二十八)

330000－4708－0000091　005　史部/紀傳類/正史之屬

宋書一百卷　(南朝梁)沈約撰　民國上海集成圖書公司影印武英殿本　九冊　缺二十八卷(二十一至二十七、五十八至七十八)

330000－4708－0000092　011　類叢部/叢書類/彙編之屬

四部叢刊　張元濟等編　民國上海商務印書館影印本　四冊　存一種

330000－4708－0000093　010　史部/紀傳類/正史之屬

周書五十卷　(唐)令狐德棻等撰　民國石印本　一冊　存十一卷(四十至五十)

330000－4708－0000096　016　集部/別集類/明別集

重刊荆川先生文集十七卷　(明)唐順之撰　民國上海涵芬樓影印本　八冊　缺四卷(四至五、十二至十三)

330000－4708－0000097　015　集部/别集類/宋别集

增廣箋註簡齋詩集三十卷無住詞一卷　(宋)陳與義撰　(宋)胡穉箋注　民國上海涵芬樓影印本　四册

330000－4708－0000098　017　類叢部/叢書類/彙編之屬

四部叢刊　張元濟等編　民國上海商務印書館影印本　十册　存一種

330000－4708－0000100　025　史部/紀傳類/正史之屬

百衲本二十四史　張元濟輯　民國上海商務印書館影印本　十四册　存一種

330000－4708－0000101　024　史部/紀傳類/正史之屬

百衲本二十四史　張元濟輯　民國上海商務印書館影印本　二十四册　存一種

330000－4708－0000102　023　史部/紀傳類/正史之屬

百衲本二十四史　張元濟輯　民國上海商務印書館影印本　四册　存一種

330000－4708－0000103　026　子部/雜著類/雜考之屬

日知錄集釋三十二卷栞誤二卷續栞誤二卷　(清)黄汝成撰　民國中華書局鉛印本　五册　缺二十卷(日知錄集釋一至二十)

330000－4708－0000104　0107　子部/小説家類/雜事之屬

堅瓠集六十六卷　(清)褚人獲撰　民國上海文明書局石印本　十一册　存三十八卷(首集一至四、三集四一至四、四集一至四、九集一至四、十集一至四、續集一至四、廣集一至三、補集四至六、秘集一至六、餘集三至四)

330000－4708－0000105　0106　子部/術數類/陰陽五行之屬

欽定協紀辨方書三十六卷　(清)允祿　(清)張照等纂修　民國石印本　二十二册　缺三卷(一、二十一至二十二)

330000－4708－0000106　108　子部/雜著類/雜説之屬

池北偶談二十六卷　(清)王士禛撰　民國鉛印本　四册　存十三卷(三至六、十至十八)

330000－4708－0000107　109　子部/小説家類/異聞之屬

閱微草堂筆記二十四卷　(清)紀昀撰　民國上海文明書局鉛印本　四册　存十二卷(一至六、十至十二、十五至十七)

330000－4708－0000109　115　史部/傳記類/别傳之屬/事狀

王忠慤公[國維]哀挽錄一卷海外追悼錄一卷華僑哀挽錄一卷補遺一卷續補一卷　王高明等編　民國十六年(1927)鉛印本　一册

330000－4708－0000110　116　子部/道家類

莊子集釋十卷　(清)郭慶藩輯　民國上海埽葉山房石印本　一册　存一卷(十)

330000－4708－0000111　117　集部/詩文評類/詩評之屬

隨園詩話十六卷補遺十卷　(清)袁枚撰　民國石印本　一册　缺十五卷(一至九、補遺五至十)

330000－4708－0000112　118　集部/詞類/總集之屬

和清真詞二卷　(宋)楊澤民　(宋)方千里撰　民國十七年(1928)上海商務印書館鉛印本　一册

330000－4708－0000113　119　集部/詞類/别集之屬

晁氏琴趣外篇六卷補遺一卷附校記一卷　(宋)晁補之撰　民國二十二年(1933)商務印書館鉛印本　一册

330000－4708－0000114　122　經部/春秋左傳類/傳説之屬

東萊博議四卷　(宋)吕祖謙著　**增補虚字註釋一卷**　(清)馮泰松點定　民國三年(1914)中華書局鉛印本　一册

330000－4708－0000115　137　類叢部/叢書

類/彙編之屬

四部叢刊 張元濟等編 民國上海商務印書館影印本 十冊 存一種

330000－4708－0000116 0136 集部/總集類/選集之屬/通代

瀛奎律髓刊誤四十九卷 (元)方回輯 (清)紀昀批點 民國十一年(1922)上海掃葉山房石印本 二冊 存十二卷(一至十二)

330000－4708－0000117 144 集部/別集類/明別集

王文成公全書三十八卷 (明)王守仁撰 民國上海中華圖書館影印本 六冊 缺十九卷(一、十二至十八、二十一至二十五、三十三至三十八)

330000－4708－0000118 143 集部/總集類/彙編之屬

唐六名家集 (明)毛晉輯 民國十五年(1926)上海商務印書館據明毛氏汲古閣刻本影印本 六冊

330000－4708－0000119 145 類叢部/叢書類/彙編之屬

四部叢刊 張元濟等編 民國上海商務印書館影印本 八冊 存一種

330000－4708－0000120 146 集部/別集類

乙丑重編飲冰室文集五集八十卷 梁啟超撰 民國中華書局鉛印本 二冊 存二卷(二十二、五十三)

330000－4708－0000121 147 類叢部/叢書類/彙編之屬

四部備要 中華書局編 民國二十五年(1936)中華書局鉛印本 三冊 存一種

330000－4708－0000122 148 類叢部/叢書類/彙編之屬

四部叢刊 張元濟等輯 民國上海商務印書館影印本 一冊 存一種

330000－4708－0000123 149 類叢部/叢書類/彙編之屬

四部叢刊 張元濟等輯 民國上海商務印書館影印本 五冊 存一種

330000－4708－0000124 150 類叢部/叢書類/彙編之屬

四部備要 中華書局編 民國二十五年(1936)中華書局鉛印本 一冊 存一種

330000－4708－0000127 0153 集部/曲類/散曲之屬

朝野新聲太平樂府九卷 (元)楊朝英輯 民國上海涵芬樓影印本 二冊

330000－4708－0000128 0154 類叢部/叢書類/彙編之屬

四部叢刊 張元濟等編 民國上海商務印書館影印本 五冊 存一種

330000－4708－0000129 0155 集部/別集類/元別集

翰林楊仲弘詩八卷 (元)楊載撰 民國上海涵芬樓據明嘉靖十五年(1536)刻本影印本 一冊

330000－4708－0000134 0164 類叢部/叢書類/彙編之屬

四部叢刊 張元濟等編 民國上海商務印書館影印本 八冊 存一種

330000－4708－0000135 0169 子部/道家類

莊子集解八卷 王先謙輯 民國上海掃葉山房石印本 四冊

330000－4708－0000139 0175 子部/藝術類/書畫之屬/法帖

錢南園叢帖不分卷 (清)錢灃書 民國碧梧山莊影印本 六冊

330000－4708－0000140 0174 史部/傳記類/別傳之屬/事狀

哀思錄初編七卷二編四卷三編四卷 孫中山先生葬事籌備處編 民國孫中山先生葬事籌備處鉛印本 三冊

330000－4708－0000142 0183 史部/金石類/璽印之屬/文字

選集漢印分韻二卷　(清)袁日省輯　(清)謝雲生臨摹　**續集漢印分韻二卷**　(清)謝景卿輯並臨摹　民國石印本　二冊　存二卷(下、續下)

330000－4708－0000143　0213　史部/史抄類

二十四史輯要六十四卷附二十四史總目一卷二十四史四庫提要一卷　趙華基編　民國十七年(1928)上海中華書局鉛印本　十冊　存九卷(四十至四十一、五十一、五十八至五十九、六十三至六十四,總目、提要)

330000－4708－0000144　0214　經部/小學類/音韻之屬/韻書

詩韻全璧五卷　(清)汪慕杜輯　(清)湯文潞續輯　(清)惜陰主人再續輯　民國五年(1916)上海錦章圖書局石印本　六冊

330000－4708－0000145　0215　子部/儒家類/儒學之屬/蒙學

精校重增繪圖幼學故事瓊林四卷首一卷　(清)程登吉撰　(清)鄒聖脈增補　民國二十三年(1934)中原書局石印本　五冊

330000－4708－0000151　0234　集部/詞類/別集之屬

吳夢窗詞正集箋釋四卷補箋一卷事蹟攷一卷　(宋)吳文英撰　楊鐵夫箋釋　民國二十五年(1936)抱香室鉛印本　一冊　缺二卷(一至二)

330000－4708－0000153　0236　子部/儒家類/儒學之屬/禮教/家訓

朱氏傳家令範不分卷　朱惟恭編　民國華興印務局鉛印本　一冊

330000－4708－0000154　0238　子部/儒家類/儒學之屬/俗訓

繪圖男女四十八孝二卷　(清)費隱子新編　民國明善書局石印本　一冊

330000－4708－0000155　0239　集部/曲類/寶卷之屬

浙江嘉興府秀水縣刺心寶卷二卷　民國二年(1913)杭州聚元堂石印本　一冊　存一卷(上)

330000－4708－0000156　0240　子部/小說家類/瑣語之屬

勉戒切要錄十卷首一卷末一卷　(清)孫廷鍔輯　民國十五年(1926)宏達善書局石印本　二冊　缺九卷(三至十、末)

330000－4708－0000157　0241　子部/儒家類/儒學之屬/禮教/家訓

家庭教育三卷　(清)陸起鯤撰　(清)陸韜編　民國十一年(1922)科學書局石印本　一冊

330000－4708－0000158　0242　子部/宗教類/道教之屬/戒律

太上寶筏圖說八卷　(清)黃正元撰　民國石印本　二冊　存二卷(信、廉)

330000－4708－0000165　0254　類叢部/叢書類/自著之屬

章氏遺書七種外編十種　(清)章學誠撰　民國浙江圖書館鉛印本　八冊　存八種

330000－4708－0000166　0253　集部/曲類/曲評曲話曲目之屬

曲品二卷　(明)呂天成撰　**傳奇品二卷**　(清)高奕撰　民國十一年(1922)國立北京大學出版部鉛印本　一冊

330000－4708－0000167　0252　子部/宗教類/道教之屬/經文

關帝明聖真經一卷　新華編輯社編輯　民國十一年(1922)新華書局鉛印本　一冊

330000－4708－0000168　0251　集部/總集類/選集之屬/通代

古文辭類纂七十四卷　(清)姚鼐纂輯　民國石印本　一冊　存二卷(四至五)

330000－4708－0000169　0250　經部/春秋左傳類/傳說之屬

春秋左傳五十卷　(晉)杜預　(宋)林堯叟註釋　(唐)陸德明音義　民國商務印書館石印本　一冊　存五卷(四至八)

330000－4708－0000173　0260　經部/春秋左傳類/傳說之屬

春秋左傳句解六卷　(清)韓菼重訂　民國三年(1914)上海商務印書館鉛印本　三冊　存三卷(一、三至四)

330000－4708－0000178　0267　集部/詩文評類/詩評之屬

石遺室詩話三十二卷　陳衍撰　民國十八年(1929)上海商務印書館鉛印本　一冊　存八卷(二十五至三十二)

330000－4708－0000183　0271　集部/別集類/唐五代別集

昌黎先生集四十卷外集十卷遺文一卷　(唐)韓愈撰　(唐)李漢編　民國上海涵芬樓鉛印本　一冊　存五卷(十七至二十一)

330000－4708－0000189　0279　類叢部/叢書類/彙編之屬

四部叢刊續編　張元濟等編　民國二十三年(1934)上海商務印書館影印本　三冊　存一種

330000－4708－0000190　280　集部/別集類/清別集

越縵堂詩初集十卷　(清)李慈銘撰　民國二十年(1931)上海商務印書館鉛印本　三冊

330000－4708－0000192　0284　集部/戲劇類/總集之屬/雜劇

元曲選一百種一百卷　(明)臧懋循編　民國石印本　一冊　存二種

330000－4708－0000199　0292　經部/小學類/音韻之屬/韻書

詩韻全璧五卷　(清)汪慕杜輯　(清)湯文潞續輯　(清)惜陰主人再續輯　民國暢懷書屋鉛印本　二冊　缺四卷(詩韻全璧一至二、四至五)

330000－4708－0000202　0296　經部/四書類/論語之屬/傳說

論語今譯十卷　張佩嚴撰　民國五年(1916)上海中華書局鉛印本　二冊

330000－4708－0000204　0298　集部/別集類/清別集

小倉山房文集三十五卷　(清)袁枚撰　民國石印本　一冊　存九卷(十八至二十六)

330000－4708－0000205　0299　集部/詞類/總集之屬

樂府雅詞三卷拾遺二卷　(宋)曾慥編　民國上海還芬樓影印本　二冊

330000－4708－0000207　300　史部/傳記類/總傳之屬/技藝

清朝書畫錄四卷　竇鎮輯　民國上海進化書局石印本　一冊　缺三卷(一至三)

330000－4708－0000212　0312　經部/孝經類/傳說之屬

孝經今譯一卷　張佩嚴撰　民國五年(1916)上海中華書局鉛印本　一冊

330000－4708－0000215　0315　子部/宗教類/佛教之屬/論疏

辯中邊論三卷　(唐)釋玄奘譯　民國六年(1917)金陵刻經處刻本　一冊

330000－4708－0000220　0322　史部/詔令奏議類/奏議之屬

洪承疇章奏文冊彙輯不分卷　國立北京大學研究院文史部編　民國二十六年(1937)上海商務印書館鉛印本　一冊

330000－4708－0000227　0333　集部/別集類

散原精舍詩二卷續集三卷　陳三立撰　民國上海商務印書館鉛印本　一冊　存二卷(續集上中)

330000－4708－0000233　0339　集部/別集類/清別集

新體註解雪鴻軒尺牘二卷　(清)龔萼撰　民國抄本　一冊　存一卷(一)

330000－4708－0000235　0341　集部/詞類/詞譜之屬

白香詞譜一卷　(清)舒夢蘭輯　民國上海錦章圖書局石印本　一冊

330000－4708－0000237　0346　史部/傳記類/別傳之屬/事狀

陳英士先生紀念全集九卷　何仲簫編　民國十九年(1930)鉛印本　二冊

330000－4708－0000238　0345　子部/宗教類/佛教之屬/論疏

成唯識論學記八卷　(唐)釋太賢集　民國鉛印本　二冊　存四卷(一至四)

330000－4708－0000239　0344　子部/宗教類/佛教之屬/論疏

成唯識論文釋并記十卷　(清)吳樹虛集說　民國影印本　二冊　存五卷(三至七)

330000－4708－0000240　0347　經部/易類

易藏叢書六種　杭辛齋撰　民國十一年(1922)上海研幾學社鉛印本　五冊　存四種

330000－4708－0000245　0362　集部/曲類/散曲之屬

朝野新聲太平樂府九卷　(元)楊朝英輯　民國上海涵芬樓影印本　二冊

330000－4708－0000247　0356　類叢部/叢書類/彙編之屬

四部叢刊　張元濟等編　民國上海商務印書館影印本　三冊　存一種

330000－4708－0000248　0358　集部/詩文評類/詩評之屬

越縵堂詩話三卷　(清)李慈銘撰　蔣瑞藻編　民國十五年(1926)上海商務印書館鉛印本　一冊　缺一卷(上)

330000－4708－0000249　0361　類叢部/叢書類/彙編之屬

四部備要　中華書局編　民國二十五年(1936)上海中華書局鉛印本　一冊　存一種

330000－4708－0000250　0360　集部/詩文評類/文評之屬

文心雕龍注十卷　(南朝梁)劉勰撰　范文瀾注　民國十三年(1924)上海開明書店鉛印本　七冊

330000－4708－0000251　0363　史部/紀傳類/正史之屬

漢書補注一百卷首一卷　王先謙撰　**姚惜抱先生前漢書評點一卷**　(清)姚鼐撰　(清)吳汝綸輯　民國石印本　三冊　存八卷(二十六至二十八、八十二至八十六)

330000－4708－0000254　0366　集部/別集類/清別集

校訂定盦全集十卷　(清)龔自珍撰　**定盦年譜藁本一卷**　(清)黄守恒撰　民國九年(1920)上海掃葉山房石印本　五冊　缺二卷(二至三)

330000－4708－0000255　0372　集部/總集類/選集之屬/通代

古文觀止十二卷　(清)吳乘權　(清)吳大聯輯　民國上海進化書局石印本　一冊　存二卷(八至九)

330000－4708－0000256　372　集部/總集類/選集之屬/通代

古文觀止十二卷　(清)吳乘權　(清)吳大職輯　民國商務印書館鉛印本　一冊　存二卷(九至十)

330000－4708－0000257　0371　子部/叢編

評註皕子精華十卷　張謇輯　民國石印本　五冊　存六卷(三至七、九)

330000－4708－0000260　0374　類叢部/叢書類/自著之屬

舜水遺書四種附錄一卷　(明)朱之瑜撰　民國二年(1913)山陰湯壽潛鉛印本　一冊　存一種

330000－4708－0000263　0377　子部/宗教類/佛教之屬/經疏

佛説觀無量壽佛經疏四卷　(南朝宋)釋畺良耶舍譯　(唐)釋善導集記　民國十三年(1924)南京佛經流通處刻本　一冊　存二卷(一至二)

330000－4708－0000265　0380　子部/道家類

老子覈詁四卷老子稱經及篇章考一卷老子失文一卷引用書目一卷 馬敘倫撰 民國十三年(1924)鉛印本 一冊 存二卷(一至二)

330000－4708－0000267 0385 子部/藝術類/書畫之屬/法帖

蘭亭序一卷 民國十三年(1924)上海文明書局影印本 一冊

330000－4708－0000274 0425 子部/藝術類/書畫之屬/法帖

明清名人尺牘墨寶第一集六卷第二集六卷第三集六卷 文明書局輯 民國十四年(1925)上海文明書局影印本 六冊 存六卷(第三集一至六)

330000－4708－0000282 0434 集部/小說類/長篇之屬

增評補圖石頭記十六卷首一卷一百二十回 (清)曹霑 (清)高鶚撰 民國上海書局石印本 一冊 存一卷(首)

330000－4708－0000284 0447 類叢部/叢書類/彙編之屬

袖珍古書讀本三十種 中華書局輯 民國十九年(1930)上海中華書局鉛印本 十四冊 存一種

330000－4708－0000303 0507 集部/曲類/曲韻曲譜曲律之屬

集成曲譜金集八卷聲集八卷玉集八卷振集八卷 王季烈 劉富樑輯 民國上海商務印書館石印本 十五冊 存十五集(金集二至八,聲集二至四、六至七,玉集二、六,振集五)

330000－4708－0000318 0542 經部/春秋左傳類/傳說之屬

春秋左傳二卷 (晉)杜預註釋 民國鉛印本 一冊 存一卷(二)

330000－4708－0000326 0544 史部/地理類/方志之屬/郡縣志

[民國]南潯志六十卷首一卷 周慶雲纂 民國九年至十一年(1920－1922)刻本 二冊 存十卷(首、一至九)

330000－4708－0000338 0556 集部/總集類/選集之屬/通代

續文選二十卷 (明)雷君曜編輯 民國八年(1919)中華圖書館石印本 三冊

330000－4708－0000341 0564 經部/四書類/孟子之屬/傳說

孟子今譯七卷 張佩嚴撰 民國五年(1916)鉛印本 四冊

330000－4708－0000343 0565 類叢部/叢書類/彙編之屬

古今文藝叢書十集 何藻編 民國二年至四年(1913－1915)上海廣益書局鉛印本 四冊 存十三種

330000－4708－0000346 0570 史部/地理類/方志之屬/通志

勅修浙江通志二百八十卷首三卷 (清)嵇曾筠等修 民國二十三年(1934)商務印書館影印本 四冊

330000－4708－0000349 0581 史部/地理類/方志之屬/郡縣志

[民國]川沙縣志二十四卷首一卷 方鴻鎧等纂 俞乃文等測繪 民國二十六年(1937)上海國光書局鉛印本 十二冊

330000－4708－0000351 0586 史部/地理類/方志之屬/通志

[民國]浙江新志二卷 姜卿雲編 民國二十五年(1936)杭州正中書局鉛印本 二冊

330000－4708－0000356 0594－0603 子部/叢編

清代筆記叢刊四十一種 文明書局編 民國上海文明書局石印本 十八冊 存十種

330000－4708－0000357 0604 子部/道家類

莊子集釋十卷 (清)郭慶藩輯 民國上海埽葉山房石印本 九冊 缺一卷(十)

330000－4708－0000358 0606 經部/易類/傳說之屬

周易正言三卷讀易須知一卷 李郁著 民國

二十五年(1936)上海中國易學社鉛印本　一冊　存一卷(二)

330000－4708－0000359　0609　子部/宗教類/佛教之屬/諸宗

楞嚴答問一卷　(清)淨挺撰　民國十二年(1923)杭州刻經處刻本　一冊

330000－4708－0000360　0610　子部/宗教類/佛教之屬/經疏

藥師琉璃光如來本願功德經古迹記二卷　(唐)釋太賢述　民國十一年(1922)金陵刻經處刻本　一冊

330000－4708－0000368　0619　子部/藝術類/遊藝之屬/聯語

楹聯集古不分卷　(清)楊調元撰　民國雙錫山房鉛印本　一冊

330000－4708－0000369　0620　子部/儒家類/儒學之屬/禮教/家訓

澄懷園語四卷　(清)張廷玉撰　民國十八年(1929)補刻本　一冊

330000－4708－0000374　0628　子部/醫家類/喉科口齒之屬/喉痧

疫痧草三卷痧喉闡解一卷　(清)陳耕道撰　民國財政部印刷局鉛印本　一冊

330000－4708－0000379　0634　子部/天文曆算類/算書之屬

須曼精廬算學二十四卷　(清)楊兆鋆撰　民國五年(1916)吳興劉氏嘉業堂刻本　三冊　存十四卷(五至十三、二十至二十四)

330000－4708－0000384　0639　子部/宗教類/佛教之屬/經疏

佛說觀無量壽佛經疏四卷　(南朝宋)釋畺良耶舍譯　(唐)釋善導集記　民國十三年(1924)南京佛經流通處刻本　一冊　存二卷(三至四)

330000－4708－0000387　0644　子部/儒家類/儒學之屬/禮教/家訓

朱柏廬先生治家格言(朱子家訓)一卷　(清)朱用純撰　民國二十四年(1935)三友實業社石印本　一冊

330000－4708－0000390　0649　集部/詞類/別集之屬

小山詞一卷　(宋)晏幾道撰　**小山詞校記一卷**　林大椿撰　民國二十年(1931)上海商務印書館鉛印本　一冊

330000－4708－0000392　0651－1　子部/醫家類/綜合類/合刻、合抄

弔腳痧方論一卷　(清)徐子默手定　**仙傳白喉治法忌表抉微一卷**　(清)耐修子録　民國鉛印本　一冊

330000－4708－0000393　0651　子部/醫家類/綜合類/合刻、合抄

弔腳痧方論一卷　(清)徐子默手定　**仙傳白喉治法忌表抉微一卷**　(清)耐修子録　民國鉛印本　一冊

330000－4708－0000394　0651－2　子部/醫家類/綜合類/合刻、合抄

弔腳痧方論一卷　(清)徐子默手定　**仙傳白喉治法忌表抉微一卷**　(清)耐修子録　民國鉛印本　一冊

330000－4708－0000395　0651－3　子部/醫家類/綜合類/合刻、合抄

弔腳痧方論一卷　(清)徐子默手定　**仙傳白喉治法忌表抉微一卷**　(清)耐修子録　民國鉛印本　一冊

330000－4708－0000396　0651－4　子部/醫家類/綜合類/合刻、合抄

弔腳痧方論一卷　(清)徐子默手定　**仙傳白喉治法忌表抉微一卷**　(清)耐修子録　民國鉛印本　一冊

330000－4708－0000397　0651－5　子部/醫家類/綜合類/合刻、合抄

弔腳痧方論一卷　(清)徐子默手定　**仙傳白喉治法忌表抉微一卷**　(清)耐修子録　民國鉛印本　一冊

330000－4708－0000398　0651－6　子部/醫家類/綜合類/合刻、合抄

弔脚痧方論一卷 （清）徐子默手定 **仙傳白喉治法忌表抉微一卷** （清）耐修子録 民國鉛印本 一冊

330000－4708－0000399 0651－7 子部/醫家類/綜合類/合刻、合抄

弔脚痧方論一卷 （清）徐子默手定 **仙傳白喉治法忌表抉微一卷** （清）耐修子録 民國鉛印本 一冊

330000－4708－0000400 0651－8 子部/醫家類/綜合類/合刻、合抄

弔脚痧方論一卷 （清）徐子默手定 **仙傳白喉治法忌表抉微一卷** （清）耐修子録 民國鉛印本 一冊

330000－4708－0000401 0651－9 子部/醫家類/綜合類/合刻、合抄

弔脚痧方論一卷 （清）徐子默手定 **仙傳白喉治法忌表抉微一卷** （清）耐修子録 民國鉛印本 一冊

330000－4708－0000402 0654 子部/藝術類/書畫之屬/畫譜

芥子園畫傳二集九卷 （清）王槩等輯 民國石印本 一冊

330000－4708－0000405 0658 集部/詩文評類/詩評之屬

陳石遺先生談藝録一卷 陳衍撰 民國二十年（1931）上海中華書局鉛印本 一冊

330000－4708－0000407 0666 史部/雜史類/斷代之屬

戰國策詳註三十三卷 郭希汾輯註 民國上海文明書局鉛印本 四冊 缺十一卷（六至十一、二十九至三十三）

330000－4708－0000411 0671 史部/政書類/律令之屬/法驗

重刊補註洗冤録集證五卷 （宋）宋慈撰 （清）王又槐增輯 （清）李觀瀾補輯 （清）孫光烈參閲 （清）阮其新補註 （清）王又梧校訂 （清）張錫蕃重訂 **附刊寶鑑編一卷** 民國石印本 一冊 存二卷（三至四）

330000－4708－0000415 012 類叢部/叢書類/彙編之屬

四部叢刊 張元濟等編 民國上海商務印書館影印本 五冊 存一種

330000－4708－0000426 0156 類叢部/叢書類/彙編之屬

四部叢刊 張元濟等編 民國上海商務印書館影印本 八冊 存一種

330000－4708－0000432 0157 類叢部/叢書類/彙編之屬

四部叢刊 張元濟等編 民國上海商務印書館影印本 四冊 存一種

330000－4708－0000439 0192 經部/小學類/文字之屬/字書/字典

康熙字典十二集三十六卷總目一卷檢字一卷辨似一卷等韻一卷補遺一卷備考一卷 （清）張玉書等纂修 民國鉛印本 四冊 缺十六卷（子集上中下、丑集上中下、酉集上中下、戌集上中下，總目，檢字，辨似，等韻）

330000－4708－0000440 192 經部/小學類/文字之屬/字書/字典

康熙字典十二集三十六卷總目一卷檢字一卷辨似一卷等韻一卷補遺一卷備考一卷 （清）張玉書等纂修 民國鉛印本 二冊 存十二卷（巳集上中下、午集上中下、未集上中下、申集上中下）

330000－4708－0000446 196 經部/小學類/文字之屬/字書/字典

康熙字典十二集三十六卷總目一卷檢字一卷辨似一卷等韻一卷備考一卷補遺一卷 （清）張玉書等纂修 民國鉛印本 一冊 存九卷（子集上中下、丑集上中下、寅集上中下）

330000－4708－0000447 0197 經部/小學類/文字之屬/字書/字典

新華大字典十二卷補遺十二卷總目一卷檢字表一卷補遺總目一卷 張嵩雲總輯 民國十六年（1927）上海新華書局石印本 六冊

330000－4708－0000448 0198 史部/目録

類/總録之屬/私撰

郘亭知見傳本書目十六卷　(清)莫友芝撰　民國七年(1918)上海掃葉山房石印本　六冊

330000－4708－0000449　200　史部/目録類/總録之屬/官修

浙江圖書館保存類書目四卷末一卷　浙江圖書館編　民國四年(1915)浙江圖書館鉛印本　一冊

330000－4708－0000450　0200　史部/目録類/總録之屬/官修

浙江圖書館觀覽類書目四卷補遺一卷附錄一卷　浙江圖書館編　民國四年(1915)浙江圖書館鉛印本　四冊

330000－4708－0000451　0203　史部/目録類/總録之屬/官修

欽定四庫全書簡明目錄二十卷　(清)紀昀等撰　**四庫未收書目提要五卷**　(清)阮元撰　民國十四年(1925)上海掃葉山房石印本　八冊

330000－4708－0000452　0204　經部/小學類/文字之屬/字書/字典

新字典十二卷拾遺一卷檢字一卷附錄一卷勘誤一卷補編一卷　陸爾奎等編纂　民國四年(1915)上海商務印書館鉛印本　四冊　缺六卷(一至三、七至九)

330000－4708－0000459　0700　集部/曲類/曲韻曲譜曲律之屬

琵琶記曲譜四卷　(清)殷溎深撰　民國上海朝記書莊石印本　六冊

330000－4708－0000462　0725　經部/四書類/孟子之屬/傳說

孟子集註七卷　(宋)朱熹撰　民國二十七年(1938)上海商務印書館鉛印本　七冊

330000－4708－0000464　0705、0724　類叢部/叢書類/彙編之屬

四部備要　中華書局編　民國中華書局鉛印本　九冊　存一種

330000－4708－0000466　0723　類叢部/叢書類/彙編之屬

四部精華一百二十五種　陸翔選輯　民國上海世界書局石印本　四冊　存二十四種

330000－4708－0000474　0772　子部/宗教類/佛教之屬/論疏

大乘起信論講義二卷　釋圓瑛述　民國十七年(1928)上海商務印書館鉛印本　一冊　存一卷(下)

330000－4708－0000475　772　子部/宗教類/佛教之屬/論疏

大乘起信論義記講義四卷附錄一卷　(日本)織田得能撰　黄士復譯　民國十年(1921)上海商務印書館鉛印本　三冊　存四卷(二至四、附錄)

嘉善縣圖書館

民國時期傳統裝幀書籍普查登記目録

浙江省民國時期傳統裝幀書籍普查登記目録·嘉興

國家圖書館出版社
National Library of China Publishing House

《嘉善縣圖書館民國時期傳統裝幀書籍普查登記目録》

編委會

主　編: 姚春興　金佳萍

副主編: 倪立新　魯　禕　許海燕

編纂人員: 范怡玲　王雪娟　浦穎穎　黄　蓓

《嘉善縣圖書館民國時期傳統裝幀書籍普查登記目録》

前言

嘉善,明宣德五年(1430)析嘉興東北境而置。民國十七年(1928),以縣治魏塘城隍廟後進爲館舍籌建嘉善公立通俗圖書館,後改爲縣立圖書館。圖書館建立之初,開辦經費僅800餘元,至民國十九年(1930)爲2130元。初始藏書僅《四部備要》《四部叢刻》《萬有文庫》及《東南日報》合訂本等,由於歷任館長、館員熱心文化事業,慘澹經營,編目不斷完善,館藏不斷豐富,最多時達兩萬餘册。

本次館藏古籍普查著録工作歷時兩年半,共普查館藏明清時期古籍3505部16223册。同時,順利完成民國時期傳統裝幀書籍的普查工作,計1775部4786册,分别占古籍總數的66.42%和33.57%。

民國時期,是我國社會發生深刻變革的歷史時期。期間所産生的林林總總的出版物,特别是傳統裝幀書籍從不同角度反映了當時的政治、經濟、文化、教育等狀况,有着較高的歷史資料價值和學術研究價值。我館的民國時期傳統裝幀書籍主要有以下幾個方面特色。

一、别集著作數量頗豐。我館庫藏中包括大量歷代文集,其中尤以清末民初詩文集爲富,此次普查共得民國時期别集495種1116册,不少是初刻本,價值頗高。嘉善"南社"衆詞人及先賢張天方和周梅庵,均愛收藏詩文别集與詞曲,其藏書後來捐贈我館,豐富和加强了我館的這一特色。

二、地方史志較爲珍貴。現藏地方史志234種798册,館藏民國時期出版影印的譜牒家乘,如《西塘李氏支譜》《徐氏家乘》《秀溪王氏宗譜》等均屬珍貴的地方文獻。

三、鄉邦文獻收藏較全。嘉善張天方、西塘蔡韶聲熱心鄉先哲遺著,搜羅了自明宣德立縣以來的鄉邦文獻甚夥,除少數刻印本行世外,還留下不少抄稿本,均前後入藏我館,纍計地方文獻達300種523册。我館藏有《茗香館叢鈔》《柳溪詩徵》《魏塘竹枝詞》《嘉善曹氏惇敘録》《觳觫紀聞》等,學術價值不菲。館藏另有不少地方人物的訃聞、哀啓、挽聯録、壽言贈序等,也彌足珍貴。一些館藏抄稿本録自故家譜牒,爲嘉善文化研究提供了進一步的依據,價值自不待言。

四、醫案醫書有一定規模。嘉善歷史上不僅人文薈萃,且名醫輩出,學驗俱豐,後先輝映。本次普查整理出各種醫案醫書304種800册,自唐至清凡歷代醫書之要者大都有藏,且多善本。吴炳《證治心得》曾傳抄流播於江浙一帶,醫者皆以爲貴,民國十四年

(1925)由上海商務書館付梓問世。

另外,民國時期傳統裝幀書籍中還包含大量的著作初版本、官方文書、機構檔、內部資料等稀見文獻,這些文獻發行量少,較爲珍貴,在普查中首次得以系統揭示、發布。

“不積跬步,無以至千里。”今後,我們將進一步加大古籍及地方文獻皮藏保護、數字化、整理研究的力度,恪盡職責,傳承好嘉善的歷史文脉。在本書出版之際,謹向給予我們大力支持和幫助的浙江圖書館、嘉興市圖書館的領導和老師以及主持、參與本次普查的全體人員姚春興、金佳萍、倪立新、魯禕、許海燕、范怡玲、王雪娟、浦穎穎、黄蓓致以誠摯的謝意!

嘉善縣圖書館
2018 年 5 月

330000－4706－0000067　善史012　史部/政書類/邦計之屬

囚糧不分卷漕運制目不分卷捐攤款目不分卷　(清)□□輯　民國抄本　一冊

330000－4706－0000180　善史045　史部/金石類/總志之屬/圖像

金石經眼録一卷　(清)褚峻摹　民國十三年(1924)文津閣抄本　一冊

330000－4706－0000256　地文集069　集部/別集類/清別集

春星草堂文集四卷　(清)唐際虞撰　民國三年(1914)刻本　二冊

330000－4706－0000327　普1358　集部/總集類/選集之屬

文海揀金不分卷　(明)李汝華等撰　民國抄本　一冊

330000－4706－0000373　地文集049　集部/別集類/唐五代別集

山曉閣選唐大家柳柳州全集四卷　(唐)柳宗元撰　(清)孫琮評　民國上海廣益書局石印本　四冊

330000－4706－0000378　地文集141　集部/別集類/清別集

研悦齋詩稿二卷　(清)顧澧撰　李正墀録　民國茗香館抄本　一冊　存一卷(下)

330000－4706－0000380　地文子033　子部/儒家類/儒學之屬/禮教/家訓

袁了凡先生家庭四訓簡注一卷　(明)袁黄撰　民國三十二年(1943)鉛印本　一冊

330000－4706－0000386　地文子031　集部/詩文評類/文法之屬/函牘格式

帖式不分卷　民國楊康升抄本　一冊

330000－4706－0000397　地文子095　子部/儒家類/儒學之屬/禮教/家訓

精本了凡四訓一卷附録一卷　(明)袁黄撰　歇浦學人集注　民國十一年(1922)上海中華書局鉛印本　一冊

330000－4706－0000401　地文集151　類叢部/叢書類/彙編之屬

茗香館叢鈔□□種　李正墀輯　稿本　二冊　存二種

330000－4706－0000406　地文史063　史部/地理類/方志之屬/郡縣志

[嘉慶]干巷志六卷首一卷　(清)朱棟撰　民國曹秉章抄本　二冊

330000－4706－0000424　地文集156　集部/別集類/清別集

望雲僊館遺稿三卷　(清)孫福清撰　李正墀編　民國李正墀抄本　三冊

330000－4706－0000464　地文史067　史部/傳記類/科舉録之屬/諸貢録

嘉善入泮題名録二卷　(清)程兼善校　(清)錢紹楨續刊　民國七年(1918)嘉善林本立堂刻本　二冊

330000－4706－0000465　地文史068　史部/傳記類/科舉録之屬/諸貢録

嘉善入泮題名録二卷　(清)程兼善校　(清)錢紹楨續刊　民國七年(1918)嘉善林本立堂刻本　一冊　存一卷(一)

330000－4706－0000466　地文史069　史部/傳記類/科舉録之屬/諸貢録

嘉善入泮題名録二卷　(清)程兼善校　(清)錢紹楨續刊　民國七年(1918)嘉善林本立堂刻本　二冊

330000－4706－0000475　地文集175　史部/傳記類/別傳之屬

追悼朱先生循柏啟一卷　朱文清等輯　民國十年(1921)鉛印本　一冊

330000－4706－0000485　地文史071　史部/傳記類/科舉録之屬/諸貢録

嘉善入泮題名録二卷　(清)程兼善校　(清)錢紹楨續刊　民國七年(1918)嘉善林本立堂刻本　二冊

330000－4706－0000501　地文集183　集部/總集類/酬唱之屬

南邨一集一卷　張鳳輯　民國石印本　一册

330000－4706－0000503　地文集 184　集部/總集類/酬唱之屬
南邨一集一卷　張鳳輯　民國石印本　一册

330000－4706－0000504　地文集 187　集部/別集類/明別集
疑雨集四卷　(明)王彦泓撰　李正墀抄　民國抄本　一册　存一卷(三)

330000－4706－0000506　地文集 185　集部/總集類/酬唱之屬
南邨一集一卷　張鳳輯　民國石印本　一册

330000－4706－0000508　地文集 182　集部/總集類/酬唱之屬
南邨一集一卷　張鳳輯　民國石印本　一册

330000－4706－0000509　地文集 186　集部/總集類/酬唱之屬
南邨一集一卷　張鳳輯　民國石印本　一册

330000－4706－0000510　地文集 189　集部/總集類/題詠之屬
息影集詠一卷　項乃登輯　民國十八年(1929)鉛印本　一册

330000－4706－0000511　地文集 190　集部/別集類
秋茶室褀著一卷　張鳳作　民國油印本　一册

330000－4706－0000512　地文集 188　史部/傳記類/別傳之屬
聞公馥霖題贊訃告一卷　聞方錫等輯　民國十九年(1930)石印本　一册

330000－4706－0000514　地文集 191　集部/別集類
鹵湖的聲不分卷　張鳳撰　稿本　一册

330000－4706－0000518　地文集 193　集部/總集類/酬唱之屬
池上存稿一卷　張鳳輯　民國二十年(1931)張氏訓字堂刻本　一册

330000－4706－0000519　地文集 194　集部/總集類/酬唱之屬
池上存稿一卷　張鳳輯　民國二十年(1931)張氏訓字堂刻本　一册

330000－4706－0000521　地文集 195　集部/別集類
鋤藥山房吟草一卷　朱賡撰　民國抄本　張鳳題記　一册

330000－4706－0000523　地文集 196　集部/別集類
甲戌秋南行作一卷　項乃登撰　民國二十四年(1935)石印本　一册

330000－4706－0000527　地文子 041　子部/雜著類/雜纂之屬
潛龍讀書表十二卷　陳電飛編　民國十七年(1928)中華書局石印本　四册

330000－4706－0000531　地文集 198　集部/總集類/酬唱之屬
迷樓集一卷　柳遂輯　民國十年(1921)上海中華書局鉛印本　一册

330000－4706－0000535　地文集 202　集部/別集類
塘東樵唱一卷　李正墀撰　民國十四年(1925)石印本　一册

330000－4706－0000539　地文子 043　子部/醫家類/醫案之屬
醫案備攷不分卷　沈季良撰　民國二十三年(1934)抄本　二册

330000－4706－0000542　地文集 203　集部/別集類
塘東樵唱一卷　李正墀撰　民國十四年(1925)石印本　一册

330000－4706－0000543　地文集 022　集部/別集类/清別集
平川櫂歌一卷　(清)陸炳琦撰　民國油印本　一册

330000－4706－0000547　地文集 208　集部/別集類

桐汾詩抄一卷　張炳初撰　稿本　一冊

330000－4706－0000555　地文集 209　集部/總集類/氏族之屬

家人集不分卷　張董蘭輯　民國抄本　一冊

330000－4706－0000557　地文史 076　史部/政書類/公牘檔冊之屬

嘉善縣議會議決案一卷　民國三年(1914)石印本　一冊

330000－4706－0000558　地文經 013　經部/小學類/音韻之屬/韻書

顧亭林古音釋摘錄不分卷　(清)顧炎武撰　民國抄本　一冊

330000－4706－0000559　地文史 077　史部/政書類/公牘檔冊之屬

嘉善縣第二屆議會議決案一卷　民國十五年(1926)石印本　一冊

330000－4706－0000560　地文集 210　集部/別集類

非非室詩鈔不分卷　張鳳撰　稿本　二冊

330000－4706－0000561　地文集 211　子部/雜著類/雜纂之屬

非非室雜鈔不分卷　張鳳撰　稿本　二冊

330000－4706－0000563　地文集 213　集部/別集類

礱碑室詩文集不分卷　張鳳撰　稿本　一冊

330000－4706－0000564　地文集 212　集部/別集類

夢華館主未定草不分卷　子安撰　稿本　一冊

330000－4706－0000566　地文集 216　集部/別集類/清別集

於斯閣吟稿一卷　稿本　一冊

330000－4706－0000567　地文集 214　集部/別集類

丁巳詩日記不分卷　張鳳撰　稿本　一冊

330000－4706－0000568　地文集 215　集部/總集類

心影室碎玉不分卷　民國抄本　一冊

330000－4706－0000569　地文集 217　集部/別集類

醒蘧廬駢體文鈔不分卷　民國抄本　一冊

330000－4706－0000570　地文集 218　集部/別集類

非非室詩集不分卷　張鳳撰　稿本　一冊

330000－4706－0000573　地文集 220　集部/總集類/選集之屬

宋百家詩存序文例言總目小傳不分卷　(清)曹庭棟撰　民國二十五年(1936)抄本　曹葆宸跋　一冊

330000－4706－0000575　地文子 044　子部/醫家類/醫案之屬

問診醫案不分卷　管相如等撰　民國抄本　一冊

330000－4706－0000576　地文子 045　史部/傳記類/總傳之屬/技藝

墨史三卷　(元)陸友纂　民國抄本　一冊

330000－4706－0000577　地文子 046　子部/農家農學類/園藝之屬/花卉

月季花種養法一卷　(清)松下花農撰　民國抄本　一冊

330000－4706－0000578　地文集 221　集部/總集類/酬唱之屬

辛未歲暮感懷唱和集一卷　黃端履等撰　民國二十一年(1932)鉛印本　一冊

330000－4706－0000580　地文史 080　史部/政書類/公牘檔冊之屬

嘉善縣參事會經管同善接嬰育嬰掩埋等公產徵信錄不分卷　牛蔭麐等輯　民國十一年(1922)嘉善明新社石印本　一冊

330000－4706－0000583　地文子 047　子部/醫家類/醫話醫論之屬

證治心得十二卷　(清)吳炳撰　民國十五年(1926)惜陰書屋鉛印本　二冊

330000－4706－0000584　地文子 048　子部/

醫家類/醫話醫論之屬

證治心得十二卷　(清)吳炳撰　民國十五年(1926)惜陰書屋鉛印本　四冊

330000－4706－0000586　地文子049　子部/醫家類/醫話醫論之屬

證治心得十二卷　(清)吳炳撰　民國十五年(1926)惜陰書屋鉛印本　四冊

330000－4706－0000587　地文子050　子部/醫家類/醫話醫論之屬

證治心得十二卷　(清)吳炳撰　民國鉛印本　三冊　缺三卷(一至三)

330000－4706－0000588　地文子051　子部/醫家類/醫話醫論之屬

證治心得十二卷　(清)吳炳撰　民國鉛印本　三冊　缺三卷(一至三)

330000－4706－0000589　地文子052　子部/醫家類/醫話醫論之屬

證治心得十二卷　(清)吳炳撰　民國鉛印本　二冊　缺六卷(一至六)

330000－4706－0000590　地文子053　子部/醫家類/醫話醫論之屬

證治心得十二卷　(清)吳炳撰　民國鉛印本　一冊　存三卷(十至十二)

330000－4706－0000591　地文子054　子部/醫家類/醫話醫論之屬

證治心得十二卷　(清)吳炳撰　民國鉛印本　三冊　缺三卷(一至三)

330000－4706－0000592　地文子055　子部/醫家類/醫話醫論之屬

證治心得十二卷　(清)吳炳撰　民國鉛印本　二冊　缺六卷(一至六)

330000－4706－0000594　地文集176　集部/別集類/清別集

蕓窗襍草一卷　(清)李瘻梅撰　稿本　一冊

330000－4706－0000595　地文子056　子部/醫家類/醫案之屬

醫案備考不分卷　張兆鰲撰　民國二十年(1931)稿本　六冊

330000－4706－0000596　地文子057　子部/醫家類/醫案之屬

醫案存查不分卷　民國二十四年(1935)稿本　五冊

330000－4706－0000597　地文集222　集部/別集類

寄心瑣語一卷　余其鏘撰　民國七年(1918)鉛印本　一冊

330000－4706－0000598　地文集223　集部/別集類

寄心瑣語一卷　余其鏘撰　民國七年(1918)鉛印本　一冊

330000－4706－0000599　地文子058　子部/醫家類/傷科之屬

秘傳傷科接骨附祖傳傷科秘本金瘡禁方不分卷　張季明撰　稿本　三冊

330000－4706－0000600　地文集224　集部/別集類

寄心瑣語一卷　余其鏘撰　民國七年(1918)鉛印本　一冊

330000－4706－0000601　地文集225　集部/別集類

寄心瑣語一卷　余其鏘撰　民國七年(1918)鉛印本　一冊

330000－4706－0000602　地文集226　集部/別集類

寄心瑣語一卷　余其鏘撰　民國七年(1918)鉛印本　一冊

330000－4706－0000603　地文集227　集部/別集類

寄心瑣語一卷　余其鏘撰　民國七年(1918)鉛印本　一冊

330000－4706－0000604　地文集228　集部/別集類

寄心瑣語一卷　余其鏘撰　民國七年(1918)鉛印本　一冊

330000－4706－0000605　地文集229　集部/別集類

寄心瑣語一卷　余其鏘撰　民國七年(1918)鉛印本　一冊

330000－4706－0000606　地文集230　集部/別集類

寄心瑣語一卷　余其鏘撰　民國七年(1918)鉛印本　一冊

330000－4706－0000607　地文集231　集部/別集類

寄心瑣語一卷　余其鏘撰　民國七年(1918)鉛印本　一冊

330000－4706－0000608　地文集232　集部/別集類

寄心瑣語一卷　余其鏘撰　民國七年(1918)鉛印本　一冊

330000－4706－0000609　地文集233　類叢部/叢書類/彙編之屬

茗香館叢鈔□□種　李正墀輯　民國鉛印本暨石印本　三冊　存一種

330000－4706－0000610　地文集234　類叢部/叢書類/彙編之屬

茗香館叢鈔□□種　李正墀輯　民國鉛印本暨石印本　三冊　存一種

330000－4706－0000611　地文集219　集部/總集類/選集之屬/斷代

壬戌詩選二卷　余其鏘輯　民國十一年(1922)鉛印本　一冊

330000－4706－0000612　地文集236　集部/別集類

息園詠物一卷聯珠吟一卷　項乃登撰　民國八年(1919)鉛印本　一冊

330000－4706－0000613　地文集235　類叢部/叢書類/彙編之屬

茗香館叢鈔□□種　李正墀輯　民國鉛印本暨石印本　三冊　存一種

330000－4706－0000614　地文集237　集部/別集類

息園詠物一卷聯珠吟一卷　項乃登撰　民國八年(1919)鉛印本　一冊

330000－4706－0000615　地文集238　集部/別集類

息園詠物一卷聯珠吟一卷　項乃登撰　民國八年(1919)鉛印本　一冊

330000－4706－0000616　地文集239　集部/別集類

息園詠物一卷聯珠吟一卷　項乃登撰　民國八年(1919)鉛印本　一冊

330000－4706－0000617　地文集240　集部/別集類

息園詠物一卷聯珠吟一卷　項乃登撰　民國八年(1919)鉛印本　一冊

330000－4706－0000618　地文集241　集部/別集類

息園詠物一卷聯珠吟一卷　項乃登撰　民國八年(1919)鉛印本　一冊

330000－4706－0000621　地文集242　集部/別集類/清別集

北萊遺詩三卷　(清)釋廣信撰　**天寥遺稿三卷**　(清)釋空明撰　民國二十四年(1935)釋德均煨芋草堂鉛印本　一冊

330000－4706－0000622　地文集243　集部/別集類/清別集

北萊遺詩三卷　(清)釋廣信撰　**天寥遺稿三卷**　(清)釋空明撰　民國二十四年(1935)釋德均煨芋草堂鉛印本　一冊

330000－4706－0000623　地文集244　集部/別集類/清別集

北萊遺詩三卷　(清)釋廣信撰　**天寥遺稿三卷**　(清)釋空明撰　民國二十四年(1935)釋德均煨芋草堂鉛印本　一冊

330000－4706－0000624　地文集245　集部/別集類/清別集

北萊遺詩三卷　(清)釋廣信撰　**天寥遺稿三卷**　(清)釋空明撰　民國二十四年(1935)釋

德均煨芋草堂鉛印本　一冊

330000－4706－0000625　地文集246　集部/別集類/清別集

北萊遺詩三卷　(清)釋廣信撰　**天寥遺稿三卷**　(清)釋空明撰　民國二十四年(1935)釋德均煨芋草堂鉛印本　一冊

330000－4706－0000626　地文集247　集部/別集類/清別集

北萊遺詩三卷　(清)釋廣信撰　**天寥遺稿三卷**　(清)釋空明撰　民國二十四年(1935)釋德均煨芋草堂鉛印本　一冊

330000－4706－0000627　地文集248　集部/別集類/清別集

北萊遺詩三卷　(清)釋廣信撰　**天寥遺稿三卷**　(清)釋空明撰　民國二十四年(1935)釋德均煨芋草堂鉛印本　一冊

330000－4706－0000628　地文集249　集部/別集類/清別集

北萊遺詩三卷　(清)釋廣信撰　**天寥遺稿三卷**　(清)釋空明撰　民國二十四年(1935)釋德均煨芋草堂鉛印本　一冊

330000－4706－0000629　地文集250　集部/總集類/選集之屬/斷代

近人詩錄不分卷　民國剪貼本　一冊

330000－4706－0000630　地文史070　史部/政書類/邦計之屬/賦稅

嘉興請減賦稅文牘一卷附財政廳通飭四件　張元濟等撰　民國四年(1915)嘉興振新社鉛印本　一冊

330000－4706－0000631　地文集251　集部/別集類

非非室詩集不分卷　張鳳撰　稿本　一冊

330000－4706－0000632　地文集252　集部/詞類/別集之屬

翦紅環緑之詞不分卷　張鳳撰　稿本　一冊

330000－4706－0000633　地文集253　集部/總集類/氏族之屬

家人集不分卷　張董蘭輯　稿本　一冊

330000－4706－0000634　地文集254　史部/地理類/雜志之屬

蘆川竹枝詞一卷　柯志頤　柯培鼎撰　民國六年(1917)鉛印本　一冊

330000－4706－0000635　地文集256　集部/總集類/郡邑之屬

胥社文選一卷詩選一卷詞選一卷附錄一卷　胥社編　民國十五年(1926)鉛印本　一冊

330000－4706－0000636　地文集255　集部/別集類/清別集

北萊遺詩三卷　(清)釋廣信撰　**天寥遺稿三卷**　(清)釋空明撰　民國二十四年(1935)釋德均煨芋草堂鉛印本　一冊

330000－4706－0000637　地文集257　集部/總集類/郡邑之屬

胥社文選一卷詩選一卷詞選一卷附錄一卷　胥社編　民國十五年(1926)鉛印本　一冊

330000－4706－0000638　地文集258　集部/總集類/郡邑之屬

胥社文選一卷詩選一卷詞選一卷附錄一卷　胥社編　民國十五年(1926)鉛印本　一冊

330000－4706－0000639　地文集259　集部/總集類/郡邑之屬

胥社文選一卷詩選一卷詞選一卷附錄一卷　胥社編　民國十五年(1926)鉛印本　一冊

330000－4706－0000640　地文集260　集部/總集類/郡邑之屬

胥社文選一卷詩選一卷詞選一卷附錄一卷　胥社編　民國十五年(1926)鉛印本　一冊

330000－4706－0000641　地文集261　集部/總集類/郡邑之屬

胥社文選一卷詩選一卷詞選一卷附錄一卷　胥社編　民國十五年(1926)鉛印本　一冊

330000－4706－0000642　地文集262　集部/總集類/郡邑之屬

胥社文選一卷詩選一卷詞選一卷附錄一卷

胥社編　民國十五年(1926)鉛印本　一冊

330000－4706－0000643　地文集263　集部/總集類/郡邑之屬

胥社文選一卷詩選一卷詞選一卷附錄一卷　胥社編　民國十五年(1926)鉛印本　一冊

330000－4706－0000644　地文集264　集部/總集類/郡邑之屬

胥社文選一卷詩選一卷詞選一卷附錄一卷　胥社編　民國十五年(1926)鉛印本　一冊

330000－4706－0000645　地文集265　集部/總集類/郡邑之屬

胥社文選一卷詩選一卷詞選一卷附錄一卷　胥社編　民國十五年(1926)鉛印本　一冊　缺一卷(附錄)

330000－4706－0000646　地文集266　集部/總集類/郡邑之屬

胥社文選一卷詩選一卷詞選一卷附錄一卷　胥社編　民國十五年(1926)鉛印本　一冊

330000－4706－0000647　地文集267　史部/地理類/專志之屬/園林

偶園小記一卷　(清)金安清撰　民國石印本　一冊

330000－4706－0000648　地文集268　集部/別集類

西湖的聲不分卷　張天方撰　民國二十一年(1932)稿本　一冊

330000－4706－0000649　地文集269　集部/別集類

快意齋讀書記一卷　張鳳撰　民國二十四年(1935)稿本　一冊

330000－4706－0000650　地文集271　集部/別集類

非非室集外詩二卷　張鳳撰　民國三十六年(1947)訓字堂鉛印本　二冊

330000－4706－0000651　地文集272　集部/別集類

非非室集外詩二卷　張鳳撰　民國三十六年(1947)訓字堂鉛印本　二冊

330000－4706－0000652　地文集273　集部/別集類

非非室集外詩二卷　張鳳撰　民國三十六年(1947)訓字堂鉛印本　二冊

330000－4706－0000653　地文集274　集部/別集類

非非室集外詩二卷　張鳳撰　民國三十六年(1947)訓字堂鉛印本　二冊

330000－4706－0000654　地文集275　集部/別集類

非非室集外詩二卷　張鳳撰　民國三十六年(1947)訓字堂鉛印本　二冊

330000－4706－0000655　地文集276　集部/別集類

非非室集外詩二卷　張鳳撰　民國三十六年(1947)訓字堂鉛印本　一冊　存一卷(二)

330000－4706－0000656　地文集277　集部/別集類

非非室集外詩二卷　張鳳撰　民國三十六年(1947)訓字堂鉛印本　一冊　存一卷(二)

330000－4706－0000657　地文集278　集部/別集類

非非室集外詩二卷　張鳳撰　民國三十六年(1947)訓字堂鉛印本　一冊　存一卷(二)

330000－4706－0000658　地文集279　集部/別集類

非非室集外詩二卷　張鳳撰　民國三十六年(1947)訓字堂鉛印本　一冊　存一卷(二)

330000－4706－0000659　地文集280　集部/別集類

非非室集外詩二卷　張鳳撰　民國三十六年(1947)訓字堂鉛印本　一冊　存一卷(二)

330000－4706－0000660　地文集281　集部/別集類

非非室集外詩二卷　張鳳撰　民國三十六年(1947)訓字堂鉛印本　一冊　存一卷(二)

330000－4706－0000661　地文集282　集部/別集類

非非室集外詩二卷　張鳳撰　民國三十六年(1947)訓字堂鉛印本　一冊　存一卷(二)

330000－4706－0000662　地文集283　集部/別集類

非非室集外詩二卷　張鳳撰　民國三十六年(1947)訓字堂鉛印本　一冊　存一卷(二)

330000－4706－0000663　地文集284　集部/別集類

非非室集外詩二卷　張鳳撰　民國三十六年(1947)訓字堂鉛印本　一冊　存一卷(二)

330000－4706－0000664　地文集285　集部/別集類

非非室集外詩二卷　張鳳撰　民國三十六年(1947)訓字堂鉛印本　一冊　存一卷(二)

330000－4706－0000666　地文集287　集部/別集類

汾南漁俠游草三卷　周斌撰　民國五年(1916)鉛印本　一冊

330000－4706－0000667　地文集288　集部/別集類

汾南漁俠游草三卷　周斌撰　民國五年(1916)鉛印本　一冊

330000－4706－0000668　地文集289　集部/別集類

汾南漁俠游草三卷　周斌撰　民國五年(1916)鉛印本　一冊

330000－4706－0000669　地文集290　類叢部/叢書類/家集之屬

嘉興譚氏遺書九種　譚新嘉編　民國元年至二十五年(1912－1936)嘉興譚氏承啟堂刻藍印本　二冊　存一種

330000－4706－0000670　地文集286　集部/別集類

非非室集外詩二卷　張鳳撰　稿本　一冊　存一卷(二)

330000－4706－0000671　地文史079　史部/金石類/金之屬/通考

非非室古器圖釋一卷　張鳳撰　稿本　一冊

330000－4706－0000672　地文子060　子部/醫家類/醫案之屬

古今醫案三卷　(清)俞東扶纂輯　民國張季明抄本　三冊

330000－4706－0000673　地文子061　子部/醫家類/醫案之屬

徐氏醫案二卷　徐琴圃撰　傅蓀錄　稿本　二冊

330000－4706－0000674　普0031　經部/小學類/音韻之屬/韻書

佩文詩韻釋要五卷　(清)周兆基輯　民國十九年(1930)上海商務印書館影印本　一冊

330000－4706－0000675　普0001　經部/群經總義類/文字音義之屬

經傳釋詞十卷　(清)王引之撰　王時潤點勘　**研究說文書目一卷**　王時潤撰　民國十三年(1924)石印本　四冊

330000－4706－0000683　普4389　集部/總集類/選集之屬/通代

歷代駢散文代表作品講義一卷　民國鉛印本　一冊

330000－4706－0000687　普0008　經部/小學類/音韻之屬/韻書

廣韻五卷　(宋)陳彭年等修　**宋本廣韻校札一卷**　(清)黎庶昌撰　民國上海涵芬樓影印本　五冊

330000－4706－0000688　普0012　經部/小學類/文字之屬/說文/傳說

說文解字三十二卷　(清)段玉裁注　民國三年(1914)鉛印本　六冊

330000－4706－0000690　普0009　經部/小學類/文字之屬/說文/專著

說文古籀補十四卷補遺一卷附錄一卷　(清)吳大澂撰　民國八年(1919)蘇州振新書社石印本　四冊

330000－4706－0000703　普 3858　類叢部/叢書類/彙編之屬

四部叢刊　張元濟等編　民國上海商務印書館影印本　一冊　存一種

330000－4706－0000704　普 0035　經部/群經總義類

經學通論五卷　(清)皮錫瑞撰　民國十二年(1923)上海商務印書館影印本　五冊

330000－4706－0000709　普 0038　經部/小學類/訓詁之屬/字詁

文始九卷　章炳麟撰　民國二年(1913)浙江圖書館據章炳麟手寫稿本影印本　一冊

330000－4706－0000710　地文集 014　集部/總集類/郡邑之屬

魏塘竹枝詞一卷　(清)錢雲帆　(清)孫燕昌撰　民國婁莘田抄本　一冊

330000－4706－0000729　地文集 291　類叢部/叢書類/彙編之屬

茗香館叢鈔□□種　李正墀輯　民國鉛印本暨石印本　三冊　存一種

330000－4706－0000730　地文集 292　類叢部/叢書類/彙編之屬

茗香館叢鈔□□種　李正墀輯　民國鉛印本暨石印本　三冊　存一種

330000－4706－0000731　地文集 293　類叢部/叢書類/彙編之屬

茗香館叢鈔□□種　李正墀輯　民國鉛印本暨石印本　三冊　存一種

330000－4706－0000734　普 0093　經部/春秋左傳類/傳說之屬

春秋左傳五十卷　(晉)杜預　(宋)林堯叟註釋　(唐)陸德明音義　民國四年(1915)刻本　十六冊

330000－4706－0000736　普 0047　經部/叢編

十三經讀本　唐文治輯　民國十三年(1924)吳江施肇曾醒園刻本　一冊　存一種

330000－4706－0000746　地文集 016　集部/總集類/郡邑之屬

魏塘竹枝詞一卷　(清)錢雲帆　(清)孫燕昌撰　民國四年(1915)婁莘田抄本　婁莘田題記　一冊

330000－4706－0000750　地文集 296　集部/別集類

復齋先生遺集四卷　費寅撰　張宗祥抄　民國二十三年(1934)張氏鐵如意館石印本　張鳳題記　一冊

330000－4706－0000755　普 0066　經部/叢編

重刊宋本十三經註疏附校勘記　(清)阮元撰校勘记　(清)盧宣旬摘錄校勘記　民國十五年(1926)上海掃葉山房石印本　四十冊

330000－4706－0000756　普 0067　經部/小學類/文字之屬/字書/古文

說文古籀疏證六卷原目一卷　(清)莊述祖撰　民國十一年(1922)上海圖書公司影印本　六冊

330000－4706－0000762　地文集 297　類叢部/叢書類/彙編之屬

茗香館叢鈔□□種　李正墀輯　民國鉛印本暨石印本　三冊　存五種

330000－4706－0000767　地文集 298　類叢部/叢書類/彙編之屬

茗香館叢鈔□□種　李正墀輯　民國鉛印本暨石印本　三冊　存五種

330000－4706－0000768　地文集 299　類叢部/叢書類/彙編之屬

茗香館叢鈔□□種　李正墀輯　民國鉛印本暨石印本　三冊　存五種

330000－4706－0000769　地文集 300　類叢部/叢書類/彙編之屬

茗香館叢鈔□□種　李正墀輯　民國鉛印本暨石印本　三冊　存五種

330000－4706－0000770　地文集 301　類叢部/叢書類/彙編之屬

茗香館叢鈔□□種　李正墀輯　民國鉛印本暨石印本　三冊　存五種

330000－4706－0000771　地文子062　子部/小說家類/異聞之屬

觳觫紀聞三卷　項乃登輯　民國十六年(1927)鉛印本　一冊

330000－4706－0000773　地文子063　子部/小說家類/異聞之屬

觳觫紀聞三卷　項乃登輯　民國十六年(1927)鉛印本　一冊

330000－4706－0000775　地文集304　集部/別集類

息園詠物一卷聯珠吟一卷　項乃登撰　民國八年(1919)鉛印本　一冊　存一卷(聯珠吟)

330000－4706－0000776　地文集305　集部/別集類

息園詠物一卷聯珠吟一卷　項乃登撰　民國八年(1919)鉛印本　一冊　存一卷(聯珠吟)

330000－4706－0000777　地文集306　集部/別集類

息園詠物一卷聯珠吟一卷　項乃登撰　民國八年(1919)鉛印本　一冊　存一卷(聯珠吟)

330000－4706－0000781　地文集307　類叢部/叢書類/彙編之屬

茗香館叢鈔□□種　李正墀輯　民國鉛印本暨石印本　九冊　存六種

330000－4706－0000785　普0121　經部/叢編

十三經讀本　唐文治輯　民國十三年(1924)吳江施肇曾醒園刻本　二十三冊　存十種

330000－4706－0000786　地文集308　類叢部/叢書類/彙編之屬

茗香館叢鈔□□種　李正墀輯　民國鉛印本暨石印本　三冊　存四種

330000－4706－0000787　地文集309　類叢部/叢書類/彙編之屬

茗香館叢鈔□□種　李正墀輯　民國鉛印本暨石印本　一冊　存一種

330000－4706－0000788　地文集310　類叢部/叢書類/彙編之屬

茗香館叢鈔□□種　李正墀輯　民國鉛印本暨石印本　三冊　存三種

330000－4706－0000789　地文集311　類叢部/叢書類/彙編之屬

茗香館叢鈔□□種　李正墀輯　民國鉛印本暨石印本　三冊　存三種

330000－4706－0000790　地文集312　類叢部/叢書類/彙編之屬

茗香館叢鈔□□種　李正墀輯　民國鉛印本暨石印本　三冊　存三種

330000－4706－0000791　地文集313　類叢部/叢書類/彙編之屬

茗香館叢鈔□□種　李正墀輯　民國鉛印本暨石印本　三冊　存三種

330000－4706－0000792　地文集314　類叢部/叢書類/彙編之屬

茗香館叢鈔□□種　李正墀輯　民國鉛印本暨石印本　三冊　存三種

330000－4706－0000793　地文集302　集部/總集類/氏族之屬

抄錄家書一卷　民國抄本　一冊

330000－4706－0000797　地文史081　史部/政書類/公牘檔冊之屬

嘉善縣自治辦公處經管同善接嬰育嬰掩埋等公產徵信錄不分卷　張寶書等編　民國十年(1921)石印本　一冊

330000－4706－0000800　地文史082　史部/政書類/公牘檔冊之屬

嘉善縣自治辦公處經管同善接嬰育嬰掩埋等公產徵信錄不分卷　張寶書等編　民國十年(1921)石印本　一冊

330000－4706－0000802　地文史083　史部/傳記類/總傳之屬/列女

浙江嘉善節孝貞烈婦女表微錄一卷　徐從吉

撰　民國十六年(1927)鉛印本　李蘭祥題記　一冊

330000－4706－0000803　地文史084　史部/傳記類/總傳之屬/列女

浙江嘉善節孝貞烈婦女表微錄一卷　徐從吉撰　民國十六年(1927)鉛印本　一冊

330000－4706－0000805　地文經015　經部/小學類/文字之屬/字書

急就篇四卷　(漢)史游撰　民國張天方抄本　一冊

330000－4706－0000810　地文集315　集部/總集類/酬唱之屬

壽言驪唱合訂二卷　郭宗熙等撰　民國八年(1919)石印本　一冊

330000－4706－0000812　地文史085　史部/傳記類/別傳之屬

李貞女生傳題辭不分卷　李正墀輯　民國九年(1920)石印本　一冊

330000－4706－0000814　地文史086　史部/傳記類/別傳之屬

李貞女生傳題辭不分卷　李正墀輯　民國九年(1920)石印本　一冊

330000－4706－0000815　地文史087　史部/傳記類/別傳之屬

李貞女生傳題辭不分卷　李正墀輯　民國九年(1920)石印本　一冊

330000－4706－0000816　地文史088　史部/傳記類/別傳之屬

李貞女生傳題辭不分卷　李正墀輯　民國九年(1920)石印本　一冊

330000－4706－0000817　地文史089　史部/傳記類/別傳之屬

李貞女生傳題辭不分卷　李正墀輯　民國九年(1920)石印本　一冊

330000－4706－0000831　地文集316　集部/別集類

柳溪竹枝詞一卷續柳溪竹枝詞一卷　周斌撰　民國四年(1915)油印本　一冊

330000－4706－0000833　地文集317　集部/總集類/郡邑之屬

平川詩存二十卷　蔡文鏞編　稿本　一冊　存四卷(十七至二十)

330000－4706－0000837　地文子065　子部/儒家類/儒學之屬/禮教/家訓

精本了凡四訓一卷附錄一卷　(明)袁黃撰　歇浦學人集注　民國十一年(1922)上海中華書局鉛印本　一冊

330000－4706－0000838　地文史090　史部/目録類/專録之屬

參加倫敦中國藝術國際展覽會目錄四卷　倫敦中國藝術國際展覽會籌備委員會編　民國二十四年(1935)鉛印本　一冊

330000－4706－0000839　地文史091　史部/政書類/公牘檔冊之屬

嘉善縣自治辦公處經管同善接嬰育嬰掩埋等公產徵信錄不分卷　張寶書等編　民國十年(1921)石印本　一冊

330000－4706－0000840　地文史092　史部/政書類/公牘檔冊之屬

嘉善縣自治辦公處經管同善接嬰育嬰掩埋等公產徵信錄不分卷　張寶書等編　民國十年(1921)石印本　一冊

330000－4706－0000842　地文集318　類叢部/叢書類/彙編之屬

茗香館叢鈔□□種　李正墀輯　民國鉛印本暨石印本　二冊　存二種

330000－4706－0000845　地文集319　類叢部/叢書類/彙編之屬

茗香館叢鈔□□種　李正墀輯　民國鉛印本暨石印本　一冊　存一種

330000－4706－0000848　地文集320　類叢部/叢書類/彙編之屬

茗香館叢鈔□□種　李正墀輯　民國鉛印本暨石印本　一冊　存一種

330000－4706－0000849　地文集321　類叢部/叢書類/彙編之屬

茗香館叢鈔□□種　李正墀輯　民國鉛印本暨石印本　一册　存一種

330000－4706－0000850　地文集322　類叢部/叢書類/彙編之屬

茗香館叢鈔□□種　李正墀輯　民國鉛印本暨石印本　一册　存一種

330000－4706－0000858　地文子066　子部/儒家類/儒學之屬/禮教/家訓

精本了凡四訓一卷附錄一卷　(明)袁黄撰　歇浦學人集注　民國十一年(1922)上海中華書局鉛印本　慧悟題記　一册

330000－4706－0000870　地文子064　子部/農家農學類/園藝之屬/花卉

卷石書屋月季花譜一卷續譜一卷　(清)松下花農輯　施能抄　民國二年(1913)施能抄本　一册

330000－4706－0000878　地文史093　史部/目録類/專録之屬

參加倫敦中國藝術國際展覽會目錄四卷　倫敦中國藝術國際展覽會籌備委員會編　民國二十四年(1935)鉛印本　張天芳題跋　一册

330000－4706－0000881　地文集324　集部/別集類

達齊吟草一卷　黄桐孫著　民國抄本　一册

330000－4706－0000887　地文史094　史部/政書類/公牘檔册之屬

陶莊重修歲豐橋徵信錄一卷　民國三十年(1941)鉛印本　一册

330000－4706－0000894　地文子070　子部/藝術類/書畫之屬/書法書品

草書訣訣一卷　(清)汪由敦編　民國抄本一册

330000－4706－0000897　地文史095　史部/政書類/公牘檔册之屬

嘉善防疫醫院二十一年徵信錄一卷　孫研才等撰　民國二十一年(1932)石印本　一册

330000－4706－0000915　普0159　類叢部/叢書類/郡邑之屬

關中叢書五十三種　宋聯奎輯　民國二十三年至二十五年(1934－1936)陝西通志館鉛印本　一册　存一種

330000－4706－0000916　普0090　類叢部/叢書類/郡邑之屬

關中叢書五十三種　宋聯奎輯　民國二十三年至二十五年(1934－1936)陝西通志館鉛印本　二册　存一種

330000－4706－0000918　地文集023　集部/別集類/清別集

平川櫂歌一卷　(清)徐涵撰　**斜塘竹枝詞一卷**　(清)柯蘭錡撰　民國十一年(1922)鉛印本　一册

330000－4706－0000919　地文集325　集部/別集類/清別集

平川櫂歌一卷　(清)徐涵撰　**斜塘竹枝詞一卷**　(清)柯蘭錡撰　民國十一年(1922)鉛印本　一册

330000－4706－0000920　地文集326　集部/別集類/清別集

平川櫂歌一卷　(清)徐涵撰　**斜塘竹枝詞一卷**　(清)柯蘭錡撰　民國十一年(1922)鉛印本　一册

330000－4706－0000921　地文集327　集部/別集類/清別集

平川櫂歌一卷　(清)徐涵撰　**斜塘竹枝詞一卷**　(清)柯蘭錡撰　民國十一年(1922)鉛印本　一册

330000－4706－0000940　地文集328　集部/總集類/郡邑之屬

魏塘去思錄一卷　謝錫奎等撰　民國四年(1915)鉛印本　一册

330000－4706－0000943　地文集329　集部/總集類/郡邑之屬

魏塘去思錄一卷　謝錫奎等撰　民國四年(1915)鉛印本　一册

330000－4706－0000944　地文集 330　集部/總集類/郡邑之屬
魏塘去思錄一卷　謝錫奎等撰　民國四年(1915)鉛印本　一册

330000－4706－0000950　地文史 101　史部/傳記類/總傳之屬/家乘
[浙江嘉善]西塘李氏支譜六卷　李正墀纂修　民國十二年(1923)石印本　二册

330000－4706－0000953　地文子 072　子部/儒家類/儒學之屬/禮教/家訓
精本了凡四訓一卷附錄一卷　(明)袁黄撰　歇浦學人集注　民國十三年(1924)上海中華書局鉛印本　一册

330000－4706－0000954　地文子 071　子部/儒家類/儒學之屬/禮教/家訓
精本了凡四訓一卷附錄一卷　(明)袁黄撰　歇浦學人集注　民國十一年(1922)上海中華書局鉛印本　一册

330000－4706－0000978　普 0301　經部/叢編
重刊宋本十三經注疏附校勘記　(清)阮元撰校勘记　(清)盧宣旬摘錄校勘記　民國石印本　一册　存一種

330000－4706－0000982　地文史 102　史部/傳記類/總傳之屬/家乘
[浙江嘉善]西塘李氏支譜六卷　李正墀纂修　民國十二年(1923)石印本　二册

330000－4706－0000983　地文史 103　史部/傳記類/總傳之屬/家乘
[浙江嘉善]西塘李氏支譜六卷　李正墀纂修　民國十二年(1923)石印本　一册　存二卷(一至二)

330000－4706－0000984　地文史 104　史部/傳記類/總傳之屬/家乘
[浙江嘉善]西塘李氏支譜六卷　李正墀纂修　民國十二年(1923)石印本　二册

330000－4706－0000985　地文史 105　史部/傳記類/總傳之屬/家乘
[浙江嘉善]西塘李氏支譜六卷　李正墀纂修　民國抄本　二册

330000－4706－0000992　普 0257　經部/禮記類/傳說之屬
四部叢刊續編　張元濟等編　民國二十三年(1934)上海商務印書館影印本　六册　存一種

330000－4706－0000993　地文史 106　史部/傳記類/總傳之屬/家乘
嘉善曹氏惇敘錄一卷　曹葆宸　曹秉章撰　民國二十二年(1933)刻本　一册

330000－4706－0000994　地文史 107　史部/傳記類/總傳之屬/家乘
嘉善曹氏惇敘錄一卷　曹葆宸　曹秉章撰　民國二十二年(1933)刻本　一册

330000－4706－0000995　地文史 108　史部/傳記類/總傳之屬/家乘
嘉善曹氏惇敘錄一卷　曹葆宸　曹秉章撰　民國二十二年(1933)刻本　一册

330000－4706－0000996　地文史 109　史部/傳記類/總傳之屬/家乘
嘉善曹氏惇敘錄一卷　曹葆宸　曹秉章撰　民國二十二年(1933)刻本　一册

330000－4706－0000997　地文史 110　史部/傳記類/總傳之屬/家乘
嘉善曹氏惇敘錄一卷　曹葆宸　曹秉章撰　民國二十二年(1933)刻本　一册

330000－4706－0000998　地文史 111　史部/傳記類/總傳之屬/家乘
嘉善曹氏惇敘錄一卷　曹葆宸　曹秉章撰　民國二十二年(1933)刻本　一册

330000－4706－0000999　地文史 112　史部/傳記類/總傳之屬/家乘
嘉善曹氏惇敘錄一卷　曹葆宸　曹秉章撰　民國二十二年(1933)刻本　一册

330000－4706－0001000　地文史 113　史部/傳記類/總傳之屬/家乘

嘉善曹氏惇敘錄一卷　曹葆宸　曹秉章撰　民國二十二年(1933)刻本　一册

330000－4706－0001001　地文史 114　史部/傳記類/總傳之屬/家乘

嘉善曹氏惇敘錄一卷　曹葆宸　曹秉章撰　民國二十二年(1933)刻本　一册

330000－4706－0001002　地文史 115　史部/傳記類/總傳之屬/家乘

嘉善曹氏惇敘錄一卷　曹葆宸　曹秉章撰　民國二十二年(1933)刻本　一册

330000－4706－0001003　地文史 116　史部/傳記類/總傳之屬/家乘

嘉善曹氏惇敘錄一卷　曹葆宸　曹秉章撰　民國二十二年(1933)刻本　一册

330000－4706－0001004　地文史 117　史部/傳記類/總傳之屬/家乘

嘉善曹氏惇敘錄一卷　曹葆宸　曹秉章撰　民國二十二年(1933)刻本　一册

330000－4706－0001005　地文史 118　史部/傳記類/總傳之屬/家乘

嘉善曹氏惇敘錄一卷　曹葆宸　曹秉章撰　民國二十二年(1933)刻本　一册

330000－4706－0001006　地文史 119　史部/傳記類/總傳之屬/家乘

嘉善曹氏惇敘錄一卷　曹葆宸　曹秉章撰　民國二十二年(1933)刻本　一册

330000－4706－0001007　地文史 120　史部/傳記類/總傳之屬/家乘

嘉善曹氏惇敘錄一卷　曹葆宸　曹秉章撰　民國二十二年(1933)刻本　一册

330000－4706－0001008　地文史 121　史部/傳記類/總傳之屬/家乘

嘉善曹氏惇敘錄一卷　曹葆宸　曹秉章撰　民國二十二年(1933)刻本　一册

330000－4706－0001010　普 0210　經部/春秋左傳類/傳說之屬

春秋經傳集解三十卷　(晉)杜預註　民國刻本　八册　存十四卷(一至十四)

330000－4706－0001022　地文史 122　史部/傳記類/總傳之屬/家乘

嘉善曹氏惇敘錄一卷　曹葆宸　曹秉章撰　民國二十二年(1933)刻本　一册

330000－4706－0001025　地文史 123　史部/傳記類/總傳之屬/家乘

嘉善曹氏惇敘錄一卷　曹葆宸　曹秉章撰　民國二十二年(1933)刻本　一册

330000－4706－0001026　地文史 124　史部/傳記類/總傳之屬/家乘

嘉善曹氏惇敘錄一卷　曹葆宸　曹秉章撰　民國二十二年(1933)刻本　一册

330000－4706－0001027　地文史 125　史部/傳記類/總傳之屬/家乘

嘉善曹氏惇敘錄一卷　曹葆宸　曹秉章撰　民國二十二年(1933)稿本　一册

330000－4706－0001031　地文史 126　史部/傳記類/總傳之屬/家乘

[浙江嘉善]徐氏家乘一卷　民國十八年(1929)刻本　一册

330000－4706－0001033　地文史 127　史部/傳記類/總傳之屬/家乘

[浙江嘉善]秀溪王氏宗譜六卷首一卷　王茂騈等重修　民國十四年(1925)刻本　四册

330000－4706－0001053　地文史 128　史部/傳記類/總傳之屬/家乘

[浙江嘉善]干溪曹氏家集二十四卷　曹葆宸　曹秉章輯　民國二十六年(1937)鉛印本　六册　缺六卷(一至三、二十二至二十四)

330000－4706－0001055　地文史 129　史部/傳記類/總傳之屬/家乘

[浙江嘉善]干溪曹氏家集二十四卷　曹葆宸　曹秉章輯　民國二十六年(1937)鉛印本　八册

330000－4706－0001061　地文史 130　史部/傳記類/總傳之屬/家乘

[浙江嘉善]曹氏族譜附錄不分卷　曹葆宸輯　民國抄本　一冊

330000－4706－0001076　普 0323　類叢部/叢書類/彙編之屬

四部備要　中華書局編　民國二十五年(1936)上海中華書局鉛印本　三十五冊　存一種

330000－4706－0001083　地文史 132　史部/傳記類/總傳之屬/家乘

[浙江嘉善]干溪曹氏家集二十四卷　曹葆宸　曹秉章輯　民國二十六年(1937)鉛印本　八冊

330000－4706－0001089　地文史 133　史部/政書類/公牘檔冊之屬

西塘濬河徵信錄一卷　陸炳言編　民國三年(1914)鉛印本　一冊

330000－4706－0001090　地文史 134　史部/政書類/公牘檔冊之屬

西塘濬河徵信錄一卷　陸炳言編　民國三年(1914)鉛印本　一冊

330000－4706－0001093　地文集 333　集部/別集類

柳溪竹枝詞一卷續柳溪竹枝詞一卷　周斌撰　民國四年(1915)油印本　一冊

330000－4706－0001098　普 0332　經部/小學類/音韻之屬/韻書

增廣詩韻合璧五卷檢韻一卷　(清)湯文潞輯　(清)華鋸重編　民國石印本　一冊　存一卷(檢韻)

330000－4706－0001129　地文史 141　史部/傳記類/總傳之屬/家乘

[浙江嘉興]歙縣羅田方氏遷禾分支宗譜三卷　方璿撰　方錫壤重修　民國二十三年(1934)鉛印本　一冊

330000－4706－0001131　地文集 335　集部/總集類/氏族之屬

住春樓詩一卷　張一驥等撰　民國油印本　玉龍步雲　錫□跋　一冊

330000－4706－0001140　普 0348　經部/詩類/三家詩之屬

詩毛氏學三十卷　馬其昶撰　民國七年(1918)上海聚珍倣宋印書局鉛印本　十冊

330000－4706－0001148　普 0408　經部/小學類/文字之屬/說文/專著

汲古閣說文訂一卷　(清)段玉裁撰　民國元年(1912)鄂官書處刻本　一冊

330000－4706－0001175　普 0351　經部/孝經類/傳說之屬

孝經一卷弟子職一卷　(清)任兆麟集註　民國鉛印本　一冊

330000－4706－0001176　地文史 135　史部/政書類/公牘檔冊之屬

嘉善縣參事會經管同善接嬰育嬰掩埋等公產徵信錄不分卷　牛蔭麐等輯　民國十一年(1922)嘉善明新社石印本　一冊

330000－4706－0001177　地文史 136　史部/政書類/邦計之屬/地政

嘉興求減浮糧書不分卷　金蓉鏡編　民國三年(1914)鉛印本　一冊

330000－4706－0001178　地文史 137　史部/政書類/邦計之屬/地政

嘉興求減浮糧書不分卷　金蓉鏡編　民國三年(1914)鉛印本　一冊

330000－4706－0001180　地文集 334　集部/總集類/酬唱之屬

壽萱集不分卷　唐文治等撰　陸灝等輯　民國十年(1921)陸氏橘香廬鉛印本　一冊

330000－4706－0001182　地文史 140　史部/地理類/輿圖之屬

嘉善縣志圖不分卷　(清)王偉彪繪　民國刻本　一冊

330000－4706－0001189　普 0425　經部/小學類/文字之屬/說文

說文提要一卷　(清)陳建侯撰　民國元年(1912)鄂官書處刻本　一冊

330000－4706－0001199　地文子075　子部/宗教類/佛教之屬

嘉善佛教勸業社雜録　嘉善佛教淨業社撰　民國抄本　一冊

330000－4706－0001212　普0355　經部/叢編

十三經讀本　唐文治輯　民國十三年(1924)吳江施肇曾醒園刻本　一冊　存一種

330000－4706－0001216　普0357　類叢部/叢書類/彙編之屬

岱南閣叢書十九種　(清)孫星衍輯　民國十三年(1924)上海博古齋據清乾隆嘉慶蘭陵孫氏刻本影印本(元和郡縣圖志卷十九至二十、二十三至二十四、三十五至三十六原缺)　二冊　存一種

330000－4706－0001219　普0367　經部/小學類/文字之屬/字書/字典

玉堂字彙四卷　(明)梅膺祚音釋　民國刻本　三冊　缺一卷(元集)

330000－4706－0001221　普0435　經部/小學類/文字之屬/字書/通論

文字通詮八卷　楊譽龍編　民國十二年(1923)上海中華書局石印本　四冊

330000－4706－0001222　地文史143　史部/政書類/邦計之屬/賦税

均賦餘議坿雜稿一卷　金蓉鏡輯　民國六年(1917)鉛印本　一冊

330000－4706－0001224　普0360　經部/小學類/訓詁之屬/方言

新方言十一卷嶺外三州語一卷　章炳麟撰　民國元年(1912)文學會社石印本　一冊

330000－4706－0001227　地文史144　史部/傳記類/日記之屬

日録便覽一卷(民國八年一月一日至□□)　民國八年(1919)稿本　一冊

330000－4706－0001229　普0362　子部/叢編

百子全書　(清)崇文書局編　民國八年(1919)上海掃葉山房石印本　一冊　存一種

330000－4706－0001232　普0437　經部/小學類/文字之屬/字書

汗簡七卷　(宋)郭宗恕撰　民國石印本　四冊

330000－4706－0001235　普0438　經部/小學類/文字之屬/說文/傳說

說文通檢十四卷首一卷末一卷　(清)黎永椿編　民國十五年(1926)上海掃葉山房石印本　一冊

330000－4706－0001238　普0439　經部/小學類/文字之屬/說文/傳說

說文解字注十五卷附六書音均表五卷　(清)段玉裁撰　**說文通檢十四卷首一卷末一卷**　(清)黎永椿編　**說文解字注匡謬八卷**　(清)徐承慶撰　民國上海掃葉山房石印本　八冊　存八卷(說文解字注八至十五)

330000－4706－0001255　普0372　經部/小學類/文字之屬/說文/專著

說文偏旁考二卷　(清)吳照輯　民國八年(1919)蘇州振新書社石印本　四冊

330000－4706－0001267　地文子077　子部/農家農學類/蠶桑之屬

指導事業實施法不分卷　蠶桑指導所編　民國抄本　一冊

330000－4706－0001277　地文史033　史部/地理類/方志之屬/郡縣志

大事記初稿二卷　胡蒙子　江雪塍纂修　稿本　一冊　存一卷(一)

330000－4706－0001289　地文子079　子部/醫家類/醫案之屬

證治隨錄不分卷　稿本　六冊

330000－4706－0001292　地文子080　子部/醫家類/醫話醫論之屬

小道可觀一卷　民國抄本　一冊

330000－4706－0001294　地文史034　史部/地理類/方志之屬/郡縣志

[嘉善]本縣大事記不分卷 嘉善修志館編 民國三十七年(1948)稿本 一冊

330000－4706－0001301 普 0384 經部/小學類/訓詁之屬/方言
新方言十一卷嶺外三州語一卷 章炳麟撰 民國元年(1912)文學會社石印本 一冊 缺二卷(一至二)

330000－4706－0001307 地文子 081 子部/醫家類/醫案之屬
吳氏醫案一卷 吳傳蓀撰 抄本 一冊

330000－4706－0001314 地文子 026 子部/叢編
存古堂十三種叢書 民國抄本 四冊

330000－4706－0001323 地文集 340 集部/總集類/郡邑之屬
合社四集一卷 金松岑等撰 民國油印本 一冊

330000－4706－0001329 地文集 342 集部/別集類
寒柯堂避寇詩草三卷 余紹宋撰 民國鉛印本 二冊 存二卷(二至三)

330000－4706－0001332 地文子 083 子部/醫家類/醫案之屬
醫案類取三卷 民國抄本 一冊

330000－4706－0001341 地文子 086 子部/藝術類/篆刻之屬/印譜
石廬印集不分卷 嚴西鳳輯 民國三十四年(1945)鈐印本 一冊

330000－4706－0001344 地文子 085 子部/醫家類/溫病之屬/瘧痢
痢證滙条十卷 (清)吳道源輯 民國抄本 一冊

330000－4706－0001356 地文子 088 子部/醫家類/醫方之屬/單方驗方
家傳秘方一卷 民國抄本 一冊

330000－4706－0001371 地文史 147 新學/圖學/測繪
測量不分卷 知非子手抄 民國七年(1918)抄本 一冊

330000－4706－0001373 地文集 010 子部/雜著類/雜説之屬
見聞雜抄不分卷 民國抄本 一冊

330000－4706－0001375 地文集 351 集部/別集類
讀左隨筆不分卷 寄樵輯 稿本 一冊

330000－4706－0001376 普 0400 類叢部/叢書類/自著之屬
松翁居遼後所著書三種 羅振玉撰 民國十八年(1929)上虞羅氏石印本 一冊 存一種

330000－4706－0001408 地文子 091 子部/醫家類/醫案之屬
證治隨錄一卷 民國四年(1915)抄本 一冊

330000－4706－0001410 地文子 092 子部/醫家類/醫理之屬/病源病機
病機賦不分卷 民國抄本 一冊

330000－4706－0001415 地文集 120 集部/詩文評類/文評之屬
古詩文論不分卷 稿本 一冊

330000－4706－0001427 普 0488 類叢部/叢書類/彙編之屬
晨風廬叢刊十八種 周慶雲輯 民國吳興周氏夢坡室刻本 一冊 存一種

330000－4706－0001434 普 0571 史部/地理類/水利之屬
治河說略十卷 屈映光著 民國鉛印本 二冊

330000－4706－0001444 普 0617 史部/地理類/專志之屬/宮殿
圓明園攷一卷 程演生輯 民國十七年(1928)上海中華書局鉛印本 一冊

330000－4706－0001445 普 0485 集部/總集類/選集之屬/通代
雁山鴻爪三卷 周起渭輯 民國二十三年(1934)樂清天一書局鉛印本 一冊 存二卷

(一至二)

330000－4706－0001451　普 0618　史部/地理類/專志之屬/古跡

金陵勝蹟志十卷　胡祥翰輯　民國十五年(1926)鉛印本　一册

330000－4706－0001455　普 0576　史部/地理類/山川之屬/山志

重修南海普陀山志二十卷首一卷　(清)秦耀曾編輯　民國刻本　四册

330000－4706－0001468　普 0495　史部/地理類/山川之屬/山志

南田山志十四卷首一卷　劉燿東撰　民國二十四年(1935)啓後亭鉛印本　二册　存十一卷(首、一至十)

330000－4706－0001476　普 1387　子部/醫家類/醫案之屬

丁氏醫案十五卷　丁澤周撰　民國抄本　一册　存四卷(一至四)

330000－4706－0001482　普 0625　史部/地理類/雜志之屬

上海掌故叢書第一集　上海通社輯　民國二十四年(1935)上海通社鉛印本　十册

330000－4706－0001484　普 0580　新學/政治法律

憲法精理二卷　周逵編譯　民國鉛印本　一册

330000－4706－0001488　普 0582　史部/地理類/方志之屬/郡縣志

竹林八圩志十二卷首一卷　祝廷錫纂　民國二十一年(1932)石印本　四册

330000－4706－0001509　地文子 093　子部/儒家類/儒學之屬/禮教/家訓

了凡訓子書一卷　(明)袁黄撰　民國石印本　一册

330000－4706－0001520　普 0632　史部/地理類/專志之屬

西湖遊覽指南一卷　民國八年(1919)鑫記書局石印本　一册

330000－4706－0001524　普 0707　史部/傳記類/總傳之屬/忠孝

正氣集十卷　(清)王式纂輯　民國三年(1914)鉛印本　四册

330000－4706－0001533　普 0589　新學/政治法律

國際公法講義不分卷　民國鉛印本　一册

330000－4706－0001534　地文史 160　史部/地理類/水利之屬

乍閘紀原一卷　盛沅編　民國十一年(1922)鉛印本　一册

330000－4706－0001536　普 0640　史部/傳記類/總傳之屬/通代

碑傳集補六十卷首二卷末一卷　閔爾昌纂　民國十二年(1923)北平燕京大學國學研究所鉛印本　二十三册　缺二卷(四十二至四十三)

330000－4706－0001540　普 0710　史部/政書類/律令之屬/治獄

審斷須知不分卷　魏頌唐輯　民國四年(1915)浙江印刷公司鉛印本　一册

330000－4706－0001552　普 0712　史部/政書類/律令之屬/治獄

審斷須知不分卷　魏頌唐輯　民國四年(1915)浙江印刷公司鉛印本　一册

330000－4706－0001556　普 0713　史部/政書類/律令之屬/治獄

審斷須知不分卷　魏頌唐輯　民國四年(1915)浙江印刷公司鉛印本　一册

330000－4706－0001558　普 0714　史部/政書類/律令之屬/治獄

審斷須知不分卷　魏頌唐輯　民國四年(1915)浙江印刷公司鉛印本　一册

330000－4706－0001559　普 0715　史部/政書類/律令之屬/治獄

審斷須知不分卷　魏頌唐輯　民國四年

(1915)浙江印刷公司鉛印本　一册

330000－4706－0001561　普 0643　新學/政治法律/律例

民事訴訟律草案四編　民國元年(1912)石印本　七册

330000－4706－0001563　普 0644　史部/政書類/律令之屬

中國民事習慣大全六卷　施沛生等編纂　民國十三年(1924)廣益書局鉛印本　八册

330000－4706－0001568　普 0598　史部/政書類/律令之屬

浙江省現行法規彙編不分卷　浙江省政府秘書處編輯　民國二十三年(1934)浙江省政府秘書處鉛印本　一册

330000－4706－0001569　地文集 270　集部/別集類/清別集

困勉齋文存一卷　(清)曹銜達撰　曹秉章輯　民國抄本　一册

330000－4706－0001570　地文集 352　集部/別集類

日退三舍吟一卷　張鳳撰　民國二十一年(1932)鉛印本　一册

330000－4706－0001572　地文集 353　集部/總集類/酬唱之屬

四秩唱酬錄一卷　丁祖蔭等撰　民國石印本　一册

330000－4706－0001573　地文子 005　子部/宗教類/佛教之屬

籌建社址總冊一卷　嘉善佛教淨業社撰　稿本　一册

330000－4706－0001575　地文集 0367　集部/總集類/郡邑之屬

柳溪詩徵六卷　周斌輯　民國抄本　一册　存一卷(六)

330000－4706－0001588　地文史 032　史部/地理類/雜志之屬

二圖四圩合版不分卷　民國抄本　一册

330000－4706－0001589　地文史 153　史部/政書類/邦計之屬/錢幣

貨物查存不分卷　民國三十五年(1946)抄本　一册

330000－4706－0001590　地文史 154　史部/傳記類/總傳之屬

嘉善縣立初級中學同學錄不分卷　民國三十五年(1946)鉛印本　一册

330000－4706－0001592　地文史 155　史部/地理類/輿圖之屬

張滙鄉區圖一卷　民國六年(1917)稿本　一册

330000－4706－0001593　地文集 037　集部/總集類/尺牘之屬

來往家書一卷　稿本　一册

330000－4706－0001596　地文集 082　集部/別集類

甲戌歲泉香藝詩稾不分卷　泉香撰　稿本　張鳳批　一册

330000－4706－0001597　普 0653　史部/地理類/方志之屬/郡縣志

[乾隆]金山縣志二十卷首一卷　(清)常琬修　(清)焦以敬等纂　民國十八年(1929)據清乾隆十六年(1751)刻本影印本　二册　缺十卷(六至十五)

330000－4706－0001600　地文子 096　子部/醫家類/推拿按摩外治之屬

推拿廣義三卷　(清)熊應雄輯　民國抄本　二册

330000－4706－0001603　普 0655　史部/地理類/方志之屬/郡縣志

[嘉慶]朱涇志十卷　(清)朱棟纂　民國五年(1916)鉛印本　四册

330000－4706－0001604　普 0802　史部/政書類/律令之屬/判牘

各省審判廳判牘不分卷　民國元年(1912)石印本　六册

330000－4706－0001605　普0724　史部/金石類/甲骨之屬/文字

鐵雲藏龜不分卷　（清）劉鶚輯　鮑鼎釋　**鐵雲藏龜之餘一卷**　羅振玉輯　鮑鼎釋　民國二十年（1931）上虞羅振常蟫隱廬石印本　四册

330000－4706－0001613　地文集355　集部/總集類/氏族之屬

住春樓詩一卷　張一驥等撰　稿本　一册

330000－4706－0001621　普0729　史部/地理類/方志之屬/郡縣志

［光緒］杭州府志一百七十八卷首八卷　（清）陳璚等修　（清）王棻等纂　屈映光續修　陸懋勳續纂　齊耀珊重修　吳慶坻重纂　民國十一年（1922）鉛印本　七十二册　存一百六十九卷（首一至八，一至六十六、七十至八十四、八十七至一百十一、一百十四至一百三十六、一百三十九至一百四十五、一百四十八至一百五十、一百五十四至一百六十五、一百六十九至一百七十八）

330000－4706－0001624　普0660　史部/地理類/方志之屬/郡縣志

［乾隆］烏青鎮志十二卷　（清）董世寧纂修　民國七年（1918）鉛印本　二册

330000－4706－0001626　普0661　類叢部/叢書類/彙編之屬

崇雅堂叢書十四種　楊晨撰　民國二十五年（1936）鉛印本　三册　存二種

330000－4706－0001631　地文史046　史部/傳記類/總傳之屬/家乘

［浙江嘉善］秀溪王氏宗譜六卷首一卷　王茂騂等重修　民國十四年（1925）刻本　三册

330000－4706－0001632　地文史156　史部/傳記類/總傳之屬/家乘

［浙江嘉善］秀溪王氏宗譜六卷首一卷　王茂騂等重修　民國刻本　一册　存三卷（四至六）

330000－4706－0001637　普0811　史部/金石類/石之屬/文字

黃小松藏漢碑五種　（清）黃易藏　民國上海有正書局影印本　五册

330000－4706－0001641　普0813　史部/金石類/甲骨之屬/圖像

鐵雲藏龜不分卷　（清）劉鶚輯　鮑鼎釋　**鐵雲藏龜之餘一卷**　羅振玉輯　鮑鼎釋　民國二十年（1931）上虞羅振常蟫隱廬石印本　九册

330000－4706－0001647　普0815　史部/金石類

百一廬金石叢書十種　陳乃乾輯　民國十年（1921）海寧陳氏影印本　十册

330000－4706－0001650　普0816　史部/地理類/方志之屬/通志

勅修浙江通志二百八十卷首三卷　（清）嵇曾筠等修　民國二十三年（1934）商務印書館影印本　四册

330000－4706－0001652　地文集356　集部/總集類/尺牘之屬

書信集一卷　稿本　一册

330000－4706－0001654　地文史158　史部/傳記類/總傳之屬

寺廟經疏紙一卷永壽雲間經疏一卷　稿本　二册

330000－4706－0001663　地文子097　子部/儒家類/儒學之屬/禮教/家訓

明袁了凡四訓一卷　（明）袁黃撰　民國鉛印本　一册

330000－4706－0001666　地文集357　子部/藝術類/書畫之屬/法帖

時人手蹟一卷　袁慶萱等撰　稿本　一册

330000－4706－0001711　普0833　史部/紀事本末類/斷代之屬

清史紀事本末八十卷　黃鴻壽輯　民國石印本　一册　存九卷（六十一至六十九）

330000－4706－0001716　普0907　經部/小

學類/文字之屬/字書/字典

康熙字典十二集三十六卷總目一卷檢字一卷辨似一卷等韻一卷備考一卷補遺一卷 （清）張玉書等纂修　民國八年（1919）上海中華圖書館影印本　十二册

330000－4706－0001731　普 0933　經部/小學類/文字之屬/字書/字典

康熙字典十二集三十六卷總目一卷等韻一卷檢字一卷辨似一卷備考一卷補遺一卷 （清）張玉書等纂修　民國章福記石印本　六册

330000－4706－0001733　普 0934　經部/小學類/文字之屬/字書/字典

康熙字典十二集三十六卷總目一卷檢字一卷辨似一卷等韻一卷備考一卷補遺一卷 （清）張玉書等纂修　民國上海鴻寶書局石印本　六册

330000－4706－0001734　普 0935　經部/小學類/文字之屬/字書/字典

康熙字典十二集三十六卷總目一卷檢字一卷辨似一卷等韻一卷備考一卷補遺一卷 （清）張玉書等纂修　民國六年（1917）上海鴻寶齋石印本　六册

330000－4706－0001736　普 0765　史部/地理類/遊記之屬

徐霞客遊記大觀十二卷 （明）徐弘祖撰（清）李寄輯　民國十三年（1924）上海掃葉山房石印本　八册　存八卷（一、四至十）

330000－4706－0001760　普 0937　經部/小學類/文字之屬/字書/字典

康熙字典十二集三十六卷總目一卷檢字一卷辨似一卷等韻一卷備考一卷補遺一卷 （清）張玉書等纂修　民國六年（1917）上海鴻寶齋書局石印本　一册

330000－4706－0001763　普 0938　經部/小學類/文字之屬/字書/字典

康熙字典十二集三十六卷總目一卷檢字一卷辨似一卷等韻一卷備考一卷補遺一卷 （清）張玉書等纂修　民國上海商務印書館石印本　七册

330000－4706－0001768　普 0940　經部/小學類/文字之屬/字書/字典

康熙字典十二集三十六卷檢字一卷辨似一卷等韻一卷備考一卷補遺一卷 （清）張玉書等纂修　民國二年（1913）上海鴻文恆記書局石印本　六册

330000－4706－0001771　普 0951　經部/小學類/文字之屬/字書/字典

康熙字典十二集三十六卷總目一卷檢字一卷辨似一卷等韻一卷備考一卷補遺一卷 （清）張玉書等纂修　民國三年（1914）上海共和書局石印本　六册

330000－4706－0001778　普 0952　經部/小學類/文字之屬/字書/字典

康熙字典十二集三十六卷總目一卷檢字一卷辨似一卷等韻一卷備考一卷補遺一卷 （清）張玉書等纂修　民國石印本　五册　缺八卷（巳集上中下、午集上中下，備考，補遺）

330000－4706－0001785　普 0953　經部/小學類/文字之屬/字書/字典

康熙字典十二集三十六卷總目一卷檢字一卷辨似一卷等韻一卷備考一卷補遺一卷 （清）張玉書等纂修　民國石印本　二册　存十二卷（未集上中下、申集上中下、酉集上中下、戌集上中下）

330000－4706－0001786　普 0954　經部/小學類/文字之屬/字書/字典

康熙字典十二集三十六卷總目一卷檢字一卷辨似一卷等韻一卷備考一卷補遺一卷 （清）張玉書等纂修　民國石印本　二册　存十二卷（未集上中下、申集上中下、酉集上中下、戌集上中下）

330000－4706－0001787　普 0955　經部/小學類/文字之屬/字書/字典

康熙字典十二集三十六卷總目一卷檢字一卷辨似一卷等韻一卷備考一卷補遺一卷 （清）張玉書等纂修　民國石印本　三册　存十五卷（卯集上中下、未集上中下、申集上中下、酉集上中下、戌集上中下）

330000－4706－0001788　普 0956　經部/小學類/文字之屬/字書/字典

康熙字典十二集三十六卷總目一卷檢字一卷辨似一卷等韻一卷備考一卷補遺一卷　（清）張玉書等纂修　民國石印本　三册　存十六卷(子集上中下、丑集上中下、酉集上中下、戌集上中下,總目,檢字,辨似,等韻)

330000－4706－0001789　普 0957　經部/小學類/文字之屬/字書/字典

康熙字典十二集三十六卷總目一卷檢字一卷辨似一卷等韻一卷備考一卷補遺一卷　（清）張玉書等纂修　民國石印本　二册　存十六卷(子集上中下、丑集上中下、酉集上中下、戌集上中下,總目,檢字,辨似,等韻)

330000－4706－0001790　普 0958　經部/小學類/文字之屬/字書/字典

康熙字典十二集三十六卷總目一卷檢字一卷辨似一卷等韻一卷備考一卷補遺一卷　（清）張玉書等纂修　民國石印本　五册　缺五卷(亥集上中下、備考、補遺)

330000－4706－0001791　普 0959　經部/小學類/文字之屬/字書/字典

康熙字典十二集三十六卷總目一卷檢字一卷辨似一卷等韻一卷備考一卷補遺一卷　（清）張玉書等纂修　民國石印本　四册　缺十一卷(未集上中下、申集上中下、亥集上中下,備考,補遺)

330000－4706－0001792　普 0949　史部/地理類/總志之屬/通代

地理概論五卷　葛陛綸編輯　民國四年(1915)上海會文堂鉛印本　六册

330000－4706－0001796　普 0850　史部/編年類/通代之屬

綱鑑易知錄九十二卷明鑑易知錄十五卷　（清）吳乘權等輯　民國五年(1916)上海商務印書館鉛印本　十六册

330000－4706－0001803　普 0962　類叢部/叢書類/彙編之屬

四部備要　中華書局編　民國二十五年(1936)上海中華書局鉛印本　一百二十四册　存十五種

330000－4706－0001805　普 0963　類叢部/叢書類/彙編之屬

四部備要　中華書局編　民國二十五年(1936)上海中華書局鉛印本　三十六册　存六種

330000－4706－0001817　普 0964　類叢部/叢書類/彙編之屬

四部備要　中華書局編　民國二十五年(1936)上海中華書局鉛印本　十一册　存四種

330000－4706－0001851　普 0864　史部/編年類/通代之屬

綱鑑擇語十卷　（清）司徒修輯　民國石印本　三册

330000－4706－0001859　普 1155　史部/傳記類/別傳之屬/年譜

呂祖年譜海山奇遇七卷　（清）火西月編　民國上海江左書林石印本　二册

330000－4706－0001863　普 0985　史部/雜史類/斷代之屬

戰國策詳註三十三卷　郭希汾輯註　民國十四年(1925)上海文明書局鉛印本　六册

330000－4706－0001864　普 0986　史部/雜史類/斷代之屬

戰國策補註三十三卷　吳曾祺撰　民國三年(1914)上海商務印書館鉛印本　四册

330000－4706－0001871　普 0798　史部/金石類/總志之屬

西北科學考查團叢刊□□種　民國二十年(1931)中國學術團體協會西北科學考查團理事會鉛印本　一册　存一種

330000－4706－0001887　普 0992　史部/目録類/版本之屬/專考

雪堂校刊羣書敘錄二卷　羅振玉撰　民國七年(1918)上虞羅振玉鉛印本　二册

330000－4706－0001891　普 0980　史部/雜史類/斷代之屬

戰國策補註三十三卷　吴曾祺撰　民國上海商務印書館鉛印本　三冊　存二十五卷(一至二十五)

330000－4706－0001893　普 1301　史部/雜史類/斷代之屬

戰國策補註三十三卷　吴曾祺撰　民國八年(1919)上海商務印書館鉛印本　四冊

330000－4706－0001896　普 0993　史部/目録類/總録之屬/官修

欽定四庫全書簡明目錄二十卷　(清)紀昀等撰　民國十四年(1925)上海掃葉山房石印本　七冊

330000－4706－0001906　普 0998　經部/春秋左傳類/傳說之屬

春秋左傳五十卷　(晉)杜預　(宋)林堯叟註釋　(唐)陸德明音義　民國四年(1915)無錫日升山房刻本　十六冊

330000－4706－0001908　普 0999　史部/紀傳類/正史之屬

百五十名家評註史記一百三十卷補一卷　(漢)司馬遷著　(南朝宋)裴駰集解　(唐)司馬貞索隱　(唐)張守節正義　民國石印本　九冊　存七十卷(六十一至一百三十)

330000－4706－0001911　普 1304　史部/雜史類/斷代之屬

國語韋解補正二十一卷　吴曾祺撰　朱元善校訂　民國上海商務印書館鉛印本　二冊　存十二卷(十至二十一)

330000－4706－0001912　普 1305　史部/雜史類/斷代之屬

國語韋解補正二十一卷　吴曾祺撰　朱元善校訂　民國三年(1914)上海商務印書館鉛印本　四冊

330000－4706－0001915　普 1279　子部/宗教類/佛教之屬/經

佛說阿彌陀經一卷　(後秦)釋鳩摩羅什譯　民國十四年(1925)上海宏大善書局石印本　一冊

330000－4706－0001917　普 1306　類叢部/叢書類/彙編之屬

四部備要　中華書局編　民國二十五年(1936)上海中華書局鉛印本　一冊　存一種

330000－4706－0001925　普 1309　史部/紀傳類/正史之屬

史記一百三十卷　(漢)司馬遷撰　(明)歸有光等評點　**方望溪平點史記四卷**　(清)方苞撰　民國四年(1915)上海同文圖書館石印本　二十四冊

330000－4706－0001928　普 1402　史部/政書類/公牘檔冊之屬

京滬滬杭鐵路管理局行政機構工作規程不分卷　鐵路管理局編　民國抄本　一冊

330000－4706－0001936　普 1404　史部/金石類/郡邑之屬/目録

鳴沙山石室祕錄一卷　羅振玉撰　民國國粹學報社鉛印本　一冊

330000－4706－0001940　普 1313　史部/紀傳類/正史之屬

四史四百十五卷　劉承幹輯　民國十六年(1927)上海商務印書館石印本　四十八冊

330000－4706－0001950　普 1119　子部/藝術類/書畫之屬/法帖

張叔未寫清儀閣集古款識一卷　(清)張廷濟書　**陳簠齋寫東武劉氏款識一卷**　(清)陳介祺書　民國八年(1919)上海商務印書館石印本　一冊

330000－4706－0001952　普 1120　史部/金石類/總志之屬

楚雨樓叢書初集八種　羅振玉撰　民國上虞羅氏影印本　二冊　存一種

330000－4706－0001955　普 1121　史部/金石類/甲骨之屬/通考

殷虛書契考釋一卷　羅振玉撰　民國影印本　一冊

330000－4706－0001958　普 1316　史部/紀傳類/正史之屬

史記一百三十卷　(漢)司馬遷撰　(南朝宋)裴駰集解　(唐)司馬貞索隱　(唐)張守節正義　民國上海錦章圖書局據清武英殿二十一史本影印本　五冊　存八十七卷(十三至四十一、四十七至一百四)

330000－4706－0001959　普 1411　史部/目録類/總録之屬/官修

浙江公立圖書館通常類圖書目録五卷附保存類圖書目録補遺一卷　浙江公立圖書館編　民國十四年(1925)浙江公立圖書館鉛印本　六冊　存四卷(二至三、五,補遺)

330000－4706－0001960　普 1412　史部/目録類/總録之屬/官修

浙江公立圖書館通常類圖書目録五卷附保存類圖書目録補遺一卷　浙江公立圖書館編　民國十四年(1925)浙江公立圖書館鉛印本　八冊

330000－4706－0001961　普 1414　史部/目録類/總録之屬/官修

浙江圖書館觀覽類書目四卷補編二卷補遺一卷附録一卷　浙江圖書館編　民國四年(1915)浙江圖書館鉛印本　七冊

330000－4706－0001962　普 1413　史部/目録類/總録之屬/官修

浙江圖書館保存類書目四卷末一卷　浙江圖書館編　民國四年(1915)浙江圖書館鉛印本　一冊

330000－4706－0001963　普 1415　史部/目録類/總録之屬/官修

浙江圖書館觀覽類日文書目一卷　浙江圖書館編　民國四年(1915)浙江圖書館鉛印本　一冊

330000－4706－0001966　普 1407　子部/藝術類/書畫之屬

石室秘寶二卷　存古學會編　民國有正書局影印本　二冊

330000－4706－0001970　普 1122　集部/別集類/清別集

註釋小倉山房文集三十五卷　(清)袁枚著　(清)雷瑨註釋　民國石印本　六冊　存十七卷(十九至三十五)

330000－4706－0001972　普 0892　子部/小說家類

宋人小說二十八種　涵芬樓編　民國上海商務印書館鉛印本　八冊　存七種

330000－4706－0001976　普 0690　史部/金石類/郡邑之屬

河朔訪古隨筆二卷　顧燮光撰　民國十五年(1926)中南印刷公司鉛印本　一冊

330000－4706－0001978　普 1125　子部/雜著類/雜纂之屬

平等閣筆記六卷　狄葆賢撰　民國上海有正書局鉛印本　五冊

330000－4706－0001980　普 1410　史部/史抄類

讀史筆記不分卷　民國抄本　一冊

330000－4706－0001981　普 1416　新學/政治法律/制度

浙江縣教育行政制度不分卷　沈光烈撰　民國二十六年(1937)杭州武林公司鉛印本　一冊

330000－4706－0001982　普 1320　史部/紀傳類/正史之屬

二十四史附考證　民國上海涵芬樓據武英殿本影印本　一冊　存一種

330000－4706－0001985　普 0692　子部/藝術類

廣倉學宭藝術臨時增刊□□種　民國廣倉學宭影印本　一冊　存一種

330000－4706－0001986　普 0896　子部/藝術類/書畫之屬/法帖

宋拓石鼓文不分卷　民國十五年(1926)上海藝苑真賞社影印本　一冊

330000－4706－0001987　普 1126　史部/金石類/金之屬
愙齋集古錄二十六卷　(清)吳大澂撰　民國六年(1917)上海涵芬樓影印本　二十三冊　存二十三卷(一至十八、二十至二十一、二十三至二十五)

330000－4706－0001988　普 0897　史部/金石類
流沙墜簡一卷考釋三卷補遺一卷補遺考釋一卷　羅振玉輯　羅振玉　王國維考釋　民國抄本　二冊

330000－4706－0001989　普 0693　史部/金石類/陶之屬/文字
廣倉專錄一卷補一卷　鄒安輯　民國上海廣倉學宭影印本　一冊

330000－4706－0001993　普 0899　史部/金石類/石之屬/文字
周宣王石鼓文一卷　民國影印本　一冊

330000－4706－0001994　地文史 161　史部/傳記類/總傳之屬
浙江第二中學校同學錄一卷　民國九年(1920)油印本　一冊

330000－4706－0001995　普 0900　史部/金石類/陶之屬/文字
廣倉專錄第二集一卷補一卷第三集三卷　鄒安輯　民國上海廣倉學宭影印本　一冊　存一卷(第二集)

330000－4706－0001996　普 0696　子部/藝術類/書畫之屬/法帖
草隸存六卷　鄒安輯　民國十年(1921)上海廣倉學宭影印本　二冊

330000－4706－0001998　普 1201　子部/藝術類/書畫之屬/法帖
明初拓史晨前後碑一卷　民國十七年(1928)上海商務印書館影印本　一冊

330000－4706－0001999　普 0697　子部/兵家類/兵法之屬
評註七子兵略七卷　(清)陳玖撰　(清)陳廷傑　(清)陳廷傅訂正　(清)仲忠　(清)嚴廷諫校　民國六年(1917)鴻文齋石印本　四冊

330000－4706－0002000　普 1321　史部/紀傳類/正史之屬
二十四史附考證　民國五年(1916)上海涵芬樓據清乾隆武英殿刻本影印本　四十一冊　存三種

330000－4706－0002014　普 0700　子部/宗教類/道教之屬
濟一子證道秘書十七種　(清)傅金銓輯　民國十年(1921)上海中原書局石印本　十六冊　缺三卷(外金丹五、五篇註四至五)

330000－4706－0002016　普 1130　史部/金石類/石之屬/圖像
六朝志銘叢錄初集不分卷　吳隱纂輯　顧燮光編目　民國影印本　一冊

330000－4706－0002017　普 1002　子部/叢編
子書四十八種　民國十一年(1922)上海廣益書局石印本　二十七冊　存三十八種

330000－4706－0002018　普 1131　史部/金石類/石之屬/圖像
漢鐫古帝王像一卷　(清)翁方綱等題跋　民國影印本　一冊

330000－4706－0002023　普 1005　子部/宗教類/道教之屬
道書二十三種　(清)劉一明撰　民國十四年(1925)上海集成書局鉛印本　十五冊　存二十二種

330000－4706－0002030　普 1133　子部/儒家類/儒學之屬/蒙學
新增繪圖幼學故事瓊林四卷首一卷　(清)程登吉撰　(清)鄒聖脈增補　民國石印本　二冊　缺三卷(一、三至四)

330000－4706－0002043　普 1417　史部/金石類/金之屬/文字
殷周青銅器銘文研究不分卷　郭沫若撰　民

國二十年(1931)上海大東書局影印本　二冊

330000－4706－0002045　地文史 162　史部/金石類/總志之屬
漢晉西陲木簡彙編二編附釋文　張鳳輯　民國二十年(1931)上海有正書局影印本暨鉛印本　一冊

330000－4706－0002049　普 1008　類叢部/叢書類/彙編之屬
四庫全書珍本初集二百三十種　中央圖書館籌備處輯　民國二十三年至二十四年(1934－1935)上海商務印書館據文淵閣本影印本　七十二冊　存十四種

330000－4706－0002050　普 1009　子部/儒家類/儒學之屬/性理
畜德錄二十卷　(清)席啓圖輯　民國上海掃葉山房石印本　五冊　缺四卷(十四至十七)

330000－4706－0002066　普 1015　子部/儒家類/儒學之屬/蒙學
新增繪圖幼學故事瓊林四卷首一卷　(清)程登吉撰　(清)鄒聖脈增補　民國石印本　一冊

330000－4706－0002069　普 1016　子部/儒家類/儒學之屬
古鹽補留堂精校新增繪圖幼學故事瓊林四卷首一卷　(清)程允升撰　(清)鄒聖脈增補　民國石印本　一冊

330000－4706－0002073　普 0797　子部/儒家類/儒學之屬/蒙學
精校新增繪圖幼學故事瓊林四卷首一卷　(清)程登吉撰　(清)鄒聖脈增補　民國石印本　三冊　缺二卷(三至四)

330000－4706－0002077　普 1143　子部/儒家類/儒學之屬/蒙學
寄傲山房塾課新增繪圖幼學故事瓊林四卷首一卷　(清)程允升撰　(清)鄒聖脈增補　(清)謝梅林　(清)鄒可庭參訂　民國石印本　一冊　存一卷(二)

330000－4706－0002082　普 1144　子部/儒家類/儒學之屬/蒙學
寄傲山房塾課新增繪圖幼學故事瓊林四卷首一卷　(清)程允升撰　(清)鄒聖脈增補　(清)謝梅林　(清)鄒可庭參訂　民國石印本　二冊　存二卷(二至三)

330000－4706－0002084　普 1425　史部/傳記類/別傳之屬/事狀
吳興周夢坡先生哀思錄不分卷　周延礽輯　民國二十四年(1935)鉛印本　二冊

330000－4706－0002085　普 1020　子部/醫家類/綜合之屬/通論
儒門事親十五卷　(金)張子和撰　民國上海千頃堂書局石印本　一冊

330000－4706－0002104　普 1429　史部/傳記類/別傳之屬/年譜
陸閏生先生[宗輿]五十自述記一卷附駐日時代交涉案情　陸宗輿撰　民國十四年(1925)北京日報朱墨鉛印本　一冊

330000－4706－0002108　普 1023　集部/詞類/類編之屬
四印齋所刻詞二十種　(清)王鵬運輯　民國十九年(1930)上海掃葉山房石印本　四冊　存一種

330000－4706－0002109　普 1024　子部/道家類
道德經註釋二卷　(清)黄裳撰　民國七年(1918)北京道德學社鉛印本　一冊　存一卷(下)

330000－4706－0002110　普 1430　史部/傳記類/別傳之屬
智仁先生七十玉□不分卷　朱成傑等撰　民國十二年(1923)石印本　一冊

330000－4706－0002112　普 1341　史部/史抄類
史記菁華錄六卷　(清)姚祖恩輯評　民國上海商務印書館鉛印本　一冊　存二卷(一至二)

330000－4706－0002113　普 1342　史部/史

抄類

史記菁華錄六卷　(清)姚祖恩輯評　民國鉛印本　四冊　存四卷(二至四、六)

330000－4706－0002114　普 1343　史部/史抄類

史記菁華錄六卷　(清)姚祖恩輯評　民國二十四年(1935)上海掃葉山房石印本　六冊

330000－4706－0002118　普 1227　子部/兵家類/兵法之屬

趙註孫子五卷　(明)趙本學解引類　民國石印本　四冊

330000－4706－0002126　普 1025　類叢部/叢書類

藴石齋叢書□□種　民國七年(1918)石印本　八冊　存一種

330000－4706－0002127　普 1026　類叢部/叢書類

藴石齋叢書□□種　民國七年(1918)石印本　八冊　存一種

330000－4706－0002131　普 1442　子部/藝術類/書畫之屬/法帖

趙松雪手札墨蹟一卷　(元)趙孟頫書　民國八年(1919)上海有正書局影印本　一冊

330000－4706－0002134　普 1443　史部/金石類/石之屬/圖像

六朝墓誌菁華四集不分卷　上海有正書局輯　民國九年(1920)上海有正書局影印本　四冊　存一集(一)

330000－4706－0002137　普 1433　史部/金石類/金之屬/文字

秦漢金篆八種放大本不分卷　民國九年(1920)上海有正書局石印本　一冊

330000－4706－0002139　普 1029　類叢部/類書類/通類之屬

增補事類統編九十三卷首一卷　(清)黄葆真增輯　民國十年(1921)上海錦章圖書局石印本　六冊　存四十三卷(首、一至四十二)

330000－4706－0002148　普 1344　史部/史抄類

史記菁華錄六卷　(清)姚祖恩輯評　民國鉛印本　一冊

330000－4706－0002157　普 1340　史部/目録類/通論之屬/掌故瑣記

書林清話十卷　葉德輝撰　民國八年(1919)葉啟崟刻本　五冊

330000－4706－0002159　普 1382　子部/儒家類/儒學之屬/蒙學

小學集解六卷　(清)張伯行輯註　民國元年(1912)刻本　三冊

330000－4706－0002172　普 1346　史部/史抄類

史記菁華錄六卷　(清)姚祖恩輯評　民國鉛印本　一冊　存二卷(一至二)

330000－4706－0002174　普 1434　類叢部/叢書類/彙編之屬

涵芬樓祕笈五十一種　孫毓修等輯　民國五年至十五年(1916－1926)上海商務印書館影印暨鉛印本　三十五冊　存十八種

330000－4706－0002178　普 1246　子部/雜著類/雜考之屬

困學紀聞注二十卷首一卷　(清)翁元圻撰　民國上海文瑞樓石印本　十三冊　存十五卷(首,一至八、十三至十四、十七至二十)

330000－4706－0002179　普 1435　史部/金石類/金之屬

周金文存六卷補遺一卷　鄒安輯　民國十年(1921)上海廣倉學宭影印本　十一冊　存六卷(一至六)

330000－4706－0002187　普 1437　史部/地理類/方志之屬/通志

重修浙江通志初稿體例綱要及目錄一卷　浙江省通志館修　余紹宋　孫延釗等纂　民國三十七年(1948)鉛印本　一冊

330000－4706－0002193　普 1170　子部/宗教類/道教之屬/雜著

張三丰先生全集八卷　(明)張三丰撰　(清)李西月重編　**張三丰祖師無根樹詞註解一卷**　(明)劉悟元註　(明)李西月增解　**靈寶畢法三卷**　題(唐)鍾離權撰　(唐)呂嵒傳　民國八年(1919)上海江左書林石印本　六冊　存八卷(一至八)

330000－4706－0002194　普 1072　史部/地理類/遊記之屬/紀行
甲子稽古旅行記一卷　侯鴻鑑撰　民國鉛印本　一冊

330000－4706－0002238　普 1438　史部/金石類/錢幣之屬/雜著
古泉叢話四卷　(清)戴熙撰　民國十三年(1924)上海中華書局影印本　四冊

330000－4706－0002241　普 1439　史部/金石類/錢幣之屬/雜著
古泉叢話三卷　(清)戴熙撰　民國八年(1919)蘇州振新書社石印本　一冊

330000－4706－0002244　普 1440　史部/金石類/錢幣之屬
古泉學綱要一卷首一卷附歷代錢譜目錄一卷　丁福保纂　民國二十九年(1940)醫學書局石印本　一冊

330000－4706－0002253　普 1059　史部/政書類/律令之屬/判牘
樊山判牘四卷　樊增祥撰　民國法政研究所石印本　四冊

330000－4706－0002255　普 1060　史部/政書類/律令之屬/判牘
樊山判牘四卷　樊增祥撰　民國石印本　一冊　存一卷(二)

330000－4706－0002257　普 1062　史部/政書類/律令之屬/判牘
精選評註清代名臣判牘四卷　廣益書局編　民國十四年(1925)上海廣益書局鉛印本　四冊

330000－4706－0002263　普 1185　史部/目録類/總録之屬/私撰
來青閣書目不分卷　來青閣書莊編　民國上海來青閣書莊石印本　一冊　存廉價書目二十四年四月第一期

330000－4706－0002268　普 1067　史部/政書類/律令之屬/判牘
張船山判牘菁華不分卷　襟霞閣主編纂　民國上海東亞書局鉛印本　一冊

330000－4706－0002270　普 1069　史部/地理類/專志之屬/古跡
宋平江城坊攷五卷首一卷附錄一卷補遺二卷吳中氏族志攷補一卷吳中氏族志一卷吳中故市攷一卷　王謇撰　民國十四年(1925)鉛印本　四冊

330000－4706－0002280　普 2882　集部/小說類/長篇之屬
增補齊省堂全圖儒林外史六卷六十回　(清)吳敬梓撰　民國十一年(1922)上海二思堂石印本　六冊

330000－4706－0002283　普 3870　史部/目録類/總録之屬/私撰
大華書店書目不分卷(第三期)　大華書店編　民國二十三年(1934)蘇州大華書店石印本　一冊

330000－4706－0002284　普 1451　史部/地理類/方志之屬/郡縣志
[民國]鄞縣通志預約樣本不分卷　民國二十五年(1936)鄞縣通志館鉛印本　一冊

330000－4706－0002293　普 1349　史部/傳記類/科舉録之屬/歷科登科録
詞林輯略十一卷附姓氏韻編一卷　朱汝珍輯　民國北京中央刻經院鉛印本　四冊　存八卷(四至十、姓氏韻編)

330000－4706－0002297　普 1074　史部/傳記類/別傳之屬/事狀
楊忠文先生實錄四卷　(清)陳希恕輯　**補遺一卷**　陳去病輯　民國十六年(1927)鉛印本　一冊

330000－4706－0002298　地文子 098　子部/

小說家類/異聞之屬

轂觫紀聞三卷 項乃登輯 民國十六年(1927)鉛印本 一冊

330000－4706－0002299 普 1075 史部/傳記類/別傳之屬/事狀

楊忠文先生實錄四卷 (清)陳希恕輯 **補遺一卷** 陳去病輯 民國十六年(1927)鉛印本 一冊

330000－4706－0002301 普 1200 新學/理學

天演論二卷 (英國)赫胥黎撰 嚴復譯 民國上海商務印書館鉛印本 一冊

330000－4706－0002310 普 1268 史部/地理類/專志之屬/祠墓

周元公祠志略十卷首一卷 周鳳歧等編 民國十八年(1929)鉛印本 一冊 存六卷(首、一至五)

330000－4706－0002320 普 1350 史部/政書類/公牘檔冊之屬

孫大總統書牘二卷 吳硯雲輯 民國元年(1912)新中國圖書局鉛印本 一冊 存一卷(上)

330000－4706－0002323 普 1454 史部/傳記類/別傳之屬/事狀

誥授光禄大夫太子少保郵傳大臣顯考杏蓀府君[盛宣懷]行述不分卷 盛重頤等撰 惲彥彬填諱 民國石印本 一冊

330000－4706－0002324 普 1371 集部/總集類/選集之屬/斷代

太平天國文鈔一卷詩鈔一卷聯語鈔一卷附錄三卷 羅邕 沈祖基輯 民國二十三年(1934)上海商務印書館鉛印本 一冊 存一卷(文鈔)

330000－4706－0002328 普 1398 子部/叢編

新婦女叢書□□種 丁福保編輯 民國十一年(1922)上海世界書局鉛印本 一冊 存一種

330000－4706－0002329 普 1078 子部/術數類/命書相書之屬

命理探原八卷補遺一卷 袁阜撰 民國刻本 二冊 存四卷(三至六)

330000－4706－0002330 普 3865 集部/別集類

陳烈士勒生遺集五卷 陳子範撰 民國六年(1917)南社鉛印本 一冊

330000－4706－0002343 普 1280 子部/宗教類/佛教之屬/經

摩訶般若波羅蜜多心經一卷 民國上海宏大善書局石印本 一冊

330000－4706－0002346 普 1604 集部/曲類/寶卷之屬

五常寶卷不分卷 民國石印本 一冊

330000－4706－0002347 普 1605 子部/儒家類/儒學之屬/蒙學

新刻葉先生纂集訓蒙六字直言一卷 (清)葉向高集 (清)葉聯高釋 民國石印本 一冊

330000－4706－0002361 普 1503 子部/宗教類/佛教之屬

佛學叢書□□種 丁福保輯 民國上海醫學書局鉛印本暨影印本 一冊 存一種

330000－4706－0002362 普 1447 子部/醫家類/醫案之屬

分類王孟英醫案二卷 陸士諤編校 民國上海世界書局石印本 一冊 存一卷(一)

330000－4706－0002365 普 1505 子部/宗教類/佛教之屬/經疏

觀無量壽佛經疏四卷 (唐)釋善導集記 民國鉛印本 一冊

330000－4706－0002367 普 1449 子部/醫家類/類編之屬

曹氏醫學叢書□□種 曹炳章編 民國四年(1915)紹興育新書局石印本 一冊 存一種

330000－4706－0002368 普 1506 子部/術數類/命書相書之屬

精選命理約言五卷附錄一卷 （清）陳素庵撰 韋大可選輯 民國鉛印本 一册 存三卷（一至三）

330000－4706－0002369 普 1461 類叢部/叢書類/自著之屬

費氏全集四種附二種 （清）費伯雄撰 民國上海萃英書局石印本 二册 存二種

330000－4706－0002370 普 1507 子部/宗教類/佛教之屬/律

菩薩戒本經一卷 （晉）釋曇無讖譯 民國刻本 一册

330000－4706－0002372 普 1462 子部/醫家類/綜合之屬/通論

醫醇賸義四卷 （清）費伯雄撰 民國六年（1917）上海萃英書局石印本 一册

330000－4706－0002374 普 1463 子部/醫家類/醫案之屬

葉氏醫案存真三卷附馬氏醫案并坿祁案王案一卷 （清）葉桂撰 （清）葉萬青輯 民國上海千頃堂石印本 一册

330000－4706－0002376 普 1464 子部/醫家類/醫案之屬

葉氏醫案存真三卷附馬氏醫案并坿祁案王案一卷 （清）葉桂撰 （清）葉萬青輯 民國石印本 一册

330000－4706－0002385 普 1508 子部/宗教類/佛教之屬/經

摩訶般若波羅蜜多心經一卷 （明）無垢子注 民國石印本 一册

330000－4706－0002388 普 1450 子部/醫家類/綜合之屬/通論

赤水玄珠全集三十卷附醫旨緒餘二卷醫案五卷 （明）孫一奎撰 民國三年（1914）鉛印本 十六册

330000－4706－0002390 普 1465 子部/醫家類/綜合之屬/通論

赤水玄珠全集三十卷附醫旨緒餘二卷醫案五卷 （明）孫一奎撰 民國鉛印本 十四册 存三十三卷（三至三十、醫旨緒餘一至二、醫案三至五）

330000－4706－0002394 普 1510 子部/宗教類/佛教之屬/論

大乘起信論一卷 （南朝梁）釋真諦譯 民國抄本 一册

330000－4706－0002395 普 1511 子部/宗教類/佛教之屬

修西要課一卷 民國十五年（1926）西塘佛學研究會鉛印本 一册

330000－4706－0002397 普 1083 史部/傳記類/别傳之屬/事狀

曾文正公［國藩］榮哀録一卷 民國石印本 一册

330000－4706－0002401 普 1466 子部/醫家類/醫案之屬

當代全國名醫驗案類編十四卷 何廉臣評選 民國十八年（1929）上海大東書局鉛印本 八册

330000－4706－0002405 普 1468 子部/醫家類/溫病之屬

時病論八卷 （清）雷豐撰 民國上海錦章圖書局石印本 一册

330000－4706－0002407 普 1469 子部/醫家類/醫案之屬

王氏醫案繹注十卷附録一卷 （清）王士雄撰 石念祖繹注 民國二十四年（1935）上海商務印書館鉛印本 一册

330000－4706－0002409 普 1470 子部/醫家類/醫案之屬

薛生白醫案一卷 （清）薛雪撰 陸士諤編輯 民國十年（1921）上海世界書局石印本 一册

330000－4706－0002410 普 1471 子部/醫家類/類編之屬

潛齋醫書五種 （清）王士雄撰 民國元年（1912）上海文瑞樓石印本 二册 存二種

330000－4706－0002411　普 0880　子部/宗教類/佛教之屬/諸宗

永明禪師戒殺文一卷　民國上海宏大善書局石印本　一册

330000－4706－0002414　普 1274　子部/宗教類/佛教之屬/經

佛頂心大陀羅尼經二卷　民國十一年(1922)上海宏大善書局石印本　一册

330000－4706－0002415　普 1281　子部/宗教類/佛教之屬/經

佛說彌勒石佛尊經一卷彌勒下生經一卷　民國十七年(1928)上海宏大善書局石印本　一册

330000－4706－0002416　普 1282　子部/宗教類/佛教之屬

西方公據一卷　民國十四年(1925)上海宏大善書局石印本　一册

330000－4706－0002420　普 1472　子部/醫家類/方書之屬/單方驗方

梅氏驗方新編七卷　(清)梅啓照編　天虛我生重編　民國二十三年(1934)家庭工業社鉛印本　七册

330000－4706－0002421　普 1473　子部/醫家類/方書之屬/單方驗方

梅氏驗方新編七卷　(清)梅啓照編　天虛我生重編　民國二十六年(1937)家庭工業社鉛印本　二册　存二卷(一、三)

330000－4706－0002422　普 1094　子部/宗教類/佛教之屬/經疏

金剛般若波羅密經分段貫釋一卷　(後秦)釋鳩摩羅什譯　王驤陸釋　**般若波羅密多心經分段貫釋一卷**　(唐)釋玄奘譯　王驤陸釋　民國二十七年(1938)天津印心精舍鉛印本　一册

330000－4706－0002426　普 1283　子部/宗教類/佛教之屬

普渡迷津不分卷　民國十五年(1926)宏大善書局石印本　一册

330000－4706－0002427　普 1638　子部/醫家類

謝利恒先生全書(謝氏全書)□□種　謝觀撰　民國二十四年(1935)澄齋醫社鉛印本　一册　存一種

330000－4706－0002428　普 1284　子部/宗教類/佛教之屬

達摩寶傳二卷　悟真子撰　民國十三年(1924)上海宏大善書局石印本　一册

330000－4706－0002429　普 1639　子部/醫家類/方書之屬/單方驗方

長沙方歌括六卷首一卷　(清)陳念祖撰　(清)陳蔚注　民國石印本　一册

330000－4706－0002430　普 1091　子部/宗教類/道教之屬/戒律

文昌帝君陰騭文註證不分卷　(清)潘成雲輯　民國十四年(1925)佛學推行社鉛印本　一册

330000－4706－0002431　普 1092　子部/宗教類/道教之屬/戒律

文昌帝君陰騭文註證不分卷　(清)潘成雲輯　民國十四年(1925)佛學推行社鉛印本　一册

330000－4706－0002432　普 1093　子部/雜著類/雜編之屬

安士全書四種　(清)周夢顔撰　民國上海佛學推行社鉛印本　二册　存一種

330000－4706－0002434　普 1096　史部/傳記類/别傳之屬/事狀

魏文節公事略一卷　魏頌唐輯　民國二十五年(1936)鉛印本　一册

330000－4706－0002442　普 1476　子部/醫家類/方書之屬

揣摩有得集一卷　(清)張朝震撰　民國二十五年(1936)鉛印本　一册

330000－4706－0002443　普 1635　子部/宗教類/佛教之屬/經

般若波羅蜜多心經一卷　民國十年(1921)鉛

印本　一册

330000－4706－0002444　普 1477　子部/醫家類/方書之屬

揣摩有得集一卷　（清）張朝震撰　民國二十五年（1936）鉛印本　一册

330000－4706－0002446　普 1806　子部/宗教類/佛教之屬

修西要課一卷　民國二十四年（1935）干窑佛學研究會石印本　一册

330000－4706－0002448　普 1642　子部/宗教類/佛教之屬

佛學叢書□□種　丁福保輯　民國上海醫學書局鉛印本暨影印本　九册　存九種

330000－4706－0002449　普 1099　集部/别集類/清别集

翁覃溪手札不分卷　（清）翁方綱撰　民國上海有正書局影印本　一册

330000－4706－0002450　普 1644　子部/宗教類/佛教之屬/經疏

佛説阿彌陀經要解一卷　（後秦）釋鳩摩羅什譯　（明）釋智旭撰　民國十四年（1925）影印本　二册

330000－4706－0002451　普 1645　子部/宗教類/佛教之屬/經疏

佛説阿彌陀經要解一卷　（後秦）釋鳩摩羅什譯　（明）釋智旭撰　民國十四年（1925）影印本　二册

330000－4706－0002452　普 1646　子部/宗教類/佛教之屬/經疏

佛説阿彌陀經要解一卷　（後秦）釋鳩摩羅什譯　（明）釋智旭撰　民國十四年（1925）影印本　二册

330000－4706－0002453　普 1647　子部/宗教類/佛教之屬/經疏

佛説阿彌陀經要解一卷　（後秦）釋鳩摩羅什譯　（明）釋智旭撰　民國十四年（1925）影印本　二册

330000－4706－0002456　普 1286　子部/醫家類/内科之屬/虚勞

不居集上集三十卷首一卷下集二十卷首一卷　（清）吴澄撰　民國二十四年（1935）上海中醫書局鉛印本　九册　存四十九卷（上集首，一至十五、十九至三十；下集首、一至二十）

330000－4706－0002457　普 1648　子部/宗教類/佛教之屬/經

金剛般若波羅蜜經一卷　（後秦）釋鳩摩羅什譯　民國影印本　一册

330000－4706－0002459　普 1287　子部/醫家類/類編之屬

醫藥叢書十一種　裘慶元輯　民國五年至十年（1916－1921）紹興醫藥學報社刻本　十一册　存九種

330000－4706－0002460　普 1518　子部/宗教類/佛教之屬/經疏

圓覺親聞記二卷　釋諦閑講演　釋妙煦等録　民國九年（1920）鉛印本　二册

330000－4706－0002461　普 1640　子部/雜著類/雜説之屬

聞道新書一卷　楊聞道編　民國鉛印本　一册

330000－4706－0002462　普 1520　子部/宗教類/佛教之屬/經疏

般若波羅蜜多心經略疏小鈔三卷　（清）錢謙益輯　民國刻本　一册

330000－4706－0002463　普 1288　子部/醫家類/類編之屬

醫藥叢書十一種　裘慶元輯　民國五年至十年（1916－1921）紹興醫藥學報社刻本　三册　存三種

330000－4706－0002464　普 1519　子部/宗教類/佛教之屬/經疏

大方廣圓覺脩多羅了義經講義二卷　釋諦閑講演　民國七年（1918）鉛印本　一册　存一卷（上）

330000－4706－0002466　普 1289　子部/醫

家類/方書之屬/歷代方書

大德重校聖濟總錄二百卷 (宋)徽宗趙佶修 吳錫璜校 民國石印本 八册 存三十卷(三十至四十二、五十一至六十七)

330000－4706－0002468 普1803 子部/宗教類/道教之屬/經文

太上感應篇註講證案彙編四卷首一卷 釋印光鑒定 民國十四年(1925)上海中華書局鉛印本 二册

330000－4706－0002469 普1290 子部/醫家類/類編之屬

藥盦醫學叢書□□種 惲鐵樵撰 民國二十五年(1936)章巨膺醫寓鉛印本 五册 存一種

330000－4706－0002470 普1804 子部/宗教類/道教之屬

太上感應篇註講證案彙編四卷首一卷 釋印光鑒定 民國鉛印本 一册 缺二卷(三至四)

330000－4706－0002472 普1805 子部/道家類

老莊正義合編 民國上海古書流通處據清光緒刻本影印本 六册

330000－4706－0002474 普1522 子部/宗教類/佛教之屬

歷史感應統紀四卷首一卷 許止淨編纂 民國十八年(1929)鉛印本 四册

330000－4706－0002475 普1523 子部/宗教類/佛教之屬

歷史感應統紀四卷首一卷 許止淨編纂 民國鉛印本 三册 缺一卷(三)

330000－4706－0002476 普1525 子部/宗教類/佛教之屬/諸宗

行儀分五卷 (唐)釋善導集 民國十九年(1930)日本東京淨土宗教所鉛印本 二册

330000－4706－0002477 普1807 子部/宗教類/佛教之屬

修西要課一卷 民國二十四年(1935)干窯佛學研究會石印本 一册

330000－4706－0002478 普1808 子部/宗教類/佛教之屬

修西要課一卷 民國二十四年(1935)干窯佛學研究會石印本 一册

330000－4706－0002479 普1809 子部/宗教類/佛教之屬

修西要課一卷 民國二十四年(1935)干窯佛學研究會石印本 一册

330000－4706－0002482 普1649 子部/宗教類/佛教之屬/經疏

金剛經句解便蒙一卷附心經句解便蒙一卷 (清)曹良弼撰集 (清)董錦芝校繕 民國十六年(1927)中央刻經院鉛印本 一册

330000－4706－0002484 普1643 子部/宗教類/佛教之屬/經

妙法蓮華經觀世音菩薩普門品一卷 (後秦)釋鳩摩羅什譯 民國三十七年(1948)影印本 一册

330000－4706－0002485 普1650 子部/宗教類/佛教之屬/經

妙法蓮華經觀世音菩薩普門品一卷 (後秦)釋鳩摩羅什譯 民國三十七年(1948)影印本 一册

330000－4706－0002486 普1652 子部/宗教類/佛教之屬/經

妙法蓮華經觀世音菩薩普門品一卷 (後秦)釋鳩摩羅什譯 民國三十七年(1948)影印本 一册

330000－4706－0002487 普1651 子部/宗教類/佛教之屬/經

妙法蓮華經觀世音菩薩普門品一卷 (後秦)釋鳩摩羅什譯 民國三十七年(1948)影印本 一册

330000－4706－0002488 普1481 子部/醫家類/方書之屬/單方驗方

驗方新編二十四卷 (清)鮑相璈輯 民國十年(1921)刻本 十六册

330000－4706－0002489　普1654　子部/宗教類/佛教之屬
釋迦譜十卷　(南朝梁)釋僧祐撰　民國二十九年(1940)上海佛學書局石印本　一冊

330000－4706－0002494　普1655　子部/宗教類/佛教之屬
金剛經石註一卷　(清)石成金撰　民國杭州浙江印刷公司鉛印本　一冊

330000－4706－0002496　普1291　子部/宗教類/道教之屬/衆術
關聖靈籤不分卷　民國平湖綺春閣書莊石印本　一冊

330000－4706－0002503　普1292　子部/宗教類/道教之屬/衆術
關聖靈籤不分卷　民國平湖綺春閣書莊石印本　一冊

330000－4706－0002504　普1489　子部/醫家類/方書之屬/單方驗方
重訂驗方新編十八卷　(清)鮑相璈等輯　民國七年(1918)上海鴻寶齋書局石印本　一冊

330000－4706－0002505　普1490　子部/醫家類/方書之屬/單方驗方
經驗良方二卷　次留編輯　民國六年(1917)上海鍊石齋書局石印本　一冊

330000－4706－0002506　普1248　子部/雜著類/雜纂之屬
左孟莊騷精華錄二卷　林紓評註　民國三年(1914)上海商務印書館鉛印本　二冊

330000－4706－0002509　普1656　子部/宗教類/佛教之屬
大回向及法器香讚點版一卷　民國三十八年(1949)抄本　一冊

330000－4706－0002511　普1657　子部/宗教類/佛教之屬/經咒
梁皇懺隨聞錄十卷首一卷　釋諦閑講　釋寶靜輯　民國十四年(1925)中央刻經院鉛印本　四冊

330000－4706－0002512　普1815　子部/醫家類/本草之屬/本草雜著
張氏藏府藥式補正三卷　(金)張元素撰　(清)趙雙湖注　張壽頤補正　民國嘉定張氏體仁堂石印本　三冊

330000－4706－0002513　普1816　子部/醫家類/醫案之屬
臨證醫案筆記六卷　(清)吳篪撰　民國八年(1919)上海集古閣石印本　二冊

330000－4706－0002514　普1293　子部/宗教類/道教之屬/衆術
關聖靈籤不分卷　民國平湖綺春閣書莊石印本　一冊

330000－4706－0002515　普1817　子部/醫家類
葉氏醫學叢書□□種　葉橘泉撰　民國二十五年(1936)浙江雙林存濟醫廬鉛印本　二冊　存一種

330000－4706－0002516　普1818　子部/醫家類/醫話醫論之屬
陸氏論醫集四卷　陸彭年撰　沈本琰編纂　民國二十二年(1933)上海陸淵雷醫室鉛印本　三冊　缺一卷(三)

330000－4706－0002517　普1294　子部/宗教類/道教之屬/衆術
關聖靈籤不分卷　民國平湖綺春閣書莊石印本　一冊

330000－4706－0002518　普1819　子部/醫家類/方書之屬/單方驗方
經方實驗錄第一集三卷首一卷附錄一卷　曹家達撰　姜佐景編按　民國二十六年(1937)瑞安姜佐景鉛印本　三冊

330000－4706－0002519　普1295　子部/宗教類/道教之屬/衆術
關聖靈籤不分卷　民國平湖綺春閣書莊石印本　一冊

330000－4706－0002520　普1296　子部/宗教類/道教之屬/衆術

關聖靈籤不分卷　民國平湖綺春閣書莊石印本　一冊

330000－4706－0002521　普 1297　子部/宗教類/道教之屬/眾術

關聖靈籤不分卷　民國平湖綺春閣書莊石印本　一冊

330000－4706－0002522　普 1298　子部/宗教類/道教之屬/眾術

關聖靈籤不分卷　民國平湖綺春閣書莊石印本　一冊

330000－4706－0002523　普 1299　子部/宗教類/道教之屬/眾術

關聖靈籤不分卷　民國平湖綺春閣書莊石印本　一冊

330000－4706－0002524　普 1526　子部/宗教類/佛教之屬/諸宗

淨土五經六卷　釋印光輯　民國二十二年(1933)蘇州弘化社鉛印本　一冊

330000－4706－0002525　普 1527　子部/宗教類/佛教之屬/經

妙法蓮華經七卷首一卷　(後秦)釋鳩摩羅什譯　民國二十七年(1938)鉛印本　二冊

330000－4706－0002526　普 1528　子部/宗教類/道教之屬/經文

最上一乘慧命經不分卷　(清)柳華陽撰并註　民國鉛印本　一冊

330000－4706－0002527　普 1820　子部/醫家類/方書之屬/單方驗方

經方實驗錄第一集三卷首一卷附錄一卷　曹家達撰　姜佐景編按　民國二十六年(1937)瑞安姜佐景鉛印本　三冊

330000－4706－0002528　普 1529　子部/宗教類/佛教之屬/經疏

心經口氣增註一卷　(清)徐慎注　民國鉛印本　一冊

330000－4706－0002530　普 1532　子部/宗教類/佛教之屬/諸宗

淨土輯要三卷附錄一卷　潘慧純　邵慧圓輯述　民國十八年(1929)鉛印本　一冊

330000－4706－0002531　普 1533　子部/宗教類/佛教之屬/經

金剛般若波羅蜜經一卷　(後秦)釋鳩摩羅什譯　民國影印本　一冊

330000－4706－0002532　普 1658　子部/醫家類/方書之屬/單方驗方

長沙方歌括六卷首一卷　(清)陳念祖撰　(清)陳蔚注　民國石印本　一冊

330000－4706－0002533　普 1821　子部/醫家類/醫案之屬

張氏醫案二十卷　(清)張乃修著　吳文涵編輯　邵清儒附註　民國二十四年(1935)上海萃英書局石印本　二冊

330000－4706－0002535　普 1659　子部/宗教類/道教之屬

子佑帝君純陽祖師演說三生石不分卷　民國十二年(1923)上海宏大善書局石印本　一冊

330000－4706－0002536　普 1300　子部/宗教類/道教之屬/戒律

文昌帝君陰騭文註證不分卷　(清)潘成雲輯　民國十一年(1922)佛學推行社鉛印本　一冊

330000－4706－0002537　普 1901　子部/宗教類/道教之屬/戒律

文昌帝君陰騭文註證不分卷　(清)潘成雲輯　民國十四年(1925)佛學推行社鉛印本　一冊

330000－4706－0002538　普 1902　子部/宗教類/道教之屬/戒律

文昌帝君陰騭文註證不分卷　(清)潘成雲輯　民國十四年(1925)佛學推行社鉛印本　一冊

330000－4706－0002539　普 1662　子部/宗教類/佛教之屬

戒殺放生文一卷　(明)釋袾宏撰　民國上海宏大善書局石印本　一冊

330000－4706－0002540　普 1860　子部/醫家類/醫話醫論之屬

鮮溪醫論選中編六卷　陸平一選　民國十一年(1922)石印本　六册

330000－4706－0002541　普 1664　子部/宗教類/道教之屬/經文

玉皇心印妙經真解一卷　(清)覺真子註　民國上海宏大善書局石印本　一册

330000－4706－0002542　普 1903　子部/宗教類/道教之屬/戒律

太上寶筏圖說八卷　(清)黃正元撰　民國石印本　八册

330000－4706－0002543　普 1669　子部/宗教類/道教之屬/經文

地母真經一卷　民國十三年(1924)上海宏大善書局石印本　一册

330000－4706－0002544　普 1904　子部/宗教類/佛教之屬/經

佛說高王觀世音經一卷　民國石印本　一册

330000－4706－0002545　普 1823　子部/醫家類/方書之屬/單方驗方

鮮溪單方選二卷　陸晉笙輯　民國七年(1918)石印本　一册　存一卷(一)

330000－4706－0002546　普 1824　子部/醫家類/類編之屬

鮮溪陸氏醫述十五種　陸晉笙編　民國九年(1920)紹興醫藥學報社石印本　六册　存三種

330000－4706－0002547　普 1905　子部/宗教類/佛教之屬/諸宗

太虛大師佛學選讀本不分卷　釋太虛撰　賀民范編　民國十九年(1930)武昌佛學院鉛印本　一册

330000－4706－0002549　普 1826　子部/醫家類/方書之屬/單方驗方

增評醫方集解二十三卷　(清)汪昂著輯　(清)費伯雄加評　民國石印本　三册　存二十卷(四至二十三)

330000－4706－0002550　普 1670　子部/儒家類/儒學之屬

與人同善錄二卷　民國八年(1919)石印本　一册

330000－4706－0002551　普 1671　子部/小說家類/異聞之屬

坐花誌果八卷　(清)汪道鼎撰　(清)鶩峰樵者音釋　民國石印本　一册　存二卷(三至四)

330000－4706－0002552　普 1673　子部/儒家類/儒學之屬/禮教/女範

訓女寶箴三卷附本一卷　呂咸熙編　民國上海宏大善書局石印本　一册　存一卷(訓女寶箴上)

330000－4706－0002554　普 1906　子部/雜著類/雜編之屬

安士全書四種　(清)周夢顏撰　民國十一年(1922)上海中華書局印刷所鉛印本　三册　存三種

330000－4706－0002555　普 1827　子部/醫家類/醫案之屬

當代全國名醫驗案類編續編二十六卷　郭奇遠評選　民國二十五年(1936)上海大東書局鉛印本　六册

330000－4706－0002556　普 1530　子部/宗教類/道教之屬/經文

最上一乘慧命經不分卷　(清)柳華陽撰并註　民國鉛印本　一册

330000－4706－0002557　普 1668　子部/雜著類/雜說之屬

百歲修行經一卷　民國十七年(1928)上海宏大善書局石印本　一册

330000－4706－0002560　普 1534　子部/宗教類/佛教之屬/經

地藏菩薩本願經三卷　(唐)釋實叉難陀譯　民國十九年(1930)石印本　一册

330000－4706－0002561　普 1907　子部/宗教類/佛教之屬/諸宗

印光法師嘉言錄不分卷　李圓淨編　民國三十二年(1943)蘇州弘化社鉛印本　一册

330000－4706－0002562　普 1829　新學/醫學

診斷治療學□□卷　陸淵雷撰　民國鉛印本　一册　存二卷(一至二)

330000－4706－0002563　普 1830　子部/醫家類/方書之屬/單方驗方

醫方捷徑二卷　(明)王宗顯輯　民國七年(1918)抄本　二册

330000－4706－0002564　普 1660　子部/宗教類/佛教之屬

萬緣佛經一卷　民國石印本　一册

330000－4706－0002565　普 1908　子部/宗教類/佛教之屬/諸宗

印光法師嘉言錄不分卷　李圓淨編　民國三十二年(1943)蘇州弘化社鉛印本　一册

330000－4706－0002566　普 1535　子部/宗教類/佛教之屬/經宗

阿彌陀經白話解釋二卷附修行方法一卷　黄智海演述　釋印光鑒定　民國十六年(1927)鉛印本　二册

330000－4706－0002567　普 1492　子部/醫家類/類編之屬

包氏研究錄一卷包氏研究錄二集一卷　包蘅村撰　民國鉛印本　一册

330000－4706－0002569　普 1536　子部/宗教類/佛教之屬/經疏

地藏菩薩本願經演孝疏三卷首一卷　釋知性述　民國十八年(1929)鉛印本　一册

330000－4706－0002570　普 1909　子部/宗教類/佛教之屬

五百羅漢尊號不分卷　(明)高道素錄　民國十四年(1925)常州天寧寺刻經處刻本　一册

330000－4706－0002572　普 1493　子部/醫家類/醫案之屬

翠竹山房診暇錄稿二卷　曹惕寅撰　民國十六年(1927)上海翠竹山房石印本　一册

330000－4706－0002577　普 1834　子部/醫家類/醫案之屬

張氏醫案二十卷　(清)張乃修著　吳文涵編輯　邵清儒附註　民國七年(1918)江陰吳氏鉛印本　六册

330000－4706－0002578　普 1495　子部/醫家類/方書之屬/單方驗方

三版增補單方大全十二卷　廣文書局編輯所編　民國九年(1920)上海廣文書局石印本　一册

330000－4706－0002579　普 1911　子部/藝術類/書畫之屬/法帖

蓮池大師戒殺放生文一卷　(清)張師誠書　民國七年(1918)吳興麗氏石印本　一册

330000－4706－0002580　普 1835　子部/醫家類/醫案之屬

張氏醫案二十卷　(清)張乃修著　吳文涵編輯　邵清儒附註　民國鉛印本　三册　存十卷(七至十六)

330000－4706－0002581　普 1836　子部/醫家類/醫案之屬

張氏醫案二十卷　(清)張乃修著　吳文涵編輯　邵清儒附註　民國七年(1918)鉛印本　五册　存十七卷(一至九、十三至二十)

330000－4706－0002582　普 1537　子部/宗教類/道教之屬/經文

關帝明聖真經註解一卷附應驗靈籤一卷　民國上海宏大善書局石印本　一册

330000－4706－0002585　普 1661　子部/宗教類/佛教之屬/經咒

白衣咒一卷金剛經一卷心經一卷大悲咒一卷　民國石印本　一册

330000－4706－0002586　普 1539　子部/宗教類/佛教之屬/經

金剛般若波羅蜜經一卷　(後秦)釋鳩摩羅什譯　民國刻本　一册

330000－4706－0002587　普 1663　子部/宗教類/道教之屬/雜著

西山先生蒞粵語錄節要一卷　民國鉛印本　一册

330000－4706－0002589　普 1839　子部/儒家類/儒學之屬/俗訓

格言聯璧不分卷　（清）金纓輯　民國十年(1921)刻本　一册

330000－4706－0002590　普 1665　子部/雜著類/雜説之屬

修身錄一卷　王昌杰撰　民國上海宏大善書局石印本　一册

330000－4706－0002591　普 1540　子部/宗教類/佛教之屬/經疏

金剛經解義二卷附心經解義一卷　（清）徐槐廷撰　民國石印本　一册

330000－4706－0002592　普 1666　子部/雜著類/雜説之屬

醒悟方鍼四卷　夏壽椿編輯　民國宏大善書局石印本　一册

330000－4706－0002593　普 1840　子部/宗教類/道教之屬/經文

地母五穀經一卷　朱錦來撰　民國十二年(1923)抄本　朱錦來題記　一册

330000－4706－0002595　普 1667　子部/雜著類

拯嬰門一卷　民國十二年(1923)上海宏大善書局石印本　一册

330000－4706－0002596　普 1842　子部/宗教類/道教之屬/戒律

太上寶筏圖説八卷　（清）黄正元撰　民國石印本　二册　存二卷(忠、禮)

330000－4706－0002597　普 1843　子部/宗教類/佛教之屬

普勸印造經像文一卷　民國中央刻經院鉛印本　一册

330000－4706－0002598　普 1541　子部/宗教類/佛教之屬/經

金剛般若波羅蜜經一卷　（後秦）釋鳩摩羅什譯　民國影印本　一册

330000－4706－0002599　普 1913　子部/宗教類/佛教之屬/經

佛説阿彌陀經一卷　（後秦）釋鳩摩羅什譯　民國十五年(1926)石印本　一册

330000－4706－0002600　普 1914　子部/宗教類/佛教之屬/諸宗

六祖大師法寶壇經一卷　（唐）釋慧能撰　（唐）釋法海等輯　民國廣州河南覺苑石印本　一册

330000－4706－0002602　普 1916　子部/宗教類/佛教之屬

戒殺放生文一卷　（明）釋袾宏撰　**戒殺四十八問一卷**　（清）周思仁撰　**答放生或問一卷**　范古農撰　民國十一年(1922)有正書局石印本暨鉛印本　一册

330000－4706－0002604　普 1676　子部/宗教類/佛教之屬/經

大方廣佛華嚴經入不思議解脱境界普賢行願品一卷　（唐）釋般若譯　民國三十七年(1948)石印本　一册

330000－4706－0002605　普 1677　子部/宗教類/佛教之屬/經

大方廣佛華嚴經入不思議解脱境界普賢行願品一卷　（唐）釋般若譯　民國三十七年(1948)石印本　一册

330000－4706－0002606　普 1844　子部/宗教類/道教之屬/靈圖

三聖經感應靈驗圖註不分卷　民國十七年(1928)杭州中華美術公司石印本　一册

330000－4706－0002607　普 1678　子部/宗教類/佛教之屬/經

大方廣佛華嚴經入不思議解脱境界普賢行願品一卷　（唐）釋般若譯　民國三十七年(1948)石印本　一册

330000－4706－0002608　普 1845　子部/醫

家類/類編之屬

國醫百家□□種 裘慶元輯 民國六年至九年(1917－1920)紹興醫藥學報社鉛印本 四冊 存四種

330000－4706－0002609 普 1674 子部/宗教類/佛教之屬

徑中徑又徑徵義三卷 (清)張師誠輯 (清)徐槐廷注 民國十年(1921)海鹽徐氏刻本 一冊

330000－4706－0002611 普 3107 集部/曲類/寶卷之屬

任湯寶卷二卷 民國二年(1913)上海宏大善書局鉛印本 一冊

330000－4706－0002612 普 1679 子部/宗教類/佛教之屬/經

妙法蓮華經觀世音菩薩普門品一卷 (後秦)釋鳩摩羅什譯 民國三十七年(1948)影印本 一冊

330000－4706－0002613 普 1498 子部/醫家類/醫話醫論之屬

私立上海中醫專門學校各學生醫論國文彙錄不分卷 上海中醫專門學校編 民國八年(1919)鉛印本 一冊

330000－4706－0002615 普 1847 子部/醫家類/本草之屬/歷代綜合本草

本草從新十八卷 (清)吳儀洛輯 民國二年(1913)上海廣益書局石印本 二冊 存七卷(一至三、十至十三)

330000－4706－0002616 普 1918 子部/宗教類/佛教之屬

看破世界一卷 (清)周祖道輯 民國上海宏大善書局石印本 一冊

330000－4706－0002617 普 1542 子部/儒家類/儒學之屬/蒙學

小學集註六卷 (宋)朱熹撰 (清)高愈纂註 民國石印本 一冊

330000－4706－0002619 普 1848 子部/醫家類/類編之屬

古今名醫彙粹方論合刊十卷 (清)羅美輯 民國上海大成書局石印本 二冊 存二卷(彙粹七至八)

330000－4706－0002621 普 1543 子部/宗教類/道教之屬/經文

關帝明聖真經註解一卷附應驗靈籤一卷 民國上海宏大善書局石印本 一冊

330000－4706－0002622 普 1544 子部/宗教類/道教之屬/經文

關帝明聖真經註解一卷附應驗靈籤一卷 民國上海宏大善書局石印本 一冊

330000－4706－0002623 普 1919 史部/金石類/石之屬/文字

孔明碑文解一卷 民國上海宏大善書局石印本 一冊

330000－4706－0002624 普 1850 子部/醫家類/方書之屬

新撰虛癆講義二十五卷 丁福保譯著 民國元年(1912)石印本 一冊

330000－4706－0002627 普 1851 子部/醫家類/類編之屬

上海國醫學院醫學叢書□□種 民國上海國醫學院鉛印本 八冊 存一種

330000－4706－0002629 普 1921 子部/雜著類/雜纂之屬

重鐫二十二史感應錄二卷 (清)彭希涑輯 民國十三年(1924)上海善書流通處鉛印本 一冊

330000－4706－0002630 普 3108 集部/曲類/寶卷之屬

潘公免災救難寶卷三卷 民國十一年(1922)上海宏大善書局鉛印本 一冊

330000－4706－0002632 普 1680 子部/宗教類/佛教之屬/經

妙法蓮華經觀世音菩薩普門品一卷附觀世音菩薩尋聲救苦普門示現圖一卷 (後秦)釋鳩摩羅什譯 民國十七年(1928)石印本 一冊

330000－4706－0002633　普 1683　子部/宗教類/佛教之屬/經

妙法蓮華經觀世音菩薩普門品一卷　(後秦)釋鳩摩羅什譯　民國十八年(1929)石印本　一册

330000－4706－0002634　普 1546　子部/宗教類/道教之屬

三元教典一卷　高天君撰　民國九年(1920)杭州同道善書鉛石印刷局鉛印本　一册

330000－4706－0002636　普 1684　子部/宗教類/佛教之屬/經

佛説阿彌陀經一卷　(後秦)釋鳩摩羅什譯　民國二十八年(1939)石印本　一册

330000－4706－0002638　普 1685　子部/宗教類/佛教之屬/經疏

金剛般若波羅密經新疏一卷　(後秦)釋鳩摩羅什譯　釋諦閑述　民國十六年(1927)鉛印本　一册

330000－4706－0002643　普 1687　子部/宗教類/佛教之屬/經

大方廣佛華嚴經入不思議解脱境界普賢行願品一卷　(唐)釋般若譯　民國影印本　一册

330000－4706－0002644　普 1857　子部/醫家類/綜合之屬/通論

御纂醫宗金鑑九十卷首一卷　(清)吴謙等撰　民國石印本　五册　存十四卷(編輯外科心法要訣三至十六)

330000－4706－0002645　普 1548　子部/宗教類/佛教之屬/經疏

般若波羅蜜多心經略疏小鈔二卷　(清)錢謙益輯　民國頻伽精舍鉛印本　一册

330000－4706－0002647　普 1920　子部/宗教類/道教之屬/雜著

指玄篇秘註十六卷　(清)滄海老人撰　民國石印本　一册

330000－4706－0002648　普 1549　子部/宗教類/佛教之屬/經疏

金剛般若波羅密經分段貫釋一卷　(後秦)釋鳩摩羅什譯　王驤陸釋　**般若波羅密多心經分段貫釋一卷**　(唐)釋玄奘譯　王驤陸釋　民國二十七年(1938)天津印心精舍鉛印本　一册

330000－4706－0002650　普 1859　子部/醫家類/内科之屬/其他内科病證

精神病廣義二卷　周利川撰　民國二十年(1931)四明怡怡書屋鉛印本　二册

330000－4706－0002651　普 3857　集部/曲類/寶卷之屬

浙江嘉興府秀水縣刺心寶卷二卷　民國十九年(1930)石印本　一册

330000－4706－0002652　普 1861　子部/醫家類/傷寒金匱之屬/傷寒論

傷寒論研究四卷　惲鐵樵撰　民國十三年(1924)上海惲鐵樵鉛印本　二册

330000－4706－0002654　普 1922　子部/宗教類/道教之屬

道書二十三種　(清)劉一明註　民國十年(1921)上海宏大善書局鉛印本　一册　存一種

330000－4706－0002655　普 1924　子部/宗教類/佛教之屬/經

佛説高王觀世音經一卷　民國石印本　一册

330000－4706－0002656　普 1925　子部/宗教類/佛教之屬

接佛説庚申經一卷　民國上海宏大善書局石印本　一册

330000－4706－0002657　普 1926　子部/宗教類/佛教之屬

萬佛經一卷　民國上海宏大善書局石印本　一册

330000－4706－0002659　普 1551　子部/宗教類/佛教之屬/經疏

般若心經秘鍵畧註一卷　(日本)釋空海撰　(日本)釋覺鏤註　**阿彌陀秘釋一卷**　(日本)釋覺鏤釋　民國上海佛學書局鉛印本　一册

330000－4706－0002660　普 1689　子部/宗教類/佛教之屬/經

佛說觀無量壽佛經一卷　(南朝宋)釋畺良耶舍譯　民國二十八年(1939)石印本　一冊

330000－4706－0002662　普 1690　子部/宗教類/道教之屬

太乙金華宗旨不分卷　(唐)呂嵒撰　民國上海宏大善書局鉛印本　一冊

330000－4706－0002663　普 1681　子部/宗教類/佛教之屬/經

妙法蓮華經觀世音菩薩普門品一卷　(後秦)釋鳩摩羅什譯　民國十八年(1929)石印本　一冊

330000－4706－0002664　普 1682　子部/宗教類/佛教之屬/經

妙法蓮華經觀世音菩薩普門品一卷　(後秦)釋鳩摩羅什譯　民國十八年(1929)石印本　一冊

330000－4706－0002665　普 1863　子部/醫家類/類編之屬

讀有用書樓醫書選刊□□種　民國十六年(1927)杭州三三醫社鉛印本　二冊　存一種

330000－4706－0002666　普 1864　子部/醫家類/類編之屬

藥盦醫學叢書□□種　惲鐵樵撰　民國十八年(1929)上海惲鐵樵醫寓鉛印本　六冊　存二種

330000－4706－0002667　普 1865　子部/醫家類/溫病之屬

重訂廣溫熱論二卷　(清)戴天章撰　(清)陸懋修刪定　何炳元重訂　民國三年(1914)宣化坊何氏醫家鉛印本　三冊

330000－4706－0002668　普 0894　子部/雜著類/雜說之屬

躲刧天章一卷　民國十三年(1924)上海宏大善書局石印本　一冊

330000－4706－0002669　普 0895　子部/宗教類/道教之屬/靈圖

三聖經靈驗圖註不分卷　民國石印本　一冊

330000－4706－0002670　普 1927　子部/宗教類/佛教之屬/經咒

白衣觀音大士神咒不分卷　民國無錫萬氏鉛印本　一冊

330000－4706－0002673　普 1868　子部/醫家類/溫病之屬

溫病條辨六卷首一卷　(清)吳瑭撰　民國石印本　二冊　存二卷(二至三)

330000－4706－0002674　普 1556　子部/宗教類/道教之屬/經文

大藏全卷心經一卷文昌帝君本願真經一卷　民國鉛印本　一冊

330000－4706－0002675　普 1928　子部/宗教類/道教之屬/經文

孝德星君報恩經懺不分卷　民國十四年(1925)宏大善書局石印本　一冊

330000－4706－0002676　普 1869　子部/醫家類/溫病之屬

溫病條辨六卷首一卷　(清)吳瑭撰　民國石印本　一冊　存一卷(二)

330000－4706－0002678　普 1696　子部/宗教類/佛教之屬/經疏

般若波羅蜜多心經添足一卷　(唐)釋玄奘譯　(明)釋弘贊述　民國十九年(1930)石印本　一冊

330000－4706－0002679　普 1929　子部/雜著類/雜說之屬

救刧彙集不分卷　民國上海宏大善書局石印本　一冊

330000－4706－0002681　普 1871　子部/醫家類/溫病之屬

溫病條辨六卷首一卷　(清)吳瑭撰　民國上海廣益書局石印本　一冊

330000－4706－0002683　普 1872　子部/醫家類/溫病之屬

溫病條辨六卷首一卷　(清)吳瑭撰　民國石

印本　一冊

330000－4706－0002685　普 1560　子部/雜著類/雜説之屬

醒夢晨鐘正編二卷　民國十三年(1924)石印本　一冊　存一卷(上)

330000－4706－0002686　普 1873　子部/醫家類/溫病之屬

溫病條辨六卷首一卷　(清)吳瑭撰　民國元年(1912)上海會文堂石印本　四冊

330000－4706－0002687　普 1697　子部/宗教類/佛教之屬

重訂西方公據不分卷經驗良方不分卷九品蓮臺圖不分卷　(清)彭紹升輯　民國鉛印本　一冊

330000－4706－0002689　普 2106　子部/宗教類/道教之屬

太乙金華宗旨不分卷　(唐)呂喦撰　民國鉛印本　一冊

330000－4706－0002690　普 2105　子部/宗教類/道教之屬/經文

太上老君説常清靜經一卷附金剛經論語一卷　民國十三年(1924)上海宏大善書局石印本　一冊

330000－4706－0002691　普 1930　子部/雜著類/雜説之屬

八字覺圓一卷　洗心子撰　民國十年(1921)上海宏大善書局石印本　一冊

330000－4706－0002692　普 1931　子部/宗教類/佛教之屬/經疏

心經口氣增註一卷　(清)徐慎注　民國十二年(1923)上海宏大善書局石印本　一冊

330000－4706－0002693　普 1932　子部/儒家類/儒學之屬/俗訓

格言合璧不分卷　(清)金纓輯　民國八年(1919)上海宏大善書局石印本　一冊

330000－4706－0002694　普 1933　子部/宗教類/佛教之屬

感善梯航四卷　(清)章履占輯　民國八年(1919)上海宏大善書局石印本　一冊

330000－4706－0002697　普 1553　子部/宗教類/道教之屬

悟真篇三註三卷　(宋)張伯端撰　(宋)薛道光等注　民國刻本　一冊　存一卷(上)

330000－4706－0002698　普 2104　史部/目録類/專録之屬

各種善書目錄不分卷　民國二十三年(1934)上海宏大善書局石印本　一冊

330000－4706－0002699　普 1875　子部/醫家類/内科之屬/中風

中風斠詮三卷　張壽頤纂輯　張文彦評點　民國十一年(1922)蘭谿中醫學校石印本　二冊

330000－4706－0002700　普 2103　子部/宗教類/佛教之屬

天降度劫經真言一卷　民國石印本　一冊

330000－4706－0002703　普 2102　子部/雜著類/雜説之屬

闡道淺説不分卷　民國十六年(1927)石印本　一冊

330000－4706－0002706　普 1554　子部/宗教類/佛教之屬/經

佛説阿彌陀經一卷　(後秦)釋鳩摩羅什譯　民國影印本　一冊

330000－4706－0002709　普 2004　子部/醫家類/溫病之屬

時病論八卷附論一卷　(清)雷豐撰　民國上海文瑞樓石印本　一冊

330000－4706－0002710　普 2005　子部/醫家類/溫病之屬

時病論八卷　(清)雷豐撰　民國石印本　一冊　存二卷(二至三)

330000－4706－0002711　普 1672　子部/宗教類/道教之屬/衆術

顯感利冥錄一卷　民國七年(1918)振新印刷

所鉛印本　一冊

330000－4706－0002712　普 1693　子部/雜著類/雜纂之屬

醒夢編四卷　葛玄撰　民國十年(1921)上海宏大善總發行所石印本　一冊

330000－4706－0002713　普 1557　子部/宗教類/佛教之屬/經

地藏菩薩本願經三卷　(唐)釋實叉難陀譯　民國二十六年(1937)鉛印本　一冊

330000－4706－0002715　普 1558　子部/宗教類/佛教之屬

二課合解七卷首一卷　釋興慈述　民國十年(1921)刻本　一冊　存三卷(首、一至二)

330000－4706－0002716　普 1695　子部/儒家類/儒學之屬/禮教/女範

金科輯要閨範篇三卷　都劫司　武昌侯輯　顯祿侯定　民國北京金科流通處鉛印本　一冊

330000－4706－0002719　普 1882　子部/醫家類/類編之屬

王氏潛齋醫書五種　(清)王士雄撰　民國十五年(1926)上海萃英書局石印本　一冊　存一種

330000－4706－0002721　普 1942　子部/雜著類/雜說之屬

仙佛真傳章句直解不分卷　民國杭州浙江印刷公司善書總發行所鉛印本　一冊

330000－4706－0002722　普 1675　子部/宗教類/佛教之屬/經疏

法華講演錄七卷　民國鉛印本　三冊　存四卷(四至七)

330000－4706－0002724　普 1935　子部/宗教類/道教之屬/經文

文武二帝救劫真經不分卷　民國上海宏大善書局石印本　一冊

330000－4706－0002726　普 1698　子部/宗教類/佛教之屬

法雨涓滴錄一卷　周奮等輯　民國溫州務本石印本　一冊

330000－4706－0002727　普 3109　集部/曲類/寶卷之屬

大乘出谷歸源還鄉寶卷一卷　民國上海宏大善書局石印本　一冊

330000－4706－0002729　普 1937　子部/宗教類/佛教之屬/經

金剛經一卷　民國十四年(1925)上海宏大善書局石印本　一冊

330000－4706－0002734　普 1561　子部/宗教類/道教之屬/經文

關帝明聖真經一卷附關帝靈籤一卷　民國石印本　一冊

330000－4706－0002735　普 1939　子部/雜著類/雜說之屬

救世津梁不分卷　民國鉛印本　一冊

330000－4706－0002737　普 1940　經部/四書類/大學之屬/傳說

大學聖經貫珠解一卷　(清)雷以誠撰　民國上海宏大善書局石印本　一冊

330000－4706－0002739　普 1943　子部/宗教類/佛教之屬/經

金剛般若波羅蜜經一卷　(後秦)釋鳩摩羅什譯　民國石印本　一冊

330000－4706－0002741　普 1945　子部/宗教類/佛教之屬/經

金剛經傳燈真解一卷　(印度)無量度世古佛撰　**佛祖般若心印經一卷**　**觀自在菩薩親著心經傳燈真解一卷**　**文昌帝君戒淫寶訓一卷**　民國十二年(1923)上海宏大善書局石印本　一冊

330000－4706－0002742　普 1946　子部/宗教類/佛教之屬/諸宗

正法三十三祖東土六祖大鑑禪師法寶壇經述旨一卷　(唐)釋法海錄　王驤陸述旨　民國印心精舍鉛印本　一冊

330000－4706－0002743　普 1947　子部/宗教類/佛教之屬/經

佛說盂蘭盆經一卷　（晋）釋竺法護譯　**蘭盆獻供儀一卷**　（宋）釋元照集　**盂蘭盆齋唸誦式一卷**　（宋）釋遇榮述　**修盂蘭盆方法九門一卷**　（宋）釋遵式述　**佛說盂蘭盆經新疏一卷**　（明）釋智旭疏　民國三十五年（1946）鉛印本　一册

330000－4706－0002747　普 1688　子部/宗教類/佛教之屬/經

妙法蓮華經觀世音菩薩普門品一卷　（後秦）釋鳩摩羅什譯　民國十八年（1929）石印本　一册

330000－4706－0002750　普 1891　子部/醫家類/傷寒金匱之屬/傷寒論

張仲景傷寒論原文淺註六卷　（漢）張機撰　（清）陳念祖集註　民國石印本　二册

330000－4706－0002751　普 2109　子部/術數類/相宅相墓之屬

地理辨正疏五卷首一卷末一卷　（清）張心言撰　民國上海姚文海書局石印本　一册　存二卷（首、一）

330000－4706－0002752　普 1892　子部/醫家類/傷寒金匱之屬/傷寒論

張仲景傷寒論原文淺註六卷首一卷　（漢）張機撰　（清）陳念祖集註　民國石印本　一册

330000－4706－0002753　普 1564　子部/宗教類/道教之屬/經文

關帝明聖真經註解一卷附應驗靈籤一卷　民國上海宏大善書局石印本　一册

330000－4706－0002754　普 2006　子部/醫家類/類編之屬

家庭醫藥顧問社醫藥叢書□□種　家庭醫藥顧問社出版部輯　民國鉛印本　一册　存一種

330000－4706－0002755　普 2007　子部/醫家類/類編之屬

家庭醫藥顧問社醫藥叢書□□種　家庭醫藥顧問社出版部輯　民國鉛印本　一册　存一種

330000－4706－0002756　普 1566　子部/宗教類/道教之屬/經文

關帝明聖真經註解一卷附應驗靈籤一卷　民國上海宏大善書局石印本　一册

330000－4706－0002757　普 1565　子部/宗教類/道教之屬/經文

關帝明聖真經註解一卷附應驗靈籤一卷　民國上海宏大善書局石印本　一册

330000－4706－0002762　普 1895　子部/醫家類/外科之屬

祕本瘍科選粹八卷　（明）陳文治撰　（清）徐大椿批點　民國四年（1915）上海新中華書社石印本　四册　存四卷（一、五至六、八）

330000－4706－0002764　普 1897　子部/醫家類/外科之屬/通論

馬評外科症治全生前集三卷後集三卷　（清）王維德撰　（清）馬文植評　民國二十二年（1933）鴻文書局石印本　一册　存三卷（前集一至三）

330000－4706－0002765　普 1568　子部/宗教類/道教之屬

重訂暗室燈二卷　（清）深山居士輯　民國十年（1921）上海宏大善書局石印本　一册

330000－4706－0002766　普 1567　子部/雜著類/雜說之屬

了道祕錄一卷　唐光先述　民國鉛印本　一册

330000－4706－0002770　普 1948　子部/宗教類/道教之屬

文昌大洞仙經親降定正三卷　民國十二年（1923）上海宏大善書局石印本　一册

330000－4706－0002771　普 1569　子部/雜著類/雜說之屬

醒夢晨鐘正編二卷　民國十三年（1924）石印本　一册　存一卷（上）

330000－4706－0002773　普 1949　子部/宗教類/佛教之屬

戒殺放生文一卷　(明)釋袾宏撰　民國上海宏大善書局石印本　一冊

330000－4706－0002774　普 2108　子部/術數類/陰陽五行之屬

推背圖說不分卷　題(唐)袁天罡撰　(唐)李淳風注　民國石印本　一冊

330000－4706－0002776　普 1950　子部/宗教類/道教之屬/衆術

鬬聖靈籤不分卷　民國平湖綺春閣書莊石印本　一冊

330000－4706－0002780　普 2303　子部/醫家類/喉科口齒之屬/通論

重樓玉鑰四卷　(清)鄭宏綱撰　民國石印本　一冊　存一卷(二)

330000－4706－0002781　普 2304　子部/醫家類/溫病之屬/痧症

痧症彙要四卷　(清)孫玘輯　**指微一卷**　(清)釋普淨撰　民國十一年(1922)石印本　一冊　存三卷(一至三)

330000－4706－0002783　普 2306　子部/醫家類/類編之屬

上海國醫學院醫學叢書□□種　民國上海國醫學院鉛印本　十一冊　存一種

330000－4706－0002784　普 1571　子部/宗教類/佛教之屬/經疏

般若波羅蜜多心經略疏小鈔二卷　(清)錢謙益輯　民國頻伽精舍鉛印本　一冊

330000－4706－0002785　普 1572　子部/宗教類/佛教之屬/經疏

般若波羅蜜多心經略疏小鈔二卷　(清)錢謙益輯　民國頻伽精舍鉛印本　一冊

330000－4706－0002786　普 1573　子部/宗教類/道教之屬/經文

關帝明聖真經一卷附應驗靈籤一卷　民國十三年(1924)上海宏大善書局石印本　一冊

330000－4706－0002787　普 1574　子部/宗教類/道教之屬/經文

關帝明聖真經一卷附應驗靈籤一卷　民國十三年(1924)上海宏大善書局石印本　一冊

330000－4706－0002788　普 1575　子部/宗教類/道教之屬/經文

關帝明聖真經一卷附應驗靈籤一卷　民國十三年(1924)上海宏大善書局石印本　一冊

330000－4706－0002794　普 2119　子部/宗教類/道教之屬/經文

玉皇心印妙經真解一卷　(清)覺真子註　民國上海宏大善書局石印本　一冊

330000－4706－0002795　普 1952　子部/雜著類/雜說之屬

敬信錄不分卷　民國石印本　一冊

330000－4706－0002796　普 1576　子部/宗教類/佛教之屬/經

一切如來心祕密全身舍利寶篋印陀羅尼經一卷附一卷　(唐)釋不空譯　民國二十六年(1937)上海佛學書局石印本　一冊

330000－4706－0002797　普 3111　集部/曲類/寶卷之屬

繪圖目蓮救母三世寶卷三卷　民國十一年(1922)上海元益善書流通處石印本　一冊

330000－4706－0002799　普 2192　子部/醫家類/本草之屬/本草藥性

葯性歌訣一卷　民國抄本　一冊

330000－4706－0002801　普 2128　子部/宗教類/道教之屬/經文

心印妙經一卷　民國上海宏大善書局石印本　一冊

330000－4706－0002802　普 1955　子部/宗教類/佛教之屬/經

六字真經一卷　民國石印本　一冊

330000－4706－0002803　普 1577　子部/宗教類/佛教之屬/經疏

佛說仁王護國般若波羅密經疏五卷　(後秦)

釋鳩摩羅什譯　(隋)釋智顗說　(隋)釋灌頂記　民國十一年(1922)刻本　三册

330000－4706－0002804　普 2111　子部/宗教類/道教之屬/威儀

玉皇寶懺朝禮儀文一卷　民國石印本　一册

330000－4706－0002805　地文子 099　子部/宗教類/佛教之屬/經咒

心經大悲咒白衣咒靈感錄一卷　孫緯才輯　民國十四年(1925)上海孫緯才父子醫院鉛印本　一册

330000－4706－0002807　地文子 100　子部/宗教類/佛教之屬/經咒

心經大悲咒白衣咒靈感錄一卷　孫緯才輯　民國十四年(1925)上海孫緯才父子醫院鉛印本　一册

330000－4706－0002808　普 2311　子部/醫家類/方書之屬/歷代方書

千金翼方三十卷　(唐)孫思邈撰　民國石印本　一册　存五卷(二十六至三十)

330000－4706－0002809　普 2312　子部/醫家類/醫經之屬

醫經原旨六卷　(清)薛雪集註　民國上海千頃堂書局石印本　一册　存二卷(三至四)

330000－4706－0002810　普 1956　子部/宗教類/佛教之屬

萬佛救刧經一卷　民國杭州浙江印刷公司鉛印本　一册

330000－4706－0002813　普 1699　子部/宗教類/佛教之屬

溧陽洗心壇鸞章六卷　王俠纂修　馬鍾駿編輯　民國上海天后宫橋南宏大善書局石印本　一册

330000－4706－0002814　普 2313　子部/醫家類/方書之屬/單方驗方

便易經驗集一卷　(清)毛世洪輯　(清)汪瑜增訂　民國八年(1919)石印本　一册

330000－4706－0002815　普 1957　子部/宗教類/佛教之屬

善生經一卷　(晉)釋瞿曇僧伽提婆譯　民國二十七年(1938)上海道德書局鉛印本　一册

330000－4706－0002816　普 1692　史部/目録類/書志之屬/提要

道藏精華錄一百種提要樣本一卷　道藏精華錄緒言一卷　守一子編纂　民國鉛印本　一册

330000－4706－0002817　普 1958　子部/宗教類/佛教之屬/律

八識規矩頌貫珠解一卷附法相表解一卷　優婆塞幻修述　民國鉛印本　一册

330000－4706－0002819　普 2125　子部/宗教類/道教之屬

同善錄摘要彙編四卷　(清)李曉蓮撰　民國九年(1920)上海宏大善書局石印本　二册

330000－4706－0002821　普 2124　子部/儒家類/儒學之屬/禮教/家訓

傳家寶三卷　(清)石成金撰　民國上海宏大善書局石印本　一册　存一卷(上)

330000－4706－0002822　普 2314　子部/醫家類/方書之屬

慎疾芻言一卷　(清)徐靈胎撰　**便易經驗集一卷**　(清)毛世洪輯　(清)汪瑜文增訂　民國十七年(1928)上海宏大善書局石印本　一册

330000－4706－0002823　普 1959　子部/宗教類/佛教之屬

蓋天古佛慈悲度人經一卷　民國鉛印本　一册

330000－4706－0002825　普 1961　集部/曲類/曲藝之屬

道情三十首不分卷　劉煥如撰　民國十四年(1925)上海宏大善書局石印本　一册

330000－4706－0002826　普 1581　子部/宗教類/佛教之屬/論

瑜伽師地論一百卷　(唐)釋玄奘譯　**瑜伽師地論敘二卷**　歐陽漸編　民國六年(1917)金

陵刻經處刻本　一冊　存二卷(敘一至二)

330000－4706－0002827　普 1962　子部/雜著類/雜説之屬

指路碑一卷　民國十二年(1923)上海宏大善書局石印本　一冊

330000－4706－0002828　普 2315　子部/醫家類/方書之屬

慎疾芻言一卷　(清)徐靈胎撰　**便易經驗集一卷**　(清)毛世洪輯　(清)汪瑜文增訂　民國十七年(1928)上海宏大善書局石印本　一冊

330000－4706－0002829　普 2316　子部/醫家類/醫經之屬/内經

内經知要講義四卷　錢榮光撰　民國石印本　一冊　存一卷(四)

330000－4706－0002830　普 2317　子部/醫家類/溫病之屬/瘧痢

痢證匯參十卷　(清)吳道源輯　民國七年(1918)上海千頃堂石印本　一冊

330000－4706－0002831　普 2318　子部/醫家類/兒科之屬/痘疹

痘訣餘義一卷　(清)許豫和著　民國上海中一書局石印本　一冊

330000－4706－0002832　普 2319　子部/醫家類/類編之屬

中外醫書八種合刻　(清)□□輯　民國石印本　一冊　存一種

330000－4706－0002833　普 1953　子部/雜著類/雜説之屬

王中書勸孝歌一卷　(清)王中書撰　民國上海宏大善書總發行所石印本　一冊

330000－4706－0002834　普 2112　子部/雜著類/雜編之屬

道岸慈航不分卷　純陽子等輯　民國十一年(1922)上海宏大善書行印本　一冊

330000－4706－0002835　普 1963　子部/宗教類/道教之屬/雜著

西山先生答客問一卷　西山先生口授　民國鉛印本　一冊

330000－4706－0002836　普 2131　子部/宗教類/佛教之屬

普勸僧俗發菩提心文一卷　(唐)裴休撰　民國上海道德書局鉛印本　一冊

330000－4706－0002839　普 1966　子部/宗教類/道教之屬/經文

文武二帝救劫真經不分卷　民國九年(1920)上海宏大善書局石印本　一冊

330000－4706－0002840　普 1583　子部/宗教類/佛教之屬/經咒

林文忠公法書經咒五種　(後秦)釋鳩摩羅什譯　民國宏善書局、道德書局石印朱印本　一冊　存一種

330000－4706－0002841　普 1967　子部/宗教類/道教之屬

風雷集不分卷　民國十二年(1923)上海宏大善書局石印本　一冊

330000－4706－0002842　普 2320　子部/醫家類/方書之屬/單方驗方

成方選讀歌括不分卷　民國抄本　一冊

330000－4706－0002843　普 1584　子部/宗教類/佛教之屬/經咒

林文忠公法書經咒五種　(後秦)釋鳩摩羅什譯　民國宏善書局、道德書局石印朱印本　一冊

330000－4706－0002844　普 2321　子部/醫家類/傷寒金匱之屬/傷寒論

傷寒論讀不分卷　民國抄本　一冊

330000－4706－0002845　普 2322　子部/醫家類/本草之屬/本草藥性

本草彙要讀不分卷　民國抄本　一冊

330000－4706－0002847　普 1965　集部/曲類/曲藝之屬

道情三十首不分卷　劉煥如撰　民國十四年(1925)上海宏大善書局石印本　一冊

330000－4706－0002848　普 1968　子部/小說家類/雜事之屬

音釋坐花誌果八卷　（清）汪道鼎撰　（清）鶩峰樵者音釋　民國十一年（1922）上海宏大善書局石印本　二冊

330000－4706－0002849　普 2323　子部/醫家類/醫經之屬

醫經摘讀不分卷　民國抄本　一冊

330000－4706－0002850　普 1585　子部/宗教類/佛教之屬/經咒

林文忠公法書經咒五種　（後秦）釋鳩摩羅什譯　民國宏善書局、道德書局石印朱印本　一冊

330000－4706－0002852　普 2143　子部/宗教類/佛教之屬/經

大方廣佛華嚴經普賢行願品一卷　（唐）□□譯　民國三十七年（1948）鉛印本　一冊

330000－4706－0002853　普 2141　子部/宗教類/佛教之屬/經

佛說五大施經一卷　（宋）釋施護等譯　**佛說戒香經一卷**　（宋）釋法賢譯　**佛說木槵子經一卷**　民國十一年（1922）石印本　一冊

330000－4706－0002854　普 1589　子部/宗教類/佛教之屬/經

白話金剛經一卷　（後秦）釋鳩摩羅什譯　民國石印本　一冊

330000－4706－0002855　普 1588　子部/術數類/命書相書之屬

演禽三世相法不分卷　民國石印本　一冊

330000－4706－0002857　普 2134　子部/宗教類/佛教之屬

影印二時課誦二卷　民國石印本　一冊

330000－4706－0002858　普 2142　子部/宗教類/佛教之屬

影印二時課誦二卷　民國石印本　一冊

330000－4706－0002859　普 1969　子部/宗教類/道教之屬/戒律

身世金丹一卷　（清）讀我書屋輯　民國上海宏大善書局石印本　一冊

330000－4706－0002860　普 2140　子部/宗教類/佛教之屬/經

金剛般若波羅蜜經一卷　（後秦）釋鳩摩羅什譯　民國石印本　一冊

330000－4706－0002861　普 2324　子部/醫家類/方書之屬/單方驗方

增評童氏醫方集解二十三卷　（清）汪昂著輯　（清）李保常批點　（清）費伯雄加評　民國石印本　二冊　存十八卷（六至二十三）

330000－4706－0002863　普 1970　子部/宗教類/佛教之屬

修道全指逐節天梯無上聖深微妙真經不分卷　蔣救愚撰　民國五年（1916）宏大善書局石印本　一冊

330000－4706－0002864　普 1972　子部/雜著類/雜纂之屬

福壽金鑑不分卷　民國十一年（1922）上海宏大善書局石印本　一冊

330000－4706－0002865　普 1974　子部/雜著類/雜說之屬

養正篇不分卷　民國十一年（1922）上海宏大善書局石印本　一冊

330000－4706－0002866　普 2325　子部/醫家類/兒科之屬/痘疹

麻痦必讀二卷附錄一卷　（清）林月函　（清）鄭啟壽撰　民國十五年（1926）上海千頃堂書局石印本　一冊

330000－4706－0002867　普 1973　子部/宗教類/道教之屬/雜著

指玄篇秘註一卷　（清）滄海老人撰　民國上海宏大善書局石印本　一冊

330000－4706－0002868　普 1590　子部/術數類/命書相書之屬

新鐫增補時憲臺曆袖裏璇璣星命須知一卷欽定萬年書一卷　民國石印本　一冊

330000－4706－0002876　普 2130　子部/宗教類/佛教之屬/經

佛說盂蘭盆經一卷　（晉）釋竺法護譯　**蘭盆獻供儀一卷**　（宋）釋元照集　**盂蘭盆齋唸誦式一卷**　（宋）釋遇榮述　**修盂蘭盆方法九門一卷**　（宋）釋遵式述　**佛說盂蘭盆經新疏一卷**　（明）釋智旭疏　民國石印本　一冊

330000－4706－0002877　普 1976　子部/雜著類/雜說之屬

闡道淺說不分卷　棲霞逸叟撰　民國十四年(1925)宏大善書局石印本　一冊

330000－4706－0002878　普 2132　子部/宗教類/佛教之屬

决定生西日課不分卷　歐陽柱撰　民國石印本　一冊

330000－4706－0002879　普 1975　經部/四書類/總義之屬

四書說約一卷　（清）赤水明圓光月老人撰　民國十一年(1922)上海宏大善書局石印本　一冊

330000－4706－0002880　普 2332　子部/醫家類/傷寒金匱之屬/傷寒論

傷寒证治準繩八卷　（明）王肯堂輯　民國抄本　二冊　存二卷(四、七)

330000－4706－0002881　普 1977　子部/宗教類/道教之屬/經文

太陽太陰真經一卷　民國上海宏大善書局石印本　一冊

330000－4706－0002884　普 2334　子部/醫家類/外科之屬/外科方

瘍醫大全四十卷　（清）顧世澄纂輯　民國上海廣益書局石印本　二冊　存七卷(二十六至二十八、三十七至四十)

330000－4706－0002885　普 1978　子部/宗教類/道教之屬

孚佑上帝純陽呂祖天師說醒心真經一卷　民國九年(1920)上海宏大善書局石印本　一冊

330000－4706－0002891　普 1979　子部/雜著類/雜說之屬

六十花甲子看壽生經一卷　民國十七年(1928)上海宏大善書局石印本　一冊

330000－4706－0002892　普 1591　集部/曲類/寶卷之屬

求子一卷　民國抄本　一冊

330000－4706－0002893　普 1980　子部/宗教類/道教之屬

觀竅說一卷　毅一子輯　民國宏大善書局石印本　一冊

330000－4706－0002894　普 1592　集部/曲類/寶卷之屬

洛洋橋一卷　民國抄本　一冊

330000－4706－0002898　普 2010　子部/醫家類/溫病之屬

中西溫熱串解八卷　吳錫璜撰　民國二十三年(1934)上海文瑞樓石印本　二冊

330000－4706－0002899　普 1596　子部/雜著類/雜纂之屬

諸經一卷　李輔庭抄　民國抄本　一冊

330000－4706－0002900　普 1597　子部/宗教類/佛教之屬/經疏

般若波羅蜜多心經略疏小鈔二卷　（清）錢謙益輯　民國頻伽精舍鉛印本　一冊

330000－4706－0002901　普 1598　子部/術數類/命書相書之屬

新刊合併官板音義評註淵海子平五卷　（宋）徐升編　民國上海千頃堂書局石印本　一冊　存三卷(一至三)

330000－4706－0002902　普 2011　子部/醫家類/溫病之屬/瘟疫

隨息居重訂霍亂論四卷　（清）王士雄撰　民國元年(1912)上海文瑞樓石印本　一冊

330000－4706－0002903　普 2121　子部/宗教類/佛教之屬

佛說大乘戒經一卷　（宋）釋施護譯　**佛說淨業障經一卷**　**佛說受十善戒經一卷**　民國二

十九年(1940)影印本　一冊

330000－4706－0002907　普 2122　子部/宗教類/佛教之屬

佛說大乘戒經一卷　(宋)釋施護譯　**佛說淨業障經一卷**　**佛說受十善戒經一卷**　民國二十九年(1940)影印本　一冊

330000－4706－0002908　普 1599　子部/雜著類/雜說之屬

人生指南一卷　蕭始撰　民國石印本　一冊

330000－4706－0002909　普 2145　子部/宗教類/佛教之屬/經疏

金剛經解義二卷附心經解義一卷　(清)徐槐廷撰　民國石印本　一冊

330000－4706－0002910　普 2123　子部/宗教類/佛教之屬

修道全指逐節天梯無上聖深微妙真經不分卷　蔣救愚撰　民國五年(1916)宏大善書局石印本　一冊

330000－4706－0002911　普 2013　子部/醫家類/傷寒金匱之屬/傷寒論

傷寒辨類二卷　何元常撰　民國十五年(1926)上海中原書局石印本　一冊

330000－4706－0002912　普 1981　子部/宗教類/道教之屬

純陽呂祖度世寶鑑不分卷　(唐)純陽帝君呂祖撰　民國十年(1921)上海宏大善書局石印本　一冊

330000－4706－0002914　普 2341　子部/醫家類/醫理之屬/綜合

醫學讀書記三卷續記一卷附靜香齋醫案三十一條一卷　(清)尤怡撰　民國石印本　二冊

330000－4706－0002915　普 2127　子部/醫家類/養生之屬/導引、氣功

因是子靜坐法續編不分卷　蔣維喬撰　民國十一年(1922)上海商務印書館鉛印本　一冊

330000－4706－0002916　普 1982　子部/術數類/命書相書之屬

新鐫神峯張先生通考闢謬命理正宗大全四卷　(明)張楠撰輯　(明)張希禹等彙編　民國九年(1920)上海校經山房石印本　一冊

330000－4706－0002917　普 2014　子部/醫家類/兒科之屬/通論

小兒諸熱辨不分卷　(清)許豫和撰　民國上海中一書局石印本　一冊

330000－4706－0002918　普 2146　子部/儒家類/儒學之屬/禮教/鄉約

全圖宣講拾遺六卷首一卷　(清)莊跛仙編　民國上海宏大善書局石印本　一冊　存三卷(四至六)

330000－4706－0002919　普 2342　子部/醫家類/醫案之屬

藥盦醫案七卷　惲鐵樵撰　民國鉛印本　一冊

330000－4706－0002920　普 2343　子部/醫家類/綜合之屬/雜著

天年醫社會談日記一卷　民國刻本　一冊

330000－4706－0002921　普 2344　子部/醫家類/醫案之屬

松心醫案一卷　(清)繆遵義撰　民國四年(1915)張存存齋石印本　一冊

330000－4706－0002922　普 1983　子部/宗教類/佛教之屬/經

金剛般若波羅密經一卷　(後秦)釋鳩摩羅什譯　**摩訶般若波羅密多心經一卷**　民國八年(1919)浙江西湖昭慶寺慧空經房刻本　一冊

330000－4706－0002924　普 1985　子部/雜著類/雜編之屬

安士全書四種　(清)周夢顏撰　民國鉛印本　一冊　存一種

330000－4706－0002925　普 1984　子部/宗教類/佛教之屬/經

金剛般若波羅蜜經一卷　(後秦)釋鳩摩羅什譯　**般若波羅蜜多心經一卷**　(唐)釋玄奘譯　民國十二年(1923)上海佛經流通處刻本　一冊

330000－4706－0002927　普 3110　集部/曲類/寶卷之屬

蔣老五寶卷二卷　吳門董氏編譯　民國十二年(1923)上海文益書局石印本　一冊　存一卷(下)

330000－4706－0002929　普 2402　子部/藝術類/書畫之屬/畫譜

馬駘畫寶十五種二十四卷　馬駘繪　民國石印本　一冊　存一種

330000－4706－0002931　普 2403　子部/術數類/占卜之屬

呂祖乩授靈數一卷　民國抄本　一冊

330000－4706－0002933　普 2015　子部/醫家類/眼科之屬

眼科良方一卷　(清)葉桂撰　民國九年(1920)上海宏大善書局石印本　一冊

330000－4706－0002934　普 1989　子部/宗教類/佛教之屬/諸宗

宗鏡綱要二卷　沈惟賢編輯　民國二十四年(1935)青島佛學會鉛印本　一冊

330000－4706－0002935　普 2016　子部/醫家類

痧症寶筏一卷　鄭奮揚纂述　民國六年(1917)福州袖海廬鉛印本　一冊

330000－4706－0002937　普 2404　子部/宗教類/道教之屬

悟真篇三註三卷參同契一卷金丹傳一卷試金石一卷　(宋)張伯端撰　(宋)薛道光等注　民國石印本　三冊

330000－4706－0002938　普 2346　子部/醫家類/方書之屬/歷代方書

孫真人海上仙方一卷　(唐)孫思邈撰　民國十八年(1929)海門慎康鉛石印刷局石印本　一冊

330000－4706－0002939　普 2347　子部/醫家類/類編之屬

黃氏醫學叢書□□種　黃維翰輯　民國鉛印本　二冊　存一種

330000－4706－0002942　普 2350　子部/醫家類/溫病之屬/痧症

癍疹彙纂一卷　(清)胡通勳纂　民國抄本　一冊

330000－4706－0002943　普 2405　子部/宗教類/道教之屬/戒律

正心修身編一卷　民國八年(1919)鉛印本　一冊

330000－4706－0002944　普 2406　子部/宗教類/佛教之屬

二課合解七卷首一卷　釋興慈述　民國刻本　一冊　存四卷(四至七)

330000－4706－0002946　普 2408　子部/術數類/相宅相墓之屬

陽宅大全十卷　周志齋精解　民國十一年(1922)上海大成書局石印本　一冊

330000－4706－0002947　普 2409　子部/宗教類/佛教之屬/經疏

般若波羅蜜多心經新疏一卷白話淺說一卷　季聖一述　民國二十年(1931)鉛印本　一冊

330000－4706－0002948　普 1991　子部/雜著類/雜說之屬

玉曆至寶鈔勸世一卷　民國三年(1914)石印本　一冊

330000－4706－0002950　普 1993　子部/宗教類/佛教之屬/律

在家律要四卷　朱止宜輯　民國上海佛學書局鉛印本　一冊

330000－4706－0002951　普 2152　子部/宗教類/佛教之屬

在家學佛要典不分卷　陳海量編　民國三十二年(1943)大雄奮迅團鉛印本　一冊

330000－4706－0002955　普 1996　子部/宗教類/佛教之屬/經

地藏菩薩本願經三卷　(唐)釋實叉難陀譯　民國石印本　一冊

330000－4706－0002969　普 2000　子部/宗

教類/佛教之屬/經疏

般若波羅蜜多心經添足一卷　(唐)釋玄奘譯　(明)釋弘贊述　民國十九年(1930)石印本　一册

330000－4706－0002970　普 1971　子部/宗教類/道教之屬

金仙直指性命眞源一卷　(清)薛陽桂撰　民國上海善書流通處石印本　一册

330000－4706－0002971　普 2360　子部/醫家類/喉科口齒之屬/通論

重樓玉鑰四卷　(清)鄭宏綱撰　民國六年(1917)奉天章福記石印本　四册

330000－4706－0002972　普 2151　子部/宗教類/佛教之屬/經

金剛般若波羅蜜經一卷　(後秦)釋鳩摩羅什譯　**金剛經功德頌一卷**　許止淨述　劉契淨註　民國十四年(1925)影印本　一册

330000－4706－0002973　普 1964　子部/宗教類/道教之屬

金仙直指性命眞源一卷　(清)薛陽桂撰　民國上海宏大善書局鉛印本　一册

330000－4706－0002974　普 2150　子部/雜著類/雜説之屬

躲劫天章一卷附經驗良方一卷　民國二十年(1931)石印本　一册

330000－4706－0002978　普 1995　子部/宗教類/佛教之屬

月溪法師在大乘經典開講前重要開示一卷　葉智尊敬述　民國石印本　一册

330000－4706－0002979　普 2362　子部/醫家類/綜合之屬

國醫三段結晶一卷　周志林撰　民國二十年(1931)上海國醫研究社鉛印本　黄炎培題記　一册

330000－4706－0002980　普 2501　子部/宗教類/佛教之屬

初機浄業指南一卷　黄慶瀾撰　民國上海宏大善書局石印本　一册

330000－4706－0002981　普 2363　子部/醫家類/醫經之屬/内經

黄帝内經靈樞十二卷補注黄帝内經素問二十四卷　(唐)啟玄子(王冰)注　(宋)孫兆重改誤　民國上海錦章圖書局石印本　四册

330000－4706－0002983　普 2126　子部/宗教類/道教之屬

文昌帝君功過格一卷　民國八年(1919)刻本　一册

330000－4706－0002986　普 2503　子部/醫家類/内科之屬/虚勞

不居集上集三十卷首一卷下集二十卷首一卷　(清)吴澄撰　民國二十四年(1935)上海中醫書局鉛印本　九册　存四十七卷(上集首、一至三十;下集首,一至十、十六至二十)

330000－4706－0002987　普 2017　子部/醫家類/傷寒金匱之屬/傷寒論

傷寒醫訣串解六卷傷寒真方歌括六卷　(清)陳念祖撰　**十药神書注解一卷**　(清)葛可久編　(清)陳念祖註　民國石印本　一册

330000－4706－0002990　普 2506　子部/宗教類/佛教之屬/經咒

瑜伽燄口施食要集一卷　(清)釋德基刪輯　(清)釋印宗增補儀觀　民國二十九年(1940)上海佛學書局影印本　一册

330000－4706－0002991　地文子 101　子部/醫家類/類編之屬

醫書九種　民國抄本　十二册

330000－4706－0002993　普 2508　子部/術數類/相宅相墓之屬

秘傳水龍經五卷　(清)蔣平階輯訂　民國石印本　一册　存一卷(五)

330000－4706－0002995　普 2510　子部/術數類/命書相書之屬

增補星平會海命學全書十卷首一卷　(清)水中龍編集　民國石印本　一册　存五卷(六至十)

330000－4706－0002996　普 2511　子部/宗

教類/道教之屬/戒律

文昌帝君陰騭文註證不分卷　(清)潘成雲輯　民國十一年(1922)佛學推行社鉛印本　一册

330000－4706－0002997　普 2512　子部/宗教類/道教之屬/戒律

文昌帝君陰騭文註證不分卷　(清)潘成雲輯　民國十四年(1925)佛學推行社鉛印本　一册

330000－4706－0002998　普 2410　子部/術數類/相宅相墓之屬

陽宅三要四卷　(清)趙廷棟撰　民國上海鴻文書局石印本　一册

330000－4706－0002999　普 2412　子部/術數類/相宅相墓之屬

新刻東海王先生纂輯陽宅十書四卷　(明)王君榮纂輯　民國石印本　一册

330000－4706－0003000　普 2413　子部/術數類/相宅相墓之屬

地理五訣八卷　(清)趙廷棟撰　民國上海鴻文書局石印本　一册

330000－4706－0003001　普 2414　子部/宗教類/道教之屬/方法

救時金丹四卷　唐光先纂修　梁志賢編輯　民國五年(1916)上海宏大善書局石印本　一册

330000－4706－0003003　普 2019　子部/醫家類/類編之屬

潛齋醫學叢書八種　(清)王士雄編　民國元年(1912)上海李鍾玨鉛印本　四册

330000－4706－0003008　普 2514　子部/宗教類/佛教之屬

禪門日誦一卷附佛祖心燈一卷　民國八年(1919)浙杭昭慶慧空經房刻本　一册

330000－4706－0003012　普 2416　子部/宗教類/道教之屬

增經敬竈全書不分卷　民國十七年(1928)上海宏大善書局石印本　一册

330000－4706－0003015　普 2022　子部/醫家類/喉科口齒之屬/白喉

洞主先師白喉治法忌表抉微一卷附經驗救急諸方一卷　(清)耐修子錄並注　民國七年(1918)上海商務印書館石印本　一册

330000－4706－0003016　普 2420　子部/術數類/陰陽五行之屬

增廣玉匣記通書二卷　(清)朱說霖重校　民國石印本　一册

330000－4706－0003017　普 2367　子部/醫家類/類編之屬

東垣十書附二種　民國十八年(1929)上海受古書店石印本　二册　存二種

330000－4706－0003018　普 2368　子部/醫家類/醫話醫論之屬

醫學白話四卷　(清)洪壽曼編　民國上海彪蒙書室石印本　三册　缺一卷(三)

330000－4706－0003021　普 2370　子部/醫家類/醫經之屬/内經

黄帝内經素問合纂十卷靈樞經合纂九卷補遺一卷　(明)馬蒔　(清)張志聰注　民國上海廣益書局石印本　十五册

330000－4706－0003022　普 2418　子部/宗教類/道教之屬/經文

關帝永命真經一卷　民國八年(1919)杭州浙江印刷局石印本　一册

330000－4706－0003023　普 2023　子部/醫家類/内科之屬

證治彙補八卷　(清)李用粹撰　民國石印本　一册

330000－4706－0003024　普 2419　子部/宗教類/道教之屬/經文

關帝明聖真經一卷附應驗靈籤一卷　民國十三年(1924)上海宏大善書局石印本　一册

330000－4706－0003028　地文子 102　子部/醫家類/方書之屬/單方驗方

驗方錄不分卷　(清)朱在明隨錄　民國抄本　一册

330000－4706－0003032　普 2423　子部/術數類/陰陽五行之屬

le星秘要諏吉便覽不分卷　(清)俞榮寬輯　民國上海錦章圖書局石印本　一冊

330000－4706－0003033　普 2521　子部/宗教類/佛教之屬

禪門日誦一卷附佛祖心燈一卷　民國十二年(1923)杭州昭慶慧空經房刻本　一冊

330000－4706－0003036　普 2424　子部/宗教類/道教之屬/經文

玉皇經一卷　民國十七年(1928)抄本　一冊

330000－4706－0003037　普 2028　子部/醫家類/本草之屬/歷代綜合本草

本草綱目五十二卷圖一卷瀕湖脉學一卷奇經八脉攷一卷脉訣攷證一卷　(明)李時珍撰　**本草萬方鍼線八卷**　(清)蔡烈先輯　**本草綱目拾遺十卷**　(清)趙學敏輯　民國五年(1916)上海鴻寶齋書局石印本　七冊

330000－4706－0003039　普 2425　子部/宗教類/佛教之屬/經

般若波羅蜜多心經一卷　(唐)釋玄奘譯　民國上海佛學書局鉛印本　一冊

330000－4706－0003041　普 2427　經部/易類/易占之屬

此釋卦之名義不分卷　民國抄本　一冊

330000－4706－0003042　普 2029　子部/醫家類/本草之屬/歷代綜合本草

本草綱目五十二卷圖一卷瀕湖脉學一卷奇經八脉攷一卷脉訣攷證一卷　(明)李時珍撰　**本草萬方鍼線八卷**　(清)蔡烈先輯　**本草綱目拾遺十卷**　(清)趙學敏輯　民國五年(1916)上海鴻寶齋書局石印本　五冊　存三十八卷(本草綱目四至九、二十九至五十二,本草萬方鍼線一至八)

330000－4706－0003043　普 2428　子部/宗教類/道教之屬/經文

關帝明聖真經一卷附應驗靈籤一卷　民國石印本　一冊

330000－4706－0003044　普 2523　子部/宗教類/佛教之屬

諦閑大師淨業日課一卷　民國十五年(1926)石印本　一冊

330000－4706－0003045　普 2524　子部/宗教類/佛教之屬/諸宗

皇懺隨聞錄十卷　釋諦閑講　釋寶靜輯　民國鉛印本　一冊　存四卷(三至六)

330000－4706－0003047　普 2033　子部/醫家類/本草之屬/歷代綜合本草

本草綱目五十二卷圖三卷奇經八脈攷一卷脈訣攷證一卷瀕湖脈學一卷　(明)李時珍撰　**本草萬方鍼線八卷本草綱目藥品總目一卷**　(清)蔡烈先撰　**本草綱目拾遺十卷首一卷**　(清)趙學敏撰　民國石印本　四冊　存十四卷(本草綱目二十三至三十、四十九至五十,本草萬方鍼線五至八)

330000－4706－0003048　普 2032　子部/醫家類/本草之屬/歷代綜合本草

本草綱目五十二卷圖三卷奇經八脈攷一卷脈訣攷證一卷瀕湖脈學一卷　(明)李時珍撰　**本草萬方鍼線八卷本草綱目藥品總目一卷**　(清)蔡烈先撰　**本草綱目拾遺十卷首一卷**　(清)趙學敏撰　民國石印本　二冊　存五卷(本草綱目一至二、四至六)

330000－4706－0003049　普 2031　子部/醫家類/本草之屬/歷代綜合本草

本草綱目五十二卷圖三卷奇經八脈攷一卷脈訣攷證一卷瀕湖脈學一卷　(明)李時珍撰　**本草萬方鍼線八卷本草綱目藥品總目一卷**　(清)蔡烈先撰　**本草綱目拾遺十卷首一卷**　(清)趙學敏撰　民國上海錦章圖書局石印本　一冊　存五卷(本草綱目三十六至四十)

330000－4706－0003054　普 2429　子部/術數類

雜錄不分卷　民國抄本　一冊

330000－4706－0003055　普 2430　子部/宗教類/佛教之屬

香讚不分卷　民國抄本　一冊

330000－4706－0003057　普 2431　子部/宗教類/佛教之屬

攝引圖一卷　民國石印本　一冊

330000－4706－0003058　普 2432　子部/宗教類/佛教之屬

佛說觀無量壽佛經一卷附圖頌一卷　（南朝宋）釋畺良耶舍譯　（明）釋傳燈圖頌　民國石印本　一冊

330000－4706－0003063　普 2154　子部/雜著類/雜說之屬

玉曆果報一卷　民國明善書局石印本　一冊

330000－4706－0003069　普 2034　子部/醫家類/本草之屬/歷代綜合本草

本草綱目五十二卷圖三卷奇經八脈攷一卷脈訣攷證一卷瀕湖脈學一卷　（明）李時珍撰　**本草萬方鍼線八卷本草綱目藥品總目一卷**　（清）蔡烈先撰　**本草綱目拾遺十卷首一卷**　（清）趙學敏撰　民國石印本　五冊　存二十一卷（本草綱目一至八、十三至十六、二十至二十六，圖中下）

330000－4706－0003074　普 2436　子部/宗教類/佛教之屬/經咒

禪門日誦一卷　民國石印本　一冊

330000－4706－0003076　普 2528　子部/術數類/占卜之屬

增刪卜易四卷　（清）野鶴老人著　（清）李文輝增刪　民國石印本　一冊　存一卷（四）

330000－4706－0003077　普 2437　子部/術數類/相宅相墓之屬

陽宅愛眾篇四卷　（清）張覺正撰　民國九年（1920）石印本　一冊

330000－4706－0003081　普 2157　子部/宗教類/佛教之屬/經

妙法蓮華經妙德玄記一卷　（後秦）釋鳩摩羅什譯　釋根慧記　民國二十九年（1940）上海法雲印經會鉛印本　一冊

330000－4706－0003084　普 2531　類叢部/叢書類/彙編之屬

影印士禮居叢書不分卷　民國影印本　一冊

330000－4706－0003085　普 2380　子部/醫家類/本草之屬/歷代綜合本草

本草分經不分卷　（清）姚瀾編輯　民國十四年（1925）鉛印本　一冊

330000－4706－0003090　普 2381　新學/醫學

生理補證四卷　陸淵雷撰　民國鉛印本　二冊

330000－4706－0003091　普 2444　子部/醫家類/方書之屬/單方驗方

增評醫方集解二十三卷本草備要八卷經絡歌訣一卷醫方湯頭歌訣一卷　（清）汪昂著輯　民國鉛印本　三冊　存八卷（本草備要一至八）

330000－4706－0003092　普 2445　子部/醫家類/方書之屬/單方驗方

增評醫方集解二十三卷增補本草備要八卷經絡歌訣一卷醫方湯頭歌訣一卷　（清）汪昂著輯　民國石印本　三冊　存三卷（增補本草備要二至四）

330000－4706－0003095　普 2383　子部/醫家類/本草之屬/歷代綜合本草

大字斷句增圖本草從新十八卷　（清）吳儀洛撰　民國上海廣益書局石印本　一冊

330000－4706－0003098　普 2384　子部/醫家類/本草之屬/歷代綜合本草

本草從新十八卷　（清）吳儀洛撰　民國十三年（1924）上海掃葉山房石印本　六冊

330000－4706－0003099　普 2446　子部/醫家類/方書之屬/單方驗方

增評醫方集解二十三卷增補本草備要八卷經絡歌訣一卷醫方湯頭歌訣一卷　（清）汪昂著輯　民國三年（1914）上海共和書局石印本　一冊　存八卷（增補本草備要一至八）

330000－4706－0003101　普 2447　子部/醫家類/方書之屬/單方驗方

增評醫方集解二十三卷增補本草備要八卷經

絡歌訣一卷醫方湯頭歌訣一卷　(清)汪昂著輯　民國三年(1914)上海共和書局石印本　五冊　存十二卷(一至三、增補本草備要一至八、經絡歌訣)

330000－4706－0003104　普 2389　子部/醫家類/本草之屬/歷代綜合本草
本草從新十八卷　(清)吳儀洛輯　民國上海蔣春記書莊石印本　一冊

330000－4706－0003105　普 2390　子部/醫家類/本草之屬/本草藥性
增補珍珠囊雷公炮製藥性解六卷　(明)李中梓編輯　(清)王子接重訂　民國石印本　一冊

330000－4706－0003106　普 2438　子部/宗教類/佛教之屬/經
金剛經一卷　民國石印本　一冊

330000－4706－0003107　普 2162　子部/醫家類/醫經之屬/內經
靈素提要淺註十二卷　(清)陳念祖集注　民國石印本　一冊　存三卷(一至三)

330000－4706－0003108　普 2163　子部/醫家類/醫經之屬/內經
補註黃帝內經素問二十四卷　(唐)王冰注　(宋)林億等校正　(宋)孫兆重改誤　**黃帝內經素問遺編一卷**　(宋)劉溫舒撰　民國上海錦章書局石印本　一冊　存七卷(一至六、遺編)

330000－4706－0003109　普 2535　子部/天文曆算類/曆法之屬
繼成堂洪潮和通書不分卷　民國福建泉州繼成堂石印本　一冊

330000－4706－0003110　普 2448　子部/醫家類/方書之屬/單方驗方
增評醫方集解二十三卷增補本草備要八卷重校舊本湯頭歌訣一卷經絡歌訣一卷　(清)汪昂著輯　民國三年(1914)上海共和書局石印本　三冊　存八卷(增補本草備要一至八)

330000－4706－0003111　普 2165　子部/醫家類/診法之屬/脈經脈訣
校正瀕湖脈學一卷　(明)李時珍撰　民國石印本　一冊

330000－4706－0003115　普 2536　子部/醫家類/方書之屬/單方驗方
醫方一得□□卷　民國抄本　二冊　存一卷(三)

330000－4706－0003116　普 2166　子部/醫家類/綜合之屬/合刻、合抄
扁鵲心書三卷神方一卷　(戰國)扁鵲傳　(宋)竇材輯　(清)胡珏參論　民國石印本　一冊

330000－4706－0003117　普 2540　子部/宗教類/佛教之屬/經
妙法蓮華經觀世音菩薩普門品一卷　(後秦)釋鳩摩羅什譯　民國三十八年(1949)抄本　一冊

330000－4706－0003118　普 2391　子部/醫家類/本草之屬/歷代綜合本草
本草從新十八卷　(清)吳儀洛輯　民國石印本　一冊　存四卷(十至十三)

330000－4706－0003119　普 2392　子部/醫家類/本草之屬/歷代綜合本草
重扎本草從新十八卷　(清)吳儀洛撰　民國抄本　一冊　存一卷(一)

330000－4706－0003122　普 2170　子部/醫家類/醫經之屬/內經
素問靈樞類纂約註三卷　(清)汪昂輯註　民國石印本　一冊　存一卷(中)

330000－4706－0003127　普 2537　子部/醫家類/外科之屬
瘡瘍經驗全書一卷　(宋)竇傑撰　民國抄本　一冊

330000－4706－0003136　普 2397　子部/醫家類/本草之屬/歷代綜合本草
本草從新十八卷　(清)吳儀洛輯　民國九年(1920)江陰寶文堂書莊刻本　五冊　缺三卷(二至四)

330000－4706－0003141　普 2539　子部/醫家類/本草之屬/本草藥性

四言藥性讀本一卷　民國抄本　一冊

330000－4706－0003142　普 2541　子部/醫家類/醫案之屬

潁川醫案二卷　張菊如輯　民國抄本　二冊

330000－4706－0003144　普 2101　子部/醫家類/傷寒金匱之屬/傷寒論

漢張仲景先師傷寒論原文十四卷　民國石印本　一冊　存一卷(十四)

330000－4706－0003150　普 2030　子部/醫家類/本草之屬/歷代綜合本草

本草綱目五十二卷圖三卷奇經八脈考一卷(明)李時珍撰　**本草萬方鍼線八卷藥品總目一卷**　(清)蔡烈先輯　**本草綱目拾遺十卷**(清)趙學敏輯　民國三年(1914)上海商務印書館石印本　二十冊

330000－4706－0003157　普 2607　子部/醫家類/方書之屬/單方驗方

潛齋簡效方一卷　(清)王士雄輯　**救急良方一卷**　(清)潘志裘輯　民國中華書局鉛印本　一冊

330000－4706－0003164　普 2610　子部/醫家類/方書之屬/成方藥目

葉種德堂丸散膏丹全錄一卷　葉鴻年編　民國三年(1914)葉種德堂鉛印本　一冊

330000－4706－0003165　普 2611　子部/醫家類/方書之屬/成方藥目

葉種德堂丸散膏丹全錄一卷　葉鴻年編　民國三年(1914)葉種德堂鉛印本　一冊

330000－4706－0003169　普 2184　子部/醫家類/方書之屬/單方驗方

驗方新編十八卷　(清)鮑相璈輯　民國石印本　一冊　存六卷(十二至十七)

330000－4706－0003181　普 2190　子部/醫家類/方書之屬/單方驗方

重校舊本湯頭歌訣一卷附經絡歌訣一卷(清)汪昂編輯　民國石印本　一冊

330000－4706－0003182　普 2185　子部/醫家類/方書之屬/單方驗方

重校湯頭歌訣一卷　(清)汪昂編輯　民國鉛印本　一冊

330000－4706－0003183　普 2619　子部/醫家類/溫病之屬/痧症

沙麻明辨不分卷　(清)華壎編　民國二十四年(1935)上海千頃堂書局石印本　一冊

330000－4706－0003184　普 2620　子部/醫家類/推拿按摩外治之屬

小兒按摩術四卷　(明)周于蕃撰　民國十一年(1922)上海千頃堂書局石印本　二冊　存二卷(一、三)

330000－4706－0003187　普 2621　子部/醫家類/兒科之屬/通論

校正幼科三種　民國十一年(1922)上海錦章圖書局石印本　一冊

330000－4706－0003192　地文子 103　子部/醫家類/醫案之屬

吳氏醫案一卷　吳傳蓀撰　民國抄本　一冊

330000－4706－0003194　普 2458　子部/醫家類/婦科之屬

女科輯要二卷　(清)沈堯封輯　民國抄本　一冊　存一卷(上)

330000－4706－0003195　普 2457　子部/雜著類/雜說之屬

池北偶談二十六卷　(清)王士禛撰　民國石印本　一冊　存四卷(十五至十八)

330000－4706－0003196　普 2622　子部/醫家類/兒科之屬/通論

葉天士幼科醫案一卷　(清)葉桂撰　陸士諤編輯　民國上海廣文書局石印本　一冊

330000－4706－0003199　普 2186　子部/醫家類/方書之屬/成方藥目

攷正丸散膏丹集一卷　上海市國醫學會編輯　民國二十三年(1934)石印本　一冊

330000－4706－0003201　普 2187　子部/醫

家類/方書之屬/單方驗方

萬病驗方大全一卷 陸清潔編輯 民國十九年(1930)石印本 一冊

330000－4706－0003203 普2189 子部/醫家類/方書之屬/單方驗方

新增湯頭歌訣正續編一卷 (清)汪昂編纂 民國石印本 一冊

330000－4706－0003204 普2625 子部/醫家類/婦科之屬/產科

葉氏女科證治四卷 (清)葉桂撰 民國二十六年(1937)上海大文書局石印本 一冊

330000－4706－0003207 普2633 子部/醫家類/本草之屬/本草雜著

國藥詮證四卷 王劍賓撰 民國二十八年(1939)王劍賓診所鉛印本 四冊

330000－4706－0003210 普2188 子部/醫家類/方書之屬/單方驗方

謝利恒家用良方不分卷 謝觀撰 民國十四年(1925)鉛印本 一冊

330000－4706－0003211 普2630 子部/醫家類/婦科之屬/通論

新編女科指掌五卷 (清)葉其蓁編輯 民國石印本 二冊

330000－4706－0003213 普2631 子部/醫家類/婦科之屬/產科

保產無憂第一神效方一卷 民國石印本 一冊

330000－4706－0003216 普2632 子部/醫家類/醫話醫論之屬

醫學南針十卷 陸士諤編輯 民國十四年(1925)上海世界書局石印本 一冊

330000－4706－0003218 普2193 新學/醫學

藥用動物學講義一卷 杜士璋編述 民國石印本 一冊

330000－4706－0003219 普2635 子部/醫家類/兒科之屬

幼科秘書推拿廣意三卷 (清)熊應雄纂輯 (清)陳世凱重訂 民國石印本 一冊 缺一卷(上)

330000－4706－0003220 普2634 子部/醫家類/本草之屬/本草藥性

藥物學四卷 章次公編 民國鉛印本 二冊

330000－4706－0003224 普2547 新學/醫學/藥品

新藥挈要一卷 志逸輯 民國抄本 一冊

330000－4706－0003229 普2639 子部/醫家類/類編之屬

南雅堂醫書全集(陳修園醫書)□□種 (清)陳念祖等撰 民國石印本 一冊 存一種

330000－4706－0003232 普2197 子部/醫家類/醫經之屬/内經

黃帝内經靈樞十二卷 (唐)啟玄子(王冰)注 (宋)孫兆重改誤 民國上海錦章圖書局石印本 一冊

330000－4706－0003233 普2195 子部/醫家類/醫經之屬/難經

圖註八十一難經四卷 (戰國)秦越人撰 (明)張世賢註 民國石印本 一冊 存二卷(一至二)

330000－4706－0003237 普2701 子部/醫家類/方書之屬/歷代方書

孫真人備急千金要方三十卷 (唐)孫思邈撰 (清)張璐衍義 民國石印本 六冊 存十卷(一至六、十一至十四)

330000－4706－0003238 普2702 子部/醫家類/醫經之屬/内經

黃帝内經靈樞十二卷 (唐)啟玄子(王冰)注 民國石印本 一冊 存七卷(一至七)

330000－4706－0003242 普2462 子部/醫家類/婦科之屬/產科

葉氏女科證治四卷 (清)葉桂撰 民國三年(1914)上海錦文堂書局石印本 四冊

330000－4706－0003246 普2641 子部/醫

家類/傷寒金匱之屬/金匱要略

退思廬金匱廣義四卷 嚴鴻志撰 民國鉛印本 一冊 存二卷(三至四)

330000－4706－0003248 普2706 子部/醫家類/醫話醫論之屬

醫門法律六卷尚論篇四卷首一卷後篇四卷寓意草一卷 (清)喻昌撰 民國上海簡青齋書局石印本 一冊 缺六卷(一至六)

330000－4706－0003250 普2644 子部/醫家類/綜合之屬/通論

醫津二卷 (清)錢雄萬輯 民國十一年(1922)鉛印本 一冊

330000－4706－0003253 普2708 新學/醫學

細菌學綱要一卷 民國二十二年(1933)石印本 一冊

330000－4706－0003254 普2709 子部/宗教類/道教之屬/經文

太上黃庭内景玉經一卷 (唐)梁丘子注 民國抄本 一冊

330000－4706－0003261 普2712 子部/醫家類/綜合之屬/通論

顧氏醫徑讀本六卷 顧允若撰 民國二十三年(1934)鉛印本 二冊 存五卷(二至六)

330000－4706－0003262 普2470 子部/醫家類/婦科之屬/產科

達生編不分卷 (清)亟齋居士撰 民國刻本 一冊

330000－4706－0003264 普2713 子部/醫家類/綜合之屬/通論

顧氏醫徑讀本六卷 顧允若撰 民國二十三年(1934)鉛印本 一冊 存三卷(四至六)

330000－4706－0003265 普2651 子部/醫家類/醫經之屬/難經

校正圖註八十一難經四卷 (明)張世賢註 民國石印本 一冊 存二卷(三至四)

330000－4706－0003267 普2714 子部/醫家類/診法之屬/歷代脈學

脉學不分卷 民國抄本 二冊

330000－4706－0003269 普2653 子部/醫家類/醫案之屬

診餘集一卷 (清)余景和撰 民國七年(1918)海虞寄舫鉛印本 一冊

330000－4706－0003272 普2655 子部/醫家類/方書之屬/歷代方書

孫真人備急千金要方三十卷 (唐)孫思邈撰 (清)張璐衍義 民國上海中原書局石印本 二冊 存四卷(七至十)

330000－4706－0003273 普2715 子部/醫家類/喉科口齒之屬/通論

喉症補編一卷 民國六年(1917)刻本 一冊

330000－4706－0003275 普2717 子部/醫家類/類編之屬

南雅堂醫書全集(陳修園醫書)七十種 (清)陳念祖等撰 民國石印本 一冊 存六種

330000－4706－0003277 普2472 子部/醫家類/診法之屬/歷代脈學

脈學指南四卷 盧其慎撰 民國上海千頃堂書局石印本 四冊

330000－4706－0003278 普2657 子部/醫家類/綜合之屬/通論

醫宗説約五卷首一卷 (清)蔣示吉撰 民國石印本 一冊 存二卷(二至三)

330000－4706－0003280 普2660 子部/醫家類/傷寒金匱之屬/傷寒論

張仲景傷寒論原文淺註六卷 (漢)張機撰 (清)陳念祖集註 民國石印本 一冊 存二卷(四至五)

330000－4706－0003281 普2473 子部/醫家類/綜合之屬/通論

增補萬病回春原本八卷 (明)龔廷賢編 民國二年(1913)江東書局石印本 一冊 存三卷(一至三)

330000－4706－0003283 普2553 子部/醫

家類/診法之屬/脈經脈訣
脈訣不分卷 民國抄本 一冊

330000－4706－0003286 普 2476 子部/醫家類/本草之屬/食療本草
備荒一卷 (清)王纕堂輯 民國三十年(1941)鉛印本 一冊

330000－4706－0003287 地文子 104 子部/醫家類/方書之屬
新增湯頭歌訣一卷 錢國榮改增 徐琴圃增 民國抄本 一冊

330000－4706－0003288 普 2477 子部/醫家類/醫案之屬
臨證指南醫案八卷 (清)葉桂撰 民國上海文益書局石印本 四冊

330000－4706－0003289 普 2478 子部/醫家類/眼科之屬
眼科神應方不分卷 民國石印本 一冊

330000－4706－0003290 普 2718 子部/醫家類/溫病之屬/痧症
痧證彙要四卷 (清)孫玘輯 民國石印本 一冊 存一卷(四)

330000－4706－0003291 普 2719 史部/目録類/總録之屬/私撰
千頃堂書局圖書目錄不分卷 千頃堂書局編 民國二十五年(1936)上海千頃堂書局石印本 一冊

330000－4706－0003292 普 2720 子部/農家農學類/獸醫之屬
圖像水黃牛經合併大全二卷 (明)喻仁 (明)喻傑撰 民國上海錦章圖書局石印本 一冊

330000－4706－0003293 普 2661 子部/醫家類/兒科之屬
保赤全编三種三卷 (清)莊一夔等撰 民國石印本 一冊

330000－4706－0003294 普 2479 子部/醫家類/醫案之屬
證治輯要四卷 顧允若撰 民國三十七年(1948)石印本 二冊

330000－4706－0003295 普 2550 子部/醫家類/傷寒金匱之屬/傷寒
傷寒講座演講辭不分卷 民國抄本 一冊

330000－4706－0003297 普 2662 子部/醫家類/本草之屬/本草藥性
藥性易知一卷 民國鉛印本 一冊

330000－4706－0003301 普 2664 子部/醫家類/本草之屬/歷代綜合本草
湯液本草三卷 (元)王好古輯 民國石印本 一冊

330000－4706－0003302 普 2666 子部/醫家類/本草之屬/本草藥性
雷公炮製藥性解六卷 (明)李中梓輯 **珍珠囊指掌補遺藥性賦四卷** (金)李杲輯 民國共和書局石印本 一冊 存六卷(藥性解一至六)

330000－4706－0003303 普 2667 子部/醫家類/本草之屬/本草藥性
雷公炮製藥性解六卷 (明)李中梓輯 **珍珠囊指掌補遺藥性賦四卷** (金)李杲輯 民國石印本 一冊 存六卷(藥性解一至六)

330000－4706－0003304 普 2722 子部/雜著類/雜說之屬
玉曆至寶鈔勸世一卷附經驗神效良方一卷 王子達重編 民國上海宏大善書局石印本 一冊

330000－4706－0003306 普 2668 子部/醫家類/本草之屬/本草雜著
增訂偽藥條辨四卷 鄭奮揚撰 曹炳章集註 民國鉛印本 一冊

330000－4706－0003311 普 2723 子部/儒家類/儒學之屬/禮教/鑑戒
養生保命錄一卷 民國八年(1919)石印本 一冊

330000－4706－0003313 普 2673 子部/醫

家類/醫話醫論之屬

余氏醫述六卷 余巖撰 民國鉛印本 一冊 存三卷(四至六)

330000－4706－0003314 普 2725 子部/醫家類/醫案之屬

醫學實驗一卷 周聲溢撰 民國十四年(1925)上海鉛印本 一冊

330000－4706－0003317 普 2555 子部/醫家類/方書之屬/單方驗方

諸雜方不分卷 民國抄本 一冊

330000－4706－0003321 普 2675 子部/醫家類/兒科之屬

幼科三種六卷 民國石印本 一冊

330000－4706－0003325 普 2729 子部/醫家類/婦科之屬

女科全書四卷 鄭伯籍纂 民國抄本 四冊

330000－4706－0003327 普 2678 子部/醫家類/綜合之屬/雜著

筆花醫鏡四卷 (清)江涵暾撰 民國三年(1914)上海文益書局石印本 一冊 存二卷(三至四)

330000－4706－0003329 普 2679 子部/醫家類/綜合之屬/雜著

醫經溯洄集一卷 (元)王履撰 民國石印本 一冊

330000－4706－0003331 普 2680 子部/兵家類/武術技巧之屬

拳經四卷 大聲圖書局輯 民國石印本 一冊 存二卷(三至四)

330000－4706－0003332 普 2731 子部/醫家類/方書之屬/單方驗方

洄溪秘方一卷 (清)余椒輯 民國抄本 一冊

330000－4706－0003333 普 2732 子部/醫家類/養生之屬/導引、氣功

内丹要旨一卷 民國抄本 一冊

330000－4706－0003334 普 2560 子部/醫家類/本草之屬/本草藥性

藥性蒙求一卷 (清)張仁錫纂輯 民國十五年(1926)抄本 一冊

330000－4706－0003336 普 2734 子部/醫家類/本草之屬/本草藥性

草藥新纂續編一卷 張拯滋輯 民國七年(1918)小金山房石印本 一冊

330000－4706－0003338 普 2736 子部/醫家類/方書之屬/單方驗方

不知醫必要四卷 (清)梁廉夫撰 民國杭州興業書局石印本 一冊 存二卷(三至四)

330000－4706－0003341 普 2738 子部/醫家類/方書之屬/單方驗方

良方集成不分卷 民國抄本 二冊

330000－4706－0003344 普 2681 子部/醫家類/兒科之屬/通論

幼科鐵鏡二卷 (清)夏鼎撰 民國石印本 一冊 存一卷(二)

330000－4706－0003345 普 2682 子部/醫家類/兒科之屬/痘疹

秘本痲痘新書六卷 (清)張石頑 (清)俞中和撰 (清)黄大霖輯 民國七年(1918)上海淵海圖書局石印本 一冊

330000－4706－0003346 普 2481 子部/醫家類/方書之屬/單方驗方

重校舊本湯頭歌訣一卷附經絡歌訣一卷 (清)汪昂編輯 民國石印本 一冊

330000－4706－0003349 普 2683 子部/醫家類/方書之屬/成方藥目

胥樂軒一卷 民國抄本 一冊

330000－4706－0003350 普 2684 子部/醫家類/兒科之屬

幼科三種六卷 民國石印本 一冊

330000－4706－0003358 普 2689 子部/醫家類/兒科之屬/通論

中國兒科學六卷 錢今陽撰 民國三十六年(1947)鉛印本 一冊

330000－4706－0003362　普 2693　子部/醫家類/綜合之屬/通論

顧氏醫鏡十六卷　（清）顧靖遠撰　民國十三年（1924）上海掃葉山房石印本　二冊　缺二卷（七至八）

330000－4706－0003364　普 2695　子部/醫家類/綜合之屬/通論

古吴童氏重校醫宗必讀十卷　（明）李中梓撰　民國石印本　四冊　存八卷（三至十）

330000－4706－0003365　普 2740　子部/醫家類/溫病之屬/其他溫疫病證

溫熱論箋正一卷　（清）葉桂撰　（清）陳光淞箋正　民國抄本　一冊

330000－4706－0003366　普 2741　子部/醫家類/方書之屬/單方驗方

串雅外編四卷　（清）趙學敏纂　民國抄本　一冊　存一卷（三）

330000－4706－0003368　普 2743　子部/醫家類/醫案之屬

張氏醫案不分卷　民國抄本　一冊

330000－4706－0003369　普 2744　子部/醫家類/外科之屬/外科方

陳氏外科醫案不分卷　民國抄本　一冊

330000－4706－0003370　普 2745　子部/醫家類/針灸之屬/經絡腧穴

銅人腧穴鍼灸經一卷　宋天聖撰　民國抄本　一冊

330000－4706－0003371　普 2746　子部/醫家類/醫案之屬

潁川醫案一卷　民國抄本　一冊

330000－4706－0003372　普 2747　子部/醫家類/綜合之屬

周慎齋先生醫學心法二卷　民國抄本　一冊　存一卷（下）

330000－4706－0003373　普 2739　子部/醫家類/針灸之屬

鍼灸一卷　民國抄本　一冊

330000－4706－0003374　普 2696　子部/醫家類/兒科之屬

福幼編一卷遂生編一卷廣生編一卷　（清）莊一夔撰　民國二十三年（1934）杭州正則印書館鉛印本　一冊

330000－4706－0003377　普 2699　子部/醫家類/綜合之屬/雜著

秘藏醫書祝由十三科一卷　民國三年（1914）上海蜚英書局石印本　一冊

330000－4706－0003386　普 2805　子部/醫家類/醫理之屬/藏象骨度

肺藏經文一卷　民國抄本　一冊

330000－4706－0003392　普 2758　子部/天文曆算類/曆法之屬

大宋寶祐四年會天歷一卷　民國抄本　一冊

330000－4706－0003394　普 2757　子部/天文曆算類/算書之屬

增删算法統宗十一卷首一卷　（明）程大位編集　（清）梅㲄成增删　民國十一年（1922）石印本　一冊　存三卷（四至六）

330000－4706－0003395　地文子 107　子部/醫家類/方書之屬/單方驗方

治癲狗咬傷毒發欲死經驗救急神效方一卷　民國五年（1916）嘉善乃興印刷所石印本　一冊

330000－4706－0003396　地文子 108　子部/醫家類/方書之屬/單方驗方

治癲狗咬傷毒發欲死經驗救急神效方一卷　民國五年（1916）嘉善乃興印刷所石印本　一冊

330000－4706－0003400　普 2755　新學/天學

天象學不分卷　民國二十一年（1932）抄本　二冊

330000－4706－0003407　地文子 109　子部/醫家類/兒科之屬

幼科秘書推拿廣意三卷　（清）陳世凱重訂　張季明重輯　民國抄本　一冊　存一卷（二）

330000－4706－0003423　普 2809　子部/雜著類/雜說之屬

儵游浪語三卷　傅向榮撰　民國十五年(1926)味果園刻本　三冊

330000－4706－0003435　普 2491　史部/傳記類/別傳之屬

楊忠愍公傳家寶書三卷　(明)楊繼盛撰　民國九年(1920)上海宏大善書局石印本　一冊

330000－4706－0003442　普 2496　子部/雜著類/雜編之屬

少室山房筆叢四十八卷　(明)胡應麟撰　民國十二年(1923)上海掃葉山房石印本　八冊

330000－4706－0003443　普 2813　子部/術數類/命書相書之屬

新鐫增補時憲臺曆袖裏璇璣星命須知一卷萬年曆一卷　民國李光明莊刻本　二冊

330000－4706－0003452　普 2578　子部/醫家類/傷寒金匱之屬/傷寒

百大名家合註傷寒論十六卷　民國上海千頃堂書局石印本　一冊　存一卷(五)

330000－4706－0003453　普 2768　子部/藝術類/遊藝之屬/聯語

民國適用新對聯匯海四卷　民國五年(1916)上海廣益書局石印本　一冊　存二卷(一至二)

330000－4706－0003456　普 2859　子部/雜著類/雜考之屬

籀廎述林十卷　(清)孫詒讓撰　民國五年(1916)刻本　四冊

330000－4706－0003461　普 2784　類叢部/叢書類/家集之屬

高郵王氏遺書七種　羅振玉輯　民國十四年(1925)上虞羅氏鉛印本　一冊　存一種

330000－4706－0003467　普 2497　史部/傳記類/總傳之屬/斷代

南吳舊話錄二十四卷補遺一卷附錄一卷　(清)李延昰口授　(清)李尚絅補撰　(清)李漢徵引釋　(清)蔣烈編　民國鉛印本　六冊

330000－4706－0003468　普 2499　子部/雜著類/雜考之屬

讀書雜志八十二卷餘編二卷　(清)王懷祖著　民國上海文瑞樓石印本　二十四冊

330000－4706－0003469　普 2581　子部/醫家類/婦科之屬

濟世救刦回生四卷　傅青主女科二卷　民國石印本　一冊

330000－4706－0003477　普 2860　集部/別集類

觀堂集林二十卷　王國維撰　民國烏程蔣氏密韻樓鉛印本　六冊

330000－4706－0003478　普 2823　子部/儒家類/儒學之屬/俗訓

格言聯璧不分卷　(清)金纓輯　民國十年(1921)刻本　一冊

330000－4706－0003485　普 2827　子部/農家農學類/園藝之屬/花卉

秘傳花鏡六卷　(清)陳淏子撰　民國石印本　二冊　存二卷(三、五)

330000－4706－0003486　普 2586　集部/總集類/選集之屬/斷代

唐詩三百首註疏六卷　(清)孫洙編　(清)章燮註　民國十九年(1930)上海掃葉山房石印本　六冊

330000－4706－0003487　普 2958　子部/小說家類/雜事之屬

世說新語六卷　(南朝宋)劉義慶撰　(南朝梁)劉孝標注　民國掃葉山房石印本　四冊　存四卷(一至四)

330000－4706－0003490　普 2587　子部/藝術類/書畫之屬/法帖

影印名人楹聯真蹟大全不分卷附屏條堂幅不分卷　劉再蘇搜集　民國十四年(1925)上海世界書局影印本　六冊

330000－4706－0003494　普 2791　子部/雜

著類/雜說之屬

家庭常識彙編一卷 天虛我生編 民國石印本 一冊

330000－4706－0003497 普 2792 新學/格致總

博物學大意一卷 杜就田編釋 民國三年(1914)鉛印本 一冊

330000－4706－0003498 普 2902 子部/雜著類/雜說之屬

論衡三十卷 (漢)王充撰 民國十四年(1925)上海掃葉山房石印本 六冊

330000－4706－0003499 普 2793 史部/雜史類/斷代之屬

說畧不分卷 (明)黄尊素撰 民國抄本 一冊

330000－4706－0003504 普 2905 子部/宗教類/佛教之屬

雲棲法彙二十九種 (明)釋祩宏撰 (明)王宇春等輯 民國三年(1914)石印本 三冊 存一種

330000－4706－0003506 普 2831 子部/叢編

百子全書 (清)崇文書局編 民國八年(1919)上海掃葉山房石印本 二十冊 存三十九種

330000－4706－0003511 普 3112 集部/別集類/清別集

西堂雜組一集八卷二集八卷三集八卷 (清)尤侗撰 民國上海中華圖書館石印本 二冊 存八卷(一集一至四、三集一至四)

330000－4706－0003515 普 2775 子部/小說家類/異聞之屬

閱微草堂筆記二十四卷 (清)紀昀撰 民國三年(1914)鉛印本 一冊 存五卷(十三至十七)

330000－4706－0003522 普 2776 子部/雜著類/雜說之屬

分甘餘話四卷 (清)王士禛撰 民國石印本 一冊

330000－4706－0003523 普 2908 子部/雜著類/雜說之屬

三餘札記二卷 劉文典撰 民國十七年(1928)上海商務印書館鉛印本 二冊

330000－4706－0003525 普 2797 子部/雜家類

呂氏春秋二十六卷 (漢)高誘注 民國鉛印本 一冊 存五卷(十五至十九)

330000－4706－0003526 普 2600 子部/雜著類/雜纂之屬

平等閣筆記六卷 狄葆賢撰 民國上海有正書局鉛印本 五冊

330000－4706－0003527 普 2909 子部/儒家類/儒學之屬/禮教/家訓

治家格言繹義不分卷 (清)戴翊清撰 民國十二年(1923)石印本 一冊

330000－4706－0003538 普 2593 子部/儒家類/儒學之屬/經濟

說苑二十卷 (漢)劉向撰 民國元年(1912)鄂官書處刻本 三冊 存十五卷(一至十五)

330000－4706－0003539 普 3527 子部/農家農學類/園藝之屬/花卉

蘭言偶錄二卷 金武祥輯 民國五年(1916)上海掃葉山房石印本 一冊 存一卷(上)

330000－4706－0003543 普 2070 子部/小說家類/雜事之屬

世說新語六卷 (南朝宋)劉義慶撰 (南朝梁)劉孝標注 民國商務印書館鉛印本 一冊 存一卷(四)

330000－4706－0003544 普 2071 集部/總集類/選集之屬/通代

圈點詳註十八家詩鈔二十八卷 (清)曾國藩撰 陳存悔等註 民國十五年(1926)上海中原書局鉛印本 八冊 存十六卷(一至十六)

330000－4706－0003545 普 2911 子部/雜著類/雜說之屬

石林燕語十卷　(宋)葉夢得撰　(宋)宇文紹奕考異　**石林燕語校一卷**　(清)葉德輝撰　**石林燕語辨十卷**　(宋)汪應辰撰　民國中華圖書館石印本　四冊

330000－4706－0003546　普 2048　子部/雜著類/雜考之屬
三才畧一卷　(清)蔣德鈞輯　民國三年(1914)上海富華圖書館石印本　一冊

330000－4706－0003551　普 2047　子部/雜著類/雜考之屬
三才畧一卷　(清)蔣德鈞輯　民國三年(1914)上海富華圖書館石印本　一冊

330000－4706－0003553　普 3192　集部/別集類/清別集
紫花菘館詩賸一卷補遺一卷　(清)俞廷颺著　徐公修編校　民國四年(1915)中華圖書館鉛印本　一冊

330000－4706－0003561　普 2766　子部/雜著類/雜編之屬
日用萬事全書二十編　新華編輯所編　民國上海新華書局鉛印本　一冊　存一編

330000－4706－0003570　普 2916　子部/醫家類/婦科之屬/產科
達生編三卷　(清)亟齋居士撰　民國九年(1920)刻本　一冊

330000－4706－0003574　普 3525　集部/別集類/清別集
茂實遺文二卷　(清)朱廣華撰　民國鉛印本　一冊

330000－4706－0003577　普 2800　子部/小說家類/異聞之屬
山海經十八卷　(晉)郭璞撰　民國掃葉山房石印本　一冊

330000－4706－0003578　普 2051　子部/術數類/命書相書之屬
音義評註淵海子平五卷　(宋)徐升編　民國石印本　一冊　存二卷(四至五)

330000－4706－0003582　普 2081　子部/小說家類
宋人小說二十八種　涵芬樓編　民國上海商務印書館鉛印本　三冊　存二種

330000－4706－0003583　普 2919　子部/雜著類/雜編之屬
日用酬世大觀□□種　世界書局編輯所編　民國十二年(1923)上海世界書局石印本　一冊　存五種

330000－4706－0003585　普 2054　子部/儒家類/儒學之屬/蒙學
新增繪圖幼學故事瓊林四卷首一卷　(清)程登吉撰　(清)鄒聖脈增補　民國石印本　一冊　存一卷(一)

330000－4706－0003586　普 2799　史部/金石類/總志之屬
范鼎卿先生所著書三種　范壽銘撰　民國會稽顧燮光金佳石好樓石印本　一冊　存二種

330000－4706－0003592　普 2921　子部/小說家類
筆記小說大觀二百二十二種　進步書局輯　民國上海進步書局石印本　二冊　存二種

330000－4706－0003596　普 2060　子部/名家類
公孫龍子懸解六卷事輯一卷敘錄一卷後錄一卷　王琯撰　民國十九年(1930)上海中華書局鉛印本　一冊　存五卷(三至六、後錄)

330000－4706－0003598　普 2057　新學/農政/農務
農學大意不分卷　民國抄本　一冊

330000－4706－0003599　普 2053　子部/工藝類/日用器物之屬/陶瓷
飲流齋說瓷十卷　許之衡撰　民國鉛印本　一冊　存五卷(一至五)

330000－4706－0003601　普 2055　新學/工藝
中國電報新編不分卷　民國石印本　一冊

330000－4706－0003602　普 2058　史部/目録類/專録之屬

國學舉要一卷文學史舉要一卷　范文瀾編　民國鉛印本　一冊

330000－4706－0003613　普 2069　子部/小說家類/異聞之屬

山海經不分卷　民國抄本　一冊

330000－4706－0003624　普 2095　類叢部/叢書類/彙編之屬

四部精華一百二十五種　陸翔選輯　民國上海世界書局石印本　六冊　存五十九種

330000－4706－0003630　普 2927　子部/宗教類/道教之屬/戒律

正心修身編一卷　民國八年(1919)鉛印本　一冊

330000－4706－0003633　普 3029　集部/小說類/長篇之屬

註釋燕山外史八卷　(清)陳球著　民國石印本　一冊　存五卷(四至八)

330000－4706－0003641　普 2099　子部/農家農學類/總論之屬

重訂增補陶朱公致富全書六卷　(清)石巖逸叟增定　民國石印本　四冊

330000－4706－0003642　普 3011　子部/術數類/命書相書之屬

新鐫增補時憲臺曆袖裏璇璣星命須知一卷萬年曆一卷　民國石印本　一冊

330000－4706－0003645　普 3008　子部/藝術類/遊藝之屬/雜藝

鵝幻彙編(戲法圖說)十二卷　(清)唐再豐撰　民國石印本　一冊　存二卷(三至四)

330000－4706－0003651　普 3104　集部/別集類/明別集

疑雨集註四卷　(明)王彥泓撰　民國八年(1919)上海掃葉山房石印本　四冊

330000－4706－0003653　普 2098　集部/別集類/清別集

靈芬館詩初集四卷二集十卷三集四卷　(清)郭麐撰　民國二年(1913)上海掃葉山房石印本　七冊　缺二卷(三集一至二)

330000－4706－0003654　普 3101　集部/別集類/清別集

西堂雜組一集八卷二集八卷三集八卷　(清)尤侗撰　民國上海中華圖書館石印本　六冊

330000－4706－0003655　普 3013　集部/別集類/清別集

音註小倉山房尺牘八卷　(清)袁枚撰　(清)胡光斗箋釋　民國十一年(1922)上海掃葉山房石印本　一冊　存二卷(一至二)

330000－4706－0003666　普 2864　集部/別集類/明別集

石田先生詩集八卷文集一卷　(明)沈周撰　**石田先生事畧一卷**　(清)錢謙益輯　民國四年(1915)上海同文圖書館、樂善堂書局石印本　四冊　存六卷(二、四至八)

330000－4706－0003667　普 2866　集部/別集類

萇楚軒詩一卷　李冰若撰　民國石印本　一冊

330000－4706－0003669　普 3103　集部/別集類

靜觀軒詩鈔一卷　許觀撰　民國二十二年(1933)鉛印本　一冊

330000－4706－0003672　普 2870　集部/詩文評類/詩評之屬

詩人玉屑二十卷　(宋)魏慶之撰　民國十一年(1922)上海掃葉山房石印本　六冊

330000－4706－0003685　普 2872　集部/別集類/清別集

註釋小倉山房文集三十五卷　(清)袁枚著　(清)雷瑨註釋　民國十八年(1929)上海掃葉山房石印本　十二冊

330000－4706－0003686　普 2874　集部/別集類/清別集

長真閣集七卷詩餘一卷　(清)席佩蘭撰　民

國二年(1913)掃葉山房石印本　二冊

330000－4706－0003688　普 2875　集部/總集類/選集之屬/通代
六朝文絜箋注十二卷　(清)許槤輯並評　(清)黎經誥箋注　民國石印本　二冊　存七卷(二至八)

330000－4706－0003689　普 2876　集部/別集類/清別集
明秋館選課一卷古今體詩存一卷詞賸一卷附曲兩齣　(清)裘凌仙撰　民國三年(1914)鉛印本　一冊

330000－4706－0003692　普 2878　集部/詩文評類/詩評之屬
香籢集發微一卷附韓承旨年譜一卷　震鈞撰　民國十九年(1930)上海掃葉山房石印本　一冊

330000－4706－0003706　普 3121　集部/別集類
白雲居士詩集一卷文集一卷　金恩溥撰　民國鉛印本　一冊

330000－4706－0003707　普 3034　集部/別集類
寄廬詩集二卷補遺一卷　裘曼星撰　民國六年(1917)木活字印本　一冊

330000－4706－0003711　普 2932　子部/宗教類/佛教之屬
觀世音菩薩本迹感應頌四卷首一卷　許止淨述　**金剛經功德頌一卷**　許止淨述　劉契淨注　民國十五年(1926)上海中華書局鉛印本　二冊

330000－4706－0003713　普 3040　集部/詩文評類/文法之屬/函牘格式
註釋尺牘進階三卷　李澮吾編纂　民國商務印書館鉛印本　一冊　存一卷(下)

330000－4706－0003715　普 3042　集部/詩文評類/文法之屬/函牘格式
新撰普通尺牘二卷詳解一卷　商務印書館編譯所編纂　民國上海商務印書館鉛印本　一冊　存一卷(二)

330000－4706－0003717　普 2934　子部/宗教類/佛教之屬
觀世音菩薩本迹感應頌四卷首一卷　許止淨述　**金剛經功德頌一卷**　許止淨述　劉契淨注　民國鉛印本　一冊　缺二卷(三至四)

330000－4706－0003719　普 2421　史部/政書類/律令之屬/法驗
檢驗詳說六卷　(清)李元撰　民國李世珍等抄本　二冊

330000－4706－0003723　普 2937　子部/雜著類
藝業汎論總義不分卷　民國油印本　二冊

330000－4706－0003724　普 2884　集部/別集類
潛廬近稿一卷　金蓉鏡撰　民國鉛印本　一冊

330000－4706－0003728　普 3070　集部/別集類/清別集
曾文正公家書十卷　(清)曾國藩撰　民國石印本　一冊　存四卷(三至六)

330000－4706－0003729　普 2938　子部/醫家類/婦科之屬/產科
達生編二卷　(清)亟齋居士撰　民國刻本　一冊

330000－4706－0003730　普 2887　集部/別集類/清別集
新體廣註雪鴻軒尺牘二卷　(清)龔萼撰　朱詩隱　徐慎幾註　民國十四年(1925)上海世界書局石印本　一冊　存一卷(二)

330000－4706－0003731　普 2891　集部/別集類
張季子詩錄十卷　張謇撰　民國五年(1916)文藝雜志社石印本　二冊

330000－4706－0003735　普 2894　集部/別集類
秀峯亭重九集菊花詩草一卷　趙繼昌撰　民

國十八年(1929)石印本　一册

330000－4706－0003737　普 2942　子部/醫家類/診法之屬/脈經脈訣
校正圖註脈訣四卷　(晉)王叔和撰　(明)張世賢註　民國石印本　二册　存三卷(一至二、四)

330000－4706－0003739　普 3039　集部/别集類/唐五代别集
樊紹述集二卷　(唐)樊宗師撰　(清)孫之騄輯　民國七年(1918)上海文明書局石印本　一册

330000－4706－0003744　普 3006　子部/雜著類/雜考之屬
隨園隨筆二十八卷　(清)袁枚撰　民國石印本　二册　存十四卷(一至七、十五至二十一)

330000－4706－0003746　普 3130　集部/别集類
鶴望西南遊草二卷　金天翮撰　民國鉛印本　一册　存一卷(上)

330000－4706－0003747　普 3129　集部/詩文評類/詩評之屬
批本隨園詩話十六卷補遺十卷附錄一卷　冒廣生撰　民國十六年(1927)中國圖書公司和記鉛印本　一册　存一卷(補遺一)

330000－4706－0003748　普 2939　子部/雜著類/雜纂之屬
國民快覽一卷　民國石印本　一册

330000－4706－0003752　普 3041　集部/詩文評類/文法之屬/函牘格式
言文對照學生新尺牘二卷附錄一卷　世界書局編輯所編輯　民國石印本　一册　存一卷(下)

330000－4706－0003753　普 2940　子部/醫家類/方書之屬/單方驗方
不費錢的奇驗方一卷花柳病消減法一卷　孫緯才輯　民國石印本　一册

330000－4706－0003754　普 2943　子部/宗教類/佛教之屬/諸宗
幻庵文集六卷　范古農撰　民國三十六年(1947)上海大法輪書局、上海佛學書局鉛印本　三册

330000－4706－0003755　普 3038　集部/總集類/酬唱之屬
笙磬同音集三集一卷四集一卷六集一卷七集一卷　孫文琅等撰　民國十四年(1925)硤石達新印刷公司鉛印本　一册

330000－4706－0003756　普 2944　子部/宗教類/佛教之屬/諸宗
幻庵文集六卷　范古農撰　民國三十六年(1947)上海大法輪書局、上海佛學書局鉛印本　二册　缺二卷(一至二)

330000－4706－0003757　普 2946　子部/醫家類
黑熱病國醫最新診療法一卷　朱春廬撰　民國鉛印本　一册

330000－4706－0003758　普 2945　子部/宗教類/佛教之屬/諸宗
幻庵文集六卷　范古農撰　民國三十六年(1947)上海大法輪書局、上海佛學書局鉛印本　一册　存二卷(五至六)

330000－4706－0003759　普 2947　子部/天文曆算類/曆法之屬
前百年曆書一卷　民國鉛印本　一册

330000－4706－0003760　普 2895　集部/别集類
天放樓文言十一卷附錄一卷　金天羽撰　民國十六年(1927)蘇州文新印刷公司鉛印本　二册

330000－4706－0003761　普 2897　集部/别集類
天放樓詩集九卷　金天羽撰　民國十一年(1922)上海有正書局鉛印本　二册

330000－4706－0003762　普 2896　集部/别集類

遐庵詩稿一卷 葉恭綽撰 民國二十年(1931)鉛印本 一冊

330000－4706－0003763 普 3131 集部/詩文評類/類編之屬

箋註隨園詩話十六卷補遺十卷 (清)袁枚撰 雷瑨註釋 民國上海掃葉山房石印本 六冊 存十四卷(十三至十六、補遺一至十)

330000－4706－0003764 普 2900 集部/總集類/選集之屬/斷代

戈亭風雨集二卷 朱希主編 朱粲選輯 民國三十三年(1944)鉛印本 一冊

330000－4706－0003765 普 2898 集部/別集類/唐五代別集

駱臨海集十卷附錄一卷 (唐)駱賓王撰 (清)陳熙晉注 民國二十六年(1937)義烏黃氏鉛印本 四冊

330000－4706－0003766 普 3201 集部/總集類/選集之屬/斷代

戈亭風雨集二卷 朱希主編 朱粲選輯 民國三十三年(1944)鉛印本 一冊

330000－4706－0003767 普 3202 集部/別集類

金閶紀事一卷 柳遂撰 **和金閶紀事一卷** 陸明桓撰 民國十一年(1922)吳江柳氏刻本 一冊

330000－4706－0003769 普 2951 類叢部/叢書類/彙編之屬

四部叢刊續編 張元濟等編 民國二十三年(1934)上海商務印書館影印本(麟臺故事卷四至五原缺) 三十三冊 存十種

330000－4706－0003770 普 2899 集部/別集類

湘綺樓全集三十卷 王闓運撰 民國上海廣益書局鉛印本 一冊

330000－4706－0003771 普 2952 類叢部/叢書類/自著之屬

船山遺書六十六種附一種 (清)王夫之撰 民國二十二年(1933)上海太平洋書店鉛印本 十三冊 存二種

330000－4706－0003774 普 3052 類叢部/叢書類/自著之屬

許文肅公集四種 (清)許景澄撰 盛沅編輯 民國七年(1918)鉛印本 二冊 存二種

330000－4706－0003776 普 3205 集部/別集類/清別集

楓江漁唱删存三卷首一卷 (清)徐世勳撰 民國四年(1915)刻本 一冊 存二卷(二至三)

330000－4706－0003777 普 3203 集部/總集類/選集之屬/斷代

引玉集三卷附錄一卷 陸擁書彙錄 民國四年(1915)鉛印本 一冊

330000－4706－0003779 普 3204 集部/別集類

朱徵士最樂亭記一卷 吳受福撰 **最樂亭紀事一卷** 沈禔厂撰 民國元年(1912)石印本 一冊

330000－4706－0003780 普 3206 集部/別集類/清別集

天潮閣集六卷首一卷 (清)劉坊撰 民國五年(1916)邱復鉛印本 一冊

330000－4706－0003786 普 3137 類叢部/叢書類/郡邑之屬

武原先哲遺著初編十種 談文灯輯 民國十年(1921)海鹽談氏鉛印本 一冊 存六種

330000－4706－0003789 普 3033 類叢部/叢書類/彙編之屬

四部叢刊 張元濟等編 民國八年(1919)上海商務印書館影印本 一冊 存一種

330000－4706－0003790 普 3208 集部/別集類/清別集

盍簪書屋遺詩一卷 (清)吳鳴鈞撰 **附錄一卷** 民國吳江柳棄疾鉛印本 一冊

330000－4706－0003791 普 3209 集部/總集類/酬唱之屬

兩京同游草一卷　高燮等撰　民國上海聚珍倣宋印書局鉛印本　一冊

330000－4706－0003796　普3210　集部/總集類/酬唱之屬

兩京同游草一卷　高燮等撰　民國上海聚珍倣宋印書局鉛印本　一冊

330000－4706－0003797　普3211　集部/總集類/選集之屬/通代

詩曆十三卷附錄一卷　伍受真編　民國十九年(1930)振羣印刷公司鉛印本　二冊

330000－4706－0003799　普3212　集部/別集類/清別集

小倉山房詩集三十七卷補遺二卷　(清)袁枚撰　民國上海文明書局石印本　九冊　缺五卷(十至十四)

330000－4706－0003802　普3031　集部/別集類/清別集

曾文正公家書十卷　(清)曾國藩撰　民國石印本　一冊　存二卷(五至六)

330000－4706－0003808　普2996　集部/別集類/清別集

遵義鄭徵君遺著二十一卷　(清)鄭珍撰　埘屈廬詩稿四卷　(清)鄭同知撰　民國十四年(1925)刻本　八冊

330000－4706－0003812　普2594　集部/別集類/清別集

琴鶴山房殘稿二卷　(清)趙銘撰　金兆蕃輯　民國元年(1912)金兆蕃鉛印本　一冊

330000－4706－0003813　普3140　集部/別集類

山外樓詩稿一卷塵天閣詩草一卷　徐商濟撰　民國八年(1919)鉛印本　一冊

330000－4706－0003816　普3141　類叢部/叢書類/自著之屬

審安齋遺稿六種　陳濤撰　民國十三年(1924)鉛印本　一冊　存一種

330000－4706－0003821　普3142　集部/別集類/清別集

話雨樓遺詩一卷　(清)徐濤撰　附錄一卷　(清)郭麐撰　民國六年(1917)柳棄疾鉛印本　一冊

330000－4706－0003828　普3501　類叢部/叢書類/彙編之屬

仰視千七百二十九鶴齋叢書四集三十一種　(清)趙之謙編　民國十八年(1929)紹興墨潤堂書苑據清光緒六年(1880)會稽趙氏刻本影印本　二十四冊

330000－4706－0003836　普3147　集部/別集類/清別集

無盡庵遺集文一卷詩四卷詩話二卷尊情錄一卷詞曲一卷　(清)周實撰　民國元年(1912)上海國光印刷所鉛印本　二冊

330000－4706－0003841　普3149　集部/別集類

丁子居賸草一卷詩餘一卷　丁三在撰　民國丁氏鉛印本　一冊

330000－4706－0003846　普3069　類叢部/叢書類/彙編之屬

百尺樓叢書五種　陳去病編　民國十三年(1924)鉛印本　二冊　存二種

330000－4706－0003849　普2954　子部/宗教類/佛教之屬/諸宗

印光法師文鈔四卷附錄一卷　釋聖量撰　民國十七年(1928)上海中華書局鉛印本　四冊

330000－4706－0003854　普3154　集部/別集類

風雨閉門齋詩稿五卷鄉居百絕一卷留都游草一卷　王德鍾撰　風雨閉門齋外集一卷　王德錡輯錄　民國十九年(1930)鉛印本　一冊

330000－4706－0003855　普2955　子部/宗教類/佛教之屬/諸宗

印光法師文鈔四卷附錄一卷　釋聖量撰　民國十七年(1928)上海中華書局鉛印本　四冊

330000－4706－0003862　地文集359　集部/總集類/彙編之屬

南社叢刻□□種　南社編輯　民國鉛印本　一冊　存三種

330000－4706－0003864　普 3155　集部/別集類/清別集
春壺殘滴二卷　（清）沈祿康撰　**附錄一卷**　沈昌眉撰　民國九年（1920）鉛印本　一冊

330000－4706－0003866　普 3157　集部/別集類
潮音草舍詩存一卷　釋太虛撰　釋了空編　民國二十七年（1938）鉛印本　一冊

330000－4706－0003871　普 3507　集部/別集類
自怡集三卷　董正撰　民國十二年（1923）刻本　一冊

330000－4706－0003873　普 2480　子部/兵家類/兵法之屬
曾胡治兵語錄一卷　蔡鍔撰　民國六年（1917）上海商務印書館鉛印本　一冊

330000－4706－0003878　普 3511　集部/別集類/清別集
守饘齋詩集一卷　（清）計光炘撰　民國十九年（1930）南京中山印書館鉛印本　一冊

330000－4706－0003882　普 3160　集部/總集類/題詠之屬
壽言彙輯三卷　陳翰輯　民國十六年（1927）鉛印本　一冊

330000－4706－0003883　普 3161　集部/別集類
天梅遺集十六卷　高旭撰　民國二十三年（1934）萬梅花廬刻本　二冊

330000－4706－0003884　普 3514　集部/別集類/清別集
躬恥齋文鈔十四卷別集一卷後編六卷附崇祀鄉賢錄一卷躬恥齋詩鈔十四卷首一卷後編七卷校勘記二卷　（清）宗稷辰撰　民國二年（1913）吳門鉛印本　四冊　存二十二卷（詩鈔一至十四、首，詩鈔後編一至七）

330000－4706－0003885　普 3079　集部/別集類
龐檗子遺集二卷　龐樹柏撰　民國六年（1917）王蘊章等鉛印本　一冊

330000－4706－0003888　普 3163　集部/別集類/清別集
曾文正公文集三卷詩集一卷　（清）曾國藩撰　民國八年（1919）上海掃葉山房石印本　三冊　存三卷（文集一至三）

330000－4706－0003890　普 3516　集部/別集類/唐五代別集
白香山詩長慶集二十卷後集十七卷別集一卷補遺二卷　（唐）白居易撰　（清）汪立名編訂　**白香山［居易］年譜一卷**　（清）汪立名撰　**白香山［居易］年譜舊本一卷**　（宋）陳振孫撰　民國上海會文堂書局石印本　十四冊

330000－4706－0003899　普 2862　集部/別集類
東廬詩鈔六卷詩餘一卷　金震撰　民國二十五年（1936）鉛印本　一冊

330000－4706－0003900　普 3213　經部/詩類/傳説之屬
詩經集傳八卷　（宋）朱熹撰　民國商務印書館鉛印本　四冊

330000－4706－0003906　普 2960　子部/宗教類/佛教之屬/諸宗
幻庵文集六卷　范古農撰　民國三十六年（1947）上海大法輪書局、上海佛學書局鉛印本　三冊

330000－4706－0003918　普 3167　集部/別集類/清別集
諫果書屋遺詩二卷　（清）鄭恭和撰　**附錄一卷**　（清）李齡壽輯　民國七年（1918）吳江鄭慈穀鉛印本　一冊

330000－4706－0003920　普 3169　集部/總集類/氏族之屬
郁氏三世吟稿三種三卷　郁屏翰等撰　民國十七年（1928）鉛印本　一冊

330000－4706－0003926　普 3225　集部/別集類/清别集

靈芬館詩初集四卷二集十卷三集四卷　(清)郭麐撰　民國二年(1913)上海掃葉山房石印本　一册　存四卷(三集一至四)

330000－4706－0003931　普 3171　集部/别集類

悲華經舍詩存五卷　洪允祥撰　民國二十二年(1933)慈谿洪氏慎思軒鉛印本　一册

330000－4706－0003935　普 3228　集部/總集類/氏族之屬

午夢堂全集十種　(明)葉紹袁編　民國五年(1916)唐氏寧儉堂鉛印本　一册　存二種

330000－4706－0003938　普 3174　集部/别集類/清别集

古照堂詩集二卷　(清)狄雲鼎撰　**選齋公殘稿一卷**　(清)狄繼紳撰　民國十九年(1930)鉛印本　二册

330000－4706－0003942　普 3231　集部/别集類/清别集

瓶廬詩鈔四卷詞鈔一卷文鈔一卷　(清)翁同龢撰　翁永孫輯　民國元年(1912)常熟開文社鉛印本　二册

330000－4706－0003943　普 3232　集部/總集類/尺牘之屬

唐宋十大家尺牘十四卷　文明書局輯　民國上海文明書局石印本　四册　存三種

330000－4706－0003947　普 3236　集部/詞類/别集之屬

遺山先生新樂府四卷　(金)元好問撰　民國三年(1914)上海掃葉山房石印本　二册

330000－4706－0003948　普 3237　集部/總集類/尺牘之屬

蘇東坡尺牘八卷　(宋)蘇軾撰　**黄山谷尺牘十卷**　(宋)黄庭堅撰　民國九年(1920)上海掃葉山房石印本　八册

330000－4706－0003954　普 3240　集部/别集類/宋别集

劍南詩鈔六卷　(宋)陸游撰　(清)楊大鶴選　民國三年(1914)上海掃葉山房石印本　五册　缺二卷(五至六)

330000－4706－0003959　普 3242　集部/總集類/郡邑之屬

籌刊檇李文繫公啓一卷附姓氏總目一卷原書凡例一卷　民國鉛印本　一册

330000－4706－0003962　普 3244　類叢部/叢書類/彙編之屬

嘉業堂叢書五十七種　劉承幹輯　民國吴興劉氏嘉業堂刻本　十册　存二種

330000－4706－0003963　普 3100　集部/總集類/尺牘之屬

國朝名人小簡二卷　吴曾祺編輯　民國元年(1912)上海商務印書局鉛印本　一册　存一卷(下)

330000－4706－0003964　普 3301　集部/總集類/尺牘之屬

國朝名人小簡二卷　吴曾祺編輯　民國三年(1914)上海商務印書局鉛印本　一册　存一卷(下)

330000－4706－0003965　普 3246　集部/别集類

海日樓詩二卷　沈曾植撰　民國刻本　一册

330000－4706－0003967　普 3247　史部/目録類/專録之屬

中國地方志綜錄不分卷　朱士嘉撰　民國二十四年(1935)上海商務印書館石印本　三册

330000－4706－0003971　普 3307　集部/總集類/選集之屬/斷代

宋詩鈔初集八十四種　(清)吕留良等輯　民國三年(1914)上海商務印書館據清康熙吴氏刻本影印本　二册　存七種

330000－4706－0003988　普 3259　集部/曲類/曲評曲話曲目之屬

螾廬曲談四卷　王季烈撰　民國十七年(1928)上海商務印書館石印本　二册

330000－4706－0003996　普 3317　集部/別集類

天放樓詩續鈔一卷　金天羽撰　民國十六年(1927)鉛印本　一冊

330000－4706－0004004　普 3264　集部/別集類/唐五代別集

溫飛卿詩集七卷別集一卷集外詩一卷附錄諸家詩評一卷　(唐)溫庭筠撰　(明)曾益注　(清)顧予咸補注　(清)顧嗣立續注　民國六年(1917)上海石竹山房石印本　四冊

330000－4706－0004009　普 3319　集部/別集類

天放樓詩續集五卷紅鶴山房詞一卷　金天羽撰　民國二十一年(1932)鉛印本　一冊

330000－4706－0004017　普 3268　集部/別集類/宋別集

文信國書牘三卷　(宋)文天祥撰　民國鉛印本　一冊

330000－4706－0004022　普 3520　類叢部/叢書類/自著之屬

隨園四十三種　(清)袁枚撰　民國十七年(1928)上海掃葉山房石印本　四十六冊　存三十二種

330000－4706－0004024　普 3326　集部/別集類/宋別集

朱淑真斷腸詩集十卷補遺一卷後集七卷斷腸詞一卷　(宋)朱淑真撰　(宋)鄭元佐注　民國四年(1915)中華圖書館石印本　一冊　存七卷(詩集一至七)

330000－4706－0004025　普 3327　集部/別集類/宋別集

六一居士文集五卷外集錄二卷　(宋)歐陽修撰　民國二年(1913)上海會文堂書局石印本　六冊

330000－4706－0004030　普 3275　集部/別集類

天放樓詩集九卷　金天羽撰　民國十一年(1922)上海有正書局鉛印本　二冊

330000－4706－0004031　普 3331　集部/總集類/選集之屬/斷代

皇朝經世文新增續編一百二十卷　(清)葛士濬輯　民國鉛印本　八冊　存四十三卷(十八至二十四、四十至四十七、六十二至七十二、七十八至八十九、一百十一至一百十五)

330000－4706－0004036　普 3197　集部/小說類/長篇之屬

繡像西遊原旨二十四卷一百回　(明)吳承恩撰　(清)劉一明解　民國十三年(1924)上海宏大善書局石印本　十二冊

330000－4706－0004040　普 3199　集部/總集類/選集之屬/通代

六朝文絜箋注十二卷　(清)許槤輯並評　(清)黎經誥箋注　民國十五年(1926)上海中原書局石印本　一冊

330000－4706－0004041　普 3200　集部/別集類

樊山書牘二卷　樊增祥撰　民國元年(1912)新中國圖書局石印本　二冊

330000－4706－0004046　普 3402　集部/別集類/明別集

詳註王陽明全集三十八卷　(明)王守仁撰　民國二十四年(1935)上海掃葉山房石印本　十一冊　存三十六卷(一至三十六)

330000－4706－0004056　普 3195　集部/總集類/選集之屬/通代

精選廣註王氏古文辭類纂不分卷　王先謙輯　秦同培選　民國十四年(1925)上海世界書局石印本　三冊

330000－4706－0004057　普 3333　集部/別集類

龐檗子遺集二卷　龐樹柏撰　民國六年(1917)王蘊章等鉛印本　一冊

330000－4706－0004075　普 3291　集部/別集類/清別集

阮烈士遺稿不分卷　(清)阮式撰　民國二年(1913)鉛印本　一冊

330000－4706－0004077　普 3290　集部/別集類
蘇齋遺稿五卷　陸明桓撰　民國十九年(1930)鉛印本　一冊

330000－4706－0004083　普 3292　集部/別集類
山外樓詩稿一卷塵天閣詩草一卷　徐商濟撰　民國八年(1919)鉛印本　一冊

330000－4706－0004084　普 3293　集部/別集類
綠天簃詩集一卷詞集一卷　張汝釗撰　民國十四年(1925)鉛印本　一冊

330000－4706－0004085　普 3294　集部/別集類
適廬詩存一卷附三國宮詞一卷　陳翰撰　民國十九年(1930)鉛印本　一冊

330000－4706－0004089　普 3297　集部/別集類
飲冰室全集四十八卷　梁啓超撰　民國五年(1916)上海中華書局鉛印本　二十五冊　存二十五卷(一、八、十一、十三至十九、二十一至二十二、二十四至三十一、三十三至三十六、四十一)

330000－4706－0004093　普 3522　類叢部/叢書類/彙編之屬
四部叢刊三編　張元濟等編　民國二十四年至二十五年(1935－1936)上海商務印書館影印本　十冊　存三種

330000－4706－0004094　普 3411　集部/別集類/清別集
一樹梅花老屋詩三卷　(清)姚濟撰　(清)張文虎刪定　民國七年(1918)姚氏松韻草堂鉛印本　一冊

330000－4706－0004096　普 3523　類叢部/叢書類/彙編之屬
四部叢刊　張元濟等編　民國上海商務印書館影印本　十三冊　存四種

330000－4706－0004097　普 3412　集部/別集類/宋別集
六大名家評點東坡尺牘二卷　(宋)蘇軾撰　民國元年(1912)廣益書局影印本　二冊

330000－4706－0004098　普 3413　集部/別集類
長公吟草四卷詞鈔一卷　沈昌眉撰　民國二十年(1931)鉛印本　二冊

330000－4706－0004099　普 3335　集部/總集類/酬唱之屬
笙磬同音集三集一卷四集一卷六集一卷七集一卷　孫文琅等撰　民國十四年(1925)硤石達新印刷公司鉛印本　一冊

330000－4706－0004100　普 3334　集部/別集類/明別集
疑雨集四卷　(明)王彥泓撰　民國元年(1912)上海掃葉山房石印本　二冊

330000－4706－0004101　普 3414　集部/別集類
燕子龕遺詩一卷　蘇玄瑛撰　王德鍾輯　民國九年(1920)柳亞子鉛印本　一冊

330000－4706－0004103　普 3341　集部/別集類/明別集
疑雨集四卷　(明)王彥泓撰　民國十二年(1923)上海掃葉山房石印本　四冊

330000－4706－0004106　普 3524　類叢部/叢書類/彙編之屬
四部備要　中華書局編　民國二十五年(1936)上海中華書局鉛印本　九十六冊　存二十六種

330000－4706－0004114　普 3703　集部/總集類/選集之屬/通代
十八家詩鈔二十八卷首一卷　(清)曾國藩輯　民國上海國華書局石印本　八冊　存十三卷(三至十、十八至十九、二十二、二十五至二十六)

330000－4706－0004117　普 3705　集部/總集類/選集之屬/通代
明清八大家文鈔八卷　進步書局編輯　民國

四年(1915)上海文明書局、中華書局石印本　八冊

330000－4706－0004125　普 3708　集部/別集類/清別集

陸湖遺集三卷　(清)沈成章撰　民國九年(1920)鉛印本　一冊

330000－4706－0004126　普 3709　集部/別集類/清別集

南涇集一卷隘巷集一卷　(清)徐步瀛撰　民國平湖綺春閣鉛印本　一冊

330000－4706－0004143　普 3529　集部/總集類/選集之屬/通代

經史百家雜鈔二十六卷首一卷　(清)曾國藩纂　民國十一年(1922)上海中華圖書館鉛印本　十二冊

330000－4706－0004144　普 3356　類叢部/叢書類

番禺葉氏遐庵叢書□□種　葉恭綽輯　民國番禺葉氏鉛印本　二冊　存一種

330000－4706－0004158　普 3362　集部/總集類/郡邑之屬

江左三大家詩鈔九卷　(清)顧有孝　(清)趙澐編　民國十年(1921)上海進化書局石印本　一冊　存一種

330000－4706－0004161　普 3721　集部/別集類/清別集

夢樓詩集二十四卷　(清)王文治撰　民國五年(1916)同文圖書館石印本　三冊　存十二卷(一至十二)

330000－4706－0004163　普 3353　集部/曲類

任氏詞曲叢書初集二十種　任訥輯　民國上海中原書局鉛印本　六冊　存三種

330000－4706－0004170　普 3459　集部/總集類/選集之屬/通代

明清六才子文六卷　進步書局編輯　民國上海進步書局石印本　一冊　存一卷(徐文長文)

330000－4706－0004175　普 3359　集部/別集類/清別集

越縵堂詩續集十卷　(清)李慈銘撰　由雲龍編　民國二十四年(1935)上海商務印書館鉛印本　一冊

330000－4706－0004178　普 3361　子部/小說家類

古今説部叢書二百七十二種　國學扶輪社輯　民國二年(1913)上海國學扶輪社鉛印本　二冊　存二種

330000－4706－0004186　普 3435　集部/曲類/曲選之屬

元曲別裁集二卷　盧前編　民國十七年(1928)上海開明書店鉛印本　一冊

330000－4706－0004207　普 3366　集部/總集類/選集之屬/通代

經史百家簡編二卷　(清)曾國藩纂　民國上海商務印書館鉛印本　一冊　存一卷(一)

330000－4706－0004208　普 3731　集部/總集類/選集之屬/通代

古文辭類纂評註七十四卷　(清)姚鼐纂輯　沈伯經等評注　民國十年(1921)上海文明書局鉛印本　十六冊

330000－4706－0004209　普 3733　集部/別集類/清別集

曾文正公詩集一卷文集三卷　(清)曾國藩撰　民國八年(1919)上海掃葉山房石印本　一冊　存一卷(詩集)

330000－4706－0004214　普 3434　集部/別集類/宋別集

陳龍川書牘一卷　(宋)陳亮撰　民國元年(1912)上海商務印書館鉛印本　二冊

330000－4706－0004215　普 3437　集部/別集類/明別集

疑雲集四卷　(明)王彥泓撰　民國石印本　二冊

330000－4706－0004216　普 3364　類叢部/叢書類/彙編之屬

古學彙刊第一集三十四種第二集二十七種 鄧實等編　民國元年至三年(1912－1914)上海國粹學報社鉛印本　一册　存第一集五種

330000－4706－0004217　普3439　集部/別集類/宋別集

司馬溫公尺牘二卷　(宋)司馬光撰　民國上海文明書局石印本　一册　存一卷(上)

330000－4706－0004228　普3743　集部/總集類/彙編之屬

漢魏六朝名家集初刻四十種　丁福保輯　民國四年(1915)上海掃葉山房石印本　二十四册　存三十二種

330000－4706－0004231　普3744　子部/藝術類/書畫之屬/題跋

蘇黄題跋尺牘合刻二種　民國中華圖書館影印本　一册　存一種

330000－4706－0004232　普3373　集部/總集類/選集之屬/斷代

國學叢選十八集　高燮等編　民國國學商兑會鉛印本　三册　存六集(一至二、十三至十六)

330000－4706－0004235　普3747　集部/小説類/長篇之屬

繪圖增像第五才子書水滸全傳八卷七十回首一卷　(明)施耐庵撰　(清)金人瑞評釋　民國九年(1920)上海共和書局石印本　一册

330000－4706－0004238　普3748　類叢部/叢書類

江寧蔣氏湖上草堂叢刻□□種　民國江寧蔣氏湖上草堂鉛印本　一册　存三卷(一至三)

330000－4706－0004239　普3749　集部/小説類/短篇之屬

聊齋志異評註十六卷　(清)蒲松齡撰　(清)王士禛評　(清)吕湛恩注　(清)但明倫新評　民國上海商務印書館鉛印本　四册　存八卷(一至四、十三至十六)

330000－4706－0004241　普3750　集部/小説類/短篇之屬

評註聊齋志異圖詠十六卷　(清)蒲松齡撰　(清)吕湛恩注　民國二年(1913)上海天機書局石印本　六册　缺四卷(七至十)

330000－4706－0004243　普3751　集部/詩文評類/文法之屬/函牘格式

詳註通用尺牘六卷附錄二卷　中華書局編輯　民國四年(1915)上海中華書局鉛印本　四册

330000－4706－0004247　普3752　集部/別集類/明別集

張蒼水集二卷附錄一卷　(明)張煌言撰　民國鉛印本　一册

330000－4706－0004250　普3754　集部/總集類/選集之屬/通代

古文析義初編六卷二編八卷　(清)林雲銘評註　民國十二年(1923)石印本　一册　存六卷(初編一至六)

330000－4706－0004252　普3444　集部/別集類/宋別集

姜白石全集十六卷　(宋)姜夔撰　民國七年(1918)上海掃葉山房石印本　二册　存十卷(白石道人詩集一至二,白石道人歌曲四、別集一,白石道人續書譜,白石詩詞評論、評論補遺,集事補遺,投贈詩詞補遺,白石道人逸事)

330000－4706－0004256　普3390　集部/別集類

貞孝先生遺墨五卷附小種字體柱銘偶存一卷　吳受福撰　民國二十二年(1933)檇李郭氏刻本　一册　存二卷(一至二)

330000－4706－0004257　普3387　集部/別集類

寄傲盦遺集三卷　黄壽曾撰　民國鉛印本　一册

330000－4706－0004264　普3758　集部/別集類/清別集

猶存草堂詩鈔十二卷　(清)金玉撰　民國三年(1914)中華圖書館鉛印本　二册

330000－4706－0004267　普 3760　子部/藝術類/遊藝之屬/聯語

西湖楹聯二卷　民國鉛印本　一册

330000－4706－0004269　普 3447　集部/總集類/尺牘之屬

古今名人新體廣註分類文學尺牘全書三十二卷　陳龢祥編　民國十七年(1928)上海掃葉山房石印本　八册　存十九卷(一、八至九、十一至十七、二十一至二十三、二十七至三十二)

330000－4706－0004270　普 3438　集部/詩文評類/文法之屬/函牘格式

新撰廣註分類文辭尺牘大觀二十四卷分類中西治家格言尺牘附增四卷　嚴啟先撰　民國十七年(1928)上海掃葉山房石印本　十六册

330000－4706－0004272　普 3450　集部/詩文評類/文法之屬/函牘格式

各界適用分類新尺牘大全不分卷　袁韜壺撰　民國十七年(1928)上海掃葉山房石印本　十六册

330000－4706－0004283　普 3766　集部/別集類/明別集

方簡肅公文集十卷附錄一卷　(明)方良永撰　(明)鄭茂編　民國十六年(1927)莆田涵江圖書館鉛印本　二册

330000－4706－0004291　普 3767　集部/總集類/選集之屬/通代

圈點詳註十八家詩鈔二十八卷首一卷　(清)曾國藩撰　陳存悔等註　民國上海崇新書局鉛印本　一册　存十一卷(首,一至四、七至八、十一至十二、十五至十六)

330000－4706－0004292　普 3768　子部/醫家類/綜合之屬/通論

華氏醫學心傳一集一卷二集一卷三集二卷四集一卷　華秉麾撰　民國二十二年(1933)無錫錫成印刷公司鉛印本　五册

330000－4706－0004293　普 3769　子部/醫家類/綜合之屬/通論

華氏醫學心傳一集一卷二集一卷三集二卷四集一卷　華秉麾撰　民國二十二年(1933)無錫錫成印刷公司鉛印本　四册　缺一卷(四集)

330000－4706－0004295　普 3539　集部/小說類/長篇之屬

繡像繪圖足本東周列國志十六卷一百八回　(清)蔡奡評點　民國上海掃葉山房石印本　八册　存八卷(九至十六)

330000－4706－0004297　普 3540　集部/小說類/長篇之屬

繪圖東周列國志□□卷一百八回　(明)馮夢龍撰　(清)蔡奡評點　民國石印本　四册　存八卷(二至三、十四至十七、二十至二十一)

330000－4706－0004299　普 3541　集部/小說類/長篇之屬

增像全圖東周列國志二十七卷一百八回　(清)蔡奡評點　民國石印本　九册　存二十四卷(二至十五、十八至二十七)

330000－4706－0004300　普 3542　集部/小說類/長篇之屬

東周列國全志八卷一百八回　(清)蔡奡評點　民國石印本　二册　存二卷(六至七)

330000－4706－0004301　普 3770　集部/總集類/選集之屬/通代

言文一貫古文觀止十二卷　文明書局編輯　民國十四年(1925)上海文明書局石印本　十册

330000－4706－0004302　普 3771　集部/總集類/選集之屬/斷代

國文新範六卷　蔡郕輯　民國十七年(1928)上海會文堂書局石印本　五册

330000－4706－0004308　普 3604　集部/別集類

寂齋文存一卷　查猛濟撰　民國十九年(1930)鉛印本　一册

330000－4706－0004310　普 3774　集部/總集類/選集之屬/通代

評註昭明文選十五卷首一卷末一卷 （清）于光華輯　民國十二年（1923）上海掃葉山房石印本　十三冊　缺三卷（一至二、八）

330000－4706－0004311　普 3603　史部/地理類/專志之屬/祠墓

西湖白文公祠附祀樊紹述先生徵求詩文啟不分卷 吳士鑑等撰　民國刻本　一冊

330000－4706－0004314　普 3547　集部/小說類/長篇之屬

增像全圖三國演義第一才子書八卷一百二十回 （明）羅本撰　（清）毛宗崗評　民國五音書局石印本　五冊　存七卷（一至七）

330000－4706－0004315　普 3606　集部/總集類/選集之屬/通代

雁山鴻爪三卷 周起渭輯　民國二十三年（1934）樂清天一書局鉛印本　二冊

330000－4706－0004316　普 3548　集部/小說類/長篇之屬

增像全圖三國志演義六十卷一百二十回 （明）羅本撰　（清）毛宗崗評　民國九年（1920）上海昌文書局石印本　三冊　存十一卷（一至七、十七至二十）

330000－4706－0004317　普 3549　集部/小說類/長篇之屬

增像全圖三國志演義第一才子書六十卷一百二十回 （明）羅本撰　（清）毛宗崗評　民國石印本　十一冊　存十七卷（二至三、七至八、十二至十四、十七至二十二、三十一至三十四）

330000－4706－0004319　普 3550　集部/小說類/長篇之屬

第一才子書六十卷一百二十回 （明）羅貫中撰　（清）毛宗崗　（清）金人瑞評　民國中新書局石印本　十四冊　存十三卷（一至四、六、九至十六）

330000－4706－0004320　普 3552　集部/小說類/長篇之屬

第一才子書六十卷一百二十回 （明）羅貫中撰　（清）毛宗崗　（清）金人瑞評　民國石印本　三冊　存十二卷（一至十二）

330000－4706－0004321　普 3551　集部/小說類/長篇之屬

增像全圖三國演義十六卷首一卷 （明）羅本撰　（清）毛宗崗評　民國石印本　九冊　缺四卷（六至七、十二、十六）

330000－4706－0004322　普 3553　集部/小說類/長篇之屬

繡像後三國演義西晉四卷東晉八卷 （清）陳氏尺蠖齋評釋　民國石印本　一冊　存二卷（西晉三至四）

330000－4706－0004329　普 3455　集部/小說類/長篇之屬

老殘遊記二十章 （清）劉鶚撰　民國二年（1913）上海新中華書局石印本　一冊　存五章（一至五）

330000－4706－0004336　普 3777　子部/醫家類/類編之屬

徐靈胎先生醫書十三種 （清）徐大椿撰　民國十一年（1922）上海錦文堂書局石印本　十六冊

330000－4706－0004338　普 3561　集部/總集類/選集之屬/通代

增批古文觀止十二卷 （清）吳乘權　（清）吳大職輯　民國石印本　一冊　存二卷（三至四）

330000－4706－0004339　普 3562　集部/總集類/選集之屬/通代

言文對照古文觀止十二卷 （清）吳乘權　（清）吳大職輯　廣益書局編譯　民國上海廣益書局石印本　二冊　存二卷（八、十）

330000－4706－0004342　普 2592　集部/總集類/選集之屬/通代

六朝文絜四卷 （清）許槤輯並評　民國二年（1913）上海掃葉山房石印本　一冊　存一卷（一）

330000－4706－0004343　普 3457　集部/戲

劇類/傳奇之屬

繪圖燕子箋記四卷四十二齣 (明)阮大鋮撰 (清)雪韻堂批點 民國石印本 一冊 存二卷(三至四)

330000－4706－0004345 普 3779 子部/醫家類/綜合之屬/通論

御纂醫宗金鑑九十卷首一卷 (清)吳謙等撰 民國商務印書館鉛印本 七冊 存二十六卷(内科四十二至五十二、五十七至六十四,編輯外科心法要訣一至七)

330000－4706－0004346 普 3563 集部/小說類/長篇之屬

大字足本繡像全圖三國志演義十六卷一百二十回首一卷 (明)羅貫中撰 民國上海掃葉山房石印本 七冊 存十四卷(三至十六)

330000－4706－0004348 普 2989 子部/儒家類/儒學之屬/蒙學

新增繪圖幼學故事瓊林四卷首一卷 (清)程登吉撰 (清)鄒聖脈增補 民國上海江東茂記書局石印本 一冊 存二卷(三至四)

330000－4706－0004353 普 3565 集部/總集類/選集之屬/通代

古文觀止十二卷 (清)吳乘權 (清)吳大職輯 民國中華書局鉛印本 五冊 存十卷(三至十二)

330000－4706－0004355 普 3456 類叢部/叢書類/自著之屬

師伏堂遺書□□種 (清)皮錫瑞撰 民國上海商務印書館影印本 一冊 存一種

330000－4706－0004359 普 3567 集部/總集類/選集之屬/通代

言文對照古文筆法百篇四卷 廣益書局編輯所編輯 民國十二年(1923)上海廣益書局石印本 三冊 存四卷(二至五)

330000－4706－0004360 普 3568 集部/總集類/選集之屬/通代

言文對照古文筆法百篇四卷 廣益書局編輯所編輯 民國十二年(1923)上海廣益書局石印本 二冊 存二卷(二至三)

330000－4706－0004362 普 3788 子部/醫家類/類編之屬

六科準繩六種 (明)王肯堂撰 民國石印本 十冊 存五種

330000－4706－0004365 普 3554 集部/小說類/長篇之屬

第一才子書六十卷一百二十回 (明)羅貫中撰 (清)毛宗崗 (清)金人瑞評 民國天寶書局石印本 十一冊 存三十五卷(五、二十一至五十四)

330000－4706－0004368 普 3555 集部/小說類/長篇之屬

增像全圖三國志演義第一才子書十六卷一百二十回 (明)羅本撰 (清)毛宗崗訂 民國石印本 九冊 存六卷(二至七)

330000－4706－0004369 普 3556 集部/小說類/長篇之屬

圖像三國志演義第一才子書六十卷一百二十回 (明)羅本撰 (清)毛宗崗評 民國廣百宋齋鉛印本 八冊 存三十卷(七至十一、二十四至二十七、三十五至四十五、五十一至六十)

330000－4706－0004373 普 3466 集部/別集類/唐五代別集

寒山詩集一卷 (唐)釋寒山撰 **豐干拾得詩一卷** (唐)釋豐干 (唐)釋拾得撰 民國上海有正書局影印本 一冊

330000－4706－0004374 普 3467 集部/別集類

郭靈芬手寫徐江蕣詩不分卷 (清)徐濤撰 民國四年(1915)南社石印本 一冊

330000－4706－0004377 普 3469 集部/總集類/選集之屬/通代

十八家詩鈔二十八卷首一卷 (清)曾國藩輯 民國上海商務印書館鉛印本 二冊 存三卷(二十、二十五至二十六)

330000－4706－0004379 普 3470 子部/儒

家類/儒學之屬/禮教/鑑戒

八德須知二集八卷附誌一卷 蔡振紳編輯 民國上海明善書局石印本 一册 存三卷(七至八、附誌)

330000－4706－0004380 普2987 子部/醫家類/綜合之屬/通論

御纂醫宗金鑑九十卷首一卷 (清)吳謙等撰 民國商務印書館鉛印本 二十三册 缺三卷(編輯外科心法要訣一至三)

330000－4706－0004381 普3473 集部/詩文評類/文法之屬/函牘格式

白話學生尺牘二卷 凌善清編 民國十九年(1930)上海中華書局石印本 一册

330000－4706－0004384 普3471 集部/總集類/尺牘之屬

中華女子尺牘二卷 中華書局編著 民國八年(1919)上海中華書局石印本 一册

330000－4706－0004385 普2984 子部/醫家類/類編之屬

黄氏醫書八種八十卷 (清)黄元御撰 民國四年(1915)上海鑄記書局石印本 十二册

330000－4706－0004386 普3472 集部/詩文評類/文法之屬/函牘格式

學界應用尺牘教科書二卷 李祖謙撰 民國二年(1913)上海教育圖書局石印本 一册 存一卷(下)

330000－4706－0004388 普3478 集部/總集類/尺牘之屬

眉公才子尺牘四卷 (明)陳繼儒輯 (清)沈錫侯增訂 **聖嘆才子尺牘四卷** (清)金人瑞鑒定 (清)金雍撰 民國七年(1918)上海碧梧山莊石印本 一册

330000－4706－0004390 普3479 集部/總集類/尺牘之屬

眉公才子尺牘四卷 (明)陳繼儒輯 (清)沈錫侯增訂 **聖嘆才子尺牘四卷** (清)金人瑞鑒定 (清)金雍撰 民國上海碧梧山莊石印本 二册

330000－4706－0004391 普3582 子部/醫家類/類編之屬

退思廬醫書四種合刻 嚴鴻志撰 民國十年(1921)寧波汲綆書莊石印本 四册 存一種

330000－4706－0004393 普3475 集部/別集類/清別集

新式標點詳註春在堂尺牘六卷 (清)俞樾撰 (清)雷瑨註釋 民國石印本 一册 存一卷(五)

330000－4706－0004397 普3572 集部/小說類/長篇之屬

繡像全圖三國志演義六十卷一百二十回首一卷 (明)羅本撰 (清)毛宗崗評 民國石印本 八册 存三十二卷(二十五至三十六、四十一至六十)

330000－4706－0004400 普3480 集部/別集類/清別集

梅村詩集箋注十八卷 (清)吳偉業撰 (清)吳翌鳳箋注 民國石印本 一册 存二卷(七至八)

330000－4706－0004407 普3624 集部/戲劇類/雜劇之屬

增像第六才子書□□卷 (元)王德信 (元)關漢卿撰 (清)金人瑞評 民國石印本 二册 存二卷(二至三)

330000－4706－0004408 普3625 集部/小說類/長篇之屬

加批繪圖增像西遊記八卷一百回 (明)吳承恩撰 (清)陳士斌詮解 民國石印本 一册 存七卷(二至八)

330000－4706－0004409 普3617 集部/別集類/清別集

天真閣外集六卷 (清)孫原湘撰 民國三年(1914)上海掃葉山房石印本 一册 存三卷(一至三)

330000－4706－0004410 普3626 集部/曲類/彈詞之屬

繪圖天雨花二十卷六十回 民國石印本 一

冊　存二卷(三至四)

330000－4706－0004413　普3574　集部/總集類/選集之屬/通代

增批古文觀止十二卷　(清)吳乘權　(清)吳大職輯　民國石印本　六冊

330000－4706－0004415　普3486　集部/詩文評類/文法之屬/函牘格式

言文對照初等新尺牘不分卷　黃克宗編　民國石印本　一冊

330000－4706－0004416　普4292　子部/藝術類/書畫之屬/法帖

梁山舟學士書弟沖泉司空悼張孺人詩冊不分卷　(清)梁同書書　民國影印本　一冊

330000－4706－0004425　普3629　集部/別集類/清別集

靈芬館詩三集四卷　(清)郭麐撰　民國二年(1913)上海掃葉山房石印本　二冊

330000－4706－0004427　普3575　集部/總集類/選集之屬/通代

古文觀止十二卷　(清)吳乘權　(清)吳大職輯　民國十三年(1924)上海昌文書局石印本　二冊

330000－4706－0004434　普3580　集部/總集類/選集之屬/通代

繪畫增批古文觀止十二卷　(清)吳興祚等輯　民國明達書莊石印本　一冊　存六卷(一至六)

330000－4706－0004435　普3634　史部/金石類/總志之屬

范鼎卿先生所著書三種　范壽銘撰　民國會稽顧燮光金佳石好樓石印本　一冊　存一種

330000－4706－0004436　普3801　集部/總集類/選集之屬/通代

古文觀止十二卷　(清)吳乘權　(清)吳大職輯　民國十三年(1924)上海昌文書局石印本　六冊

330000－4706－0004437　普3489　集部/別集類/清別集

紫花菘館詩賸一卷補遺一卷　(清)俞廷颺著　徐公修編校　民國四年(1915)中華圖書館鉛印本　一冊

330000－4706－0004438　普3493　集部/別集類

樊山文鈔四卷詩鈔六卷　樊增祥撰　民國六年(1917)上海廣益書局石印本　一冊　存二卷(文鈔三至四)

330000－4706－0004442　普3803　集部/總集類/選集之屬/通代

古文觀止十二卷　(清)吳乘權　(清)吳大職輯　民國上海掃葉山房刻本　六冊

330000－4706－0004444　普3804　集部/總集類/選集之屬/通代

古文觀止十二卷　(清)吳乘權　(清)吳大職輯　民國三年(1914)上海鴻寶齋石印本　六冊

330000－4706－0004448　普3496　集部/別集類

雲峯閣詩存一卷詞存一卷　金英撰　民國屺思樓鉛印本　一冊

330000－4706－0004449　普3811　集部/總集類/尺牘之屬

分類箋註文辭大尺牘二十六卷　(明)鍾惺纂輯　(明)馮夢龍訂釋　(清)王鼎增輯　民國十年(1921)上海求古齋鉛印本　六冊　存十一卷(一至二、七、十三、十七至二十一、二十五至二十六)

330000－4706－0004450　普3806　集部/總集類/選集之屬/通代

古文觀止十二卷　(清)吳乘權　(清)吳大職輯　民國三年(1914)上海鴻寶齋石印本　四冊　存八卷(一至二、五至十)

330000－4706－0004456　普3812　集部/小說類/長篇之屬

第一才子書六十卷一百二十回　(明)羅貫中撰　(清)毛宗崗　(清)金人瑞評　民國石印

本　四册　存十六卷(四十五至六十)

330000－4706－0004458　普3635　集部/别集類

越叟詠梅詩稿一卷　朱怙生撰　民國三十五年(1946)鉛印本　一册

330000－4706－0004460　普3498　集部/别集類/清别集

鄭板橋全集□□卷　(清)鄭燮撰　民國石印本　一册　存一卷(板橋家書)

330000－4706－0004462　普3902　類叢部/叢書類/彙編之屬

慤齋叢書□□種　民國上海文瑞樓書局影印本　二册　存一種

330000－4706－0004464　普3499　子部/小説家類

説部叢書□□種　民國小説進步社鉛印本　一册　存一種

330000－4706－0004478　普3904　集部/總集類/彙編之屬

歷代詩文評註讀本□□種　王文濡編　民國上海文明書局鉛印本　一册　存一種

330000－4706－0004480　普3910　集部/總集類/彙編之屬

歷代詩文評註讀本□□種　王文濡編　民國上海文明書局鉛印本　二册　存一種

330000－4706－0004483　普3912　集部/總集類/選集之屬/通代

古文觀止十二卷　(清)吴乘權　(清)吴大職輯　民國上海商務印書館鉛印本　一册　存六卷(一至六)

330000－4706－0004484　普3820　類叢部/叢書類/彙編之屬

上海滄社叢書□□種　民國十四年(1925)上海滄社鉛印本　一册　存一種

330000－4706－0004486　普3807　集部/總集類/選集之屬/通代

古文觀止十二卷　(清)吴乘權　(清)吴大職輯　民國七年(1918)上海掃葉山房刻本　二册

330000－4706－0004490　普3648　集部/總集類/課藝之屬

經文辨異□□卷　民國石印本　一册　存四卷(三至六)

330000－4706－0004499　普3649　集部/總集類/課藝之屬

經文辨異□□卷　民國石印本　一册　存四卷(三至六)

330000－4706－0004501　普3636　類叢部/叢書類/自著之屬

湖濱補讀廬叢刻五種十三卷　鍾廣生撰　民國二十年(1931)鉛印本　四册　存四種

330000－4706－0004504　普3519　子部/醫家類/綜合之屬/通論

赤水玄珠三十卷附醫旨緒餘二卷醫案五卷　(明)孫一奎撰　民國鉛印本　十三册　存三十卷(三至三十、醫旨緒餘一至二)

330000－4706－0004512　普3605　子部/雜著類/雜纂之屬

兩般秋雨盦隨筆八卷　(清)梁紹壬撰　民國石印本　二册　存四卷(一至二、七至八)

330000－4706－0004514　普3923　子部/儒家類/儒學之屬/俗訓

格言聯璧不分卷　(清)金纓輯　民國十年(1921)刻本　一册

330000－4706－0004515　普3924　集部/總集類/選集之屬/通代

古詩源十四卷　(清)沈德潛輯　民國上海商務印書館鉛印本　一册　存四卷(八至十一)

330000－4706－0004520　普3664　史部/目録類/總録之屬/官修

四庫未收書目提要五卷　(清)阮元撰　民國二十年(1931)雙流黄氏濟忠堂成都刻本　三册

330000－4706－0004523　普3661　集部/總

集類/選集之屬/通代
評註昭明文選十五卷首一卷末一卷 (清)于光華輯 民國上海掃葉山房石印本 二冊 存二卷(一、十三)

330000－4706－0004527 普3931 集部/別集類/清別集
檢齋詩集三卷 (清)陳經禮撰 民國十九年(1930)鉛印本 一冊

330000－4706－0004533 普3662 類叢部/叢書類/彙編之屬
一粟園叢書□□種 民國杭州萃利公司鉛印本 一冊 存一種

330000－4706－0004538 普3937 子部/醫家類/綜合之屬/通論
赤水玄珠全集三十卷附醫旨緒餘二卷醫案五卷 (明)孫一奎撰 民國鉛印本 一冊 存二卷(醫案一至二)

330000－4706－0004540 普3652 集部/別集類/明別集
疑雨集四卷 (明)王彥泓撰 民國上海著易堂石印本 一冊 存二卷(三至四)

330000－4706－0004541 普3666 集部/別集類/清別集
松桂堂全集三十七卷南淮集三卷延露詞三卷 (清)彭孫遹撰 民國掃葉山房石印本 一冊 存五卷(十五至十九)

330000－4706－0004542 普3934 集部/總集類/選集之屬/通代
古文觀止十二卷 (清)吳乘權 (清)吳大職輯 民國四年(1915)上海中華書局石印本 一冊 存二卷(一至二)

330000－4706－0004551 普3792 子部/醫家類/綜合之屬/通論
古吳童氏重校醫宗必讀十卷 (明)李中梓撰 民國石印本 一冊 存三卷(一至三)

330000－4706－0004554 普3793 子部/醫家類/醫話醫論之屬
醫學門徑語正編一卷續編一卷附錄一卷 陳邦賢等撰 民國上海醫學書局鉛印本 一冊

330000－4706－0004556 普3673 集部/別集類/唐五代別集
玉谿生詩詳註六卷首一卷 (唐)李商隱撰 (清)馮浩注 民國石印本 一冊 存一卷(三)

330000－4706－0004559 普3674 子部/醫家類/綜合之屬/通論
御纂醫宗金鑑九十卷首一卷 (清)吳謙等撰 民國石印本 一冊 存四卷(編輯外科心法要訣三至六)

330000－4706－0004564 普3798 集部/別集類
沅湘遺民詠一卷 劉善澤撰 民國二年(1913)石印本 一冊

330000－4706－0004568 普3800 子部/儒家類/儒學之屬/蒙學
蒙養釋義一卷 (宋)王應麟撰 (清)李垚民增删 (清)曠峋嶁注釋 **關聖帝君覺世真經一卷太上感應篇一卷文昌帝君陰騭文一卷** (清)李垚民註釋 民國十三年(1924)唐氏裕德社刻本 一冊

330000－4706－0004570 普3483 集部/曲類/彈詞之屬
新編繡像雙連筆全傳四卷三十二回 民國上海文元書莊石印本 一冊 存二卷(一至二)

330000－4706－0004572 普3946 集部/詩文評類/文法之屬/函牘格式
尺牘函海不分卷 (清)王鼎輯撰 民國十七年(1928)海成書局石印本 四冊

330000－4706－0004588 普3588 子部/醫家類/醫話醫論之屬
研經言四卷 (清)莫文泉述 民國十二年(1923)杭州三三醫社刻本 四冊

330000－4706－0004589 普3589 子部/醫家類/綜合之屬/通論
增補萬病回春原本八卷 (明)龔廷賢編 民國四年(1915)上海廣益書局石印本 五冊

330000－4706－0004591　普3678　類叢部/叢書類/彙編之屬
上海滄社叢書□□種　民國十四年(1925)上海滄社鉛印本　一冊　存一種

330000－4706－0004594　普3948　子部/醫家類/類編之屬
喻氏醫書三種　(清)喻昌著　民國上海掃葉山房石印本　一冊　存一種

330000－4706－0004597　普3591　子部/醫家類/類編之屬
脈訣難經合編□□種　(明)張世賢注　民國三年(1914)石印本　五冊　存三種

330000－4706－0004599　普3949　集部/總集類/選集之屬/通代
古文觀止十二卷　(清)吴乘權　(清)吴大職輯　民國三年(1914)上海普新書局石印本　一冊　存六卷(一至六)

330000－4706－0004601　普3593　子部/醫家類/喉科口齒之屬/通論
重樓玉鑰四卷　(清)鄭宏綱撰　民國六年(1917)石印本　二冊　存二卷(一至二)

330000－4706－0004602　普3950　集部/總集類/選集之屬/通代
分段評注言文對照古文觀止十二卷　(清)吴乘權　(清)吴大職輯　民國石印本　一冊　存一卷(六)

330000－4706－0004609　普3691　子部/雜著類/雜說之屬
安樂康平室隨筆六卷　(清)朱彭壽撰　民國鉛印本　一冊　存三卷(一至三)

330000－4706－0004610　普4006　子部/醫家類/綜合之屬/通論
醫門補要三卷附採集先哲察生死秘法一卷　(清)趙濂撰　民國抄本　二冊　存二卷(一至二)

330000－4706－0004633　普3958　集部/別集類/清別集
復初齋詩集七十卷　(清)翁方綱撰　民國四年(1915)石印本　一冊　存四卷(五至八)

330000－4706－0004634　普3699　集部/總集類/尺牘之屬
十大名家家書十卷　平襟亞編　秋痕廔主評　民國上海共和書局鉛印本　一冊　存一種

330000－4706－0004642　普3679　類叢部/叢書類/自著之屬
琴志樓叢書□□種　易順鼎撰　民國鉛印本　一冊　存一種

330000－4706－0004650　普3692　子部/藝術類/書畫之屬/法帖
吴篆論語二卷　(清)吴大澂篆書　民國三年(1914)蘇州振新書社影印本　四冊

330000－4706－0004665　普4106　史部/傳記類/總傳之屬/技藝
墨林今話十八卷　(清)蔣寶齡撰　**續編一卷**　(清)蔣茝生撰　民國掃葉山房石印本　五冊　缺二卷(一至二)

330000－4706－0004666　普4105　史部/傳記類/總傳之屬/技藝
墨林今話十八卷　(清)蔣寶齡撰　**續編一卷**　(清)蔣茝生撰　民國十四年(1925)上海掃葉山房石印本　一冊　存三卷(一至三)

330000－4706－0004669　普3976　子部/藝術類/書畫之屬/法帖
宋拓魯峻碑及碑陰二卷　民國六年(1917)有正書局影印本　一冊

330000－4706－0004671　普3977　子部/藝術類/書畫之屬/法帖
漢魯峻碑陰一卷　民國石印本　一冊

330000－4706－0004673　普4115　子部/工藝類/日用器物之屬/陶瓷
飲流齋說瓷十卷　許之衡撰　民國十三年(1924)上海朝記書莊鉛印本　三冊

330000－4706－0004676　普4103　集部/詩文評類/文法之屬/函牘格式
新時代初級尺牘範本二卷　民國石印本

一冊

330000－4706－0004677　普 4024　史部/傳記類/總傳之屬/技藝

清朝畫徵錄三卷明人附錄一卷續錄二卷浦山論畫一卷　(清)張庚撰　**清朝畫徵三錄一卷**　(清)張寅撰　民國上海朝記書莊鉛印本　二冊

330000－4706－0004678　普 4025　子部/農家農學類/園藝之屬/花卉

秘傳花鏡六卷　(清)陳淏子撰　民國三年(1914)上海鶴記書局石印本　四冊　缺二卷(三、五)

330000－4706－0004679　普 4112　史部/傳記類/總傳之屬/技藝

歷代畫史彙傳七十二卷首一卷附錄二卷　(清)彭蘊璨編　民國八年(1919)石印本　十二冊

330000－4706－0004680　普 3980　子部/藝術類/書畫之屬/法帖

御刻三希堂石渠寶笈法帖不分卷　(清)梁詩正等輯　民國上海有正書局影印本　十七冊　存十七冊(一至三、七、十至十一、十三至十九、二十二、二十四、三十、三十二)

330000－4706－0004681　普 4026　子部/藝術類/書畫之屬/法帖

初拓南田叢帖五種　(清)惲恪書　民國影印本　五冊

330000－4706－0004682　普 4113　史部/傳記類/總傳之屬/技藝

歷代畫史彙傳二十四卷首一卷附錄一卷　(清)彭蘊璨編　民國六年(1917)上海掃葉山房石印本　十二冊

330000－4706－0004683　普 4027　史部/金石類/石之屬/通考

校碑隨筆六卷續二卷　方若撰　民國十二年(1923)華璋書局石印本　六冊

330000－4706－0004684　普 4137　集部/詩文評類/制藝之屬

小學論說精華四卷　胡君復評選　民國四年(1915)上海商務印書館鉛印本　一冊　存一卷(一)

330000－4706－0004686　普 4116　子部/藝術類/書畫之屬/題跋

書畫跋跋三卷續三卷　(明)孫鑛撰　(明)孫宗濂　(明)孫宗溥編　民國八年(1919)上海大東書局石印本　四冊

330000－4706－0004687　普 4107　史部/傳記類/總傳之屬/技藝

清朝畫徵錄三卷明人附錄一卷續錄二卷浦山論畫一卷　(清)張庚撰　**清朝畫徵三錄一卷**　(清)張寅撰　民國上海朝記書莊鉛印本　二冊

330000－4706－0004691　普 4111　子部/藝術類/書畫之屬/畫譜

馬駘畫寶十五種二十四卷　馬駘繪　民國石印本　四冊　存五種

330000－4706－0004695　普 4028　子部/藝術類/書畫之屬/法帖

歷代碑帖大觀五十種　高野侯輯　民國上海中華書局影印本　三十九冊　存四十種

330000－4706－0004697　普 3671　子部/醫家類/綜合之屬/通論

訂補明醫指掌十卷　(明)皇甫中撰註　**附診家樞要一卷**　(明)滑壽編纂　民國四年(1915)上海鍊石齋書局石印本　一冊

330000－4706－0004711　普 3992　子部/藝術類/書畫之屬/法帖

初拓崔敬邕墓誌一卷　民國上海有正書局影印本　一冊

330000－4706－0004713　普 4121　集部/總集類/選集之屬/斷代

唐詩別裁集二十卷　(清)沈德潛輯　民國掃葉山房石印本　六冊　存十五卷(一至二、八至二十)

330000－4706－0004716　普 3990　子部/藝術類/書畫之屬/法帖

初拓李璧碑不分卷　民國九年(1920)上海文明書局影印本　一册

330000－4706－0004717　普4122　子部/藝術類/書畫之屬/法帖

黄自元正氣歌一卷　黄自元書　民國上海育古山房石印本　一册

330000－4706－0004720　普4034　子部/藝術類/書畫之屬/書法書品

御覽書苑菁華二十卷　(宋)陳思纂次　民國八年(1919)上海掃葉山房石印本　一册　存三卷(一至三)

330000－4706－0004721　普4124　子部/藝術類/書畫之屬/法帖

格言摘要一卷　潘齡皋書　民國影印本　一册

330000－4706－0004722　普4035　子部/藝術類/遊藝之屬/棋弈

受子譜不分卷　民國上海文瑞樓石印本　一册

330000－4706－0004726　普4127　子部/藝術類/書畫之屬/法帖

海内初拓第一曹全碑不分卷　民國二十七年(1938)上海文明書局影印本　一册

330000－4706－0004728　普3987　子部/藝術類/書畫之屬/法帖

魏張黑女墓誌一卷　民國影印本　一册

330000－4706－0004731　普4038　子部/藝術類/書畫之屬/總論

寒松閣談藝瑣錄六卷　(清)張鳴珂撰　民國二十年(1931)上海文明書局鉛印本　一册

330000－4706－0004732　普4132　子部/藝術類/書畫之屬/法帖

清道人書朱君生壙記不分卷　李瑞清書　民國上海大衆書局影印本　一册

330000－4706－0004734　普4133　子部/藝術類/書畫之屬/法帖

初搨十三行小楷不分卷　民國上海掃葉山房影印本　一册

330000－4706－0004736　普3993　子部/藝術類/書畫之屬/法帖

趙文敏書感興詩一卷　(元)趙孟頫書　民國四年(1915)上海商務印書館影印本　一册

330000－4706－0004737　普3994　子部/藝術類/書畫之屬/法帖

趙松雪書道德經一卷　(元)趙孟頫書　民國上海聯益書局石印本　一册

330000－4706－0004738　普4128　子部/藝術類/書畫之屬/法帖

趙松雪小楷習字範本不分卷　(元)趙孟頫書　民國影印本　一册

330000－4706－0004739　普4040　子部/藝術類/篆刻之屬/印譜

醉愛居印賞二卷又一卷　(清)王睿章篆刻　(清)徐逵照考訂　民國紫芳閣影印本　二册

330000－4706－0004740　普3995　子部/藝術類/書畫之屬/法帖

初拓高湛墓誌一卷　民國二十二年(1933)上海商務印書館石印本　一册

330000－4706－0004741　普4130　子部/藝術類/書畫之屬/法帖

姚孟起臨塼塔銘一卷　(清)姚孟起臨　民國上海文明書局影印本　一册

330000－4706－0004742　普3996　子部/藝術類/書畫之屬/法帖

舊拓趙松雪蘭亭十三跋一卷　(元)趙孟頫撰並書　民國上海有正書局影印本　一册

330000－4706－0004743　普4129　子部/藝術類/書畫之屬/法帖

顔書裴將軍詩不分卷　民國影印本　一册

330000－4706－0004745　普3997　子部/藝術類/書畫之屬/法帖

星彔書詞一卷　童式規書　民國影印本　一册

330000－4706－0004746　普4125　子部/藝

術類/書畫之屬/法帖

劉文清公墨寶不分卷 (清)劉墉書 民國影印本 一册

330000－4706－0004747 普 3998 子部/藝術類/書畫之屬/法帖

星籡書詞一卷 童式規書 民國影印本 一册

330000－4706－0004748 普 4126 子部/藝術類/書畫之屬/法帖

宋拓米海岳方圓庵記不分卷 (宋)米芾書 民國影印本 一册

330000－4706－0004750 普 3999 子部/藝術類/書畫之屬/法帖

宋拓顔平原東方畫贊不分卷 (唐)顔真卿書 民國上海有正書局影印本 一册

330000－4706－0004752 普 4000 子部/藝術類/書畫之屬/法帖

明拓史晨饗孔廟碑不分卷 民國影印本 一册

330000－4706－0004753 普 3843 子部/宗教類/佛教之屬/諸宗

印光法師文鈔四卷附錄一卷 釋聖量撰 民國十二年(1923)揚州藏經院刻本 四册

330000－4706－0004754 普 3844 子部/宗教類/佛教之屬/諸宗

印光法師文鈔四卷附錄一卷 釋聖量撰 民國刻本 三册 缺一卷(四)

330000－4706－0004755 普 3845 子部/宗教類/佛教之屬/諸宗

印光法師文鈔四卷附錄一卷 釋聖量撰 民國刻本 一册 存一卷(文鈔一)

330000－4706－0004757 普 3831 集部/總集類/選集之屬/通代

評註昭明文選十五卷首一卷末一卷 (清)于光華輯 民國二十年(1931)上海掃葉山房石印本 十册 缺四卷(四至七)

330000－4706－0004758 普 3832 集部/總集類/選集之屬/通代

評註昭明文選十五卷首一卷末一卷 (清)于光華輯 民國上海掃葉山房石印本 十册 缺六卷(首,一、四至七)

330000－4706－0004759 普 4201 子部/藝術類/書畫之屬/法帖

岳武穆草書前出師表帖一卷 (宋)岳飛書 民國進步書局石印本 一册

330000－4706－0004760 普 4202 子部/藝術類/書畫之屬/法帖

鍾紹京小楷習字範本一卷 (唐)鍾紹京書 民國五年(1916)上海有正書局影印本 一册

330000－4706－0004762 普 4120 經部/群經總義類/傳說之屬

經學傳授考不分卷 劉師培撰 民國中華印刷局鉛印本 一册

330000－4706－0004763 普 4203 子部/藝術類/書畫之屬/法帖

漢史晨碑精華一卷 (清)蘇宙忱編 民國十四年(1925)上海世界書局影印本 一册

330000－4706－0004764 普 4134 集部/詩文評類/文法之屬

評註論説軌範二集三卷 林任編 民國十六年(1927)上海商務印書館鉛印本 三册

330000－4706－0004765 普 4114 集部/詩文評類/文法之屬

評註論説軌範二集三卷 林任編 民國六年(1917)上海商務印書館鉛印本 一册

330000－4706－0004766 普 4204 子部/藝術類/書畫之屬/法帖

董香光小楷習字帖不分卷 (明)董其昌書 民國上海有正書局石印本 一册

330000－4706－0004768 普 4205 子部/藝術類/書畫之屬/法帖

九成宫醴泉銘一卷 (唐)歐陽詢書 民國三十五年(1946)上海商務印書館影印本 一册

330000－4706－0004770 普 4206 子部/藝

術類/書畫之屬/法帖

翁叔平大楷習字範本一卷　(清)翁同龢書　民國石印本　一冊

330000－4706－0004771　普 4207　子部/藝術類/書畫之屬/法帖

舊拓趙松雪蘭亭十三跋一卷　(元)趙孟頫撰並書　民國上海有正書局影印本　一冊

330000－4706－0004772　普 4208　子部/藝術類/書畫之屬/法帖

趙孟頫書廬山草堂記一卷　(元)趙孟頫書　民國二十六年(1937)上海商務印書館影印本　一冊

330000－4706－0004776　普 4209　子部/藝術類/書畫之屬/法帖

原拓塼塔銘兩種合冊不分卷　(唐)上官靈芝撰　(唐)敬客書　民國四年(1915)上海有正書局影印本　一冊

330000－4706－0004777　普 4117　子部/醫家類/類編之屬

影印古本醫學叢書十種　錢季寅輯　民國十九年至二十年(1930－1931)上海中醫書局影印本　一冊　存五種

330000－4706－0004778　普 4210　子部/藝術類/書畫之屬/法帖

舊拓王右軍樂毅論趙松雪閑邪公傳合刻不分卷　(晉)王羲之書　(元)趙孟頫書　民國上海有正書局影印本　一冊

330000－4706－0004779　普 4143　集部/總集類/選集之屬/通代

古文析義初編六卷二編八卷　(清)林雲銘評註　民國石印本　一冊　存四卷(二編五至八)

330000－4706－0004780　普 4211　子部/藝術類/書畫之屬/法帖

鄭孝胥大楷習字範本一卷　鄭孝胥書　民國上海有正書局石印本　一冊

330000－4706－0004781　普 4212　子部/藝術類/書畫之屬/法帖

舊拓趙蘭亭十三跋一卷　(元)趙孟頫撰並書　民國上海有正書局影印本　一冊

330000－4706－0004782　普 4213　子部/藝術類/書畫之屬/法帖

歷代碑帖大觀五十種　高野侯輯　民國上海中華書局影印本　三冊　存三種

330000－4706－0004784　普 4214　子部/藝術類/書畫之屬/法帖

精拓褚遂良聖教序一卷　民國石印本　一冊

330000－4706－0004785　普 4215　子部/藝術類/書畫之屬/法帖

舊搨崔敬邕墓誌銘一卷　民國二十五年(1936)中華書局石印本　一冊

330000－4706－0004787　普 4216　子部/藝術類/書畫之屬/法帖

名人真蹟大楷法帖精華□□種　民國十四年(1925)上海世界書局石印本　一冊　存一種

330000－4706－0004788　普 4217　子部/藝術類/書畫之屬/法帖

顏魯公小楷習字範本一卷　(唐)顏真卿書　民國上海有正書局石印本　一冊

330000－4706－0004790　普 4218　子部/藝術類/書畫之屬/法帖

陶濬宣龍藏寺碑一卷　(清)陶濬宣書　民國尚古山房影印本　一冊

330000－4706－0004791　普 4219　子部/藝術類/書畫之屬/法帖

蘇東坡書赤壁賦一卷　(宋)蘇軾撰並書　民國四年(1915)上海商務印書館影印本　一冊

330000－4706－0004792　普 4220　史部/金石類/石之屬

同本堂義莊記一卷　(清)汪克勲書　民國碧梧山莊影印本　一冊

330000－4706－0004794　普 4221　子部/藝術類/書畫之屬/法帖

拓本唐代碑帖精華十二種　世界書局編　民國十三年(1924)上海世界書局影印本　三冊

存三種

330000－4706－0004796　普 4222　子部/藝術類/書畫之屬/法帖
黄山谷法書一卷　(宋)黄庭堅書　民國十一年(1922)上海掃葉山房影印本　一册

330000－4706－0004797　普 4223　子部/藝術類/書畫之屬/法帖
張季直大楷習字範本一卷　張謇書　民國元年(1912)石印本　一册

330000－4706－0004798　普 4224　子部/藝術類/書畫之屬/法帖
李西臺行書一卷　民國十七年(1928)上海掃葉山房影印本　一册

330000－4706－0004799　普 4225　子部/藝術類/書畫之屬/法帖
何子貞臨張遷碑二卷　(清)何紹基書　民國九年(1920)上海有正書局影印本　一册

330000－4706－0004800　普 4226　子部/藝術類/書畫之屬/法帖
宋拓魏黄初修孔子廟碑不分卷　(三國魏)梁鵠書　民國十年(1921)上海有正書局影印本　一册

330000－4706－0004802　普 4151　集部/詩文評類/詩評之屬
隨園詩話十六卷　(清)袁枚撰　民國三年(1914)石印本　三册

330000－4706－0004803　普 4156　集部/總集類/選集之屬/通代
評校音注古文辭類纂七十四卷　(清)姚鼐輯　王文濡校注　民國鉛印本　一册　存四卷(六十四至六十七)

330000－4706－0004804　普 4155　集部/總集類/選集之屬/通代
詳註六朝文絜八卷　吳承烜註釋　民國六年(1917)上海國華書局鉛印本　一册　存四卷(五至八)

330000－4706－0004806　普 4159　集部/總集類/選集之屬/斷代
當代百家酬世文庫二十六卷　劉再蘇編輯　民國上海世界書局石印本　二册　存四卷(二、二十三至二十五)

330000－4706－0004807　普 4227　子部/藝術類/書畫之屬/法帖
開皇本蘭亭序一卷　(晉)王羲之撰並書　民國九年(1920)上海有正書局影印本　一册

330000－4706－0004808　普 4139　子部/宗教類/佛教之屬
佛學叢書□□種　丁福保輯　民國上海醫學書局鉛印本暨影印本　一册　存一種

330000－4706－0004809　普 4228　子部/藝術類/書畫之屬/法帖
褚遂良聖教序不分卷　(唐)褚遂良書　民國十二年(1923)上海中華書局石印本　一册

330000－4706－0004810　普 4229　子部/藝術類/書畫之屬/法帖
阿彌陀經小楷一卷　沈惟賢識　民國十四年(1925)影印本　一册

330000－4706－0004811　地文子 018　子部/藝術類/書畫之屬/法帖
古今碑帖集成一百五十種　大衆書局編　民國上海大衆書局影印本　一册　存一種

330000－4706－0004812　普 4231　子部/藝術類/書畫之屬/法帖
晉唐楷帖一卷　民國二十七年(1938)長沙商務印書館影印本　一册

330000－4706－0004813　普 4233　子部/藝術類/書畫之屬/法帖
宋拓褚河南聖教序一卷　(唐)褚遂良書　民國上海有正書局石印本　一册

330000－4706－0004814　普 4234　子部/藝術類/書畫之屬/法帖
舊拓王右軍樂毅論趙松雪閑邪公傳合刻不分卷　(晉)王羲之　(元)趙孟頫書　民國上海有正書局影印本　一册

330000－4706－0004815　普 4235　子部/藝術類/書畫之屬/法帖

研北陸師書法一卷　(宋)曾布書　民國影印本　一冊

330000－4706－0004816　普 4236　子部/藝術類/書畫之屬/法帖

舊拓王右軍樂毅論趙松雪閑邪公傳合刻不分卷　(晉)王羲之　(元)趙孟頫書　民國十三年(1924)上海有正書局影印本　一冊

330000－4706－0004817　普 4237　子部/藝術類/書畫之屬/法帖

董文敏小楷四種不分卷　(明)董其昌書　民國十五年(1926)文明書局影印本　一冊

330000－4706－0004818　普 4238　子部/藝術類/書畫之屬/法帖

宋拓龍藏寺碑一卷　民國影印本　一冊

330000－4706－0004819　普 4239　子部/藝術類/書畫之屬/法帖

定武蘭亭瘦本不分卷　(晉)王羲之書　民國十四年(1925)上海有正書局影印本　一冊

330000－4706－0004820　普 4240　子部/藝術類/書畫之屬/法帖

青玉版十三行不分卷　(晉)王獻之書　民國十五年(1926)上海有正書局影印本　一冊

330000－4706－0004821　普 4241　子部/藝術類/書畫之屬/法帖

初拓三希堂法帖不分卷　民國影印本　一冊

330000－4706－0004822　普 4242　子部/藝術類/書畫之屬/法帖

五代拓聖教序一卷　(晉)王羲之書　民國五年(1916)上海有正書局影印本　一冊

330000－4706－0004823　普 4144　集部/總集類/彙編之屬

歷代詩文評註讀本□□種　王文濡編　民國上海文明書局鉛印本　四冊　存一種

330000－4706－0004824　普 4243　子部/藝術類/書畫之屬/法帖

宋拓大麻姑仙壇記不分卷　(唐)顏真卿撰並書　民國上海有正書局影印本　一冊

330000－4706－0004826　普 4041　子部/藝術類/書畫之屬/法帖

清代名人手札甲集六卷附小傳　吳長瑛輯　民國影印本　二冊　存二卷(二、五)

330000－4706－0004827　普 4244　子部/藝術類/書畫之屬/法帖

九成宮醴泉銘一卷　民國影印本　一冊

330000－4706－0004828　普 4152　集部/總集類/選集之屬/通代

重訂古文釋義新編八卷　(清)余誠評註　民國七年(1918)上海天寶書局石印本　二冊

330000－4706－0004829　普 4245　子部/藝術類/書畫之屬/法帖

南陽張黑女墓誌一卷　民國影印本　一冊

330000－4706－0004833　普 4246　子部/藝術類/書畫之屬/法帖

北宋拓聖教序不分卷　(晉)王羲之書　(唐)釋懷仁集　民國十五年(1926)上海有正書局影印本　一冊

330000－4706－0004835　普 4043　子部/醫家類/傷寒金匱之屬/金匱要略

金匱心典三卷　(漢)張仲景撰　(清)尤怡集註　民國石印本　一冊

330000－4706－0004837　普 4044　子部/醫家類/綜合之屬/通論

古吳童氏重校醫宗必讀十卷　(明)李中梓撰　民國三年(1914)上海錦章圖書局石印本　五冊

330000－4706－0004838　普 4154　集部/總集類/彙編之屬

精選評註五朝詩學津梁十二卷　(清)鄒弢編輯　民國十年(1921)石印本　三冊　存六卷(一至二、五至八)

330000－4706－0004843　地文子 017　子部/醫家類/傷寒金匱之屬

傷寒病藥歌訣一卷 金柏森撰 民國三十二年(1943)鉛印本 一册

330000－4706－0004847 普 4247 子部/藝術類/書畫之屬/法帖

宋拓顔魯公大麻姑仙壇記不分卷 (唐)顔真卿撰並書 民國上海有正書局石印本 一册

330000－4706－0004848 普 4248 子部/藝術類/書畫之屬/法帖

初拓鄭文公碑一卷 (北魏)鄭道昭書 民國六年(1917)上海有正書局影印本 一册

330000－4706－0004849 普 3852 子部/醫家類/類編之屬

醫門棒喝二種 (清)章楠撰 民國八年(1919)刻本 一册 存一種

330000－4706－0004850 普 4249 子部/藝術類/書畫之屬/法帖

初拓歐陽詢書九成宫醴泉銘一卷 (唐)歐陽詢書 民國十四年(1925)上海會文堂書局影印本 一册

330000－4706－0004851 普 3836 集部/總集類/選集之屬/通代

古文辭類纂七十四卷 (清)姚鼐纂輯 **續古文辭類纂三十四卷** 王先謙輯 民國上海商務印書館鉛印本 五册 存三十一卷(三十一至四十、六十一至七十四,續古文辭類纂十七至二十三)

330000－4706－0004855 普 4250 子部/藝術類/書畫之屬/法帖

隋滎澤令常醜奴墓誌一卷 民國十年(1921)上海有正書局影印本 一册

330000－4706－0004856 普 4047 集部/總集類/選集之屬/通代

精校評註古文觀止十二卷 (清)吴乘權 (清)吴大職輯 民國十七年(1928)上海文明書局鉛印本 五册 缺二卷(七至八)

330000－4706－0004857 普 4251 子部/藝術類/書畫之屬/法帖

蘇軾草書赤壁賦帖一卷 (宋)蘇軾書 民國四年(1915)上海進步書局影印本 一册

330000－4706－0004858 普 4048 集部/總集類/選集之屬/通代

言文對照古文觀止十二卷 (清)吴乘權 (清)吴大職輯 廣益書局編譯 民國十四年(1925)上海廣益書局石印本 七册 存七卷(一至三、八、十至十二)

330000－4706－0004859 普 4252 子部/藝術類/書畫之屬/法帖

思翁墨刻一卷 民國影印本 一册

330000－4706－0004860 普 4161 集部/總集類/選集之屬/通代

詳訂古文評註十卷 (清)過珙 (清)黄越選評 民國石印本 二册 存二卷(三至四)

330000－4706－0004862 普 4162 集部/總集類/選集之屬/通代

唐宋八家文讀本三十卷首一卷 (清)沈德潛評點 民國上海錦章圖書局石印本 三册 存十一卷(十六至二十六)

330000－4706－0004863 普 4050 集部/總集類/選集之屬/通代

短篇文選三卷 雷瑨編 民國八年(1919)上海掃葉山房石印本 二册

330000－4706－0004865 普 4163 集部/總集類/選集之屬/通代

詳訂古文評註全集十卷 (清)過珙 (清)黄越選評 民國石印本 一册 存二卷(九至十)

330000－4706－0004866 普 4164 集部/總集類/選集之屬/通代

增補重訂千家詩註解二卷 (宋)謝枋得選 (清)汪相注 民國鑄記書局石印本 一册

330000－4706－0004868 普 3837 集部/別集類/清別集

青箱集三卷 王德鍾編輯 民國四年(1915)上海國光書局鉛印本 二册

330000－4706－0004869 普 4165 集部/總

集類/選集之屬/斷代

唐文評註讀本二卷　王文濡評選　張廷華等註釋　民國六年(1917)上海文明書局鉛印本　一册　存一卷(下)

330000-4706-0004874　普4253　史部/金石類/石之屬/文字

魏故寧遠將軍燉煌鎮將元君墓誌銘不分卷　民國影印本　一册

330000-4706-0004875　普4254　子部/藝術類/書畫之屬/法帖

字帖集錦第一輯不分卷　周菊人輯　民國十四年(1925)上海文明書局影印本　一册

330000-4706-0004876　普4255　史部/金石類/金之屬/文字

秦漢金篆八種放大本不分卷　民國九年(1920)上海有正書局石印本　一册

330000-4706-0004878　普4256　子部/藝術類/書畫之屬/法帖

明拓漢隸四種不分卷　民國七年(1918)上海有正書局影印本　一册

330000-4706-0004881　普4258　子部/藝術類/書畫之屬/法帖

名人真蹟小楷法帖四種　民國十四年(1925)上海世界書局石印本　一册　存一種

330000-4706-0004882　普4053　子部/醫家類/類編之屬

醫書十三種　民國石印本　一册　存九種

330000-4706-0004884　普4232　子部/藝術類/書畫之屬/法帖

趙松雪道教碑不分卷　(元)趙孟頫書　民國上海商務印書館影印本　一册

330000-4706-0004885　普4174　子部/醫家類/綜合之屬/通論

古吳童氏重校醫宗必讀十卷　(明)李中梓撰　民國四年(1915)上海中華圖書館石印本　一册　存二卷(一至二)

330000-4706-0004887　普4055　集部/總集類/選集之屬/斷代

全唐詩鈔四卷　(清)沈裳錦選　民國石印本　一册　存二卷(三至四)

330000-4706-0004888　普4056　史部/傳記類/總傳之屬/技藝

歷代畫史彙傳七十二卷首一卷附錄二卷　(清)彭蘊璨編　民國石印本　一册　存六卷(四至九)

330000-4706-0004889　普4057　史部/傳記類/總傳之屬/技藝

清朝畫徵錄三卷明人附錄一卷續錄二卷　(清)張庚撰　民國十年(1921)上海掃葉山房石印本　一册

330000-4706-0004893　普4259　子部/藝術類/書畫之屬/法帖

莫友芝篆書三種一卷　(清)莫友芝書　民國十四年(1925)上海文明書局石印本　一册

330000-4706-0004897　普4260　子部/藝術類/書畫之屬/法帖

林直勉先生墨蹟一卷　馮康侯藏　民國石印本　一册

330000-4706-0004901　普4261　子部/藝術類/書畫之屬/法帖

鄧石如司馬溫公家儀一卷　(清)鄧石如書　民國九年(1920)上海有正書局石印本　一册

330000-4706-0004904　普4262　子部/藝術類/書畫之屬/法帖

黃自元小楷治家格言一卷　黃自元書　民國有文書局影印本　一册

330000-4706-0004906　普3388　集部/總集類/選集之屬/通代

教科適用文選精華二卷　中華書局編　民國五年(1916)上海中華書局鉛印本　一册　存一卷(下)

330000-4706-0004907　普4263　子部/藝術類/書畫之屬/法帖

王羲之小楷樂毅論一卷　(晉)王羲之書　民國上海尚古山房影印本　一册

330000－4706－0004911　普 3854　子部/醫家類/類編之屬

潛齋醫學叢書十四種　曹炳章編　民國七年(1918)集古閣石印本　二冊　存二種

330000－4706－0004913　普 4264　子部/藝術類/書畫之屬/法帖

唐撫州南城縣麻姑山仙壇記不分卷　(唐)顔真卿書　民國影印本　一冊

330000－4706－0004915　普 4265　子部/藝術類/書畫之屬/法帖

星彔書詞一卷　童式規書　民國影印本　一冊

330000－4706－0004918　普 3809　集部/總集類/選集之屬/通代

增批古文觀止十二卷　(清)吳乘權　(清)吳大職輯　民國二年(1913)石印本　一冊　存四卷(一至四)

330000－4706－0004921　普 3621　集部/總集類/選集之屬/通代

新鐫圖註五言千家詩二卷　(清)王相註　民國四年(1915)上海文益書局石印本　一冊

330000－4706－0004922　普 3810　集部/總集類/選集之屬/通代

古文觀止十二卷　(清)吳乘權　(清)吳大職輯　民國石印本　六冊

330000－4706－0004923　普 4065　集部/總集類/課藝之屬

全國學校成績新時代國文大觀甲編初集一卷二集一卷三集一卷乙編初集二卷二集二卷三集二卷　世界書局編輯所編　民國十四年(1925)上海世界書局石印本　一冊　存一卷(甲編初集)

330000－4706－0004924　普 3877　集部/總集類/選集之屬/通代

古文觀止十二卷　(清)吳乘權　(清)吳大職輯　民國石印本　三冊　存六卷(七至十二)

330000－4706－0004925　普 4185　集部/總集類/尺牘之屬

新撰學生尺牘不分卷　商務印書館編譯所編纂　民國十一年(1922)上海商務印書館石印本　二冊

330000－4706－0004926　普 3878　集部/總集類/選集之屬/通代

古文觀止十二卷　(清)吳乘權　(清)吳大職輯　民國石印本　三冊　存六卷(三至八)

330000－4706－0004928　普 3879　集部/總集類/選集之屬/通代

古文觀止十二卷　(清)吳乘權　(清)吳大職輯　民國石印本　三冊　存六卷(三至八)

330000－4706－0004930　普 4267　子部/藝術類/書畫之屬/法帖

松煙肥研齋惲帖二卷　民國影印本　一冊

330000－4706－0004931　普 4268　子部/藝術類/書畫之屬/法帖

何子貞臨石門頌禮器碑合冊不分卷　(清)何紹基書　民國上海有正書局影印本　一冊

330000－4706－0004932　普 3891　集部/總集類/選集之屬/通代

古文觀止十二卷　(清)吳乘權　(清)吳大職輯　民國石印本　三冊　存六卷(三至四、九至十二)

330000－4706－0004933　普 4269　子部/藝術類/書畫之屬/法帖

墨池堂選帖五卷　(元)趙文敏等書　民國九年(1920)思補齋影印本　一冊　存一卷(五)

330000－4706－0004934　普 4067　集部/詩文評類/文法之屬

實用應酬巧對精華一卷　民國十三年(1924)上海東亞書局石印本　一冊

330000－4706－0004935　普 3880　集部/總集類/選集之屬/通代

言文對照古文觀止十二卷　(清)吳乘權　(清)吳大職輯　廣益書局編譯　民國石印本　一冊　存四卷(九至十二)

330000－4706－0004936　普 4166　集部/詩

文評類/文法之屬/函牘格式

言文對照女子新尺牘二卷 世界書局編輯所編輯 民國上海世界書局石印本 一冊 存一卷(上)

330000－4706－0004938 普4068 集部/總集類/選集之屬/斷代

註釋唐詩三百首六卷 (清)蘅塘退士(孫洙)編 民國石印本 一冊 存二卷(一至二)

330000－4706－0004939 普4270 子部/藝術類/書畫之屬/法帖

絳帖十二卷 (宋)潘師旦編 民國影印本 一冊 存一卷(十)

330000－4706－0004940 普4069 集部/總集類/選集之屬/斷代

唐詩合選詳解十二卷 (清)劉文蔚註釋 民國上海廣益書局石印本 一冊 存二卷(七至八)

330000－4706－0004941 普4070 集部/總集類/選集之屬/通代

古唐詩合解十二卷 (清)王堯衢注 (清)李模 (清)李桓校 民國石印本 一冊 存一卷(一)

330000－4706－0004942 普4272 子部/藝術類/書畫之屬/書法書品

行書備要一卷 童式規書 民國石印本 一冊

330000－4706－0004944 普4179 集部/總集類/選集之屬/通代

圈點詳註十八家詩鈔二十八卷 (清)曾國藩撰 陳存悔等註 民國鉛印本 八冊 存十二卷(十七至二十八)

330000－4706－0004947 普4273 子部/藝術類/書畫之屬/法帖

大字結構八十四法一卷 閻麗天書 民國二十五年(1936)影印本 一冊

330000－4706－0004948 普4274 子部/藝術類/書畫之屬/法帖

鄭板橋道情詞墨蹟一卷 (清)鄭燮書 民國十一年(1922)上海有正書局石印本 一冊

330000－4706－0004953 普4275 史部/傳記類/別傳之屬/墓誌

諸杏廬先生墓誌銘一卷 沈維中撰並書 民國影印本 一冊

330000－4706－0004954 普4276 子部/藝術類/書畫之屬/法帖

曹景完碑不分卷 民國影印本 一冊

330000－4706－0004957 普4277 子部/藝術類/書畫之屬/法帖

原拓塼塔銘不分卷 (唐)上官靈芝撰 (唐)敬客書 民國六年(1917)上海有正書局影印本 一冊

330000－4706－0004958 普4075 集部/總集類/選集之屬/斷代

唐詩三百首註疏六卷 (清)孫洙編 (清)章爕註 民國十七年(1928)掃葉山房石印本 三冊 存三卷(一至二、五)

330000－4706－0004960 普4278 史部/傳記類/別傳之屬/墓誌

狄室汪觀定夫人墓誌銘一卷 葉爾愷撰 趙世駿書 民國影印本 一冊

330000－4706－0004961 普4279 史部/金石類/石之屬/圖像

六朝墓誌菁華四集不分卷 上海有正書局輯 民國上海有正書局影印本 一冊 存第一集冊一

330000－4706－0004964 普4280 子部/藝術類/書畫之屬/法帖

初拓崔敬邕墓誌一卷 民國十二年(1923)上海有正書局影印本 一冊

330000－4706－0004966 普4281 史部/金石類/石之屬/圖像

松江府建求忠書院記一卷 民國影印本 一冊

330000－4706－0004968 普4283 史部/傳記類/別傳之屬/事狀

葛雲威[嗣潔]農部家傳一卷 金蓉鏡撰 民國影印本 一冊

330000－4706－0004971 普4282 子部/藝術類/書畫之屬/法帖

化度寺碑不分卷 （唐）歐陽詢書 民國影印本 一冊

330000－4706－0004972 普4078 子部/雜著類/雜纂之屬

左孟莊騷精華錄二卷 林紓評註 民國二十三年(1934)上海商務印書館鉛印本 一冊 存一卷(二)

330000－4706－0004973 普4079 集部/總集類/課藝之屬

全國學生成績新文庫甲編十九卷乙編初集二十卷二集二十卷 中央圖書局編輯部編 民國上海中央圖書公司石印本 一冊 存一卷(乙編二集三)

330000－4706－0004974 普4284 子部/藝術類/書畫之屬/法帖

定武蘭亭瘦本不分卷 （晉）王羲之書 民國十四年(1925)上海有正書局影印本 一冊

330000－4706－0004975 普3892 集部/總集類/選集之屬/通代

古文觀止十二卷 （清）吳乘權 （清）吳大職輯 民國石印本 四冊 存八卷(三至六、九至十二)

330000－4706－0004977 普4186 集部/總集類/選集之屬/通代

唐宋八家文讀本三十卷首一卷 （清）沈德潛評點 民國上海錦章圖書局石印本 一冊 存四卷(二十七至三十)

330000－4706－0004979 普4187 集部/總集類/选集之屬/通代

初級古文選本三編二卷 陸基撰 民國元年(1912)中國圖書公司鉛印本 一冊 存一卷(下)

330000－4706－0004984 普4193 集部/總集類/選集之屬/斷代

唐詩三百首註疏六卷 （清）孫洙編 （清）章爕註 民國掃葉山房石印本 一冊 存一卷(三)

330000－4706－0004987 普4195 集部/總集類/選集之屬/通代

六朝文絜箋注十二卷 （清）許槤輯並評 （清）黎經誥箋注 民國上海朝記書莊石印本 一冊 存五卷(二至六)

330000－4706－0004989 普3894 集部/別集類

寒柯堂詩四卷 余紹宋撰 民國三十五年(1946)浙江文化印刷公司鉛印本 一冊

330000－4706－0004990 普3895 集部/別集類

靜觀軒詩鈔一卷 許觀撰 民國二十二年(1933)鉛印本 一冊

330000－4706－0004991 普4285 子部/藝術類/書畫之屬/法帖

何詩孫手書詩稿四卷 何維樸撰並書 民國十四年(1925)鹿川閣影印本 一冊 存二卷(三至四)

330000－4706－0004994 普3487 子部/藝術類/書畫之屬/法帖

玄秘塔字帖一卷 （元）趙孟頫書 民國影印本 一冊

330000－4706－0004995 普4286 子部/藝術類/書畫之屬/法帖

星彔書詞一卷 童式規書 民國影印本 一冊

330000－4706－0004997 普3897 集部/總集類/選集之屬/通代

古文四象四卷 （清）曾國藩辑 民國上海有正書局鉛印本 一冊 存一卷(四)

330000－4706－0004998 普4287 子部/藝術類/書畫之屬/法帖

沈惟賢手抄阿彌陀佛經一卷 沈惟賢書 民國影印本 一冊

330000－4706－0005001　普4288　子部/藝術類/書畫之屬/法帖

宋拓顔魯公多寶佛塔感應碑文不分卷　(唐)岑勛撰　(唐)顔真卿書　民國影印本　一册

330000－4706－0005002　普4080　集部/總集類/酬唱之屬

磚引録一卷　民國四年(1915)鉛印本　一册

330000－4706－0005004　普4081　集部/總集類/酬唱之屬

磚引録一卷　民國鉛印本　一册

330000－4706－0005005　普4289　子部/藝術類/書畫之屬/法帖

魏元纂墓誌銘一卷　民國影印本　一册

330000－4706－0005006　普4082　集部/總集類/彙編之屬

南社叢刻□□種　南社編輯　民國鉛印本　一册　存一種

330000－4706－0005008　普4290　子部/藝術類/書畫之屬/法帖

草書字帖一卷　民國影印本　一册

330000－4706－0005010　普4293　集部/曲類/寶卷之屬

新出繪圖金枝寶卷二卷　民國五年(1916)上海文益書局石印本　一册　存一卷(一)

330000－4706－0005011　普4083　集部/别集類

三借廬駢文賸稿續刊一卷賸稿詩續一卷七十壽言一卷　鄒弢撰　民國十二年(1923)文賢閣鉛印本　一册

330000－4706－0005012　普4294　集部/曲類/寶卷之屬

繪圖目蓮救母三世寶卷三卷　民國十一年(1922)上海元益善書流通處石印本　一册

330000－4706－0005013　普4295　集部/曲類/寶卷之屬

繪圖目蓮救母三世寶卷三卷　民國十一年(1922)上海宏大善書局石印本　一册

330000－4706－0005014　普4296　集部/曲類/寶卷之屬

太華山紫金鎮兩世修行劉香寶卷全集二卷　民國上海惜陰書局石印本　一册　存一卷(上)

330000－4706－0005015　普4501　集部/别集類/清别集

靈芬館詩初集四卷二集十卷三集四卷　(清)郭麐撰　民國石印本　一册　存二卷(二集九至十)

330000－4706－0005017　普4298　集部/曲類/寶卷之屬

張氏三娘賣花寶卷全集一卷　民國二年(1913)上海文益書局、杭州聚元堂書局石印本　一册

330000－4706－0005018　普4299　集部/曲類/寶卷之屬

全圖韓湘寶卷二卷　民國十七年(1928)上海宏大善書局石印本　二册

330000－4706－0005022　普4200　子部/藝術類/書畫之屬/法帖

張季直書說文解字部目一卷　張謇書　民國十八年(1929)上海商務印書館影印本　一册

330000－4706－0005023　普4084　類叢部/叢書類/彙編之屬

渭南嚴氏孝義家塾叢書十一種　嚴式誨編　民國十四年至二十年(1925－1931)渭南嚴氏刻本　一册　存一種

330000－4706－0005027　普4086　類叢部/叢書類/彙編之屬

己卯叢編四種　趙詒琛　王大隆輯　民國二十八年(1939)鉛印本　一册　存一種

330000－4706－0005029　普4087　史部/目録類/總録之屬/官修

浙江公立圖書分館觀覽類科學書目不分卷　浙江公立圖書館編　民國六年(1917)鉛印本　一册

330000－4706－0005031　普4305　子部/宗

教類/佛教之屬/經疏

佛說阿彌陀經要解一卷 (後秦)釋鳩摩羅什譯 (明)釋智旭撰 民國影印本 一冊

330000－4706－0005032 普4306 集部/總集類/尺牘之屬

昭代名人尺牘二十四卷 (清)吳修審定 民國影印本 一冊 存一卷(十)

330000－4706－0005033 普4089 子部/藝術類/書畫之屬/書法書品

楷法須知 民國五年(1916)倉聖明智大學石印本 一冊 存一種

330000－4706－0005034 普4308 子部/藝術類/書畫之屬/法帖

分類習字帖一卷 吳墨農編輯 民國六年(1917)上海中華書局影印本 一冊

330000－4706－0005035 普4309 子部/藝術類/書畫之屬/法帖

董香光小楷習字帖不分卷 (明)董其昌書 民國上海有正書局石印本 一冊

330000－4706－0005038 普4092 集部/別集類/清別集

澗于集奏議六卷電稿一卷譯署函稿一卷古今體詩四卷文集二卷書牘六卷 (清)張佩綸撰 民國七年至十五年(1918－1926)張氏澗于草堂刻本 一冊 存二卷(古今體詩三至四)

330000－4706－0005039 普4313 子部/藝術類/書畫之屬/法帖

張遷碑一卷 民國七年(1918)上海有正書局影印本 一冊

330000－4706－0005041 普4310 子部/藝術類/書畫之屬/法帖

顏真卿大楷習字範本一卷 (唐)顏真卿書 民國四年(1915)上海有正書局石印本 一冊

330000－4706－0005045 普4312 子部/儒家類/儒學之屬/蒙學

弟子規一卷 (清)李子潛著 民國石印本 一冊

330000－4706－0005051 普4315 集部/曲類/寶卷之屬

何仙姑寶卷二卷 民國上海宏大善書局石印本 一冊

330000－4706－0005053 普4184 集部/總集類/選集之屬/通代

新鐫白話註解五言千家詩二卷 (清)王相註 **繪圖白話註解千家詩一卷** (清)謝枋得撰 民國三年(1914)江東書局石印本 二冊

330000－4706－0005054 普3861 集部/別集類

朱媚川女史遺墨題辭一卷續編一卷 吳仁輯 民國二十五年(1936)鉛印本 一冊

330000－4706－0005055 普4451 子部/藝術類/書畫之屬/法帖

宋拓東坡西樓帖三卷 (宋)蘇軾撰並書 民國影印本 一冊

330000－4706－0005056 普4098 集部/別集類/漢魏六朝別集

陶淵明文集十卷 (晉)陶潛撰 民國六年(1917)上海著易堂書局石印本 一冊 存二卷(一至二)

330000－4706－0005058 普4301 子部/藝術類/書畫之屬/法帖

明拓醴泉銘一卷 民國影印本 一冊

330000－4706－0005061 普4454 集部/曲類/寶卷之屬

三茅真君宣化度世寶卷二卷 民國刻本 一冊

330000－4706－0005064 普4455 子部/醫家類/綜合之屬/通論

張氏醫通不分卷 民國抄本 一冊

330000－4706－0005066 普4456 集部/總集類/選集之屬/通代

古詩評註讀本三卷附教授法一卷 王文濡評選 民國上海文明書局鉛印本 一冊 存一卷(古詩評註讀本上)

330000－4706－0005067　普 4199　子部/藝術類/書畫之屬/法帖

舊搨趙松雪觀音殿記一卷　民國影印本　一冊

330000－4706－0005072　普 4457　子部/藝術類/書畫之屬/法帖

高書小楷一卷　高雲塍書　民國上海大東書局石印本　一冊

330000－4706－0005073　普 4453　子部/藝術類/書畫之屬

苦鐵碎金不分卷　吳昌碩書並繪　吳隱輯　民國石印本　一冊

330000－4706－0005074　普 4458　子部/藝術類/書畫之屬/法帖

詩話集錦一卷　潘齡皋書　民國上海育古山房石印本　一冊

330000－4706－0005075　普 4459　子部/藝術類/書畫之屬/法帖

星录書詞一卷　童式規書　民國影印本　一冊

330000－4706－0005077　普 4461　史部/傳記類/總傳之屬/姓名

廣倉千家姓一卷　姬覺彌撰　民國八年(1919)上海廣倉學會影印本　一冊

330000－4706－0005078　普 4462　子部/藝術類/書畫之屬/法帖

太尉楊震碑不分卷　民國影印本　一冊

330000－4706－0005079　普 4463　子部/藝術類/書畫之屬/法帖

狼山觀音巖觀音造象記一卷　張謇書　民國石印本　一冊

330000－4706－0005080　普 4464　子部/藝術類/書畫之屬/法帖

初搨滋蕙堂靈飛經一卷　(唐)鍾紹京書　民國育古山房石印本　一冊

330000－4706－0005081　普 4465　子部/藝術類/書畫之屬/法帖

胡大川先生幻想詩一卷　潘齡皋書　民國石印本　一冊

330000－4706－0005082　普 4466　史部/金石類/金之屬/文字

積古齋鐘鼎款識稿本四卷附一卷　(清)阮元撰　民國影印本　一冊　存一卷(附)

330000－4706－0005083　普 4467　子部/藝術類/書畫之屬/法帖

唐拓九成宮醴泉銘一卷　(唐)歐陽詢書　民國二十一年(1932)文明書局影印本　一冊

330000－4706－0005084　普 4468　子部/藝術類/書畫之屬/法帖

千字文一卷　高爽泉書　民國十七年(1928)上海商務印書館石印本　一冊

330000－4706－0005085　普 4469　子部/藝術類/書畫之屬/法帖

觀史孝岑出師頌字帖一卷　民國石印本　一冊

330000－4706－0005089　普 4319　集部/總集類/選集之屬/通代

言文對照古文觀止十二卷　(清)吳乘權　(清)吳大職輯　廣益書局編譯　民國上海廣益書局石印本　一冊　存一卷(四)

330000－4706－0005090　普 4405　集部/總集類/選集之屬/斷代

千首宋人絕句十卷　(清)嚴長明輯　民國上海商務印書館鉛印本　一冊　存五卷(一至五)

330000－4706－0005092　普 4406　集部/別集類/清別集

躬恥齋文鈔十四卷別集一卷後編六卷附崇祀鄉賢錄一卷躬恥齋詩鈔十四卷首一卷後編七卷校勘記二卷　(清)宗稷辰撰　民國二年(1913)吳門鉛印本　二冊　存十二卷(文鈔十至十四、詩鈔後編一至七)

330000－4706－0005094　普 4407　子部/藝術類/書畫之屬/書法書品

書法指南二卷　(清)王鼎撰　民國石印本

一冊　存一卷(二)

330000－4706－0005098　普 4409　經部/詩類/三家詩之屬

詩攷補訂五卷　(宋)王應麟撰　(清)盧文弨增校　楊晨補訂　民國石印本　一冊　存三卷(三至五)

330000－4706－0005100　普 4410　集部/別集類/清別集

新式標點詳註春在堂尺牘六卷　(清)俞樾撰　(清)雷瑨註釋　民國石印本　一冊　存一卷(三)

330000－4706－0005101　普 4411　子部/醫家類/綜合之屬/通論

古吳童氏重校醫宗必讀十卷　(明)李中梓撰　民國上海錦章圖書局石印本　二冊　存二卷(三至四)

330000－4706－0005103　普 4327　子部/藝術類/遊藝之屬/聯語

楹聯叢話十二卷　(清)梁章鉅輯　民國上海商務印書館鉛印本　一冊　存三卷(十至十二)

330000－4706－0005105　普 4414　集部/別集類/唐五代別集

玉溪生詩意八卷　(唐)李商隱撰　(清)朱鶴齡注　(清)屈復意　民國石印本　四冊　存四卷(三至四、七至八)

330000－4706－0005113　普 4329　子部/醫家類/類編之屬

喻氏醫書三種　(清)喻昌著　民國上海掃葉山房石印本　一冊　存一種

330000－4706－0005117　普 4421　集部/小說類/短篇之屬

繪圖詳註聊齋志異十六卷　(清)蒲松齡撰　(清)呂湛恩注　民國上海廣益書局石印本　一冊　存一卷(一)

330000－4706－0005118　普 4331　子部/藝術類/書畫之屬/書法書品

漢碑範八卷　張祖翼選臨　民國上海文明書局石印本　一冊　存一卷(五)

330000－4706－0005119　普 4422　集部/小說類/短篇之屬

詳註聊齋志異圖詠十六卷　(清)蒲松齡撰　(清)呂湛恩注　民國上海天寶書局石印本　一冊　存二卷(三至四)

330000－4706－0005120　普 4423　集部/小說類/短篇之屬

詳註聊齋志異圖詠十六卷　(清)蒲松齡撰　(清)呂湛恩注　民國石印本　四冊　存八卷(五至十、十三至十四)

330000－4706－0005122　普 4424　集部/小說類/短篇之屬

聊齋志異新評十六卷　(清)蒲松齡撰　(清)王士禛評　(清)呂湛恩注　(清)但明倫新評　民國上海中新書局鉛印本　三冊　存四卷(四至七)

330000－4706－0005123　普 4333　子部/藝術類/書畫之屬/法帖

翁方綱撰書墓碑行楷一卷　(清)翁方綱書　民國石印本　一冊

330000－4706－0005126　普 4307　子部/藝術類/書畫之屬/法帖

陶濬宣龍藏寺碑一卷　(清)陶濬宣書　民國尚古山房影印本　一冊

330000－4706－0005127　普 4311　史部/金石類/石之屬/圖像

鮮于府君墓誌銘一卷　(元)周砥撰　民國影印本　一冊

330000－4706－0005132　普 4473　史部/傳記類/別傳之屬/墓誌

清故奉政大夫贈通議大夫戶部七品小京官葛君[嗣溁]墓表一卷　陳寶琛撰並書　**清故奉政大夫晉贈通議大夫戶部七品小京官葛府君墓志銘一卷**　秦樹聲撰並書　**葛雲威農部家傳一卷**　金蓉鏡撰　羅振玉書　民國石印本　一冊

330000－4706－0005133　普 4474　子部/藝

術類/書畫之屬/法帖

大唐三藏聖教序一卷　(唐)釋懷仁集　(晉)王羲之書　民國石印本　一冊

330000-4706-0005134　普 4475　子部/藝術類/書畫之屬/法帖

碧落碑集聯一卷　民國影印本　一冊

330000-4706-0005135　普 4476　子部/藝術類/書畫之屬/法帖

初拓鄭文公碑一卷　(北魏)鄭道昭書　民國十三年(1924)上海有正書局石印本　一冊

330000-4706-0005136　普 4477　子部/藝術類/書畫之屬/法帖

吳天發神讖碑一卷　民國六年(1917)上海有正書局石印本　一冊

330000-4706-0005137　普 4478　子部/藝術類/書畫之屬/法帖

宋拓泰山秦篆魯孝王石刻合冊不分卷　民國十四年(1925)上海有正書局石印本　一冊

330000-4706-0005138　普 4479　子部/藝術類/書畫之屬/法帖

趙文敏壽春堂記一卷　(元)趙孟頫書　民國三十年(1941)文明書局石印本　一冊

330000-4706-0005139　普 4480　子部/藝術類/書畫之屬/法帖

何子貞臨黃庭經一卷　(清)何紹基書　民國十六年(1927)上海商務印書館影印本　一冊

330000-4706-0005140　普 4481　子部/藝術類/書畫之屬/法帖

一心書詞一卷　童式規書　民國影印本　一冊

330000-4706-0005141　普 4482　子部/藝術類/書畫之屬/法帖

精拓蘇孝慈碑一卷　民國上海彪蒙書室影印本　一冊

330000-4706-0005142　普 4483　子部/藝術類/書畫之屬/法帖

北齊人書左氏傳一卷附善慧錄一卷　民國影印本　一冊

330000-4706-0005143　普 4484　子部/藝術類/書畫之屬/法帖

宋拓定武蘭亭一卷　(晉)王羲之書　民國上海有正書局影印本　一冊

330000-4706-0005144　普 4335　史部/政書類/邦計之屬/賦稅

浙志田賦略一卷附浙西各縣銀米科則表　民國鉛印本　一冊

330000-4706-0005146　普 4485　子部/藝術類/書畫之屬/法帖

名人真蹟□□種　民國二十四年(1935)上海中華書局影印本　一冊　存一種

330000-4706-0005149　普 4486　子部/藝術類/書畫之屬/法帖

唐周公祠碑一卷　民國影印本　一冊

330000-4706-0005151　普 4487　史部/金石類/石之屬/圖像

漢武梁祠畫像題榜字不分卷　民國有正書局影印本　一冊

330000-4706-0005154　普 4344　集部/總集類/選集之屬/通代

批評箋註續古文辭類纂三十四卷　王先謙輯　民國上海廣益書局石印本　一冊　存二卷(一至二)

330000-4706-0005155　普 4345　子部/醫家類/綜合之屬/通論

古吳童氏重校醫宗必讀十卷　(明)李中梓撰　民國上海鴻文書局石印本　一冊　存二卷(一至二)

330000-4706-0005165　普 4488　集部/曲類/寶卷之屬

大乘出谷歸源還鄉寶卷一卷　民國上海宏大善書局石印本　一冊

330000-4706-0005167　普 4490　新學/議論/通論

國民淺訓一卷　梁啟超撰　民國五年(1916)

上海商務印書館鉛印本　一册

330000－4706－0005168　普 4491　類叢部/叢書類/彙編之屬

雲窗叢刻十種十四卷　羅振玉輯　民國三年(1914)上虞羅氏日本京都東山僑舍影印本　二册　存一種

330000－4706－0005170　普 4342　集部/總集類/選集之屬/通代

古文辭類纂七十四卷　(清)姚鼐纂輯　**續古文辭類纂三十四卷**　王先謙輯　民國石印本　二册　存三卷(三至四、續古文辭類纂三)

330000－4706－0005172　普 4495　史部/政書類/公牘檔册之屬

江蘇第一圖書館文牘彙鈔三卷　民國鉛印本　一册

330000－4706－0005173　普 4496　集部/曲類/寶卷之屬

新出蔣老五寶卷二卷　民國十二年(1923)上海文益書局石印本　一册　存一卷(上)

330000－4706－0005178　普 4499　子部/藝術類/書畫之屬/法帖

舊拓龍門二十品二卷　民國五年(1916)上海有正書局石印本　二册

330000－4706－0005180　普 4326　集部/曲類/寶卷之屬

善宗寶卷一卷　民國上海宏大善書局石印本　一册

330000－4706－0005182　普 4500　子部/藝術類/書畫之屬/法帖

敬中閣碑聯集字不分卷　陳叔子輯　民國十五年(1926)盛華印務局石印本　一册

330000－4706－0005183　普 4511　子部/藝術類/書畫之屬/法帖

顔真卿書爭座位帖一卷　民國影印本　一册

330000－4706－0005184　普 4430　類叢部/叢書類/彙編之屬

古學彙刊第一集三十四種第二集二十七種　鄧實等編　民國元年至三年(1912－1914)上海國粹學報社鉛印本　二十九册　存五十六種

330000－4706－0005185　普 4512　子部/藝術類/書畫之屬/法帖

宋搨黄庭經一卷　民國十三年(1924)文明書局、中華書局影印本　一册

330000－4706－0005186　普 4513　子部/藝術類/書畫之屬/法帖

莫友芝篆書三種一卷　(清)莫友芝書　民國二十三年(1934)上海文明書局石印本　一册

330000－4706－0005190　普 4431　類叢部/叢書類/彙編之屬

古學彙刊第一集三十四種第二集二十七種　鄧實等編　民國元年至三年(1912－1914)上海國粹學報社鉛印本　二册　存第二集二十七種

330000－4706－0005191　普 4362　子部/小説家類/異聞之屬

閱微草堂筆記二十四卷　(清)紀昀撰　民國上海圖書集成局鑄鉛印本　四册

330000－4706－0005192　普 4363　子部/小説家類/異聞之屬

閱微草堂筆記二十四卷　(清)紀昀撰　民國石印本　一册　存十卷(十五至二十四)

330000－4706－0005204　普 4517　子部/藝術類/書畫之屬/法帖

原拓塼塔銘不分卷　(唐)上官靈芝撰　(唐)敬客書　民國上海有正書局影印本　一册

330000－4706－0005211　普 4522　集部/别集類

誦芬堂文稿五編三卷補遺一卷　錢文選撰　民國三十一年(1942)鉛印本　一册

330000－4706－0005213　普 4523　集部/總集類/尺牘之屬

唐宋十大家尺牘十四卷　文明書局輯　民國上海文明書局石印本　二册　存一種

330000－4706－0005215　普 4343　史部/地理類/方志之屬
鄉土初編二卷　民國影印本　一冊　存一卷(下)

330000－4706－0005216　普 4355　史部/地理類/方志之屬
鄉土初編二卷　民國影印本　一冊　存一卷(下)

330000－4706－0005219　普 4356　史部/地理類/方志之屬
鄉土初編二卷　民國影印本　一冊　存一卷(下)

330000－4706－0005220　普 4357　史部/地理類/方志之屬
鄉土初編二卷　民國影印本　一冊　存一卷(下)

330000－4706－0005221　普 4443　類叢部/叢書類/自著之屬
曾文正公全集十六種　(清)曾國藩撰　民國石印本　八冊　存四種

330000－4706－0005223　普 4519　集部/曲類/寶卷之屬
蔣老五寶卷二卷　吳門董氏編譯　民國十二年(1923)上海文益書局石印本　一冊　存一卷(下)

330000－4706－0005231　普 4449　集部/別集類/清別集
曾文正公家書十卷　(清)曾國藩撰　民國鉛印本　一冊　存二卷(七至八)

330000－4706－0005233　普 4450　集部/總集類/選集之屬/斷代
正始社叢刻第一集三種三卷　正始社輯　民國鉛印本　一冊

330000－4706－0005237　普 4528　子部/藝術類/書畫之屬/法帖
宋拓顏平原東方畫贊不分卷　(唐)顏真卿書　民國石印本　一冊

330000－4706－0005238　普 4529　子部/藝術類/書畫之屬/法帖
清歗閣藏帖一卷　民國影印本　一冊

330000－4706－0005239　普 4530　史部/金石類/石之屬/文字
原拓魏鄭道忠墓誌一卷　民國有正書局影印本　一冊

330000－4706－0005246　普 4533　集部/小說類/長篇之屬
繪圖封神傳十二卷一百回　(明)許仲琳撰　(明)鍾惺評　民國石印本　一冊　存一卷(七)

330000－4706－0005247　普 4543　子部/藝術類/書畫之屬/法帖
宋拓淳化閣帖賈相刻本十卷　(宋)王著輯　民國影印本　八冊　缺二卷(四、七)

330000－4706－0005250　普 4535　子部/藝術類/書畫之屬/法帖
趙孟頫三門記不分卷　(元)趙孟頫書　民國影印本　一冊

330000－4706－0005252　普 1460　子部/小說家類
顧氏文房小說四十種五十八卷　(明)顧元慶輯　民國十四年(1925)上海商務印書館據明刻本影印本　一冊　存五種

330000－4706－0005256　普 4537　子部/藝術類/書畫之屬/書法書品
漢碑範八卷　張祖翼選臨　民國上海文明書局石印本　一冊　存四卷(一至四)

330000－4706－0005270　普 4506　類叢部/叢書類/彙編之屬
四部精華一百二十五種　陸翔選輯　民國上海世界書局石印本　二冊　存十七種

330000－4706－0005271　普 4539　集部/別集類/清別集
松桂堂全集三十七卷南淮集三卷延露詞三卷　(清)彭孫遹撰　民國掃葉山房石印本　一冊　存四卷(六至九)

330000－4706－0005284　普 4383　集部/總集類/選集之屬/通代
評註昭明文選十五卷首一卷末一卷　(清)于光華輯　民國石印本　一冊　存一卷(十二)

330000－4706－0005290　普 4394　子部/藝術類/書畫之屬/法帖
絳帖十二卷　(宋)潘師旦編　民國影印本　一冊　存一卷(一)

330000－4706－0005291　普 4388　史部/地理類/專志之屬/書院
修建天一閣捐冊不分卷　鄞縣文獻委員會編　民國二十二年(1933)鉛印本　一冊

330000－4706－0005292　普 4390　集部/詩文評類/文法之屬/函牘格式
普通書信範本不分卷　宋樹基編輯　夏日琖校補　民國石印本　一冊

330000－4706－0005293　普 4400　子部/醫家類
黄溪醫壘第二輯不分卷　陳元咎撰　民國石印本　一冊

330000－4706－0005294　普 4509　集部/小說類/長篇之屬
評註圖像水滸傳三十五卷七十回首一卷　(元)施耐庵撰　(清)金人瑞評　民國石印本　四冊　存九卷(首、一至八)

330000－4706－0005295　普 4510　集部/小說類/短篇之屬
詳註聊齋志異圖詠十六卷　(清)蒲松齡撰　(清)吕湛恩注　民國石印本　一冊　存二卷(九至十)

330000－4706－0005297　普 4399　集部/小說類/短篇之屬
詳註聊齋志異圖詠十六卷　(清)蒲松齡撰　(清)吕湛恩注　民國石印本　一冊　存二卷(十一至十二)

330000－4706－0005301　普 3371　子部/儒家類/儒學之屬/俗訓
格言聯璧不分卷　(清)金纓輯　民國十年(1921)刻本　一冊

330000－4706－0005305　普 1377　子部/藝術類/書畫之屬/法帖
唐拓柳書金剛經一卷　(唐)柳公權書　民國七年(1918)上海有正書局石印本　四冊

330000－4706－0005308　普 2468　集部/總集類/選集之屬/通代
評註昭明文選十五卷首一卷末一卷　(清)于光華輯　民國上海掃葉山房石印本　一冊　存一卷(首)

330000－4706－0005310　普 2467　集部/別集類/清別集
靈芬館詩初集四卷二集十卷三集四卷　(清)郭麐撰　民國石印本　一冊　存二卷(初集三至四)

330000－4706－0005313　普 4540　子部/醫家類/綜合之屬/通論
御纂醫宗金鑑九十卷首一卷　(清)吴謙等撰　民國石印本　二冊　存四十卷(三十五至七十四)

330000－4706－0005318　普 4382　子部/藝術類/書畫之屬/法帖
趙松雪海賦墨迹楷書習字帖一卷　(元)趙孟頫書　民國影印本　一冊

330000－4706－0005321　普 4397　史部/傳記類/別傳之屬/事狀
凌磬生府君[泗]行述一卷　民國石印本　一冊

330000－4706－0005324　普 3890　史部/目録類/總録之屬
影印津逮祕書樣本不分卷岱南閣叢書樣本不分卷拜經樓叢書樣本不分卷守山閣叢書樣本不分卷宋本百川學海樣本不分卷　博古齋輯　民國上海博古齋影印本　一冊

張元濟圖書館
民國時期傳統裝幀書籍普查登記目録

浙江省民國時期傳統裝幀書籍普查登記目録·嘉興

國家圖書館出版社
National Library of China Publishing House

《張元濟圖書館民國時期傳統裝幀書籍普查登記目録》

編委會

主　編：楊　劍

副主編：宋　兵

編纂人員：王美萍　沈曉琴

《張元濟圖書館民國時期傳統裝幀書籍普查登記目録》

前　言

張元濟圖書館民國時期傳統裝幀書籍有32部218册。這些書籍主要來自於捐贈，如王淦文和張元濟兒子張樹年先生所贈古籍。除此之外，商務印書館舊版圖書中也存在部分民國時期傳統裝幀古籍。這些書籍破損情况相對較輕，主要的破損類型爲蟲蛀、綫斷、破皮及老化。從版本類型來看，主要爲影印本、鉛印本、刻本，另外還有活字印本、稿本、抄本和排印本，其中抄本爲張元濟先生的奏摺。就海鹽這一地域文化特色來説，作爲張元濟先生的故鄉，有民國張氏涉園抄本《總理各國事務衙門章京張元濟摺》一卷、《張元濟戊戌變法摺稿》一卷，保存了張元濟先生手稿，豐富了張元濟先生的研究史料；另有民國二十三年(1934)刻本《張氏族譜》十卷首一卷末一卷，揭示了張氏家族起源、演變、遷徙、繁衍的歷史，以及地方特色的風俗禮儀、家族文化等，具有較高的史料價值。

作爲本館的特色館藏——商務印書館版本圖書，存在部分民國時期影印古籍，其中有民國商務印書館影印本《四部叢刊》《四部叢刊續編》《四部叢刊三編》，此外還有民國二十三年(1934)上海商務印書館鉛印本《四部叢刊續編預約樣本》一卷、民國二十四年(1935)商務印書館鉛印本《四部叢刊三編預約樣本》一卷等古籍，這些爲研究我國近現代出版事業的發展提供了重要的史料價值。

張元濟圖書館
2018年5月

330000－4707－0000002　G1/109：1－2　子部/雜著類/雜説之屬

安樂康平室隨筆六卷　(清)朱彭壽撰　民國鉛印本　二册

330000－4707－0000006　G1/110：1－2　集部/别集類/清别集

清邃堂遺詩六卷　(清)顔宗儀撰　民國三十二年(1943)上海涵芬樓據海鹽顔氏大海明月樓寫本影印本　二册

330000－4707－0000007　G1/111－1　子部/宗教類/佛教之屬

徑中徑又徑徵義三卷　(清)張師誠輯　(清)徐槐廷注　民國十年(1921)海鹽徐氏刻本　一册

330000－4707－0000009　K207/1/1：2－4　史部/雜史類/斷代之屬

戰國策補註三十三卷　吳曾祺撰　民國二十七年(1938)上海商務印書館鉛印本　三册　存二十六卷(八至三十三)

330000－4707－0000010　I214/1/1：1－4　類叢部/叢書類/彙編之屬

四部備要　中華書局編　民國二十五年(1936)上海中華書局鉛印本　四册　存一種

330000－4707－0000012　G1/99－1　子部/藝術類

美術叢書初集二集三集四集二百七十九種　鄧實輯　黄賓虹續輯　民國二十五年(1936)上海神州國光社鉛印本　一册　存一種

330000－4707－0000013　K82/1－7　史部/目録類/書志之屬/題跋

涉園序跋集録不分卷　張元濟撰　民國鉛印本　一册

330000－4707－0000014　I226/30－1　集部/别集類

楊楚孫先生詩集三卷　楊壽枘撰　孫伯亮編訂　民國三十六年(1947)鉛印本　一册

330000－4707－0000015　I222.2/2：1－2、I222.2/2/3：1－4　經部/詩類/傳説之屬

詩經集傳八卷　(宋)朱熹撰　民國三年(1914)溧陽華聚玉刻本　六册

330000－4707－0000018　K82/2：232　史部/詔令奏議類/奏議之屬

總理各國事務衙門章京張元濟摺一卷　張元濟撰　民國涉園張氏抄本　一册

330000－4707－0000019　Z842.6/3：1　史部/目録類/總録之屬/官修

海鹽張氏涉園藏書目録四卷　張元濟藏　潘景鄭編纂　民國三十五年(1946)上海合衆圖書館鉛印本　一册

330000－4707－0000024　K29/31：1－2　史部/地理類/方志之屬/郡縣志

[乾隆]烏青鎮志十二卷　(清)董世寧纂　民國七年(1918)鉛印本　二册

330000－4707－0000025　Z842.6/2－1　史部/目録類/專録之屬

書畫目録不分卷　李祖年藏　稿本　一册

330000－4707－0000026　G259.275.52　史部/地理類/專志之屬/書院

修建天一閣捐册不分卷　鄞縣文獻委員會編　民國二十二年(1933)鉛印本　一册

330000－4707－0000027　Z842.6/1：1－2　史部/目録類/總録之屬/私撰

有懷堂書目不分卷　稿本　二册

330000－4707－0000028　B222.1/5：1、B222.1/5/2：1－2、B222.1/5/3：1－2、B222.1/5/4：1－3　經部/四書類/總義之屬/傳説

四書恆解十四卷　(清)劉沅輯注　民國九年(1920)北京道德學社鉛印本　劉元熾題記　八册

330000－4707－0000030　K29/44：1－40　類叢部/叢書類/彙編之屬

景印元明善本叢書十種　商務印書館編　民國二十六年至二十九年(1937－1940)上海商務印書館影印本　四十册　存一種

330000－4707－0000031　K204.1/2/1：1－24

史部/紀傳類/正史之屬

百衲本二十四史　張元濟輯　民國二十三年(1934)上海商務印書館據宋本影印本　二十四册　存一種

330000－4707－0000032　Z121.6/4:1－4、Z121.6/4/3:1－12、Z121.6/4/7:1－8、I211/20:1－21　類叢部/叢書類/彙編之屬

四部叢刊　張元濟等編　民國上海商務印書館影印本　五十四册　存四種

330000－4707－0000033　Z121.6/4/5:1－4、Z121.6/4/6:1－4、Z121.6/4/2:1－10、Z121.6/4/4:1－2、Z121.6/4/8:1－2　類叢部/叢書類/彙編之屬

四部叢刊續編　張元濟等編　民國二十三年(1934)上海商務印書館影印本　二十二册　存五種

330000－4707－0000034　K225.04/2:1－6　經部/春秋左傳類/文字音義之屬

春秋左傳音義白話注解六卷　費恕皆編　民國十年(1921)上海羣學書社鉛印本　六册

330000－4707－0000035　Z121.6/4/9:1－2　類叢部/叢書類/彙編之屬

四部叢刊三編　張元濟等編　民國二十四年至二十五年(1935－1936)上海商務印書館影印本　二册　存一種

330000－4707－0000036　K825.4/62－1　史部/詔令奏議類/奏議之屬

張元濟戊戌變法摺稿一卷　張元濟撰　民國涉園張氏抄本　一册

330000－4707－0000037　B223.5/2:1－5　類叢部/叢書類/彙編之屬

續古逸叢書四十七種　張元濟等編　民國十一年(1922)至一九五七年上海商務印書館影印本　五册　存一種

330000－4707－0000041　I216.2/9:1－6　集部/總集類/彙編之屬

戊戌六君子遺集九種　張元濟輯　民國二十六年(1937)上海商務印書館鉛印本　六册

330000－4707－0000042　K820.90/1:1－6　史部/傳記類/總傳之屬/家乘

[浙江海鹽]張氏族譜十卷首一卷末一卷　張元勛等修　民國二十三年(1934)刻本　張樹年題記　六册

330000－4707－0000043　I222.844/3:1－10　集部/詞類/詞話之屬

詞林紀事二十二卷　(清)張宗橚撰　**樂府指迷一卷**　(宋)張炎撰　**詞旨一卷**　(宋)陸韶撰　**詞韻考畧一卷**　(清)許昂霄撰　民國十五年(1926)海鹽張氏據清道光十五年(1835)刻本影印本　十册

330000－4707－0000044　K825.4/64－1　集部/總集類/尺牘之屬

晴梅館存牋一卷　孫伯亮編　民國影印本　一册

330000－4707－0000045　G232/3－1　史部/目録類/總録之屬/彙刻

四部叢刊三編預約樣本一卷　商務印書館編　民國二十四年(1935)商務印書館鉛印本　一册

330000－4707－0000046　G232/4－1　史部/紀傳類/正史之屬

百衲本二十四史預約樣本一卷　上海商務印書館編　民國十九年(1930)上海商務印書館鉛印本暨影印本　一册

330000－4707－0000047　G256.4/4－1　史部/紀傳類/正史之屬

百衲本二十四史跋文樣張一卷　上海商務印書館編　民國二十四年(1935)上海商務印書館影印本　一册

330000－4707－0000048　G232/5－1　史部/目録類/總録之屬/彙刻

四部叢刊續編預約樣本一卷　商務印書館輯　民國二十三年(1934)商務印書館鉛印本　一册

海鹽縣博物館民國時期傳統裝幀書籍普查登記目録

浙江省民國時期傳統裝幀書籍普查登記目録·嘉興

國家圖書館出版社
National Library of China Publishing House

《海鹽縣博物館民國時期傳統裝幀書籍普查登記目録》

編委會

主　編： 王依依

副主編： 何東風　姚莉英

編纂人員： 孔秋敏　江龍昌　印一如　許淋潔

《海鹽縣博物館民國時期傳統裝幀書籍普查登記目録》

前　言

海鹽歷史悠久、文化發達，歷代不乏愛書、藏書之人，更有張氏涉園、西澗草堂等藏書樓。深厚的文化底藴、優良的崇學習俗爲海鹽奠定了良好的藏書基礎。經過歷史淘洗而遺留下來的珍貴的古籍，也成爲海鹽文化之邦的見證。

海鹽縣的古籍藏書主要集中在海鹽縣博物館，其他藏書單位如張元濟圖書館和黄源藏書樓也有少量古籍。近年來，縣博物館也接受了少量的圖書捐贈，其中部分是民國時期書籍。20世紀70年代，我館曾對館藏進行過一次整理，并對部分古籍進行編目。

隨着全國古籍保護工作的全面實施，我館對古籍普查的重要性有了進一步的認識，并按照普查要求開始着手理清館内藏書。我館於2009年底至2010年初，正式啓動海鹽縣博物館古籍普查工作。期間因館舍搬遷停止普查工作一年。到2014年年底，我館基本完成了館内所有古籍的整理及全國古籍普查登記平臺著録工作。之後主要是進行後期審查和收尾工作。到目前爲止，海鹽縣博物館已經完成古籍普查工作。

本次館藏古籍普查共計952部4400册，其中明代古籍10部38册，清代古籍578部3276册，民國時期傳統裝幀書籍338部1021册。還有日本版本16部42册，等等。本目録收録民國時期傳統裝幀書籍338部。

從分類看，收録的民國時期傳統裝幀書籍主要有經部、史部、子部、集部、類從部和新學類，分别爲14部60册、57部198册、151部383册、88部186册、23部189册和5部5册。經部中大部分爲小學類、春秋左傳類和四書類等，史部中大部分是傳記類，也有部分地理類、金石類和政書類等，子部中大部分爲藝術類，少部分爲醫家類、儒家類和雜著類等，集部中占大部分的是别集類、總集類和詩文評類，新學有地、氣、算學類；類叢部皆爲叢書類，其中叢書類爲彙編之屬、郡邑之屬、自著之屬、專類之屬四類。

經過普查，我館民國時期傳統裝幀書籍大部分爲影印本、石印本、鉛印本，小部分爲抄本、稿本。這部分抄本、稿本中不乏有與海鹽當地地方相關的内容，比如民國時期的《朱瑞著述稿》等書籍，對研究民國時期海鹽文人當時的境遇、思想活動等有一定的參考價值。

館藏的史部地方志中的《澉水志彙編》是研究海鹽當地的歷史、人文的重要史料。《海鹽張氏涉園叢刻》是關於清末民國時期的地方特色古籍之一，而《四部叢刊》《四部叢刊續編》《四部叢刊三編》是由近現代出版大師張元濟先生主持編撰的，對於研究張元濟先生在近代出版事業方面所做貢獻有一定的史料研究價值。

此次古籍普查,徹底摸清了海鹽縣博物館的古籍家底。爲更好地挖掘館藏古籍的價值、發揮古籍應有的作用,我館在普查的基礎上,進一步加强保護、管理和利用工作。一是將古籍納入文物管理範疇,全部放置到文物庫房進行保管;二是整理出與海鹽相關的書籍,并編寫書籍的内容概要;三是出版一部與海鹽地方相關的古籍排印本《海鹽館藏手稿》;四是制訂計劃對破損的古籍進行修復,對價值較高的古籍繼續進行研究和出版。

古籍普查持續時間長、工作量大,編目校對工作專業性强、内容繁瑣,對工作人員的業務要求較高。因此,這次普查工作對博物館工作人員來説是一次全新的挑戰,普查人員克服不利因素,邊學習邊普查邊編目,按時完成本館的普查工作,實屬不易。值此書目出版之際,感謝全體參與普查編目的人員。同時,也要感謝浙江省古籍保護中心的老師們、嘉興市圖書館沈秋燕老師、平湖市圖書館沈衆英老師對我館編目人員工作的大力扶持。

鑒於此次古籍普查時間緊、任務重、編目人員水平不一等情况,可能會在數據内容録入、版本斷代等方面存在不足與錯漏,敬請方家指正。

海鹽縣博物館
2018 年 5 月

330000－1785－0000002　0002　類叢部/叢書類/彙編之屬

翠琅玕館叢書七十四種　黃任恒重輯　民國五年(1916)重編本　二冊　存一種

330000－1785－0000004　0004　史部/金石類/金之屬/文字

散氏盤釋文一卷　李俶撰　民國十年(1921)上海震亞圖書局石印本　一冊

330000－1785－0000005　0005　子部/藝術類/書畫之屬/法帖

歐陽詢醴泉銘一卷　(唐)歐陽詢書　民國石印本　一冊

330000－1785－0000006　0006　子部/藝術類/書畫之屬/法帖

白雪齋帖一卷　(元)趙孟頫書　民國石印本　一冊

330000－1785－0000016　0016　子部/藝術類/遊藝之屬/詩鐘

寒山社詩鐘選甲集五卷　寒山詩社編輯　民國三年(1914)鉛印本　二冊

330000－1785－0000019　0019　集部/別集類

適廬詩存一卷附三國宮詞一卷　陳翰撰　民國十九年(1930)鉛印本　一冊

330000－1785－0000020　0020　集部/別集類

勤業廬吟稿六卷　吳昌年撰　民國十四年(1925)鉛印本　二冊

330000－1785－0000024　0024　集部/詩文評類/詩評之屬

詩法入門四卷　(清)游藝輯　民國石印本　一冊　存二卷(三至四)

330000－1785－0000035　0035　集部/詩文評類

文學津梁十二種　周鍾游編　民國五年(1916)上海有正書局石印本　二冊　存一種

330000－1785－0000036　0036　集部/總集類/選集之屬/通代

評註唐宋八家古文三十卷　(唐)韓愈等撰　(清)沈德潛評點　(清)雷瑨註釋　民國十二年(1923)上海掃葉山房石印本　十二冊

330000－1785－0000038　0038　集部/別集類

寂齋文存一卷　查猛濟撰　民國十九年(1930)鉛印本　一冊

330000－1785－0000039　0039　集部/別集類

甬山堂詩集六卷　周世棠撰　民國十九年(1930)鉛印本　一冊

330000－1785－0000043　0043　集部/別集類/清別集

鴻雪樓詩選初集四卷外集一卷名媛詩話八卷　(清)沈善寶撰　民國十三年(1924)沈敏元鉛印本　一冊　存二卷(初集一至二)

330000－1785－0000047　0047　類叢部/叢書類/家集之屬

上海秦氏叢書□□種　秦之濟撰　民國三十年(1941)上海國光印書局鉛印本　一冊　存一種

330000－1785－0000048　0048　集部/別集類

道園詩稿三卷　許葆翰撰　民國鉛印本　一冊

330000－1785－0000054　0054　集部/別集類/清別集

檢齋詩集三卷　(清)陳經禮撰　民國十九年(1930)鉛印本　一冊

330000－1785－0000058　0058　經部/春秋左傳類/傳說之屬

春秋左傳五十卷　(晉)杜預　(宋)林堯叟註釋　(唐)陸德明音義　民國二十二年(1933)上海商務印書館鉛印本　五冊　存二十一卷(九至十七、二十六至三十三、四十七至五十)

330000－1785－0000059　0059　史部/紀傳類/正史之屬

言文對照漢書評註讀本二卷　秦同培選輯　民國十四年(1925)上海世界書局石印本　二冊

330000－1785－0000065　0065　子部/儒家類/儒學之屬/蒙學
大三字經一卷　(唐)趙德撰　民國影印本　一冊

330000－1785－0000075　0075　集部/別集類
靈璞閣詩二卷附孫言草一卷　張惠衣撰　民國三十三年(1944)鉛印本　一冊

330000－1785－0000080　0080　集部/別集類/清別集
師二宗齋遺集二卷　(清)關棠撰　陳三立輯　民國四年(1915)木活字印本　一冊

330000－1785－0000081　0081　類叢部/叢書類/彙編之屬
四部叢刊續編　張元濟等編　民國二十三年(1934)上海商務印書館影印本　五冊　存三種

330000－1785－0000082　0082　集部/別集類/清別集
小倉山房文集三十五卷　(清)袁枚撰　民國石印本　一冊　存十五卷(九至二十三)

330000－1785－0000088　0088　子部/宗教類/佛教之屬/諸宗
國清百錄四卷　(隋)釋灌頂撰　民國十八年(1929)刻本　一冊

330000－1785－0000090　0090　子部/宗教類/佛教之屬/經疏
佛說仁王護國般若波羅密經疏二卷　(後秦)釋鳩摩羅什譯　(隋)釋智顗說　(隋)釋灌頂記　民國刻本　一冊

330000－1785－0000092　0092　類叢部/叢書類/彙編之屬
四部備要　中華書局編　民國二十五年(1936)上海中華書局鉛印本　三十一冊　存七種

330000－1785－0000093　0093　類叢部/叢書類/彙編之屬
四部叢刊　張元濟等編　民國上海商務印書館影印本　三十八冊　存四種

330000－1785－0000094　0094　集部/總集類/選集之屬/通代
增批古文觀止十二卷　(清)吳乘權　(清)吳大職輯　民國七年(1918)上海天寶書局石印本　一冊

330000－1785－0000096　0096　集部/總集類/選集之屬/通代
言文對照古文觀止十二卷　(清)吳乘權　(清)吳大職輯　民國上海錦章圖書局石印本　四冊　存四卷(七至九、十一)

330000－1785－0000097　0097　集部/總集類/選集之屬/通代
言文一貫古文觀止十二卷　文明書局編輯　民國十年(1921)上海文明書局石印本　六冊　存六卷(一、八至十二)

330000－1785－0000098　0098　集部/總集類/選集之屬/通代
古文觀止十二卷　(清)吳乘權　(清)吳大職輯　民國五年(1916)上海鴻寶書局石印本　四冊　存八卷(一至四、九至十二)

330000－1785－0000099　0099　集部/總集類/選集之屬/通代
古文觀止十二卷　(清)吳乘權　(清)吳大職輯　民國商務印書館鉛印本　六冊

330000－1785－0000100　0100　集部/總集類/選集之屬/通代
言文一貫古文觀止十二卷　文明書局編輯　民國十年(1921)上海文明書局石印本　十冊

330000－1785－0000102　0102　集部/總集類/選集之屬/通代
古文觀止十二卷　(清)吳乘權　(清)吳大職輯　民國十三年(1924)上海昌文書局石印本　一冊　存二卷(一至二)

330000－1785－0000109　0109　集部/總集

類/選集之屬/通代

七家試帖詩錄一卷 倏來主人輯 民國抄本 一册

330000－1785－0000110 0110 子部/藝術類/書畫之屬/題詠

畫髓室題畫詩詞選二卷 沈議編 民國上海中華書局鉛印本 一册 存一卷(一)

330000－1785－0000116 0116 集部/別集類

靈峯先生集十一卷 夏震武撰 民國五年(1916)劉子民、何紹韓鉛印本 一册 存四卷(一至四)

330000－1785－0000131 0131 集部/別集類

刪亭文集二卷續集二卷 周同愈撰 民國二十四年(1935)無錫周氏鉛印本 一册

330000－1785－0000132 0132 集部/別集類

龐檗子遺集二卷 龐樹柏撰 民國六年(1917)王蘊章等鉛印本 一册

330000－1785－0000133 0133 集部/別集類

和聲同慶集一卷 民國五年(1916)石印本 一册

330000－1785－0000138 0138 集部/戲劇類/雜劇之屬

煖香樓雜劇一卷 吳梅撰 民國藝林齋刻本 一册

330000－1785－0000141 0141 集部/別集類/清別集

陳檢討四六二十卷 (清)陳維崧撰 (清)程師恭注 民國上海文瑞樓石印本 八册

330000－1785－0000144 0144 集部/別集類/唐五代別集

白香山詩長慶集二十卷後集十七卷別集一卷補遺二卷 (唐)白居易撰 (清)汪立名編訂 民國四年(1915)上海會文堂書局石印本 六册 存十七卷(長慶集三至七、後集一至八、十七,別集、補遺一至二)

330000－1785－0000148 0148 史部/目録類/專録之屬

參加倫敦中國藝術國際展覽會出品目録 倫敦中國藝術國際展覽會籌備委員會編 民國二十四年(1935)鉛印本 一册

330000－1785－0000167 0167 類叢部/叢書類/彙編之屬

別下齋叢書二十七種 (清)蔣光煦編 民國據海昌蔣氏刻本影印本 五册 存八種

330000－1785－0000168 0168 類叢部/叢書類/彙編之屬

涉聞梓舊二十五種 (清)蔣光煦輯 民國影印清海昌蔣氏刻本 四册 存九種

330000－1785－0000170 0170 子部/藝術類/遊藝之屬/詩鐘

醉吟集詩鐘十一卷 民國十三年至十九年(1924－1930)鉛印本 一册 存一卷(一)

330000－1785－0000171 0171 集部/詩文評類/文法之屬/函牘格式

尺牘句解二集三卷 (清)海昌少溪氏選註 民國石印本 二册 存二卷(一至二)

330000－1785－0000173 0173 集部/詩文評類/詩評之屬

隨園詩話十六卷補遺十卷 (清)袁枚撰 民國四年(1915)商務印書館石印本 一册 存七卷(十至十六)

330000－1785－0000174 0174 集部/詩文評類/文法之屬

工商業尺牘偶存不分卷補遺一卷公司注册文件一卷 陳壽嵩稿 民國十七年(1928)家庭工業社鉛印本 四册

330000－1785－0000175 0175 集部/詩文評類/文法之屬/公文程式

國民政府公文程式全書十卷 掃葉山房編輯部輯 民國十七年(1928)上海掃葉山房石印本 三册 存四卷(刑法一至二,公文全書二、八)

330000－1785－0000176　0176　集部/詩文評類/文法之屬/公文程式

中華民國公文書程式分類詳解十五卷　杜洌泉輯　民國二年(1913)上海會文堂石印本　三冊　存八卷(八至十五)

330000－1785－0000177　0177　史部/政書類/律令之屬/刑制

中華民國暫行新刑律二卷　民國石印本　一冊　存一卷(一)

330000－1785－0000182　0182　子部/藝術類/篆刻之屬

篆學瑣著(篆學叢書)三十一種　(清)顧湘輯　民國上海文瑞樓石印本　三冊　存十六種

330000－1785－0000185　0185　集部/總集類/題詠之屬

西湖紀游詩一卷　馮煦等撰　陳曾壽輯　民國石印本　一冊

330000－1785－0000189　0189　集部/別集類

瑑園詩錄四卷詞錄一卷　劉富槐撰　劉方煒編　民國十五年(1926)刻本　一冊　存二卷(一至二)

330000－1785－0000206　0206　子部/藝術類/書畫之屬/法帖

詩話集錦一卷　潘齡皋書　民國石印本　一冊

330000－1785－0000209　0209　集部/別集類/唐五代別集

杜詩鏡銓二十卷　(唐)杜甫撰　(清)楊倫輯　民國三年(1914)著易堂書局石印本　一冊　存三卷(二至四)

330000－1785－0000218　0218　集部/楚辭類

評點王注楚辭十七卷　(清)俞樾輯評　民國六年(1917)上海中華圖書舘石印本　一冊　存五卷(十至十四)

330000－1785－0000231　0231　史部/地理類/水利之屬

泖河案牘一卷　民國元年(1912)鉛印本　一冊

330000－1785－0000237　0237　類叢部/叢書類/郡邑之屬

武原先哲遺著初編十種　談文灯輯　民國十年(1921)海鹽談氏鉛印本　一冊　存一種

330000－1785－0000238　0238　子部/醫家類/傷寒金匱之屬/傷寒論

傷寒論十卷　(漢)張仲景撰　(晉)王叔和輯　民國十二年(1923)惲鐵樵據明萬曆趙開美刻本影印本　六冊

330000－1785－0000240　0240　史部/地理類/水利之屬

皖北水利測量圖說一卷　宗嘉祿輯　民國四年(1915)鉛印本　一冊

330000－1785－0000244　0244　子部/醫家類/方書之屬/歷代方書

古方選注四卷　(清)王子接注　民國上海千頃堂書局鉛印本　四冊

330000－1785－0000249　0249　子部/藝術類/書畫之屬/法帖

清代名人手札甲集六卷附小傳　吳長瑛輯　民國十五年(1926)華南印書社影印本　一冊

330000－1785－0000254　0254　史部/金石類/總志之屬

清儀閣所藏古器物文十卷　(清)張廷濟輯　民國十四年(1925)上海商務印書館影印本　八冊

330000－1785－0000255　0255　集部/總集類/酬唱之屬

傷疊錄三卷　高燮輯　民國三年(1914)閑閑山莊鉛印本　一冊

330000－1785－0000258　0258　史部/傳記類/別傳之屬/事狀

三世稀古圖不分卷　民國石印本　一冊

330000－1785－0000261　0261　集部/別集類/清別集

榆蔭山房吟草四卷　(清)朱丙壽撰　民國十一年(1922)鉛印本　三冊

330000－1785－0000262　0262　集部/別集類/清別集
榆蔭山房吟草四卷　(清)朱丙壽撰　民國十一年(1922)鉛印本　三冊

330000－1785－0000263　0263　集部/別集類/清別集
榆蔭山房吟草四卷　(清)朱丙壽撰　民國十一年(1922)鉛印本　三冊

330000－1785－0000264　0264　集部/別集類/清別集
榆蔭山房吟草四卷　(清)朱丙壽撰　民國十一年(1922)鉛印本　二冊　存三卷(二至四)

330000－1785－0000266　0266　史部/目録類/總録之屬/官修
海鹽張氏涉園藏書目錄四卷　張元濟藏　潘景鄭編　民國三十五年(1946)上海合眾圖書館鉛印本　一冊

330000－1785－0000275　0275　類叢部/叢書類/郡邑之屬
武原先哲遺著初編十種　談文灴輯　民國十年(1921)海鹽談氏鉛印本　一冊　存一種

330000－1785－0000276　0276　類叢部/叢書類/郡邑之屬
武原先哲遺著初編十種　談文灴輯　民國十年(1921)海鹽談氏鉛印本　一冊　存一種

330000－1785－0000277　0277　類叢部/叢書類/郡邑之屬
武原先哲遺著初編十種　談文灴輯　民國十年(1921)海鹽談氏鉛印本　一冊　存一種

330000－1785－0000278　0278　類叢部/叢書類/郡邑之屬
武原先哲遺著初編十種　談文灴輯　民國十年(1921)海鹽談氏鉛印本　一冊　存一種

330000－1785－0000282　0282　類叢部/叢書類/郡邑之屬
武原先哲遺著初編十種　談文灴輯　民國十年(1921)海鹽談氏鉛印本　二冊

330000－1785－0000283　0283　類叢部/叢書類/郡邑之屬
武原先哲遺著初編十種　談文灴輯　民國十年(1921)海鹽談氏鉛印本　一冊　存六種

330000－1785－0000288　0288　集部/總集類
思玄集一卷　姚光輯　民國十一年(1922)鉛印本　一冊

330000－1785－0000294　0294　集部/別集類
壺隱詩鈔二卷詞鈔一卷　崔宗武撰　民國八年(1919)上海聚珍倣宋印書局鉛印本　一冊　存二卷(一至二)

330000－1785－0000295　0295　集部/別集類/清別集
寄廡樓詩一卷　(清)查濟忠撰　高燮　富壽鴻編　民國十五年(1926)鉛印本　一冊

330000－1785－0000296　0296　史部/傳記類/別傳之屬/事狀
馮渠庵先生哀輓録一卷　民國二十二年(1933)鉛印本　一冊

330000－1785－0000298　0298　子部/藝術類/書畫之屬/畫法畫品
小蓬萊閣畫鑑七卷獵古集一卷　(清)李修易撰　(清)李厥猷編　民國二十三年(1934)上海商務印書館鉛印本　一冊

330000－1785－0000299　0299　子部/藝術類/書畫之屬/畫法畫品
小蓬萊閣畫鑑七卷獵古集一卷　(清)李修易撰　(清)李厥猷編　民國二十三年(1934)上海商務印書館鉛印本　一冊

330000－1785－0000303　0303　類叢部/叢書類/彙編之屬
桂影軒叢刊五種　談文灴輯　民國十一年(1922)海鹽談氏鉛印本　一冊

330000－1785－0000304　0304　經部/春秋左傳類/專著之屬

春暉樓讀左日記一卷春暉樓春秋列國戰守形勢一卷　(清)張鼎撰　民國二十五年(1936)鉛印本　一冊

330000－1785－0000314　0314　史部/金石類/金之屬/文字

散盤釋文一卷　徐植甫撰　民國二十一年(1932)石印本　一冊

330000－1785－0000325　0325　集部/別集類/清別集

夢鹿庵文稿一卷　(清)朱丙壽撰　民國九年(1920)鉛印本　一冊

330000－1785－0000326　0326　集部/別集類/清別集

夢鹿庵文稿一卷　(清)朱丙壽撰　民國九年(1920)鉛印本　一冊

330000－1785－0000327　0327　集部/別集類/清別集

夢鹿庵文稿一卷　(清)朱丙壽撰　民國九年(1920)鉛印本　一冊

330000－1785－0000328　0328　集部/別集類/清別集

夢鹿庵文稿一卷　(清)朱丙壽撰　民國九年(1920)鉛印本　一冊

330000－1785－0000329　0329　集部/別集類

夢石未定稿二卷　談文灯撰　民國二十五年(1936)鉛印本　一冊

330000－1785－0000336　0336　史部/傳記類/科舉録之屬/總録

海鹽士林錄六卷　(清)朱組莘編　朱廖元等續編　民國二十一年(1932)海鹽朱氏十三古印齋鉛印本　一冊　存二卷(五至六)

330000－1785－0000337　0337　集部/總集類/氏族之屬

聽雨軒文存三卷　(清)陳其旋等撰　民國十七年(1928)鉛印本　一冊

330000－1785－0000344　0344　集部/詩文評類/文法之屬/公文程式

契證券式一卷　任滄明輯　民國二十九年(1940)任滄明抄本　一冊

330000－1785－0000351　0351　集部/詞類/別集之屬

東江別集五卷外詩一卷　(清)沈謙撰　民國上海聚珍倣宋印書局鉛印本　一冊

330000－1785－0000355　0355　史部/傳記類/別傳之屬/事狀

呂廬老人[王同]行述一卷　王綺等述　**遺墨一卷**　民國八年(1919)鉛印本暨石印本　一冊

330000－1785－0000357　0357　類叢部/叢書類/郡邑之屬

武原先哲遺著初編十種　談文灯輯　民國十年(1921)海鹽談氏鉛印本　二冊

330000－1785－0000358　0358　集部/別集類

常萼樓詩草一卷　張駿撰　民國抄本　崔憶慈、九弟、張元杰、張仲良、張駿跋　一冊

330000－1785－0000370　0370　集部/別集類/清別集

梅村詩集箋注十八卷　(清)吳偉業撰　(清)吳翌鳳箋注　民國中華圖書館石印本　一冊　存一卷(一)

330000－1785－0000374　0374　集部/總集類/選集之屬/通代

國文講義不分卷　民國石印本　一冊

330000－1785－0000375　0375　史部/史抄類

廿二史紀畧一卷　民國抄本　一冊

330000－1785－0000376　0376　子部/藝術類/遊藝之屬/聯語

聯語隨錄一卷　燭窻漫吟廬主人撰　民國抄本　一冊

330000－1785－0000381　0381　集部/詞類/

詞譜之屬
詞譜一卷 民國抄本 一冊

330000－1785－0000383 0383 子部/藝術類/書畫之屬/畫録
宋石年畫選一卷 宋石年繪 民國石印本 一冊

330000－1785－0000384 0384 子部/藝術類/書畫之屬
依幻廬書畫集不分卷 依幻廬藏 民國二十一年(1932)影印本 一冊

330000－1785－0000388 0388 集部/别集類/清别集
海鹽張東谷先生遺墨一卷 (清)張宗柯撰 民國石印本 一冊

330000－1785－0000389 0389 集部/别集類/清别集
海鹽張東谷先生遺墨一卷 (清)張宗柯撰 民國石印本 一冊

330000－1785－0000390 0390 史部/傳記類/總傳之屬/技藝
清代畫史增編三十七卷補編一卷 盛鏞輯 民國上海有正書局鉛印本 六冊

330000－1785－0000391 0391 子部/術數類/命書相書之屬
新刊合併官板音義評註淵海子平五卷 (宋)徐升編 民國上海錦章圖書局鉛印本 一冊 存一卷(一)

330000－1785－0000392 0392 史部/地理類/水利之屬
橫橋堰水利記一卷泖河案牘一卷 (清)徐用福輯 民國元年(1912)鉛印本 一冊

330000－1785－0000394 0394 子部/藝術類/遊藝之屬/聯語
西湖楹聯二卷附一卷 (清)□□輯 民國鉛印本 一冊

330000－1785－0000403 0403 經部/小學類/文字之屬/字書/字典
康熙字典十二集三十六卷總目一卷檢字一卷辨似一卷等韻一卷備考一卷補遺一卷 (清)張玉書等纂修 民國二年(1913)上海鴻文恆記書局石印本 一冊 存九卷(子集上中下、丑集上中下,檢字,辨似,等韻)

330000－1785－0000404 0404 子部/藝術類/遊藝之屬/聯語
商卜文集聯一卷詩一卷 丁仁撰 民國十七年(1928)石印本 一冊

330000－1785－0000405 0405 史部/金石類/郡邑之屬
摘錄山左金石志一卷 (清)毕沅 (清)阮元撰 佚名錄 民國抄本 一冊

330000－1785－0000407 0407 史部/地理類/雜志之屬
揚州畫舫錄十八卷 (清)李斗撰 **秦淮畫舫錄二卷附畫舫餘談三十六春小譜一卷** (清)捧花生撰 民國古今書室石印本 十冊

330000－1785－0000408 0408 史部/傳記類/總傳之屬/技藝
歷代畫史彙傳二十四卷首一卷附錄一卷 (清)彭藴璨編 民國九年(1920)上海掃葉山房石印本 十一冊 缺二卷(十一至十二)

330000－1785－0000409 0409 子部/藝術類/篆刻之屬/印譜
瑞安林氏收藏補羅迦室刻印一卷 (清)趙之琛篆 民國鈐拓本 拙安題記 一冊

330000－1785－0000410 0410 子部/藝術類/篆刻之屬/印論
篆刻鍼度八卷 (清)陳克恕撰 民國上海朝記書莊石印本 二冊

330000－1785－0000411 0411 史部/傳記類/總傳之屬/技藝
國朝畫徵錄三卷明人附錄一卷續錄二卷 (清)張庚撰 民國神州國光社鉛印本 一冊

330000－1785－0000412 0412 史部/傳記類/總傳之屬/技藝
清朝畫徵錄三卷明人附錄一卷續錄二卷

(清)張庚撰　民國十五年(1926)上海掃葉山房石印本　二册

330000－1785－0000413　0413　史部/傳記類/總傳之屬/技藝

清朝畫徵錄三卷續錄二卷明人附錄一卷　(清)張庚撰　民國八年(1919)上海有正書局鉛印本　二册

330000－1785－0000414　0414　子部/藝術類/書畫之屬

中國名人畫史不分卷　錢化佛繪　民國十年(1921)儉德儲蓄會石印本　二册

330000－1785－0000415　0415　子部/藝術類/書畫之屬/畫譜

分類畫範自習畫譜大全三集二十四卷　馬駘繪　民國十七年(1928)上海世界書局石印本　二十四册

330000－1785－0000417　0417　子部/藝術類/書畫之屬/畫法畫品

畫筌一卷　(清)笪重光撰　(清)王翬　(清)惲格評　民國抄本　一册

330000－1785－0000420　0420　子部/藝術類/書畫之屬/畫譜

吴友如畫寶十三集　(清)吴友如繪　民國石印本　二册　存一集(一)

330000－1785－0000421　0421　子部/醫家類/醫案之屬

南雅堂醫案八卷　(清)陳念祖撰　民國九年(1920)上海羣學社石印本　八册

330000－1785－0000423　0423　子部/醫家類/本草之屬/本草藥性

本草再新十二卷　(清)葉桂天著　(清)陳念祖評　民國八年(1919)上海羣學書社石印本　一册

330000－1785－0000425　0425　子部/醫家類/類編之屬

謝利恒先生全書(謝氏全書)□□種　謝觀撰　民國二十四年(1935)澄齋醫社鉛印本　一册　存一種

330000－1785－0000428　0428　集部/小說類/長篇之屬

增評補像全圖金玉緣一百二十回　(清)曹霑　(清)高鶚撰　民國石印本　二册　存十三回(七十七至八十一、一百十三至一百二十)

330000－1785－0000433　0433　經部/小學類/文字之屬/字書/字典

康熙字典十二集三十六卷總目一卷檢字一卷辨似一卷等韻一卷備考一卷補遺一卷　(清)張玉書等纂修　民國二十二年(1933)上海錦章圖書局影印本　十二册

330000－1785－0000436　0436　子部/醫家類/醫經之屬/内經

羣經見智錄三卷　惲鐵樵撰　**古醫經論一卷**　韋格六撰　民國十一年(1922)武進惲氏鉛印本　二册

330000－1785－0000446　0446　史部/傳記類/别傳之屬/墓誌

平湖陳翀若先生墓誌銘一卷　金問洙撰　胡士瑩書　民國影印本　一册

330000－1785－0000447　0447　子部/藝術類/篆刻之屬/印譜

閱滄慶印存不分卷　(清)查海寰輯　民國鈐印本　四册

330000－1785－0000450　0450　史部/金石類/錢幣之屬/圖像

古泉拓存一卷　民國上海神州國光社影印本　二册

330000－1785－0000452　0452　子部/藝術類/篆刻之屬/印譜

伏廬選藏鉩印彙存不分卷　陳漢第藏並輯　民國二十九年(1940)上海西泠印社石印本　三册

330000－1785－0000453　0453　子部/藝術類/篆刻之屬/印譜

海鹽查海寰印存一卷　查海寰篆刻　民國鈐印本　一册

330000－1785－0000455　0455　子部/藝術

類/書畫之屬/畫譜

海上名人畫譜六卷 民國石印本 一册 存一卷(六)

330000－1785－0000457 0457 子部/藝術類/書畫之屬/總論

寒松閣談藝瑣録六卷 (清)張鳴珂撰 民國十七年(1928)上海文明書局鉛印本 一册

330000－1785－0000460 0460 子部/藝術類/書畫之屬/法帖

宋拓潭帖殘本一卷明拓索靖月儀帖一卷 蔣椉兦藏 民國二十五年(1936)中華書局影印本 一册

330000－1785－0000461 0461 子部/藝術類/書畫之屬/法帖

戴文節公行楷真蹟三種一卷 (清)戴熙書 民國三十六年(1947)上海中華書局影印本 一册

330000－1785－0000462 0462 子部/藝術類/書畫之屬/法帖

翁松禪墨蹟十集 (清)翁同龢書 民國二十二年至二十五年(1933－1936)商務印書館影印本 顔公辰題記 一册 存二集(三至四)

330000－1785－0000463 0463 子部/藝術類/書畫之屬/法帖

馮譽驥李孟龍墓誌銘一卷 民國二十八年(1939)文明書局影印本 一册

330000－1785－0000464 0464 子部/藝術類/書畫之屬/法帖

唐故圭峯定慧禪師傳法碑帖一卷 民國影印本 一册

330000－1785－0000465 0465 子部/藝術類/書畫之屬/法帖

吴皇象書急就章一卷 (三國吴)皇象書 民國影印本 一册

330000－1785－0000466 0466 子部/藝術類/書畫之屬/法帖

刁惠公墓誌銘一卷 民國有正書局影印本 一册

330000－1785－0000467 0467 子部/藝術類/書畫之屬/法帖

雙烈女傳一卷 (清)華世奎書 民國上海碧梧山莊影印本 一册

330000－1785－0000468 0468 子部/藝術類/書畫之屬/法帖

前後赤壁賦帖不分卷 (清)何紹基書 民國四年(1915)上海進步書局影印本 一册

330000－1785－0000469 0469 子部/藝術類/書畫之屬/法帖

漢禮器碑乙瑛碑合刻一卷 民國求古齋影印本 一册

330000－1785－0000470 0470 子部/藝術類/書畫之屬/法帖

舊拓宋米南宫篆真宗御製詩一卷 陳錫鈞藏 民國二十五年(1936)中華書局影印本 一册

330000－1785－0000471 0471 子部/藝術類/書畫之屬/法帖

初拓王右軍蘭亭序一卷 木石居士藏 民國二十年(1931)上海掃葉山房影印本 一册

330000－1785－0000472 0472 子部/藝術類/書畫之屬/法帖

舊拓宋司馬溫公神道碑二卷 蔣椉齋藏 民國二十五年(1936)中華書局影印本 二册

330000－1785－0000473 0473 子部/藝術類/書畫之屬/法帖

顔真卿爭座位帖一卷 (唐)顔真卿書 民國十八年(1929)上海文明書局石印本 顔公辰題記 一册

330000－1785－0000474 0474 子部/藝術類/書畫之屬/法帖

草書趙文敏真草千字文一卷 (元)趙孟頫書 周氏次韻 民國三十年(1941)上海文明書局石印本 清葉風吟題記 一册

330000－1785－0000475 0475 子部/藝術類/書畫之屬/法帖

顔真卿爭坐位帖一卷 (唐)顔真卿書 民國

十二年(1923)上海文明書局影印本　一冊

330000－1785－0000476　0476　子部/藝術類/書畫之屬/法帖

顔真卿行書習字範本一卷　(唐)顔真卿書　民國五年(1916)上海有正書局石印本　一冊

330000－1785－0000477　0477　子部/藝術類/書畫之屬/法帖

錢南園書施芳谷壽序一卷　(清)錢灃書　民國二十九年(1940)長沙商務印書館石印本　一冊

330000－1785－0000478　0478　子部/藝術類/書畫之屬/法帖

汪洵楷書習字範本治家格言一卷　(清)朱用純撰　(清)汪洵書寫　民國上海碧梧山莊石印本　一冊

330000－1785－0000479　0479　子部/藝術類/書畫之屬/法帖

邊壽民等人信札五卷　(清)邊壽民等撰　民國石印本　一冊　存一卷(五)

330000－1785－0000480　0480　子部/藝術類/書畫之屬/法帖

蘇文忠公行書帖不分卷　(宋)蘇軾書　民國八年(1919)上海有正書局石印本　一冊

330000－1785－0000481　0481　子部/藝術類/書畫之屬/法帖

精印初拓行楷法帖大觀□□種　木石居士藏　民國十七年(1928)上海掃葉山房石印本　一冊　存一種

330000－1785－0000485　0485　子部/藝術類/書畫之屬/畫法畫品

野蝶論畫二種　陳蘧撰　民國鉛印本　一冊

330000－1785－0000486　0486　史部/傳記類/總傳之屬/技藝

清朝書畫錄四卷　竇鎮輯　民國九年(1920)上海進化書局石印本　一冊　存二卷(一至二)

330000－1785－0000487　0487　史部/傳記類/總傳之屬/技藝

國朝畫識十七卷　(清)馮金伯纂輯　民國三十年(1941)上海中華書局鉛印本　四冊

330000－1785－0000489　0489　集部/小說類/長篇之屬

第一才子書十六卷一百二十回　(明)羅貫中撰　(清)金人瑞　(清)毛宗崗評　民國上海廣興書局鉛印本　二冊　存八卷(五至十二)

330000－1785－0000490　0490　子部/藝術類/書畫之屬/畫譜

董文恪公山水畫稿一卷　(清)董邦达繪　(清)孫文定公藏　民國刻本　一冊

330000－1785－0000491　0491　子部/藝術類/書畫之屬/畫譜

梅花喜神譜二卷　(宋)宋伯仁編　梅王閣藏　民國十七年(1928)上海中華書局影印本　二冊

330000－1785－0000492　0492　子部/藝術類/書畫之屬/畫譜

夢坡畫史一卷　周慶雲繪　民國二十三年(1934)影印本　一冊

330000－1785－0000493　0493　子部/藝術類/書畫之屬/畫譜

海上名人畫稿不分卷　民國上海同文書局石印本　二冊

330000－1785－0000494　0494　子部/藝術類/書畫之屬/法帖

泉唐朱研臣先生遺墨一卷　(清)朱大勳撰並書　(清)朱景彝編　**附朱氏先德錄一卷**　(清)朱景彝撰　民國六年(1917)上海商務印書館影印本暨鉛印本　一冊

330000－1785－0000496　0496　子部/藝術類/書畫之屬/法帖

舊拓鄭太尉祠碑一卷　民國二十三年(1934)中華書局石印本　一冊

330000－1785－0000497　0497　子部/藝術類/書畫之屬/畫譜

周臨芥子園畫傳五卷　(清)周備笙臨　民國

石印本　三冊　存三卷(一、三、五)

330000－1785－0000498　0498　子部/藝術類/書畫之屬/法帖

錢母蒯太淑人傳一卷　陸潤庠書　民國上海鴻文堂石印本　一冊

330000－1785－0000499　0499　子部/藝術類/書畫之屬/法帖

九成宫醴泉銘一卷　黄自元書　民國上海大觀書局影印本　一冊

330000－1785－0000500　0500　子部/藝術類/書畫之屬/法帖

陸潤庠西湖風景記一卷　陸潤庠書　民國上海育古山房石印本　一冊

330000－1785－0000501　0501　子部/藝術類/書畫之屬/法帖

星彔書詞一卷　童式規書　民國十三年(1924)石印本　一冊

330000－1785－0000502　0502　子部/藝術類/書畫之屬/法帖

柳公權玄秘塔不分卷　(唐)柳公權書　民國育古山房石印本　一冊

330000－1785－0000503　0503　子部/藝術類/書畫之屬/法帖

半隱廬草書千字文一卷　陳爾錫　陳哲榮書　民國二十五年(1936)上海中華書局石印本　一冊

330000－1785－0000504　0504　子部/藝術類/書畫之屬/法帖

楊忠愍公諫草稿一卷　(明)楊繼盛撰並書　民國石印本　一冊

330000－1785－0000506　0506　子部/藝術類/書畫之屬/法帖

何蝯叟行書墨蹟一卷　(清)何紹基書　民國十一年(1922)上海有正書局影印本　一冊

330000－1785－0000507　0507　子部/藝術類/書畫之屬/法帖

千字文一卷　(清)劉石菴書　民國十八年(1929)影印本　一冊

330000－1785－0000508　0508　子部/藝術類/書畫之屬/法帖

蔡公時烈士遺墨一卷　蔡公時撰　民國石印本　方志超題記　一冊

330000－1785－0000509　0509　子部/藝術類/書畫之屬/法帖

翁松禪墨蹟十集　(清)翁同龢書　民國上海商務印書館影印本　五冊　存五集(一至五)

330000－1785－0000512　0512　子部/藝術類/書畫之屬/畫譜

朱夢廬翎毛花卉畫譜二卷　(清)朱偁繪　民國上海朝記書莊石印本　二冊

330000－1785－0000513　0513　子部/藝術類/書畫之屬/畫譜

張龢庵百花詩畫譜二卷　(清)張龢庵畫　民國上海朝記書莊石印本　二冊

330000－1785－0000514　0514　子部/藝術類/書畫之屬/畫譜

存古齋叢畫全集八卷　存古齋主人輯　民國十四年(1925)上海集雲書屋石印本　一冊　存一卷(初集元)

330000－1785－0000515　0515　子部/藝術類/書畫之屬/畫譜

分類畫範自習畫譜大全三集二十四卷　馬駘繪　民國十七年(1928)上海世界書局石印本　三冊　存三卷(仙佛圖像畫譜一、美人百態畫譜一、海上名人畫譜一)

330000－1785－0000516　0516　子部/藝術類/書畫之屬/畫譜

汪臨畫稿一卷　(清)汪臨撰　民國石印本　一冊

330000－1785－0000517　0517　子部/藝術類/書畫之屬/畫譜

芥子園畫傳初集六卷　(清)王槩等輯　民國石印本　二冊　存三卷(三至五)

330000－1785－0000519　0519　子部/藝術

類/書畫之屬/畫譜

芥子園畫傳四集四卷 (清)闕十原繪圖 民國石印本 三冊 存三卷(二至四)

330000－1785－0000520 0520 子部/藝術類/書畫之屬/畫譜

芥子園畫傳初集六卷 (清)王槩等輯 民國石印本 二冊 存三卷(四至六)

330000－1785－0000521 0521 子部/藝術類/書畫之屬/畫譜

芥子園畫傳二集九卷 (清)王槩等輯 民國石印本 一冊 存一卷(三)

330000－1785－0000529 0529 子部/小說家類/異聞之屬

詳註閱微草堂筆記二十四卷 (清)紀昀撰 民國二十一年(1932)掃葉山房石印本 三冊 存八卷(七至十四)

330000－1785－0000535 0535 子部/醫家類/醫案之屬

王氏醫案一卷 (清)王士雄撰 周光遠錄 民國抄本 一冊

330000－1785－0000542 0542 子部/醫家類/婦科之屬/通論

女科要略一卷 民國抄本 一冊

330000－1785－0000546 0546 集部/總集類/選集之屬/通代

國語文選一卷 民國油印本 一冊

330000－1785－0000548 0548 新學/氣學/熱學

熱力工程學一卷 民國石印本 一冊

330000－1785－0000549 0549 子部/藝術類/書畫之屬/法帖

初拓書譜一卷 (唐)孫過庭撰並書 民國十五年(1926)上海有正書局石印本 一冊

330000－1785－0000550 0550 子部/藝術類/書畫之屬/法帖

初拓張陶二夫人墓誌銘不分卷 民國上海有正書局石印本 一冊

330000－1785－0000551 0551 新學/算學/數學

幾何學演算五卷 民國浙江高等學堂石印本 一冊 存二卷(四至五)

330000－1785－0000556 0556 新學/地學/地理學

地理四卷 民國抄本 一冊

330000－1785－0000557 0557 新學/圖學/測繪

測繪要二卷 民國抄本 一冊

330000－1785－0000559 0559 集部/總集類/選集之屬/斷代

新體廣註唐詩三百首讀本六卷 世界書局編輯所編輯 民國十八年(1929)上海世界書局石印本 一冊 存四卷(三至六)

330000－1785－0000564 0564 經部/小學類/文字之屬/字書/字體

欽定篆文六經四書十種 (清)李光地等輯 民國四年(1915)上海千頃堂石印本 十冊

330000－1785－0000577 0577 經部/孝經類/傳說之屬

孝經一卷附二十四孝圖說一卷 (唐)玄宗李隆基注 王震繪 民國二十五年(1936)上海大成書社石印本 一冊

330000－1785－0000585 0585 子部/醫家類/醫案之屬

醫案記錄一卷 民國抄本 一冊

330000－1785－0000586 0586 經部/小學類/文字之屬/字書/字體

真行草大字典十二集 書學會編 民國上海有正書局石印本 六冊

330000－1785－0000587 0587 經部/小學類/文字之屬/說文/傳說

說文解字注十五卷附六書音均表五卷 (清)段玉裁撰 **說文通檢十四卷首一卷末一卷** (清)黎永椿編 **說文解字注匡謬八卷** (清)徐承慶撰 民國三年(1914)上海文盛書局石印本 八冊

330000－1785－0000588　0588　經部/小學類/文字之屬/說文/傳說

說文解字注十五卷附六書音均表五卷　(清)段玉裁撰　**說文通檢十四卷首一卷末一卷**　(清)黎永椿編　**說文解字注匡謬八卷**　(清)徐承慶撰　民國三年(1914)上海文盛書局石印本　一冊　存三卷(說文解字注四至六)

330000－1785－0000589　0589　經部/小學類/文字之屬/說文/專著

說文古籀三補十四卷坿錄一卷　強運開輯　民國二十四年(1935)上海商務印書館石印本　二冊

330000－1785－0000593　0593　經部/小學類/音韻之屬/韻書

佩文詩韻釋要五卷　(清)朱重輯　民國抄本　一冊

330000－1785－0000595　0595　子部/藝術類/書畫之屬/書法書品

書學源流論不分卷　張宗祥撰　民國十年(1921)上海聚珍倣宋印書局鉛印本　一冊

330000－1785－0000604　0604　史部/地理類/遊記之屬/紀勝

徐霞客遊記不分卷　徐霞客遊記續編不分卷　(明)徐弘祖撰　**徐霞客遊記續編不分卷**　(明)文震孟撰　民國二十年(1931)新文化書社鉛印本　二冊

330000－1785－0000605　0605　子部/宗教類/佛教之屬/經

金剛般若波羅蜜經一卷　(後秦)釋鳩摩羅什譯　民國上海明善書局鉛印本　一冊

330000－1785－0000606　0606　史部/傳記類/總傳之屬/忠孝

二十四孝圖說不分卷　謝晉卿注　民國十三年(1924)謝文益鉛印本　一冊

330000－1785－0000607　0607　史部/史評類/史論之屬

中國史學通論不分卷　朱希祖撰　民國三十二年(1943)獨立出版社鉛印本　朱元曙題記　一冊

330000－1785－0000610　0610　史部/載記類

偽齊錄校補二卷　朱希祖撰　民國三十三年(1944)獨立出版社鉛印本　一冊

330000－1785－0000611　0611　子部/藝術類/篆刻之屬/印論

續三十五舉一卷　(清)黃子高撰　民國六年(1917)商務印書館石印本　一冊

330000－1785－0000613　0613　子部/藝術類/篆刻之屬/印論

續三十五舉一卷　(清)黃子高撰　民國十五年(1926)商務印書館石印本　一冊

330000－1785－0000617　0617　集部/總集類/選集之屬/通代

評選古詩源四卷　(清)沈德潛輯　民國上海錦章圖書局石印本　三冊　存三卷(一至二、四)

330000－1785－0000618　0618　集部/別集類

適廬詩存一卷附三國宮詞一卷　陳翰撰　民國十九年(1930)鉛印本　一冊

330000－1785－0000619　0619　子部/藝術類/遊藝之屬/聯語

楹聯錄存七卷　(清)俞樾撰　民國十二年(1923)上海掃葉山房石印本　二冊

330000－1785－0000620　0620　子部/儒家類/儒學之屬/蒙學

新增繪圖幼學故事瓊林四卷　(清)程登吉撰　(清)鄒聖脈增補　民國上海鴻文書局石印本　二冊　存二卷(二、四)

330000－1785－0000622　0622　集部/別集類

勸業廬吟稿六卷　吳昌年撰　民國十四年(1925)鉛印本　一冊　存三卷(一至三)

330000－1785－0000624　0624　子部/道家類

南華真經評註十卷　(明)歸有光輯　(明)文震孟訂　民國中華圖書館石印本　三册　存六卷(三至四、七至十)

330000－1785－0000626　0626　集部/别集類/明别集

王文成公全書三十八卷　(明)王守仁撰　民國石印本　三册　存十卷(十二至十八、三十至三十二)

330000－1785－0000627　0627　集部/總集類/選集之屬/通代

古文筆法百篇二十卷　(清)李扶九編集　民國石印本　二册　存五卷(四至八)

330000－1785－0000632　0632　經部/四書類/總義之屬/傳説

四書集註十九卷　(宋)朱熹撰　民國上海鑄記書局石印本　一册

330000－1785－0000633　0633　子部/儒家類/儒學之屬/禮教/家訓

暄廬家訓不分卷　張載陽撰　民國十九年(1930)新昌張九如堂石印本　一册

330000－1785－0000634　0634　子部/術數類/命書相書之屬

窮通寶鑑評註六卷　(清)余春臺編　東海樂吾氏評註　民國二十六年(1937)上海乾乾書社鉛印本　二册

330000－1785－0000637　0637　子部/藝術類/遊藝之屬/棋弈

國耻紀念象棋新局不分卷　潘定思　謝宣撰　民國五年(1916)上海商務印書館鉛印本　一册

330000－1785－0000651　0651　類叢部/叢書類/自著之屬

楊仁山居士遺著十三種　(清)楊文會撰　民國金陵刻經處刻本　一册　存四種

330000－1785－0000652　0652　類叢部/類書類/專類之屬

潛龍讀書表十二卷　陳電飛編　民國十四年(1925)中華書局石印本　四册

330000－1785－0000654　0654　子部/儒家類/儒學之屬/蒙學

重訂三字經一卷　民國二十二年(1933)抄本　一册

330000－1785－0000656　0656　新學/農政/農務

農產製造學不分卷　陸鴻寶抄　民國油印本　一册

330000－1785－0000659　0659　子部/術數類/占卜之屬

大六壬説約不分卷附大六壬一字訣不分卷　(清)石寄橋撰　民國抄本　一册

330000－1785－0000662　0662　集部/詩文評類/文法之屬/函牘格式

寫信必讀十卷附簡明算法指掌不分卷中華字彙不分卷　(清)唐芸洲撰　民國八年(1919)上海廣益書局石印本　一册　存一卷(寫信必讀七)

330000－1785－0000676　0676　史部/政書類/通制之屬

入告編三卷遺編一卷　(清)張惟赤撰　民國張駿抄本　二册　存三卷(二至三、遺編)

330000－1785－0000678　0678　集部/别集類/清别集

賓虹詩草三卷補遺一卷　黄賓虹撰　民國二十二年(1933)石印本　一册

330000－1785－0000680　0680　類叢部/叢書類/彙編之屬

四部叢刊三編　張元濟等編　民國二十四年至二十五年(1935－1936)上海商務印書館影印本　二册　存一種

330000－1785－0000695　0695　集部/别集類

石倉詩集四卷　曹緣皋撰　民國十七年(1928)石倉山館鉛印本　二册

330000－1785－0000698　0698　子部/雜著類/雜説之屬

隨園隨筆二十八卷　(清)袁枚撰　民國二年

(1913)上海中華圖書館鉛印本　四冊

330000－1785－0000699　0699　集部/別集類/漢魏六朝別集

陶淵明文集十卷　(晉)陶潛撰　民國六年(1917)上海會文堂書局石印本　二冊　存五卷(一至五)

330000－1785－0000700　0700　集部/別集類

百侯楊氏文萃二卷　楊朝珍輯　民國鉛印本　二冊

330000－1785－0000702　0702　集部/總集類/彙編之屬

歷代詩文評註讀本□□種　王文濡編　民國上海文明書局鉛印本　三冊　存一種

330000－1785－0000703　0703　集部/詩文評類/詩評之屬

隨園詩話十六卷補遺十卷　(清)袁枚撰　民國七年(1918)上海埽葉山房石印本　一冊　存五卷(補遺一至五)

330000－1785－0000704　0704　子部/小說家類

古今筆記精華錄二十四卷　古今圖書局編譯部編纂　民國四年(1915)上海古今圖書局石印本　十一冊　存九卷(七、十至十一、十八、二十至二十四)

330000－1785－0000705　0705　集部/小說類/長篇之屬

上下古今談四卷二十回　吳敬恒撰　民國二十年(1931)上海文明書局鉛印本　四冊

330000－1785－0000708　0708　子部/宗教類/佛教之屬/諸宗

天樂鳴空集三卷　(明)鮑宗肇撰　民國二十年(1931)潮陽郭氏雙百鹿齋刻本　二冊

330000－1785－0000709　0709　集部/曲類/曲韻曲譜曲律之屬

崑曲粹存初集不分卷　崑山國學保存會輯　民國八年(1919)上海朝記書莊石印本　六冊

330000－1785－0000718　0718　史部/目録類/總録之屬/彙刻

四庫全書珍本初集樣本一卷　商務印書館編　民國二十三年(1934)上海商務印書館鉛印本暨影印本　一冊

330000－1785－0000719　0719　集部/別集類/宋別集

石湖居士詩集三十四卷　(宋)范成大撰　民國中國書畫會社石印本　八冊

330000－1785－0000720　0720　子部/藝術類/書畫之屬/法帖

吳清卿書說文解字建首一卷　(清)吳大澂書　民國五年(1916)上海商務印書館石印本　一冊

330000－1785－0000722　0722　經部/四書類/大學之屬/傳說

大學新講一卷　陳栩撰　民國二十二年(1933)上海家庭工業社鉛印本　一冊

330000－1785－0000724　0724　集部/別集類

畏廬文集一卷續集一卷三集一卷論文一卷　林紓撰　民國十二年至十五年(1923－1926)上海商務印書館鉛印本　四冊

330000－1785－0000727　0727　類叢部/叢書類/彙編之屬

四部備要　中華書局編　民國二十五年(1936)上海中華書局鉛印本　四冊　存二種

330000－1785－0000729　0729　集部/別集類

翠樓吟草六卷文草一卷曲稿一卷　陳璻撰　民國十六年(1927)上海著易堂鉛印本　二冊

330000－1785－0000731　0731　集部/詞類/別集之屬

晁氏琴趣外篇六卷補遺一卷　(宋)晁補之撰　民國二十二年(1933)上海商務印書館鉛印本　一冊

330000－1785－0000732　0732　類叢部/叢書類/彙編之屬

知不足齋叢書一百九十五種 （清）鮑廷博輯 （清）鮑士恭續輯 民國十年(1921)上海古書流通處據清鮑氏刻本影印本 一冊 存一種

330000－1785－0000734 0734 集部/總集類/彙編之屬

歷代詩文評註讀本□□種 王文濡編 民國上海文明書局鉛印本 一冊 存一種

330000－1785－0000735 0735 集部/別集類/宋別集

白石道人詩集二卷集外詩一卷詩說一卷 （宋）姜夔撰 **附錄一卷附錄補遺一卷** 民國有正書局石印本 一冊

330000－1785－0000745 0745 子部/宗教類/道教之屬

文昌帝君陰騭文廣義節錄三卷 （清）周夢顏撰 民國七年(1918)揚州藏經院刻本 二冊 缺一卷(中)

330000－1785－0000746 0746 集部/詩文評類

中國文學略一卷 劉毓盤撰 民國鉛印本 一冊

330000－1785－0000753 0753 子部/藝術類/書畫之屬/書法書品

漢碑範八卷 張祖翼選臨 民國九年(1920)上海文明書局石印本 二冊

330000－1785－0000758 0758 子部/藝術類/書畫之屬/法帖

西泠印社記一卷 吳昌碩書 民國影印本 一冊

330000－1785－0000762 0762 史部/傳記類/別傳之屬/事狀

吳興周夢坡先生[慶雲]訃告一卷年譜一卷墓表一卷墓誌銘一卷畫史一卷 周延礽輯 民國二十三年(1934)影印本暨鉛印本 一冊 存一卷(年譜)

330000－1785－0000763 0763 史部/傳記類/別傳之屬/事狀

吳興周夢坡先生[慶雲]訃告一卷年譜一卷墓表一卷墓誌銘一卷畫史一卷 周延礽輯 民國二十三年(1934)影印本暨鉛印本 一冊 存二卷(墓表、墓誌銘)

330000－1785－0000771 0771 史部/傳記類/別傳之屬/年譜

撝廬氏[童以謙]自編年譜一卷 童以謙編 童世亨續編 民國十二年(1923)鉛印本 一冊

330000－1785－0000776 0776 經部/春秋左傳類/傳說之屬

春秋左傳杜注三十卷 （清）姚培謙學 民國中華書局鉛印本 十冊

330000－1785－0000807 0807 史部/編年類/通代之屬

綱鑑易知錄九十二卷明鑑易知錄十五卷 （清）吳乘權 （清）周之炯 （清）周之燦輯 民國五年(1916)上海商務印書館鉛印本 九冊 存六十一卷(綱鑑易知録七至二十一、四十七至八十四、明鑑易知錄八至十五)

330000－1785－0000814 0814 史部/紀傳類/正史之屬

史記一百三十卷 （漢）司馬遷撰 （明）歸有光等評點 **方望溪平點史記四卷** （清）方苞撰 民國七年(1918)交通圖書館影印武昌張氏本 十六冊

330000－1785－0000815 0815 史部/雜史類/斷代之屬

痛史二十一種附九種 樂天居士輯 民國六年(1917)上海商務印書館鉛印本 二十四冊 存十五種

330000－1785－0000833 0833 史部/傳記類/總傳之屬/家乘

[浙江海寧]海寧渤海陳氏宗譜二十八卷首一卷 （清）陳賡笙編 民國二年(1913)海寧渤海陳氏義莊刻本 十六冊 存二十四卷(首,一至十一、十三至十九、二十四至二十八)

330000－1785－0000834 0834 史部/傳記

類/總傳之屬/家乘

[浙江海寧]海甯渤海陳氏宗譜二十八卷首一卷 (清)陳賡笙編 民國二年(1913)海甯渤海陳氏義莊刻本 十五冊 存二十三卷(一、三至十一、十三至十九、二十三至二十八)

330000-1785-0000838 0838 史部/地理類/方志之屬/郡縣志

新塍鎮志二十六卷首一卷 朱士楷纂輯 民國十二年(1923)平湖綺春閣鉛印本 四冊

330000-1785-0000847 0847 史部/地理類/山川之屬/山志

西天目祖山志八卷首一卷末一卷補遺一卷 (明)釋廣賓撰 (清)釋際界增訂 民國十五年(1926)鉛印本 一冊 存五卷(五至八、末)

330000-1785-0000850 0850 史部/地理類/山川之屬/山志

峨眉山志八卷首一卷 (清)蔣超纂 釋印光增訂 民國二十三年(1934)鉛印本 一冊 存五卷(首一,一至三、八)

330000-1785-0000851 0851 史部/傳記類/別傳之屬/事狀

高節孝李太夫人哀思錄一卷 高夔輯 民國十八年(1929)、十九年(1930)上海聚珍仿宋印書局鉛印本 一冊

330000-1785-0000855 0855 集部/總集類/郡邑之屬

新溪文述八卷首一卷 鄭之章輯 民國十九年(1930)新塍通俗圖書館鉛印本 二冊

330000-1785-0000856 0856 集部/總集類/郡邑之屬

新溪文述八卷首一卷 鄭之章輯 民國十九年(1930)新塍通俗圖書館鉛印本 二冊

330000-1785-0000857 0857 史部/地理類/專志之屬/寺觀

天童寺續志二卷首一卷 釋淨心修 釋蓮萍纂 民國九年(1920)天童寺刻本 一冊 存一卷(下)

330000-1785-0000858 0858 史部/傳記類/總傳之屬/家乘

[浙江海鹽]任氏宗譜九卷首三卷 任松年等纂修 民國二十二年(1933)鉛印本 十二冊

330000-1785-0000859 0859 史部/傳記類/總傳之屬/家乘

[浙江海鹽]任氏宗譜九卷首三卷 任松年等纂修 民國二十二年(1933)鉛印本 二冊 存二卷(首一、九)

330000-1785-0000860 0860 史部/地理類/方志之屬/郡縣志

[道光]澉水新誌十二卷 (清)方溶纂修 民國二十五年(1936)鉛印本 一冊 存八卷(一至八)

330000-1785-0000863 0863 史部/傳記類/總傳之屬/家乘

[浙江海鹽]海鹽張氏宗祠各種規則附公呈不分卷 張氏宗祠第一屆徵信錄不分卷 民國十年(1921)鉛印本 二冊

330000-1785-0000864 0864 史部/傳記類/總傳之屬/家乘

[浙江海鹽]張氏族譜十卷首一卷附錄一卷 張元勳纂修 民國二十三年(1934)刻本 六冊

330000-1785-0000866 0866 史部/地理類/方志之屬/郡縣志

澉水新誌補錄二卷 程煦元輯 民國二十五年(1936)鉛印本 一冊 存一卷(二)

330000-1785-0000870 0870 史部/傳記類/別傳之屬/墓誌

興武將軍海鹽朱公[瑞]墓志銘不分卷 張謇撰書 民國石印本 一冊

330000-1785-0000871 0871 子部/藝術類

美術叢書初集二集三集四集二百七十九種 鄧實輯 黃賓虹續輯 民國二十五年(1936)上海神州國光社鉛印本 一百三十六冊 存二百五十一種

330000－1785－0000872　0872　類叢部/叢書類/彙編之屬

景印元明善本叢書十種　商務印書館編　民國二十六年至二十九年(1937－1940)上海商務印書館影印本　四十冊　存一種

330000－1785－0000873　0873　類叢部/叢書類/彙編之屬

景印元明善本叢書十種　商務印書館編　民國二十六年至二十九年(1937－1940)上海商務印書館影印本　四十冊　存一種

330000－1785－0000877　0877　史部/地理類/方志之屬/郡縣志

澉水志彙編四種　程煦元輯　民國二十四年(1935)鉛印本　六冊

330000－1785－0000891　0891　子部/藝術類/書畫之屬/法帖

舊拓曹全碑不分卷　王福厂藏　民國二十六年(1937)中華書局影印本　一冊

330000－1785－0000892　0892　史部/金石類/石之屬/文字

黃小松藏漢碑五種　(清)黃易藏　民國上海有正書局影印本　一冊　存一種

330000－1785－0000893　0893　子部/藝術類/書畫之屬/法帖

初拓張猛龍碑一卷　民國十七年(1928)上海掃葉山房石印本　一冊

330000－1785－0000894　0894　子部/藝術類/書畫之屬/法帖

華嶽碑不分卷　民國石印本　一冊

330000－1785－0000895　0895　子部/藝術類/書畫之屬/法帖

宋拓魏黃初修孔子廟碑不分卷　(三國魏)梁鵠書　民國上海有正書局石印本　一冊

330000－1785－0000896　0896　子部/藝術類/書畫之屬/法帖

初搨洛神賦十三行不分卷　(晉)王獻之書　民國十三年(1924)上海文明書局、中華書局影印本　一冊

330000－1785－0000897　0879　子部/藝術類/書畫之屬/法帖

趙子昂赤壁賦不分卷　(元)趙孟頫書　民國尚古山房影印本　一冊

330000－1785－0000898　0898　子部/藝術類/書畫之屬/法帖

褚河南大楷習字範本不分卷　(唐)褚遂良書　民國四年(1915)上海有正書局影印本　一冊

330000－1785－0000899　0899　子部/藝術類/書畫之屬/法帖

舊拓唐歐陽率更令正草九歌千文一卷　(唐)歐陽詢書　民國二十五年(1936)上海中華書局影印本　一冊

330000－1785－0000900　0900　子部/藝術類/書畫之屬/法帖

柳公權書金剛經不分卷　(唐)柳公權書　民國上海碧梧山莊影印本　一冊

330000－1785－0000901　0901　子部/藝術類/書畫之屬/法帖

小楷心經十四種一卷　民國二十二年(1933)上海商務印書館影印本　一冊

330000－1785－0000902　0902　子部/藝術類/書畫之屬/法帖

舊拓北魏始平公楊大眼造像記不分卷　俞荔盦藏　民國三十年(1941)昆明中華書局影印本　一冊

330000－1785－0000903　0903　子部/藝術類/書畫之屬/法帖

名人真蹟□□種　民國中華書局影印本　一冊　存一種

330000－1785－0000904　0904　子部/藝術類/書畫之屬/法帖

舊拓薛刻書譜一卷附釋文一卷　(唐)孫過庭撰並書　民國二十四年(1935)上海商務印書館影印本　一冊

330000－1785－0000906　0906　子部/藝術類/書畫之屬/法帖

絳帖十二卷　(宋)潘師旦編　民國影印本　四冊　存十卷(一至十)

330000－1785－0000907　0907　子部/藝術類/書畫之屬/法帖

大唐太宗文皇帝製三藏聖教序一卷記一卷　(唐)褚遂良書　民國影印本　二冊

330000－1785－0000908　0908　子部/藝術類/書畫之屬/法帖

法帖不分卷　(晉)王獻之書　民國影印本　一冊

330000－1785－0000909　0909　子部/藝術類/書畫之屬/法帖

大唐故翻經大德益州多寶寺道因法師碑文并序不分卷　(唐)李儼撰　(唐)歐陽通書　民國影印本　一冊

330000－1785－0000910　0910　子部/藝術類/書畫之屬/法帖

顔魯公法書不分卷　(唐)顔真卿書　民國影印本　一冊

330000－1785－0000911　0911　子部/藝術類/書畫之屬/法帖

宋拓魯峻碑及碑陰二卷　民國有正書局影印本　一冊

330000－1785－0000912　0912　子部/藝術類/書畫之屬/法帖

急救章釋文一卷　(明)俞和書　**懷友詩并序一卷**　(明)張羽書　民國影印本　一冊

330000－1785－0000916　0916　子部/藝術類/書畫之屬/法帖

宋拓大麻姑仙壇記不分卷　(唐)顔真卿撰並書　民國六年(1917)上海有正書局影印本　一冊

330000－1785－0000917　0917　子部/藝術類/書畫之屬/法帖

初搨趙文敏金剛經不分卷　(元)趙孟頫書　民國十四年(1925)上海有正書局影印本　一冊

330000－1785－0000918　0918　子部/藝術類/書畫之屬/法帖

初搨趙文敏金剛經不分卷　(元)趙孟頫書　民國五年(1916)上海有正書局影印本　一冊

330000－1785－0000919　0919　子部/藝術類/書畫之屬/法帖

董香光大楷習字範本不分卷　(明)董其昌書　民國上海有正書局影印本　一冊

330000－1785－0000920　0920　子部/藝術類/書畫之屬/法帖

董文敏曹娥碑不分卷　(明)董其昌書　民國十八年(1929)上海文明書局影印本　一冊

330000－1785－0000921　0921　子部/藝術類/書畫之屬/法帖

寸楷習字範本不分卷　王伯恭書　民國九年(1920)上海有正書局石印本　一冊

330000－1785－0000922　0922　子部/藝術類/書畫之屬/法帖

聯搨大觀□□種　秦文錦編集　民國上海藝苑真賞社影印本　二冊　存二種

330000－1785－0000923　0923　子部/藝術類/書畫之屬/法帖

王覺斯分書八關齋會記不分卷　(清)王鐸書　民國二十四年(1935)上海商務印書館影印本　一冊

330000－1785－0000925　0925　子部/藝術類/書畫之屬/法帖

御刻三希堂石渠寶笈法帖不分卷　(清)梁詩正等輯　民國影印本　一冊　存冊十九

330000－1785－0000926　0926　子部/藝術類/書畫之屬/法帖

星彔書詞一卷　童式規書　民國石印本　一冊

330000－1785－0000927　0927　子部/藝術類/書畫之屬/法帖

黃自元臨九成宮一卷　黃自元書　民國上海尚古山房影印本　一冊

330000－1785－0000929　0929　子部/藝術類/書畫之屬/法帖

曹子建洛神賦不分卷　(清)陸潤庠書　民國上海育古山房石印本　一冊

330000－1785－0000930　0930　子部/藝術類/書畫之屬/法帖

張叔未馮桂芬隸草合璧二卷　(清)張廷濟　(清)馮桂芬書　民國求古齋影印本　一冊

330000－1785－0000931　0931　子部/藝術類/書畫之屬/法帖

大唐三藏聖教序一卷　(唐)釋懷仁集　(晉)王羲之書　民國石印本　一冊

330000－1785－0000932　0932　子部/藝術類/書畫之屬/法帖

劉石庵小楷不分卷　(清)劉墉書　民國影印本　一冊

330000－1785－0000934　0934　子部/藝術類/書畫之屬/法帖

真草千文不分卷　(元)危素書　民國影印本　一冊

330000－1785－0000935　0935　子部/藝術類/書畫之屬/法帖

滋蕙堂墨寶第三一卷　(唐)鍾紹京書　民國影印本　一冊

330000－1785－0000936　0936　子部/藝術類/書畫之屬/法帖

碑聯集搨□□種　秦文錦編　民國上海藝苑真賞社影印本　一冊　存一種

330000－1785－0000940　0940　史部/金石類/璽印

漢印不分卷　民國鈐印本　二冊

330000－1785－0000944　0944　子部/農家農學類/農藝之屬/茶酒

醬酒製法一卷　稿本　一冊

330000－1785－0000946　0946　史部/傳記類/別傳之屬/年譜

編年記事一卷　張仲良撰　稿本　一冊

330000－1785－0000947　0947　集部/別集類

朱瑞著述稿一卷　朱瑞撰　民國抄本　一冊

330000－1785－0000948　0948　集部/別集類/清別集

張銘齋先生尺牘一卷　(清)張鼎撰　**環綠軒詩稿一卷**　沈德麟撰　譚文灯選輯　民國抄本　一冊

330000－1785－0000949　0949　史部/傳記類/別傳之屬/年譜

[張]仲良氏自編年譜一卷　張仲良撰　稿本　一冊

《海寧市圖書館民國時期傳統裝幀書籍普查登記目録》

書名筆畫字頭索引

一畫

二畫

三畫

四畫

五畫

六畫

七畫

八畫

九畫

十畫

十一畫

十二畫

十三畫

十四畫

十五畫

十六畫

十七畫

十八畫

十九畫

二十畫

二十一畫

二十二畫

二十三畫

二十四畫

《海寧市圖書館民國時期傳統裝幀書籍普查登記目録》

書名筆畫索引

一畫

二畫

三畫

四畫

五畫

六畫

七畫

八畫

九畫

十畫

十一畫

十二畫

十三畫

十四畫

十五畫

十六畫

十七畫

十八畫

十九畫

二十畫

二十一畫

二十二畫

二十三畫

二十四畫

《平湖市圖書館民國時期傳統裝幀書籍普查登記目録》

書名筆畫字頭索引

六畫

七畫

八畫

九畫

十畫

十一畫

十二畫

十三畫

十四畫

十五畫

十六畫

十七畫

十八畫

十九畫

二十畫

二十一畫

二十二畫

二十三畫

二十四畫

《平湖市圖書館民國時期傳統裝幀書籍普查登記目録》
書名筆畫索引

一畫

二畫

三畫

四畫

五畫

六畫

七畫

八畫

九畫

十畫

十一畫

十二畫

十三畫

十四畫

十五畫

十六畫

十七畫

十八畫

十九畫

二十畫

二十一畫

二十二畫

二十三畫

二十四畫

《平湖市博物館民國時期傳統裝幀書籍普查登記目録》

書名筆畫字頭索引

二畫

三畫

四畫

五畫

六畫

七畫

八畫

九畫

十畫

十一畫

十二畫

十三畫

十四畫

十五畫

十六畫

十七畫

十八畫

十九畫

二十一畫

二十二畫

《平湖市博物館民國時期傳統裝幀書籍普查登記目録》

書名筆畫索引

二畫

三畫

四畫

五畫

六畫

七畫

八畫

九畫

十畫

十一畫

十二畫

十三畫

十四畫

十五畫

十六畫

十七畫

十八畫

十九畫

二十一畫

二十二畫

《平湖市莫氏莊園陳列館民國時期傳統裝幀書籍普查登記目録》

書名筆畫字頭索引

一畫

三畫

四畫

五畫

六畫

七畫

八畫

九畫

十畫

十一畫

十二畫

十三畫

十四畫

十六畫

十七畫

十九畫

《平湖市莫氏莊園陳列館民國時期傳統裝幀書籍普查登記目録》

書名筆畫索引

一畫

三畫

四畫

五畫

六畫

七畫

八畫

九畫

十畫

十一畫

十二畫

十三畫

十四畫

十六畫

十七畫

十九畫

《桐鄉市圖書館民國時期傳統裝幀書籍普查登記目録》

書名筆畫字頭索引

一畫

二畫

三畫

四畫

五畫

六畫

七畫

八畫

九畫

十畫

十一畫

十二畫

十三畫

十四畫

十五畫

十六畫

十七畫

十八畫

十九畫

二十畫

二十一畫

《桐鄉市圖書館民國時期傳統裝幀書籍普查登記目録》
書名筆畫索引

一畫

二畫

三畫

四畫

五畫

六畫

七畫

八畫

九畫

十畫

十一畫

十二畫

十三畫

十四畫

十五畫

十六畫

十七畫

十八畫

十九畫

二十畫

二十一畫

《嘉善縣圖書館民國時期傳統裝幀書籍普查登記目録》
書名筆畫字頭索引

一畫

二畫

三畫

四畫

五畫

六畫

七畫

八畫

九畫

十畫

十一畫

十二畫

十三畫

十四畫

十五畫

十六畫

十七畫

十八畫

十九畫

二十畫

二十一畫

二十二畫

二十三畫

二十四畫

《嘉善縣圖書館民國時期傳統裝幀書籍普查登記目録》

書名筆畫索引

一畫

二畫

三畫

四畫

五畫

六畫

七畫

八畫

九畫

十畫

十一畫

十二畫

十三畫

十四畫

十五畫

十六畫

十七畫

十八畫

十九畫

二十畫

二十一畫

二十二畫

二十三畫

二十四畫

《張元濟圖書館民國時期傳統裝幀書籍普查登記目録》

書名筆畫字頭索引

五畫

六畫

九畫

十畫

十一畫

十二畫

十三畫

十五畫

十六畫

十七畫

二十一畫

《張元濟圖書館民國時期傳統裝幀書籍普查登記目録》

書名筆畫索引

五畫

六畫

九畫

十畫

十一畫

十二畫

十三畫

十五畫

十六畫

十七畫

二十一畫

《海鹽縣博物館民國時期傳統裝幀書籍普查登記目録》
書名筆畫字頭索引

二畫

三畫

四畫

五畫

六畫

七畫

八畫

九畫

十畫

十一畫

十二畫

十三畫

十四畫

十五畫

十六畫

十七畫

十八畫

十九畫

二十一畫

二十二畫

二十四畫

《海鹽縣博物館民國時期傳統裝幀書籍普查登記目録》
書名筆畫索引

二畫

三畫

四畫

五畫

六畫

七畫

八畫

九畫

十畫

十一畫

十二畫

十三畫

十四畫

十五畫

十六畫

十七畫

十八畫

十九畫

二十一畫

二十二畫

二十四畫